Sookie Stackhouse présente :
Mariage mortel

Du même auteur aux Éditions J'ai lu

Si douce sera la mort

LA COMMUNAUTÉ DU SUD

1. Quand le danger rôde
2. Disparition à Dallas
3. Mortel corps à corps
4. Les sorcières de Shreveport
5. La morsure de la panthère
6. La reine des vampires
7. La conspiration
8. Pire que la mort
9. Bel et bien mort
10. Une mort certaine
11. Mort de peur

Interlude mortel

LES MYSTÈRES DE HARPER CONNELLY

1. Murmures d'outre-tombe
2. Pièges d'outre-tombe
3. Frissons d'outre-tombe
4. Secrets d'outre-tombe

LILY BARD

1. Meurtre à Shakespeare
2. Fin d'un champion
3. Sombre célébration

CHARLAINE HARRIS

SOOKIE STACKHOUSE PRÉSENTE

Mariage mortel

*Traduit de l'anglais (États-Unis)
par Anne Muller*

Titre original :
THE SOOKIE STACKHOUSE COMPANION

Éditeur original :
Ace Books, New York
Published by The Berkeley Publishing Group,
a division of Penguin Putnam Inc.

© Charlaine Harris, 2011

HBO® and True Blood® are service marks of Home Box Office, Inc.
Map created by Claudia Carlson, based on an original sketch by Charlaine Harris,
Paula Woldan, Danna Woldan and Lauren Dodson.
"Sookie's Family Tree" created by Tiffany Estreicher, based on a rough draft
submitted by Tekno Books.
Text designed by Tiffany Estreicher.

Pour la traduction française :
© Éditions J'ai lu, 2012

Sommaire

L'univers de Sookie Stackhouse

Préface

Entre Sookie et moi, c'est une longue histoire. Nous sommes presque sœurs. Il y a bien des années, ma carrière d'écrivain d'énigmes policières languissait. J'ai pensé qu'il serait bon de dynamiser mon style avec du sang neuf. Pour m'amuser, j'ai voulu écrire un livre avec tous les ingrédients que j'aime : du mystère, des créatures surnaturelles, des histoires sanglantes et une goutte d'amour. Et puisqu'on me disait souvent que je ne manquais pas d'humour, j'en ai également ajouté une pincée pour pimenter mes histoires.

Personne ne s'intéressait à mon projet et aucun contrat ne pointait le bout de son nez. Malgré tout, j'ai commencé à créer mon personnage et son univers. La meilleure amie de ma grand-mère s'appelait Sookie. C'est un beau surnom du sud et je me suis dit qu'il conviendrait très bien à mon héroïne. Le nom « Stackhouse » s'est inscrit tout naturellement à la suite. Je voulais que ce soit un être humain qui raconte l'histoire, pas un vampire ni un autre SurNat, et comme je dois vivre avec Sookie, j'ai décidé de la rendre aussi intéressante que possible. Elle allait donc sortir avec un vampire, ce qui lui donnerait un point d'entrée dans un univers totalement différent, et je devais trouver une raison pour elle de faire une chose aussi insensée. J'ai réfléchi très longuement et je suis tombée sur l'idée de la télépathie, que je ne souhaiterais pas à mon pire ennemi.

Jusque-là, la plupart des vampires portaient des noms exotiques et sexy. Bien au contraire, mon vampire à moi s'appellerait Bill. Au lieu de situer mes livres dans la partie touristique et pittoresque de la Louisiane, j'ai opté pour le nord, qui n'a rien de romantique. Plutôt que d'être des solitaires angoissés, mes vampires feraient tout leur possible pour briller dans les affaires. Ils travailleraient dur et auraient leur propre système financier.

Après avoir finalisé *Quand le danger rôde*, je l'ai remis à mon agent, le grand Joshua Bilmes. Il lui a fallu un certain temps avant d'être séduit par l'univers de Sookie. Malgré tout, il s'est montré loyal, faisant de son mieux pour vendre mon livre préféré. Après deux ans d'échecs, John Morgan, jeune éditeur chez Ace (devenu depuis DC Comics), a décidé de courir le risque, et son patron, Ginjer Buchanan (mon éditeur actuel) a donné son accord.

Nous n'avons jamais éprouvé le moindre regret.

Les lecteurs semblent fascinés par cet univers, et le site Web (www.charlaineharris.com) bouillonne de questions en continu : Quelle est la recette du fameux gâteau au chocolat de Caroline Bellefleur ? Je ne comprends pas toute cette généalogie chez les faé. Dans quel tome trouve-t-on la scène de la douche ? (Non, je plaisante, tout le monde connaît cette scène-là...) Dans quel ordre doit-on lire les nouvelles ?

Nous avons compilé ici de quoi répondre à toutes ces questions et plus encore. Nous espérons aussi fournir à nos lecteurs une nouvelle vision du monde de Bon Temps et leur donner des détails intéressants sur l'univers de Sookie ainsi que sur les personnes qui vivent et meurent autour d'elle. Cet ouvrage est avant tout à propos des livres, mais nous accueillons également ici notre série préférée, *True Blood*, au travers d'une interview avec mon très cher Alan Ball.

Nombreux sont ceux qui m'ont aidée à assembler ce livre et j'ai essayé de leur faire honneur en page des remerciements. Mais je voudrais vous dire ici que sans l'aide de Paula Woldan, mon amie et assistante, je me serais arraché les cheveux en me jetant par terre, et plus d'une fois. Merci Paula – et je me suis amusée comme jamais, à dessiner cette carte avec toi.

Je suis certaine que dès que ce livre sera dans les rayons, je penserai à quelque chose que j'aurai oublié. Mais il est temps de laisser l'oiseau voler de ses propres ailes. J'espère que vous trouverez tous ici de quoi vous éclairer, vous amuser et vous passionner.

À bientôt à Bon Temps,

Charlaine Harris

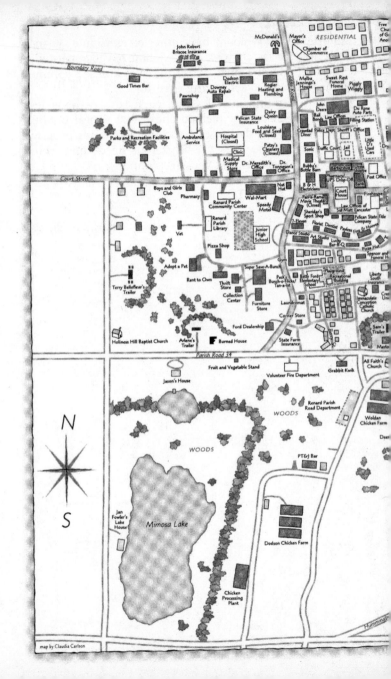

Mariage mortel

CHARLAINE HARRIS

J'ai de nombreuses personnes à remercier, pour une œuvre plutôt courte ! Je n'avais pas encore mentionné ma nièce Danielle, de la police scientifique, qui m'a aidée pour un précédent ouvrage – alors merci à toi, Dani ! Ivan Van Laningham m'a également prêté main-forte. Tous mes remerciements vont également à mon ami de faculté, le Dr Ed Uthman, ainsi qu'à la reine de la continuité Victoria Koski, qui navigue si bien dans les méandres de mes cheminements confus ; à toutes les personnes qui ont eu la gentillesse de m'aider à prononcer le néerlandais : Geja Topper, Dave Bennett, Hans Bekkers, Jochem Steen, Leighton Gage, Sarah Bewley et Simon Wood ; et enfin à Duane Swierczynski, qui m'attend pour m'aider à faire disparaître un corps...

1

C'était le mois de mai. J'étais toute bronzée et j'allais partir en voyage, laissant les vampires et leur politique loin derrière moi. Je me sentais en pleine forme – pour la première fois depuis bien longtemps. Je n'avais pas encore fini de m'habiller et je me tenais dans ma chambre ensoleillée, penchée sur ma liste de choses à faire.

1 – Donner l'adresse et mes dates à Eric et Jason

Fait. Je sortais avec Eric Northman, vampire et shérif de la Zone Cinq en Louisiane. Il avait toutes les informations nécessaires et mon frère Jason aussi.

2 – Demander à Bill de surveiller la maison

Géré. J'avais glissé une lettre sous la porte de mon voisin Bill Compton. Il la trouverait en se levant cette nuit. Judith, sa sœur de lignée – créée par le même vampire – vivait encore avec lui. Si Bill parvenait à s'arracher à ses bras, il traverserait régulièrement le cimetière qui séparait nos propriétés respectives et garderait un œil sur ma maison. Il prendrait mon courrier et mon journal et les poserait sur ma véranda.

3 – Appeler Tara

Là aussi, pas de problème. Enceinte, mon amie Tara m'avait informée que tout allait bien du côté des bébés qu'elle portait – des jumeaux. Elle m'appellerait ou demanderait à son mari de le faire s'il y avait du nouveau. Elle était censée accoucher dans trois mois mais avec des jumeaux, on ne sait jamais.

4 – *Banque*

J'avais déposé mon dernier salaire et sorti plus de liquide que d'habitude.

5 – *Claude et Dermot*

Mon cousin et mon grand-oncle avaient décidé de rester à Monroe, chez Claude, pendant mon absence. Claude vivait avec moi depuis environ un mois et Dermot ne l'avait rejoint que deux semaines plus tard. Ce dernier déclarait qu'il se sentirait mal à l'aise si je n'étais pas là. À peu près aussi délicat qu'une souche, Claude ne souffrait pas de ce genre d'état d'âme, mais Dermot avait gagné.

Tous mes vêtements étaient propres et je pensais avoir terminé mes valises. J'allais cependant vérifier cette liste-là une dernière fois : depuis que mon ami et patron, Sam Merlotte, m'avait invitée à l'accompagner au mariage de son frère, je sombrais dans l'angoisse – j'avais peur d'oublier quelque chose d'essentiel et de faire honte à Sam devant sa famille.

Pour le mariage, j'avais emprunté une jolie robe sans manches, du même bleu que mes yeux et que je porterais avec mes escarpins noirs à talons hauts – ils étaient comme neufs. Pour les autres jours, j'avais choisi dans mon armoire des tenues plus décontractées, dont deux beaux shorts et un jean récents. J'avais rajouté un ensemble jaune et gris, juste au cas où.

J'ai recompté mes sous-vêtements et vérifié qu'ils étaient bien assortis. La pochette contenant les perles de ma grand-mère était bien là… J'ai finalement refermé mon sac avec un sentiment de triomphe : j'avais tout fait pour parer à l'imprévu et, en plus, tout tenait dans une housse et mon petit sac de voyage.

Je m'assurais une dernière fois que j'avais bien pensé à mon sèche-cheveux lorsque j'ai entendu le pick-up de Sam qui remontait mon chemin à travers les bois. En trente secondes, j'avais enfilé mon short kaki et mes débardeurs superposés – turquoise pour l'un, blanc pour l'autre – avant de glisser mes pieds dans mes sandales toutes neuves – je portais une petite chaîne en or à la cheville et mes orteils étaient vernis d'un joli rose tout pimpant... Quel changement ! Je pétillais d'énergie. Sam n'a même pas eu le temps de frapper – j'étais déjà à la porte d'entrée.

Il portait maintenant ses cheveux cuivrés coupés plus court et s'était habillé comme d'habitude d'un jean et d'un tee-shirt à l'effigie du *Merlotte*. En revanche, il arborait des bottes de cow-boy antédiluviennes. Ouais gars, nous partions au Texas... Et j'ai remarqué qu'il s'était rasé avec soin.

— Désolé, je suis un peu en retard, s'est-il excusé. J'ai dû donner un peu plus d'instructions à Kennedy et Terry.

L'un comme l'autre étaient des extras que Sam appelait parfois pour s'occuper du bar. Ils allaient le remplacer pendant son absence et cette situation le rendait nerveux.

— Pas de problème, je suis prête.

Il a empoigné mon sac de voyage tandis que je ramassais ma housse avant de fermer la porte à clé. L'habitacle de son pick-up disposait d'une banquette arrière et nous y avons installé nos bagages.

— Tu es content d'y aller ? lui ai-je demandé alors que nous avions rejoint l'autoroute.

Nous allions traverser la frontière de la Louisiane pour gagner le Texas et atteindre Wright, une petite ville au sud de Dallas. La famille de Sam s'y était installée lorsque son père avait quitté l'armée.

— C'est la première fois depuis des mois qu'il se passe quelque chose de sympa pour ma famille : pendant quelque temps, j'ai bien cru que ce mariage n'aurait jamais lieu. Et c'est vraiment gentil de m'accompagner, j'apprécie.

— Ils voudraient que tu te maries aussi, c'est ça ?

J'aurais dû me douter que Sam ne m'avait pas uniquement invitée pour le plaisir de ma compagnie. Certaines femmes ont une carrière interminable en tant que demoiselle d'honneur. De mon côté, je passais mon temps à faire semblant d'être la petite amie. J'espérais que la tendance n'allait pas s'installer pour de bon.

— C'est peut-être un peu exagéré, m'a répondu Sam avec un grand sourire. Mais ma mère et ma sœur ont bien envie de savoir comment j'envisage la chose. Par contre, quand les métamorphes ont fait leur révélation en public, les problèmes de ma mère ont relégué mon célibat au second plan.

Quelques mois plus tôt, les loups-garous avaient suivi l'exemple des vampires et dévoilé leur existence à la télévision. Beaucoup d'autres métamorphes, ou hybrides, en avaient fait autant. Curieusement, les AmEricains semblaient plus perturbés de savoir que loups-garous et panthères-garous vivaient parmi eux qu'ils ne l'avaient été lorsqu'ils avaient découvert que les vampires étaient bien réels.

— Ta mère passe son temps à essayer de te mettre une gentille petite métamorphe dans les pattes ?

— Pour l'instant, elle n'a pas réussi à trouver une autre métamorphe pure comme moi. Ma sœur m'a même dit qu'elle essaie d'en repérer sur Internet.

Sam pouvait se transformer en n'importe quoi – lion, chien, raton-laveur... C'était plutôt rare.

— Eh bien ! Tu ne penses pas que tu aurais mieux fait de venir avec Jannalynn ? Elle ne correspond pas forcément à ce que ta famille voudrait pour toi – du moins, c'est ce que tu viens de dire – mais c'est une louve, c'est toujours mieux qu'une simple fille humaine comme moi, non ? Au moins pour ta maman. Je trouve ça un peu extrême, qu'elle cherche quelqu'un pour toi sur Internet...

Sam a éclaté de rire.

— C'est vrai. Mais elle est pleine de bonnes intentions. Elle était très heureuse avec mon père et leur premier rendez-vous était arrangé. Alors si elle peut trouver une métamorphe célibataire et d'un âge approprié, elle espère que le charme opérera une seconde fois dans la famille Merlotte.

— Tu m'as dit un jour que tu t'étais presque marié, une fois.

— Ouais, quand j'étais à l'armée. C'était une gentille fille – une humaine. Mon père l'aurait bien aimée. Mais ça n'a pas marché, c'est tout.

J'avais envie de savoir pourquoi, mais je savais que cela ne me regardait pas.

— Et Eric et toi, tu crois que vous allez vous marier, maintenant que c'est légal ?

J'ai failli lui expliquer que nous étions déjà mariés, d'après mon grand vampire blond, mais j'ai décidé de ne pas aborder la question.

— Il ne me l'a pas demandé.

C'était la plus stricte vérité. Il ne m'avait rien demandé non plus, au sujet de la cérémonie de mariage vampire. Je lui avais tendu le couteau rituel devant témoin sans poser la moindre question – ce qui démontre bien mon manque total de présence d'esprit lorsque je suis avec Eric.

Tandis que les kilomètres me séparaient toujours davantage de lui, je sentais notre lien qui se tendait sans toutefois se rompre. Il formait une présence silencieuse. L'autoroute texane se déroulait sans fin, interminable. Je savais qu'il était couché, mort pour la journée, mais je ne pouvais m'empêcher de penser à lui. Et lorsqu'il était en état d'éveil, c'était encore pire.

— À quoi tu penses ? m'a interrompue Sam.

J'ai sursauté – à ce moment précis, mes pensées n'allaient pas vers des sujets d'ordre familial...

— Je pensais à Bill. J'espère qu'il se remettra de son empoisonnement à l'argent. J'ai retrouvé une vampire, sa sœur de lignée. Je lui ai demandé de venir le voir, parce qu'il m'avait dit que s'il pouvait boire du sang d'un membre de sa lignée, ça l'aiderait à guérir.

Sam semblait déconcerté.

— Mais comment tu as réussi à faire ça ?

Quand je lui ai raconté comment j'avais réussi à la localiser, il a secoué la tête.

— Et tu n'as pas imaginé qu'il se mettrait en colère ?

Je ne comprenais pas.

— Mais je le faisais pour lui ! Pourquoi se mettrait-il en colère ?

Il m'a répondu avec douceur.

— Écoute, Sook, Bill savait forcément où se trouvait Judith et il ne l'a pas appelée. Il devait avoir ses raisons.

J'en étais bien consciente à l'époque, mais je l'avais contactée malgré tout. J'étais obnubilée par mon inquiétude pour Bill. Après les paroles de Sam, je me suis sentie déchirée. Je ne voulais pas lui avouer qu'il avait raison.

J'ai regardé par la fenêtre pour cacher les larmes qui m'étaient montées aux yeux.

— Sook ?

Il s'était penché pour me regarder.

— Sook ? Hé, je suis désolé. Écoute, ce n'est rien. Tu veillais sur lui et je dois me sentir un peu jaloux, c'est tout.

Je voyais suffisamment clair dans son esprit pour discerner un léger manque d'honnêteté. Mais il voulait sincèrement que je me sente mieux, et il regrettait réellement de m'avoir fait de la peine.

— Tu as raison, lui ai-je répondu d'une voix qui tremblait – pathétique ! Tu as complètement raison, Sam. Je fais tellement d'erreurs...

— On en fait tous ! J'en ai fait plus d'une, et apparemment, je ne peux toujours pas m'en empêcher !

Une certaine amertume perçait dans sa voix.

— Bon, on est d'accord, l'erreur est humaine, on est tous les deux des humains, l'ai-je rassuré en souriant délibérément. Enfin... en majeure partie humains.

Son rire m'a rassérénée. J'ai fouillé mon sac à la recherche d'un mouchoir en papier pour me sécher les yeux, en faisant bien attention à mon maquillage. J'ai sorti une canette de Coca-Cola de la glacière à l'arrière et l'ai ouverte pour lui, avant d'en prendre une autre pour moi. Puis nous avons bavardé des performances lamentables des Hawks, l'équipe de baseball de Bon Temps, et j'ai raconté à Sam que j'étais allée regarder l'entraînement de softball la semaine précédente. Tout était revenu à la normale entre nous deux.

Lorsque nous avons fait une halte à une station essence, dans les environs de Dallas, j'ai remarqué une Ford Focus noire qui filait à toute vitesse.

— Ça, c'est bizarre, ai-je lancé à Sam, alors qu'il tapait son code à la pompe. J'ai déjà vu cette voiture quand on s'est arrêtés pour savoir d'où venait le bruit.

Une branche s'était accrochée sous le pick-up, produisant un vacarme effrayant.

Sam a levé les yeux un instant.

— Eh bien, il y a toujours du monde sur l'autoroute, et les Focus, ça ne manque pas.

— Mais c'est la même, je la reconnais : il y a un éclat sur le pare-brise côté conducteur.

Je me suis dirigée vers le bâtiment pour aller aux toilettes. Je voyais bien que Sam n'avait aucune envie de se préoccuper d'une Ford Focus. Moi non plus, d'ailleurs. Mais on ne se refait pas.

Pendant tout le reste du trajet, je suis restée en alerte mais je n'en ai pas reparlé. Nous avons donc discuté paisiblement au passage de Dallas, puis de Fort Worth, jusqu'à la sortie qui nous mènerait vers le sud, à Wright.

J'avais proposé de prendre le volant, mais Sam avait décliné, expliquant qu'il connaissait si bien la route que cela ne l'embêtait pas de conduire.

— Ça me fait plaisir, d'avoir de la compagnie pour une fois. Depuis la Révélation, j'ai dû aller à Wright un nombre incalculable de fois.

La mère de Sam avait eu de gros problèmes ce soir-là : son deuxième mari avait été si traumatisé que sa femme puisse se transformer en animal qu'il lui avait tiré dessus.

— Pourtant, tu as une sœur et un frère, non ?

— Absolument. Mindy et Craig. Mindy a vingt-six ans. Elle a épousé Doke Ballinger. Ils allaient au même lycée.

Ils ont deux gamins, Mason et Bonnie. Ils vivent à Mooney, à cinquante kilomètres de chez ma mère.

— Comment s'appelle la future femme de Craig, déjà ? Daisy ? Denise ?

— Deidra. Elle est de Wright. Elle et Craig vont tous les deux à l'université de Dallas. Elle est très jolie. Elle n'a que dix-neuf ans et Craig en a vingt-quatre. Il était à l'armée avant de commencer la fac.

— Il y a beaucoup de militaires, dans ta famille.

Le père de Sam et Craig avait été militaire.

Sam a haussé les épaules.

— Avec la carrière de Papa, on a été habitués à considérer l'armée comme une option possible. Pour nous, ce n'est pas complètement ahurissant comme dans d'autres familles. Craig avait toujours apprécié Deidra, mais quand il était au lycée, elle était bien trop jeune pour qu'il pense à sortir avec elle. Alors quand il a su qu'une fille de Wright allait à l'université de Dallas, il l'a appelée, et ils ont eu le coup de foudre dès le premier rendez-vous.

— Oh, c'est trop mignon ! Ça a dû être dur pour eux, tous ces problèmes.

— Ça c'est sûr. Au début, Craig était plutôt furieux contre moi et Maman, et puis il a fini par accepter. Mais la famille de Deidra a complètement paniqué. Le mariage a été annulé plus d'une fois.

J'ai hoché la tête. Sam m'avait raconté comment la belle-famille de son frère avait réagi en apprenant que la future belle-mère de leur fille courait à quatre pattes par les nuits de pleine lune.

— Donc au lieu d'envoyer une énième série de cartons d'invitation, les Lisle ont simplement fait paraître une annonce dans le journal de Wright.

— C'est grand comment, Wright ?

Sam m'a répondu en pouffant de rire.

— À peu près comme Bon Temps. Sauf en été, à la saison des touristes. Il y a une rivière qui coule à l'ouest : les gens font pas mal de camping et de rafting. La nuit, les campeurs et les rafteurs ont besoin de s'amuser. Alors la ville compte quelques gros bars qui invitent des musiciens. On a aussi un magasin de vêtements western et une école d'équitation qui prend même les débutants. Et puis d'autres choses aussi, tu vois le genre. Comme ça, les gens peuvent s'occuper quand ils ne sont pas dans l'eau. Mais les habitants sont plutôt conservateurs et tout le monde est content quand les touristes partent à l'automne.

— Ta mère a eu des problèmes avec la population, depuis l'incident ?

Sam, lui, avait été la cible d'une manifestation dans le parking du *Merlotte*, mais tout s'était calmé depuis. J'espérais bien que c'était définitif d'ailleurs.

— Je lis entre les lignes, mais je pense que oui. Les gens ne sont plus aussi gentils qu'avant. Don est du coin. Il a des cousins et des copains partout à Wright.

— Il est en prison, là, non ?

— Effectivement. Il n'a pas réussi à payer sa caution. Il n'a jamais nié avoir tiré sur Maman. Je ne comprends pas qu'on puisse le plaindre.

Je n'ai rien dit. De mon côté, je comprenais bien qu'un homme soit déstabilisé en apprenant que sa femme se change en animal. Évidemment, tirer sur cette même femme, c'était plus qu'excessif. Mais regarder sa femme devenir un chien... N'importe quel homme serait secoué. Cependant, il ne m'appartenait pas de résoudre la situation, et j'étais sincèrement désolée de la tournure qu'avaient prise les événements.

Je ne me rendais donc pas à un mariage normal et détendu. Je savais déjà une partie de ce que Sam me racontait là, mais je me suis dit malgré tout que j'aurais peut-être dû poser plus de questions avant de m'embarquer dans cette histoire. J'ai pensé soudain au fusil que mon frère m'avait donné et qui reposait sagement, totalement inutile, dans son placard.

— Tu as l'air plutôt inquiète, Sookie.

À ses mots, j'ai lu le désarroi dans l'esprit de Sam.

— Je ne t'aurais pas amenée si je n'étais pas convaincu que rien de mal ne pouvait t'arriver, tu sais.

— Sam, j'espère que tu connais toutes les implications de ce qui se passe à Wright... Je sais, tu m'avais demandé de venir avant de commencer à sortir avec Jannalynn, mais ça ne m'aurait absolument pas dérangée que tu veuilles l'amener à ma place.

Sam a compris ce que je voulais dire. Il m'avait bien expliqué que les mœurs et les manières de Jannalynn n'étaient pas forcément recommandables, mais il fallait reconnaître qu'elle savait parfaitement se défendre – elle était même Second de la meute de Shreveport. Que pourrais-je faire, moi, si nous étions attaqués ? Trucider quelqu'un à coups de télépathie ?

— Mais ça ne craint rien ! s'est exclamé Sam en riant. J'ai fini mon lycée là-bas, quand mon père a pris sa retraite, et Mindy et Craig ont grandi à Wright encore plus longtemps que moi. Les gens finissent toujours par s'habituer à la nouveauté, même dans un petit bled paumé comme Wright. Ce sont des gens ordinaires. Ils nous connaissent depuis des années.

Je n'étais pas totalement convaincue...

J'ai aperçu la Focus noire encore une fois, puis plus rien. J'ai tenté de me rassurer : il y avait des centaines de voitures sur cette portion de l'autoroute et beaucoup suivaient la même direction que nous.

Petit à petit, la verdure abandonnait le paysage qui devenait de plus en plus aride. Les arbres perdaient de la hauteur, les rochers se multipliaient et des cactus ponctuaient la végétation rabougrie. Après la sortie de l'autoroute, les agglomérations se sont espacées. Elles étaient petites et des clôtures de tous styles bordaient les accotements – nous nous enfoncions dans le pays des ranchs.

Lorsque nous sommes arrivés à Wright, tout m'a semblé très ordinaire. La route nationale traversait la ville du nord au sud et formait l'artère principale, Main Street. Tout ici respirait le patelin perdu. Les constructions basses et poussiéreuses s'étalaient tout en longueur. J'observais les habitants tandis que nous passions des stations-services, Sonic, Dairy Queen et McDonald. J'ai remarqué trois motels, ce qui me semblait excessif. Puis je me suis souvenue de la rivière et du tourisme. Le camping était plein et quelques vacanciers épars marchaient vers l'ouest, tongs au pied et serviette sur l'épaule. Il était pourtant tôt dans la saison. Nous sommes aussi passés devant un magasin de location de canoës, bouées, rafts, barbecues et tentes.

— On a le droit de faire un barbecue sur les bancs de sable, à la rivière, m'a raconté Sam. C'est sympa. Tu prends ta glacière et de la crème solaire... Tu bois ta bière, tu te fais griller une viande, et tu vas dans l'eau quand ça te chante.

— J'aimerais bien avoir le temps de faire ça ! me suis-je exclamée.

Puis j'ai trouvé qu'il pouvait penser que je me plaignais ou que je lui tendais une perche, et je me suis reprise aussitôt en ajoutant gaiement :

— Mais la priorité, c'est le mariage ! Tu pourras peut-être amener Jannalynn ici plus tard cet été.

Sam est resté impassible. J'avais vu Jannalynn se montrer agressive, brutale et même féroce. Mais elle devait bien avoir des côtés plus doux, non ? Elle ne se réduisait certainement pas à une amazone en bustier et talons aiguilles, qui passait son temps à massacrer et fracasser les crânes de ses ennemis. Si ?

En tout état de cause, j'étais heureuse de voir enfin la ville où avait grandi Sam.

— Où est ton lycée ? lui ai-je demandé en essayant d'imaginer Sam en adolescent.

Il a viré vers l'est pour me montrer le petit lycée dans lequel il avait fait tant de sport. À l'époque, on le surnommait M. Yellowjacket. Le stade du même nom n'était pas plus grand que celui de Bon Temps mais en bien meilleur état. Le lycée quant à lui avait vu des jours meilleurs. La bibliothèque était flambant neuve et un drapeau flottait fièrement sur la poste, claquant dans le vent chaud.

— Pourquoi ton père a-t-il pris sa retraite à Wright, en quittant l'armée ? Et qu'est-ce qu'on fait, par ici, comme travail – à part s'occuper des touristes ?

— Le plus gros de l'activité, c'est l'élevage. Il y a bien quelques agriculteurs, mais la terre est trop rocheuse et on n'a pas beaucoup de pluie. La plupart des gens gagnent le gros de leurs revenus pendant la saison touristique et s'en sortent avec des petits boulots le reste de l'année. On a beaucoup de chasseurs, juste après les touristes et ils rapportent pas mal aussi. Autrefois, mon père travaillait à Mooney, là où habitent Doke et Mindy. Il faisait la sécurité pour une grosse usine qui fabrique des éoliennes. Doke travaille là-bas, maintenant.

— Et vous avez déménagé ici au lieu de Mooney ?

— Mon père voulait qu'on ait l'expérience de vivre dans une petite ville. Il pensait que c'était le meilleur moyen de me gérer pendant la fin de mon adolescence et d'élever Mindy et Craig. À l'époque, certains membres de la famille de ma mère habitaient encore ici. Et il adorait la rivière.

Pendant qu'il parlait, j'observais les gens rentrer et sortir des commerces et des bureaux. Il y avait beaucoup plus de visages bruns qu'à Bon Temps – la population hispanisante avait pourtant largement augmenté chez nous ces dernières années. Certains étaient manifestement indiens et je voyais très peu de Noirs : c'était une population totalement différente de chez moi. J'ai remarqué également qu'on s'habillait différemment : les vêtements de style western abondaient. C'était logique – nous avions vu une arène de rodéo en arrivant.

Nous avons pris sur la gauche, pour nous retrouver aux frontières sud de la ville, dans une rue étroite. Les maisons étaient construites dans le style ranch. Dans un ou deux jardins, on pouvait voir un mobile home, abritant peut-être une belle-mère ou des jeunes mariés. Une cabane à outils préfabriquée se dressait dans un coin du jardin chez presque tout le monde. Beaucoup de fenêtres étaient ouvertes. Apparemment, les gens n'allumaient pas l'air conditionné aussi tôt dans l'année qu'à Bon Temps. Pour abriter leurs voitures, les habitants préféraient visiblement les auvents aux garages et les avaient installés devant ou sur le côté de la plupart des maisons.

Chez la mère de Sam, l'auvent s'étendait sur la moitié de la façade, offrant suffisamment d'espace pour deux véhicules. Loin d'être esthétique, mais efficace.

— C'est ici que tu vivais ? ai-je demandé.

— Oui, c'est la maison que mes parents ont achetée quand Papa a quitté l'armée. Don est venu ici après le mariage avec Maman. Au fait, elle s'appelle toujours Bernadette Merlotte. Elle n'a jamais pris le nom de Don.

La demeure de Bernadette était une modeste maison d'environ cent vingt mètres carrés, aux parements peints de blanc, avec des volets décoratifs vert foncé. Le jardinet ne laissait pratiquement aucune place à la pelouse : il était envahi de parterres contenant des fleurs, des galets et des statues de ciment. Ces dernières étaient d'une variété surprenante : une petite fille et son chien, une grenouille, ou encore une qui était censée figurer une créature féerique. Après avoir vu celle-là d'ailleurs, les faé que je connaissais auraient très certainement assassiné la mère de Sam... À voir l'état du peu d'herbe qui survivait, Bernadette Merlotte préférait nettement s'occuper de ses fleurs, ce qu'elle faisait manifestement avec amour.

Un petit chemin serpentait vers la véranda, posée au même niveau que le sol, contrairement à chez nous.

Après un soupir imperceptible, Sam s'est secoué légèrement avant de sortir de la voiture avec un air décidé. Je n'allais pas faire de manières et j'en ai fait autant. Je n'avais qu'une envie : m'étirer les jambes et le dos après l'interminable trajet. Je me sentais aussi anxieuse à l'idée de rencontrer la famille de Sam que si j'avais vraiment été sa petite amie.

Une porte moustiquaire a claqué et la mère de Sam s'est précipitée pour prendre son fils dans les bras. Très mince, elle faisait à peu près ma taille – environ un mètre soixante-dix. Maintenant un peu fanée, sa chevelure avait dû être du même blond cuivré que son fils. Elle passait apparemment beaucoup de temps au soleil – nous aurions au moins cela en commun. Enfin dans les bras de son fils, elle riait avec bonheur :

— C'est si bon de te voir !

Après l'avoir serré encore une fois contre elle, elle s'est dégagée avant de se tourner vers moi.

— Vous, vous devez être Sookie. Sam m'a beaucoup parlé de vous !

Derrière ses paroles chaleureuses et accueillantes se cachait pour l'instant de la méfiance, que je percevais parfaitement.

J'ai eu peur de sembler distante en lui serrant la main et je l'ai serrée dans mes bras à mon tour.

— Je suis contente de vous rencontrer, madame Merlotte. Et je suis ravie de voir que vous allez si bien.

— Ah il faut m'appeler Bernie. Comme tout le monde.

Après un instant d'hésitation, elle a ajouté :

— Je voudrais vous remercier d'avoir géré le bar quand je me suis fait tirer dessus et que Sam est venu me voir.

Elle avait fait un effort pour mentionner l'incident d'un ton naturel.

— Alors, Maman, tu les fais entrer ? a demandé une jeune femme dans l'encadrement de la porte.

— Attends un peu, toi, on arrive !

Dans la plus grande confusion, nous avons réussi à sortir nos bagages du pick-up avant d'entrer dans la maison. Pendant ce temps-là, le voisin de droite, un homme qui paraissait avoir la soixantaine, est sorti dans son jardin, ostensiblement pour prendre son courrier. Ayant croisé son regard, je lui ai adressé un signe de tête amical. À mon grand étonnement, il a dirigé son regard à travers moi, comme si je n'existais pas. J'avais pourtant lu dans son esprit qu'il me voyait très clairement.

Cela ne m'était encore jamais arrivé. Ahurissant. Mais personne n'avait rien remarqué et ce n'était pas mon voisin. Je n'ai donc rien dit.

Une fois passé le seuil, j'ai mis mes états d'âme dans ma poche : c'était le moment des présentations. La petite maison était bondée. Il y avait là Mindy, la sœur de Sam et mère de deux enfants. Doke Ballinger, son mari, était aussi mince et silencieux qu'elle était rondouillette et bavarde. Réfugiés derrière elle, leurs enfants – Mason, cinq ans et Bonnie, trois ans – m'observaient avec de grands yeux. Et enfin on m'a présenté Craig, le futur marié. C'était un véritable clone de son frère, mais en plus insouciant. Les deux frères avaient en commun leur teint, leur taille et leur carrure. La fiancée de Craig, Deidra Lisle, était si jolie que j'en avais mal aux yeux. Avec une peau légèrement hâlée et de grands yeux noisette, elle portait une crinière acajou qui lui tombait jusqu'à la taille. Elle ne dépassait pas le mètre soixante et sa petite stature tout en courbes évoquait une féminité irrésistible.

Elle m'a serré la main timidement en souriant, découvrant des dents aussi parfaites que sa peau. Décidément, rien à redire.

Elle était enceinte. Elle espérait que ça ne se voyait pas, que personne ne remarquerait. Mais moi je le savais. Et maintenant que j'avais compris, je percevais l'autre esprit qui flottait en elle. C'était étrange, d'ailleurs, car je n'y lisais ni langage, ni pensées.

Bon, encore une chose qui ne me regardait pas. Tant mieux pour eux. Et j'étais la seule à sentir cette présence.

Ensuite, Bernie m'a menée vers une chambre minuscule qui contenait un convertible, une machine à coudre, une console informatique et une table de bridge. Celle-ci était couverte de matériel de scrapbooking.

— C'est simplissime ici, s'est excusée Bernie. J'espère que ça ne vous dérange pas, de dormir dans mon « atelier ». C'était la chambre de Mindy. Quand elle a quitté la maison, je l'ai récupérée pour moi.

J'entendais une nuance de défi dans sa voix.

— Non, m'dame, ça ne m'ennuie pas du tout.

J'ai posé mon sac à côté du canapé.

— Si vous en êtes d'accord, je vais simplement suspendre tout ça dans l'armoire.

J'avais empoigné ma housse à vêtements et j'attendais sa permission.

— Pas de problème, allez-y, m'a lancé Bernie en se détendant légèrement.

Il y avait tout juste assez de place dans l'armoire, en plein milieu de la tringle.

— Oh, je suis désolée ! s'exclama Bernie. Je voulais pourtant m'en occuper et vous faire de la place. En fin de compte, j'ai mis plus de temps que prévu à me remettre de mes blessures.

— Ne vous en faites pas.

Il y avait un crochet supplémentaire à l'extérieur de la porte et c'est là que j'ai suspendu ma robe, plutôt que de la froisser en la serrant à l'intérieur.

— Qu'est-ce qui se passe, avec votre voisin ? ai-je soudain demandé en repensant à l'incident troublant.

— Jim Collins ? Oh, c'est un vieux grincheux, a-t-elle répondu en esquissant un sourire. Pourquoi ? Il vous a regardée de travers quand vous êtes entrée ?

— Oui, c'est ça.

— N'y faites pas attention. Il se sent seul depuis la mort de sa femme. C'était un grand copain de Don qui l'aidait tout le temps au jardin et ils allaient à la pêche ensemble. Il me croit responsable des embêtements de Don.

Des « embêtements »… Quelle étrange façon d'évoquer le fait que Don était en prison pour avoir tenté de l'abattre.

— Jim Collins vous hait.

Elle m'a adressé un regard très bizarre.

— Et vous avez vu ça d'un seul regard dans le jardin ? Ne vous inquiétez pas de Jim, Sookie. Allez, on va vous trouver du thé glacé.

Sam n'avait donc rien dit à sa mère de mes aptitudes à la télépathie. Intéressant.

J'ai suivi Bernie le long du petit couloir qui conduisait à la cuisine. Je n'avais pas pensé qu'elle serait si grande : elle comprenait une partie salle à manger, installée dans le bow-window. Deidra se trouvait assise à la grande table ronde, avec Bonnie, la petite fille de Mindy, sur les genoux. L'enfant tenait un biscuit tout détrempé à la main et semblait parfaitement heureuse. Par la fenêtre, j'apercevais Mason et son père qui faisaient des passes de baseball dans le jardin de derrière avec Craig et Sam. Je suis allée à la porte pour observer la scène familiale. En m'apercevant, Sam m'a lancé un regard interrogateur, pour me demander si tout allait bien. Il était prêt à rentrer si j'avais besoin de soutien.

Touchée, je lui ai fait un signe de tête rassurant doublé d'un sourire, avant de retourner vers l'intérieur. Sur la table étaient posés un pichet de thé glacé et un verre pour moi. Je me suis servie et me suis assise à côté de Deidra. Mindy avait posé un panier plein de linge propre sur le plan de travail et s'affairait à le plier. Bernie essuyait la vaisselle. J'aurais pensé que je me sentirais de trop, mais finalement non.

— Sookie, vous êtes la première fille que Sam ramène à la maison depuis des années, commença Mindy. On est tous pressés de vous connaître.

L'approche était directe – ce que j'appréciais d'ailleurs. Je n'avais aucune envie de leur mentir sur notre relation mais Sam m'avait amenée ici pour faire baisser la fièvre maritale. Heureusement, Sam et moi étions très proches. Sinon, je me serais sentie encore plus mal à l'aise. Je me suis réconfortée intérieurement : je n'étais peut-être pas sa « petite » amie, mais j'étais tout de même son amie. La vérité était presque sauve.

J'ai répondu en choisissant mes mots avec soin.

— Je travaille pour Sam depuis quelques années. Mes parents sont décédés quand j'avais sept ans. C'est ma grand-mère qui nous a élevés, mon frère et moi. Gran est morte il y a quelques années et j'ai hérité de sa maison. Mon frère a eu celle de mes parents, ai-je précisé pour qu'elles sachent qu'aucune injustice n'avait été commise. J'ai eu mon bac à Bon Temps mais je n'ai pas pu continuer mes études.

Résumé succinct. Réactions mixtes.

— Votre frère est marié ? demanda Mindy.

Elle pensait à son propre frère, en passe de se marier, et à la naissance potentielle d'un enfant qui rendrait sa mère heureuse. Eh bien Bernie allait être grand-mère de nouveau, et plus tôt que Mindy ne l'imaginait...

— Il est veuf.

— Non ! s'est exclamée Deidra, incrédule. Dites donc, les membres de votre famille n'ont pas une très bonne espérance de vie !

Aïe.

— Mes parents sont morts à cause d'une crue subite, ai-je expliqué.

C'était la version officielle de l'histoire.

— Ma grand-mère a été assassinée, ai-je poursuivi. Ma belle-sœur également. Alors on n'a jamais su si leur espérance de vie était longue ou non.

En fait, ils avaient tous été assassinés. Je ne me l'étais jamais exprimé de cette façon. Il fallait bien avouer que, effectivement, l'espérance de vie dans ma famille était franchement courte. Si je suivais les tendances familiales, j'allais mourir de mort violente dans un avenir plutôt proche...

Les expressions horrifiées des femmes autour de moi montraient qu'elles en avaient eu un peu trop pour leur argent. On allait probablement me poser beaucoup moins de questions personnelles.

J'ai repris joyeusement :

— Mais mon frère est toujours en vie ! Il s'appelle Jason.

Elles semblaient soulagées. Deidra a saisi une serviette pour débarbouiller Bonnie en s'exclamant :

— Bonnie, tu es couverte de chocolat !

Tandis que Mindy et Bernie éclataient de rire, Bonnie souriait largement, heureuse d'attirer l'attention.

Il était temps de s'écarter de ma propre famille et de changer de sujet.

— Vous avez une grande famille, Deidra ?

— J'ai deux sœurs plus jeunes, qui ont dix-sept et quinze ans. Elles sont encore au lycée. Et j'ai deux frères plus âgés. L'un travaille ici, à Wright, et l'autre est à l'armée.

— Et vous, Bernie ? Vous avez des frères et sœurs plus jeunes ?

Bernie remuait quelque chose dans une casserole et s'est tournée vers moi, le regard sardonique.

— Et pourquoi plus jeunes ? J'ai l'air si vieille ?

— Mais vous êtes forcément l'aînée, puisque vous êtes la métamorphe de la famille.

Tous les visages se sont tournés vers moi, déconcertés.

— Sam vous a raconté beaucoup de choses, a conclu Mindy. Hmm. D'habitude, il ne parle pas beaucoup de son patrimoine génétique.

— Je ne sais plus si c'est Sam qui me l'a dit ou un loup-garou, ai-je précisé.

— Curieux, a repris Bernie. Vous avez fréquenté d'autres métamorphes ?

— Oui. Et mon frère est panthère-garou, mais pas de naissance. Il a été mordu.

Nouvel échange de regards interloqués. Puis Bonnie a demandé le pot et Mindy a interrompu sa corvée de chaussettes pour l'emmener dans les toilettes du couloir.

— Alors les hybrides, ça ne vous pose pas de problème, a dit Bernie.

— Mais non !

Elles ont bien vu que j'étais surprise.

— On croyait...

— Quoi ?

Deidra a poursuivi :

— On pensait que votre famille n'apprécierait pas que vous vous mariiez pour tomber dans une famille de métamorphes, comme ma propre famille. Je veux dire… Enfin maintenant, ils ont changé d'avis, mais quand ils ont vu la femme se transformer, à la télévision, ils étaient complètement affolés.

À l'instar des vampires, les hybrides avaient désigné certains membres de leurs communautés pour se rendre aux chaînes de télévision locales et se transformer en direct.

Don n'avait pas été le seul à réagir de manière incontrôlée.

— Si j'avais une grande famille, il y aurait peut-être des problèmes. Mais ça ne gênerait pas mon frère, si j'épousais quelqu'un dont la famille porte le gène. Il n'y a que lui, dans ma famille.

Et très honnêtement, je me moquais totalement de son avis.

— Ce n'est pas que j'aie l'intention de me marier, ai-je ajouté précipitamment.

Je n'avais même pas eu l'intention de me marier selon le rite vampire, d'ailleurs.

J'avais le pressentiment que même si je faisais tout pour diriger la conversation sur la cérémonie d'aujourd'hui, les femmes de la famille s'attacheraient à l'orienter sur une union potentielle entre Sam et moi… J'ai tenté une diversion.

— Deidra, vous allez porter la robe blanche traditionnelle ?

La future mariée a acquiescé avec un sourire. Mon Dieu qu'elle avait de belles dents.

— Absolument. C'est une robe bustier toute blanche. Je l'ai eue en solde dans une boutique de mariage à Waco. Ça valait la peine de faire tout le chemin !

— Et combien de demoiselles d'honneur ?

Ses traits se sont assombris.

— Eh bien…

Après une pause, elle s'est forcée à continuer.

— Deux, a-t-elle répondu en souriant de toutes ses dents. Mes sœurs.

— Deux de ses amies se sont désistées quand je me suis fait tirer dessus, a coupé Bernie d'une voix monocorde.

Mindy était revenue dans la cuisine avec sa fille maintenant toute propre. Elle l'a envoyée dans le jardin avec les hommes.

— Attention, missile en approche ! a-t-elle hurlé avant de refermer la porte.

— Quelles saletés, ces filles-là, a-t-elle dit brusquement, en parlant des demoiselles d'honneur qui s'étaient défaussées de leur responsabilité.

Deidra a tressailli.

— Mais celles qui sont là pour toi, ce sont les deux meilleures, a conclu Bernie.

Sa belle-fille lui a lancé un sourire reconnaissant. Puis Bernie a changé de sujet.

— Sookie, j'espère que vous aimez le poulet au four.

— Ah ça oui ! Est-ce que je peux vous aider ?

Bernie a refusé – je voyais bien qu'il serait plus facile pour elle d'évoluer dans sa cuisine sans avoir une inconnue dans les pattes. Pour meubler la conversation, je leur ai raconté le double mariage des Bellefleur. J'avais dû remplacer une demoiselle d'honneur au pied levé, parce qu'elle avait fait une crise d'appendicite. Je les ai fait rire en décrivant la scène : j'avais eu du mal à respirer dans sa robe trop étriquée ainsi qu'à marcher dans les escarpins trop petits et trop hauts. Petit à petit, je me suis détendue. Mindy a terminé le linge, Bonnie est rentrée en pleurant avec un genou écorché et, par erreur, Craig a lancé la balle dans le jardin de M. Collins.

En fond sonore, j'entendais les voix des hommes tandis qu'ils s'interpellaient et s'occupaient de Mason. Brusquement, le silence est tombé. Instantanément, je me suis mise en alerte, l'oreille attentive.

Je suis sortie brusquement et j'ai regardé vers la droite. Jim Collins se tenait derrière une trouée dans la haie mal taillée, sa calvitie luisant au soleil, la balle de baseball dans ses mains recouvertes de taches de son. Je savais ce qu'il allait faire avant même qu'il n'agisse. Je l'ai su dès que l'intention s'est formée dans son cerveau.

Collins avait peut-être soixante ans, mais il était en pleine forme. La balle a fondu sur Sam à toute vitesse. Ma main l'a interceptée aussitôt. La force de l'impact m'a cinglée brutalement, mais je n'en ai rien montré – il n'en était absolument pas question. J'ai accroché le regard de Collins et l'ai fixé droit dans les yeux. Je n'ai pas dit un mot. J'avais trop peur de ce que je pourrais dire.

Le silence s'est appesanti. Doke, le mari de Mindy, a fait deux pas en avant et il s'est adressé à Collins.

— Pas un mot devant mon fils. N'y pensez même pas !

Il était si furieux qu'il avait du mal à se contrôler.

À cet instant précis, j'aurais voulu être sorcière, pour renvoyer toute sa malfaisance au voisin de Bernie. Mais je n'avais ni superpouvoir ni pouvoir surnaturel, ni rien de rien. Tout ce que je possédais, c'était ma capacité erratique à lire dans les esprits ainsi que ma force et ma rapidité surprenantes, générées par quelques gorgées du sang d'Eric. J'ai laissé retomber mon bras, la balle serrée dans mon poing, et Sam est venu me rejoindre. Il a posé la main sur mon épaule et nous avons observé Jim Collins tandis qu'il se retournait pour rentrer chez lui, toujours impassible.

— Il a fait exprès ? C'était moi qu'il visait ? m'a demandé Sam discrètement.

La colère me rendait muette. J'ai tourné la tête pour le regarder droit dans les yeux et j'ai hoché la tête.

— Merci, Sookie. Tu as évité le pire. J'aurais peut-être pu l'attraper, mais pas forcément.

Sam était incroyablement rapide, comme tous les métamorphes, mais dans le cas présent l'attaquant l'aurait pris par surprise.

— J'ai pu le faire parce que j'ai compris à temps, ai-je dit en évitant de mentionner le sang d'Eric. Ce débile voudrait te provoquer. J'espère que les autres voisins ne sont pas du même style.

— Autrefois, ils ne l'étaient pas, a répondu Sam d'une voix blanche. Mais maintenant, c'est difficile à dire...

— Qu'ils aillent se faire voir. Vous êtes des gens bien, Sam. Ta mère et toi, vous êtes formidables à tout point de vue – sauf que ta mère n'a peut-être pas très bien choisi son deuxième mari.

Les voix des hommes rentrant à l'intérieur retentissaient. La petite voix fluette de Mason s'extasiait de ma belle prise.

— Oui, ma mère a compris, maintenant. Je crois qu'elle n'avait jamais imaginé que Don pourrait se montrer si furieux qu'elle ait une seconde nature. Elle était si certaine qu'il l'aimait...

Il fallait maintenant passer à autre chose.

— Ta mère prépare du poulet. Au four, avec du parmesan et de la chapelure.

Les yeux de Sam se sont illuminés.

— Ah oui ? C'est une très bonne cuisinière, tu sais.

— Je ne sais pas comment on va tous tenir, autour de cette table.

— J'irai prendre une autre table, on va y arriver.

Effectivement, il avait raison. Personne n'a reparlé de Jim Collins, et personne ne m'a posé de question sur mon exploit. Le clan des Merlotte, pièces rapportées comprises, acceptait le bizarre sans broncher – du moins maintenant.

Une fois passée cette journée bien remplie, la soirée s'est éternisée. Après la vaisselle et le départ de Deidra, qui rentrait pour la nuit chez ses parents, j'avais vraiment envie d'aller me coucher. Mindy et Doke étaient repartis dès la fin du dîner pour donner le bain aux enfants et les mettre au lit. Le lendemain, samedi, serait consacré à la répétition, dans la matinée, et au mariage, à 4 heures, suivi d'une réception. Les trois événements auraient lieu à l'église de Deidra.

Craig avait pris soin de me faire la conversation pendant que je lavais la vaisselle et qu'il la séchait. Il m'a appris que la réception se réduirait à un vin d'honneur, ce qui est souvent le cas dans le Sud.

— On s'est décidés tellement vite qu'on n'a pas eu le temps d'organiser quoi que ce soit d'autre, a-t-il expliqué en souriant. Les Lisle – la famille de Deidra – ont pété un câble au départ ! Ils ont reporté la première date, nous ont obligés à aller voir un conseiller matrimonial... Alors on ne voulait pas de problème, cette fois-ci. Ça nous est égal, de ne pas avoir de vrai dîner de mariage. Un vin d'honneur, c'est parfait, avec du punch et des gâteaux. Et ça coûte bien moins cher.

— Vous allez vivre où ? À Dallas ? Sam m'a dit que vous alliez tous deux en fac, là-bas.

— Je viens d'avoir mon diplôme et j'ai pris un appartement à Houston. J'ai trouvé du boulot en support technique dans une grosse boîte. Deidra doit finir sa formation de secouriste urgentiste.

Elle allait certainement devoir reporter l'affaire en raison de sa grossesse, mais je me suis abstenue d'en parler.

— Quand on sera installés, elle voudrait devenir assistante médicale, en fait.

— J'espère sincèrement qu'elle y arrivera.

Décidément, elle n'allait pas chômer, avec un nouveau mari et un nouveau bébé...

— Et vous ?

— Mon avenir à moi ?

Je me suis arrêtée pour réfléchir. Craig et moi restions seuls dans la cuisine. Sam était sorti déplacer son pick-up, qui bloquait la voiture de Deidra. Bernie était dans la salle de bains.

— En fait, j'ai déjà un super boulot et je bosse pour un type super sympa.

Craig s'est mis à rire. J'ai hésité un peu avant de poursuivre.

— Je vais peut-être prendre des cours en ligne. Les salles de classe, ça ne me convient pas très bien.

Craig s'est tu quelques instants. Je savais ce qu'il pensait : il voyait que j'étais loin d'être bête, alors quel était mon problème ? Est-ce que j'étais atteinte de troubles particuliers ? Est-ce que je manquais tout simplement d'ambition ? Pourquoi n'étais-je pas montée plus haut ?

Pendant une fraction de seconde, je me suis sentie profondément blessée. Puis j'ai compris que Craig voulait naturellement que son frère sorte avec une fille qui ait des idéaux et certaines aspirations dans la vie. J'aurais tellement voulu l'impressionner avec mon unique talent. Je luttais.

J'aurais pu lui dire par exemple que je savais qu'il avait récemment arrêté de fumer, à la demande de Deidra, et qu'il mourait d'envie d'en prendre une. Ou que je savais qu'ils attendaient un enfant. Ou que mes seins n'avaient rien d'artificiel, ce qui aurait répondu à une autre interrogation silencieuse...

Quand on s'ouvre aux pensées des autres et qu'on reste dans leur esprit pendant plus d'une seconde, on perçoit énormément de choses.

Si on analyse ce qu'on a eu en tête au cours des dernières minutes, on comprend tout de suite qu'on ne voudrait absolument personne dans notre esprit. Sam m'avait demandé un jour si je pensais que je pourrais apporter une aide efficace à la Sécurité intérieure. Je m'étais demandé comment. En restant debout à côté des personnes qui attendent d'être fouillées ? Est-ce qu'un terroriste détaillerait mentalement son plan d'attaque ? Pourrais-je en détecter un dans un aéroport choisi au hasard ? Impossible.

J'aurais souhaité en discuter avec lui, comme avec tant d'autres personnes par le passé. J'aurais aimé que les autres comprennent mon quotidien. Pourtant, je n'avais aucune envie de me plaindre et de jouer les

Caliméro – comme me taquinait ma grand-mère, lorsqu'elle trouvait que je m'apitoyais un peu trop sur mon sort.

J'ai poussé un soupir. Ce n'était pas la Journée Mondiale des Télépathes. J'avais tout intérêt à me remonter les bretelles toute seule avant de poursuivre ma vie. J'ai souhaité bonne nuit à Craig et j'ai attendu mon tour pour prendre la salle de bains. C'était bon de me doucher. La journée si longue s'écoulait avec l'eau. Emmitouflée dans mon peignoir, je suis ressortie dans le couloir avec mon paquet de vêtements.

Sam m'attendait devant ma porte. Il semblait fatigué mais détendu. Le fait d'être chez lui, parmi les siens, lui procurait un sentiment de contentement. Il s'est écarté pour me laisser passer et je suis allée poser mon linge sur mon sac de voyage. Lorsque je me suis retournée, il me considérait d'un regard affectueux. Il ne montrait ni désir, ni frustration, rien que de l'affection. Mon cœur a fondu. Nous nous sommes serrés l'un contre l'autre. C'était merveilleux de respirer son odeur. Il se moquait de mes cheveux mouillés, de mon visage démaquillé, de mon peignoir tout usé. Il était simplement heureux que je sois présente. Il s'est écarté légèrement, sans toutefois me lâcher complètement, pour me parler en chuchotant.

— Merci d'être venue avec moi, Sookie. Et merci d'avoir désamorcé la situation avec M. Collins.

Dans l'esprit de Sam, je voyais qu'il pensait que Jannalynn aurait bondi dans le jardin du vieil homme pour le massacrer. Il semblait croire que le problème avec le voisin de sa mère était désormais résolu. Je ne savais pas quoi lui dire. Puis j'ai décidé de me taire. Le mariage était pour le lendemain. Je voulais qu'il se sente bien et qu'il passe une bonne nuit.

— Pas de souci. Au moins, mon entraînement de softball a été utile.

Sam s'est dirigé vers la porte.

— Je suis là-bas, dans mon ancienne chambre, m'a-t-il informée en indiquant une porte d'un signe de tête. Craig est avec moi. Maman est à l'autre bout du couloir.

Je me demandais pourquoi il me l'avait précisé – et je me suis rendu compte que ça me rassurait, de savoir où il se trouverait pendant la nuit. Puis il m'a demandé dans un souffle presque inaudible :

— Tu vas appeler Eric ?

— Peut-être. Ça lui ferait certainement plaisir.

— Dis-lui que... Et puis non, ne dis rien.

Sam n'appréciait pas particulièrement mon Viking.

— Je voulais te dire de le remercier de t'avoir laissée venir, mais en fait, tu as le droit d'aller où tu veux, point barre.

Je lui ai souri.

— Effectivement, Sam. Et c'est très bien que tu en sois conscient.

Par-dessus son épaule, j'ai vu la porte au bout du couloir s'entrouvrir – l'œil de Bernie nous épiait. Sam a eu un petit sourire – il savait qu'on nous observait. J'ai cligné de l'œil que Bernie ne voyait pas et je l'ai embrassé. C'était un court baiser, plein de tendresse. Lorsque nous nous sommes détachés l'un de l'autre, Sam avait dans le regard une certaine lueur – il aurait apprécié un échange beaucoup plus long, pour le bénéfice de sa mère... Mais je me suis reculée en riant.

— Bonne nuit !

Et j'ai refermé ma chambre. J'ai écouté les pas de Sam s'éloigner avant de fouiller mon sac pour prendre mon portable. Quand Eric a répondu, je l'ai salué à voix basse – Bernie était certainement douée de l'ouïe fine des métamorphes.

— Salut, toi.

— Comment te portes-tu ? m'a-t-il demandé.

Les bruits de fond derrière sa voix ne ressemblaient pas au brouhaha habituel du bar.

— Tout va bien. Mais j'ai l'impression qu'il y a beaucoup de colère dans cette ville, contre Sam et sa mère, et ça m'inquiète un peu. Le pire pour l'instant, c'était simplement leur vieux voisin grincheux, mais il se prépare autre chose, c'est certain.

Je n'avais pas voulu en discuter avec Sam, et j'étais soulagée de vider mon sac avec Eric.

— Ça, c'est inquiétant, m'a-t-il répondu sans émettre la moindre trace d'inquiétude. Tu peux t'en sortir toute seule ou tu veux de l'aide ? Quel est le nom de la ville ?

— Je suis à Wright, au Texas !

J'ai dû lui répondre plutôt vertement : en principe, un petit ami est censé écouter quand on lui donne des informations, et je savais pertinemment que je lui avais parlé du mariage.

— C'est à l'ouest de Dallas, un peu vers le sud, ai-je précisé.

— À quelle distance ?

Je lui ai indiqué l'itinéraire que nous avions emprunté à l'aller.

— C'est dans le territoire de Joseph Velasquez, a-t-il conclu. Stan le lui a confié quand il est devenu roi.

— Et alors ?

— Pour t'envoyer quelqu'un, je dois demander l'autorisation à Joseph.

— C'est gentil de ta part, ai-je répondu – tout en notant qu'il n'avait pas concrètement proposé de le faire. Mais le mariage, c'est pour demain après-midi. Le soleil ne sera pas couché, alors je pense qu'un vampire ne pourrait pas faire grand-chose.

— Si tu ne te sens vraiment pas tranquille, tu peux toujours appeler Alcide, a suggéré Eric d'un ton réticent. Il connaît peut-être le chef de meute par là-bas. Il accepterait sans doute de venir s'assurer que tout se déroule bien. J'imagine pourtant que Sam et sa mère doivent connaître les autres hybrides du coin...

Je ne savais pas si je devais prendre la malveillance d'un seul homme au sérieux. En revanche, j'avais nettement perçu dans son esprit que d'autres personnes en ville entretenaient les mêmes opinions que lui. Demander de l'aide, ce serait certainement une bonne idée. D'un autre côté, ce n'était pas vraiment à moi de le faire.

— Comment ça se passe, de ton côté ? lui ai-je demandé à mon tour en adoptant délibérément un ton sérieux.

Eric avait ses propres problèmes politiques. Il avait l'agent du Bureau des Affaires des Vampires sur le dos : il y avait des règles à respecter, lorsqu'un vampire gérait une société, et l'une de ces règles avait été violée. Une barmaid avait promis à une cliente qu'elle (la barmaid, à savoir Cyndee) pouvait soudoyer l'un des vampires d'Eric pour qu'il la morde. Cyndee avait simplement lancé l'idée pour impressionner la cliente, mais le Bureau se devait de faire une enquête. Par ailleurs, la situation avec Victor Madden, le patron d'Eric, s'avérait plutôt tendue.

— Je crois que l'enquête du Bureau va permettre de nous disculper. Mais Victor est venu ici aujourd'hui avec son propre comptable, et ils examinent tous mes comptes. C'est tout bonnement intolérable. J'ai renvoyé Cyndee. Apparemment, c'est tout ce que j'ai le droit de lui faire.

— Alors ne t'inquiète pas de ce qui se passe ici. Tu en as assez sur les épaules.

Nous avons bavardé encore un peu, mais nous étions tous les deux préoccupés. La conversation n'avait rien de satisfaisant.

Lorsque j'ai déplié le canapé, le lit avait déjà été fait. On avait posé un couvre-lit plié ainsi qu'un oreiller sur la machine à coudre. J'avais ouvert les fenêtres, car la soirée était chaude. Je n'avais pas besoin de la couverture, mais l'oreiller était bien moelleux. J'ai éteint le plafonnier avant de m'étendre sur le matelas plein de bosses. Tandis que je m'installais de mon mieux, je pensais avec désespoir que rien ne valait un bon lit. Puis j'ai compris que je ferais mieux d'être contente de ne pas dormir par terre.

J'entendais des voix étouffées qui venaient de la chambre que Sam partageait avec Craig. Les deux frères riaient ensemble. Puis le calme s'est fait petit à petit. Par la fenêtre ouverte me parvenaient le remue-ménage d'un petit animal et le cri d'un hibou. La brise qui flottait dans l'air n'avait pas la même senteur que chez moi.

J'ai réfléchi à l'idée d'appeler Alcide Herveaux, chef de meute à Shreveport. C'était le loup-garou que je connaissais le mieux et il en saurait peut-être un peu plus sur la situation dans l'État voisin du sien. Mais, d'une part, je lui en voulais toujours énormément – il m'avait manipulée pour que je prenne des hallucinogènes et que je règle une dispute au sein de la meute ; et, d'autre part, je savais qu'il se sentait lui-même très coupable de l'avoir fait. L'expérience m'avait démontré que les gens qui se sentent fautifs s'en prennent aux autres. Ce serait bien ma chance s'il envoyait Jannalynn pour me prêter main-forte.

Ce serait même extrêmement gênant.

Pour le moins. Je me retrouverais sur le carreau en moins de deux. Je me demandais bien comment Sam s'y était pris pour lui expliquer la situation avant notre départ – « absolument, je vais au mariage de mon frère, mais j'emmène Sookie parce qu'elle est plus présentable ». Euh... non.

Encore une chose qui ne me regardait en rien.

Je me suis demandé également s'il y avait d'autres métamorphes à Wright et dans ses environs. Si oui, Sam pourrait sans doute demander leur aide quand les choses tourneraient mal. Si elles tournaient mal. Mais les hybrides ne se serraient pas systématiquement les coudes. Pas plus que dans les autres communautés minoritaires... Au dehors, le hibou hululait.

Le lendemain matin, c'est une bonne odeur de café, de pancakes et de bacon qui m'a réveillée. Ouh miam. Des voix résonnaient dans la cuisine et l'eau coulait dans la salle de bains. La maisonnée s'était levée de bon matin, en prévision de la répétition et du mariage. J'ai adressé un sourire au plafond, enchantée par cette perspective. Ma chambre donnait sur le jardin de devant et je me suis levée pour aller à la fenêtre. Que nous réservait donc la journée ?

Rien de bon.

2

J'ai enfilé un short et un tee-shirt avant de me faufiler rapidement dans la cuisine. Sam et sa mère ont levé les yeux à mon entrée. Ils souriaient encore et Sam levait sa tasse de café à ses lèvres, tandis que Bernie retournait adroitement une tranche de bacon dans la poêle. Reposant brusquement sa tasse, Sam s'est levé d'un bond.

— Quoi ?

— Va voir à la fenêtre, devant.

Je me suis effacée pour les laisser passer.

Quelqu'un avait planté une belle pancarte dans le jardin, face à la maison. Le message s'adressait manifestement à Bernie. « Les chiens, ça se met en fourrière. » J'avais déjà une petite idée de ce qui se cachait derrière le message et me suis adressée à Sam.

— Elle est où ? La fourrière ? J'espère que j'ai tort mais il faut que j'aille voir.

Ses lèvres étaient cerclées de blanc.

— Tu reprends la nationale vers le sud. Il y a un refuge, qui sert aussi de fourrière. Tu le trouveras dans la rue Hall, sur la droite. Je viens avec toi.

— Pas question. Donne-moi tes clés. C'est le jour du mariage de ton frère. Et tu dois t'occuper de ta mère.

— C'est dangereux.

— Si quelque chose s'est passé là-bas, quoi que ce soit, c'est déjà fait...

Il m'a tendu ses clés sans un mot de plus et je me suis précipitée dans le pick-up. J'ai remarqué au passage qu'il n'y avait pas âme qui vive dehors, dans aucun des jardins. Nous étions pourtant samedi, le jour où on lave les voitures, on jardine, on fait les vide-greniers, on joue sur les trottoirs... Les voisins de Bernie avaient sans doute déjà vu ce qui se tramait et personne ne voulait s'impliquer.

La situation se répétait dans toute la ville. Les rues étaient quasi désertes. J'ai aperçu un homme corpulent qui prenait de l'essence à une station. Il pouvait avoir le même âge que Sam. J'ai accroché son regard en passant et il l'a détourné aussi vite. Avait-il reconnu le pick-up ?

J'ai vu aussi une dame âgée qui promenait son chien, un antique teckel. Elle m'a saluée poliment d'un signe de tête et j'ai fait de même.

J'ai trouvé la rue Hall sans difficulté et l'ai prise sur la droite. C'était un ruban d'asphalte poussiéreux, bordé d'une maigre collection de bureaux logés dans des constructions éparses et faussement typiques. Fixant mon attention sur les pancartes, j'ai rapidement repéré celle qui indiquait l'emplacement du refuge, affichée devant un minuscule édifice en parpaings bruts. Des cages couvertes couraient en ligne tout le long d'une piste bétonnée derrière la construction.

Après avoir coupé le moteur, je suis descendue du pick-up. Le silence m'a frappée de plein fouet. Dans ce type d'endroit, on entend toujours japper et aboyer.

Les cages derrière étaient totalement silencieuses.

La porte d'entrée n'était pas verrouillée. J'ai inspiré profondément, avant de relâcher mon souffle. Me préparant au pire, j'ai poussé la porte et suis entrée, sans la refermer.

La pièce étriquée dans laquelle je me trouvais contenait un bureau surmonté d'un vieil ordinateur d'une saleté repoussante. Un téléphone, accompagné de son répondeur, était à moitié enterré sous les dossiers. Un meuble classeur brinquebalant se dressait péniblement dans un coin. Dans le coin opposé, on avait empilé deux énormes sacs de croquettes ainsi que des bidons de produits chimiques, probablement destinés à nettoyer les cages.

C'était tout.

Une porte au centre du mur du fond était ouverte. Elle permettait d'accéder au chemin qui desservait les cages réservées aux chiens errants.

Dans lesquelles on les avait gardés. Avant.

Ils étaient tous morts. J'avais passé la porte, la peur au ventre. À présent, mon effroi s'intensifiait. Et pour cause. Des paquets inertes de fourrure sanglante jonchaient le sol de toutes les cages, sans exception.

Mes genoux ont lâché et je suis tombée accroupie. Inconsciemment, j'avais commencé à pleurer et mon visage était déjà inondé de larmes.

Des êtres humains sans vie j'en avais déjà vu beaucoup. Mais jamais je ne m'étais sentie aussi affreusement mal.

Parce que tout au fond de moi, je me disais que, dans une certaine mesure, les gens pouvaient se défendre, ne serait-ce qu'en prenant la fuite. Je pensais qu'il arrivait parfois – parfois seulement – que les gens détiennent une part de responsabilité dans leur mort, ne serait-ce qu'en prenant les mauvaises décisions.

Mais les animaux... Non, pas les animaux.

J'ai entendu une autre voiture se ranger dans le parking devant. J'ai regardé par les portes ouvertes pour apercevoir la Ford Focus noire et son pare-brise endommagé.

J'étais déjà paralysée, sinon, j'aurais eu encore plus peur qu'avant.

Les portières se sont ouvertes et trois personnages étranges et mal assortis en sont descendus pour s'approcher lentement en humant l'air, leurs têtes balayant les alentours. Très attentifs, ils sont passés dans la petite pièce, le plus grand des trois en tête.

— Qu'est-ce qui s'est passé ici, bébé ?

Le crâne rasé était grand et musclé, avec des yeux aux reflets mauves. Je le connaissais plutôt bien. Quinn, le tigre-garou.

— Quelqu'un a abattu tous les chiens.

Ce qui ne lui apprenait rien car son odorat l'en avait déjà averti – je tentais simplement de reprendre mes esprits. Je n'avais pas vu Quinn depuis des semaines, quand il avait tenté de me rendre visite chez moi. Ça ne s'était pas bien passé.

Quinn s'est accroupi près de moi.

— Je suis venu à Wright pour te parler. Mais avec toute cette mort autour de nous...

L'un des compagnons de Quinn est venu se poster près de lui. Ils formaient tous les deux une paire étrange et spectaculaire. L'ami de Quinn était immense, noir comme l'ébène, avec une chevelure coiffée en dreads courts. On aurait dit un animal exotique – et c'était bien le cas. Impassible, il m'étudiait sans curiosité. Puis son regard s'est porté sur les tristes cadavres au sein des cages et sur les traînées de sang qui coulaient partout, se desséchant peu à peu sur les bords.

Quinn m'a tendu la main et nous nous sommes redressés.

— Je ne comprends pas comment on a pu faire ça à nos frères, a dit son ami.

Il parlait un anglais très distinct, avec un accent prononcé.

— C'est à cause du mariage, ai-je expliqué. Le fils cadet de Bernie Merlotte se marie aujourd'hui.

— Mais un cadet ne se transforme pas. Ce n'est que l'aîné, qui peut se métamorphoser.

Son accent me semblait français, ce qui donnait à la conversation un tour encore plus surréaliste.

— Apparemment, les gens par ici ne le savent pas. Ou alors, ils s'en moquent.

Le troisième personnage faisait les cent pas en gravitant autour des cages. Son flair détecterait l'odeur du tireur. Ou des tireurs. Son visage était baigné de larmes, ce qui devait gêner son odorat. À sa posture, il était évident qu'elle bouillonnait de rage.

— Bébé, j'ai bien l'impression que ce n'est pas fini. Ce mariage va être perturbé, a fait remarquer Quinn en saisissant ma main de la sienne, énorme. J'ai beaucoup à te dire, mais ça va devoir attendre.

J'ai hoché la tête. La journée de mariage de Craig Merlotte et Deidra Lisle avait bien mal débuté.

— Tout ce qui fait du mal aux Merlotte me fait du mal à moi aussi, ai-je répondu. Comment ça se fait, que tu sois ici ?

Je m'efforçais de ne pas regarder les pauvres corps pitoyables.

— Je naviguais sur le mur des hybrides, pour trouver des infos sur la zone de Shreveport. Parfois, Sam y dépose des messages, et il m'arrive d'échanger avec les membres de la meute des Longues Dents.

La meute des Longues Dents était celle d'Alcide Herveaux.

— Quelqu'un a raconté que tu venais à Wright avec Sam, et je connaissais déjà Trish et Togo, qui sont avec moi ici. Le Texas fait partie de mon territoire, tu sais.

Quinn travaillait pour Special Events, un département de E(E)E, une société d'événementiel. Special Events organisait les cérémonies rituelles importantes de la communauté des créatures surnaturelles, comme les mariages vampires ou les premières métamorphoses des hybrides.

— Je savais que Trish avait un ranch à côté de Wright. J'ai sauté sur cette occasion de te voir sans devoir supporter le déterré.

Le déterré, c'était Eric.

— J'ai pris l'avion pour Dallas et ils sont venus me chercher. On a réussi à retrouver ta trace et à te suivre. Je ne voulais pas qu'il t'arrive quoi que ce soit en chemin. J'aurais dû m'inquiéter de ce qui pouvait t'arriver à Wright même.

Togo est intervenu :

— Cette ville respire la haine.

— On ne peut pas dire le contraire, ai-je confirmé.

J'observais son large nez, ses pommettes hautes et sa peau luisante. Il était vraiment éblouissant et se détachait de son environnement comme un oiseau de paradis dans une envolée de roitelets. Il n'avait pourtant rien d'un oiseau...

La troisième créature avait fini de rôder et s'était plantée à côté de nous.

— Je suis Trish Pulaski. Toi, tu dois être Sookie. Oh ! mon Dieu, comment peut-on décider de faire du mal à de pauvres chiens, et tout ça rien que pour s'exprimer ?

Elle était superbe. Elle devait avoir la cinquantaine et arborait une masse de cheveux gris, épais et bouclés. Elle ne portait pas de lunettes et ses yeux bleu vif ressortaient dans son visage bronzé. La silhouette moulée dans son jean prouvait qu'elle entretenait une forme physique excellente. Pour l'heure, elle ne pensait ni à elle-même ni à ses compagnons. Elle débordait de fureur et de douleur. J'ai compris que ce refuge était son projet personnel. Elle avait levé les fonds pour le construire et venait chaque jour pour nourrir les animaux, qu'elle avait tous aimés sans exception.

— Ils ont mis une pancarte dans le jardin de Bernie, ai-je annoncé.

— Bernie ? Ils en ont après Bernie ? Les imbéciles ! s'est-elle exclamée, embrasée par la colère avant de se tourner vers Quinn. Quand on a décidé de révéler notre nature comme les vampires, jamais je n'aurais imaginé que ce genre de choses se passerait.

Elle a regardé autour d'elle les chiens morts et les mares de sang, ses boucles grises s'agitant gaiement de manière incongrue dans la brise du matin.

Puis elle a redressé les épaules avec un soupir.

— Je suis désolée que notre rencontre se fasse dans ces circonstances. Le grand, là, c'est Togo Olympio.

Quinn me dit que vous êtes amis de longue date. Qu'est-ce qu'il y avait, sur la pancarte ?

J'avais envie de poser une foule de questions, mais ce n'était clairement pas le moment. J'ai expliqué le peu que je savais, et leur ai tout raconté au sujet de Jim Collins.

— Le jour du mariage de Craig ! Ah les salauds !

Bouleversée, Trish était en larmes. Togo a posé une main gigantesque sur son épaule toute mince. Elle a mis sa joue dessus l'espace d'un instant.

— Ça ne m'étonne pas, que Jim Collins soit impliqué, a-t-elle repris. Depuis notre Révélation, il poste tout le temps des messages de haine sur son site.

— Il a un site ? ai-je demandé, hébétée.

— Eh oui. C'est Monsieur Extrême Droite. L'un de mes boulots consiste à surveiller ce type de site. Ils pullulent comme des champignons depuis l'annonce des vampires, et c'est encore pire depuis la nôtre. Comme celui de Jim est dans notre région, je le contrôle encore plus régulièrement. Il a même reçu des messages du couple Newlin.

Steve et Sarah Newlin menaient le mouvement religieux radical clandestin du pays.

— Jim prône toutes les opinions conservatrices les plus extrêmes. Je suis presque d'accord avec certains de ses principes, même si ça m'étouffe de l'avouer, mais la plupart de ses croyances sont si radicales qu'elles me font peur. Je crois qu'il n'a aucun scrupule et se moque totalement de savoir si le fait d'être fidèle à ses convictions va faire du mal à certains. Et manifestement, il n'a aucune pitié pour les animaux...

Sa voix n'était plus qu'un souffle.

Togo Olympio était entré dans l'une des cages. Il s'est baissé pour toucher le flanc de l'un des chiens tombés. Je me suis aperçue que les mouches formaient maintenant des nuées bourdonnantes qui résonnaient sourdement à mes oreilles. Il a levé ses yeux sombres pour ficher son regard dans le mien et j'ai frissonné. Heureusement, nous étions du même côté...

— Il faut que je rentre pour les avertir, ai-je dit. Si les gens sont si déterminés à leur faire du mal, qu'est-ce qui va se passer au mariage ?

Trish commençait à récupérer.

— Ça, c'est la grande question. Quinn me dit que tu es une amie des hybrides et des vampires, mais que tu es humaine.

Du coin de l'œil, j'ai vu Quinn sursauter.

Trish insistait :

— Mais tu n'es pas complètement humaine, c'est ça ?

— Non, m'dame.

Mon arbre généalogique ne la regardait pas et je n'ai rien précisé de plus.

Elle a hoché la tête, comme si elle venait de prendre une décision rapide.

— Tu es l'amie de Sam. Ça en dit déjà long.

C'était sans doute ridicule, mais ça m'a mis du baume au cœur.

— Eh bien, Sookie : Togo vient rôder par ici régulièrement, et lui et moi, on est le grand scandale du comté. Quinn, je le connais depuis des années. Alors ensemble, peut-être qu'on peut retenir toute cette haine assez de temps pour permettre aux jeunes de se marier. J'espère très sincèrement que tout va se calmer après le mariage et qu'on reviendra à la normale.

— Toi aussi, tu t'es révélée, avec les autres garous ? lui ai-je demandé.

Elle m'a répondu en souriant largement.

— On a toujours pensé ici que j'étais une excentrique incontrôlable, alors personne n'a été vraiment surpris. Pour Bernie, c'est différent. C'était la mère de famille parfaite. Son premier mari et elle, c'était le couple idéal. Leurs enfants étaient exemplaires. Et puis, quand elle a épousé Don... En fait, le véritable problème, c'est la réaction de Don. Il est devenu complètement dingue et sa réaction a été si violente – mais je crois qu'il n'avait plus toute sa tête. Bon, écoutez, on s'en va, ça me rend malade, tout ça.

J'ai lancé un regard à Quinn, qui a acquiescé, avant de répondre à la question que je n'avais pas voulu poser :

— Togo et moi, on reviendra plus tard pour creuser une fosse.

À mon grand étonnement, Togo a sorti un appareil numérique et s'est mis à prendre des photos de la scène. Quand il m'a vue l'observer, il m'a expliqué :

— Il faut que mes frères et sœurs soient au courant. Je les posterai sur notre propre site.

De plus en plus intéressant.

— Il faut que j'y aille. Je suis désolée de ne pas pouvoir vous aider à nettoyer tout ça, me suis-je excusée.

Ce qui était parfaitement hypocrite : j'éprouvais un soulagement intense à l'idée d'avoir une bonne raison d'échapper à la corvée.

— Mais où sont les chats ? ai-je demandé brusquement, frappée soudain par le fait que tous les cadavres étaient canins.

— Dieu merci, tous les chats sont chez moi, a expliqué Trish.

Dieu merci, effectivement.

Je m'en suis retournée par le petit bâtiment. Lorsque je suis parvenue au parking, je me suis appuyée contre le pick-up de Sam. L'horreur insondable de la matinée m'a submergée par grandes vagues. Il était abominable et affreusement vicieux de massacrer des chiens innocents pour tenter de gâcher un événement qui aurait dû être plein de bonheur. Une colère immense montait en moi. J'ai toujours été lente à me mettre en colère. Ça ne m'arrive qu'exceptionnellement. Et dans ces cas-là, c'est terrible. Depuis que j'étais tombée aux mains des faé, je me dominais moins bien. Les vagues alourdies par ma fureur menaçaient de me faire sombrer dans l'abîme. *Je ne suis plus moi-même*, ai-je pensé dans un brouillard.

Après un temps, j'ai commencé à me sentir mieux. Une fois certaine d'avoir repris le contrôle, j'ai ouvert ma portière. Chargée du fardeau de mes mauvaises nouvelles, je redoutais mon retour à la maison Merlotte.

Plutôt immonde, ce début de journée.

— Sookie, a fait Quinn.

Un pied posé sur le marchepied, j'ai tourné mon visage pour le lui montrer.

— OK. Je vois bien que tu es en colère, et je le suis aussi. Mais il faudra que je te parle à un moment ou un autre.

Il choisissait ses paroles avec soin. J'en ai fait autant.

— Je comprends. Et on va essayer de trouver le temps. Si on met nos histoires personnelles de côté, je dois dire que je suis contente que tu sois là. La famille de Sam a plus de difficultés à surmonter qu'on ne le croit. Tu es d'accord pour nous aider ?

Mon regard indiquait ouvertement que, dans le cas contraire, je lui en voudrais.

— Mais bien sûr, a-t-il répondu, surpris. Évidemment, que je vais vous aider. Trish va poster un message sur le site. Je ne sais pas si on aura beaucoup de monde : c'est un peu tard, et Wright est au bout du monde, mais on est tous d'accord. Et moi aussi, je mets nos histoires personnelles de côté. Pour l'instant.

J'ai lu dans son regard qu'il était sérieux et que je pouvais compter sur une détermination indéfectible de sa part.

— Allez, j'y vais. Tu sais où habite Bernie ?

— Oui, on t'a suivie. Tu nous as repérés, non ? Tu n'as pas appelé Eric, au moins ?

Sa question m'a secouée.

— Mais Quinn, je ne ferais jamais ça !

— Tu n'as pas tellement protesté, quand Bill est arrivé chez toi pour me tabasser, la dernière fois que j'ai essayé de te parler...

Eric avait donné l'ordre à Bill d'intervenir – il avait banni Quinn de son territoire.

— Mais dis donc, je te rappelle que j'étais inconsciente ! ai-je rétorqué, furieuse. Et tu viens de dire qu'on mettait nos histoires personnelles de côté, non ? Bon, tu as le numéro de Sam ? Et toi, tu n'as pas changé de numéro ?

Nous avons échangé les numéros de portable et Quinn est retourné dans la bâtisse. Je n'avais plus d'excuse pour retarder davantage mon retour chez Bernie. Tandis que je circulais dans les rues de Wright, j'étudiais tous les visages en passant. Ami ou ennemi ?

Une pensée soudaine m'a traversée l'esprit : j'étais humaine – ou presque. J'aurais donc pu déclarer que ceci n'était pas mon combat.

Inconcevable. Jamais je ne descendrais aussi bas.

J'étais l'amie de Sam depuis des années. J'avais déjà choisi mon camp. Il n'était pas question de revenir sur ma décision.

J'ai repensé aussi à l'arrivée de Quinn. Je trouvais son histoire incroyable. Il s'était donné un mal fou pour me rencontrer ici au Texas, en suivant une simple information donnée par hasard.

J'avais eu une aventure brève mais passionnée avec Quinn, avant de rompre avec lui, à cause de ses problèmes de famille. J'avais mal vécu cette rupture douloureuse et je me sentais coupable. J'étais pourtant convaincue d'avoir pris la bonne décision. Quinn semblait penser que nous avions encore des choses à nous dire. Il avait sans doute raison, mais j'avais l'intention de régler les crises dans l'ordre, les unes après les autres.

En me rangeant devant la maison, j'ai vu au tableau de bord que je n'étais partie que trois quarts d'heure. J'avais néanmoins l'impression d'avoir vieilli de bien plus de quarante-cinq minutes. Je suis sortie du pick-up pour traverser le jardin.

En passant devant la pancarte écœurante, je l'ai arrachée d'un geste. Puis je me suis dirigée vers la maison voisine à grands pas. Jim Collins regardait par sa fenêtre ouverte lorsque j'ai planté le pieu violemment dans sa terre. Yee-haaa !

— Espèce de sale assassin !

Ensuite, je me suis forcée à repartir au lieu de grimper par la fenêtre pour étrangler Collins.

Son visage ridé révélait sa stupeur et presque de la peur. Pendant une fraction de seconde aveuglante, j'ai regretté qu'il n'ait pas le cœur malade. Maintenant que j'avais vu les petits tas pathétiques de fourrure ensanglantée, j'aurais réellement apprécié qu'il meure de peur.

Une fois entrée chez Bernie, je me suis rendue directement dans la cuisine, à l'arrière de la maison. Sam, Bernie et Craig étaient tous présents, étrangement semblables dans les émotions qui se lisaient dans leurs expressions : appréhension, colère, désarroi.

— Tous les chiens du refuge sont morts. On les a abattus.

Sam a fait un pas hésitant vers moi pour me réconforter. J'étais cependant hors de moi et ne pouvais pas le supporter pour l'instant. J'ai levé ma paume dans sa direction pour le lui indiquer.

— J'ai déplacé la pancarte pour la mettre chez Jim Collins. Cet homme est un meurtrier.

Ma rage est retombée très légèrement.

— Mais, Sookie, a commencé Bernie, alarmée, d'un ton réprobateur.

J'ai dirigé la même paume vers elle cette fois-ci.

— C'était lui ; ce n'était pas le seul, mais c'était lui.

Avec un mouvement de recul, elle m'a examinée avec plus d'objectivité et d'attention qu'elle ne m'en avait accordé jusqu'à présent.

— Et vous le savez comment ?

— Il s'est condamné lui-même, par ses propres mots, dans son propre cerveau.

Sam est intervenu.

— Maman, Sookie lit dans les esprits.

Le rouge est monté lentement aux joues de Bernie : elle avait eu quelques pensées peu flatteuses à mon sujet. Mais je suis une grande fille. Je gère ce genre de choses. Ça m'arrive souvent.

— Les métamorphes sont difficiles à lire, si ça peut vous rassurer.

Je me suis assise d'un coup. La marée de rage bouillonnante se retirait, laissant à sa place un vide douloureux. J'ai baissé le regard vers ma jambe, comme si je pouvais transpercer mon pantalon du regard et voir ma peau blanchie et boursouflée par mes cicatrices. Je me suis rapidement reprise. Cette famille avait suffisamment de problèmes. Je ne devais en aucun cas chercher à m'appuyer sur eux.

— Mon ami Quinn est venu sur place, ai-je commencé.

Sam a sursauté.

— Il est venu avec un couple que vous connaissez, Bernie. Une femme du nom de Trish Pulaski, et un homme qui s'appelle Togo Olympio.

— Trish et moi, on est amies depuis qu'on a emménagé à Wright, a dit Bernie. Tu la connaissais, Sam, c'était Trish Graham à l'époque. Elle a divorcé et repris son nom de jeune fille. Maintenant, elle est avec Togo. Je ne comprendrai jamais leur relation, mais je me dis que ce ne sont pas mes affaires.

À présent, le visage de Bernie reflétait plus la femme en elle que la mère.

— Ce que je voulais dire, ai-je repris, c'est qu'ils sont très inquiets pour le mariage de Craig et Deidra.

Son expression est passée de l'incompréhension à l'horreur.

— Vous voulez dire que ce n'est pas fini ?

J'ai compris soudain pourquoi Bernie avait été abasourdie lorsque son mari avait réagi de façon si violente à sa révélation : en plus de manquer d'imagination, Bernie n'était pas particulièrement réaliste.

— Maman, a dit Sam, s'ils commencent par tuer tous les chiens au refuge, je crois qu'on peut supposer qu'ils préparent d'autres choses. Peut-être qu'il faudrait reporter le mariage ? Ou le faire ailleurs ?

Il s'était tourné vers son frère.

Le visage de Craig s'est durci.

— Non. On l'a retardé une fois parce que la famille de Deidra voulait comprendre la situation un peu mieux avant qu'elle m'épouse. On est allés chez le conseiller matrimonial. On est allés faire les tests génétiques totalement inutiles. Deidra est prête à m'épouser. Sa famille s'est faite à l'idée – sans être enthousiaste mais bon. On avait fixé une nouvelle date et puis il a fallu l'avancer.

Il m'a lancé un regard incertain, ne sachant pas si je savais exactement pourquoi.

— Parce que le frère de Deidra part à l'étranger, a-t-il poursuivi.

— Oui, le mois prochain, ai-je ajouté.

— Voilà. Eh bien on ne veut plus attendre un seul jour de plus.

Sam nous observait tour à tour. De son côté, Bernie restait fixée sur la haine. Elle vivait ici depuis des années et je voyais bien qu'elle avait énormément de peine à croire que les gens qu'elle connaissait depuis plus de dix ans puissent lui vouloir autant de mal.

— Je ne comprends pas. Tout le monde nous a tellement aidés. Les dames de l'église, le pasteur... Ils étaient si contents que Craig et Deidra se marient. Ils ont même organisé un *wedding shower* pour Deidra dans la salle commune !

J'ai décidé de la rassurer comme on le fait avec un enfant.

— Vous voyez ? Les gens ne sont pas si méchants. Je suis certaine que les autres sont en minorité ici à Wright, rien qu'une poignée. Mais on ne veut pas qu'il se passe quoi que ce soit de mal qui gâcherait le mariage. Craig et Deidra doivent garder de beaux souvenirs de ce jour, pas des...

Ma voix s'est éteinte en pensant aux visions d'horreur du refuge.

— Oui, je comprends.

Bernie s'est soudain redressée sur son siège.

— Craig, mon cœur, appelle Deidra tout de suite ! J'espère que rien de mal n'est arrivé chez elle.

À cette seule évocation, Craig s'est précipité sur son téléphone. Il avait presque composé le numéro de sa fiancée avant la fin de la phrase de sa mère. Il s'est déplacé vers le salon pour lui parler, avant de refermer son portable d'un coup sec en revenant dans la cuisine, l'air soulagé.

— Ils vont bien. Je n'ai rien dit sur le refuge. J'espère qu'ils n'en sauront rien avant la fin du mariage. Deidra est au Clip N Curl en train de se faire coiffer.

Il n'était encore que 8 h 30. Nous avions des problèmes importants à résoudre de notre côté, mais je ne pouvais m'empêcher de plaindre Deidra, pour qui la journée s'annonçait des plus longues.

— Quand est-ce que Mindy et Doke arrivent avec leurs gamins ? ai-je demandé.

— En principe d'ici à une heure, a répondu Bernie. Je les appelle, pour leur dire de rebrousser chemin ?

— Non, a refusé Sam. Absolument pas. Ce mariage va avoir lieu. Pas question de laisser quelques illuminés nous faire céder. À condition bien sûr, a-t-il ajouté d'une voix plus sourde, que Craig et Deidra soient d'accord.

Craig a regardé son frère avec un bref sourire.

— Moi, je me marie aujourd'hui. Je ne veux mettre personne en danger, mais on se marie, c'est tout.

Désemparé, il secouait la tête. Je sentais tout à la fois sa tristesse et sa détermination.

— Ils nous connaissent tous. Pourquoi on deviendrait tout d'un coup différents de ce qu'on a toujours été ? En plus Deidra ne peut pas se métamorphoser.

Sam l'a fixé du regard et Bernie a fait une grimace.

Craig a remarqué leur réaction.

— Sam, on a déjà parlé de tout ça il y a plusieurs mois. Tu es mon frère. Toi et maman, vous êtes comme ça et c'est Dieu qui vous a faits. S'ils ont un problème avec ça, ils n'ont qu'à en parler avec lui !

Après un instant d'hésitation, Sam est parti d'un grand rire et j'ai adressé un signe de tête approbateur à Craig. Bien dit ! J'espérais que Sam penserait aux paroles de son frère, la prochaine fois qu'il se sentirait déprimé par sa différence. Moi, en tout cas, je ne les oublierais pas.

J'ai regagné la chambre d'amis pour me maquiller. Je m'étais jetée dehors avec tant de précipitation ce matin que j'avais négligé plusieurs étapes importantes de ma routine du matin. Je n'étais pas essentielle à la répétition (ni au mariage, d'ailleurs), mais la famille souhaitait manifestement que je me joigne à eux et je voulais leur faire honneur.

J'ai essayé de penser à ce que je pourrais faire pour aider – à part regarder des animaux crevés et menacer un voisin qui détestait déjà toute la famille. À vrai dire, je ne m'étais pas montré bien maligne, sur ce dernier point. C'était regrettable. Lorsque Sam a frappé à ma porte un peu plus tard, je l'ai laissé entrer. J'avais enfilé mon ensemble jaune et gris. Le haut se fermait par une glissière dans le dos et je me suis retournée pour que Sam la remonte pour moi. Mes bras n'étaient plus aussi souples qu'avant mon... Ah non. Pas aujourd'hui.

Sam s'est acquitté de sa tâche comme si c'était une évidence. Il portait une chemise et un pantalon de toile, et il avait ciré ses mocassins. Il avait soigneusement brossé ses cheveux en arrière et j'admirais son nouveau look. Mais sa tignasse de cheveux longs et hirsutes me manquait.

— Écoute, je crois que j'ai fait une bêtise, lui ai-je dit en saisissant ma brosse pour démêler mes cheveux – ils étaient très longs à présent.

— Tu veux parler de ce que tu as dit à Collins ? J'ai entendu. Maman aussi. Les métamorphes ont de bonnes oreilles, tu sais. Et les fenêtres étaient ouvertes.

J'ai rougi.

— Je suis désolée.

— Moi j'aurais voulu entrer là-dedans et le frapper.

Ses paroles s'accordaient si bien à mes pensées que j'en ai sursauté.

— J'ai failli le faire, ai-je avoué.

Il a pris soudain un ton plus grave.

— Sook. J'apprécie vraiment que tu t'occupes autant de ma famille.

— Mais ce n'est pas ma famille, ce ne sont pas mes affaires, et je devrais m'effacer pour te laisser la place ? Je sais.

Je me suis détournée, mes coups de brosse se faisant plus énergiques.

— En fait, j'étais sur le point de dire que j'étais vraiment content de t'avoir amenée.

Pause.

— Jannalynn a de bons côtés, sinon je ne sortirais pas avec elle. Mais elle n'a aucune retenue. Elle serait complètement partie en vrille ce matin. L'un des bons côtés de Jannalynn, c'est qu'elle est complètement en harmonie avec sa nature animale. L'un des mauvais côtés, c'est que j'ai l'impression que c'est sa nature animale qu'elle préfère.

Sans pour autant révéler que j'avais bien failli partir en vrille, justement, je me suis retournée pour le dévisager.

— Je comprends ce que tu dis, Sam. Eric adore être un vampire. Il aime ça plus que tout au monde.

Et peut-être même plus que moi, ai-je pensé, surprise.

— Au fait, ai-je poursuivi en changeant de sujet, tu te souviens, cette Focus noire qui nous suivait ? Eh bien c'était Quinn. Trish et Togo sont ses contacts, dans la région. Il est venu ici pour me parler.

— Tu ne m'as pas dit qu'Eric avait banni Quinn de la Zone Cinq ?

— C'est vrai. Quinn a découvert que je venais en allant sur un forum. C'est dingue, non ? Il a laissé tomber son boulot et pris l'avion, Trish et Togo sont allés le prendre à l'aéroport et l'ont amené ici.

— Toi et lui…

— Mouais. On est sortis ensemble, mais je lui ai plus ou moins dit d'aller se promener ailleurs. Je ne l'ai pas dit comme ça, mais… Enfin, avec sa famille, c'est, disons, compliqué. Sa mère n'est pas complètement normale, et sa petite sœur est carrément grave. Remarque, je n'ai jamais vraiment pu apprendre à la connaître. Je ne suis pas très fière de la façon dont j'ai rompu, ai-je avoué. Il voudrait qu'on en parle. Je ne peux pas dire que ça m'enchante, mais je lui dois bien ça. Mais ce que je ne comprends pas, c'est comment mon voyage à Wright a pu se retrouver sur Internet.

Sam a pris l'air gêné.

— C'est peut-être à cause de moi. On garde tous un œil les uns sur les autres, dans la communauté des hybrides. Depuis la Révélation, on ne sait jamais comment les gens vont réagir. Les humains sont imprévisibles. Tu le sais mieux que personne.

— Alors tu as dit ça sur le Web, qu'on venait tous les deux ici ce week-end ? me suis-je écriée.

— Non ! Pas moi ! Mais je l'ai mentionné quand je parlais à Travis.

Travis était un Loup solitaire, c'est-à-dire sans meute. Routier, il faisait étape au *Merlotte* tous les quinze jours environ.

— Mais qu'est-ce qui a pu te pousser à parler de moi ?

Sam a fermé les yeux un instant.

— Sookie, tu es plutôt célèbre, chez les SurNat.

— Hein ?

Je ne comprenais plus rien.

— Tu es unique. Les Loups aiment ta différence, tout comme nous. Tu es une amie de la meute de Shreveport. Tu as fait beaucoup pour nous tous.

— OK. Alors j'ai quelques petites choses à dire. D'abord, je n'ai pas vu d'ordinateur ici, autrement je t'aurais demandé d'aller vérifier le site de Jim Collins. Je veux savoir ce qu'il dit au sujet de ce qui se passe à Wright. Et ensuite – Jannalynn est bien au courant, que je suis ici ? Oui ou non ?

— Mais, Sookie, bien évidemment qu'elle le sait ! Je lui ai expliqué que je t'avais invitée avant qu'on commence à sortir ensemble.

Sam semblait encore plus gêné. Il avait déjà avoué que ce n'était pas la seule raison pour laquelle il l'avait laissée là-bas.

De son côté, Jannalynn comprendrait vite que tout le monde, en voyant sur Internet que j'allais avec Sam dans sa maison familiale, croirait qu'elle n'était pas la seule femme dans sa vie. Certes, Sam et moi avions une relation platonique. Mais moi, à sa place, j'aurais été franchement jalouse...

— Jannalynn va vouloir te tuer, ai-je expliqué froidement. Ou me tuer, moi. Et je ne pourrais pas lui donner tort.

Sam avait maintenant les joues écarlates, mais il n'a pas baissé les yeux.

— C'est une grande fille. Elle sait très bien que...

— Que tu es devenu complètement dingue ? Bon, c'est fait, de toute façon.

J'ai soupiré en me reprenant. Ce n'était pas le moment de m'inquiéter au sujet de l'indiscrétion de Sam. Il fallait se concentrer sur le mariage de Craig et Deidra et éviter toute violence. La cérémonie ne devait en aucun cas être perturbée.

— Tu as réfléchi à la manière dont Quinn, Togo et Trish pourraient nous aider ? J'ai le numéro de Quinn. Ils sont certainement au refuge en train de... nettoyer. Moi, je vous aiderai au maximum, c'est très clair.

J'ai tendu à Sam le morceau de papier sur lequel j'avais griffonné le numéro de Quinn.

— Je vais leur demander de monter la garde, a expliqué Sam. Quand on arrivera à l'église pour la répétition, je voudrais que vous quatre, vous formiez un périmètre à l'extérieur. Comme ça, Collins et ses copains ne pourront pas nous prendre par surprise. L'heure de la répétition n'a pas été annoncée – mais celle du mariage était dans le journal et tout le monde la connaît.

Je n'étais pas surprise. On procédait de la même manière à Bon Temps. Lorsqu'on annonçait des fiançailles, on donnait tous les détails de la cérémonie de mariage en précisant que tous les amis du couple étaient les bienvenus.

— Pas de problème, je jouerai les sentinelles.

Je me serais sentie plus assurée avec mon fusil dans les mains. Mais si j'avais eu mon Benelli, j'aurais pu a) tirer sur quelqu'un et b) me faire arrêter. Je ne connaissais pas très bien les lois texanes sur le port d'armes, ni dans quelle mesure on les faisait appliquer au niveau local.

— Tu es tellement jolie. Tu ne devrais pas être obligée de rester postée dans un cimetière, a regretté Sam en secouant la tête. Je ne pensais pas que ça se passerait comme ça.

— Sam, tu n'y es pour rien. Je suis contente de pouvoir aider. Je suis simplement désolée que ce soit nécessaire.

Le fait d'avoir planté la pancarte dans le jardin et d'avoir massacré les chiens marquait peut-être la fin des hostilités contre le mariage. Mais très franchement, j'avais quelques doutes.

— Et moi je suis désolé que tu aies découvert les chiens. Je crois que... Enfin c'est vraiment triste. Personne ne devrait jamais voir ce genre de choses.

Sam fixait ses pieds.

J'ai lutté pour garder la voix ferme.

— Je suis d'accord avec toi.

Un brouhaha provenait de la cuisine : Doke, Mindy et les enfants étaient arrivés. Nous sommes allés les rejoindre et leur avons tout raconté. Après avoir discuté discrètement, ils ont décidé de rester à la maison avec les petits jusqu'à l'heure du mariage.

— La seule chose qu'il y aurait à faire, pour nous, pendant la répétition, a dit Mindy, c'est de vérifier à quel moment on doit remonter l'allée centrale et s'asseoir. Je crois qu'on y arrivera tout seuls.

Le couple s'inquiétait pour Mason et Bonnie. Normal.

Quand l'heure de partir est arrivée, je suis sortie avec les autres et nous avons trouvé une voiture inconnue garée devant la maison. Elle n'appartenait à personne dans la famille.

Une petite brune était appuyée sur le capot. En voyant Sam, elle s'est redressée et l'a hélé, venant au-devant de lui pour le serrer dans ses bras.

— Salut, toi, a répondu Sam, la serrant en retour.

— C'est Sister Mendoza, m'a expliqué Craig. Ils sont amis depuis longtemps.

Craig avait peur que je ne sois furieuse de voir Sam toucher une autre femme.

— Sister... Sœur... C'est une religieuse ?

Craig m'a regardée un instant sans comprendre. Puis la lumière s'est faite.

— Ah ! Non, pas du tout. Sister, c'est son nom, m'a-t-il expliqué en riant de bon cœur. Sam et elle sont devenus amis dès que nous avons emménagé ici. Elle est shérif adjoint.

— Pourquoi elle est venue ?

— Aucune idée. Hé, Sister ! Tu es venue à cause du PV que je n'ai pas réglé ?

— Ah, pas du tout ! s'est exclamée Sister en se détachant de Sam. Je suis venue pour faire la sentinelle. Et puis Rafe aussi.

Un homme baraqué s'est extirpé de la voiture. Il était aussi blond que Sister était brune.

— Rafe joue dans l'équipe de Sam, a précisé Craig.

Je pense que j'aurais compris toute seule, à les voir se taper dans le dos avec enthousiasme.

Sam m'a fait signe de venir.

— Sookie, je te présente mes amis Sister et Rafe. Vous deux, vous avez intérêt à être gentils avec cette dame.

Sam n'avait aucun doute là-dessus et il était si heureux de les revoir que son cerveau en faisait presque des pirouettes.

Ils m'ont examinée rapidement de haut en bas, semblant satisfaits de ce qu'ils voyaient.

Rafe a donné une bourrade dans l'épaule de Sam.

— Elle est bien trop jolie pour toi, vieux machin !

Les compères sont partis d'un grand éclat de rire.

— Moi, je me poste derrière la maison, a annoncé Sister avant de s'éclipser.

Avec un signe de tête décidé, Rafe s'est adressé à Sam.

— Vous pouvez y aller tranquilles. Nous, on surveille vos arrières. Vous avez du monde pour l'église ?

— Oui, pour l'église, c'est bon. Dis-moi, vous n'êtes pas en uniforme, vous deux…pick-up

— Eh bien, c'est parce qu'on n'est pas en service, a répondu Rafe en haussant les épaules. Tu sais ce que c'est, Sam.

Sam avait maintenant l'air très grave.

— Je commence à comprendre.

En montant avec Sam dans son pick-up pour suivre sa mère et Craig sur le chemin de l'église, je me sentais déjà plus rassurée sur la sécurité des enfants et de la maison elle-même.

Le trajet n'a pas pris longtemps – Wright n'était pas plus étendue que Bon Temps. La bourgade était d'apparence plus sèche, poussiéreuse et brune, mais pour moi il n'y avait pas d'autre différence majeure. Nous aussi, nous avions eu des problèmes avec des manifestants devant le bar, mais ils étaient fatigués de se faire expulser *manu militari* du parking – ils s'étaient remis à écrire de simples lettres. Est-ce que mes concitoyens auraient été capables de commettre les mêmes horreurs qu'au refuge ?

Mais je n'ai pas eu le temps d'y réfléchir davantage, car nous étions déjà arrivés. L'église baptiste Gethsemane avait été construite pour ressembler aux églises en adobe, avec un toit de tuiles rouges et un clocher trapu. On entendait l'organiste qui s'exerçait – les notes qui s'égrenaient me semblaient étrangement apaisantes.

Des places de parking avaient été aménagées sur le devant et sur la gauche, entre l'église et le presbytère. La salle commune se trouvait derrière l'église, reliée à elle par un chemin couvert comme par un cordon ombilical. Dans le jardin poussait de la pelouse, maigrichonne mais soigneusement tondue.

Un homme sortait du presbytère, qui ressemblait à une version miniature de l'église. Ça ne pouvait être que le pasteur. Entre deux âges, il était bedonnant et ses cheveux noirs grisonnaient. Je suis allée faire un petit tour sous son crâne. J'en ai conclu immédiatement que Bart Arrowsmith était un homme bienveillant qui n'était pas équipé pour gérer une situation aussi explosive. Les nouvelles avaient dû se répandre comme une traînée de poudre dans toute la ville, et le Frère Arrowsmith se sentait plus que nerveux.

Il était essentiel aujourd'hui que je connaisse les forces et les faiblesses des gens autour de moi. Je devais à tout prix envahir leurs pensées et ce n'était pas le moment de regretter mon indiscrétion. Ce que je voyais dans l'esprit du Frère Arrowsmith me donnait le triste pressentiment qu'il ne serait pas ce roc inébranlable dont nous aurions tant besoin. C'était un homme incertain. S'il ne pouvait interpréter une situation selon les évangiles, il était incapable de se décider sur ce que Dieu attendait de lui.

Cette journée aurait dû être marquée par le bonheur. Au lieu de cela, il se sentait perturbé, ce qui le troublait encore plus. Il aimait bien Craig et Deidra. Il avait toujours apprécié Bernie – ainsi que Sam, d'ailleurs. Mais à présent, lorsqu'il regardait Sam, il voyait quelque chose qui n'avait plus rien d'humain.

J'ai respiré profondément avant de sortir de la tête de Bart Arrowsmith. L'endroit n'était ni sain ni heureux.

La brise légère qui agitait doucement les feuilles des arbustes avait forci. Il n'avait pas plu à Wright depuis un certain temps, et les grains de poussière emportés par le vent me cinglaient les joues. Un sentiment d'appréhension étrange me gagnait. J'avais l'impression qu'on m'avait demandé d'incarner la déesse de la vengeance.

J'ai intercepté le pasteur tandis qu'il atteignait les marches et je me suis présentée.

Bart Arrowsmith m'a serré la main et m'a demandé si Craig était déjà entré dans l'église. C'est alors que je l'ai coupé.

— Vous devez choisir votre camp.

— Pardon ?

Il plissait les yeux derrière ses lunettes cerclées de métal.

— Vous savez que ce qui se passe ici est mal. Vous savez que c'est de la haine pure. Et Dieu ne veut pas de haine ici.

Comme si j'étais la voix de Dieu… Mais j'étais incapable de faire autrement. Une force me poussait à agir.

Dans le regard de Bart Arrowsmith, quelque chose a bougé.

— Oui… J'entends votre message.

Après un soupir, il s'est répété et s'est retourné pour pénétrer dans l'église.

Trish, Quinn et Togo ont bientôt dérivé sur l'herbe sèche, marchant à pas silencieux. Je ne les avais pas vus arriver. Marqués par leur corvée, ils étaient hagards.

Trish, les yeux rougis par les pleurs, semblait calme malgré tout.

— Quinn se postera devant, a-t-elle fait d'un ton volontaire. Togo, mon cœur, tu surveilles à l'arrière. Sookie et moi, on prend le flanc droit.

Apparemment, il semblait évident à tous que personne n'attaquerait depuis le presbytère sur la gauche. J'espérais qu'ils avaient raison.

J'ai indiqué mon assentiment d'un signe de tête et échangé un regard avec Quinn avant de me diriger à l'est pour prendre ma position.

Deidra et ses parents sont arrivés dans la même voiture, et ses frères et sœurs dans une autre. Mme Lisle était presque aussi jolie que Deidra, avec les cheveux courts et quelques kilos de plus. M. Lisle ressemblait à n'importe quel homme qui travaille dans une quincaillerie : capable, compétent et sans imagination aucune. La famille entière semblait manifestement très inquiète.

M. Lisle avait envie de nous demander ce que nous faisions, postés autour du cimetière. Le courage lui a manqué. En conséquence, lui et son épouse, Deidra et ses sœurs, ainsi que le frère aîné de Deidra se sont tous précipités par le jardin vers les portes ouvertes de l'église. L'autre frère de Deidra, le militaire, est venu prendre position près de moi. Ce qui m'a fait plaisir car je savais qu'il était armé.

— Miss Trish, a-t-il salué ma compagne.

Elle lui a tapoté l'épaule.

— Jared Lisle, s'est-il présenté à mon intention.

— Sookie Stackhouse. Je suis venue avec Sam.

Et puis nous avons commencé notre mission de surveillance.

Deux jeunes filles sont alors arrivées en courant pour pénétrer à l'intérieur, lançant un regard à Jared au passage. Avec un sourire, il leur a fait un signe de main amical.

— Elles vont chanter, a-t-il expliqué. Ça m'étonne un peu, qu'elles soient venues.

Sam et le frère aîné de Deidra seraient les témoins de Craig. L'assemblée était donc au complet.

Par les fenêtres ouvertes de l'église, on entendait l'organiste jouer « Jésus, que ma joie demeure » ainsi que la voix du Frère Arrowsmith, prodiguant conseils et instructions.

Quelques voitures sont passées, leurs occupants nous adressant un regard plein de curiosité, mais rien de plus. Mal à l'aise et certaine d'être trop en évidence, je m'agitais, incapable de trouver une posture naturelle.

Pour Jared, c'était tout le contraire. En tant que militaire, il avait l'habitude d'être en alerte. Très concentré, il ne me parlait pas, ni à Trish.

Je me demandais à quoi je pourrais bien servir si nous étions pris d'assaut. Que pourrais-je faire ? Lire dans leurs pensées, super super vite ? Pas très utile... Mon fusil me manquait plus que jamais. Serais-je capable de tirer sur un être humain s'il attaquait l'église ou tentait d'interrompre le mariage du frère de Sam ?

Oui. Absolument. Aucun doute là-dessus. Mon dos s'est raidi.

Il est à la fois intéressant et désagréable de subir une grande révélation sur soi-même, surtout à un moment où on ne peut pas se permettre de réagir. Je ne pouvais pas simplement abandonner mon poste, me ruer vers le magasin d'armes le plus proche pour y effectuer un achat, enfiler une tenue de cuir noir assortie à des bottes à hauts talons et me réinventer en tant qu'héroïne de blockbuster. Un fusil me donnerait le sentiment d'être une vraie dure, mais je ne le serais pas vraiment pour autant. Le simple désir d'abattre quelqu'un ne me garantirait pas de le toucher. Pourtant, si j'avais mon Benelli, j'aurais du mal à rater ma cible...

En l'espace de quelques secondes, des centaines de pensées se sont éparpillées dans mon esprit. Ces quelques secondes se sont éternisées tandis que notre troupe montait la garde et protégeait l'assemblée d'une attaque potentielle mais indéfinissable. Parfaitement calmes, Jared et Trish ne montraient aucun signe d'impatience. Ils se sont suffisamment détendus pour échanger quelques paroles. Apparemment, Trish avait été l'un des professeurs de Jared au lycée – anglais et littérature. Elle était contente d'avoir pris une retraite anticipée. Elle faisait beaucoup de bénévolat et fabriquait également des bijoux pour les vendre. Pour sa part, Jared lui a parlé de son affectation en Afghanistan. Il était impatient de partir.

Puis des moteurs se sont fait entendre à quelques rues de là. Instantanément alertés, nous avons dirigé nos regards vers le stop au bout de la rue.

Trois motos grondantes ont fait leur apparition. Un gros SUV bondé de passagers les suivait.

Sans dire un mot, nous avons formé une ligne pour barrer le passage.

Les moteurs se sont éteints et le silence est retombé. On n'entendait que le bruit du vent dans les branchages du chêne vert et la mélodie de l'orgue qui flottait dans l'air.

J'essayais de trouver un plan mais j'ai compris que la seule façon dont je pouvais empêcher qui que ce soit d'entrer dans l'église serait de me jeter sur lui. Les trois motards sont descendus de leur monture avant d'ôter leurs casques – c'était des femmes. Je ne m'y attendais absolument pas. Puis j'ai compris qu'elles avaient une double nature, ce que Togo et Trish avaient repéré en une fraction de seconde.

Togo a rompu le silence de sa fabuleuse voix de basse à l'accent si fascinant.

— Qu'est-ce qui nous vaut l'honneur, mes sœurs ?

Les passagers du 4 × 4 sortaient. Deux hommes et deux femmes, tous de la communauté des hybrides.

— Salut, mec, a dit le conducteur. On a vu sur le Web qu'il y avait des problèmes, ici. On est venus vous aider.

Après une longue pause silencieuse, Trish s'est avancée. Elle retenait à deux mains ses boucles d'argent ébouriffées par le vent.

— Je suis une amie de la famille du marié. Nous sommes ici pour empêcher les étrangers de rentrer dans l'église. Vous savez qu'il y a déjà eu des soucis aujourd'hui. Tous les chiens du refuge ont été massacrés pour manifester contre ce mariage.

Les nouveaux arrivants se sont mis à gronder, ce qui m'a déconcertée légèrement. La plupart des hybrides ne se permettent pas de laisser leur nature animale s'exprimer en public. Puis j'ai compris soudain que le frère de Deidra et moi-même étions les seuls êtres humains présents. Nous étions en minorité.

Les nouveaux étaient des loups-garous. Les Loups de la Zone et les Biker Babes – c'est ce qu'on pouvait lire dans le dos de leurs blousons de motards – sont venus grossir les rangs autour de l'église. Quelques camions sont passés. Je ne sais pas si les occupants avaient envie de s'arrêter, mais si c'était le cas, ils ont changé d'avis en voyant la curieuse assemblée qui patientait.

Je me suis présentée à l'une des Biker Babes. Elle s'appelait Brenda Sue, et m'a appris qu'elle était infirmière spécialisée en traumatologie dans un hôpital à quatre-vingts kilomètres de là. Elle avait pris son après-midi. Je lui ai expliqué que le mariage aurait lieu à 16 heures et, après avoir réfléchi à son planning, elle m'a confirmé que tout le monde serait là.

Trish n'avait pas eu tort de poster son appel aux armes sur le site de la communauté. Et en tuant ces pauvres animaux, Jim Collins avait finalement révélé son jeu, ce qui pouvait tourner à notre avantage.

La musique de mariage traditionnelle a retenti quelques fois de plus, ainsi que la voix d'une dame plus âgée qui donnait encore quelques directives. Ensuite, la répétition s'est terminée – plus rapidement que je ne pensais, car elle n'avait duré que quarante-cinq minutes. Je ne savais pas si c'était normal ou si le Frère Arrowsmith avait accéléré les choses.

En sortant de l'église, tout le monde est resté bouche bée devant l'augmentation du nombre de sentinelles. Les visages et Sam et Bernie se sont alors illuminés d'un large sourire. Les humains sont demeurés en retrait tandis que les hybrides se saluaient avec chaleur et enthousiasme. Après un temps, Jared a pris congé en me serrant la main, avant de remonter en voiture avec son frère et ses sœurs. Personne n'avait envie de s'attarder dans un endroit aussi exposé. Trish et Togo ont proposé d'inviter les visiteurs à partager un déjeuner impromptu au ranch de Trish et sont partis vers le sud, menant la petite procession. Bernie et Craig ont quitté les lieux à leur tour, me laissant seule avec Sam devant les marches.

— Toi et moi, on va à la police, a dit Sam d'un ton bref.

J'ai grimpé immédiatement à ma place dans le pick-up. Il conduisait sans un mot. Le trajet n'a pas pris long-temps – tout à Wright se trouvait à deux pas – et nous

nous sommes rapidement rangés devant le poste de police, un petit édifice de brique rouge. J'avais compris entre-temps que Sam était en colère et stressé. Il se sentait responsable d'une bonne partie de toute cette persécution.

— Je te demande pardon, a-t-il dit brusquement.

— Pardon ?

— Je t'amène ici et c'est la catastrophe. Tu as déjà suffisamment de problèmes sans en rajouter. Je sais que tu regrettes de ne pas être restée à Bon Temps.

— Pas du tout, mais ce que j'aurais voulu, c'est me montrer plus utile, lui ai-je répondu en m'efforçant de sourire. Peut-être que tu aurais dû amener Jannalynn, après tout.

— Elle aurait brisé chacun des doigts de Jim Collins, et en riant.

Ah. Bon, alors dans ce cas...

— Au moins, elle aurait fait quelque chose, ai-je conclu avec regret.

Qu'avais-je accompli moi-même, ce matin ? Le fait justement de ne pas avoir tué le voisin pouvait-il être considéré comme positif ?

Nous étions à présent parvenus devant l'entrée. Il m'a semblé, en passant la vieille porte abîmée, qu'il serait préférable de ne plus parler de doigts fracassés...

— Bonjour, Sam, a dit un homme assis derrière le comptoir. Tu es de retour depuis quand ?

Il devait avoir une cinquantaine d'années. Ses lèvres étaient minces et sa mâchoire carrée encadrait un menton en pointe. Sous la ligne horizontale que formaient ses sourcils broussailleux, il souriait. Mais il n'était pas content... Je n'étais pas certaine de la cause de son déplaisir. C'était probablement nous. Son badge indiquait qu'il se nommait Porter Carpenter. Quelle belle rime.

— Salut, Porter. On est arrivés hier. Ça c'est mon amie, Sookie.

— Si vous sortez avec Sam, m'a dit Porter, c'est que vous avez une bonne résistance à la connerie.

— Je ne sais pas comment, mais je le supporte, lui ai-je retourné.

— Bon, j'imagine que tu n'es pas venu simplement pour dire bonjour.

— J'aurais nettement préféré, a répondu Sam.

J'ai remarqué soudain que son débit s'était ralenti et que son corps s'était détendu. Il paraissait même plus jeune. Il était ici dans son univers, chez lui. J'avais mis un certain temps à m'en apercevoir...

— Je suis désolé, mais on a eu des problèmes, ce matin, a expliqué Sam.

— Je suis allé au refuge. Il est lié à ça, votre problème ?

J'ai laissé Sam raconter l'histoire, ce qu'il a fait en un rien de temps.

— Vous pensez donc que Jim Collins est au moins en partie responsable ? a demandé Carpenter. Jim n'était pas un mauvais bougre, avant la Révélation des vampires. Mais ça c'est passé à peu près en même temps que le décès de Della, et il a perdu les pédales.

Les pensées de Sam m'ont indiqué que Della avait été sa femme.

— Après, c'était au tour des métamorphes et... enfin là, il est devenu carrément dingue, surtout quand Don a tiré sur ta mère. Lui et Don, ils étaient super copains.

— Alors le fait que son super copain abatte sa propre femme, ce n'était pas un problème ? a coupé Sam avec amertume.

— Mais, Sam, c'est juste pour dire.

J'ai décidé de ramener la conversation sur les rails.

— Moi, je n'ai rien repéré qui prouve que Jim Collins ait installé la pancarte sur la pelouse de la mère de Sam. Ni qu'il ait tué les chiens au refuge. Enfin, aucune preuve qui pourrait tenir devant un tribunal. Et vous, vous avez trouvé quelque chose ?

Porter Carpenter secoua la tête. Je savais qu'il n'avait même pas cherché. Je percevais tout un tas de choses dans sa tête – et j'avais peur.

Sam a repris :

— Les chiens sont morts et on ne peut rien y faire. Je voudrais que celui qui a fait ça aille en tôle. Mais pour le moment, je suis plus inquiet au sujet du mariage. J'ai peur que quelqu'un ne décide de tout faire rater.

Porter Carpenter l'a fixé, interloqué.

— Tu crois vraiment qu'ils feraient ça ? Bousiller le mariage de ton frère ?

Puis il a réfléchi un instant avant de répondre à sa propre question.

— Effectivement, il y a certaines personnes qui n'hésiteraient pas. Écoute, Sam, ne t'inquiète pas. J'y serai, en uniforme, devant l'église. Et j'aurai un adjoint avec moi. On est censés sortir pour s'occuper de la circulation, de toute façon. Le vin d'honneur, ce sera où ? Dans la salle commune de l'église ?

Sam a acquiescé.

C'est parfait comme emplacement. C'est juste à côté, on y arrivera rapidement, et ce n'est pas trop exposé, ai-je pensé.

Les deux hommes ont discuté encore un peu. Cependant, le policier n'était pas enclin à faire grand-chose. Il attendait que les antimétamorphes prennent des mesures plus draconiennes. Il était d'accord pour aider un peu, simplement parce qu'il connaissait Sam et ses parents depuis longtemps. Si ce n'avait pas été le cas, il se serait montré bien plus réservé. Un adjoint a d'ailleurs fait son entrée pendant la conversation, nous considérant justement avec méfiance.

Lorsque nous avons quitté le poste de police, j'ai eu l'impression que Sam était encore plus inquiet qu'auparavant. Les policiers qui étaient de notre côté se trouvaient déjà chez les Merlotte et ne portaient pas d'uniforme.

À notre arrivée chez Bernie, une dizaine de voitures étaient garées le long de la rue et dans l'allée. Désemparée, j'ai cru que ces gens étaient venus inquiéter la famille. Puis j'ai vu qu'ils se rangeaient tout autour du terrain, tournés vers l'extérieur. Ils étaient venus protéger la famille Merlotte.

Les larmes me sont brusquement montées aux yeux. J'ai cherché la main de Sam et l'ai sentie serrer la mienne.

— Salut, Léonard, a dit Sam à l'homme le plus proche.

C'était un gaillard grisonnant qui portait chemise et pantalon de toile.

— Sam, l'a-t-il salué avec un signe de tête.

Sister en a fait de même, s'adressant à Sam d'un ton rassurant.

— On va y arriver. La journée est déjà à moitié passée. Tu nous ramènes Sookie à la prochaine fête de promo, d'accord ?

Sam avait déjà une véritable petite amie et mon « remplacement » ne durait que le temps du week-end. Malgré tout, un petit frisson m'a réchauffé le cœur. Sa famille et ses amis m'avaient témoigné tant de gentillesse... En passant le seuil, je me suis immobilisée, stupéfaite. La petite maison bourdonnait d'activité comme une véritable ruche.

Des bouquets d'œillets avaient été disposés sur des tables dans le séjour. Il y avait même des ballons, ce qui prêtait à la salle une atmosphère décalée mais festive. Pendant notre absence, le fleuriste était passé et on avait livré un plateau de viande froide, de fromage et de pain, à côté duquel on avait posé des tomates tranchées et tout ce qui peut servir à composer des sandwiches, ainsi que des assiettes en carton. Sam et moi nous sommes servis, comme tout le monde l'avait déjà fait. Les enfants de Mindy couraient partout en criant d'excitation.

La maison nous entourait, petite et pleine de vie, et tous les esprits autour de moi bouillonnaient de joie et de contentement.

Tandis que Sam et moi prenions notre déjeuner, assis côte à côte sur le canapé du salon, Mason m'a apporté un verre de thé glacé en faisant bien attention de ne pas le renverser.

— Tiens, tante Sookie.

Il était tout fier. J'allais rectifier et me suis ravisée :

— Merci, mon p'tit bouchon.

Un grand sourire s'est peint sur son visage. Puis Mason a rougi avant de disparaître en bondissant.

Sam a posé un bras autour de moi et m'a embrassé la joue.

Je ne savais pas trop comment réagir et j'ai pris une gorgée de thé. Sam prenait son rôle peut-être un tantinet trop à cœur...

— Tu es tout de même ma petite amie pour le week-end, m'a-t-il chuchoté à l'oreille, ce qui me chatouillait.

J'ai étouffé un rire.

— Mmm, lui ai-je répondu en laissant percer une légère pointe d'avertissement.

Mais il a gardé son bras en place jusqu'à ce qu'il en ait besoin pour se saisir de son sandwich. Je le regardais en secouant la tête, tout en souriant, car je ne pouvais pas m'en empêcher. J'étais exaltée par le ralliement de la communauté autour des familles Merlotte et Lisle. Je n'avais pas ressenti autant d'espoir depuis... En fait, ça ne m'était encore jamais arrivé.

Ce qui a bien duré cinq minutes de plus : les cerveaux à l'extérieur se sont soudain agités, émettant des ondes dissonantes. Des véhicules passaient devant la maison en nombres grandissants, ce que je n'avais pas immédiatement remarqué. Apercevant du mouvement par la fenêtre donnant sur l'avant, je me suis redressée pour regarder par les voilages de Bernie. Quatre voitures étaient garées en face et au moins vingt personnes se dressaient un peu partout, bloquant les voitures de nos soldats bénévoles ainsi que celles de la famille.

Sister criait à tue-tête, ponctuant ses paroles en piquant du doigt le torse d'un homme trois fois plus gros qu'elle. Il criait aussi fort qu'elle. Il a fini par la pousser, la projetant à terre.

Sam avait bondi à la fenêtre aussi. Lorsqu'il a vu son amie tomber, il a hurlé en sortant de la maison à toutes jambes, Doke et Craig sur les talons. Bernie a traversé le salon comme un éclair pour émerger de sa maison, pleine de détermination et sûre de sa force.

Dans le tumulte et la confusion qui ont suivi, je me suis demandé si je devais les suivre et si j'étais capable de les aider. Puis j'ai réfléchi. J'avais bien l'impression d'assister à un coup monté. Pourquoi organiser une confrontation devant la maison ?

Pour préparer quelque chose à l'arrière.

Mindy et les enfants se tenaient debout dans l'entrée. Mindy ne voulait pas que ses enfants puissent voir de violence par les fenêtres. Je lui ai fait un signe de tête, posant le doigt sur mes lèvres, avant de me glisser sans bruit dans la cuisine. La petite batte avec laquelle les hommes et Mason avaient joué la veille se trouvait à côté de la porte de derrière. Je l'ai saisie en la soupesant. À ma grande satisfaction, elle n'était pas en plastique mais en bois. J'ai risqué un œil par la fenêtre. Oui, quelqu'un s'approchait furtivement par le jardin arrière. Un grand adolescent efflanqué et en colère. Il tenait quelque chose à la main.

Mon cœur battait à tout rompre. Je devais absolument me calmer pour lire dans ses pensées. L'objet était explosif, et il avait l'intention d'ouvrir la porte arrière, de le lancer à l'intérieur et de s'enfuir aussi vite que possible. Je ne savais pas précisément ce qu'il portait – bombe puante, bombe fumigène, bombe incendiaire...

J'ai senti du mouvement derrière moi et tourné la tête. Mindy se faufilait vers moi. Elle avait ordonné à ses enfants de s'allonger sur le sol dans le couloir et venait à ma rescousse. L'émotion m'a submergée sans prévenir et l'adrénaline m'a envahie.

Du coup, j'ai peut-être exagéré un tout petit peu.

Lorsque l'adolescent a ouvert la porte avec grande précaution et passé la main à l'intérieur, j'ai ouvert la porte en grand à toute volée, avancé d'un pas et abattu la batte de toutes mes forces.

3

Je lui ai cassé le bras. Et c'est là qu'est mon problème : ce qu'il tenait n'était qu'une bombe puante et n'aurait véritablement blessé personne, dans la famille de Sam. Mais je n'ai éprouvé aucun remords. En réalité, j'ai éprouvé une joie féroce de lui avoir brisé un os.

J'étais devenue une personne différente. Je pouvais le regretter, mais je ne pouvais rien y changer. Il m'était impossible de faire renaître la Sookie au cœur tendre que j'avais été. Dans quelle mesure la modification était-elle due au lien de sang qui me liait à un géant Viking sans scrupules ou aux tortures que j'avais subies ? Je n'en avais aucune idée. Je n'étais cependant plus la même personne gentillette qu'avant – ce que le jeune homme en question venait de découvrir à ses dépens.

En entendant ses hurlements de douleur, tout le monde a accouru : ses copains, la famille Merlotte et ses amis, puis la police – avec et sans uniforme. Pendant quarante bonnes minutes, un chaos total a régné.

Mindy était présente lorsque le garçon avait tenté d'entrer et, entre deux vagissements larmoyants, ce dernier avait tout avoué. Je n'ai donc pas été inquiétée.

En outre, ses parents, qu'on avait immédiatement convoqués, se sont montrés proprement horrifiés. Ils n'ont pas tenté d'esquiver les faits ou de minimiser ses actions. C'étaient des gens bien et heureusement. Car le garçon se nommait Nathan Arrowsmith. C'était le fils

unique de Mme et M. le Révérend Père Arrowsmith.
Situation délicate.

Qu'a donc fait la famille de Sam ? La famille de Sam
a formé... un groupe de prière.

Ma grand-mère était très pratiquante. Pour ma part,
j'aimais à penser que j'étais une bonne croyante – ces
derniers temps, sans doute plus croyante que bonne.
Mais jamais nous ne nous étions mis en cercle pour faire
une prière en famille. Je me sentais donc mal à l'aise,
debout dans le séjour, donnant la main à Doke et Sam,
tandis que nous inclinions tous nos têtes pour prier à
voix haute, chacun notre tour.

Bernie s'est identifiée pour le bénéfice du Très Haut
– ce qui m'a semblé quelque peu superflu – avant de
demander à Dieu de révéler à ses ennemis la lumière
née de la tolérance. Mindy lui a demandé d'accorder Sa
bénédiction au mariage et de faire en sorte qu'il se
déroule dans la paix. Animé d'un esprit de noblesse,
Craig a demandé à Dieu de pardonner à Nathan
Arrowsmith et à tous ceux qui avaient conspiré avec lui.
Mason a supplié Dieu de lui rendre sa batte de baseball
– là, j'ai fait la grimace... Doke a prié pour qu'Il guérisse
la haine qui grandissait au sein des habitants de Wright.
Pour ma part, je Lui ai demandé de ramener la paix dans
nos cœurs, car nous en avions tous besoin. Quant à Sam,
sa requête concernait la sécurité de tous ceux qui parti-
cipaient au mariage. Frappée soudain de timidité, Bonnie
n'a rien pu dire et s'est mise à pleurer – ce que l'on peut
admettre, il faut bien l'avouer, chez une fillette de trois
ans.

Après quoi je me suis finalement sentie ragaillardie et
la famille aussi. Il était grand temps de se préparer pour
retourner à l'église et, pour la seconde fois de la journée,
je me suis retirée dans ma chambre pour m'habiller. J'ai
enfilé la robe bleue sans manches que j'avais empruntée
à Tara, puis les perles de Gran, avec les boucles d'oreilles
assorties, et enfin mes escarpins à talons noirs. J'ai fixé
mes cheveux en arrière grâce à un peigne de nacre qui

me venait également de Gran, laissant leur longueur libre dans mon dos. La seule chose que j'avais dû acheter, c'était mon rouge à lèvres.

Sam portait un costume bleu en seersucker. Lorsque j'ai émergé de ma chambre, nous nous sommes fixés en silence.

— Je crois qu'on peut être fiers de nous, lui ai-je dit avec un sourire.

Il a hoché la tête. Et j'entendais dans son cerveau qu'il pensait que Jannalynn aurait porté quelque chose de tout à fait extrême, ce qui aurait déplu à sa famille. J'ai ressenti une pointe d'agacement. Pourquoi sortait-il avec elle, déjà ? Cette fille commençait à me faire pitié. Sam s'était réjoui pendant tout le week-end de ne pas l'avoir amenée pour rencontrer sa famille. Pas bon, ça. La relation n'était pas fondée sur une confiance mutuelle, loin de là.

Lorsque nous sommes sortis de la maison pour prendre le départ, Jim Collins se tenait debout dans son jardin, brandissant une pancarte : NON AUX MARIAGES ANIMAUX DANS LES ÉGLISES HUMAINES. Insultant, oui. Illégal, non.

Je n'avais pas oublié la direction d'où venait Nathan Arrowsmith avec sa bombe puante.

Je me suis arrêtée et j'ai fait un pas de côté. J'ai accroché le regard de Jim Collins. Il mourait d'envie de se détourner, mais il ne l'a pas fait. Son orgueil lui imposait de me regarder dans les yeux.

Il débordait de colère et de haine. Don lui manquait cruellement. Pour lui, Don avait eu raison de tirer sur Bernie, car, dans son esprit, elle s'était montrée fausse et déloyale. Il savait qu'elle n'avait pas trompé son mari, mais dans son système de valeurs le fait de dissimuler sa véritable nature comptait tout autant. La douleur lancinante et constante causée par l'arthrose qui rongeait ses articulations attisait son agitation et sa colère.

— Vous êtes tout seul. Abandonné. Malheureux. Et rien ne changera tant que vous garderez toute cette haine en vous.

Après ces mots, j'ai tourné les talons et suis allée rejoindre Sam au pick-up.

— Tu te sens mieux maintenant, Sookie ?

— Je sais, ce n'était pas gentil de ma part. Je regrette. Un tout petit peu...

— Dommage, tu ne lui as pas cassé le bras, a dit Sam.

Et il souriait.

Un tout petit peu.

En ouvrant nos portières, le son provenant de voix énervées nous a alertés et nous avons regardé vers la rue principale. Étrangement déserte ce matin, elle était à présent bondée.

Frappé de stupeur, Sam s'est exclamé, tandis que toute la famille, enfants compris, se figeait soudain près des véhicules. Alors que nous nous préparions pour célébrer le jour le plus important dans les vies de Craig et Deidra, d'autres s'étaient rassemblés avec des intentions bien éloignées des nôtres.

Il y avait des pancartes. Des écriteaux énonçant des messages de haine. La plus modérée proclamait « Quand on est humain, on marche debout ». L'éventail des messages allait des citations bibliques aux pires obscénités concernant la nuit de noces de Craig et Deidra. J'étais atterrée. Ma main s'est portée d'elle-même à ma bouche, comme pour empêcher l'horreur de m'envahir. Mindy a couvert les yeux de ses enfants. Ils ne pouvaient probablement pas vraiment lire les panneaux – « abomination » est un mot plutôt difficile pour des enfants de leur âge – mais je la comprenais parfaitement.

— Oh ! mon Dieu, a protesté Bernie. Le monde est devenu complètement fou – mon mari me tire dessus et c'est moi qu'on déteste ?

— Il faudrait peut-être se mettre à l'abri à la maison, a dit Doke.

Il avait pris Mason dans ses bras et Mindy s'était chargée de Bonnie.

— Pas question pour moi de reculer, a répondu Bernie en grondant. Vous avez les enfants, faites ce que vous avez à faire. Moi, jamais je ne les laisserai gagner.

Sam se tenait aux côtés de sa mère, le bras passé autour de ses épaules.

— Alors en avant, a-t-il conclu d'une voix tranquille.

Je me suis redressée à mon tour.

— OK. Impeccable, alors c'est parti. Craig ?

— Pareil. Je vais à l'église. J'espère que les Lisle y arriveront. Je ne contraindrai pas Deidra à m'attendre le jour de notre mariage.

Soudain, j'ai trébuché, assaillie par le tumulte de l'excitation, des émotions et des pensées surgissant par vagues de tous ces cerveaux. Sam s'est précipité pour me prendre par le bras.

— Sookie ? Tu n'es pas obligée, ce n'est pas ton combat.

J'ai repensé à la tuerie au refuge.

— C'est bien mon combat, ai-je affirmé avant de prendre une grande respiration. Comment sont-ils tous arrivés ici ?

— C'est Internet, a expliqué Sister.

Elle et Rafe balayaient les alentours, guettant tout danger éventuel.

— Les gens sont tout simplement venus. Ils ont dit qu'ils en avaient entendu parler sur le Net. Peut-être sur Twitter.

Le fourgon d'une chaîne d'information a pointé le museau au bout de la rue.

— Ça, c'est plutôt bien, a dit Sam. On a des témoins.

Pour ma part, cependant, je pensais que la situation allait s'aggraver, car rien ne ferait plus plaisir aux manifestants que de paraître aux informations du soir.

— On ferait mieux d'y aller, avant que ces salauds trouvent assez de courage pour agir, ai-je conseillé.

— À ton avis, il y a plus d'opposants ou de partisans ?

J'ai parcouru la foule et leurs messages. Les écriteaux s'exprimaient en faveur des deux camps, les opposants étant les plus nombreux – les gens pleins de haine sont toujours ceux qui crient le plus fort.

— Principalement des opposants, ai-je confirmé. Ils sont mieux organisés, ce qui ne me surprend pas. Les hommes de bonne volonté n'ont pas besoin de brandir des pancartes.

Puis nous avons reçu des renforts inattendus. Togo, Trish et les Biker Babes ainsi que les Loups de la Zone sont arrivés par le jardin arrière.

— La route était barrée, plus haut, a expliqué Trish. Allez, tous en voiture, on a un plan.

Bernie a hésité.

— Trish, tu sais...

— En voiture, j'ai dit, mais conduisez lentement. Nous, on marchera à côté des voitures. On ne veut pas qu'ils s'approchent des enfants.

— Doke ? a questionné Mindy. On fait bien ce qu'il faut, non ?

— Je ne sais pas... a répondu Doke, presque paralysé par l'angoisse. Mais allons-y. C'est mieux de rester tous ensemble. Il ne faut pas se séparer.

Les deux parents se sont installés à l'arrière de la voiture de Bernie, de chaque côté de leurs enfants, en s'attachant deux par deux avec les ceintures de sécurité. Craig a pris le volant et Bernie s'est assise côté passager. Sam et moi nous sommes serrés l'un contre l'autre un bref instant avant de monter dans son pick-up. Nous avons démarré lentement, nous éloignant du trottoir avec précaution. Togo a pris position de mon côté en m'adressant un sourire. Trish marchait du côté de Sam. Les motards et les autres hybrides encadraient la voiture de Bernie derrière nous.

Ainsi organisés, nous avons emprunté la rue. Les hurlements ont commencé. Ceux qui tentaient de ramener la paix se sont alignés devant les manifestants, s'accrochant les uns aux autres par les bras pour maintenir un couloir praticable. L'équipe de journalistes avait installé tout son équipement, et un reporter, un beau jeune homme vêtu d'un très beau costume, parlait d'un ton grave et intense devant la caméra. Puis il s'est effacé pour permettre à l'objectif de filmer la scène de notre cortège.

Sam composait un numéro sur son mobile.

— Porter, si tu es devant l'église, on arrive. Et si tu as la tête enfoncée, disons, ailleurs, sache qu'on est dans la mouise.

Puis il a écouté un instant.

— OK, on y sera. Si on passe.

Il a jeté l'appareil sur le siège.

— Il dit que c'est encore pire au fur et à mesure qu'on approche de l'église. Il n'est pas certain de pouvoir arriver jusqu'à nous. Il a déjà du mal à empêcher la foule d'investir l'église. Les Lisle ont réussi à passer : ils sont venus en avance pour que Deidra puisse s'habiller au presbytère, dans la salle de la mariée.

— C'est déjà ça.

Ma voix tremblait légèrement. J'étais terrifiée. J'observais la foule par le pare-brise devant moi. Les bouches bougeaient au milieu des visages distordus. Je percevais les flots de haine qui se déversaient sur nous. Ils ne connaissaient ni Sam ni Bernie. Ils se moquaient éperdument du fait que les fiancés ne se métamorphosaient pas. Ils agitaient leurs pancartes, s'époumonant contre nous. Togo m'a de nouveau adressé un sourire. J'étais incapable de le lui retourner.

— Courage, m'a dit Sam.

— J'essaie.

Puis une pierre s'est écrasée sur le pare-brise et j'ai poussé un cri strident. C'était stupide, mais le fracas inattendu m'avait surprise.

— Désolée ! Désolée !

Le verre s'était fissuré.

— Et merde, a fait Sam.

Il était aussi tendu que moi.

La pierre suivante a touché Togo à l'épaule. Il n'a pas saigné mais tout son corps a réagi et je savais qu'il avait dû avoir mal. Avec sa stature immense et l'aura menaçante qu'il dégageait, Togo devait faire une bien meilleure cible que Trish, une simple femme aux cheveux gris.

— Si seulement j'avais mon fusil...

Ce regret m'obsédait depuis déjà quelque temps.

— Si tu l'avais, tu tirerais sur quelqu'un. Alors c'est peut-être mieux comme ça.

Sa réaction m'a ébahie.

— Et toi, tu n'as pas envie de leur tirer dessus, à ces dégénérés ?

— Je n'ai surtout pas envie d'aller en tôle, a rétorqué Sam, très sombre.

Il fixait la route devant lui, se concentrant sur sa conduite, progressant aussi lentement que possible et sans à-coups.

— Tout ce que j'espère, a-t-il repris, c'est que personne ne va se jeter sous nos roues.

Soudain, une immense silhouette est apparue droit devant nous. Il nous a tourné le dos avant de se mettre en marche à pas mesurés, menant désormais notre petite procession en éclaireur. Quinn. Il nous guidait, son crâne chauve et luisant se tournant d'un côté puis de l'autre, surveillant et évaluant la foule.

Le portable de Sam a sonné alors et j'ai pris l'appel.

— Sookie à l'appareil.

— Vous avez d'autres amis qui sont arrivés, je vous les envoie, m'a dit le Frère Arrowsmith.

Je l'ai remercié avant de refermer le clapet et de transmettre le message à Sam.

— Alors finalement il les a retrouvées, dans son caleçon... Eh ben il était temps.

Nous étions parvenus au coin de la rue. Nous devions prendre à droite sur la rue principale et poursuivre vers le nord avant d'emprunter la rue St Francis. Pendant que nous patientions pour laisser passer la circulation – certains habitants tentaient malgré tout de poursuivre leur routine quotidienne – j'ai aperçu du coin de l'œil un individu qui courait vers nous. En me tordant de côté, j'ai pu voir que Togo surveillait le flot de véhicules. Il s'est tourné vers moi et nos yeux se sont rencontrés brièvement, avant qu'il ne soit brutalement percuté par un homme musclé et trapu qui lui a abattu sa pancarte sur le crâne. Le sang s'est immédiatement mis à couler et Togo a trébuché, s'effondrant sur un genou.

— Quinn, ai-je crié à pleins poumons, derrière la vitre fermée.

Alerté par l'ouïe suraiguisée des métamorphes ou par son instinct de chasseur, Quinn a fait volte-face.

Bondissant par-dessus le capot de la voiture avec une célérité tout simplement stupéfiante, il s'est emparé de l'attaquant de Togo et l'a soulevé de terre, le maintenant à bout de bras.

Choquée, la foule des manifestants a fixé Quinn, effarée par sa force et sa vitesse fulgurante. Puis la rage a explosé. C'était justement cette différence qui engendrait leur peur. J'ai distingué de nouveau des mouvements rapides, Sam a donné de la voix et une grande femme, sa chevelure brune flottant derrière elle telle une bannière, a traversé la rue principale à une allure inhumaine. Vêtue d'un jean et de baskets, elle paraissait normale. Je voyais bien cependant qu'elle avait quelque chose de plus qu'un simple être humain. Fondant sur l'amas mouvant formé par Togo, Quinn et le manifestant, elle a arraché l'homme des griffes de Quinn pour l'emporter de l'autre côté de la rue. Avec d'infinies précautions, elle l'a posé là, bien debout. Et enfin, elle a fait quelque chose de tout à fait inattendu. Elle lui a tapoté le dessus de la tête de sa longue main brune.

Quelques ricanements se sont élevés de la foule. L'homme est demeuré immobile, la bouche littéralement grande ouverte.

Elle s'est retournée vers Quinn et Togo, qui était parvenu tant bien que mal à se relever, et son visage s'est illuminé d'un franc sourire.

La ligne des épaules de Togo s'est détendue. Le moment de crise était passé – pour l'instant du moins.

Mais Quinn s'est figé. Et soudain, l'inconnue également.

Quinn a alors incliné la tête courtoisement. Je n'ai pas entendu ce qu'il lui disait, mais elle lui a retourné son salut et a prononcé un mot. Je n'entendais pas vraiment ses pensées, mais d'une manière ou d'une autre, j'ai su que c'était « tigresse ».

Waouh. J'aurais bien aimé y réfléchir un peu plus, mais la route s'était dégagée dans les deux sens et il était temps de tourner. J'ai baissé la vitre pour informer notre infanterie de la direction que nous allions suivre. Et la colonne a repris sa progression, les métamorphes courant avec nous à petites foulées. Très vite, nous avons pris à gauche. Nous serions bientôt arrivés.

Nous avions affronté l'angoisse de la rue de Bernie. Pourtant, la rue St Francis m'est apparue encore plus inquiétante et la foule y grouillait encore davantage. La tension ambiante était extrême.

Sam se concentrait avec intensité sur sa conduite, tout en surveillant la masse de monde pour repérer tout mouvement inattendu. Je n'osais pas lui parler. Tassée dans mon siège, je sentais mes muscles raidis par l'appréhension.

La tigresse et Quinn galopaient paresseusement devant nous, leurs longues enjambées se répétant à l'unisson – un spectacle d'une beauté étourdissante. Une femme s'est jetée devant eux, un seau de peinture à la main. Avant même qu'elle n'ait pu les viser, la tigresse s'était penchée négligemment pour heurter le fond du seau. La peinture, projetée en l'air, s'est déversée sur la femme au look de ménagère bien sage. Inondée de peinture rouge, elle a rebroussé chemin en titubant. La moitié de la foule a explosé de rire alors que l'autre s'est mise à hurler de rage, tandis que tigre et tigresse poursuivaient leur chemin, imperturbables.

En jetant un œil au rétroviseur pour vérifier que tout allait bien du côté de Bernie, j'ai constaté, horrifiée, qu'un groupe, armé de battes et de gourdins, se précipitait pour marteler le toit de la voiture. Les enfants ! Togo, alerté par le tapage derrière lui, s'est retourné avant de me lancer un regard hésitant.

— Vas-y ! Vas-y ! lui ai-je crié.

Il s'est jeté en arrière, attrapant les assaillants les uns après les autres pour les projeter sur le bord de la route, comme il aurait arraché des graines accrochées à l'ourlet de son jean. Désemparé, Sam s'était arrêté. J'ai compris à son regard désespéré qu'il ne savait que faire. S'il sortait de la voiture pour prêter main-forte à Togo, il me laisserait seule dans le pick-up. Je deviendrais ainsi vulnérable. Entre-temps, Trish avait porté secours à Togo.

Puis j'ai vu un tourbillon près de moi – c'était Quinn. Me tortillant sur mon siège, j'ai entrevu par la lunette qu'il sautait à l'arrière du pick-up, qui a rebondi sous le choc.

J'ai cru que tout était fini pour nous, que la violence enflerait sans discontinuer pour se répandre partout. Nous serions bientôt submergés.

Au lieu de cela, certains habitants et les métamorphes venus nous soutenir ont commencé à lancer des appels au calme.

Et, pour la première fois de son existence – du moins je l'imagine –, la ville de Wright a entendu un tigre rugir. Le son provenait d'une gorge d'apparence humaine. On ne pouvait toutefois se tromper sur sa véritable nature.

La foule s'est tue immédiatement. Tous deux ensanglantés, Togo et Trish couvraient de leurs corps les fenêtres de la voiture de Mindy. Trish était hors d'haleine et le flanc de Togo rougissait à vue d'œil sous sa chemise. Je me suis tournée vers l'avant pour voir si on nous envoyait de l'aide depuis l'église. Effectivement, un groupe imposant faisait son approche. Aux derniers rangs, j'apercevais l'uniforme des policiers de Wright. Deux officiers tentaient de se frayer un passage – mais je savais qu'ils n'arriveraient pas à temps si la foule décidait de nous charger. Derrière moi, Quinn se redressait de toute sa hauteur.

— Il y a des enfants dans cette voiture ! Des enfants humains ! Quel exemple pour eux !

Certains manifestants ont pris l'air honteux. Une femme s'est mise à pleurer. Malgré tout, la plupart des protestataires, maussades, maintenaient un silence obstiné. D'autres avaient le regard vide, comme s'ils se réveillaient d'une transe.

Pointant du doigt Trish, dont les cheveux dégoulinaient de sang, Quinn a poursuivi sans merci.

— Cette femme habite ici depuis toujours. Et vous la blessez ? Vous faites couler son sang, alors qu'elle protège des enfants ? Des enfants ? Laissez-nous passer ! a-t-il conclu en grondant.

Jetant un regard autour de lui, il a vérifié que personne n'avait l'intention de le défier. Personne n'a pris la parole. Il a sauté à terre pour repartir à petites foulées à son poste, en tête de la colonne, aux côtés de sa nouvelle amie. Elle l'a touché, posant sa main brune sur son bras. Il a plongé son regard dans le sien. L'instant s'est éternisé.

J'avais la vague impression que Quinn n'aurait finalement pas grand-chose à me dire, lors de notre fameuse conversation...

Puis les deux tigres-garous ont repris leur course et nous les avons suivis.

Porter Carpenter, assisté d'un autre officier, nous avait gardé un emplacement libre devant l'église. Manifestant un certain soulagement, ils ont écarté les chevaux de frise pour nous faire passer.

— Ils ne sont même pas venus pour nous aider, ai-je fait remarquer.

J'avais serré les lèvres si fort pendant toute l'aventure que je parvenais à peine à parler.

Sam a coupé le moteur. Sa réaction à lui se manifestait à son tour : il était pris de frissons.

— Ils ont essayé, m'a-t-il répondu, la voix rauque. Je ne sais pas à quel point ils ont persisté, mais ils voulaient venir.

J'ai fait un effort sur moi-même pour calmer ma colère.

— J'imagine que tout ça, c'était un peu trop pour eux.

— Alors tu es d'accord, si on ne leur casse pas la figure ? a suggéré Sam.

— D'accord. Ce ne serait pas judicieux...

Il a réussi à rire, mais ce n'était qu'un pauvre petit grognement amusé.

— Tu vas bien ? Avant qu'on sorte et que toute cette folie nous retombe dessus encore une fois – pardonne-moi de t'avoir entraînée là-dedans.

— Mais, Sam, arrête ! On est amis. Bien sûr que je suis là, et en plus j'en suis contente. Tu n'en parles plus, tu entends ? Heureusement que Mindy est déjà mariée par contre – ça fait un mariage de moins à gérer !

Ma mauvaise plaisanterie l'a déridé : avec un sourire, il s'est penché sur moi pour déposer un baiser sur ma joue.

— On y va, courage !

Et nous avons tous deux ouvert nos portières.

Le niveau sonore recommençait à monter. Les autres passagers étaient également sortis de leur voiture. Mindy et Doke, serrant leurs enfants dans leurs bras, montaient les marches de l'église à toute vitesse. Bernie, les poings serrés, s'est tournée pour faire face à la foule, cherchant des yeux le regard de chacun. Certains ont eu l'élégance de montrer leur honte et d'autres lui criaient leurs encouragements. En revanche, la haine ressentie pour cette petite femme ordinaire déformait d'autres visages. Sam se tenait à côté d'elle, le dos bien droit.

Mon cœur s'est gonflé de fierté.

Craig a voulu les rejoindre et j'ai saisi sa main.

— Craig. Toi, tu vas dans l'église. Nous, on te retrouve dans une minute.

J'ai perçu un instant la colère qui le parcourait, puis il a compris que j'avais raison. Après un dernier regard pour sa mère et son frère, il s'est engouffré dans l'église pour rassurer sa future femme.

— Sam, ai-je alors appelé. Toi et ta maman, il faut y aller, maintenant. Regarde, voilà Togo avec Trish.

Quinn et sa nouvelle amie se sont mis au travail pour organiser les rangs des métamorphes arrivés par vagues entières à Wright. Togo a transporté Trish, à moitié assommée, à l'intérieur. Après l'avoir étendue sur un banc dans le fond, il a repris sa place au sein du cordon de sécurité qui s'était formé autour de l'édifice. Malgré l'hésitation de certains, les officiers de police de Wright se joignaient aux trois Biker Babes et aux Loups de la Zone. Les rangs n'en finissaient pas de grossir.

Soudain, j'ai aperçu une minuscule silhouette familière et je l'ai hélée.

— Luna !

J'ai serré la petite métamorphe dans mes bras. Je ne l'avais pas vue depuis mon séjour à Dallas.

— Tu as toujours des problèmes, toi ! s'est-elle exclamée avec un sourire éclatant. Hé, regarde un peu là-bas.

Un peu plus loin dans la chaîne vivante, deux loups-garous se sont détachés pour me faire un signe de main, hilares.

— Salut, mon p'tit os à moelle !

— Je les ai soudain reconnus : c'était lui et son comparse qui nous avaient récupérées à Dallas. Je n'en croyais pas mes yeux.

— C'est comme si on jouait au Whac-a-mole ! hurlait Luna pour se faire entendre. Pas moyen de les éliminer ! On a bousillé les allumés dans cette église, à Dallas, mais je suis certaine que ce sont les mêmes ici, qui réclament notre mort. Et d'ailleurs, j'en ai déjà vu une ! Sarah est ici !

Je l'ai fixée, bouche ouverte.

— Sarah Newlin ?

C'était l'épouse du fondateur de la Confrérie du Soleil. Après notre attaque, elle avait disparu avec son mari pour œuvrer dans l'ombre.

Luna a hoché la tête.

— C'est quelque chose, hein !

— J'ai fait tout ce chemin pour assister à un mariage, il faut que j'aille à l'intérieur, lui ai-je expliqué précipitamment. J'espère qu'on pourra se parler plus tard.

Elle m'a fait un signe d'approbation avant de se retourner pour hurler à la face d'un homme deux fois grand comme elle. Il voulait entrer pour fusiller le pasteur qui « assurait cette parodie de cérémonie » – c'est exactement ce qu'il a dit. À mon avis, on lui avait soufflé sa réplique... Luna n'a même pas daigné lui parler. Elle s'est contentée de lui asséner des cris aigus. Elle lui a fait tellement peur qu'il a trébuché en reculant.

Stupéfaite par la révélation de Luna, j'ai foncé dans l'église en maudissant mes talons hauts – nous avions tant misé sur notre apparence pour la journée, et c'était finalement si futile... Le FBI était à la recherche des Newlin depuis la nuit où Luna et moi nous étions échappées du bâtiment de la Confrérie. Les agents du FBI avaient trouvé là tout un tas de choses intéressantes – des armes, un corps... – dissimulées dans la vaste bâtisse. Cette dernière avait autrefois été une église. Steve et Sarah Newlin poursuivaient depuis leur endoctrinement plein de haine en toute clandestinité. Le couple bénéficiait d'une impressionnante armée d'adeptes. J'aurais adoré capturer Sarah Newlin pour la livrer aux mains de la justice. Finalement, on ne m'avait ni violée ni assassinée dans les murs de la Confrérie – mais ce n'était en aucun cas grâce à elle.

Rien ne pouvait totalement étouffer la clameur de la rue, mais le vestibule était calme et relativement silencieux. Par les portes ouvertes, j'apercevais le sanctuaire orné de fleurs et de cierges allumés. Jared avait apporté un fusil et se tenait à côté du vantail, prêt à l'utiliser. Sam restait près de lui.

La famille Lisle patientait dans l'allée centrale. La mère de Deidra se retenait manifestement de pleurer et son père affichait une mine sinistre. Il était armé aussi – et je ne pouvais pas l'en blâmer. Craig et Bernie se tenaient à côté d'eux ainsi que l'épouse du Frère Arrowsmith. Elle avait amené leur fils, dont le bras était désormais moulé dans un plâtre. Il semblait tout à la fois furieux, horrifié et humilié. Il transpirait la honte : Bernie s'était plantée devant lui pour le regarder droit dans les yeux, lui interdisant toute esquive.

Sur le flanc est du vestibule, une porte s'est ouverte. C'était celle qui menait à la salle de la mariée. Les deux sœurs de Deidra ont risqué un œil, jeunes et jolies comme des cœurs dans leurs robes de demoiselles d'honneur. Elles étaient terrifiées. Leur grand frère leur a fait un signe de tête qu'il voulait rassurant.

— Où sont Denissa et Mary ? a demandé la plus jeune.

— Les filles qui devaient venir chanter ? Elles n'ont pas pu venir, a dit Jared.

Et la porte s'est refermée. Je savais que Deidra, vêtue de sa robe de mariée, attendait dans la petite pièce.

— Leurs parents ont eu trop peur de les laisser venir, nous a expliqué Jared. Sookie, tu veux chanter ?

Sam a pouffé. Les circonstances ne prêtaient pas au rire, et pourtant, je n'ai pas pu m'en empêcher.

— Désolée. Là-dessus, je ne peux pas vous aider. Si je chante, il va se mettre à pleuvoir.

J'ai respiré un grand coup avant d'ajouter :

— Je monte la garde ici, à la porte. Vous deux, vous faites partie de la famille des mariés.

Jared a hésité.

— Tu sais comment on se sert de ça ? a-t-il demandé en passant au tutoiement et en me tendant une carabine 30.30.

— Je préfère mon Benelli, lui ai-je dit après l'avoir examinée. Mais ça va aller.

Il m'a fixée droit dans les yeux avant de disparaître derrière les battants. Sam m'a tapoté l'épaule avant de le suivre.

J'ai entendu la musique démarrer. La plus âgée des sœurs de Deidra est sortie de la petite pièce latérale, sa robe bleu lavande froufroutant sur le sol. En me voyant là avec la carabine, elle a ouvert de grands yeux.

— C'est juste au cas où, lui ai-je dit en espérant la rassurer.

— Je vais sonner la cloche, m'a-t-elle répondu comme si elle devait obtenir ma permission.

Elle indiquait du doigt la porte de la paroi ouest du vestibule. Elle menait au clocher.

— Bonne idée.

Je ne savais absolument pas si c'était vraiment une bonne idée, mais si la tradition exigeait que la cloche sonne au début du mariage, alors ce serait fait.

— Vous avez besoin d'aide ? ai-je demandé.

— Si ça ne vous embête pas. Ma petite sœur doit rester avec Deidra. Elle est complètement angoissée. Vous allez devoir poser la carabine un instant, a-t-elle ajouté sur un ton d'excuse. Au fait, je m'appelle Angie.

Je me suis présentée à mon tour avant de la suivre dans le clocher. Une longue corde gainée de velours rouge y était suspendue. J'ai levé les yeux vers la cloche arrimée au-dessus de nos têtes, me demandant combien elle pouvait peser. Espérant également que les ouvriers qui l'avaient installée étaient compétents... J'ai posé mon arme et Angie et moi nous sommes saisies de la corde. Bien campées sur nos jambes, nous avons tiré.

— Quatre fois, a-t-elle précisé, le souffle saccadé. Le mariage a lieu à 4 heures.

L'aventure était plutôt amusante. Nous avons failli nous envoler, mais nous avons réussi à sonner la cloche par quatre fois. À l'extérieur, le silence est tombé sur la foule.

— Je me demande s'il y a un haut-parleur dehors.

— Ils en ont installé un pour les funérailles de M. Williston – il était dans la législature d'État, m'a expliqué Angie.

Elle a ouvert le panneau électrique et actionné un interrupteur.

Un craquement s'est fait entendre dehors, puis les notes de la cantate de Bach se sont déversées sur l'auditoire extérieur. Encore un cri ou deux, puis les gens se sont mis à écouter.

Angie est ensuite allée ouvrir la porte de la salle de la mariée et Deidra en est sortie, accompagnée de sa sœur cadette. M. Lisle les a rejointes. Son esprit indiquait qu'il éprouvait des difficultés à se concentrer sur sa fille au lieu du rassemblement dans la rue. Resplendissante dans sa robe blanche immaculée, Deidra tenait entre ses mains un bouquet de tournesols et de marguerites.

— Vous êtes époustouflante, lui ai-je dit.

Personne ne peut retenir son sourire devant une mariée.

— C'est à nous maintenant, a annoncé Angie.

Elle a ouvert la porte donnant sur le sanctuaire, et la marche nuptiale a débuté. On l'entendait à la fois de l'intérieur et de l'extérieur et Deidra s'est retournée brusquement pour me regarder, interloquée.

— Veuillez vous lever, résonnait la voix sonore du Frère Arrowsmith.

Angie s'est avancée la première dans l'allée centrale, suivie de sa sœur. Et enfin Deidra, le visage rayonnant, a pris le bras de son père pour marcher lentement à la rencontre de son fiancé.

J'avais repris ma carabine et me tenais à mi-chemin entre les portes extérieures et intérieures, surveillant les deux directions tour à tour. Le père de Deidra s'est avancé pour chuchoter quelques paroles à l'oreille du Frère Arrowsmith. Celui-ci a déclamé ensuite :

— En ce jour saint, j'aimerais vous demander de vous joindre à moi, vous tous qui êtes ici et au-dehors, sous le regard de Dieu, pour prier le Père, notre Seigneur. Notre Père, qui êtes aux cieux...

Quel talent. Je me suis approchée des portes extérieures pour écouter. Après un temps, j'ai entendu des voix au-dehors qui récitaient la prière en même temps que l'assemblée du mariage. Tous ne s'y étaient pas joints, mais c'était un beau début.

J'ai pris le risque d'aller dans le clocher et de regarder par l'une de ses petites fenêtres. Le spectacle était stupéfiant : certains étaient tombés à genoux pour prier ; les quelques manifestants qui auraient souhaité continuer à scander leurs protestations se voyaient réduits au silence par les plus pieux – d'une manière plus ou moins forte. J'ai bondi vers le sanctuaire pour faire signe au pasteur de continuer, avant de retourner à mon poste d'observation.

Puis je l'ai aperçue : Sarah Newlin. Elle portait lunettes noires et chapeau, mais je n'avais aucun mal à la reconnaître. Elle brandissait une pancarte, naturellement : « Quand on aboie, on hurle en enfer. » Sympathique. Elle dardait autour d'elle des regards pleins de ressentiment et d'incompréhension – nous avions joué la carte de Dieu et elle avait abattu celle de la haine.

Puis est venu le Credo des Apôtres. « Je crois en Dieu, le Père Tout-Puissant... » Encore une fois, dedans comme dehors, les voix récitaient en chœur. À la fin de la prière, l'assistance a gardé un long moment le silence, brisé enfin par la voix du Frère Arrowsmith qui entonnait :

— Nous sommes réunis en ce jour béni pour assister à l'union sacrée...

Il était parti. C'était certainement le mariage le plus cérémonieux et solennel que cette église ait jamais vu – j'étais prête à le parier. La foule dehors a écouté la voix tremblante de Deidra qui acceptait de prendre Craig comme époux. Celui-ci semblait à la fois tendu et empli de respect.

C'était magique.

Juste ce qu'il nous fallait pour sauver la situation.

Petit à petit, les membres hostiles se sont dispersés, pour ne plus laisser que quelques indéfectibles sur le pavé. Tous les métamorphes étaient restés. Au moment où Craig et Deidra étaient déclarés unis par les liens sacrés du mariage, le son de l'orgue s'est fait entendre, majestueux et triomphant, et des applaudissements ont retenti dans la rue.

Je me suis appuyée sur le mur du vestibule. J'avais l'impression d'avoir couru un marathon. Le petit groupe des invités de la noce s'est égayé avec force, échangeant embrassades et félicitations. Sam s'est détaché d'eux pour me rejoindre rapidement.

— Très bon réflexe, le haut-parleur !

— Je me suis dit que ça ne pourrait pas faire de mal, de rappeler à tout le monde où ils étaient et qui les surveillait d'en haut...

— J'appelle le caviste le plus proche pour faire livrer un tonneau de bière à la maison. Et puis aussi l'épicerie. Il faut remercier tous ceux qui sont venus de si loin, a décidé Sam.

— C'est l'heure du vin d'honneur ?

Radieux, les jeunes mariés menaient l'assemblée vers la sortie arrière de l'église pour gagner la salle commune.

Sam a confirmé avant de s'affairer quelques instants avec son iPhone afin d'organiser une réception impromptue pour plus tard chez sa mère.

Je n'avais vraiment pas envie de distraire Sam du bonheur familial, mais nous devions cependant discuter de certaines choses.

— Comment ont-ils pu arriver à l'heure ? lui ai-je demandé.

— Je ne sais pas, s'est étonné Sam. Sûrement grâce à Twitter et au Net, non ?

— Oui, j'imagine bien. Mais certains ont voyagé pendant des heures pour arriver. Et les incidents n'ont commencé que ce matin.

Sam est devenu extrêmement pensif.

— Je n'y avais même pas pensé.

— Tu avais d'autres choses en tête.

— Ça, tu peux le dire, a-t-il conclu avec un sourire ironique. Bon, tu as une théorie là-dessus ?

— Ça ne va pas te plaire...

— Bien sûr que non. Rien ne me plaît dans cette situation. Mais vas-y, vide ton sac.

Nous marchions en empruntant le chemin couvert qui reliait l'église à la salle commune. J'ai constaté que toute la propriété était encerclée de métamorphes. Ils regardaient tous vers l'extérieur. Bien qu'environ soixante-dix pour cent des opposants aient quitté les lieux, ils n'avaient pas relâché leur vigilance et j'en étais profondément rassurée : à mon avis, nous n'en avions pas terminé. Au mieux, nous n'avions fait que retarder le pire. J'ai repris la parole.

— J'ai réfléchi à tout ça quand j'ai vu le nombre de personnes présentes. Je crois que tout était soigneusement calculé : la nouvelle du mariage s'est répandue et quelqu'un a décidé que ce serait une bonne occasion d'organiser une manif – simplement pour tâter le terrain. Si tout se passait bien, pour ces abrutis qui braillaient là-bas, si le mariage avait été reporté, ou si les loups-garous avaient attaqué et tué un humain, alors ils auraient pu recommencer sur le même modèle.

— Mais les Loups sont arrivés à l'heure aussi.

J'ai acquiescé.

— Tu veux dire que les métamorphes ont été prévenus à l'avance aussi ? Par les mêmes ?

— Par les mêmes ahuris qui ont prévenu les anti-métamorphes.

— Pour provoquer un conflit ?

— Pour provoquer un conflit, oui.

— Tu veux dire que le mariage de mon propre frère était un simple galop d'essai ?

J'ai eu un mouvement d'épaules.

— Je crois bien.

Sam m'a tenu la porte avant d'ajouter d'une voix lasse :

— J'aimerais pouvoir dire que je crois que tu as tort. Quel genre de fou tenterait d'aggraver les choses de cette façon ?

— Le genre de personne qui va vouloir imposer ses opinions à tout prix, même s'il doit y avoir des morts. Luna m'a dit qu'elle avait aperçu quelqu'un dans la foule. Et moi aussi, je l'ai vue.

Il m'a fixée très attentivement.

— Qui ?

— Sarah Newlin.

Tout SurNat amEricain connaissait ce nom-là. Sam a retourné l'information dans son esprit quelques instants. Bernie, resplendissante dans son ensemble en dentelle crème, s'est retournée vers nous, manifestement désireuse de voir Sam la rejoindre. La mariée s'apprêtait à couper le gâteau, moment de tradition auquel nous nous devions d'assister. Sam et moi nous sommes donc dirigés vers le groupe de convives qui se tenaient autour de la table drapée de blanc. Craig a posé sa main sur celle de Deidra et, ensemble, ils ont découpé la première part du gâteau de mariage – c'était un cake aux épices glacé de blanc, confectionné par la mère de la mariée elle-même. Je n'avais pas assisté à un mariage aussi intime et personnel depuis bien longtemps, et j'en appréciais tout le naturel. Les petites assiettes étaient en carton, les serviettes en papier, et les couverts en plastique. Mais personne ne s'en souciait – et le gâteau était délicieux.

Le Frère Arrowsmith s'est approché de moi, les mains encombrées d'une assiette et d'un verre de punch – il a malgré tout trouvé le moyen de dégager une main pour serrer la mienne. J'ai perçu une grande bouffée de soulagement qui émanait de lui, le soulagement d'avoir accompli son devoir de façon juste, l'inquiétude qu'il ressentait pour son fils, et l'amour qu'il vouait à son épouse qui s'était tenue à ses côtés tout du long, à la fois physiquement et par ses prières.

Sa poitrine lui faisait mal et il avait des brûlures d'estomac, ce qui semblait lui arriver assez fréquemment ces temps-ci. Il se disait qu'il ne devrait peut-être pas boire de punch, tout en pensant que, bien sûr, ce n'était pas vraiment une boisson alcoolisée.

— Vous devriez consulter un cardiologue à Dallas ou Fort Worth, lui ai-je recommandé.

Stupéfait, il m'a regardé comme si je venais de lui donner un coup sur la tête. Ses yeux se sont arrondis, sa bouche s'est ouverte et il s'est demandé de nouveau ce que j'étais.

Mais nom de nom, je connaissais pourtant bien les signes qui pouvaient indiquer des problèmes cardiaques ! Il avait des douleurs dans le bras, dans la poitrine, et il était bien trop fatigué. J'ai décidé de le laisser penser que j'étais guidée par des pouvoirs surnaturels. Il serait peut-être ainsi plus enclin à prendre rendez-vous.

— C'est vraiment malin de votre part, de brancher le haut-parleur, m'a-t-il félicitée. La parole du Très Haut est parvenue dans le cœur de ces gens et les a transformés pour qu'ils deviennent meilleurs.

J'ai commencé à secouer la tête pour le détromper, puis je me suis ravisée.

— Vous avez tout à fait raison.

Et finalement, j'étais sincère.

Ces temps-ci, j'avais l'impression d'être une bien mauvaise chrétienne. À tel point que je n'osais même plus me considérer comme telle. Mais j'ai compris à cet instant-là que j'avais toujours la foi, même si mes actions n'avaient plus rien à voir avec celles de la jeune femme qu'avait élevée ma grand-mère.

J'ai serré Deidra et Craig tour à tour dans mes bras, puis je suis allée féliciter Bernie et lui dire que tout avait été merveilleux – ce qui, vu les circonstances, était tout de même étrange. J'ai bavardé également avec les Lisle. Leur sentiment de délivrance était évident : le mariage avait eu lieu, Deidra et Craig allaient s'installer ailleurs et ils allaient ainsi retrouver une vie quasi normale. Manifestement, ils aimaient bien Craig. Mais le traumatisme lié au mariage si controversé, à la suite de l'annonce de la double nature de sa mère, avait étouffé tout leur plaisir à le voir s'intégrer à la famille. J'entendais dans son cerveau que Mme Lisle espérait de tout son cœur que ses deux autres filles n'accorderaient jamais, jamais, un seul regard à un loup-garou ou à un métamorphe, de quelque nature que ce soit. Pour sa part, M. Lisle avait la ferme intention d'accueillir le prochain à coups de fusil.

C'était compréhensible. Et triste. Et inévitable.

Au moment de quitter les lieux, la tension est remontée d'un cran. Sam est allé expliquer aux métamorphes que nous allions prendre le départ. Deidra et Craig sont partis par le chemin couvert, puis par l'église, pour bénéficier de la protection du bâtiment le plus longtemps possible. Une fois l'assemblée parvenue dans le vestibule, j'ai entre-ouvert l'un des battants pour évaluer la situation. Les hybrides avaient formé une phalange massive entre les portes et les voitures garées. Trish et Togo s'étaient suffisamment remis pour les rejoindre – le sang séché sur leurs habits leur prêtait malgré tout une apparence épouvantable.

Craig et Deidra sont sortis les premiers et le public qui restait dans la rue s'est mis à applaudir. Surpris, le couple s'est redressé et Deidra a émis un sourire hésitant. Ils ont ainsi pu quitter leur vin d'honneur dans des circonstances presque normales.

Il était prévu que nous nous rendions tous chez Bernie. Pensant tout d'abord à sa sécurité, les parents de Deidra avaient suggéré qu'elle se change là-bas plutôt qu'à l'église, comme l'aurait voulu la tradition. C'était malheureusement judicieux. Ils avaient également ordonné à leurs filles plus jeunes de monter en voiture pour rentrer avec eux. J'ai pu serrer Angie, ma co-sonneuse de cloches, dans mes bras. J'étais certaine qu'elle aurait un bel avenir. Je ne crois pas avoir échangé plus d'un mot ou deux avec l'autre sœur et le second frère de Deidra.

J'ai fouillé du regard les attroupements de badauds. Il restait encore quelques opposants, mais ils se montraient bien plus discrets. Quelques pancartes se sont agitées, hostiles, quelques regards furibonds nous ont éraflés... rien de bien important par rapport au supplice qu'avait été le trajet à l'aller. Je cherchais quelqu'un que j'ai fini par repérer de nouveau. Elle semblait plus âgée qu'elle n'aurait dû. Elle était toujours affublée de lunettes noires et d'un chapeau, et s'était débarrassée de son écriteau. Elle était malgré tout parfaitement reconnaissable : la femme qui se tenait là avec un appareil photo dans les mains était bien Sarah Newlin. J'avais vu son mari dans un bar à Jackson, alors qu'il venait soutenir un adepte venu pour assassiner un vampire. L'affaire ne s'était pas déroulée comme il l'avait prévue. Il en allait de même à présent pour son épouse.

J'étais certaine qu'elle m'avait prise en photo. Si les Newlin parvenaient à retrouver ma piste... J'ai lancé des regards autour de moi et Luna m'a aperçue. Je lui ai fait un signe de tête et elle m'a rejointe. Nous avons échangé quelques mots à voix basse. Luna s'est ensuite dirigée, l'air de rien, vers Brenda Sue, l'une des Biker Babes. C'était une femme qui faisait plus d'un mètre quatre-vingts, avec des cheveux blonds taillés en brosse. Les deux femmes se sont mises à parler avec animation, se rapprochant de plus en plus de Sarah. Elle ne les a remarquées que trop tard. Brenda Sue a tendu la main brusquement, délestant Sarah de son appareil pour le faire jongler quelques instants avant de le lancer preste-ment à Luna. Souriant largement, Luna s'en est emparée, le faisant disparaître derrière son dos, le passant d'une main dans l'autre. Brenda Sue badinait entre-temps avec des feintes, tandis que les mains de Luna s'affairaient. Enfin, la blonde a récupéré l'appareil et l'a jeté à Sarah.

Carte mémoire en moins.

Pendant ce temps-là, tous les convives avaient embar-qué dans les voitures. Luna, Trish et Togo se sont ins-tallés dans le plateau arrière du pick-up et les motards ont pris chacun un cavalier de plus. Nous sommes fina-lement parvenus chez Bernie sans incident notoire.

Les rues de Wright étaient toujours bondées, mais la manifestation avait perdu son élan et sa violence.

À notre arrivée, on déchargeait déjà la bière pour la porter à l'arrière, et de nombreuses personnes apportaient de la nourriture. Le directeur de l'épicerie en personne passait, les bras chargés de plateaux de sandwiches, de saladiers de coleslaw et de haricots à la tomate, ainsi que d'assiettes en carton et de fourchettes. Tous les gens qui avaient eu trop peur pour venir au mariage tentaient de se racheter – ou du moins, c'est l'impression que j'avais et je me trompe rarement sur la nature humaine.

Et soudain, la fête a commencé.

Les métamorphes qui avaient envahi la ville de Wright se sont engouffrés dans la petite maison et son jardin, pour se désaltérer et manger un sandwich ou deux avant de reprendre la route. Avec une agréable sensation de normalité, j'ai vu que j'avais une tâche à accomplir. Sam et moi nous sommes changés, troquant nos atours de cérémonie contre short et tee-shirt. Avec l'aisance et la familiarité qui viennent de longues années de travail en commun, nous avons installé tables et chaises, trouvé des verres pour la bière, envoyé Trish – qui semblait se remettre rapidement – au magasin en compagnie de Togo, et disposé serviettes, fourchettes et assiettes à côté des plats. J'ai repéré une grande poubelle sous l'abri à voitures, trouvé les sacs de la bonne taille et je l'ai roulée dans le jardin arrière. Sam a démarré le barbecue au gaz. Mindy et Doke avaient proposé leur aide, mais Sam et moi étions contents de les voir rentrer chez eux avec les enfants. Après une telle journée, c'était préférable : ces enfants seraient bien mieux chez eux.

Peu d'êtres humains sont restés pour faire la fête avec les hybrides. Percevant leur différence, beaucoup ont pris congé assez rapidement.

Nous n'avions pas suffisamment de chaises pliantes mais personne ne s'en souciait. On s'asseyait dans l'herbe ou on restait debout à circuler. Lorsque Togo et Trish sont revenus avec des jus, des sodas et de quoi faire des hamburgers, le gril était prêt et Sam a pris le contrôle des opérations. Pour une fête impromptue, l'ambiance était particulièrement réussie. J'ai commencé à sortir les sachets de frites avant d'aller tirer des bières.

— Sookie, a fait une voix profonde.

J'ai levé les yeux pour me trouver nez à nez avec Quinn. Il tenait une assiette chargée d'un sandwich, de frites et de pickles, et je lui ai tendu une bière.

— Et voilà ! me suis-je exclamée gaiement.

— Je te présente Tijgerin.

Il prononçait le nom avec précaution – « taï », suivi d'un son étranglé, puis de « ine ». Je me suis entraînée en silence dans ma tête – je vérifierais l'orthographe plus tard. Quinn poursuivait :

— Ce qui signifie Tigresse en néerlandais. Ses ancêtres sont de Sumatra et des Pays-Bas. Elle se fait appeler Tij.

Prononcé « taï ».

Ses yeux étaient du même mauve foncé que ceux de Quinn, avec des reflets bruns peut-être plus marqués. Son visage formait un beau cercle aux pommettes hautes. Sa chevelure brillante était d'une teinte chocolat au lait, plus sombre que le teint bronzé de sa peau. Elle m'a adressé un franc sourire bordé de dents éclatantes. Débordant de vigueur et de santé, elle semblait plus jeune que moi – peut-être vingt-trois ans.

— Bonjour, je suis contente de rencontrer vous.

— Ravie, moi aussi. Vous êtes en Amérique depuis longtemps ?

— Non non, a-t-elle répondu en secouant la tête. Je ici juste maintenant. Je suis employée Special Events en Europe, la même société que Quinn. Ils m'envoient ici pour expérience amEricaine.

— On peut dire qu'aujourd'hui, vous aurez vu notre pays sous son plus mauvais jour. Je suis vraiment désolée.

— Non non, a-t-elle répété. Les manifestations aux Pays-Bas étaient pareilles. Très mauvaises.

Polie.

— Je suis contente être ici. Contente de rencontrer Quinn. Il n'y a plus beaucoup de tigres, vous savez ?

— C'est ce qu'on m'a dit, ai-je acquiescé en faisant passer mon regard de l'un à l'autre. Je sais que tu apprendras beaucoup ici, Tij. J'espère que le reste de ton séjour en Amérique se passera mieux qu'aujourd'hui.

— J'en suis certaine ! s'est-elle exclamée d'un ton nonchalant. Ici, nous sommes à une fête, et je rencontre beaucoup personnes intéressantes. Et la prière à l'église, ça aussi c'était intéressant.

J'ai approuvé d'un sourire. Intéressant... effectivement, pourquoi pas. Puisque la politesse semblait manifestement de mise, je me suis adressée à Quinn.

— Alors, Quinn, comment va ta maman ?

— Pas trop mal. Et ma sœur est retournée en cours. Je ne sais pas combien de temps ça durera, mais elle me semble un peu plus sérieuse qu'avant.

— Je suis contente de l'entendre.

— Et comment va Eric ?

Quinn redoublait d'efforts... Tij a levé un sourcil interrogateur.

— Je sors avec lui, ai-je expliqué à Tij. Eric est un vampire.

Par réflexe, j'ai parcouru les alentours du regard pour évaluer combien de temps il restait avant la nuit. Eric ne se lèverait que d'ici à une heure.

— Il va très bien, Quinn, ai-je répondu.

Tij paraissait curieuse, mais Quinn l'a prise par le bras pour l'éloigner.

— À plus tard, m'a-t-il dit.

— Pas de problème.

Puis ils ont entamé la conversation avec Togo. Les trois personnages ressortaient dans l'assemblée comme des arbres dans un potager.

Deidra et Craig avaient déjà salué tout le monde, remerciant chacun d'être venu leur sauver la vie et permettre à leur mariage d'être célébré. Puis, comme le veut la coutume, le jeune couple s'est éclipsé pour se changer et s'évader pour la lune de miel. Quinn et Tij les ont escortés à la voiture de Craig. À leur retour, Quinn m'a dénichée dans la cuisine, où je sondais les placards de Bernie, espérant récolter d'autres sacs-poubelle.

Quinn affichait une mine très sérieuse. Fait surprenant, nous étions seuls dans la cuisine.

— Hey, a fait Quinn en s'accoudant au comptoir.

J'ai tiré un sac de sa boîte et l'ai secoué pour l'ouvrir. Puis j'ai sorti le sac plein avant de le serrer pour le fermer.

— Longue journée, hein ? Alors, tu voulais parler de quoi ?

Autant s'en débarrasser tout de suite. J'ai collé le sac plein près de la porte et installé le sac neuf.

— La dernière fois que je t'ai vu, Bill et moi, on s'est conduits comme des abrutis et tu as été blessée, a dit Quinn. Eric m'a donné l'ordre de quitter la Zone Cinq et j'ai dû obéir. Je ne sais pas si tu savais, mais les propriétaires d'E(E)E et Special Events sont presque à cent pour cent des vampires.

— Je n'en avais aucune idée.

Je n'en étais pas pour autant surprise. Les deux sociétés d'événementiel employaient à la fois des humains et des métamorphes. Mais pour lever les capitaux énormes dont ils avaient dû avoir besoin pour démarrer comme ils l'avaient fait dans l'industrie du luxe, ils avaient sûrement bénéficié de l'appui des vampires – c'était typique.

— Je ne peux donc pas me permettre de vexer beaucoup de déterrés, a reconnu Quinn en détournant le regard, comme s'il était certain que cet aveu le ferait passer pour un faible. Ils ont des parts dans la maison de repos où réside ma mère, aussi.

Quinn avait déjà payé une dette de famille envers les vampires.

— Ils te tiennent. Tu es coincé.

Nous nous sommes fixés sans mot dire.

Puis il a repris :

— Je veux que tu saches, je veux que tu saches que si tu ne veux pas être avec Eric, s'il exerce la moindre force de pression sur toi, s'il a le moindre pouvoir sur toi comme ils en ont sur moi... Je ferai tout ce qui est en mon pouvoir pour te libérer.

Je savais qu'il le ferait. Soudain, j'ai vu un monde de différence s'ouvrir à moi. Et mon imagination s'est amusée à le peindre en rose. Rien qu'un instant. Je tentais de m'imaginer ce que serait ma vie avec Quinn, plein de chaleur, si généreux – et fabuleux au lit. Il ferait réellement tout son possible pour m'arracher des griffes d'Eric s'il pensait que j'avais la moindre hésitation sur ma relation avec le vampire, quelles qu'en soient les conséquences pour lui.

Je ne suis pas une sainte. J'ai pensé au bonheur que serait pour moi le fait de vivre avec un homme qui pourrait faire du shopping avec moi durant la journée, avec qui je pourrais avoir un bébé, un homme qui savait si bien comment plaire à une femme et la respecter. Mais même si je décidais de quitter Eric, Eric s'assurerait, au travers de ses contacts avec ses congénères, que Quinn paie le prix. Encore, et encore, à tout jamais.

J'ai regardé par-dessus son épaule. Par la fenêtre, j'apercevais Tij qui dévorait joyeusement son troisième hamburger. Je ne savais rien d'elle ou presque, mais je savais en revanche qu'il restait très peu de tigres-garous de par le monde. Si Quinn et Tijgerin s'unissaient, ils auraient certainement un bébé tigre. Et à voir la façon dont elle regardait Quinn, j'étais convaincue qu'elle n'était pas actuellement encombrée d'un autre homme. Tous deux se montraient médusés l'un par l'autre. J'admirais Quinn d'autant plus – il respectait son programme personnel et m'avait fait sa proposition malgré cette attirance irrésistible.

Consciente de l'honneur immense qu'il venait de me faire, j'ai inspiré profondément avant de prendre la parole.

— Quinn, tu es un homme extraordinaire. Tu me plais énormément, et vraiment, je t'adore.

Je voulais qu'il perçoive ma sincérité et je le regardais bien au fond des yeux.

— Mais – et certains jours, je le regrette – j'aime Eric. Il a mille ans de vécu derrière lui, mais pour moi, il n'y a que lui.

Après une autre inspiration, j'ai conclu :

— J'en suis profondément désolée, mais je vais décliner ton offre. N'oublie pas pourtant que je suis ton amie fidèle, et que je le serai toujours.

Il m'a attirée dans ses bras et nous nous sommes serrés l'un à l'autre, de toutes nos forces. Puis j'ai reculé. Mes paupières clignaient furieusement.

— Allez, va vivre ta vie.

L'instant d'après, il avait disparu.

Après quelques moments passés à reprendre mes esprits – mon Dieu que je me sentais vertueuse – j'ai laissé mes pas m'entraîner dans le jardin à l'arrière, pour voir si Sam avait besoin de moi. Le gaz du barbecue avait été éteint. Il avait donc fini de griller toute la viande. Les lumières extérieures étaient allumées et les ombres formaient des contrastes saisissants avec les pans de clarté. Quelqu'un avait sorti un lecteur CD et monté le volume. Je me demandais pourquoi Jim Collins n'était pas venu se plaindre.

Une petite silhouette est sortie de l'obscurité du coin de la maison. C'était une femme. Elle portait un débardeur – ses bretelles de soutien-gorge dépassaient – une jupe minuscule et des spartiates. La température chutait rapidement, et je me suis dit que l'inconnue aurait rapidement la chair de poule. Ses cheveux sombres et taillés court étaient lissés en arrière.

Puis je l'ai reconnue.

Jannalynn s'était mise sur son trente et un. Dans un moment de folie, je m'étais imaginé ce qui se passerait si elle se présentait ici.

Et voici qu'elle était arrivée.

Gênant.

Sam l'a aperçue en même temps que moi. À cet instant précis, j'ai pu lire en lui à livre ouvert : il était heureux de la voir et en même temps complètement sidéré.

— Bonsoir, jeune fille, a dit Bernie, se postant en travers du chemin de la Louve. Je ne pense pas vous avoir déjà rencontrée. Je suis Bernie Merlotte.

Jannalynn a parcouru du regard la joyeuse assemblée des noceurs, composée de métamorphes en train de s'amuser. Elle a dû ressentir un choc douloureux à l'idée que Sam ne l'avait pas invitée alors qu'il y avait tant d'autres hybrides parmi les invités. J'étais contente de ne pas me trouver dans sa ligne de mire. Je me suis retirée discrètement dans la cuisine – en toute honnêteté, Jannalynn me flanquait une trouille bleue. Je l'avais vue en action. Et ce n'était pas un hasard si le chef de la meute de Shreveport l'avait prise comme second.

— Salut, mon cœur, a-t-elle lancé à Sam par-dessus l'épaule de sa mère.

4

Bernie s'est retournée pour s'assurer que cette jeune femme s'adressait bien à son fils. L'expression de Sam était dure à déchiffrer – surtout depuis la cuisine. Je contemplais la scène par la fenêtre, estimant qu'il ne serait pas forcément judicieux d'apparaître pour l'instant... Le problème était mineur, par rapport aux terreurs que nous avions subies aujourd'hui. Il n'était cependant pas question pour moi de me précipiter pour accueillir l'amie de Sam.

Étais-je lâche ou tout simplement prudente ? Aucune idée. Dans tous les cas, j'attendrais qu'on me donne un signal.

— Jannalynn ! s'est-il exclamé.

Il l'a serrée dans ses bras rapidement – c'était l'embrassade d'un copain pour un autre plutôt qu'un geste de tendresse.

— Je ne t'attendais pas.

Puis il a fait un pas en arrière. Son front soucieux indiquait son malaise.

— Je sais, je sais. Tu as amené Sookie au mariage. Et je sais pourquoi. Mais quand j'ai vu les nouvelles sur le site de la communauté, je n'ai pas pu m'empêcher de venir.

Le ton était forcé. Jannalynn souriait trop gaiement et s'efforçait fébrilement de jouer les mondaines. Son expression traduisait sa conviction d'avoir commis une énorme erreur.

J'ai décidé de prolonger mon séjour en cuisine... J'allais peut-être même y passer la nuit, finalement. Je me sentais abrutie de fatigue – mais d'un autre côté, ça m'ennuyait de me laisser prendre en otage par mon sens des convenances.

Puis j'ai entendu le bruit d'une chasse d'eau et Luna est arrivée, fonçant droit sur la porte arrière. Lorsqu'elle m'a remarquée, elle est venue à côté de moi, prenant le temps d'étudier la scène.

— Bien. Alors c'est qui, la nana maigrichonne ? Pas très classe, côté fashion.

— C'est la véritable copine de Sam.

Luna a levé le sourcil et je me suis dépêchée d'éclaircir les choses.

— Il m'avait déjà invitée au mariage. Il ne sort pas avec elle depuis très longtemps. En plus, elle a des petits soucis de... comportement social, et il avait l'intention de préparer le terrain du côté de sa famille, mais pas tout de suite – avec le mariage, ils avaient déjà trop de pression.

— Mmm. Alors il amène la copine la plus présentable et laisse la maigrichonne à la maison – elle ne sait vraiment pas s'habiller. Et finalement, elle vient quand même. Et pour toi, c'est sa vraie nana ? Eh ben dis donc, tu passes une drôle de journée, toi !

— Il n'y a pas que moi, malheureusement. Pour Sam et sa mère, ce n'est pas mieux. Au moins, ai-je ajouté après avoir étudié les convives, il ne reste plus qu'un ou deux humains.

Sister était toujours en train de s'amuser et Jared Lisle bavardait avec l'une des Biker Babes : ils flirtaient sans vergogne.

— Bon, alors je me suis dit que tu voudrais savoir, a commencé Luna d'un ton dégagé. J'ai franchi la haie pour aller passer un peu de temps à l'écart, dans le jardin d'à côté, avec le beau mec en baggy, tu sais, le Chinois. C'est un Loup. Il est flic à Fort Worth, dans les forces spéciales.

Elle s'est interrompue pour attendre ma réaction.

— Complètement craquant, ai-je confirmé. Génial, Luna !

La soirée favorisait manifestement bien des rencontres...

Elle a eu l'air flattée.

— Bon. On s'amusait bien tous les deux, de l'autre côté de la haie, juste là. Et puis j'ai flairé quelque chose de dégueu dans la maison voisine.

J'ai fermé les yeux un long moment. Puis j'ai expliqué les incidents des deux derniers jours avec Jim Collins avant de reprendre :

— Quelque chose de dégueu... tu peux préciser ?

— Dégueu dans le genre viande morte. Peut-être que quelqu'un l'a tué, ce type, a fait remarquer Luna gaiement, sans la moindre trace de compassion. Ce n'est pas une grande perte. En revanche, on va forcément accuser les hybrides, tu sais.

— Je crois que je ferais bien d'aller y faire un tour.

Pourtant, rien ne pouvait me faire moins envie. Si Jannalynn n'avait pas fait son apparition, j'aurais demandé à Sam de m'accompagner. Néanmoins, en l'état actuel des choses, il n'en était pas question.

Je ne voulais pas risquer d'entrer chez Collins par la porte de devant : qui pouvait savoir qui s'y trouverait, en train d'espionner la maison de Bernie et peut-être même de prendre des photos ? Je ne savais pas si les journalistes étaient partis ou non. Probablement que oui, mais des manifestants hostiles pouvaient tout à fait rôder dans les parages avec leurs propres appareils photo.

Malgré tout, si je passais par l'arrière, je me cognerais à Jannalynn – cela se ferait immanquablement tôt ou tard, mais plus longtemps je pouvais retarder cet instant, mieux je me porterais. Je m'efforçais de ne pas la regarder. Elle s'intégrait à la fête, serrant les mains en riant et buvant sa bière à longues goulées.

— Et merde.

— C'est vrai qu'elle est sexy, a avoué Luna. Je te parie que Sam va entrer pour lui trouver une veste dans les trois minutes.

Au fond de moi, je savais que Jannalynn me déplaisait parce que je trouvais que Sam méritait bien mieux, quelqu'un qui sache se contrôler. Et voilà que je me retrouvais à regarder par la fenêtre, comme une criminelle qui veut tenter son évasion, simplement pour éviter que cette fille ne pique sa crise.

— Elle a faim, a dit soudain Luna. Elle va se précipiter sur la bouffe, tu vas voir.

Effectivement, Jannalynn a tourné le dos à la maison avant de se pencher sur la table pour assaisonner son hamburger. Je me suis faufilée hors de la maison, courant vers l'ouest avec Luna sur les talons, avant de me glisser par le trou dans la haie.

— Tu n'étais pas obligée de venir, ai-je marmonné.

Avec tous ces métamorphes dans les parages, je prenais soin de parler à voix basse.

— Je commençais à m'ennuyer – je passe tout mon temps avec des Chinois superbes, ça devient lassant.

J'ai souri dans l'obscurité. Curieusement, rien n'était allumé chez Collins – ni dans la maison, ni dans le jardin.

J'ai détecté un cerveau à l'intérieur et j'en ai informé Luna. Elle a simplement levé les yeux au ciel.

— Tu parles. Et alors ?

— On verra. Ça, c'est ma spécialité.

— Eh bien moi, mon flair détecte toujours quelque chose de complètement mort. Pas depuis longtemps, mais bien mort. Et ça, c'est ma spécialité à moi. Je sais qu'un chien ou un Loup serait plus doué que moi, mais dans tous les cas, notre nez est bien meilleur que celui d'un humain.

Je lui ai concédé l'avantage d'un mouvement d'épaule.

Bien. Alors frapper, ou ne pas frapper ? Aplatie contre le mur côté arrière et débattant furieusement avec moi-même sur la meilleure marche à suivre, j'ai entendu un petit gémissement provenant de l'intérieur. Luna s'est rai-

die. Je me suis accroupie avant d'ouvrir la moustiquaire
– qui a grincé comme toutes ces portes. Soupir.

— Qui est là ? ai-je appelé, toujours à voix basse.

Un sanglot m'a répondu. Luna m'a suivie à l'intérieur.
Nous étions toujours baissées pour éviter la clarté provenant du jardin des Merlotte. J'ai néanmoins pris une
décision.

— Je vais allumer, ai-je chuchoté à Luna.

J'ai passé la main sur le mur à la recherche de l'interrupteur, là où je pensais le trouver. Je ne m'étais pas
trompée. Mais il y en avait deux. L'un contrôlait les projecteurs extérieurs et l'autre la lampe de la cuisine. Quelle
était la règle ? Je ne savais pas. J'ai actionné celui de
gauche.

Rien ne pouvait me préparer au choc de la scène qui
s'est révélée.

Jim Collins était mort. Horriblement mort. Son corps
s'étalait sur le comptoir de la cuisine, une arme à feu
mollement serrée dans la main droite. Plus près de l'encadrement de la porte, Sarah Newlin était assise par terre.
Elle paraissait blessée, car elle avait du sang sur le bras
et le ventre. Ses jambes étaient étendues devant elle. Elle
pleurait, presque silencieusement, un fusil abandonné
près d'elle. Je n'en distinguais pas la marque.

— Prends le téléphone de Collins et appelle la police,
ai-je ordonné rapidement.

— Non ! s'est écriée Sarah. Pas ça !

Luna a tapé les touches si vite que j'ai cru qu'elle allait
casser l'appareil.

D'un ton hystérique mais convaincant, Luna s'est égo-
sillée.

— Oh ! mon Dieu. Vite, une ambulance ! Chez Jim
Collins ! Une femme l'a abattu. Il est mort et elle se vide
de son sang !

Puis elle a raccroché en ricanant.

Sarah Newlin tenta faiblement de se relever. Je me suis
avancée pour mettre un pied sur son fusil. Je ne pensais

pas qu'elle aurait l'énergie de l'attraper, mais on ne savait jamais.

— Vous ne pourrez pas vous échapper, lui ai-je fait remarquer froidement. Ils vont arriver en moins de deux. Vous êtes trop gravement blessée pour bouger. Si vous n'allez pas à l'hôpital, vous allez mourir.

— Ce ne serait pas plus mal, a-t-elle dit d'une voix lasse. Maintenant que j'ai tué un homme...

Pardon ?

— Parce que pour vous c'est le premier ? Vous avez causé tant de morts mais à vos yeux c'est celui-ci qui compte ?

J'étais hors de moi. Évidemment, selon elle, c'était celui-ci le plus important, car il s'agissait d'un être humain, qui adhérait à ses principes. Les autres avaient été des vampires, des garous et des humains qui n'obéissaient pas aux préceptes de la Confrérie du Soleil.

Sarah Newlin semblait d'humeur à se confesser et j'ai décidé d'en profiter.

— Pourquoi abattre votre adepte ?

— Steve et moi, nous avons connu Collins par son site Web, a-t-elle expliqué d'une voix affaiblie. Il avait toutes les bonnes idées, et il était animé par la fureur divine. Mais nos plans pour aujourd'hui ont échoué. Dieu a dû changer d'avis. Il a détourné son visage de nous. Collins n'est pas venu à l'église. Je suis venue ici lui demander pourquoi. Il était furieux, furieux contre lui-même et contre moi. Je crois qu'il avait bu. Il m'a défiée de l'accompagner à côté pour vous abattre. Il disait qu'à deux, on arriverait à vous avoir presque tous, comme il a tué les chiens.

— Et alors vous n'en avez pas eu le courage ? a demandé Luna d'un ton amer. Vous avez raté une belle occasion ! Vous en auriez eu plein d'un coup.

— Je ne devais pas risquer ma vie, a chuchoté Sarah en retour. J'ai trop d'importance pour la cause. Il m'a même fourré un fusil dans les mains. Mais Dieu ne voulait pas que je me sacrifie. Quand je lui ai dit ça, il est devenu fou.

— Il était déjà fou.

Mais elle ne m'entendait pas.

— Ensuite, il a crié que j'étais une hypocrite et il m'a tiré dessus.

— J'ai l'impression que vous aussi.

— Oui, a-t-elle avoué dans un souffle. Oui, je lui ai tiré dessus aussi.

Une voiture de police s'est rangée devant la maison, la lumière de son gyrophare visible depuis la cuisine.

— Police ! On entre !

— Dépêchez-vous pour l'ambulance, ai-je crié en réponse. On est venues ici à deux et on n'est pas armées.

— Placez-vous mains contre le mur ! a crié l'officier – j'ai cru reconnaître Porter Carpenter.

— Porter, c'est moi, Sookie Stackhouse, l'amie de Sam. Et j'ai ma copine Luna Garza avec moi.

— Les mains, j'ai dit !

— Pas de problème.

Il avait raison de se montrer prudent. Luna est venue vers moi, nous avons tourné le dos à la porte en appuyant nos mains sur le mur.

— On est prêtes !

J'aurais dû me sentir désemparée, horrifiée, épouvantée par la scène que j'avais découverte.

Mais vous savez quoi ? La situation m'amusait au plus haut point. Je n'ai jamais été de nature délicate, et j'avais vu des carnages bien pires, des horreurs concernant des personnes qui comptaient pour moi.

Et dans le cas présent, j'ai dû me retenir de sourire en voyant Sarah Newlin, en état d'arrestation, emmenée de force à l'hôpital. Quant à Jim Collins, je ne ressentais pas la moindre compassion pour lui. Il aurait adoré que la situation soit inversée – entrer pour trouver quelqu'un qui venait d'assassiner Bernie et Sam. Il aurait applaudi. Je suis franche – après toute la haine que j'avais vu couler à flots ce jour, si quelqu'un devait mourir, j'étais contente que ce soit Jim Collins, et si quelqu'un devait devenir un meurtrier, le fait ce que soit Sarah Newlin ne me posait aucun problème.

— Sookie, me susurra Luna à l'oreille. C'est le pied intégral.

— Ça, tu l'as dit.

Porter a pris nos dépositions. Je voyais clairement que Luna – et le fait que ce soit son flair qui nous ait conduites à la macabre découverte – le mettait mal à l'aise. Il a cependant tout écrit, prenant note de nos numéros de portable, avant de nous laisser repartir. Lorsque nous sommes enfin revenues chez les Merlotte, tout le monde nous attendait anxieusement pour apprendre ce qui s'était passé. À plusieurs reprises, pendant que je répondais aux questions – ou que j'attendais qu'on m'en pose – j'avais entendu la voix de Sam qui s'élevait au-dehors. Je n'avais pu retenir un sourire – il devenait agressif.

Nous avons pénétré dans la cuisine avec soulagement. Malgré le départ de nombreux convives, elle était encore encombrée de métamorphes, dont Quinn et Tijgerin.

Sam m'a attrapée par les épaules pour me fixer intensément. Il vibrait littéralement d'inquiétude.

— Tu vas bien ?

— Oui, ça va, l'ai-je rassuré en souriant. Merci. Je t'ai entendu crier.

— Je voulais que tu m'entendes.

— On a passé une sacrée soirée. Eh bien, ça donne soif, de se faire interroger par les flics ! s'est exclamée Luna.

Son adorable flic chinois a compris qu'elle lui tendait la perche et est allé lui chercher une bière dans le frigo.

— Si vous avez faim, on a encore de quoi vous nourrir, a proposé Bernie, épuisée mais toujours debout.

— Pas pour moi, ai-je refusé tandis que Luna en faisait autant. Tout d'abord, je voudrais m'assurer que vous connaissez tous Luna Garza, de Dallas. Elle m'a rendu un sacré service contre les dingues de la Confrérie il y a quelque temps. Et ce soir, j'ai eu de la chance : elle a recommencé.

Nous avons raconté toute l'histoire et, à la fin, Bernie s'est mise à rire, bientôt imitée par d'autres métamorphes.

— Ça, c'est fabuleux ! On ne peut pas faire mieux ! Je sais, ce n'est pas bien de ma part, mais je ne peux pas m'en empêcher, je suis aux anges.

Dans toute la pièce, on l'approuvait en silence.

Petit à petit, les derniers invités ont pris le départ. Je ne pouvais éviter plus longtemps de parler à Jannalynn. Depuis mon retour, elle était restée assise à la table, non loin de Sam, parfaitement silencieuse. Je savais que les circonstances étaient dures pour elle et j'en étais désolée. Mais je n'y pouvais rien. Elle savait très bien, en venant à Wright, qu'elle commettait une erreur.

Qu'y avait-il sous son crâne ? Je distinguais douleur, ressentiment, et jalousie. Elle se demandait pourquoi Sam ne voyait pas qu'elle était exactement comme moi – courageuse, jolie, loyale.

— Je suis avec quelqu'un, lui ai-je dit. Avec Eric Northman, et tu le sais.

— Ça ne change rien, a-t-elle rétorqué stoïquement, en évitant mon regard.

— Mais bien sûr que si. J'aime Eric. Et tu aimes Sam.

Je voyais déjà que le fait de lui parler avait été une erreur, comme je l'avais prévu. La discussion ne faisait que l'enfoncer plus loin dans sa tristesse. J'étais incapable cependant de rester assise à la regarder sans rien dire.

Jannalynn en était au contraire parfaitement capable et c'est ce qu'elle a fait. Elle m'a fixée, impassible, pendant un temps qui m'a semblé infini. J'ignorais où elle avait proposé de dormir, mais ce ne serait certainement pas avec moi, et j'avais bien l'intention d'aller me coucher.

Luna était sur le départ – par une étrange coïncidence, son flic craquant également – et je l'ai serrée dans mes bras, lui disant que j'espérais la revoir à Bon Temps un de ces jours.

— C'est quand tu veux, ma belle, a-t-elle murmuré en me serrant également.

Sam n'était plus dans les parages. J'ai donc souhaité une bonne nuit à Bernie avant de prendre mon tour à la salle de bains. Je ne sais pas ce que les autres membres de la maisonnée ont fait ensuite, mais de mon côté j'ai pris la douche la plus courte de toute l'histoire de l'humanité, enfilé ma chemise de nuit et déplié le canapé. J'avais à moitié remonté le drap sur moi lorsque j'ai sombré dans le sommeil. Mon portable a vibré plusieurs fois dans la nuit, mais j'ai simplement grogné en me retournant.

Le matin suivant, à mon réveil, la pluie tombait en trombes. Il était plus de 8 heures et je savais que je devais me lever. Je sentais l'odeur du café ainsi qu'un effluve plus sucré. Quelqu'un avait dû passer à la boulangerie.

En fait, Bernie s'était rendue à l'épicerie pour prendre un paquet de petits pains Pillsbury à la cannelle et les avait fait cuire. Elle et Sam étaient assis à la table et Sam s'est levé pour m'apporter une tasse de café. Je me suis recroquevillée dessus avec reconnaissance.

Bernie a repoussé son journal vers moi. C'était celui de Waco et il comportait un court article sur les désordres survenus lors du mariage.

— C'est passé à la télé ? ai-je demandé.

— Oui, il paraît, a répondu Sam, mais le meurtre de Jim a éclipsé le mariage.

Toute ma joie féroce de la veille s'était évanouie. Je me sentais plutôt sale.

— Vous vous en êtes vraiment bien tirée, hier, Bernie.

Elle semblait avoir pris dix ans depuis la veille, mais elle avait une vigueur nouvelle dans la démarche et de l'énergie dans la voix.

— Je suis contente que tout soit terminé. J'espère que je n'aurais plus jamais à subir ça. Et j'espère que Craig et Deidra sont heureux.

J'étais d'accord avec elle sur tous ces points et j'ai hoché la tête avec emphase.

— Vous allez à l'église aujourd'hui ?

— Oh que oui ! Je ne raterais ça pour rien au monde.

À son tour, Sam s'est adressé à moi.

— Tu crois que tu peux être prête d'ici à peu près une heure, Sook ?

— Aucun problème. Je n'ai plus qu'à prendre mes affaires et à me maquiller.

J'avais déjà fait mes bagages et enfilé un short et un tee-shirt.

— Prends ton temps.

Mais je voyais bien à sa posture qu'il était impatient de prendre la route. Je me demandais où se trouvait Jannalynn. J'ai fouillé la maison mentalement, mais n'ai perçu aucun autre cerveau. Aha.

Trois quarts d'heure plus tard, j'avais fait mes adieux les plus polis à Bernie – je ne voulais pas qu'elle croie que j'avais été mal élevée – et nous passions la porte. Bernie me regardait en souriant, et j'ai eu l'impression qu'elle était sincère quand elle m'a dit qu'elle avait été ravie de me recevoir.

Après avoir laissé Wright derrière nous, Sam et moi avons gardé un long silence. J'ai pris mon portable pour vérifier mes messages. J'en avais deux, laissés par Eric – il n'aimait pas envoyer de textos et ne le faisait que si c'était absolument nécessaire.

Premier message : « Je t'ai vue au bulletin d'informations du soir. Appelle-moi. »

Bip.

Second message : « Chaque fois que tu pars, tu te retrouves dans le pétrin. As-tu besoin que je vienne ? »

Bip.

— Eric est énervé ?

— Oui. C'est pareil avec Jannalynn, j'imagine.

Il fallait bien que je lance le sujet.

— Pas tout à fait. Toi et Eric, vous êtes ensemble depuis plus longtemps, et vous vous connaissez mieux.

— Aussi bien que possible pour un être humain et un vampire âgé d'un millénaire. Tu trouves que vous ne vous connaissez pas bien, Jannalynn et toi ?

— Elle est beaucoup plus jeune que moi. Et elle est trop impulsive. Mais elle est vraiment courageuse, vraiment loyale.

Curieux. J'avais l'impression d'entendre un écho de ce que j'avais perçu la veille dans les pensées de Jannalynn.

— Effectivement, c'est le cas.

En haussant les épaules, Sam a poursuivi.

— Quand elle est partie hier soir, on s'est mis d'accord pour parler à mon retour, quand j'aurais eu le temps de me remettre. On se voit le week-end prochain.

Je n'avais pas grand-chose à dire et me suis contentée d'un « Bien ».

Nous avons traversé le Texas quasiment sans un mot. Je repensais à la meute hostile de la veille, à la foule de visages déformés par la haine. Au plaisir fulgurant que j'avais ressenti en découvrant qui était l'auteur du meurtre. À la fête, qui se déroulait si bien avant l'apparition de Jannalynn et à l'alerte de Luna sur l'odeur qu'elle avait sentie dans la maison voisine.

— Ça me surprend, que la police ne soit pas passée vous poser des questions hier soir, ai-je fait remarquer après un temps.

— Sister a appelé ce matin. Apparemment, ils voulaient venir, au début. Et ensuite, ce qui s'était passé semblait tellement évident que...

— C'est super, ça veut dire que vous n'aurez pas d'embêtements.

Nous avions enfin recommencé à échanger normalement. Le nœud dans mon estomac s'est desserré.

— Elle m'a dit qu'avant même de savoir que Jim était mort, les parents Arrowsmith ont poussé leur fils à se manifester, pour dire à Porter qu'il avait vu les e-mails entre Sarah Newlin et Jim. Il s'agissait d'inciter les deux parties à la confrontation lors du mariage. Elle a poussé Jim à provoquer des désordres, à encourager ses voisins et amis à agir et à troubler le mariage de toutes les façons possibles. En retour, Jim a exigé qu'elle vienne en ville pour constater tout ce qu'il accomplissait comme travail. La police pense que la fusillade a éclaté alors qu'ils se disputaient à cause de leur échec.

C'était à peu de chose près la vérité. Le cas de Sarah semblait en tout cas réglé.

— À ton avis, pourquoi on n'a pas entendu les coups de feu ?

— D'après Sister, toutes les fenêtres étaient fermées. J'imagine que le bruit causé par des gens qui s'amusaient alors qu'il les détestait devait le gêner, a expliqué Sam. En plus, on avait monté le volume un peu fort… Sarah Newlin leur a dit qu'elle était chez Jim depuis presque une heure, quand il s'est énervé en suggérant d'aller chez nous pour nous descendre. Mais après, son avocat est arrivé et elle n'a plus dit un mot.

— Tu crois qu'elle pourrait s'en sortir ? ai-je demandé, incrédule.

— Elle n'ira pas en prison pour meurtre. Plutôt pour homicide involontaire – naturellement, elle invoquera la légitime défense.

Il a secoué la tête en signe de dérision, tout en accélérant pour doubler un minivan en mauvais état qui roulait comme une tortue.

— Imagine un peu, Sookie. Si Luna n'était pas passée du côté Collins de la haie pour prendre un peu de bon temps, peut-être que Sarah Newlin aurait demandé à quelqu'un de venir la chercher. Elle aurait peut-être pu ramper pour sortir de la maison. Elle aurait peut-être même réussi à atteindre sa voiture. Et dans ce cas, tu peux être sûre que Maman et moi, on aurait eu des visites de la police au sujet de Jim.

Mais cela n'avait pas été le cas. Et Sarah Newlin allait se retrouver en prison, du moins pour un temps. Ça, c'était important. Vraiment important.

— Pour ma part, je ne retire aucune grande leçon de vie de ce qui s'est passé hier finalement.

— Parce que tu en attendais une ?

— Eh bien, oui...

— Nous avons survécu, a dit Sam. Et mon frère a épousé la femme qu'il aime. C'est tout ce qui compte.

— C'est vraiment ça, ta conclusion ?

Je ne voulais pas l'énerver, mais j'étais vraiment curieuse de comprendre.

Mon patron m'a souri.

— Mais non, c'est plus compliqué. Mais à ton avis, quelle est la morale de l'histoire ? Il y a eu beaucoup de haine, et il y a eu de l'amour. L'amour a gagné pour Craig, et la haine a tué Jim Collins. Point final, fin de l'histoire.

Sam avait raison, pour ce qui était de sa « morale ».

Mais à mon avis, c'était loin d'être la fin de l'histoire.

La vie à Bon Temps

Victoria Koski

Quand le danger rôde

Chronologie

Samedi 12 juin 2004. Sookie Stackhouse, télépathe, travaille comme serveuse dans l'équipe de nuit au bar du *Merlotte* lorsqu'un vampire se présente et commande un verre. Bien que les vampires « aient quitté leurs cercueils » depuis deux ans, Bill Compton est le premier à rendre visite à la petite ville de Bon Temps, et Sookie se réjouit de cette nouvelle expérience. Mack et Denise Rattray, deux minables du coin, rejoignent Bill à sa table, où Denise aguiche le vampire. Inquiète de leur intérêt soudain pour Bill, Sookie écoute leurs pensées et comprend avec horreur que les Rattray ont fait de la prison pour avoir saigné des vampires. Cette pratique requiert d'immobiliser de force un vampire (un exploit en soi) et de le vider de son sang pour le revendre au marché noir. Le vampire est alors abandonné pour se désintégrer sous les premiers rayons du soleil. Après le départ de Bill et des Rattray, Sookie hésite et finalement les suit jusqu'au parking pour trouver Bill, ligoté dans des chaînes d'argent. Denise est agenouillée au-dessus de lui. Elle tient dans ses mains un tube et une aiguille et, alignées derrière elle, plusieurs fioles sont déjà remplies de sang.

Se saisissant d'une lourde chaîne qu'elle prend au passage dans le pick-up de son frère, Sookie parvient à arracher Bill aux griffes des Rattray. Elle le libère de ses chaînes et le pousse de côté lorsque les Rattray tentent de les renverser avec leur véhicule en prenant la fuite. Très étonnée, elle constate qu'elle « n'entend pas » le vampire. Celui-ci, qui n'apprécie pas de devoir son sauvetage à une femme, se montre d'abord un peu sec. Puis, en signe de gratitude, il lui offre de boire le sang déjà récolté. Sookie lui assure qu'elle n'a aucun besoin de ses propriétés et il lui propose alors de le vendre. Elle se sent insultée mais finit par rire en apprenant le prénom si commun du vampire, Bill, et elle le quitte toute joyeuse. Une fois son service terminé, elle relate sa rencontre à sa grand-mère, Adele.

DIMANCHE 13 JUIN. Jason, son frère, arrive à la demeure familiale des Stackhouse, furieux d'avoir appris que Sookie s'était battue avec les Rattray la nuit précédente. Sookie lui explique ce qui s'est véritablement passé. Jason informe à son tour Sookie et Adele que Maud Pickens, une ancienne camarade de classe de Sookie, a été retrouvée étranglée, dans son appartement, avec plusieurs morsures de vampire à l'intérieur de la cuisse. De son côté, Adele se demande quel âge peut avoir Bill et s'il se souvient de la Guerre de Sécession. Elle souhaiterait qu'il accepte de venir donner une conférence sur cette époque, au Cercle des Descendants des Glorieux Défunts. Sookie promet à sa grand-mère de le lui demander.

Lorsque Sookie arrive au *Merlotte* pour prendre son service de l'après-midi, Sam la fait entrer dans la remise. Il est mécontent qu'elle se soit attaquée aux Rattray sur le parking. Elle est sur le point d'éclater en sanglots quand elle réalise brusquement que Sam a eu peur pour elle. En le touchant, elle se rend compte que son patron éprouve pour elle des sentiments dont elle n'avait pas conscience.

LUNDI 14 JUIN. Au grand soulagement de Sookie, Sam et elle retrouvent l'aisance habituelle de leurs relations.

MARDI 15 JUIN. Bill retourne au *Merlotte*. Sookie est heureuse de vérifier une nouvelle fois qu'elle ne peut pas lire dans ses pensées. Son silence la détend. Tout en prenant sa commande, elle s'arrange pour lui donner rendez-vous sur le parking après la fermeture, afin de lui adresser la requête de sa grand-mère. Elle guette sa venue après son service. Ne le voyant pas arriver, elle renonce et se dirige vers sa voiture pour rentrer chez elle. Les Rattray l'attaquent par surprise et la passent à tabac. Bien qu'elle tente de se défendre, elle encaisse un mauvais coup de pied à la colonne vertébrale qui la terrasse. Tandis qu'elle gît sur le sol, elle entend le grognement d'un chien provenant d'une direction, un grondement résonnant d'une autre, et les hurlements de terreur des Rattray. Quand tout redevient silencieux, le chien lui lèche l'oreille mais elle est incapable de faire le moindre mouvement. Un Bill ensanglanté surgit devant elle et la soulève pour la ramener dans les bois. Alors qu'elle est persuadée que sa dernière heure est arrivée, Bill l'examine et lui assure qu'elle va survivre. Il lui offre de boire son sang pour accélérer sa guérison. Dès qu'elle l'a bu à son poignet, elle se sent beaucoup mieux, et finalement, s'endort. Elle se réveille un peu plus tard, toujours dans les bois, pour constater que Bill est allongé à ses côtés, occupé à lécher le sang des blessures de son visage. Revigorée, elle confesse à Bill qu'elle est télépathe et que c'est la raison pour laquelle elle évite d'avoir des relations normales ou même intimes avec les autres. Elle lui transmet la requête de sa grand-mère concernant sa venue au Cercle des Descendants des Glorieux Défunts. Il accepte et lui demande la permission de venir lui rendre visite chez elle.

MERCREDI 16 JUIN. Adele reçoit un coup de fil l'informant qu'une tornade s'est abattue vers le mobile home des Rattray, les tuant tous les deux. Gran adore les potins, mais elle est encore plus excitée par la venue de Bill chez elle, et se fait un devoir de le recevoir dans un intérieur impeccable. Sur le chemin de son travail, Sookie fait un crochet pour s'arrêter devant l'habitation des Rattray. Elle est sidérée devant les dégâts ahurissants causés par Bill.

René Lenier – collègue de travail de Jason et ex-mari d'Arlene, serveuse comme Sookie au *Merlotte* – est attablé au bar et prend la défense de Sookie lorsque quelqu'un lui manque de respect. René avoue à Sookie qu'elle lui rappelle sa sœur, Cindy.

JEUDI 17 JUIN. Sookie passe sa journée à aider Adele à finir le ménage en vue de la visite de Bill. À l'arrivée de ce dernier et après l'avoir invité à pénétrer dans leur demeure, elles découvrent que le vampire est originaire de la région – et que cela ne date pas d'hier. Enrôlé comme soldat dans les forces des confédérés, il a réussi à revenir vivant de la Guerre de Sécession pour finalement tomber dans les griffes d'une vampire. Comme le voulait la coutume de cette époque chez les vampires, il a alors quitté les lieux pour ne pas être reconnu. Maintenant que les vampires sont sortis de la clandestinité, il revient pour revendiquer la demeure de ses ancêtres, qui se trouve de l'autre côté du cimetière par rapport à celle de Sookie. Adele le questionne avec joie sur son passé et celui de la famille de son défunt mari. Ils fixent une date pour sa venue au Cercle des Descendants. Sookie et Bill partent se promener dans la nuit et croisent le chemin de la petite chatte Tina. Sookie parvient à se détendre complètement en présence de Bill et ce dernier reconnaît qu'il apprécie également sa compagnie. Elle lui pose prudemment quelques questions sur les vampires et ils découvrent qu'elle est insensible au pouvoir d'envoûtement des vampires. Elle parvient même à le faire l'éviter pour elle. Ils discutent un peu du talent de télépathe de Sookie, difficile à vivre au quotidien, et de la famille de Bill avant sa vampirisation. Bill ajoute qu'il souhaiterait faire réaliser des travaux de rénovation mais que personne n'est disposé à venir chez lui. Sookie lui propose son aide. Elle cède à son impulsion et l'embrasse pour lui souhaiter bonne nuit alors qu'il la raccompagne jusqu'à sa porte.

VENDREDI 18 JUIN. Sookie réussit à trouver plusieurs entreprises qui donnent leur accord pour être appelées de nuit par un vampire. Sam l'appelle pour lui apprendre que Dawn, l'une des serveuses du *Merlotte*, ne s'est pas présentée à son travail et Sookie prend les arrangements nécessaires pour la remplacer ce soir-là. Une fois au travail, elle lit par inadvertance dans les pensées d'Arlene, qui s'en rend compte et la réprimande. Les larmes lui montent aux yeux. Sam la réconforte, lui rappelant que ce n'est pas de sa faute si elle a le pouvoir de lire dans les pensées. Elle lui révèle l'enfer qu'est sa vie au quotidien, avec les pensées des autres en permanence dans sa tête. Lorsqu'elle lui raconte qu'elle n'arrive pas à lire les pensées de Bill, Sam l'invite à lire les siennes de temps en temps, ce qu'elle a toujours soigneusement évité.

Une fois son travail terminé, elle part apporter à Bill la liste des entrepreneurs qu'elle a contactés et le trouve entouré des vampires Malcolm, Liam, et Diane, avec leurs compagnons humains Jerry et Janella. Bill craint pour la sécurité de Sookie et déclare qu'elle lui appartient, pour la protéger des autres vampires. Diane ne croit pas du tout à sa déclaration. Certaine qu'il doit être en manque de sang humain, elle lui offre les deux fang-bangers. Janella étant déjà occupée, en pleine action avec Liam, Jerry se propose. Bill est tenté de se nourrir de son sang mais, avant qu'il ne cède, Sookie lit dans les pensées de Jerry et découvre que celui-ci est atteint du sino-sida, un virus qui affaiblit énormément les vampires et peut même les tuer. Jerry n'a qu'un but : contaminer le plus de vampires possible pour se venger de son amant qui l'avait quitté pour un vampire. Jerry se jette sur

Sookie pour l'étrangler et Bill lui casse le poignet afin de la libérer. Malcolm charge l'humain inconscient sur son épaule et le petit groupe prend congé. Sookie est sûre que Jerry souffrira avant de mourir. Elle est abasourdie par le comportement du trio. Bill la rassure sur le fait que tous les vampires ne se ressemblent pas.

SAMEDI 19 JUIN. Sookie se fait tirer du lit à une heure matinale par un coup de téléphone de Sam, qui l'informe qu'une fois de plus Dawn n'est pas venue à son travail et qu'elle ne répond pas à ses coups de fil. Il lui demande de lui rendre service et de s'arrêter chez elle en chemin pour s'assurer que tout va bien. Une fois habillée, Sookie se rend à contrecœur au petit pavillon de Dawn. Une fois sur place, elle jette un coup d'œil par la fenêtre de la chambre et aperçoit le cadavre de Dawn. René, qui se trouve chez lui de l'autre côté de la rue, appelle la police. JB du Rone, un ami de Sookie qui habite tout près, la voit immobile devant le pavillon et se précipite pour l'aider. Les officiers de police Kenya Jones et Kevin Prior ne tardent pas à arriver, suivis de près par Sam. Sookie constate avec étonnement que Sam possède un jeu de clés du logement mais JB lui explique que son patron est propriétaire de ces pavillons. Elle comprend également que Sam peut lui fermer ses pensées et qu'une part en lui n'est pas humaine. Il lui demande pardon de l'avoir entraînée dans cette situation. Le lieutenant Andy Bellefleur arrive sur la scène du crime et, après avoir questionné Sookie et Sam, les autorise à retourner au *Merlotte*.

En rentrant chez elle, Sookie tombe sur Bill qui l'attend devant sa porte. Elle l'informe de la mort de Dawn et il lui explique d'un ton nonchalant que celle-ci est passée chez lui la nuit précédente, après le départ de Sookie et des vampires. Il précise également qu'il ne se serait certainement pas donné la peine de protéger Dawn de Malcolm, Diane et Liam si elle était arrivée au mauvais moment. Sookie lui demande pour quelles raisons

il l'a protégée, elle, et Bill lui répond qu'elle est différente : bien qu'elle ne soit pas comme les vampires, elle
n'est pas non plus comme les humains normaux. À ces
mots, Sookie est folle de rage. Elle se jette sur lui mais
il la maintient immobile, sans aucun effort, jusqu'à ce
qu'elle retrouve son calme. Il poursuit sa discussion
comme si de rien n'était. Il lui dit que même si, physiquement, il aurait pu tuer Dawn, il ne l'aurait jamais fait.
Sookie est consciente que Bill figurera sur la liste des
suspects du meurtre et elle décide donc de faire en sorte
qu'il l'emmène au bar à vampires de Shreveport afin
d'enquêter sur d'autres pistes.

LUNDI 21 JUIN. Au *Merlotte*, il n'est question que du
meurtre et la moitié des clients pensent que Bill est
impliqué. Jason est également soupçonné vu la nature
de ses relations avec les deux femmes assassinées.
Sookie s'habille avec soin pour se rendre au *Fangtasia*,
le bar à vampires. Elle choisit finalement une robe de couleur vive qui flatte sa silhouette et met son bronzage en
valeur. Dès que Bill l'aperçoit, il s'inquiète que sa tenue
puisse attirer trop d'attention. Une fois sur place, Sookie
questionne rapidement le barman sur les présences éven-
tuelles de Dawn, Maudette et même Jason dans le bar.
Elle et Bill s'avancent vers un box qui s'est libéré, et elle
regarde avec répulsion des fangbangers venir s'offrir à Bill.
Il lui fait remarquer qu'elle a retenu l'attention du puissant
vampire propriétaire du bar, Eric Northman, et il
l'emmène lui parler. Lorsqu'elle montre à Eric et à Pam,
son associée vampire, les photos de Dawn et Maudette,
Eric reconnaît qu'il a passé un moment avec elles et admet
les avoir vues toutes les deux au bar. Sookie les remercie
et se retourne pour prendre congé mais Bill reste planté
devant Eric et Pam, tout en la serrant contre lui. Quand
Eric l'interroge sur Sookie, Bill, une fois encore, déclare
que Sookie est sienne.
Ils retournent à leur box et Sookie, l'esprit grand
ouvert, « entend » que la police est sur le point d'effectuer

une descente dans les lieux. Ils se dirigent rapidement vers la sortie et Bill adresse à Eric un signe d'avertissement pour qu'il parte tandis que Sookie jette un œil au barman qui a répondu à ses questions et lui indique également la sortie, lui faisant signe de s'esquiver. Une fois sur le parking, Eric leur demande comment ils ont pu savoir que la police allait intervenir et Sookie lui révèle qu'elle l'a lu dans les pensées de quelqu'un. Après avoir quitté rapidement le parking, Bill, sexuellement très excité, gare la voiture. Ils commencent à savourer une certaine intimité lorsqu'un agent de police en patrouille les interrompt.

MARDI 22 JUIN – MERCREDI 23 JUIN. La police poursuit son enquête sur Dawn et convoque une bonne partie de la population masculine de Bon Temps et de la région pour les interroger. Le lieutenant Bellefleur se rend plusieurs fois au *Merlotte*, choisissant toujours une des tables de Sookie dans l'espoir de la faire réagir à ses pensées.

JEUDI 24 JUIN. Alors qu'il déjeune au *Merlotte*, Andy fixe ses pensées sur une image particulièrement choquante pour Sookie. Du coup, elle lui renverse une boisson sur la chemise et se précipite vers la porte de derrière pour éclater en sanglots. Sam est furieux contre Andy. Lorsque celui-ci tente de s'excuser, Sam lui conseille, si jamais il revient, d'aller s'asseoir à d'autres tables que celles dont Sookie s'occupe. Sam propose plus tard à Sookie de l'accompagner à la soirée du Cercle des Descendants des Glorieux Défunts pour assister à la conférence de Bill, et d'aller ensuite prendre un verre quelque part. Elle accepte et ils se fixent un rendez-vous pour que Sam passe la prendre en voiture.

L'intervention de Bill se déroule bien. Lorsqu'il est interrogé sur l'arrière-grand-père de l'un des membres, Bill se rappelle de lui comme d'un ami et leur fait le récit de sa mort. Sookie et Sam se rendent ensuite au *Crawdad Diner* pour un café et Sam fait comprendre à

Sookie qu'il aimerait bien que leurs relations soient plus qu'amicales. Sookie lui demande pourquoi il s'est senti obligé d'attendre qu'un autre lui montre de l'intérêt pour le lui dire, et il la reconduit chez elle, tous les deux plongés dans un profond silence. Sookie entre dans la maison et sent immédiatement que quelque chose ne va pas. Elle découvre dans la cuisine le corps de sa grand-mère au milieu d'une mare de sang. Ses cris alertent Bill qui la réconforte jusqu'à l'arrivée d'Andy Bellefleur. Sookie passe plusieurs coups de fil, y compris au *Merlotte*, pour localiser son frère. Quand Sam entend qu'elle est en difficulté, il revient chez elle. Jason arrive, effondré, perdu dans son désespoir et sa colère, et sa première réaction est d'agresser Sookie verbalement puis de la gifler. Au moment où Bill est prêt à bondir sur lui pour le maîtriser, Sam plaque Jason au sol, le maintenant à terre. Andy parvient à calmer Bill et à désamorcer la situation.

MARDI 29 JUIN. Sookie et Jason respectent une trêve pendant les funérailles d'AdeleAdele, qui réunissent la plus grande assemblée que la paroisse ait jamais connue.

VENDREDI 2 JUILLET. Pendant qu'elle trie les affaires de sa grand-mère pour les donner, Sookie décide qu'elle ferait mieux d'emménager dans la chambre à présent vide d'Adele. Une fois sa tâche terminée, Sookie, exténuée, vient de prendre une douche et démêle ses cheveux mouillés lorsque Bill frappe à la porte. Elle lui permet de peigner ses cheveux. Alors qu'ils discutent tranquillement et que le contact de Bill apaise Sookie, l'ambiance entre eux évolue et Bill commence à lui faire l'amour. Il est surpris de découvrir qu'elle est vierge. C'est le début d'une liaison passionnée.

SAMEDI 3 JUILLET. Jason vient déjeuner au *Merlotte* et raconte à Sookie que la police l'a de nouveau convoqué pour l'interroger sur les meurtres. En apprenant la nouvelle nature de sa relation avec Bill, les collègues de travail de Sookie la mettent en garde. Mais Sookie est heureuse de voir Bill arriver au bar. Malcolm et Diane le suivent de peu et leur comportement choque et irrite tous les habitués du lieu. Alors qu'ils s'apprêtent à repartir vers leur domicile de Monroe, les deux vampires se moquent de Bill et de sa dévotion à l'égard de Sookie. Bill attend Sookie à l'extérieur du bar afin de s'assurer que ses anciens amis sont bien repartis. Sookie le suit jusque chez lui où ils profitent ensemble de son jacuzzi.

DIMANCHE 4 JUILLET. Bill emmène Sookie au cinéma puis l'invite à dîner, même si lui ne consomme rien. Alors qu'ils sont au lit plus tard dans la soirée, Bill parle d'une anecdote de son enfance qui amène Sookie à lui raconter que son grand-oncle l'a agressée sexuellement quand elle était petite.

LUNDI 5 JUILLET. Alors qu'elle quitte la maison de Bill dans la matinée, Sookie est étonnée de retrouver Jason qui l'attend pour l'informer du décès de son grand-oncle Bartlett, survenu lors d'un cambriolage la nuit précédente. Jason ne comprend pas l'absence de chagrin dont fait preuve Sookie. Elle révèle alors à son frère, d'abord incrédule, ce que sa tante Linda et elle-même ont subi par sa faute, comment Adele a fait en sorte de la protéger après avoir compris ce qui se passait, et sa décision d'écarter son frère de leurs vies à tout jamais. Ce n'est qu'en arrivant à son travail, ce jour-là, que Sookie comprend que Bill a causé le meurtre de son grand-oncle. Elle décide de lui poser la question. Il ne dément pas et, bien qu'ils échangent leur premier « je t'aime », elle lui dit qu'elle ne le reverra pas avant d'avoir décidé si leur amour vaut bien toute la souffrance qu'il lui infligera très certainement.

Sookie travaille dur afin de combler le vide causé dans sa vie par la mort de sa grand-mère et l'absence de Bill. Elle est contactée par l'avocat chargé de régler la succession d'Adele ainsi que par celui de son oncle Bartlett, qui, à sa plus grande surprise, lui lègue vingt mille dollars – qu'elle s'empresse de donner au centre psychiatrique local.

JEUDI 8 JUILLET. Pendant la période de séparation entre Bill et Sookie, celle-ci prend conscience de l'ampleur croissante de l'hostilité des clients humains du bar à l'égard des vampires de Monroe, qui manifestement traînent dans les environs et se comportent très mal. Elle capte les pensées d'un plan visant à incendier leur nid, pendant qu'ils sont encore à l'intérieur.

MARDI 13 JUILLET. Bill arrive au *Merlotte* accompagné d'Harlen Ives, un ami vampire en visite, passé de l'autre côté lors de son adolescence. Quand Bill et Harlen annoncent à Sookie qu'ils partent voir Malcolm à Monroe, Sookie lance un vague avertissement à Bill, ne sachant pas quoi faire et lui dire exactement. La colère et la frénésie montent d'un degré dans le bar après leur départ, et de retour chez elle, elle choisit finalement d'appeler Bill pour lui faire part de ce qu'elle a capté.

MERCREDI 14 JUILLET. Jason appelle Sookie, et la réveille pour lui annoncer que la maison des vampires de Monroe a brûlé. Elle se précipite là-bas pour voir les restes de quatre cercueils et une housse à cadavre. Incapable de déterminer si Bill se trouvait dans cette maison ou non, elle s'aperçoit soudain que Sam est à ses côtés et le laisse la ramener chez elle. Pour la tenir occupée jusqu'au coucher de soleil, Sam lui fait faire le ménage de la maison de fond en comble. Lorsqu'ils terminent, la nuit commence à tomber. Elle va enfin savoir si Bill était chez lui ou à Monroe.

Après le coucher du soleil et sous une pluie battante, Sookie prend la direction du cimetière qui sépare leurs deux maisons sans cesser d'appeler Bill à voix haute de toutes ses forces. Lorsque celui-ci émerge de terre, elle tombe à genoux, tétanisée. Sookie l'informe de la mort des vampires de Monroe, ce qui le plonge dans un état second de colère et de rage. Sookie concentre intentionnellement son énergie vers le sexe et ils font l'amour sauvagement dans la boue. Quand il reprend complètement ses esprits, Bill la porte jusque chez lui pour lui donner un bain chaud.

JEUDI 15 JUILLET – SAMEDI 24 JUILLET. Sookie et Bill sont de nouveau ensemble. Ils s'installent dans une routine « nocturne » consistant principalement à regarder la télévision, aller au cinéma, jouer au Scrabble et faire l'amour. Sookie travaille pendant que Bill dort. Bill lit, parcourt les bois et travaille dans le jardin pendant que Sookie dort la nuit. Ils sont tous les deux perturbés par l'incendie de Monroe et les morts non résolues de Maudette, de Dawn et de la grand-mère de Sookie.

Jason prend l'habitude de passer au *Merlotte* presque chaque soir pour renouer le contact en bavardant avec Sookie. Il raconte à sa sœur qu'il a été convoqué deux fois de plus dans les locaux de la police, et qu'il a décidé de prendre conseil auprès d'un avocat. Sookie lui demande pourquoi la police continue de l'interroger ainsi et Jason lui avoue, honteux, qu'il fait des vidéos de ses rapports sexuels. Il lui précise qu'il a donc des films montrant ses ébats avec les deux femmes assassinées, et que la police en possède des copies. Jason supplie Sookie de lire dans les pensées des clients afin de savoir si celui qui a commis ces meurtres se trouve parmi eux.

Arlene demande à Sookie si elle peut lui confier ses enfants la nuit suivante, mais déclenche sa colère en déclarant qu'elle n'accepte pas la présence d'un vampire auprès de ses enfants. Pour évacuer sa frustration, Sookie creuse un trou dans le sol dans le fond du jardin, expliquant à Bill, qui l'observe attentivement, qu'elle va y planter un arbre. Une fois Sookie calmée, ils font l'amour et Bill l'informe qu'Eric lui a donné l'ordre de la ramener au *Fangtasia*. Sookie n'a aucune envie d'y aller, mais elle comprend qu'elle doit obéir pour leur bien à tous les deux. Bill lui fait prendre un peu de son sang afin qu'elle se renforce en vue de l'affrontement.

DIMANCHE 25 JUILLET. Lorsqu'ils arrivent au *Fangtasia*, Eric leur révèle que quelqu'un l'escroque en détournant l'argent du *Fangtasia*. Il veut que Sookie utilise son pouvoir de télépathe pour identifier le voleur. Elle promet de l'aider volontairement, chaque fois qu'il le voudra, à condition qu'il accepte de remettre le coupable à un tribunal humain plutôt que de faire justice lui-même. Il accepte le marché et elle sonde les pensées des employés humains, découvrant au contact de l'un d'eux que l'escroc n'est autre que le barman, Long Shadow. Avant qu'elle n'ait le temps d'en informer Eric, Long Shadow se jette sur elle pour l'empêcher de parler, mais Eric le transperce d'un pieu. Alors qu'il meurt, son sang jaillit et éclabousse Sookie. L'odeur et le désir de sang commencent à agiter les vampires, si bien que Sookie tire Bill vers la sortie. Ils quittent rapidement les lieux et elle lui demande de la déposer à son domicile pour qu'elle y passe le restant de la nuit toute seule.

LUNDI 26 JUILLET. Ayant pris la ferme résolution d'éviter momentanément tout contact avec les vampires, histoire de se rappeler qu'elle est humaine, Sookie ne peut s'empêcher de constater que le fait d'avoir bu plusieurs fois du sang de vampire la rend différente. Ses cheveux, ses yeux et son teint éclatent de santé ; elle est plus forte et plus rapide. À son travail, ses collègues aussi remarquent le changement qui s'opère en elle. Alors que les clients arrivent pour déjeuner, Sookie fait ce que lui a demandé Jason, et écoute les pensées aller et venir dans le bar. Si elle n'apprend rien de nouveau sur les meurtres de Dawn et Maudette, elle entend en revanche un groupe d'hommes dont les pensées convergent vers l'incendie de Monroe. Espérant glaner un peu plus d'informations avec les clients du soir, elle retourne au *Merlotte* en tenue de ville et s'assoit au bar, juste à côté de Jason, pour une fois solitaire.

Bill entre au *Merlotte* accompagné d'une jeune femme. Il explique immédiatement à Sookie qu'Eric la lui a envoyée comme récompense mais qu'il veut la lui restituer. Jason se porte volontaire pour la reconduire à Monroe, afin que Sookie et Bill puissent discuter. Sookie emmène Bill jusqu'à l'étang de la maison de son enfance, qui appartient maintenant à Jason. C'est un terrain neutre pour eux deux. Elle lui révèle qu'elle craint qu'Eric et les autres vampires n'utilisent son amour pour sa famille et pour lui comme moyen de pression. Bill évalue leur situation et lui annonce qu'il a peut-être une idée pour échapper à la puissance dominatrice d'Eric.

Bill rejoint son domicile afin de passer quelques coups de fil. Arrivée devant chez elle, Sookie, nerveuse, scrute minutieusement sa cour avant de se ruer à l'intérieur de sa maison. Soudain quelque chose heurte violemment sa porte d'entrée, et elle se précipite au téléphone pour appeler Bill. Il arrive en un éclair pour trouver la petite chatte Tina morte étranglée, sur les marches qui mènent à l'entrée. Sookie éclate en sanglots puis finalement retrouve le calme et la force nécessaires pour enterrer son animal dans le trou qu'elle avait creusé précédemment à l'arrière de la maison. Bill reste passer la nuit avec Sookie, profondément traumatisée.

MARDI 27 JUILLET. Sookie informe Bud Dearborn des circonstances de la mort de Tina. Ce dernier pense qu'il faudra peut-être la déterrer afin de vérifier si la méthode de strangulation est identique à celles de Dawn et de Maudette. Arlene, une fois de plus, demande à Sookie de garder ses enfants pour la soirée, sans toutefois mentionner Bill. Après son travail, René lui amène les enfants, Lisa et Coby, et repart se changer pour son rendez-vous avec Arlene. Les enfants font la connaissance de Bill, l'acceptant sans se poser trop de questions. Lisa suggère même à Bill d'offrir des fleurs à Sookie de temps en temps. Le quatuor insolite passe une excellente soirée. Un autre vampire surgit alors qu'Arlene et René récupèrent les enfants, et Sookie est stupéfaite de rencontrer l'Homme de Memphis. Bill lui présente Bubba et lui annonce qu'il sera chargé de veiller sur elle le temps d'un voyage de quelques jours qu'il doit faire à La Nouvelle-Orléans. Il l'avertit de ne jamais appeler Bubba par son vrai nom, expliquant que sa transformation ne s'est pas bien passée et qu'il lui manque quelques cases. Il adore les animaux, surtout les chats – et pas pour leur compagnie... Mais il est loyal et obéissant. Bubba part vadrouiller dans les bois tandis que Bill prend congé de Sookie.

MERCREDI 28 JUILLET. Arlene et sa collègue serveuse Charlsie Tooten sont impressionnées par le fait que Bill ait pris un garde du corps pour Sookie pendant la durée de son absence. Arlene trouve que Bubba ressemble terriblement au roi du Rock and Roll. Sookie leur assure que Bubba n'a rien de commun avec lui, ce qui n'est pas vraiment un mensonge, puisque Bubba n'est plus ce qu'il était.

Sam leur annonce qu'il doit recruter une serveuse, et demande à Sookie de regarder les dossiers de candidature. Par hasard, elle lit celui de Maudette et comprend soudain, à contrecœur, que son frère n'est pas le seul homme lié aux deux femmes assassinées : Sam les connaissait toutes les deux également. Sookie est mal à l'aise avec son patron tout le restant de la journée et rentre chez elle, nerveuse et agitée. Terry Bellefleur l'appelle du bar pour lui apprendre que Jason est là et qu'il aimerait lui offrir un verre. Elle repart en voiture au *Merlotte*, se gare sur le parking des employés, et prend le temps de donner une petite caresse amicale à un chien errant. Terry dément catégoriquement l'avoir appelée. Lorsqu'elle repart, le chien est toujours dehors et elle décide de le ramener chez elle pour avoir un peu de compagnie pendant la nuit. Elle le baptise du nom de Dean et il la surveille attentivement quand elle se déshabille pour aller au lit. Elle lui donne l'ordre de coucher sur le sol mais ne le repousse pas quand il grimpe sur le lit, à ses côtés, au moment où elle s'endort.

JEUDI 29 JUILLET. En se réveillant le matin suivant, Sookie bondit hors du lit en hurlant lorsqu'elle découvre Sam, complètement nu, endormi près d'elle. Il lui avoue qu'il est métamorphe et peut se transformer en n'importe quel animal. Il précise qu'il avait simplement l'intention de veiller sur elle toute la nuit. Il avait prévu de quitter la maison avant son réveil, mais il ne s'est pas levé à temps. Sookie prend conscience que le métamorphisme relève du surnaturel, et que les vampires ne souffrent pas d'un virus comme le pensent certains. Elle comprend également que Bill est vraiment mort, mais elle l'aime malgré tout.

Sam a repris sa forme canine à l'arrivée d'Andy, qui annonce à Sookie qu'une autre femme a été assassinée. Elle persuade le détective, épuisé, de se reposer quelques heures dans son ancienne chambre, et Sam reprend sa forme humaine afin que Sookie puisse le ramener au bar en catimini. Ils sont étonnés de trouver le pick-up de Jason garé sur le parking des employés du *Merlotte*. Jason est affaissé sur le volant, inconscient et couvert de sang. Prise de panique à l'idée qu'il puisse être gravement blessé, Sookie demande à Sam d'appeler une ambulance. La police, qui a la conviction que Jason s'est enivré après avoir perpétré le nouveau crime, vient l'arrêter à l'hôpital. Sookie laisse un message pour Bill à la réception de son hôtel de La Nouvelle-Orléans, et prend contact avec l'avocat Sid Matt Lancaster, chargé de représenter son frère.

Plus tard dans la soirée, Sookie entend Bubba hurler. Quand elle le rejoint sur le pas de sa porte, il lui explique qu'il a failli attraper quelqu'un qui rôdait autour de sa maison.

VENDREDI 30 JUILLET. Une fois sa caution payée, Jason est libéré. Profondément honteux, il se montre incapable de sortir le moindre mot à sa sœur. Sookie reste assise au bar, à lire avec obstination dans les esprits des clients, jusqu'à ce que Sam la renvoie chez elle. Elle est en train de se démaquiller lorsqu'elle entend un bruit au-dehors. Elle va jusqu'à sa porte d'entrée et appelle Bubba. Il ne répond pas. Elle compose le numéro des secours mais la ligne téléphonique ne fonctionne plus. Elle décide de se précipiter chez Bill pour utiliser son téléphone, et court chercher un vieux fusil qu'Adele gardait dans la penderie de l'entrée. Mais celui-ci a disparu. Elle est horrifiée de réaliser que le meurtrier est déjà entré chez elle. Elle se glisse jusqu'à la porte de service et tombe des nues lorsque le flot d'images du meurtrier se déverse dans son esprit. Il s'agit de René Lenier et elle capte dans son esprit incohérent et malade que la première de ses victimes a été sa propre sœur, qui fréquentait un vampire malgré ses protestations véhémentes. René attrape Sookie et commence à la frapper mais, quand elle lui rend ses coups, la force de Sookie le surprend. Elle finit par tomber à terre, et il bondit sur elle. Il tente de l'immobiliser tandis qu'il tâtonne à la recherche de sa corde, qu'il a lâchée, pour l'étrangler. La main gauche de Sookie se libère. Elle parvient à se saisir de son couteau de travail, accroché à sa ceinture, et le poignarde. Quand il tombe sur le sol, elle rejoint en vacillant la demeure de Bill et compose enfin le 911 avant de perdre connaissance.

SAMEDI 31 JUILLET. Lorsque Sookie reprend conscience à l'hôpital, elle apprend que René a tout avoué. Elle reçoit des visites ainsi que des fleurs de la part des employés du *Merlotte*, de Sid Matt et de son épouse, ainsi que d'Eric. Elle sommeille mais trouve Bill à son chevet quand elle rouvre les yeux. Il envisage de tuer René, mais Sookie le persuade de laisser la justice s'occuper du tueur. Bill promet de prendre soin d'elle la nuit, quand elle sortira. Elle décline son offre de boire son sang, et s'enquiert de ce qu'il a fait à La Nouvelle-Orléans. Il lui annonce qu'il est le nouvel Investigateur de la Zone Cinq, celle d'Eric. Ce qui place désormais Bill et par conséquent Sookie sous la protection d'Eric. Tandis que Bill attend avec impatience que les choses reprennent un cours normal, un colley pointe son museau par la porte de la chambre, avant de s'éloigner dans le hall. Eric passe en flottant devant la fenêtre de l'hôpital et lui sourit en disparaissant.

Bill et Eric – échanges secrets

> *À l'attention de : Eric Northman,*
> *Shérif de la Zone Cinq, Louisiane*

Cher Eric,

Avec la permission de Sophie-Anne Leclerq, reine de Louisiane, je vais faire mon retour à Bon Temps afin de reprendre ma demeure ancestrale.

Sincèrement,

> *William Compton*

> À l'attention de : William Compton

Cher Bill,

Content de te lire. Comme tu le sais, les vampires de mon territoire me font allégeance en travaillant au *Fangtasia*. Je te remercie de bien vouloir prendre contact avec Pam afin de définir tes horaires.

> Eric Northman

> *À l'attention de : Eric Northman,*
> *Shérif de la Zone Cinq, Louisiane*

Cher Eric,

L'on m'a dit que tes vampires peuvent verser une dîme au lieu de travailler au Fangtasia*. J'ai d'autres obligations.*

J'ai bien peur de ne pas avoir suffisamment de temps à consacrer à ton club.

Sincèrement,

William Compton

À l'attention de : William Compton

Cher Bill,

Une dîme serait effectivement une alternative accepta-ble. Cependant, je préférerais nettement que tu travailles au *Fangtasia*. En tant qu'ancien soldat de la confédération, tu représenterais un atout intéressant. Je comprends que tu aies des missions à accomplir pour la reine. Malgré tout, je suis certain que tu pourrais également me consacrer, à moi, ton Shérif, une part de ton temps si précieux.

Eric Northman

À l'attention de : Eric Northman,
Shérif de la Zone Cinq, Louisiane

Cher Eric,

Tu trouveras ci-joint un chèque correspondant à six mois de dîme.

Sincèrement,

William Compton

TÉLÉPHONE : ERIC APPELLE BILL

E. : Bill.
B. : Eric.

E. : J'ai besoin que tu amènes ton humaine au *Fangtasia* demain soir.

B. : Pourquoi ?

E. : Il me faut ses services.

B. : Eric, tu sais pourtant qu'elle est mienne.

E. : Mais bien entendu, Bill. Il ne se passera rien.

B. : Pour quelle raison, dans ce cas ?

E. : Je suis ton Shérif. Il suffit que je te l'ordonne.

B. : Eric...

E. : Bill, tu sais très bien qu'il serait préférable que tu me l'amènes de toi-même. Tu ne voudrais pas que je sois obligé d'envoyer quelqu'un la chercher, n'est-ce pas ?
(*Silence*)

B. : Nous y serons.

TÉLÉPHONE : BILL APPELLE ERIC

B. : Eric.

E. : Bill.

B. : J'ai reçu ton présent.

E. : Et tu m'appelles pour me remercier. Il n'y a pas de quoi, Bill.

B. : Je te l'ai renvoyée sans l'ouvrir.

E. : Tu ne l'as pas trouvée à ton goût ?

B. : Je n'en ai pas l'utilité.

E. : Très bien. Je trouverai un autre moyen de vous prouver ma reconnaissance, à toi et à ton humaine.

B. : Ce ne sera pas nécessaire. Je considérerai ton absence dans nos vies comme une récompense suffisante.

TÉLÉPHONE : ERIC APPELLE BILL

E. : Bill, je tiens à te féliciter pour ton nouveau poste en tant qu'Investigateur de la Zone Cinq. Je ne savais pas que tu avais de telles ambitions.

B. : J'ai pensé qu'il serait sage de m'assurer un certain rang.

E. : Techniquement, tu travailles maintenant sous mes ordres.

B. : Techniquement, je travaille sous les ordres de Sophie-Anne. Tout comme toi.

E. : En effet, je suppose que tu as raison. *(Pause)*. J'ai appris que ton humaine avait capturé un meurtrier. Sa résistance est étonnante.

B. : C'est effectivement le cas. Eric, ne flotte plus devant ses fenêtres, je te prie. Cela l'incommode.

Disparition à Dallas

Chronologie

MARDI 21 SEPTEMBRE 2004. Sookie téléphone à Portia Bellefleur et lui demande de passer au *Merlotte* pour récupérer son frère Andy, complètement ivre. Sa journée de travail s'est révélée particulièrement horrible. Portia abandonne la voiture d'Andy sur le parking et le reconduit chez lui dans la sienne.

MERCREDI 22 SEPTEMBRE. En arrivant au travail, Sookie remarque que la porte de la Buick d'Andy est entrebâillée. Elle découvre le corps du cuisinier du *Merlotte*, Lafayette Reynold, gisant sur la banquette arrière. Elle saute dans sa voiture pour klaxonner et attirer l'attention de Sam, qui compose le 911. La police ne tarde pas à arriver et interroge Sookie qui les informe qu'il y a quelques jours Lafayette s'est vanté d'être invité à une partie fine. Une fois seuls, Sam et Sookie se demandent si le coupable pourrait se trouver parmi les participants à cette soirée. Le cousin d'Andy, Terry Bellefleur, arrivé pour remplacer Lafayette derrière les fourneaux, leur raconte que la nuque de Lafayette a été brisée et qu'il y aurait des preuves de violences sexuelles.

Convoqués au *Fangtasia* par Eric, Bill et Sookie sont en chemin pour Shreveport. Ils commencent à se disputer dans la voiture, laquelle tombe brusquement en panne. Sookie descend de voiture, très en colère, et Bill lui dit qu'il va chercher un mécanicien à la station-service la plus proche. Il ne verrouille pas les portes afin qu'elle puisse l'attendre à l'abri, mais Sookie est bien déterminée à repartir à pied en direction de Bon Temps. En chemin, elle perçoit derrière elle le bruit de déplacements furtifs dans les bois et lance un appel. À sa grande surprise, une femme sort du bois, un énorme sanglier à ses côtés. Elle se présente comme étant une ménade et raconte à Sookie qu'elle doit transmettre un message à Eric Northman. Sookie réussit à se tourner juste à temps pour parer au coup porté par la ménade, qui lui laboure le dos au lieu de la défigurer. Sous la violence du choc, Sookie s'écroule sur le sol, dans d'atroces souffrances.

Bill, qui longe les bois pour la retrouver, transporte rapidement Sookie, mortellement blessée, auprès d'Eric pour lui demander de l'aide. Le Dr Ludwig, une SurNat, est appelée à la rescousse. Après avoir nettoyé les blessures de Sookie de sa langue, elle donne l'instruction aux vampires de boire, chacun leur tour, tout le sang empoisonné de Sookie pour effectuer ensuite une transfusion complète à base de sang humain et de sang synthétique. Sookie s'évanouit et, à son réveil, trouve Pam veillant sur elle. Après avoir fait un brin de toilette, Sookie rejoint Bill dans le bureau d'Eric pour attendre que ce dernier, Pam et le nouveau barman, Chow, fassent la fermeture. Eric les informe qu'il les envoie tous les deux à Dallas. Sookie devra utiliser ses talents particuliers pour aider ses confrères de la Zone Six à résoudre un problème. Sookie ne peut faire autrement que d'accepter, conformément au contrat qu'elle a passé avec Eric. Lorsqu'elle questionne les vampires sur la présence d'une ménade dans les bois, la conversation s'interrompt brusquement. Les vampires lui expliquent que les ménades se nourrissent de la violence qui résulte de la consommation d'alcool et que leurs lieux de prédilection sont naturellement les bars. Elles attendent un tribut de ceux auxquels l'alcool profite.

JEUDI 23 SEPTEMBRE. Sam accepte, à contrecœur, de donner quelques jours de congé à Sookie pour son voyage à Dallas. Quand elle lui annonce qu'une ménade rôde dans les parages, il commence par éclater de rire. Son rire s'évanouit cependant à la vue des cicatrices de Sookie. Il l'embrasse tout d'abord doucement, puis de plus en plus passionnément sur les lèvres. Elle répond brièvement à sa fougue puis se dégage et ils tentent de reprendre leur conversation. Portia entre au *Merlotte* avec une requête d'Andy. Désormais soupçonné du meurtre, ce dernier souhaiterait en effet que Sookie lui rende service et « lise » dans les pensées des clients concernant la fameuse orgie. Sookie accepte la mission mais uniquement pour son ami Lafayette, pas pour les Bellefleur.

VENDREDI 24 SEPTEMBRE. À son arrivée à l'aéroport de Dallas, Sookie se précipite vers la rampe de déchargement de l'avion de fret qui transportait Bill pour guetter l'apparition de son cercueil. Un homme vêtu de noir comme un prêtre catholique l'aborde et lui fait la conversation. Soudain, il tente de l'entraîner de force vers une porte de service grande ouverte. Le cercueil de Bill apparaît heureusement juste à temps et son couvercle s'ouvre : le soleil vient de se coucher et Bill se lève. Le soi-disant prêtre prend la fuite tandis que Bill rejoint Sookie. Dans le taxi qui les emmène à l'hôtel *Silent Shore*, ils discutent du voyage et de l'incident. Surprise, Sookie est néanmoins ravie de constater que le groom de l'hôtel, Barry, est télépathe comme elle, même s'il ne maîtrise pas du tout ce talent. Isabel Beaumont, une vampire de Dallas, les rejoint dans le hall de l'hôtel et patiente pendant qu'ils s'installent et se rafraîchissent rapidement dans leur chambre. Elle les conduit à la demeure du shérif de la Sixième Zone, Stan Davis. Celui-ci leur explique que l'un de ses frères de nid, Farrell, a disparu et qu'il entend le retrouver. Il fait défiler devant Sookie plusieurs personnes qui se sont trouvées en même temps que Farrell dans le bar à vampires où il a été vu pour la dernière fois. En parcourant leurs souvenirs, Sookie découvre que Farrell s'est éclipsé aux toilettes avec un autre vampire. Elle apprend aussi que le faux prêtre de l'aéroport était également présent dans ce bar. Elle transmet ces informations à Stan. Bill lui demande la permission d'utiliser un ordinateur, et retrouve l'identité du second vampire grâce à la description de Sookie. Stan est atterré de comprendre que Farrell a probablement été kidnappé par Godric, également connu sous le nom de Godfrey. Il s'agit d'un vampire très ancien qui a prévu de rencontrer le soleil lors d'une cérémonie organisée par la Confrérie du Soleil, groupe d'humains extrémistes antivampires.

Sookie se demande comment le « prêtre » a pu avoir connaissance de sa date d'arrivée à l'aéroport. Elle attrape un bloc-notes où elle griffonne un message à l'intention de Stan : elle suggère que la maison a pu être placée sur écoute. Elle cherche et trouve un micro sous la table. Après avoir improvisé une petite comédie à l'attention de celui qui les écoute, ils se débarrassent du mouchard en le plongeant dans une bassine d'eau. Le compagnon humain d'Isabel, Hugo Ayres, se porte volontaire pour accompagner Sookie au centre de la Confrérie du Soleil afin de recueillir des informations.

Excédé par l'installation clandestine du micro, Stan demande si certains de ses visiteurs au sein du nid sont passés récemment par cette pièce. Isabel lui amène un dénommé Leif. Il s'agit en réalité d'Eric. Celui-ci est venu incognito à Dallas pour surveiller Bill et Sookie mais il dément catégoriquement avoir posé le micro. Sookie fait remarquer, à juste titre, que le mouchard n'a pas pu être mis en place le jour même. En effet, la personne à l'écoute connaissait toutes les données sur leurs vols. Isabel ramène Sookie et Bill à leur hôtel où ils partagent enfin un petit moment d'intimité avant d'être rapidement interrompus par Eric.

SAMEDI 25 SEPTEMBRE. Sookie regarde les informations à la télévision en attendant que la réception de l'hôtel lui livre les vêtements qu'elle a commandés et qu'elle juge plus adéquats pour sa visite à la Confrérie. Elle est consternée par un reportage sur la mort de Bethany Rogers, dont elle avait lu les pensées la soirée précédente. Son corps a été retrouvé dans les poubelles à l'arrière du *Silent Shore* et la police parle d'une exécution en règle. Retenant ses larmes, elle se prépare pour sa mission. Elle met une perruque, enfile sa tenue et part à la rencontre d'Hugo, qui l'attend dans le hall de l'hôtel. Ils mettent au point une couverture crédible avant d'atteindre le centre de la Confrérie, où ils font la connaissance de son directeur, Steve Newlin, ainsi que de sa femme Sarah, et de la responsable des cérémonies, Polly Blythe. Les Newlin et Polly emmènent Sookie et Hugo faire une visite des lieux, qui s'achève par le sous-sol. Mal à l'aise, Sookie se fait violence pour suivre Hugo, tentant de se rassurer devant son attitude calme et confiante. Au dernier moment, cependant, elle décide de rebrousser chemin, et de ne pas visiter les sous-sols. Vif comme l'éclair, le gardien Gabe, également adepte, la pousse violemment en bas des escaliers. Le couple se retrouve enfermé dans une petite pièce. Blessée et meurtrie, Sookie trouve la force nécessaire de se concentrer sur les pensées d'Hugo, et découvre que c'est lui le traître. À sa demande, il lui explique qu'il s'est laissé envoûter par Isabel, trahissant ainsi tout le genre humain. Elle arrive à le persuader de convaincre Gabe de le laisser sortir, puisqu'elle a tout compris, afin de vérifier s'ils le laisseront bien partir. Comme elle l'avait malheureusement pressenti, la Confrérie n'a aucune intention de laisser vivre Hugo, et Gabe le déplace dans la pièce où Farrell est maintenu enchaîné. Gabe revient vers Sookie pour la torturer et la violer mais Godfrey intervient à temps pour le neutraliser.

Sookie le supplie de la laisser partir, et il lui raconte le plan de Steve Newlin : la lier à Farrell pour qu'elle brûle en même temps que lui aux premiers rayons du soleil. Godfrey hésite à entraîner des êtres humains dans son propre sacrifice. Finalement il se ravise et aide Sookie à se sauver. Privée de téléphone, Sookie établit un lien télépathique avec Barry, le groom de l'hôtel, qui est complètement paniqué par ce contact. Elle l'implore de faire savoir à Bill qu'elle est en danger. Luna Garza, une métamorphe infiltrée dans l'église, parvient à guider Sookie hors de l'enceinte et l'informe que les métamorphes de la communauté urbaine de Dallas ont placé la Confrérie sous surveillance. À son tour, Sookie lui révèle que les vampires ne vont probablement pas tarder à arriver pour lancer une attaque afin de récupérer Farrell. Luna hésite à quitter les lieux mais saute dans sa voiture dès qu'elle entend l'alarme résonner dans le bâtiment. Sookie la rejoint et elles démarrent en trombe, suivies de peu par Sarah et Polly. Celles-ci percutent violemment l'arrière de la voiture de Luna, qui fait un tonneau. Polly et Sarah tentent de les extraire du véhicule pour les enlever mais abandonnent vite ce projet devant les témoins qui se massent sur le lieu de l'accident. Quelqu'un appelle la police et les secours. Une fois à l'hôpital, Luna demande à un médecin métamorphe d'examiner Sookie, d'effacer ensuite toute trace de son passage et de leur trouver quelqu'un pour les raccompagner. Sookie, les yeux bandés, est reconduite au *Silent Shore* par deux Loups qui la déposent devant l'entrée du bâtiment. Eric se trouve à l'extérieur de l'hôtel. Surpris par cette soudaine apparition, il contacte Bill puis accompagne Sookie jusqu'à sa chambre pour commencer à nettoyer ses blessures.

Bill rejoint rapidement l'hôtel. Il leur confirme que les vampires ont bien attaqué la Confrérie et libéré Farrell. Godfrey a cependant réussi à s'échapper. Bill fait couler un bain à Sookie et la met au lit.

DIMANCHE 26 SEPTEMBRE. Sookie se réveille juste avant le lever du soleil avec le sentiment d'avoir quelque chose à accomplir. Elle s'habille et prend un taxi pour se rendre sur le site maintenant déserté de la Confrérie, où elle attend Godfrey. Le vampire sort de l'ombre et Sookie sent ses larmes couler alors qu'elle regarde son visage d'adolescent. Il se montre surpris et touché que quelqu'un ait pris la peine de venir verser des larmes pour lui, au moment de sa rencontre avec le soleil. Il espère enfin croiser le regard de Dieu. Sookie retourne à l'hôtel et tombe dans un profond sommeil jusqu'au réveil de Bill.

Bill et Sookie retournent ensemble chez Stan pour lui annoncer la mort de Godfrey et découvrir quel châtiment sera réservé à Hugo et Isabel. Sookie est soulagée de savoir Hugo en vie, et se fait violence pour accepter la sentence que les vampires ont décidé de lui appliquer. Invités à rester pour célébrer le retour de Farrell, Eric/Leif et Sookie sont en pleine discussion, lorsqu'elle « entend » des membres de la Confrérie sur le point d'attaquer la demeure. Sookie lance un avertissement en hurlant et échappe de peu à un coup de feu grâce à la protection d'Eric. Bill se lance à la poursuite des attaquants sans même se soucier de savoir si Sookie a survécu à l'assaut. Blessée, elle quitte les lieux et prend le premier avion pour retourner à Bon Temps.

LUNDI 27 SEPTEMBRE – MERCREDI 20 OCTOBRE. Sookie garde ses distances vis-à-vis de Bill.

JEUDI 21 OCTOBRE. Jason passe déjeuner chez Sookie et lui raconte que Bill a été aperçu à Monroe en compagnie de Portia Bellefleur. Le soir même, elle les aperçoit de ses propres yeux passer dans la voiture de Bill.

VENDREDI 22 OCTOBRE. Sookie décide d'assister au match de football amEricain du lycée, et elle y retrouve son amie Tara Thornton, venue avec son fiancé Ben Tallie, ainsi que le meilleur ami de ce dernier, JB du

Rone. Sookie encourage JB à poursuivre sa relation avec la dernière femme qu'il a fréquentée, un médecin muté à Baton Rouge. Elle est persuadée qu'elle lui convient. Il l'embrasse sur la joue pour la remercier et elle dépose un petit bisou sur ses lèvres en retour. Elle aperçoit Bill qui la fusille du regard, de la place où il est assis avec Portia, deux tribunes plus bas. Lorsqu'elle arrive à son domicile, Bill surgit, l'embrasse et ils se réconcilient avec fougue. Elle l'interroge ensuite sur Portia et il lui explique qu'elle le côtoie certainement dans l'espoir d'être invitée à l'une de ses fameuses orgies sexuelles, afin de récolter des informations en faveur de son frère.

SAMEDI 23 OCTOBRE. Bill et Sookie décident de garder le secret sur leur réconciliation. Sookie se fait aborder par l'entrepreneur des pompes funèbres et coroner de Bon Temps, Mike Spencer. Pensant qu'elle ne fréquente plus personne, il l'invite à le rejoindre à une soirée privée au bord du lac, chez Jane Fowler. Comptant découvrir qui a tué Lafayette, Sookie accepte. Elle laisse un message codé à l'attention de Bill, rappelé à Dallas, et, n'ayant pas d'autre choix, contacte Eric pour qu'il l'accompagne et assure sa protection.

DIMANCHE 24 OCTOBRE. Eric passe prendre Sookie pour la conduire à l'orgie, qui se tient au bord du lac Mimosa. Elle lui demande de s'assurer que rien ne lui arrive. Eric est étonné de la confiance que Sookie lui accorde et la rassure en lui répondant qu'elle sera en sécurité avec lui. Ils arrivent à la maison nichée dans une petite clairière et montent les marches de la large terrasse en teck. Ils poussent la porte du chalet et tombent sur plusieurs habitants de Bon Temps plus ou moins dévêtus. Jan Fowler, Mike Spencer, Tom et Cleo Hardaway, ainsi que Tara et Ben sont tous présents et semblent être familiers de l'endroit. Ben entreprend d'ôter le short de Sookie, tout en nourrissant des pensées obscènes à l'intention d'Eric, lorsque celui-ci surgit derrière elle. Elle se retourne et l'embrasse, laissant vagabonder son esprit tandis qu'il la protège. Elle repère le souvenir du meurtre de Lafayette dans les pensées de Mike et lit aussi que Tom est également directement impliqué. Écœurée, elle murmure à Eric de la sortir de là et il la charge sur son épaule, expliquant aux autres qu'il va la réchauffer un peu à l'extérieur. Il l'allonge sur le capot de sa Corvette, déterminé à assouvir ses propres désirs, et tente de la séduire. Sookie lui rappelle que Bill est son petit ami. Ce dernier émerge des bois, suivi d'Andy, manifestement ivre, qui pointe son arme de service sur l'assemblée en demandant qui est responsable du meurtre de Lafayette. Sam, métamorphosé en colley, rejoint le groupe, suivi de peu par la ménade. Elle se présente comme s'appelant Callisto, et explique qu'elle s'est sentie attirée au chalet par l'odeur de luxure et d'ivresse dégagée par les participants de l'orgie. Elle rappelle à ces derniers sa première visite et déclare que Lafayette était une offrande parfaite, les remerciant d'avoir laissé son corps au *Merlotte*. Elle désigne Mike et Tom comme les meurtriers et cite également Cleo. Tara se cache sous une table, et Ben est figé dans le jardin, hypnotisé. Sookie perçoit la folie de la ménade se propager dans le groupe et se sent partir aussi, quand Bill et Eric la coincent entre eux deux. Lorsque Sookie regarde Callisto à nouveau, la ménade, couverte de sang, a le sourire aux lèvres. Elle fait des adieux pleins d'affection à Sam et disparaît dans les bois.

Sam reprend sa forme humaine. Eric et Bill observent le carnage laissé par la ménade sur la terrasse. Ils retrouvent Tara en vie, et Eric efface de son esprit tout souvenir de cette soirée. Sam reconduit Tara ainsi que Ben, toujours dans un état catatonique, à leurs domiciles respectifs. Les vampires incendient le chalet afin de ne laisser aucune trace du massacre. Portia Bellefleur survient, affolée par l'état de son frère. Bill le sort de sa transe et Sookie l'informe que ce sont

Mike et les Hardway qui ont tué Lafayette. Andy déplore le manque de preuves. Eric part à la recherche des voitures et trouve dans le coffre de la Lincoln de Mike Spencer du sang, le portefeuille de Lafayette et ses vêtements. Andy leur demande de ne rien toucher en attendant que la police fasse les constatations d'usage et le disculpe.

LUNDI 25 OCTOBRE. Sookie dort toute la journée et Bill la réveille à son lever. Il trouve un gâteau au chocolat enveloppé d'une feuille d'aluminium devant la porte d'entrée sur la véranda. C'est un cadeau de la grand-mère de Portia et d'Andy, qui remercie Sookie d'avoir aidé son petit-fils. Lorsque Bill apprend qu'elle s'appelle Caroline Holliday Bellefleur, il demande à Sookie d'aller chercher sa bible, qui se trouve dans sa maison. Ils examinent avec attention les différentes inscriptions manuscrites de la page de garde, pour découvrir que Caroline est en réalité l'arrière-petite-fille de Bill. Après avoir haï les Bellefleur pendant plus d'un siècle pour la part de responsabilité de leur aïeul dans la mort de l'un de ses amis pendant la Guerre de Sécession, Bill décide d'aider ses descendants dans leur débâcle financière, et partage un moment d'extase avec Sookie.

Bill et Eric – échanges secrets

À l'attention de William Compton,
Investigateur de la Zone Cinq

Investigateur Compton,

Je te convoque par la présente lettre à une réunion avec moi-même, au *Fangtasia*, demain soir.

Eric Northman
Shérif de la Zone Cinq

B. : Pourquoi suis-je ici, Eric ?

E. : La Zone Six a besoin de tes services.

B. : Dans quel but ?

E. : Un vampire a disparu. C'est un frère de nid du shérif de la Zone Six. Toi et Sookie, vous allez aider aux recherches.

B. : Sookie ?

E. : Oui. Selon les termes de notre accord, Sookie va nous aider.

B. : Il me semble qu'elle avait signifié son accord pour t'aider, toi.

E. : C'est bien ce qu'elle va faire. Cela m'aidera si le shérif de la Zone Six a une dette envers moi. Tu amèneras Sookie ici demain soir, et je l'informerai de sa mission.

Téléphone : Bill appelle Eric alors que Sookie vient d'échapper à la Confrérie du Soleil

B. : Nous avons investi la Confrérie. Sookie a disparu, mais il y a là un homme mort qui porte son .odeur. Il me semble qu'elle a reçu de l'aide pour s'échapper. Nous avons vu un accident. Sookie était dans la voiture avec une métamorphe. Toutes deux ont été emmenées à l'hôpital. Le nom de Sookie a disparu de leurs ordinateurs alors même que je m'enquérais d'elle.

E. : Je vais sortir et vérifier si elle est là. Peut-être a-t-elle peur d'entrer toute seule.

B. : Elle en est peut-être incapable.

E. : Elle est forte, Bill. Nous la retrouverons.

Téléphone : Eric appelle Bill plus tard le même soir

E. : Bill, elle est ici. Ce sont des métamorphes qui viennent de nous l'amener.

B. : Comment va-t-elle ? Est-elle gravement blessée ?

E. : Elle est un peu abîmée, mais elle marche.

B. : Peut-elle aller dans notre chambre ? Je serai là dans très peu de temps.

E. : Bill, je vais la porter là-haut et commencer à la soigner.

B. : Eric, ne tente rien. Elle est mienne.

E. : Bill !

B. : Je suis très sérieux, Eric. Ce n'est pas le moment de jouer à tes petits jeux. Je serai là très rapidement.

E. : Bon d'accord. À tout à l'heure.

TÉLÉPHONE : ÉRIC APPELLE BILL

E. : Bill, les métamorphes de Dallas ont pris contact avec Stan à propos de leur compensation pour leur participation. Stan estime que leurs exigences sont trop élevées. Je suis d'accord avec lui. Je souhaite que tu retournes à Dallas pour négocier avec eux.

B. : C'est toi qui as négocié l'accord en premier lieu, Eric. Il me semble que la question est de ton ressort.

E. : Je dois régler une autre affaire de plus grande importance.

B. : Quelle affaire ?

E. : La ménade n'est pas satisfaite de notre tribut. Tandis que tu négocies avec les métamorphes de Dallas, je serai dans les bois de Bon Temps, en train de négocier avec elle.

B. : Ton tribut n'était donc pas à la hauteur ?

E. : *Notre* tribut était parfaitement acceptable : c'était un taureau, un spécimen magnifique. Il me semble d'ailleurs que tu n'as pas fait de suggestions plus appropriées. La ménade fait simplement la difficile, comme d'habitude. Je ne peux que me féliciter du fait qu'elle soit restée à Bon Temps, quelles qu'en soient les raisons. Elle n'a jamais été aperçue à Shreveport, ce qui me convient tout à fait.

B. : Je prendrai l'avion pour Dallas ce soir même.

E. : Il est possible que je demande à Sookie de m'accompagner en signe de bonne foi et pour montrer

160

que j'ai compris l'importance du message que Callisto m'a adressé.

B. : J'aimerais mieux pas.

E. : Ah, mais, malgré tout, je le ferai peut-être.

B. : Eric, je te rappelle encore une fois qu'elle est à moi.

E. : Pour l'instant.

B. : Et tu ne feras rien pour modifier la situation.

E. : Pour l'instant.

B. : Eric. Même toi, tu ne peux violer nos propres règles de la sorte.

E. : Bien sûr que non, Bill. J'accepte le fait que Sookie t'appartienne, parce qu'elle le veut. Cependant, si elle devait un jour indiquer qu'elle n'est plus intéressée par ce statut...

B. : Cela n'arrivera pas.

E. : Et si cela arrivait quand même ?

B. : Alors tu serais dans ton droit, si tu le souhaitais, de lui faire la cour.

E. : Exactement.

B. : Mais pour l'instant, tu ne lui feras pas d'avances, nous sommes bien d'accord ?

E. : Nous sommes d'accord.

Mortel corps à corps

Chronologie

Ce tome a été écrit avant La reine des vampires. *L'inclusion de l'ouragan Katrina dans l'histoire a établi un cadre temporel bien défini. Les événements de* Mortel corps à corps *ne sont donc pas alignés sur le calendrier lunaire.*

MERCREDI 1ER DÉCEMBRE 2004. Son travail terminé, Sookie se rend chez Bill. Elle le trouve une fois de plus et à sa grande déception devant son ordinateur ; il est tellement pris par son travail qu'il repousse toutes ses tentatives de séduction. Il lui annonce qu'il doit bientôt partir à Seattle et qu'il a travaillé ces temps-ci sur un projet secret que lui a confié la reine des vampires de Louisiane, Sophie-Anne Leclerq. Il précise qu'Eric n'est pas au courant, et qu'il va laisser, le temps de son absence, tout son matériel informatique dans la cachette à vampires aménagée dans le placard de Sookie. Il lui demande, au cas où il lui arriverait quelque chose avant qu'il ne l'apporte, d'aller chez lui de jour, de prendre tout l'équipement qu'elle pourra trouver, et de le cacher chez elle. Sookie est encore plus désorientée lorsqu'elle s'aperçoit qu'il lui ment sur sa destination.

JEUDI 2 DÉCEMBRE. Sookie passe délibérément devant Belle Rive, la demeure familiale des Bellefleur, afin de constater l'avancement des travaux qu'ils ont entrepris. Les Bellefleur ont en effet reçu un héritage d'un mystérieux parent éloigné, « mort, on ne sait trop comment, quelque part en Europe ». Sookie sait que les Bellefleur doivent cette rentrée d'argent à Bill, alors qu'ils le méprisent, et fait de son mieux pour ne pas ressentir trop d'amertume – elle se bat, elle-même, contre des problèmes financiers.

VENDREDI 3 DÉCEMBRE. Bill téléphone à Sookie pour la prévenir qu'il est arrivé sans problème, soi-disant à Seattle.

LUNDI 6 DÉCEMBRE. Alors qu'elle referme sa porte pour aller travailler, Sookie, à sa grande surprise, trouve Bubba assis sur sa balancelle. Eric l'a chargé de la protéger. Une fois arrivée au *Merlotte*, avec Bubba sur ses talons, elle se fait attaquer par un Loup qui porte un blouson de motard. Bubba vole à son secours et tue son agresseur. Pam arrive pour annoncer que Bill a disparu. Elle confirme à Sookie que ce dernier se trouvait à Jackson dans le Mississippi, et non à Seattle. Elle appelle Eric et lui passe Sookie. Il lui recommande de se montrer particulièrement prudente jusqu'à ce qu'il vienne la rejoindre chez elle pour tout lui expliquer. Elle rentre à son domicile, et pleure jusqu'à ce qu'elle s'endorme d'épuisement.

MARDI 7 DÉCEMBRE. Déprimée, Sookie passe la journée au lit, et se lève uniquement pour s'assurer que l'équipement informatique de Bill est bien dissimulé dans sa cachette à vampires. Elle se rendort. Quand elle se réveille, Eric est à son chevet. Il l'oblige à sortir du lit, à se laver et à s'habiller. Il lui explique que des humains vivant dans le royaume du Mississippi l'ont informé que Bill avait été enlevé. Il lui parle du projet sur lequel Bill travaille ces temps-ci pour la reine de Louisiane. Il finit par révéler qu'en fait, il s'est rendu au Mississippi pour voir une vampire qu'il a fréquentée il y a très longtemps et dont il est retombé amoureux. Bill avait cependant prévu de retourner à Bon Temps afin de prendre quelques « arrangements financiers » visant à sécuriser l'avenir de Sookie. Eric lui précise qu'il n'a pas encore informé la reine du kidnapping de Bill et de la disparition des éléments de son travail, par crainte qu'elle ne les punisse, lui et Pam. Il demande à Sookie de se rendre à Jackson en compagnie d'un loup-garou qui a une dette envers lui et qui lui servira de guide. Il souhaite qu'elle exploite ses talents pour découvrir où Bill est retenu prisonnier. Sookie accepte d'essayer de le localiser afin de le secourir.

MERCREDI 8 DÉCEMBRE – JEUDI 9 DÉCEMBRE. Sookie prépare son départ pour Jackson.

VENDREDI 10 DÉCEMBRE. Alcide Herveaux, le loup-garou, vient chercher Sookie pour aller à Jackson. Ils se sentent tout de suite à l'aise, et se rendent compte qu'ils sont attirés l'un par l'autre.
Une fois arrivés à destination, Alcide propose à Sookie de passer un moment au salon de beauté de sa sœur Janice, pendant qu'il va voir quelques clients. Elle

apprend que son ex-petite-amie, Debbie Pelt, doit fêter ses fiançailles au *Josephine's* le soir même. Surnommé le *Club Dead* par les loups-garous, le *Josephine's* est un night-club réservé aux SurNat. Sookie et Alcide décident d'aller dîner au *Mayflower Café* avant de s'y rendre. Une fois au club, Sookie remarque la présence de Debbie. Puisque Sookie semble être la dernière conquête d'Alcide, elle déclenche immédiatement la haine de Debbie. Alcide prend conscience du pouvoir de télépathie de Sookie et ils l'exploitent tous les deux pour remettre Debbie à sa place.

Sookie sonde toutes les personnes présentes dans le club pour tenter d'entendre le moindre petit renseignement sur Bill. Elle se concentre sur l'esprit d'un certain humain, accompagné d'un vampire, qui se trouve au bar. Elle apprend que Bill subit des tortures qui ont pour but de lui faire livrer des informations sur le projet dont il est chargé. Lorsque Sookie se fait attaquer par Jerry Falcon, un motard du gang des loups-garous, elle est secourue par le roi du Mississippi, Russell Edgington. Ce dernier insiste pour qu'Alcide et Sookie reviennent la nuit suivante au *Josephine's* en tant qu'invités. Ils retournent à l'appartement d'Alcide et, à leur grande surprise, Eric leur rend visite. Il est venu garder un œil sur l'avancement de leur mission.

SAMEDI 11 DÉCEMBRE. Le matin, pendant qu'Alcide va faire des achats, Sookie retourne au salon de Janice. Alcide revient dans le courant de l'après-midi et entame une partie amicale de Scrabble avec elle. Alors qu'elle se dirige vers le placard pour ranger le jeu, Sookie trouve la source d'une odeur désagréable qu'ils ont sentie tous les deux en pénétrant dans l'appartement : en ouvrant la porte du placard, elle découvre le corps recroquevillé de Jerry Falcon, la nuque brisée. Ils se débarrassent du cadavre de peur d'être accusés du meurtre. Lorsqu'ils retournent au *Club Dead*, c'est la pleine lune. Alors qu'ils sont en pleine conversation à la table des invités d'Edgington, Sookie entend les pensées d'un assassin humain qui projette de planter un pieu dans la numéro deux de l'organisation d'Edgington, Betty Joe Pickard. Quand elle tente de déjouer l'assaut, Sookie se fait attaquer et transpercer le flanc par un pieu. Rattrapé par l'appel de sa métamorphose à la pleine lune et galvanisé par l'odeur du sang, Alcide se met en chasse, à la poursuite du complice de l'assassin. Eric se charge d'assurer la protection de Sookie. Edgington insiste pour qu'ils rejoignent l'enceinte de sa demeure, où il met à leur disposition l'un de ses employés qui sauve Sookie grâce à son don de guérison.

La blessure de Sookie à peine résorbée, Eric et Sookie sont étonnés de voir Bubba réapparaître. Eric fait boire son sang à Sookie pour accélérer son rétablissement, et ordonne à Bubba de partir à la recherche de Bill. Bubba revient en annonçant qu'il a localisé Bill sur la propriété. Eric et Sookie élaborent un plan de sauvetage.

DIMANCHE 12 DÉCEMBRE. À l'aube, Sookie se faufile à l'extérieur de la demeure de Russell et découvre Bill, ligoté, torturé et affamé, dans une ancienne écurie reconvertie en garage. Alors qu'elle essaie de le libérer de ses chaînes d'argent, Lorena Ball fait son apparition. Lorena est le créateur de Bill. Elle tente de déstabiliser Sookie psychologiquement, pour mieux l'attaquer. Malheureusement pour Lorena, Sookie porte sur elle le pieu qu'on lui a retiré du flanc. Elle le lui plante dans la poitrine et la tue. Sookie installe Bill dans le coffre de sa voiture et fuit les lieux, sans précipitation pour ne pas tout faire échouer.

Arrivée dans le garage de l'immeuble d'Alcide, Sookie ouvre le coffre et se penche pour vérifier comment va Bill. Elle est brutalement poussée dans le coffre, dont la porte se referme avec un claquement sec. Le pire survient alors : Bill se réveille affamé et ne peut se contrôler. Il viole Sookie et la vide presque complètement de son sang. Reprenant ses esprits juste avant qu'il ne soit trop tard, il est envahi par l'horreur en comprenant ce qu'il vient de faire. Eric arrive, et aidé de Bill, ils transportent Sookie inconsciente jusqu'à l'appartement d'Alcide, où les trois hommes regroupent leurs efforts pour la réanimer. À la stupéfaction d'Alcide, Sookie révèle que c'est Debbie Pelt qui l'a poussée dans le coffre. Ils passent en revue les péripéties de la journée et comprennent, suite à une remarque émise par l'un des gardes de Russell lors du départ de Sookie, que Bubba a été capturé. Les vampires du Mississippi ne l'ont pas reconnu, et projettent de l'exécuter. Sookie appelle la demeure de Russell et leur dévoile la véritable identité de Bubba. Les vampires le libèrent et sont fous de joie à l'idée que Bubba accepte de chanter devant eux. Debbie vient rendre visite à Alcide, qui cache Sookie, Eric et Bill dans l'appartement voisin, d'où ils entendent Alcide dire à Debbie que Sookie et lui ont une liaison amoureuse. Interrogée à ce sujet par Bill, Sookie, folle de rage, réfute une telle liaison, et profite de l'occasion pour le mettre face à sa propre trahison. Dégoûtée par sa perfidie, Sookie demande à Eric de la ramener chez elle.

Des voyous engagés par le gang de Jerry Falcon attaquent Eric et Sookie lorsqu'ils s'arrêtent à une station-service. Ils parviennent à leur échapper, mais en viennent à se disputer à cause des difficultés financières que Sookie traverse : elle consacre beaucoup trop de son temps aux missions qu'Eric lui confie. Une fois chez elle, Sookie, toujours en colère, s'éloigne d'Eric pour se précipiter, tête baissée, entre les mains d'un autre groupe du gang de Falcon, qui guettait son arrivée.

Sookie a le temps d'être sérieusement malmenée avant que Bill et Eric ne puissent intervenir et massacrer ses agresseurs.

LUNDI 13 DÉCEMBRE. Lorsqu'elle se réveille l'après-midi suivant, elle constate que son allée de gravier a été refaite – un cadeau d'Eric. Alcide lui rapporte sa valise, et ils envisagent la possibilité de réfléchir à leur relation une fois qu'ils seront tous les deux remis de leurs récentes ruptures. Pam, missionnée par Eric, arrive peu après la tombée de la nuit pour prendre soin d'elle. Bubba la suit de peu, magnifique et encore sur son trente et un dans la tenue de concert qu'il portait devant les vampires du Mississippi. Sookie comprend soudain que c'est lui qui a tué Jerry et l'a fourré dans le placard. Bubba la quitte peu après que Bill et Eric arrivent. Pam s'éclipse lorsque la soirée tourne au vinaigre. Sookie, exaspérée, leur retire l'autorisation de passer son seuil, et ils sont obligés de partir. Seule, elle goûte enfin le silence. Tout à coup, elle se souvient avec amusement que l'ordinateur de Bill, source de ses déboires et fruit de toutes les convoitises, est toujours chez elle.

Bill, Eric et Pam – échanges secrets

Téléphone : Bill appelle Eric

B. : Eric.

E. : Bill.

B. : Lorena m'a convoqué. Je dois quitter la région afin de savoir ce qu'elle veut. Je ne serai parti que peu de temps.

E. : Tu ne l'as pas vue depuis bien longtemps, n'est-ce pas ?

B. : Effectivement.

E. : Aha. En as-tu parlé à Sookie ?

B. : Je lui ai dit que je partais pour affaires.

E. : Oh la la ! Tu lui mens déjà ?

B. : Eric, ce que je dis à Sookie ne te regarde en rien. Je t'informe simplement que je quitte ta zone. En ce qui concerne Lorena, tu aurais su d'ici peu de temps de toute façon.

E. : Et qu'en sera-t-il de ton travail pour Sophie-Anne ?

B. : Je me débrouillerai.

P. : *Fangtasia* j'écoute.

B. : Pam, c'est Bill.

P. : Salut, Bill. Tu veux parler à Eric ? Il est dans son bureau.

B. : Non, je n'ai aucun besoin de parler à Eric. Pam, je suis dans le Mississippi. Lorena m'a rappelé, et je... je suis de nouveau avec elle. Je dois prendre des dispositions pour Sookie.

P. : Des... dispositions ?

B. : Pour son avenir.

P. : Un avenir qui se fera sans toi ?

B. : C'est exact. Je vais revenir pour organiser les choses. Je ne pourrai pas rester longtemps. Je ne veux pas que Lorena apprenne l'existence de Sookie. Elle n'est pas... Elle n'approuverait pas.

P. : Je vois. Eh bien, je désapprouve cette démarche, Bill. Généralement, je me moque de ne pas tout dire à des humains. Mais Sookie nous est précieuse. Lui cacher des informations la rendra réticente à travailler pour nous de nouveau. Il serait préférable de maintenir sa collaboration.

B. : Les choses sont ainsi, Pam. Je te prie de bien vouloir informer Eric que je réside désormais avec Lorena, et que j'informerai Sophie-Anne par moi-même. Je te recontacte dès mon retour.

B. : Eric, j'ai parlé à Sophie-Anne. Tu n'as aucune raison de t'inquiéter.

E. : Parfait. Je pense que je vais rendre visite à Sookie, ce soir, pour voir comment elle se porte.

B. : Alors je te verrai certainement chez elle.

Les sorcières de Shreveport

Chronologie

PEU APRÈS NOËL 2004. Sookie trouve un petit mot signé de Bill sur sa porte, la priant d'accepter une rencontre. Elle accepte et il revient sur la raison de sa dépendance vis-à-vis de Lorena, son créateur, celle qui l'a fait passer de l'autre côté. Il lui annonce également son départ pour une mission au Pérou dans le but de récolter des informations destinées à sa base de données sur les vampires.

SAMEDI 1ER JANVIER 2005. Sookie finit le ménage de la soirée de Réveillon du *Merlotte* et saute dans sa voiture, à 3 heures du matin, pour rejoindre son domicile. Interloquée, elle trouve un homme nu courant sur la route qui mène à sa maison. Elle ralentit et se gare pour lui demander s'il a besoin d'aide quand elle reconnaît Eric, qui n'a aucune idée de qui elle est, ni de sa propre identité. Sookie le persuade de monter dans sa voiture, et, une fois chez elle, appelle le *Fangtasia*. Pam répond et lui fait comprendre à demi-mot que les vampires du bar rencontrent présentement quelques soucis. Sookie accepte avec réticence de garder Eric jusqu'à ce que Pam puisse venir le chercher. Jason rend visite à Sookie dans la soirée et fait la connaissance d'Eric. Sookie ne veut pas le laisser seul chez elle et demande à Jason d'aller acheter des vêtements et des bouteilles de sang de synthèse pour son hôte. Pam et Chow arrivent et leur racontent qu'une bande de sorcières veut s'approprier la fortune d'Eric. Le clan avait envoyé l'une des leurs au *Fangtasia* pour leur proposer un nouveau marché : si Eric acceptait de consacrer sept nuits à la sorcière qui menait le clan, elle ne lui demanderait qu'un cinquième des bénéfices de ses entreprises au lieu de la moitié. Eric a refusé et Chow a attaqué l'émissaire, ce qui a sur-le-champ déclenché un sort sur Eric. Ce dernier a subitement disparu pour se retrouver quelques heures plus tard sur la route de Sookie, souffrant d'amnésie. Jason revient de ses courses et annonce que les sorcières ont mis des affiches partout dans la ville, offrant cinquante mille dollars de récompense à quiconque leur apportera des informations sur Eric. Les vampires estiment que, les sorcières ne connaissant pas l'existence de Sookie, Eric devrait être en sécurité avec elle. Jason négocie une rémunération contre service rendu, et Sookie, surprise, se retrouve chargée de protéger Eric.

DIMANCHE 2 JANVIER. Le patron de Jason, Shirley Hennessy, dit Catfish, contacte Sookie pour la prévenir que Jason n'est pas venu travailler. Inquiète, Sookie appelle la police pour l'informer de cette disparition. Du fait de la réputation de Jason, cette information n'est cependant pas prise au sérieux. En arrivant chez Jason, elle tombe sur le lieutenant Alcee Beck en train de procéder à des recherches. Il n'y a aucune trace de lutte mais ils remarquent une tache de sang sur le ponton de Jason, plus tard identifiée comme provenant d'une panthère. Après avoir quitté la maison de Jason, Sookie se range sur le bord de la route pour reprendre ses esprits. Tara Thornton se gare derrière elle pour lui demander si tout va bien. Elle est accompagnée de Claudine Crane, qui l'assiste dans sa boutique de prêt-à-porter féminin, Tara's Togs. Sookie annonce à Tara que Jason a disparu et lui demande s'il se trouve des sorcières dans les environs. Lorsque Tara l'informe que Holly Clearly, sa collègue du *Merlotte*, est adepte de la Wicca, Sookie n'en revient pas.

Sookie rend visite à Holly dans son appartement du Kingfisher Arms, et apprend qu'un clan de sorcières-loups-garous malveillantes et très puissantes, qui se droguent au sang de vampire, essaie de prendre le contrôle sur les sorcières de la région. Elles ont menacé Holly et son fils.

Toujours à la recherche d'indices sur Jason, Sookie se rend à Shreveport chez l'une des anciennes copines de son frère, afin de vérifier qu'il n'a pas passé la nuit avec elle. Mais la jeune fille n'a pas vu Jason. Espérant obtenir de l'aide de la part de Pam, Sookie gagne ensuite le *Fangtasia* pour interroger les employés de l'équipe de jour et laisser un message. Elle est horrifiée de découvrir qu'ils ont subi une attaque sauvage des sorcières qui cherchent à retrouver Eric : une femme est blessée et une autre est morte. Sookie décide de contacter Alcide pour voir si la meute de Shreveport sait quoi que ce soit sur cette bande. Dès qu'Alcide apprend la nouvelle, il contacte son chef de meute, le colonel Flood. Celui-ci se demande immédiatement si l'absence d'Adabelle, l'un des membres de sa meute, lors de leur dernière réunion, est liée à l'arrivée de ces sorcières. Alcide et Sookie partent la questionner à sa boutique de mariage. Ils y découvrent son corps démembré. Les Loups comprennent alors que la situation est grave.

Sookie, bouleversée par les terribles événements de la journée, retourne chez elle et y trouve un Eric qui se montre doux et compatissant. Ils entament une relation intime. Elle se rend compte qu'elle éprouve des sentiments pour l'étranger adorable qu'il est devenu.

LUNDI 3 JANVIER. Sookie, toujours décidée à retrouver Jason, se rend à Hotshot, la communauté discrète où vit Crystal Norris, la métamorphe qui se trouvait au *Merlotte* avec lui le soir du jour de l'An. Elle fait la connaissance de Calvin Norris, l'oncle de Crystal et chef de meute des métamorphes de Hotshot. Calvin somme sa nièce, réticente, de répondre aux questions que Sookie lui pose. Celle-ci comprend que quelque chose est arrivé à Jason dans le jardin pendant que Crystal l'attendait à l'intérieur de la maison. Crystal leur avoue qu'elle sait qu'il a été entraîné dans les bois par une créature, mais qu'elle a eu trop peur pour intervenir. Alors que Sookie s'apprête à quitter Hotshot, Calvin lui fait une proposition peu ordinaire.

Sookie est effarée lorsque Hallow, qui mène le clan des sorcières, fait son entrée au *Merlotte* accompagnée de son frère, dans le but d'obtenir des informations sur Eric. En interrogeant Sookie et Sam, les sorcières apprennent que Bill Compton est absent. Sookie comprend que Hallow et son frère ont l'intention d'aller fouiller sa maison momentanément vide. Elle se précipite chez elle pour prévenir Eric qu'il doit impérativement rester caché. Sookie est horrifiée lorsque Eric lui répond qu'il veut aller jeter un coup d'œil chez Bill. Ils se rendent à la maison Compton. La cour grouille de loups-garous : la meute d'Alcide est arrivée, et espère qu'une attaque surprise entraînera la défaite des sorcières. Les sorcières parviennent cependant à s'échapper et à blesser gravement une Louve, Maria-Star Cooper, que Sookie emmène d'urgence à l'hôpital. Épuisée, Sookie repart en direction de Bon Temps et s'endort au volant. Claudine apparaît brusquement dans sa voiture pour la réveiller juste à temps. Sookie retourne au *Merlotte* et apprend que les hybrides et les vampires ont fait alliance pour combattre Hallow et ses disciples. Elle est troublée quand Debbie Pelt fait son entrée. Son attitude ne laisse planer aucun doute sur la nature de la relation qu'elle entretient de nouveau avec Alcide. Sookie et Eric retournent chez eux, et Eric, très romantique, lui déclare sa flamme. Il lui murmure que, quand tout sera rentré dans l'ordre, il partagera avec elle tout ce qu'il possède. Sookie est très touchée. Elle a bien conscience toutefois que cette promesse relève du fantasme.

MARDI 4 JANVIER. Les amis de Jason organisent une battue et fouillent les bois autour de sa maison pour tenter de trouver des indices sur sa disparition. La recherche ne porte pas ses fruits et se termine en désastre lorsqu'un sanglier attaque et blesse Crystal Norris. Sookie retourne chez elle pour y trouver un message de Pam, qui lui annonce que vampires et Loups vont attaquer le clan des sorcières le soir même et lui demande d'amener Eric pour la bataille. Elle s'endort, épuisée par les événements de la journée, et se réveille aux côtés d'Eric, qui l'a rejointe dans son lit. Ils vivent un nouveau moment intime avant de rejoindre le domicile de Pam, où se tient une réunion préparatoire avant l'affrontement.

Une fois sur place, ils sont surpris de revoir Bill, de retour du Pérou, qui demande ce que Debbie Pelt fait là, à la réunion. Il révèle qu'elle faisait partie de ses tortionnaires à Jackson. Enfin confronté à la véritable nature de Debbie, Alcide répudie celle-ci devant l'ensemble des personnes présentes.

La coalition parvient à vaincre les sorcières, et Hallow est capturée pour l'obliger à libérer Eric du sort qu'elle lui a jeté. Debbie tente de tuer Sookie durant le tumulte de la bataille, mais Eric l'en empêche et elle prend la fuite. Sookie est déçue de ne pas retrouver Jason parmi les sorcières.

En retournant chez elle, Sookie et Eric entrent dans la cuisine. Debbie les tient en joue, une envie de meurtre évidente dans le regard. Elle tire sur Sookie, mais Eric s'interpose, reçoit la balle et s'écroule à ses pieds. Avant que Debbie, sous l'emprise du choc, ne tire une seconde fois, Sookie s'empare de l'arme et tue la métamorphe – une renarde. Sookie réanime Eric avec du sang de synthèse, et tandis qu'elle nettoie la cuisine de fond en comble, lui s'occupe de dissimuler le corps de Debbie ainsi que sa voiture.

MERCREDI 5 JANVIER – LES PREMIÈRES HEURES DU 6 JANVIER. Quand Eric se lève, le lendemain soir, sa mémoire antérieure au sort est rétablie et il n'a aucun souvenir du temps qu'il a passé avec Sookie. Elle est soulagée qu'il ne se rappelle pas du meurtre de Debbie, mais également attristée qu'il ait oublié ses sentiments pour elle. Pam vient le chercher pour le ramener au *Fangtasia* et Sookie se prépare pour aller travailler.

Sookie raconte à Sam les événements inattendus de la veille. Au cours de leur conversation, elle apprend que les métamorphes de Hotshot ne sont pas des loups-garous comme elle le croyait jusque-là, mais des panthères-garous, et que, en outre, Felton Norris est fou amoureux de Crystal. Sam et Sookie se précipitent à Hotshot pour parler à Calvin de la trace de sang de panthère. Il n'est pas au courant mais il les conduit chez Felton. Jason y est bien emprisonné et très affaibli, suite aux nombreuses morsures répétées de son rival. Alors qu'ils emmènent le blessé, Calvin leur assure que Felton sera puni et qu'il viendra chercher Jason lors de la prochaine pleine lune – car c'est à ce moment-là qu'ils sauront s'il a été transformé ou non en panthère-garou par les morsures de Felton.

Sookie et Sam ramènent Jason chez elle, où elle lui fait prendre une douche, lui donne à manger, et l'envoie se coucher. Assise à sa table de cuisine à parler avec Sam, Sookie aperçoit un chèque signé d'Eric d'un montant de cinquante mille dollars.

JEUDI 6 JANVIER. Sookie ayant prévenu la police du retour de Jason, Andy Bellefleur et Alcee Beck arrivent pour l'interroger. Sookie et Jason s'en tiennent à l'histoire selon laquelle Jason aurait été assommé chez lui puis enlevé, avant d'atterrir dans la cour de Sookie, sans aucun souvenir de ce qui lui était arrivé entre-temps... Sookie ramène son frère chez lui pour qu'il se repose. Eric lui rend visite plus tard ce même soir. Il essaie d'en savoir plus sur le temps qu'ils ont passé ensemble et la raison pour laquelle il a retrouvé des bouts de cervelle sur sa manche. Alors qu'Eric est toujours avec elle, un membre de la meute d'Alcide, Amanda, arrive pour poser des questions de routine à Sookie sur la disparition de Debbie. Tandis qu'elles discutent, Eric explore la maison. Une fois Amanda partie, il conseille à Sookie de brûler son manteau, tout taché de sang, et en piteux état.

VENDREDI 7 JANVIER. Sookie n'est pas étonnée de recevoir dès le lendemain un très beau manteau écarlate, exactement à sa taille, de la part d'Eric.

Bill et Eric – échanges secrets

À l'attention de : William Compton,
Investigateur de la Zone Cinq

Bill,

Sur ordre de Sophie-Anne, j'ai pris contact avec certains vampires de ma connaissance qui veilleront à ce que ton voyage se passe en toute sécurité. On viendra te chercher à l'aéroport de Lima. Pour la suite, je crois que tu as déjà pris tes propres dispositions.

Joyeux Noël et bonne année. Je dois avouer que je suis surpris que tu ne passes pas les fêtes avec Sookie. Cette période revêt pourtant une grande importance aux yeux des humains.

Eric Northman,
Shérif de la Zone Cinq

À l'attention de : Eric Northman,
Shérif de la Zone Cinq

Je te remercie de ta diligence. Je suis certain que notre reine l'apprécie également. Tu dis souvent que tu aimes que les gens aient une dette envers toi. Tu pourras donc certainement exploiter ceci à ton avantage.

J'imagine que tu n'as jamais fêté un événement chrétien. Je m'étonne donc de tes bons vœux.

William Compton

Seul un imbécile exploiterait une mission ordonnée par la reine pour en tirer profit. Or, je ne suis pas un imbécile, comme tu le sais. Elle semble convaincue que ta base de données sera non seulement un outil précieux pour ses propres affaires mais qu'elle ramènera également de jolis bénéfices. Félicitations, Bill, tu es maintenant officiellement un expert en ordinateurs (je ne sais pas comment on dit cela). Content de voir que tous ces cours du soir ont porté leurs fruits.

Quant à mes bons vœux, qu'il ne soit jamais dit que je ne sais pas m'adapter à mon environnement. Les fêtes chrétiennes sont importantes pour les humains – et à ce titre, pour Sookie. Je me demande comment elle va les célébrer de son côté. Selon la rumeur, vous n'êtes plus ensemble. Je crois donc que je vais passer la voir pour m'assurer qu'elle ne reste pas seule pour les fêtes.

Mes vœux t'accompagnent,

Eric

À l'attention de : Eric Northman,
Shérif de la Zone Cinq

Cher Eric,

Va te faire voir.

Bill

La morsure de la panthère

Chronologie

Mardi 25 janvier 2005. Mordu à répétition par Felton Morris, Jason est probablement devenu panthère-garou.

Sookie conduit Jason à Hotshot pour le confier aux soins de Calvin Norris qui le guidera à travers sa première métamorphose. Avant de le quitter, Sookie constate que ses yeux ne sont déjà plus les mêmes.

MERCREDI 26 JANVIER. Jason revient au domicile de Sookie le matin suivant, presque exalté par la nouvelle expérience qu'il vient de vivre. La vue de la nourriture l'écœure, pour commencer. Malgré tout, Sookie est réellement soulagée de voir qu'il semble capable de gérer les changements liés à sa nouvelle nature. Lorsqu'elle prend son service de nuit au *Merlotte*, Sookie est étonnée de trouver son amie Tara, assise auprès d'un vampire du nom de Mickey, qu'elle ne connaît pas. Sam étant parti vadrouiller joyeusement sous les rayons de la lune, Terry Bellefleur le remplace. Terry et Sookie travaillent de concert pour empêcher une dealeuse, les poches de sa parka remplies de fioles de sang de vampire, de faire son petit trafic au *Merlotte*. Ils les lui subtilisent et l'éjectent du bar.

JEUDI 27 JANVIER. Claudine arrive au *Merlotte* avec une mauvaise nouvelle : Calvin Norris a été grièvement blessé par un coup de feu. Il semblerait qu'un tireur s'acharne sur les métamorphes. Alors que Sookie et Sam quittent le bar, ce dernier est à son tour touché par une balle à la jambe.

VENDREDI 28 JANVIER. Handicapé par sa jambe cassée et craignant d'exposer d'autres métamorphes, Sam souhaite emprunter les services d'un barman à Eric, le temps que sa jambe guérisse. Il charge Sookie d'aller au *Fangtasia* pour mener les négociations à sa place. Sookie revient au *Merlotte* en compagnie du vampire Charles Twining, un barman nouvellement embauché par Eric. Informé du passage de Mickey au *Merlotte*, Eric avertit Sookie que Mickey est extrêmement dangereux, et qu'elle doit éviter tout contact avec lui.

SAMEDI 29 JANVIER. Les détectives privés Jack Leeds et Lily Bard Leeds, engagés par la famille Pelt, abordent Sookie pendant son service au *Merlotte* afin d'éclaircir le mystère de la disparition de Debbie Pelt. Sookie accepte de les recevoir, chez elle, le lendemain.

Jason et Sookie rendent visite à Calvin, très affaibli, à l'hôpital de Grainger. Les panthères-garous qui gardent férocement l'entrée de la chambre de leur chef de meute laissent Sookie pénétrer dans la pièce mais, bizarrement, en interdisent l'entrée à Jason. Sookie est inquiète de la gravité des blessures de Calvin, et très choquée d'apprendre de sa bouche que les métamorphes de Hotshot soupçonnent Jason d'être le tireur embusqué. Il la rassure et lui explique qu'il a donné des ordres pour que personne ne touche à Jason. Sookie comprend alors que, pour sauver son frère, elle devra impérativement mettre la main sur le mystérieux tireur avant la prochaine pleine lune.

Alcide se rend chez Sookie pour lui faire part de la mort du colonel Flood et la convier à assister à ses funérailles le jour suivant. Sookie informe Alcide de la venue des deux détectives et le prévient que la famille Pelt enquête sur la disparition de Debbie.

DIMANCHE 30 JANVIER. Les détectives privés se présentent comme convenu au domicile de Sookie. Elle est étonnée de les voir si bien renseignés sur sa relation avec Debbie. Elle ne cherche pas à leur dissimuler la haine qu'elle ressent pour la métamorphe. Ils la quittent sans raison apparente de la soupçonner de meurtre. Alcide arrive pour l'emmener assister aux funérailles.

Une fois à l'église, Sookie s'aperçoit que sa présence à la cérémonie aux côtés d'Alcide a plus d'impact sur la meute qu'elle ne le pensait. Jackson Herveaux, le père d'Alcide, escorte Christine Larrabee, veuve du prédécesseur du colonel Flood. Celle-ci explique à Sookie que son apparition aux bras d'Alcide signifie qu'elle apporte son soutien à Jackson Herveaux dans la campagne qu'il mène pour devenir chef de meute. Sookie est furieuse contre

Alcide de l'avoir ainsi manipulée, mais elle décide de rester pour honorer la mémoire du colonel Flood. Patrick Furnan, l'autre candidat au poste de chef de meute, remarque que Sookie assiste à la cérémonie. Un homme grand, séduisant, et chauve, également présent, attire l'attention de Sookie.

Le soir même, au travail, Sam demande à Sookie si Charles Twining peut coucher chez elle, car le cagibi du bar n'est pas assez hermétique à la lumière. Tara et Mickey passent au *Merlotte* dans la soirée, et Sookie a une violente altercation avec Mickey.

Sookie est endormie quand Charles la réveille ; il lui annonce que quelqu'un rôde autour de la maison, et se glisse à l'extérieur pour aller jeter un œil. Elle allume la lumière extérieure pour découvrir que Charles a capturé Bill Compton, furieux. Elle se recouche mais se fait à nouveau tirer de son sommeil, cette fois par Claudine, qui vient l'avertir que sa maison brûle et la fait sortir juste à temps. Charles tue l'homme qui serait apparemment à l'origine de l'incendie. Les pompiers arrivent et parviennent à maîtriser le feu. Il semblerait que l'incendiaire soit un membre de la Confrérie du Soleil. La maison est sauvée mais néanmoins sérieusement endommagée et inhabitable. Bill propose à Sookie et à Charles de venir passer le reste de la nuit chez lui.

LUNDI 31 JANVIER. L'agent d'assurance de Sookie, Greg Aubert, vient chez elle pour faire une estimation des dégâts. Il est le premier d'une longue liste de visiteurs, dont Tray Dawson, porteur d'un message de soutien de Calvin Norris : il propose à Sookie d'occuper sa maison, vide, pendant qu'il est à l'hôpital. Sookie est très touchée par cette proposition, mais ne veut pas avoir de dette envers Calvin. Elle est très angoissée de ne pas savoir où elle pourra habiter jusqu'à la remise en état de sa maison.

Sookie est paniquée lorsque la famille de l'incendiaire décédé vient la voir à son travail. Ils sont réticents à reconnaître sa culpabilité et veulent comprendre ce qui s'est passé. Les détails que leur fournit Sookie semblent accablants et ils repartent. Sam réconforte Sookie, et ils s'embrassent avec passion. Bill les surprend et se bat avec Sam, toujours blessé. Sookie reçoit un coup en voulant s'interposer dans la bagarre et Bill part, furieux. Sookie décide de passer la nuit chez Jason.

MARDI 1ᴇʀ FÉVRIER. Terry Bellefleur propose à Sookie d'abattre à peu de frais les pans de sa maison endommagés par le feu et de déblayer les décombres. Ils sont en plein travail lorsque Alcide, informé de l'incendie, arrive pour prendre des nouvelles. Les entrepreneurs Randall et Delia Shurtliff passent afin d'organiser le chantier de rénovation. Après leur départ, Alcide propose à Sookie de venir vivre chez lui pendant la durée des travaux. Elle refuse et lui avoue que c'est elle qui a tiré sur Debbie, en état de légitime défense. Bien qu'il lui assure que cela n'a aucune importance, elle lui répond que ce n'est pas le bon moment pour entamer une relation.

Le soir même, Bill passe au *Merlotte*, Selah Pumphrey à son bras. Sookie est bouleversée. Elle est encore plus perturbée lorsque Eric arrive, en colère contre Charles. Il en veut à ce dernier de ne pas être venu au secours de Sookie alors qu'elle était coincée dans sa maison en feu. Eric essaie une nouvelle fois de lui faire raconter ce qui s'est passé entre eux au moment de son amnésie, mais Sookie ne lâche pas le morceau. Sam propose de lui prêter une de ses locations jusqu'à ce que sa maison soit de nouveau habitable. Elle accepte et se sent soulagée de ne devoir passer qu'une nuit chez son frère. Elle est étonnée de trouver Crystal chez Jason mais heureuse de constater que la panthère est convaincue de l'innocence de Jason dans les tirs meurtriers.

MERCREDI 2 FÉVRIER. Sookie parvient à récupérer suffisamment de linge et d'ustensiles de cuisine pour emménager dans le pavillon de Berry Street que lui loue Sam. Elle inaugure la cuisine de son logement temporaire en se préparant un repas. Elle rend visite à Calvin à l'hôpital de Grainger, puis s'arrête à la bibliothèque sur le chemin du *Merlotte*. Une fois arrivée sur le parking, Sookie perçoit une présence et se jette à terre au moment même où un coup de feu retentit. La balle la touche à l'épaule, et Sookie perd connaissance. Elle se réveille dans un lit d'hôpital, au son de la voix de son frère. Elle reçoit ensuite la visite d'Andy Bellefleur, qui l'interroge sur ce qui s'est passé, ainsi que celle de Bill, qui reste la nuit entière à ses côtés pour veiller sur elle.

JEUDI 3 FÉVRIER. Sookie sort de l'hôpital. Elle est perplexe d'apprendre que sa facture a déjà été réglée par une personne qui veut rester anonyme. Elle se souvient que sa voiture est restée devant la bibliothèque et qu'elle n'a donc aucun moyen de rentrer chez elle, lorsque Claude, le frère de Claudine, apparaît au volant de sa voiture, et la ramène à son appartement. Sookie reçoit la visite de Tara. Elle est horrifiée de l'ampleur du contrôle que Mickey exerce sur son amie, terrorisée. Tara supplie Sookie de ne pas intervenir. Une fois Tara partie, Sookie ne voit qu'une seule solution pour agir et appelle Eric, qui la rejoint immédiatement. Elle lui expose alors la gravité du problème entre Tara et Mickey. Eric lui propose un marché, ce dont Sookie n'est pas surprise : il réglera le problème en échange de la vérité sur ce qui s'est passé entre eux pendant sa période d'amnésie. Sookie lui raconte tout, y compris sa tendre promesse. Ébahi, Eric reste silencieux pendant quelques minutes, le temps pour lui de digérer l'information. Il contacte ensuite Salomé, la créatrice de Mickey, pour lui demander de se charger de son cas : il enfreint en effet les règles de la communauté vampire et se trouve sur son territoire sans sa permission. Eric se rapproche très excité de Sookie quand soudain Mickey, fou de rage, arrive avec Tara, battue jusqu'au sang. Il assomme Eric en lançant une grosse pierre qui l'atteint à la tête. Sookie le ranime et le laisse boire son sang pour lui redonner rapidement des forces. Mickey menaçant de tuer Tara, elle ne peut que lui donner l'autorisation de passer le seuil. Mickey attaque Sookie mais elle réussit à lui retirer son invitation. Il est alors contraint de quitter les lieux et de répondre à l'appel de sa créatrice. Eric appelle Salomé pour la mettre au courant de la désobéissance de Mickey, puis il téléphone à Bill pour lui demander de l'aider à remettre l'appartement en état.

VENDREDI 4 FÉVRIER. Sookie et Sam se rendent compte que le tireur est forcément d'origine surnaturelle. Après leur travail, ils partent en expédition nocturne sur les lieux des fusillades afin de récolter des indices. Sam se métamorphose en limier. Ils fouillent l'allée devant le Sonic, lieu de la première fusillade, lorsqu'ils sont interrompus par Andy Bellefleur. Tandis que Sookie se dispute avec Andy, Sam aboie pour les prévenir que quelqu'un arrive. La nouvelle cuisinière du *Merlotte*, Sweetie Des Arts, sort de l'ombre et se plante dans l'allée avec un fusil braqué dans leur direction. Elle avoue être le tireur et que, depuis trois ans, elle assassine des métamorphes pour se venger d'avoir été attaquée par un loup-garou mordu – désormais, elle se transforme partiellement à chaque pleine lune. Au moment où elle vise Sookie pour la tuer, elle entend un bruit, se retourne et appuie sur la gâchette mais Andy intervient et l'abat. Sookie se précipite dans la direction où Sweetie a tiré et découvre Dawson, mandaté par Calvin pour la suivre et la protéger, grièvement blessé. Sookie parvient à le maintenir en vie jusqu'à ce que les premiers secours arrivent.

SAMEDI 5 FÉVRIER. Alcide passe au pavillon de Sookie dans la matinée pour l'inviter au tournoi des candidats au poste de chef de meute ; elle est trop exténuée pour apprécier sa compagnie et le renvoie chez lui, mais garde l'invitation sous le coude. Plus tard, elle trouve collé sur sa porte un message de Sam, qui lui donne sa soirée. Elle décide d'en profiter pour aller rendre visite à Calvin, qui a quitté l'hôpital.

Sookie mitonne un plat de blancs de poulet à la crème et des petits pains au lait pour les emporter chez Calvin. Une fois sur place, elle est étonnée de trouver son salon bondé de monde. Après les présentations, on la conduit à la chambre de Calvin, qui fait honneur au dîner qu'elle lui a préparé. Au moment de partir, elle tombe sur Patrick Furnan, l'autre candidat au poste de chef de meute de Shreveport, venu lui aussi rendre visite à Calvin. Il l'a attendue pour lui délivrer un avertissement assez étrange concernant son absence de protection. Une fois de retour chez elle, Sookie arrive enfin à se détendre dans le calme de son domicile provisoire, et réfléchit aux fusillades visant les métamorphes. Elle téléphone à Andy pour lui demander si toutes les balles retrouvées sur les victimes ont été tirées par la même arme.

DIMANCHE 6 FÉVRIER. Alcide appelle Sookie pour lui annoncer que le combat des chefs de meute se tiendra dans l'après-midi, à Shreveport. Une fois arrivée dans une zone industrielle déserte, elle est soulagée de voir que Claudine et Claude sont également présents et se joint à eux. Avant que la première épreuve ne débute, Sookie découvre que l'homme chauve séduisant qu'elle avait repéré à l'enterrement est l'arbitre, et qu'il se nomme Quinn. Alors que les candidats effectuent la deuxième épreuve, Sookie se rend compte que Furnan triche. Elle l'accuse haut et fort, et le combat est suspendu. Une rapide investigation confirme qu'elle a dit la vérité. Les membres de la meute demandent à ceux qui n'en font pas partie de s'éloigner et procèdent à un vote pour déterminer si Furnan aura le droit de continuer la compétition. Tandis qu'ils attendent le verdict, Quinn pose quelques questions à Sookie et apprend de Claude qu'elle est télépathe. La meute décide que l'épreuve finale, un test de force sous forme de combat singulier, aura bien lieu, mais que son résultat devra être sans appel. Quinn demande à Sookie d'entrer dans la cage grillagée pour lire dans l'esprit des deux adversaires avant le début du combat et vérifier si Furnan a l'intention de tricher. Il lui garantit qu'elle sera en sécurité, mais Furnan la mord à la jambe. Quinn extirpe Sookie, légèrement blessée, de la cage, et lui prodigue les premiers soins. Une véritable attraction naît entre eux, et il lui promet de la revoir dans de meilleures conditions. Furnan parvient à vaincre Herveaux et l'achève lors de la joute finale. Il est alors proclamé chef de meute. Profondément atteint par la mort de son père, Alcide se détourne de Sookie. Elle est persuadée qu'il lui reproche d'une certaine manière ce qui vient d'arriver.

Le soir même, Sookie, ravie, reçoit la visite de Bubba à son travail. Il est porteur d'un message assez déconcertant d'Eric. Tandis qu'elle discute avec Charles, elle se rend soudainement compte qu'il lui a menti sur son passé. Il bafouille des excuses tout en essayant de la tuer, mais elle parvient à lui enfoncer sa chaîne en argent dans la bouche. Sam et les habitués du bar volent à son secours. Ils immobilisent Charles et, à sa propre demande, lui plantent un pieu dans le cœur. Le corps de Charles est déjà désintégré quand Eric fait irruption dans le bar pour sauver Sookie. Il explique que Charles a été envoyé par un vampire appelé Hot Rain pour tuer Sookie, afin de le punir de la mort de Long Shadow, qu'il avait transpercé d'un pieu l'été précédent pour avoir escroqué le *Fangtasia*. Sookie lui raconte les événements de la journée, et ils sont tous deux d'accord pour reconnaître qu'elle a eu de la chance.

184

Téléphone : Bill appelle Eric

B. : Eric, j'apprends que l'un de tes vampires réside chez Sookie.

E. : J'ai prêté mon nouveau barman à Sam Merlotte. Alors il s'est installé chez Sookie ? C'est bien. Je veux qu'il garde un œil sur elle.

B. : Pourquoi ?

E. : J'ai mes raisons.

B. : Eh bien, il ne s'est pas acquitté de sa tâche. On a mis le feu à sa maison hier soir.

E. : Elle s'en est sortie ?

B. : Oui. Mais ce n'est pas ton « Charles » qui l'a sauvée. C'est une faé. Elle a réussi à réveiller Sookie et à la sortir de la maison.

E. : Une faé ? (*Silence*) Une femelle ? Sookie a décidément des amis intéressants.

B. : Charles a tout de même réussi à tuer le coupable. Il détenait une carte de la Confrérie.

E. : Aha. Je pense que je vais avoir une petite conversation avec Charles.

Téléphone : Eric appelle Bill

E. : Bill, j'apprends que Sookie n'habite plus chez toi.

B. : C'est vrai. Nous avons eu un… léger désaccord.

E. : Et tu as donc amené une femme au *Merlotte*.

B. : Je suis libre de sortir avec qui je le souhaite.

E. : Et qui est cette personne, Bill ? Elle est attirante, dans son genre.

B. : Personne de ta connaissance.

E. : Peu importe. Ce n'est pas mon type. Où Sookie s'est-elle installée maintenant ?

B. : Chez son frère.

E. : Je doute que cela dure longtemps. Je te remercie de bien vouloir m'informer de l'endroit où elle se trouvera pendant les travaux de sa maison. Tu as pris Charles chez toi ?

B. : Oui. J'ai un emplacement de nuit pour lui.

E. : Bien. Tu as vu Mickey ?

B. : Il paraît qu'il est en ville.

E. : Il sort avec Tara, l'amie de Sookie.

B. : Cela va mal finir.

E. : J'en suis intimement persuadé.

TÉLÉPHONE : BILL APPELLE ERIC

B. : Eric. Sookie s'est fait tirer dessus.

E. : Elle va bien ?

B. : Elle va survivre. J'ai passé la nuit avec elle à l'hôpital.

E. : Pour veiller sur elle, je suppose.

B. : Sookie s'est installée dans l'un des pavillons loués par Sam Merlotte. Je crois savoir qu'une faé est venue la chercher à l'hôpital.

E. : Ce n'était donc pas la faé qui l'a sauvée de l'incendie ?

B. : Apparemment pas. Celui-là était extrêmement masculin.

E. : Extrêmement masculin ?

B. : En effet. Très séduisant, paraît-il.

E. : Encore un membre de la communauté faé. C'est intéressant.

TÉLÉPHONE : ERIC APPELLE BILL

E. : Bill, je suis dans la location de Merlotte, avec Sookie. Mickey a forcé l'entrée. Il était en colère parce que j'avais appelé Salomé.

B. : Est-ce que Sookie va bien ?

E. : Décidément, nous nous posons souvent cette question ces temps-ci, n'est-ce pas ? Oui, Sookie va bien. Elle a été obligée de l'inviter à entrer, parce qu'il avait son amie dans les griffes. Mais une fois qu'ils étaient à l'intérieur tous les deux, elle a retiré son invitation. J'ai déjà informé Salomé qu'il était en fuite.

B. : Elle le trouvera très rapidement.

E. : Ça ne fait aucun doute. Pour l'heure, il nous faut du matériel, pour réparer les fenêtres pour la nuit.

B. : Je serai avec vous dans peu de temps.

E. : Bill, as-tu entendu dire que Sookie s'était trouvée dans une ruelle avec un homme nu ?

B. : Oui.

E. : Et ?

B. : Et rien. Sookie se trouvait dans une ruelle avec un homme nu. Et la femme qui tirait sur les métamorphes. Je suppose que l'homme nu était également un métamorphe. Il y avait aussi un chien. Sam était donc présent.

E. : Bill, tu es à Bon Temps ?

B. : Non, je suis à Clarice, avec Selah.

E. : J'ai besoin d'une information dans ta base de données.

B. : J'ai mon portable avec moi. Donne-moi quelques minutes.

E. : Fais une recherche sur Charles Twining.

B. : Charles ? Mais tu n'as pas déjà...

E. : Maintenant, Bill !

B. : Charles Twining. Son créateur était... Eric, son créateur est mort. Mais Hot Rain est son nouveau maître.

E. : Nom de Dieu !

B. : Comment as-tu pu l'envoyer à Sookie sans faire ton enquête ?

E. : Mais je l'ai faite. J'ai appelé Russell. Il pensait que Charles avait été chez lui. Quel connard !

B. : Toi ou Russell ?

E. : J'envoie Bubba au *Merlotte* pour prévenir Sookie.

B. : J'y pars immédiatement.

187

E. : Non. Tout ce qu'elle a à faire, c'est d'éviter Charles jusqu'à ce que je me sois occupé de Hot Rain. J'ai déjà tué Long Shadow. Ce ne serait pas une bonne chose de tuer Charles en plus, nous aurions des ennuis. J'appelle le supérieur de Hot Rain tout de suite pour l'informer qu'il est allé à l'encontre du jugement et qu'il a cherché à se venger.

En un mot

Chronologie

JEUDI 3 MARS 2005. Il est minuit. Occupée à tailler sa haie en compagnie de Bubba, Sookie remarque depuis son jardin une limousine noire qui s'engage dans son allée. Bubba disparaît instantanément dans les bois. Sookie espère vivement qu'il est parti à la recherche de Bill, son plus proche voisin. Un homme de grande stature émerge de la voiture et Sookie, grâce à son don, devine immédiatement que l'homme est un SurNat. Le nouvel arrivant, Maître Cataliades, informe Sookie du fait qu'elle est la bénéficiaire d'un legs de sa cousine Hadley. Celle-ci, devenue vampire puis favorite personnelle de la reine de Louisiane – Sophie-Anne Leclerq –, a trouvé la mort finale, un mois auparavant. À la requête de Sookie, Maître Cataliades demande à son chauffeur, un vampire nommé Waldo, de sortir du véhicule. Bubba réapparaît accompagné de Bill, qui se joint à Sookie pour interroger Maître Cataliades et Waldo sur les circonstances exactes de la mort de Hadley. Waldo leur explique qu'il a assisté au meurtre de Hadley, perpétré par un membre de la Confrérie du Soleil. Néanmoins, Sookie le soupçonne rapidement d'être le véritable auteur du meurtre, une accusation vite confirmée par Maître Cataliades. Ce dernier révèle que Sophie-Anne a pris conscience de la duplicité de Waldo et s'est arrangée pour l'envoyer à Bon Temps afin que Sookie le mette à mort avec un pieu.

Celle-ci refuse catégoriquement de commettre cet acte et lui rétorque qu'elle préfère le renvoyer à la reine. Détruit à l'idée que sa reine soit mise au courant de sa trahison, certain qu'il sera soumis à des tortures en comparaison desquelles la mort lui semblerait mille fois préférable, Waldo attaque Sookie, conscient que Bill et Bubba mettront un terme à son existence. Alors que son corps se désintègre dans le jardin de Sookie, la reine en personne descend de la limousine. Elle pose quelques questions à Sookie sur les événements de la nuit, se demandant si cette dernière n'a pas tout orchestré depuis le début. Prudente, Sookie demeure énigmatique et répond brièvement à chaque question. Très rapidement, la reine et Maître Cataliades prennent congé d'elle et repartent pour La Nouvelle-Orléans.

Bill et Eric – échanges secrets

Téléphone : Eric appelle Bill

E. : Bill, Bubba me dit que Sophie-Anne est passée chez Sookie et qu'à vous deux, vous avez tué un vampire tout ridé avec des yeux rouges. De quoi parle-t-il, nom de Dieu ?

B. : Sophie-Anne est passée chez Sookie, Bubba et moi avons tué un vampire tout ridé avec des yeux rouges.

E. : Bill...

B. : Cataliades est venu informer Sookie du décès de sa cousine Hadley.

E. : La favorite de la reine était la cousine de Sookie ?

B. : Oui.

E. : Pourquoi cette information ne figurait-elle pas dans ta merveilleuse base de données ?

B. : Enregistrer des informations concernant la favorite de la reine ne me semblait pas judicieux, Eric.

E. : Effectivement. Tout ridé, avec des yeux rouges... Attends un peu. Toi et Bubba, vous avez tué Waldo ?

B. : Oui.

E. : Et puis-je te demander pourquoi ?
B. : Il a tué Hadley. La reine l'avait amené pour que
Sookie puisse exiger rétribution.
E. : Mais tu l'as fait à sa place.
B. : Sookie n'a pas pu se résoudre à le faire elle-même.
Elle était en train de le renvoyer à la reine. Il l'a attaquée
et je m'en suis chargé pour elle.
E. : Je pensais que Sophie-Anne était présente.
B. : Elle l'était. Elle est restée dans sa voiture jusqu'à ce
que nous tuions Waldo avec un pieu.
E. : Intéressant.
B. : En effet. Sookie savait qu'elle se trouvait dans la
voiture. Je ne peux m'empêcher de penser que Sookie
contrôlait la situation bien plus que nous ne le pensions.
E. : Je n'en serais pas surpris. Elle cache des profondeurs
inattendues.
B. : En effet.

La reine des vampires

Chronologie

LUNDI 14 MARS 2005. Sookie passe la première partie
de la journée au studio photo d'Alfred Cumberland à
Shreveport. Elle pose avec Claude, qui se constitue un
book afin de se présenter au concours de Monsieur
Romantique. Sookie est agréablement surprise de tomber
sur Maria-Star Cooper, la Louve qu'elle a emmenée à
l'hôpital. Celle-ci est entièrement remise des blessures
causées par son accident de voiture et travaille en tant
qu'assistante d'Al. Sookie a un petit pincement au cœur
lorsqu'elle apprend que Maria-Star et Alcide Herveaux
sortent ensemble.

Après le shooting, Sookie se dépêche de regagner le
Merlotte pour assurer son service du soir. Elle discute
brièvement avec Bill Compton qui lui demande s'il peut
l'accompagner à La Nouvelle-Orléans lorsqu'elle ira vider

l'appartement et récupérer l'héritage de sa cousine décédée, Hadley. Le prêtre catholique, Dan Riordan, et le prêtre anglican, Kempton Littrell, sont présents au bar pour prendre leur repas bihebdomadaire habituel. Sookie est déconcertée lorsqu'ils interrompent sa conversation avec Bill et lui expliquent qu'ils sont inquiets de la voir fréquenter un « suppôt de Satan ». Avant de quitter le bar, le Père Riordan informe Sookie qu'il a été contacté par les Pelt qui, toujours en quête d'informations sur la disparition de Debbie, souhaitent la rencontrer. Sookie décline.

MARDI 15 MARS. Quinn fait son entrée au *Merlotte* un peu avant la fermeture. Il demande à Sookie de lui accorder un moment, pour une discussion à la fois personnelle et professionnelle. Il lui propose de la retrouver chez elle après son service. Il lui explique alors qu'il avait vraiment hâte de la revoir et qu'il aimerait bien sortir avec elle. Elle accepte avec plaisir. Il l'informe ensuite que la reine des vampires de Louisiane l'envoie requérir les services de Sookie pour l'assister durant le prochain sommet régional des vampires. Eric a, lui aussi, sollicité sa présence pour la même occasion. La reine a cependant un rang supérieur à celui d'Eric et, par conséquent, sa demande prévaut. Sookie comprend qu'elle devra malheureusement annoncer la mauvaise nouvelle elle-même à Eric. Quinn et Sookie concluent leur discussion en fixant leur prochain rendez-vous au vendredi suivant.

MERCREDI 16 MARS. Pam appelle Sookie au *Merlotte* pour lui dire qu'Eric veut la voir vendredi soir. Sookie répond à Pam que ce ne sera pas possible car elle est déjà prise. Pam jubile de devoir annoncer à Eric que non seulement Sookie refuse sa convocation, mais qu'en plus elle a rendez-vous avec un autre homme. Andy Bellefleur aborde Sookie alors qu'elle vient de raccrocher. Il espère qu'elle voudra bien lui rendre un petit service : il va demander sa petite amie Halleigh Robinson en mariage, et souhaiterait que Sookie cache l'écrin de la bague de fiançailles dans le plat que Halleigh va commander. Sookie les écoute discrètement tandis que Halleigh trouve le cadeau et accepte la demande d'Andy.

Une fois rentrée, Sookie fait la vaisselle et sent que quelque chose rôde autour de chez elle dans les bois : tous les cris nocturnes des insectes et grenouilles viennent en effet de s'arrêter brusquement. Elle verrouille ses portes et décide de rester chez elle, refusant de céder à la panique. Ce n'est que lorsque les bruits habituels de la nature reprennent leurs cours normal qu'elle peut enfin se détendre et dormir.

JEUDI 17 MARS. Sookie quitte la maison de bonne heure. Elle doit aller faire ses courses et passer chez Tara's Togs afin de s'offrir une robe pour son rendez-vous galant. Une fois arrivée dans la boutique, elle patiente pendant que Portia Bellefleur demande à Tara de lui fournir les tenues et les faire-part pour un double mariage : Andy et Halleigh ainsi que Portia et son fiancé Glen s'uniront le même jour. Portia repart, très excitée, un catalogue sous le bras, et Tara est heureuse d'aider Sookie à choisir des vêtements pour sa sortie. Sookie termine ses achats et rentre chez elle à temps pour préparer un bon déjeuner à Jason, qui ne va pas tarder. Il lui annonce que Crystal a fait une fausse couche. Elle refuse d'aller à l'hôpital, de crainte que les médecins ne remarquent ses capacités de régénération de métamorphe. Sookie contacte directement le Dr Ludwig, qui l'a soignée de sa morsure de ménade et a rapidement ausculté sa blessure lors du combat des chefs de meute. Celle-ci se précipite chez Sookie pour venir chercher Jason avant de rejoindre Crystal.

Quand elle arrive à son travail, Sookie est consternée de trouver le Père Riordan avec les Pelt, assis dans le bureau de Sam. Elle doit, une fois de plus, nier toute implication dans la disparition de Debbie. Sam reçoit un coup de téléphone qui l'informe que le fils de Holly a disparu de l'école. Sookie se dépêche de se rendre sur place pour voir si son don peut aider à retrouver le jeune garçon. Elle finit par localiser l'enfant blessé dans une poubelle. Il y avait été caché par la femme de service qui croyait l'avoir tué par accident. Après être revenue au bar, Sookie se méfie de Tanya Grissom, la nouvelle serveuse que Sam a appelée pour remplacer Holly.

Sookie reçoit une autre visite le même soir : Calvin Norris, l'oncle de Crystal et chef de la communauté des panthères de Hotshot. Ils discutent tous les deux de l'intérêt qu'il porte envers Sookie et il admet, à contrecœur, que leurs styles de vie ne sont pas vraiment compatibles.

VENDREDI 18 MARS. Habillée, maquillée et prête pour son rendez-vous avec Quinn, Sookie a la surprise de trouver Eric sur le pas de sa porte. Il est furieux de la voir apprêtée pour un autre homme. Ils sont en pleine dispute lorsque Quinn fait son arrivée. Ce dernier affirme fermement son intérêt pour Sookie, puis informe calmement Eric que la reine a requis la présence de Sookie à la conférence des vampires. Ils quittent Eric, fou de rage, pour aller au théâtre à Shreveport. Sookie et Quinn prennent plaisir à être ensemble. Elle est heureuse de ne trouver aucune crainte vis-à-vis de son talent de télépathe dans les pensées de Quinn, et de n'y lire que de l'admiration. Au moment où ils sortent du théâtre après le spectacle, deux jeunes Loups à moitié métamorphosés les attaquent sur le parking. Quinn parvient à les repousser mais Sookie est légèrement blessée à la gorge. La police arrive sur les lieux, les interroge et semble intriguée par la force colossale de Quinn. Celui-ci emmène ensuite Sookie dans un bar de loups-garous, le *Hair of the Dog*, où il informe la meute locale de l'agression dont Sookie, pourtant publiquement reconnue comme alliée de meute, a été victime. Tandis qu'ils retournent vers la voiture, l'attraction qu'ils ressentent l'un pour l'autre devient vite incontrôlable, mais Sookie se ressaisit suffisamment pour mettre fin à leurs ébats.

SAMEDI 19 MARS. Sookie n'a pas de nouvelles de Quinn le lendemain mais lit dans les journaux que deux adolescents ont été retrouvés étranglés dans la cellule réservée aux mineurs de Shreveport : les agresseurs de Sookie et Quinn ont été réduits au silence. Dans la soirée, Felicia, une ravissante vampire, vient se présenter à Sookie. Nouvellement engagée comme barmaid au *Fangtasia*, elle lui explique que Pam lui a suggéré d'aller lui demander grâce, car au contact de Sookie les barmen du *Fangtasia* ont tendance à disparaître rapidement et définitivement.

DIMANCHE 20 MARS. Sookie, méfiante, est mécontente de voir Tanya Grissom arriver chez elle sans y être invitée, cherchant à nouer des relations plus amicales. L'attitude distante de Sookie incite rapidement la métamorphe à s'en aller. Ses mornes pensées se dissipent rapidement lorsqu'elle reçoit un appel de Quinn pour fixer un nouveau rendez-vous au lendemain soir. À sa grande surprise, Maître Cataliades se montre à son tour. Ce dernier est très étonné de ne pas la trouver prête à l'accompagner à La Nouvelle-Orléans pour régler la succession de sa cousine Hadley. Il comprend alors que sa nièce Gladiola n'a pas remis à Sookie le message qu'il lui avait confié. Il demande à son autre nièce, Diantha, d'entreprendre des recherches afin de retrouver la dépouille de Gladiola, car seule la mort aurait pu l'écarter de sa tâche. Diantha retrouve Gladiola, coupée en deux par une lame, à l'orée d'un bois. Aidée de son oncle, elle brûle le corps sur le gravier de l'allée de Sookie, qui laisse les deux SurNat accomplir leur étrange rite funéraire et se rend chez Sam pour lui demander quelques jours de congé. Se souvenant que Bill lui a dit de l'appeler avant son voyage à La Nouvelle-Orléans, elle le prévient de son départ imminent. Pendant le trajet, elle raconte à ses compagnons l'agression dont elle a été victime à Shreveport, ainsi que sa visite avec Quinn au *Hair of the Dog*. Bill est malheureux d'apprendre que Quinn et Sookie sortent ensemble. Lorsqu'elle demande son opinion à Maître Cataliades, il lui suggère que Quinn sait déjà qu'une mutinerie se trame contre Furnan, le nouveau chef de meute.

En arrivant dans l'appartement de Hadley à La Nouvelle-Orléans, Bill propose une nouvelle fois son aide. Épuisée, Sookie ne souhaite rien d'autre que de rester seule pour se reposer.

LUNDI 21 MARS. Sookie dort d'un profond sommeil lorsque Amelia Broadway, propriétaire de l'immeuble et sorcière pratiquante, la réveille en sursaut. Elle indique à Sookie que, à la demande de la reine qui désirait garder les lieux en l'état après la mort de Hadley, elle a posé des scellés de protection magiques et jeté un sort de stase sur l'appartement. Après quoi, Amelia étant rentrée chez elle à l'étage en dessous, Sookie commence à explorer l'appartement. Elle fait la désagréable découverte de serviettes tachées de sang sur le portant de la salle de bains. Elle ouvre le débarras de l'entrée et y trouve un cadavre humain. Comprenant que le corps doit se trouver là depuis la mort de Hadley, elle part chercher Amelia pour lui faire part du problème. Elles sont d'accord sur le fait que le sortilège a dû empêcher le corps de se décomposer. Soudain, Sookie voit l'un des doigts du cadavre remuer. Elles se rendent compte qu'elles ont affaire à un vampire qui se lève pour la première fois, certainement affamé. Amelia a à peine le temps d'appeler à l'aide que le vampire nouvellement créé, assoiffé de sang et de sexe, se rue sur elles. Mais le nouveau-né, Jake Purifoy, est également loup-garou. Elles luttent pour leur vie et sont toutes les deux sérieusement blesser avant d'être sauvées par la police des vampires.

Pendant qu'elle attend ses soins à l'hôpital, Sookie est surprise de voir Eric arriver et l'accuse de la suivre. Il lui rappelle qu'un lien s'est formé entre eux depuis qu'elle a bu son sang, puis lui explique qu'il a rencontré la reine pour négocier ses services lors du prochain sommet des vampires. Pendant leur conversation, Bill apparaît, au grand dam d'Eric ; il reproche à ce dernier de fatiguer Sookie, et lui demande de partir. Agacé au plus haut point, Eric réplique en obligeant Bill à révéler ce qu'il vient de découvrir lors de sa rencontre avec Sophie-Anne. Bill avoue alors que, lorsqu'il est arrivé à Bon Temps, il était en mission pour la reine. Son but était de séduire Sookie, afin d'exploiter ses dons au bénéfice de la souveraine. Le cœur brisé par la trahison de Bill, Sookie, dévastée tant sur le plan physique qu'émotionnel, décide de quitter l'hôpital et regagne son appartement en titubant.

MARDI 22 MARS. Claudine et Amelia sont au chevet de Sookie lorsqu'elle se réveille, dans un état de souffrance émotionnelle profond. Claudine lui révèle qu'elle est sa fée marraine et qu'elle a fait serment de la protéger. Elle explique à Amelia les raisons de la tristesse de Sookie. Elles décident de résoudre l'énigme de la mort et de la transformation de Jake Purifoy en vampire. Pour ce faire, Amelia suggère une reconstitution ectoplasmique des événements de la journée durant laquelle Hadley a trouvé la mort, et part pour mettre en route les préparatifs requis. Claudine explique à Sookie, éteinte, qu'elle ne doit pas manquer le rendez-vous que la reine lui a fixé ce soir-là, et l'emmène faire un peu de shopping, afin de trouver la robe et les accessoires nécessaires.

Vêtue comme il se doit pour pareille occasion, Sookie arrive au QG des vampires de Sophie-Anne. La porte du bureau de la reine est flanquée de deux colosses, les jumeaux Sigebert et Wybert. Les deux vampires gardes du corps la font pénétrer à l'intérieur. La reine lui présente son nouveau mari, le roi d'Arkansas, Peter Threadgill. Derrière lui, Fleur de Jade, son garde du corps, porte une terrifiante épée sanglée dans le dos. Le garde du corps qui se tient derrière Sophie-Anne, André Paul, est armé pour sa part d'un sabre et d'une arme à feu. Comme Sookie et la reine discutent de Jake Purifoy,

Sookie fait part à Sophie-Anne de leur projet de reconstitution ectoplasmique. La reine accepte de payer les frais du rituel, et émet le désir d'y assister. Elle prend rapidement des nouvelles de Bill, et Sookie lui répond assez abruptement qu'ils ne sont plus ensemble. Alors qu'elles se préparent à partir, le roi insiste pour que Fleur de Jade les accompagne.

Amelia les attend à l'appartement en compagnie de trois autres sorcières pour débuter la reconstitution ectoplasmique. Les spectateurs assistent, stupéfaits, au déroulement fantomatique du jour de la mort de Hadley. Ils voient Jake se faire agresser, sans pouvoir identifier le meurtrier. Ils regardent également la tentative désespérée de Hadley qui, pour le sauver, le transforme en vampire. Il est évident que quelqu'un voulait faire accuser Hadley de la mort de Jake, et la tension dans la pièce est à son comble lorsque Quinn arrive sans prévenir. Une fois seule avec Sookie et André dans l'appartement de Hadley, Sophie-Anne révèle à Sookie que Hadley, jalouse, lui a volé un bracelet très précieux que son nouveau mari venait de lui offrir. Elle devra faire face à un véritable désastre, tant politique que personnel, si ce bracelet n'est pas retrouvé avant le bal prévu deux jours plus tard. La reine suggère à Sookie de prétendre avoir fait l'amour avec André devant elle pour justifier leur tête-à-tête vis-à-vis de Fleur de Jade. Sookie et André partagent une accolade gênée pour s'imprégner mutuellement de leurs odeurs afin de rendre leur histoire crédible. Alors qu'André respire l'odeur de Sookie, il découvre qu'elle a du sang de faé dans les veines. Bien que Sophie-Anne ait ordonné à Sookie de ne révéler aucun détail de leur entrevue, celle-ci tient à faire savoir à Quinn qu'elle n'a pas eu de relation sexuelle avec André, et ils partagent une douce étreinte.

MERCREDI 23 MARS. Sookie commence à emballer les affaires de Hadley. Elle est ravie de voir Quinn réapparaître pour l'aider. Ils font l'amour dans l'après-midi et, alors qu'ils se détendent après leurs ébats, Sookie perçoit tout à coup un danger. Ils se font surprendre et kidnapper par un groupe de loups-garous qui réussissent à maîtriser Quinn à l'aide d'un pistolet paralysant.

Les kidnappeurs forcent Sookie et Quinn à monter dans une camionnette et ne semblent pas la considérer comme une menace. Elle parvient à trouver le portable de Quinn et appelle à l'aide. Les ravisseurs s'arrêtent rapidement sur le bord de la route pour les fouiller et attachent les jambes de Quinn avant de redémarrer. Quinn s'étant partiellement transformé pendant l'assaut, Sookie le pousse à mordre dans le ruban adhésif qui maintient ses poignets. Elle réussit à se détacher et libère Quinn à son tour. Il ouvre les portes du fourgon pendant que Sookie blesse le Loup conducteur avec un tournevis, et ils s'échappent. Ils ne s'arrêtent pour se reposer qu'une fois arrivés dans les marais, certains d'avoir semé leurs kidnappeurs. Sookie comprend soudain qui est à l'origine de l'enlèvement. Elle transmet l'information à Quinn, qui se change en tigre et la mène à travers l'eau jusqu'à une maison près de laquelle est garée la camionnette qui les retenait prisonniers. Jetant un bref coup d'œil dans l'angle de la fenêtre, Sookie aperçoit la famille Pelt, ce qui lui confirme que son intuition était la bonne. Sookie et Quinn attaquent la maison, rapidement rejoints par Eric et Rasul, le garde de la reine. Sookie affronte la colère de la famille Pelt et décide de leur dire la vérité au sujet de la mort de leur fille, Debbie. Gordon et Barbara Pelt reconnaissent à contrecœur que Sookie a agi en état de légitime défense, et promettent de ne plus la harceler, à la grande consternation de leur seconde fille Sandra. Sookie apprend que Debbie, enfant adoptée, appartenait à la famille biologique de Tanya Grissom, envoyée à Bon Temps pour espionner Sookie et recueillir des informations sur la mort de Debbie.

JEUDI 24 MARS. Maître Cataliades accompagne Sookie à la banque de Hadley pour qu'elle ait accès à son coffre-fort mais, contrairement à ce qu'il avait prévu, le bracelet manquant ne s'y trouve pas. Sookie retourne à l'appartement de Hadley et trouve un message sur le répondeur : la reine l'attend à la réception qu'elle donne le soir même dans son vieux monastère. Sookie hésite à s'y rendre. Alors qu'elle fait du rangement dans la cuisine, elle entend un drôle de bruit en prenant une boîte à café et comprend qu'elle a enfin mis la main sur le bracelet de la reine. Sookie n'a maintenant pas d'autre choix que de se rendre au bal. Elle file voir Amelia pour lui emprunter une robe et des chaussures.

Quinn et Sookie arrivent à l'ancien monastère fortifié où se tient la Fête du printemps. Les conditions extrêmes de sécurité mises en place ainsi que des étranges vêtements tricolores portés par les gardes du roi provoquent chez eux un malaise immédiat. En accueillant Maître Cataliades, Sookie lui rapporte qu'une certaine personne, qui porte une longue épée dans le dos et se trouve dans la pièce, aurait été aperçue, sur la route de Bon Temps, mercredi dernier. Elle le laisse en tirer ses propres conclusions sur la mort de sa nièce Gladiola. Sookie parvient à faire passer discrètement le bracelet à la reine, très soulagée. Tandis que Sophie-Anne rejoint son nouveau mari pour danser, celui-ci remarque le bracelet et devient visiblement furieux. Quinn explique à Sookie que le bracelet faisait partie des cadeaux de mariage du roi à la reine. Si le roi avait pu prouver qu'elle l'avait donné à son amante, elle aurait été déshonorée. Il l'aurait ensuite attaquée en justice, et se serait approprié son royaume.

Se sentant floués, Peter Threadgill et les siens laissent libre cours à la violence. Sookie et Quinn, qui dansaient tranquillement, voient tout d'un coup une tête voler derrière l'épaule de Quinn, une giclée de sang dans son sillage. La confusion et la panique générale éclatent. Sookie et Quinn sont séparés pendant la bagarre qui s'ensuit. Alors qu'elle se débat pour quitter la pièce, Sookie doit affronter Fleur de Jade, devenue enragée, et à qui il manque mystérieusement une jambe. Sookie est sauvée par Bill qui décapite la vampire asiatique. En fuyant droit devant elle, Sookie arrive dans la chambre de la reine, allume la lumière et trouve Sophie-Anne, allongée et gravement blessée. André et Peter se font face, chacun d'un côté du lit. À cet instant précis, André tire deux fois sur Peter en pleine figure, et reçoit ensuite de sa reine la permission de finir la besogne qu'il a commencée. Ne désirant pas s'attarder et assister à l'exécution, Sookie poursuit rapidement son chemin jusqu'à la porte. Elle traverse la pelouse, où Quinn la rejoint sous sa forme de tigre. André les suit de peu, portant sa reine blessée. Ils réussissent à s'échapper par le mur d'enceinte du monastère et s'engouffrent tous dans la limousine royale.

La reine remercie Sookie de lui avoir rapporté le bracelet, lui exprimant toute sa gratitude. La limousine dépose Sookie et Quinn à l'appartement de Hadley, où Amelia les attend avec un gros chat noir à poitrail blanc. Elle admet honteusement qu'elle et Bob, sorciers présents lors de la reconstruction ectoplasmique, se sont un peu emportés lors de leurs jeux sexuels. Elle a voulu tenter quelque chose de nouveau et Bob est maintenant transformé en chat. Il lui faudrait s'éloigner de La Nouvelle-Orléans pendant quelque temps.

Alors que Sookie, épuisée, vient juste de sortir de sa douche et que Quinn prend la sienne, quelqu'un frappe doucement à la porte. Il s'agit de Bill, qui demande à parler à Sookie. Celle-ci l'écoute lui expliquer que, bien qu'il soit effectivement venu sur ordre de la reine, il a fini par tomber réellement amoureux de Sookie en la fréquentant. Cependant elle n'a plus confiance en lui : de simples paroles ne suffiront pas à restaurer les sentiments qu'elle avait pour lui. Elle s'éloigne et rejoint Quinn. Alors qu'ils sont allongés côte à côte dans le lit, elle pose délicatement la tête sur sa poitrine, et se laisse bercer par les battements de son cœur.

Vendredi 25 mars. Quinn part tôt le lendemain matin mettre en place son prochain projet. Sookie et Amelia font leurs valises pour regagner Bon Temps. Sookie, enfin de retour chez elle, regarde son avenir avec optimisme.

Bill et Eric – échanges secrets

TÉLÉPHONE : ERIC APPELLE BILL

E. : Bill, Sookie est-elle vraiment en route vers La Nouvelle-Orléans pour s'occuper de la succession de sa cousine ?
B. : Pourquoi ne lui demandes-tu pas toi-même ?
E. : Puisque tu es un si bon voisin et que tu gardes un œil si avisé sur elle, je pensais que tu serais peut-être au courant.
B. : Je ne le suis pas.

TÉLÉPHONE : ERIC APPELLE BILL

E. : Je me suis dit que tu serais content de savoir que Sookie a fini par arriver à l'appartement de Hadley sans encombre.
B. : J'en ai été avisé. Cependant, « sans encombre » est un concept très relatif. Pourquoi as-tu fait cela, Eric ?
E. : Elle méritait de le savoir.
B. : Tu t'en es donc chargé dès que tu as su. Si tu tenais tant à détruire toute possibilité que je pouvais avoir de renouer avec Sookie, ne pouvais-tu attendre qu'elle ne soit plus en train de saigner dans un hôpital ?
E. : Je n'ai pas fait cela pour...
B. : Mon cul. Tu l'as fait pour qu'elle me déteste et pour continuer à la courtiser sans mon ingérence.
Malheureusement pour toi, il y a déjà un autre homme qui s'intéresse à Sookie, un homme qui n'est pas bridé comme je le suis par les manœuvres politiques des vampires.

E. : Quinn.

B. : Oui. Quinn. Il va t'en donner pour ton argent, et à ce moment précis, je ne peux que lui souhaiter bonne chance.

TÉLÉPHONE : ERIC APPELLE BILL

E. : Tu seras sans doute intéressé d'apprendre qu'une reconstruction ectoplasmique a eu lieu à l'appartement de Hadley hier soir. Pour découvrir qui avait fait passer le Loup Jake Purifoy de l'autre côté.

B. : Je le sais.

E. : Je trouve que tu sais beaucoup de choses, Bill.

B. : Cela te pose-t-il problème, Eric ?

E. : Ce qui me pose problème, c'est que tu sois arrivé sur mon territoire, en mission pour la reine, alors que je n'avais pas été informé de cette mission.

B. : Je vais te laisser t'en plaindre à Sophie-Anne.

La conspiration

Chronologie

Bien qu'il semble, d'après le texte, que La conspiration *débute aux environs de la troisième semaine de septembre, le respect d'une chronologie précise voudrait que l'histoire commence plus tôt – autour de la seconde semaine de septembre.*

SAMEDI 10 SEPTEMBRE 2005. À son arrivée au *Fangtasia*, Sookie est accueillie par une Pam rayonnante. Elles assistent à une réunion de préparation du prochain congrès des vampires, qui doit se tenir à Rhodes. La mort du roi d'Arkansas, Peter Threadgill, et la destruction de La Nouvelle-Orléans par l'ouragan Katrina ont sévèrement impacté les finances de l'empire de Sophie-Anne Leclerq, reine de Louisiane. Eric, qui est devenu l'un des shérifs les plus importants de l'État, reçoit l'émissaire de la reine, André Paul, afin d'organiser le voyage. Sookie apprend que la reine va devoir faire face à une plainte déposée par Jennifer Cater, ancien bras droit du défunt roi, qui l'accuse d'avoir délibérément attiré Peter en Louisiane dans le but de l'assassiner. Si elle est reconnue coupable, Sophie-Anne pourrait perdre tout ce qu'elle possède. Bill Compton sera présent à ce sommet pour promouvoir sa base de données ; la vente de celle-ci doit en effet renflouer les caisses de la reine, dont les coffres sont vides. Invité à la réunion, Jake Purifoy, le loup-garou vampirisé par Hadley, assistera également au sommet, ce dont Sookie se serait bien passée.

DIMANCHE 11 SEPTEMBRE. À son retour du *wedding shower* de Halleigh Robinson, Sookie est ravie de trouver Quinn, qui l'attend devant chez elle. Compréhensive, sa colocataire Amelia les laisse seuls et ils discutent de leur relation et de leur envie commune de passer plus de temps ensemble. Quinn lui annonce qu'il a pris un mois de vacances après le sommet, et qu'il souhaite le passer avec elle à Bon Temps. Dans l'après-midi, Sookie reçoit un appel de son frère, Jason, qui lui annonce la nouvelle de son mariage avec sa petite amie métamorphe, Crystal Norris. Il invite Sookie à la cérémonie qui aura lieu le soir même, et cette précipitation la remplit d'appréhension. Lorsque Sookie, Quinn et Amelia arrivent à la réception, Sookie perçoit avec étonnement l'excitation que suscite la présence de Quinn chez les panthères. À son grand désarroi, elle découvre qu'étant la seule et unique parente de Jason, elle doit se porter garante pour lui durant la cérémonie, tout comme Calvin doit le faire pour Crystal. Avec beaucoup de réserves, Sookie assiste au mariage de l'égoïste Jason avec l'incontrôlable et caractérielle métamorphe.

LUNDI 12 SEPTEMBRE. Quinn part au petit matin. Sookie se rend en somnolant au *Merlotte* et passe une partie de la journée à bâiller, conséquence de la soirée tardive du mariage de Jason et de la nuit passée dans les bras de Quinn. La petite amie de Bill, Selah Pumphrey, vient déjeuner et agresse Sookie au moment de passer sa commande, l'accusant d'organiser le voyage à Rhodes avec Bill afin de reconquérir celui-ci. Dans la soirée, la faé Claudine frappe à la porte de Sookie. Elle redoute des problèmes au sommet des vampires et lui fait part de ses craintes sur sa présence là-bas.

MARDI 13 SEPTEMBRE. Sookie va faire du shopping au matin chez Tara's Togs, où Eric lui a ouvert un crédit afin qu'elle puisse s'acheter des tenues appropriées pour son prochain voyage. Plus tard, elle voit, non sans surprise, Pam arriver au *Merlotte* pour la questionner sur la nature de sa relation avec Eric. Tandis que Sookie se prépare à partir, Arlene lui reproche ses fréquentations avec écœurement. Sookie lui répond très sèchement et part en furie, les larmes aux yeux. Pam suit Sookie jusqu'au parking afin de poursuivre leur conversation, et Sookie, soulagée, découvre que Pam et Eric ignoraient la raison pour laquelle Bill avait été envoyé à Bon Temps. Pam lui raconte une partie de son passé et comment Eric l'a vampirisée. Elle demande à Sookie, interloquée, d'avoir pitié d'Eric, qu'elle soupçonne d'avoir des sentiments très forts pour Sookie. Émergeant de l'obscurité, Eric fait soudainement son apparition. Il renvoie Pam sans ménagement et commence à interroger Sookie sur sa relation avec Quinn. Sookie lui répond qu'il n'a manifesté aucun intérêt pour elle depuis plusieurs mois et qu'elle se sent parfaitement libre d'avoir une relation avec Quinn. Frustré, Eric disparaît.

JEUDI 22 SEPTEMBRE. Sookie embarque à bord de l'avion d'Anubis Airlines où elle est accueillie par l'avocat de la reine, Maître Cataliades, et sa nièce, Diantha. Maître Cataliades présente Sookie à l'avocat Johan Glassport, homme grossier, mais grand spécialiste en droit des vampires, et chargé d'assurer la défense de la reine durant son procès pour meurtre. Ayant compris que Sookie est le seul témoin du décès de Peter Threadgill, Glassport la bombarde de questions sur les événements qui ont eu lieu cette fameuse nuit. Une fois l'interrogatoire terminé, Sookie rejoint l'arrière de l'avion pour examiner les cercueils des vampires qui voyagent sur ce vol. Maître Cataliades la retrouve et commence à la préparer à ce qui l'attend au congrès de Rhodes. Ils arrivent à l'hôtel *Pyramid of Gizeh* en milieu d'après-midi. Sookie est enchantée de pouvoir localiser Barry par télépathie. Ce dernier participe au sommet en tant que membre de l'entourage du roi du Texas. Dans la soirée, Sookie se rend dans la suite de la reine pour recevoir ses instructions. Leur entretien est interrompu par la visite surprise de Stan Davis, devenu roi du Texas. Sophie-Anne est manifestement heureuse de l'accueillir et, pendant qu'ils discutent, Barry et Sookie entament une conversation mentale qui attire l'attention de leurs employeurs respectifs. Sookie présente des excuses et demande si leur présence est toujours requise, dans la mesure où il n'y a plus d'humains dans la pièce. Autorisés à prendre congé, Barry et Sookie foncent dans un coin tranquille du hall pour s'entraîner à associer leurs talents afin de lire dans les pensées des personnes présentes dans la pièce. Soudain, Sookie se retrouve face à Jennifer Cater, hargneuse et menaçante, qui jure d'avoir la peau de Sophie-Anne et de saigner Sookie à blanc.

Quinn arrive. Ravie, Sookie se jette dans ses bras, au grand dam de Barry. Il connaît Quinn de réputation et le défie de raconter son passé à Sookie, perplexe. Ils sont alors rejoints par la femme la plus terrifiante que Sookie ait jamais vue. Garde du corps engagée pour protéger le roi de Kentucky, elle se nomme Batanya, et se plaint auprès de Quinn du manque inquiétant de sécurité à ce sommet. Quinn lui rétorque qu'il n'est pas responsable de cet aspect et lui dit à qui s'adresser. Après son départ, Quinn explique à Sookie que Batanya est une britlingan, garde du corps d'élite provenant d'une autre dimension, amenée dans celle-ci à prix d'or. Quinn les quitte pour mettre en place un mariage de dernière minute. Sookie et Barry sont convoqués dans les chambres de leurs employeurs respectifs.

Sookie patiente jusqu'au départ des visiteurs de Sophie-Anne pour lui raconter ses démêlées avec Jennifer et sa rencontre avec la britlingan. La reine décide d'appeler Jennifer et lui propose de négocier avec elle. Celle-ci accepte de rencontrer la reine et, après un peu de temps passé à régler différentes choses, le groupe de Sophie-Anne se rend à l'étage de la délégation de l'Arkansas. En arrivant devant la porte non gardée de la suite de Jennifer, il est manifeste que quelque chose ne va pas. Un coup d'œil rapide leur permet de constater que Jennifer et ses compagnons ont été sauvagement assassinés. On appelle la sécurité de l'hôtel et, tandis que la reine et son entourage répondent aux questions qui leur sont posées, un homme en état de panique tente de pénétrer dans la suite : seul survivant de la délégation de l'Arkansas, Henrik Feith n'a échappé au massacre que parce qu'il était descendu se plaindre à la direction du nombre insuffisant de serviettes de toilette. L'homme est en état de choc et Sophie-Anne lui propose immédiatement un poste à ses côtés. Accompagné de Sigebert, il part se remettre de ses émotions dans la suite royale.

Tandis que la reine et son entourage se rendent à la cérémonie d'ouverture, Maître Cataliades recommande à Sophie-Anne de se remarier sans plus tarder afin de former une alliance solide. Sookie suggère à la reine de nommer André roi de l'Arkansas, et de l'épouser. Les deux vampires sont ravis de cette idée. Ils repèrent le stand où Bill vend ses CD de base de données, et Sookie va saluer nerveusement Russell Edgington, roi du Mississippi, qui va épouser le soir même le roi de l'Indiana, Barlett Crowe. Russell et Bart échangent leurs vœux et leurs sangs au cours d'une cérémonie à laquelle Eric officie. Sookie persuade Jake Purifoy de lui en dire plus sur le passé de Quinn. Il lui raconte qu'il est devenu célèbre en participant à des combats à mort clandestins. Contraint à chercher de l'aide après l'agression brutale et le viol de sa mère, il s'est adressé aux vampires du nid le plus proche, passant un marché avec eux : leur aide contre la promesse de se battre pour eux pendant trois ans. Il est alors rapidement reconnu comme l'un des meilleurs et plus farouches combattants jamais vus. Jake lui indique également que la jeune femme qui distribue des sacs de pot-pourri pour le mariage est la petite sœur de Quinn, Francine, née du viol. Troublée par ce récit, Sookie quitte Jake et retourne travailler pour la reine. Quand Isaiah, roi de Kentucky, comprend que Sookie peut percevoir ses britlingans malgré leur camouflage qui les rend invisible, il demande à Sophie-Anne de l'éloigner. Elle envoie donc Sookie dans les sous-sols de l'hôtel afin de récupérer une valise oubliée appartenant à la délégation de Louisiane.

Alors que Sookie se retourne pour partir, André s'approche d'elle et l'emmène dans un couloir de service isolé. Il lui explique qu'elle doit être liée plus étroitement à lui ou à Sophie-Anne, et lui ordonne de boire son sang. Elle résiste mais il est sur le point de la forcer lorsque Eric apparaît. Il rappelle à André que Sookie et lui ont déjà échangé leurs sangs plusieurs fois et suggère qu'étant donné qu'il partage déjà un lien fort avec elle, il serait préférable que Sookie boive son sang plutôt que celui d'André : Eric serait capable de la contrôler au bénéfice d'André et de la reine. Bien qu'elle comprenne qu'Eric tente de la protéger, Sookie est néanmoins furieuse d'être forcée à participer, en présence d'André, à un échange de sang conséquent avec Eric. Quand cela prend fin, Quinn apparaît, furibond, et exige des explications. Sookie part, dévastée et perdue face aux changements qui vont nécessairement survenir dans ses relations avec Eric et Quinn. Elle localise la valise perdue et la remonte jusqu'à la suite de Sophie-Anne. Arrivée à l'étage de la reine, elle remarque une canette de soda abandonnée dans une grosse urne, et décide de la jeter. Alertée par son poids anormal, Sookie l'examine de plus près. Elle se rend compte que c'est une fausse canette, sûrement un genre de bombe. La police est prévenue. Sookie se tient immobile, effrayée à l'idée de la déposer avant l'intervention de l'équipe de déminage. Quinn arrive, et la supplie de lui passer la canette, car il guérira plus rapidement qu'elle si l'engin explose. Eric apparaît lui aussi, appelé par le nouveau lien de sang qui réagit à la panique de Sookie.

La bombe est finalement emportée par un vampire expert en déminage. Sookie et Quinn, soulagés, s'enlacent. Eric s'éclipse discrètement. Après avoir répondu aux questions de l'équipe de sécurité de l'hôtel, Sookie regagne sa chambre où Quinn l'attend devant la porte. Elle vérifie que sa colocataire n'est pas là et invite Quinn à entrer. Ils passent une nuit tranquille à dormir dans les bras l'un de l'autre.

VENDREDI 23 SEPTEMBRE. Sookie s'est mise sur son trente et un et attend Quinn pour qu'il l'accompagne au bal lorsque celui-ci appelle pour la prévenir que la reine doit passer en jugement immédiatement. André l'escorte jusqu'à la salle de conférence et s'assoit à ses côtés. Sookie apprend que le juge (une vampire) est la Grande Pythonisse, l'oracle aveugle qu'Alexandre le Grand consultait. Henrik Feith a poursuivi la procédure engagée contre Sophie-Anne. Sookie lit dans les pensées d'Henrik et de son avocat : quelqu'un a persuadé Henrik que la reine avait commandité son assassinat. Il a donc engagé cette procédure contre Sophie-Anne dans l'espoir de sauver sa peau. Sookie rassure Henrik Feith, terrifié, quant aux intentions honnêtes de la reine. La Grande Pythonisse écoute les plaidoiries et déclare la reine innocente du meurtre de son époux. Par conséquent, elle hérite légitimement, d'après les termes du contrat de mariage passé avec son défunt mari, de l'intégralité du royaume qu'il contrôlait. Henrik est sommé de nommer la personne qui lui a raconté ces mensonges. Alors que, tétanisé de peur, il ouvre la bouche pour s'exécuter, une flèche en bois, tirée par un vampire présent dans l'assistance, le touche en plein cœur. Quinn se jette sur la scène pour protéger Sookie et reçoit à son tour une flèche dans l'épaule. Batanya décapite l'assassin avec un shaken tandis que Sookie se précipite aux côtés de Quinn.

Quinn est emmené à l'infirmerie par des Loups urgentistes afin de recevoir les soins nécessaires. Le jugement étant rendu, le bal peut commencer. Sookie profite d'une danse avec Eric, mais lorsqu'elle en enchaîne une autre avec Barry, Eric intervient, lui reprochant sa manière de danser, qu'il juge provocante. Barry s'éclipse et Sookie, très en colère, se heurte à Eric jusqu'à ce que deux vampires danseurs professionnels interviennent pour inviter le couple furieux à danser.

Sookie décide d'aller retrouver Quinn. Elle part en direction de la chambre de Jake, pensant le trouver chez lui. Jake lui répond qu'il n'a aucune idée de l'endroit où Quinn se trouve, et Sookie est d'autant plus inquiète qu'elle s'aperçoit qu'il essaie de lui cacher la présence d'autres compagnons dans la chambre. Après avoir réussi à localiser Quinn à l'infirmerie, Sookie a une conversation sérieuse avec lui au sujet de leur relation. En repartant, Sookie trouve le second de Batanya, Clovache, qui l'attend. Celle-ci lui révèle que le roi du Kentucky a embauché les britlingans après avoir découvert qu'une espionne de la Confrérie du Soleil s'était introduite dans son entourage. Elle lui avoue aussi que l'espionne a révélé, sous la torture, qu'un groupe de dissidents de la Confrérie prépare une offensive massive contre les vampires pendant le sommet. Elle et Batanya estiment que la sécurité de l'hôtel n'est pas au point.

Dans la salle de bal, Sophie-Anne, innocentée de toutes les charges qui pesaient contre elle, profite de son succès. Elle libère Sookie de ses obligations. Sookie retourne dans sa chambre pour réfléchir à ce qu'elle vient d'apprendre.

SAMEDI 24 SEPTEMBRE. Sookie rejoint Barry au restaurant de l'hôtel pour un petit-déjeuner tardif. Ils en profitent pour comparer leurs programmes de la journée. Des procès vampires se tiendront plus tard dans la soirée, et ils devront participer aux audiences afin de lire discrètement dans les pensées des témoins humains. D'ici là, ils constatent qu'ils ont tous deux une plage de quatre heures bloquée sous l'intitulé « commerce », et se demandent de quoi il s'agit. Le serveur donne à Sookie, de la part de Bill, une enveloppe kraft contenant des recherches sur les quatre clubs de tir à l'arc de la ville. Sookie demande à Barry de l'accompagner pendant qu'elle enquête, à la demande d'Eric, sur le vampire qui a tiré des flèches la veille. Ils n'obtiennent rien dans les deux premiers clubs mais, au troisième, Barry interroge lui-même une employée aguicheuse qui leur propose de passer en fin de journée pour visionner la vidéo de sécurité de la veille. Ils reviennent à l'heure convenue, et trouvent la lourde porte métallique de l'entrée arrachée de ses gonds et les deux employés, morts. Il ne reste qu'un tas fumant de la pile de vidéos de sécurité. Ils quittent les lieux et se dépêchent de rentrer à l'hôtel. Sookie fait son rapport à Eric puis file dans sa chambre afin de se préparer pour les procès. Elle découvre que le système de justice des vampires est expéditif et définitif : le vampire reconnu coupable est mis à mort avec un pieu.

La partie de la soirée intitulée « commerce » est consacrée à l'examen de contrats commerciaux passés entre différents vampires. Sophie-Anne négocie des prestations de biens et de services afin d'accélérer la reconstruction de la Louisiane. Sookie l'assiste en lisant dans les pensées des vendeurs humains, pour juger de l'honnêteté de leurs intentions. Alors qu'elles se sont retirées dans la suite de la reine pour boire un verre, Sookie comprend que Christian Baruch, le vampire directeur du *Pyramid*, est probablement responsable de la canette piégée. Il a manifestement agi pour son propre compte, son objectif étant d'effrayer la reine au point qu'elle accepte sa protection rapprochée, dans le but de pouvoir la séduire. À la surprise de Sookie, Jake lui suggère avec insistance d'aller faire un tour en ville avec Quinn le lendemain. Il semble ravi quand elle lui répond qu'elle va réfléchir à l'idée. Tandis qu'elle va se coucher, Sookie fait part à André de ses soupçons contre Baruch.

DIMANCHE 25 SEPTEMBRE. En proie à la panique, Barry réveille Sookie en s'exprimant directement dans son esprit. Elle enfile rapidement ses vêtements et se rue dans le couloir pour le retrouver. Elle repère le corps inconscient de Jake, qui semble avoir été terrassé par l'aube avant d'avoir pu atteindre la chambre de Sookie. Barry la rejoint au moment où Sookie parvient à reconstituer le puzzle : elle a compris que Jake participait en réalité au complot antivampires. Elle appelle Maître Cataliades et Diantha pendant que Barry va chercher sa colocataire humaine, Cécile. Sookie leur annonce qu'elle craint que des bombes n'aient été placées un peu partout dans l'hôtel et que les explosions ne soient imminentes. Elle appelle Quinn pour le prévenir de quitter l'hôtel sur-le-champ avec sa sœur Frannie. Cécile déclenche l'alarme incendie dans l'espoir que les clients humains aient le temps d'évacuer l'hôtel avant que les bombes ne détruisent le bâtiment. Ils courent sauver les vampires de leurs groupes respectifs, endormis pour la journée, et Sookie entend la première explosion juste au moment où elle atteint la chambre qu'Eric partage avec Pam. Elle réussit à réveiller Eric, qui peine à demeurer conscient. En unissant leurs efforts, ils déposent Pam, toujours endormie, dans son cercueil, et ferment les loquets. Les explosions se succèdent, fragilisant le bâtiment qui menace de s'effondrer. Eric et Sookie poussent le cercueil par la fenêtre du neuvième étage. Eric s'est enroulé pour se protéger du soleil dans la cape de cérémonie qu'il portait pour célébrer le mariage. Il parvient à les faire planer tous les deux jusqu'au sol, mais le cercueil de Pam heurte violemment le bitume et s'ouvre. Les deux vampires,

211

sérieusement brûlés, sont rapidement conduits dans un sous-sol proche afin d'être mis à l'abri du jour. Sookie sauve Bill, gravement blessé, et localise l'esprit de Quinn avec grand soulagement. Tandis qu'elle escalade le bâtiment ravagé pour le rejoindre, elle découvre André, inconscient, à proximité de Quinn. Grièvement blessé, ce dernier a les deux jambes cassées par une poutre. Sa sœur Frannie est allongée à ses côtés, avec une plaie à la tête. Lorsque Sookie lui dit qu'André est allongé sans connaissance, non loin de lui, Quinn l'incite à les laisser. Étonnée, Sookie s'exécute à contrecœur et, tandis qu'elle s'éloigne pour aider d'autres victimes, elle entend Quinn remuer. Elle comprend alors qu'elle n'aura plus jamais à craindre qu'André ne la force de nouveau à boire son sang. Sookie rejoint Barry et ils commencent à utiliser leurs dons pour participer aux recherches de survivants coincés sous les débris. Ils passent toute la journée à aider les urgentistes à localiser des rescapés. À la tombée de la nuit, ils comprennent qu'ils doivent partir avant de devoir fournir des explications aux autorités sur leurs talents. Sookie contacte Maître Cataliades, qui se trouve dans le sous-sol mis à la disposition des vampires et leur envoie un taxi afin d'emmener les deux télépathes vers un autre hôtel, pour un repos mérité.

LUNDI 26 SEPTEMBRE. Maître Cataliades vient à l'hôtel de Sookie et Barry pour les informer qu'un avion d'Anubis Airlines va décoller dans trois heures, avec un premier arrêt à Dallas et un second à Shreveport. S'ils veulent rentrer chez eux, ils doivent se rendre le plus rapidement possible au terminal. Alors qu'ils se mettent en route, Sookie apprend que Quinn a été transféré vers un hôpital d'humains, juste à côté. Elle choisit d'aller lui rendre visite plutôt que de prendre l'avion. Elle trouve Quinn, inconscient, à côté de Frannie, épuisée, sale et affamée. Elle donne à la jeune fille de l'argent pour s'acheter des vêtements de rechange et un repas. Frannie propose à Sookie d'utiliser sa voiture pour rentrer à Bon

Temps, puisqu'elle va devoir ramener Quinn chez lui dans son pick-up.

MERCREDI 28 SEPTEMBRE. Après deux longs jours au volant, Sookie arrive enfin chez elle, où Amelia lui réserve un accueil surexcité : Tara arrive peu après en lui annonçant qu'elle a épousé JB du Rone. Sookie essaie d'être heureuse pour ses amis, et se dit que si elle parvient à se tenir à l'écart des vampires et des loups-garous pendant quelque temps, tout ira bien.

Bill et Eric – échanges secrets

À l'attention de : William Compton

Tu es convié, sur ordre de notre reine, à venir rencontrer André Paul demain soir au *Fangtasia*.

Eric Northman,
Shérif de la Zone Cinq

TÉLÉPHONE : ERIC APPELLE BILL

E. : Bill.
B. : Eric.
E. : Quinn est en ville.
B. : Oui.
E. : Il est avec Sookie ?
B. : Eric. En quoi cela te regarde-t-il ?
E. : J'aime connaître les fréquentations de mes employés.
B. : Ton employée ? Il me semble que Sookie est employée par la reine et non par toi. Si Sophie-Anne m'appelle pour savoir avec qui Sookie passe son temps libre, alors je verrai ce que je peux faire. Dans ce cas-là seulement.
E. : Comme si tu n'étais pas déjà au courant.
(Silence)
E. : Dois-je te rappeler que tu résides sur mon territoire ?

B. : Je n'en ai aucun besoin, Eric, je m'en souviens très bien. Je suis également employé par la reine. J'ai énormément de travail à effectuer pour elle en prévision du sommet. Je n'ai pas le temps d'espionner pour ton compte. En outre, les requêtes de Sophie-Anne passent avant les tiennes et tu le sais très bien.

TÉLÉPHONE : ERIC APPELLE BILL

E. : Bill ? Tu es allé là-haut ? Que s'est-il passé ?
B. : Il y a eu des ennuis à l'étage de Jennifer Cater. J'ai l'impression que les vampires de l'Arkansas sont tous morts – sauf un peut-être.
E. : Ah bon. La nouvelle est fort sympathique.
B. : C'est également mon avis.

TÉLÉPHONE : ERIC APPELLE BILL

E. : Le procès va s'ouvrir. Rendez-vous dans la salle où le mariage a eu lieu.
B. : Sookie est prévenue ?
E. : Oui, André lui a envoyé un message. Il va l'attendre et l'escorter à l'intérieur. Nous allons nous agenouiller devant la reine pour lui manifester notre soutien.

EN FACE À FACE

E. : Merci de faire parvenir une photo de Kyle Perkins à Sookie. Demain, elle part à la recherche de l'endroit où Kyle a appris à lancer des flèches avec autant de précision.
B. : Je lui procurerai également les adresses des clubs de tir à l'arc.
E. : Bonne initiative. Tu pourras les lui laisser à la réception.

E. : Sookie et Barry ont trouvé le club de tir, mais les employés avaient été tués et les vidéos de surveillance détruites.

B. : Qui d'autre savait que tu envoyais Sookie pour mener l'enquête ?

E. : C'est là la question, justement.

B. : Je dois partir. Je fais partie des juges pour les premières audiences. Eric, réfléchis bien : qui est le véritable ennemi ?

Pire que la mort

Chronologie

SAMEDI 8 OCTOBRE 2005. Alors qu'elle prépare avec Sam la réception du double mariage des Bellefleur, Sookie est surprise de voir arriver Halleigh, en larmes. Elle la supplie de remplacer au pied levé l'une de ses demoiselles d'honneur, victime d'une crise d'appendicite. Sookie participe donc à la cérémonie de mariage et se prête aux séances photos de rigueur, puis se change pour enfiler sa tenue de travail et occuper sa place au bar. Le nouveau mari de Portia, Glen, a invité plusieurs de ses clients vampires, et leur fait honneur en leur offrant une bouteille de Royalty Blended, un mélange haut de gamme de sang de synthèse et de véritable sang humain, pour qu'ils puissent porter un toast à la santé des jeunes mariés. Jonathan, un vampire du Nevada, se présente à Sookie, alors qu'il commande un autre verre au bar ; celle-ci s'inquiète de l'intérêt qu'il lui manifeste. Elle remarque un homme grand et mince, qui observe la scène depuis une certaine distance, et devant lequel tous les vampires inclinent légèrement la tête avec respect. Jonathan la fait sursauter en apparaissant alors qu'elle monte dans sa voiture. Il lui affirme avoir parlé d'elle

215

avec Pam, mais Sookie sait qu'il ment. Pendant leur entretien, elle aperçoit de nouveau l'homme mince, caché, qui les regarde.

Sookie rentre chez elle et raconte son étrange soirée à sa colocataire, Amelia, qui a également des nouvelles à lui annoncer : son père, Copley Carmichael, un riche entrepreneur dans le secteur du bâtiment de La Nouvelle-Orléans, projette de lui rendre visite le lendemain soir.

DIMANCHE 9 OCTOBRE. Sookie va à l'église pour l'office du matin et s'arrête pour faire rapidement quelques courses sur le chemin du retour afin d'aider Amelia, prise d'une frénésie de ménage. Son père arrive. Tout comme celles d'Amelia, ses pensées se lisent très facilement. Sookie garde un calme olympien lorsque Copley mentionne intentionnellement Hadley, sa cousine. Il lui explique qu'il connaît l'ex-mari de Hadley et leur enfant. Copley informe aussi Amelia qu'une femme nommée Octavia Fant a appelé chez lui et cherche à la joindre. Après le départ de son père, Amelia avoue à Sookie qu'Octavia est son mentor, celle qui dirige son clan. C'est à cause d'elle qu'Amelia a quitté La Nouvelle-Orléans après ses mésaventures magiques avec Bob, convaincue qu'elle risquait une punition terrible pour avoir transformé son amant en chat. Amelia, résignée, sait qu'elle devra prochainement affronter Octavia. Elle avoue aussi qu'Eric a appelé la veille mais qu'elle a oublié de prévenir Sookie. Souhaitant à tout prix lui parler de l'incident étrange survenu avec Jonathan, Sookie appelle Eric au *Fangtasia*. À sa grande surprise, il l'invite à dîner avec lui et la prévient qu'il va lui présenter quelqu'un qui a demandé à la rencontrer. Intriguée, elle accepte son invitation à dîner à Shreveport le lendemain soir.

LUNDI 10 OCTOBRE. Une fois arrivée au restaurant *Les Deux Poissons*, elle découvre que l'homme qui accompagne Eric n'est autre que le bel inconnu qu'elle a remarqué au mariage. Il lui montre ses oreilles et elle se rend compte qu'il est faé. Eric le présente comme étant Niall Brigant, puis les laisse en tête à tête, après avoir assuré à Sookie qu'il restera à proximité au cas où elle aurait besoin de lui. Elle tombe des nues lorsque Niall lui déclare être son arrière-grand-père. Au cours de la soirée, elle apprend l'existence et l'histoire de la relation de sa grand-mère Adele avec le fils de Niall, Fintan, son vrai grand-père biologique. Elle partage avec lui le récit d'une partie de sa propre vie. Au moment de se séparer, elle est à la fois contente et troublée de s'être découvert un nouveau parent attentionné et désireux de renouer avec elle. Eric et Sookie se hâtent de rentrer à Bon Temps lorsqu'ils sont arrêtés par une voiture de police. Alors que l'agent s'approche, Sookie est envahie de soupçons. Au moment où il atteint la fenêtre ouverte, un fusil à la main, elle comprend qu'il s'agit d'un loup-garou. Alors qu'il vise Sookie, c'est Eric qui prend la balle, mais ce dernier parvient cependant à désarmer le Loup en lui cassant le bras. Eric, sanguinolent, se laisse emporter par sa soif de sang et commence à tirer l'assassin à l'intérieur de la voiture. Sookie sort de la Corvette, momentané- ment trop encombrée, et va inspecter le véhicule du Loup pour voir si elle peut y découvrir ce qui se cache derrière cet assaut. À son retour, la voiture d'Eric est vide, mais ce dernier se matérialise brusquement à son côté et l'embrasse, encore enivré du sang dont il s'est nourri. Ils se remettent rapidement en route. Sookie s'abstient de lui demander ce qu'il a fait du corps. Une fois arrivée chez elle, Amelia lui dit qu'Alcide a essayé de la joindre au téléphone.

MARDI 11 OCTOBRE. Sookie est tirée du lit par des coups frappés à sa porte. Octavia Fant se tient sur le seuil et annonce qu'elle est venue voir Amelia. Sookie les laisse parler entre elles et file dans la cuisine se faire un café et lire le journal. Elle est choquée et attristée d'y lire la nouvelle de la mort de Maria-Star Cooper, la petite amie d'Alcide Herveaux. Sa peine s'aggrave encore davantage lorsque Alcide l'appelle pour lui annoncer que Maria-Star a été assassinée et qu'elle est peut-être, elle aussi, en danger. Elle lui raconte l'attaque du loup-garou de la nuit précédente ; il lui propose immédiatement sa protection. Cependant, Sookie décline son offre. Alcide lui demande de faire le récit de toute l'histoire à Amanda, un membre de sa meute. Celle-ci demande à Amelia si elle peut conjurer les esprits pour déterminer qui est impliqué dans la mort de Maria-Star. Elle accepte mais Octavia n'est pas d'accord, lui rappelant l'erreur qui a mené à la transformation de Bob. Sookie défie Octavia de rendre elle-même sa forme humaine à Bob, mais celle-ci échoue. Les trois femmes se rendent chez Maria-Star, où elles trouvent Tray Dawson, un Loup solitaire de Bon Temps, en train de garder l'appartement. Les deux sorcières parviennent à effectuer une reconstitution ectoplasmique, et elles assistent en différé au meurtre de Maria-Star par le Loup Cal Myers et son complice moitié humain, moitié loup. Alors qu'Amelia et Octavia retournent à la maison, Sookie raccompagne Tray chez Amanda où Alcide l'attend. Sookie et Tray échangent ce qu'ils ont appris sur la mort de Maria-Star. Les Loups impliqués dans le meurtre de cette dernière et l'attaque de Sookie travaillent tous pour Patrick Furnan, le chef de meute actuel. Lorsque Alcide se met en colère au sujet du dîner de Sookie avec Eric, elle perd son sang-froid et sort de chez lui en furie. Tray la raccompagne chez elle en voiture.

Déjà fatiguée par les événements de la journée, Sookie part prendre son service au *Merlotte*. Elle est démoralisée d'y retrouver des membres de la Confrérie du Soleil attablés au bar. À sa grande surprise, Pam entre, bientôt suivie d'Amelia, pour boire quelques verres avant de repartir pour un rendez-vous. Les membres de la Confrérie sont indignés qu'un vampire soit entré dans le bar mais, après leur départ, Sam raisonne Sookie : elle doit prendre sur elle et les servir comme n'importe quel autre client. Elle sait qu'il a raison, mais ce sermon la vexe. Peu après la clôture du bar, elle part et découvre Tray qui l'attend sur le parking. Le Loup lui explique qu'il va la suivre jusque chez elle pour inspecter sa maison. Une fois qu'il a vérifié que la demeure ne présente aucun danger, ils s'assoient et il l'informe que dans le courant de l'après-midi Alcide a retrouvé le cadavre de Christine Larrabee, veuve de l'un des anciens chefs de la meute. Patrick Furnan est considéré comme suspect dans le meurtre de Christine, ainsi que dans celui de Maria-Star.

MERCREDI 12 OCTOBRE. Sookie se rend à la bibliothèque où elle salue Barbara Beck, la bibliothécaire, femme du lieutenant Alcee Beck, avant de regarder les nouveaux livres disponibles. Sookie entend Barbara émettre un drôle de bruit ; elle lève les yeux pour découvrir qu'un Loup énorme lui maintient un couteau contre la gorge. Sookie perçoit Alcee, qui entre discrètement par la porte de service, et elle interpelle l'agresseur d'une voix forte, le prévenant de ce que lui fera le mari de Barbara s'il ose toucher à son épouse. Alcee arrive ainsi à s'approcher silencieusement et à se positionner derrière eux. Il colle le canon de son arme à feu sur la tempe de l'attaquant, mais celui-ci fait volte-face, pousse Barbara dans les bras de son mari, et se rue sur Sookie en brandissant son couteau. Elle lui lance un gros livre à la tête, le faisant trébucher, et il s'empale sur son propre couteau, tombant raide mort.

Sookie, qui commence à en avoir assez, décide d'avoir une discussion franche avec Furnan. Elle l'appelle pour lui demander la raison de ces attaques contre elles et des meurtres des Louves. Furnan, en colère et apeuré, nie son implication et lui annonce que sa propre femme, Libby, a été kidnappée. Sookie le persuade d'appeler Alcide pour qu'ils se rencontrent et en discutent. Il accepte à la seule condition qu'elle soit présente en tant qu'alliée de la meute, et qu'elle jure de dire à chacun ce que l'autre pense, attestant ainsi de leur honnêteté.

Quelques heures plus tard, dans la soirée, Sookie retourne dans la zone industrielle qui avait servi au tournoi des chefs de meute. Sam, inquiet pour elle, l'accompagne. Elle serre les mains d'Alcide et de Furnan pendant qu'ils se posent mutuellement des questions. Alors qu'ils comprennent tous les deux qu'aucun n'est responsable des attaques et des meurtres, une voix les appelle depuis le toit d'un des bâtiments proches. Priscilla Hebert, veuve d'un chef de meute d'un autre comté de l'État et demi-sœur de Cal Myers, leur annonce que c'est elle qui a orchestré les meurtres de Maria-Star, Christine et Libby. En montant Alcide et Furnan l'un contre l'autre, elle espérait prendre plus facilement le contrôle de leur meute. Alcide et Furnan frappent brusquement avec les griffes qui viennent soudainement de pousser sur leurs mains ; Furnan éviscère Cal, pendant qu'Alcide arrache l'arrière de sa tête. Rugissant de rage, Priscilla mène ses Loups à l'assaut. Sam et Sookie se retrouvent au milieu du combat. Sam lui annonce qu'il va se métamorphoser et Sookie a la surprise de le voir se transformer en lion. Massacrant l'ennemi de ses pattes puissantes, Sam attire l'attention de Priscilla, maintenant changée en Louve. Amanda, elle aussi métamorphosée, tente de distraire Priscilla alors qu'elle avance sur Sam, mais Priscilla parvient à lui briser la nuque puis se jette sur le lion, plongeant ses crocs dans son cou. Voyant que Sam est en mauvaise posture, Sookie se jette sur le dos de Priscilla et commence à l'étrangler. Elle est contrainte de relâcher son étreinte sur Sam, qui parvient ainsi à se retourner et à la tuer. Sookie tombe à terre, vulnérable, lorsque Claudine apparaît et se tient au-dessus d'elle pour la protéger durant le reste de la bataille. Une fois celle-ci achevée, Priscilla et la plupart de ses Loups sont morts, ainsi que Furnan et Amanda. Alcide s'autoproclame nouveau chef de meute.

Claudine aide Sookie à se relever et lui révèle que Niall est son grand-père. Elle incite Sookie à se dépêcher de quitter les lieux avant que les Loups ne célèbrent leur victoire et l'accession d'Alcide à son nouveau rôle de leader. Sam emmène rapidement Sookie jusqu'à son pickup.

Une fois arrivée chez elle, Sookie trouve Pam et Amelia assises dans la cuisine. Elle sait que Pam va rapporter les événements de la soirée à Eric.

JEUDI 13 OCTOBRE. Sookie est de service pour le déjeuner. Elle est mécontente de voir Tanya Grissom arriver pour parler à Sam. Sa collègue Holly lui apprend que Tanya s'est installée chez les panthères à Hotshot. À la grande surprise de Sookie, elle croit dur comme fer qu'un jour les métamorphes pourront faire, eux aussi, leur *coming out*. À son retour du travail dans la soirée, Sookie trouve une nouvelle fois Pam dans le salon avec Amelia et lui demande si Eric a découvert quelque chose sur le fameux Jonathan. Pam suggère à Sookie d'appeler Eric elle-même. Sookie compose donc le numéro du *Fangtasia*. Pendant la conversation, elle apprend, à son grand désarroi, qu'Eric estime que l'état de vulnérabilité physique de la reine plonge la Louisiane en position de faiblesse. Il craint le coup d'État.

Mal à l'aise et incapable de dormir, Sookie sursaute lorsque Bill apparaît soudainement à la fenêtre de sa chambre. Il l'informe que Pam l'a appelé pour qu'il la protège pendant son absence. En effet, elle est repartie au *Fangtasia*, inquiète de ne pouvoir joindre ni Eric, ni Cleo Babbitt, le shérif de la Zone Trois. Frannie Quinn, terrifiée, frappe brusquement à la porte avec un message de son frère : les vampires de Las Vegas sont en chemin pour prendre le contrôle de la Louisiane. Tandis que Sookie, Amelia et Bill restent sous le choc de cette annonce et se préparent au pire, Eric arrive pour leur dire que les autres vampires se sont rassemblés au *Fangtasia*, mais qu'il n'a pas pu y entrer.

Les vampires de Vegas arrivent devant la maison de Sookie. Le représentant du roi, Victor Madden, demande à passer le seuil pour négocier avec Eric. Sookie est bouleversée de voir que Quinn s'est rallié aux vampires de Vegas. Ces deniers ont en effet enlevé sa mère et sa sœur pour l'obliger à servir leurs intérêts. Victor leur apprend que Sophie-Anne et les autres shérifs ont été tués, mais il pense qu'Eric peut leur être utile à condition qu'il jure allégeance au roi du Nevada, Felipe de Castro. Sookie tente d'appeler Niall puis Eric l'en empêche. Victor finit par demander à Eric s'il a l'intention de se battre à mort, ou s'il accepte la prise de pouvoir, l'informant que le *Fangtasia* est encerclé. Il précise que les vampires de la Zone Cinq y sont regroupés et qu'il est prêt à réduire le club en cendres. Sachant que les siens sont sur le point d'être tués pour rien, Eric accepte de reconnaître la souveraineté du roi. Il s'éloigne pour avoir un peu d'intimité. Il appelle le *Fangtasia*, demande aux siens de se rendre et de jurer allégeance au nouveau roi. Bill réconforte Sookie, bouleversée, puis va parler au nouveau dirigeant.

Sookie se retranche dans sa chambre pour y trouver Eric assis sur son lit, la tête entre ses mains. Quand elle voit son visage, Sookie pense que son état de choc est dû à la prise de pouvoir, mais il lui dit qu'il vient juste de se rappeler tout ce qui s'est passé entre eux pendant le temps qu'il a passé avec elle alors qu'il était amnésique. Bouleversée par les événements de la journée, Sookie lui dit qu'ils parleront de cela à un autre moment. Eric accepte mais la prévient qu'un jour ou l'autre ils trouveront une occasion d'aborder le sujet.

VENDREDI 14 OCTOBRE. En se réveillant, Sookie découvre Quinn dans sa chambre. Se rendant compte qu'elle ne sera jamais une priorité dans sa vie du fait des exigences de sa mère et de sa sœur, Sookie rompt avec lui et renvoie loin d'elle l'homme qu'elle avait cru pouvoir aimer. Elle reprend ses esprits et part travailler. Crystal, sa belle-sœur enceinte, entre au *Merlotte* avec Jason qui commence à ne plus supporter les dépenses intempestives de sa femme. Il refuse dorénavant de lui donner le moindre centime. Sookie offre un repas à Crystal. Plus tard, Sam et Sookie lisent dans le journal que plusieurs personnes sont portées disparues à Shreveport. Il s'agit en fait de tous les Loups tués dans la Guerre des Loups. Sookie voit ensuite le nom de Sophie-Anne Leclerq cité dans la rubrique nécrologique, qui impute la cause de sa mort au sino-sida ; mais elle sait bien que la reine affaiblie a été assassinée sur l'ordre de Felipe de Castro. En rentrant du travail, Sookie fait face à des visiteurs indésirables : Frannie Quinn et sa mère. Frannie est furieuse de la façon dont Sookie a traité Quinn. Bien que Mme Quinn ait généralement les idées confuses, elle arrive à identifier Sookie comme la personne dont son fils était amoureux.

SAMEDI 15 OCTOBRE. Copley Carmichael s'arrête chez Sookie pour lui demander une faveur. Il aimerait qu'elle lui organise une rencontre avec certains des nouveaux dirigeants vampires afin d'établir des relations d'affaires avec eux. Elle accepte à contrecœur d'appeler le *Fangtasia* pour voir ce qu'elle peut apprendre. Sookie sort de chez elle pour faire des courses, mais aussi pour échapper à Copley, venu voir sa fille. Elle croise Arlene et Tanya en grande conversation dans la voiture de Tanya, sur le parking du Sonic. Sookie essaie de capter leurs pensées. Elle lit d'abord celles d'Arlene, qui pense à son nouveau petit ami, selon lequel il faudrait éliminer tous les vampires. Elle se concentre ensuite sur Tanya et découvre qu'elle est toujours à la solde de Sandra Pelt, déterminée à lui rendre la vie impossible. Sookie décide de demander son avis à Amelia et lui raconte l'intégralité de l'histoire de la mort de Debbie Pelt. Elles décident de contacter Octavia pour trouver une solution sur le long terme sans blesser Tanya.

Avant de se rendre à son travail, Sookie se souvient de sa promesse faite à Copley et appelle le *Fangtasia* pour demander à Eric un nom de contact pour l'homme d'affaires. Pendant la conversation, il évoque certains détails de leurs moments passés ensemble. Claudine et

Claude passent au *Merlotte* transmettre les salutations de Niall, inquiet de ne pas avoir de nouvelles de son arrière-petite-fille. Copley a sauté sur l'occasion d'entrer dans les bonnes grâces des nouveaux vampires, et il se présente pour un rendez-vous avec Sandy Sechrest, le nouveau chef de zone chargé de représenter Felipe de Castro dans la région.

Après la fermeture, Sam et Sookie bavardent un peu. Sam lui parle de sa famille et l'invite au mariage de son frère, qui aura lieu prochainement. Alors qu'ils quittent le bar, ils croisent Niall, immobile dans la clarté de la lune, et Sookie le présente à Sam. Niall est inquiet pour Sookie. Il a appris qu'elle s'était trouvée en danger lors des deux nuits précédentes, et il n'est pas du tout content qu'on l'ait empêché de l'appeler pour la protéger pendant la prise de pouvoir. Il exprime son amour pour son arrière-petite-fille et son désir de se rendre utile. Sookie lui répond qu'elle souhaite simplement qu'il soit présent dans sa vie. Après son départ, elle confie à Sam qu'elle voudrait bien aimer Niall mais qu'il lui fait un peu peur.

DIMANCHE 16 OCTOBRE. Sookie se réveille et trouve Octavia et Amelia dans sa cuisine en train de discuter sur ce qu'il convient de faire au sujet de Tanya. Elle se rend compte avec étonnement qu'Amelia, s'appuyant sur une proposition informelle de Sookie, a déjà invité Octavia à emménager avec elles. Les deux sorcières chargent Sookie de demander à Calvin Norris, le petit ami actuel de Tanya, de passer les voir à l'heure du déjeuner. Le chef des panthères-garous de Hotshot devine immédiatement à qui Sookie fait allusion lorsqu'elle lui dit qu'elles ont un problème. Quand elle lui retrace l'histoire intégrale de son interaction avec les Pelt, il lui promet de ramener Tanya le soir même pour que les sorcières puissent agir sur elle, si elles promettent de ne pas lui faire de mal. Bob le chat fait son entrée, et Calvin reconnaît immédiatement que la magie d'Amelia ne marche pas à tous les coups.

Fidèle à sa parole, Calvin arrive peu après 19 heures ce soir-là, apportant Tanya, pieds et poings liés, sur son épaule. La jeune femme essaie de se débattre puis elle inhale la fumée provenant d'une potion qui brûle dans une coupelle. Tandis qu'elle est placée sur une chaise entourée de symboles dessinés à la craie, Octavia commence à psalmodier, extirpant Tanya de l'emprise de Sandra. Une fois le sort terminé, Tanya ne se rappelle plus pourquoi elle a causé tant de mal. Elle est débarrassée de l'influence de Sandra, et Calvin, soulagé, la ramène à Hotshot.

Sookie prend une pause à l'extérieur pendant que les sorcières nettoient. Elle est assise dans une chaise de jardin, profitant de l'air frais du soir, quand Bill sort des bois et s'assoit à ses côtés. Après quelques minutes de silence, Bill lui dit que Selah Pumphrey habite maintenant à Little Rock, et travaille pour une grosse société immobilière spécialisée dans les propriétés pour vampires. Il lui avoue qu'il a toujours su que Selah était bien plus intéressée par lui en tant que vampire, plutôt qu'en tant qu'homme. Il dit à Sookie qu'il a connu beaucoup de femmes comme Selah mais ajoute que Sookie est unique, puis il s'en va.

LUNDI 17 OCTOBRE. Après les événements agités de la semaine précédente, Sookie profite d'une paisible journée de repos.

MARDI 18 OCTOBRE. Sookie reprend son service de jour au *Merlotte* et sert le déjeuner à Jason ainsi qu'à plusieurs de ses collègues. Jason lui dit qu'il a besoin d'aller à Clarice pour chercher du grillage, après le travail, et lui demande de passer chez lui une fois qu'elle aura fini au bar, pour s'assurer que Crystal va bien. Sookie s'arrête donc chez lui et appelle Crystal en ouvrant la porte d'entrée. Elle entend un cri étouffé et craint que Crystal ne fasse une nouvelle fausse couche. Elle se précipite dans la chambre à coucher pour y trouver sa belle-sœur enceinte en train de coucher avec l'un des collègues de Jason. Tandis que Sookie quitte la maison, furieuse et dégoûtée, Calvin la croise en arrivant. Jason lui a également demandé d'aller vérifier que Crystal allait bien. Il savait pertinemment que Calvin et Sookie prendraient sa femme en flagrant délit d'adultère. Calvin partage avec Sookie son écœurement et sa colère, et lui annonce qu'ils vont devoir organiser une cérémonie pour punir Crystal. Sookie se rappelle qu'à l'occasion du mariage elle avait accepté de se porter garante pour Jason tout comme Calvin avait accepté de le faire pour Crystal. Calvin appelle Sookie plus tard dans la soirée pour lui demander de se rendre à Hotshot le lendemain soir.

MERCREDI 19 OCTOBRE. Sookie se rend en voiture seule jusqu'à Hotshot après le travail, déterminée à affronter tout ce qui pourra se produire. Calvin s'étant porté garant pour Crystal à son mariage, il s'est engagé, si elle donne un coup de canif au contrat, à subir son châtiment au cas où elle-même en serait incapable. Puisque Calvin prend la place de Crystal, enceinte, Jason décide que c'est Sookie qui infligera la punition pour rupture du serment de fidélité. Sookie, la mort dans l'âme, s'exécute et brise les doigts de Calvin avec une brique : symboliquement, elle a détruit les griffes de la panthère.

JEUDI 20 OCTOBRE – VENDREDI 21 OCTOBRE. Tandis qu'elle essaie de reprendre le cours normal de sa vie, Sookie a du mal à assumer son acte. Elle sait qu'elle n'a fait qu'appliquer les règles de Hotshot, mais elle se sent coupable d'avoir causé du mal à un homme qu'elle respecte et qu'elle considère comme son ami. Refusant de parler à Jason, elle lui tourne le dos quand il rentre dans le bar. Elle entend dire que Calvin fait passer sa blessure pour un accident survenu alors qu'il réparait son camion.

SAMEDI 22 OCTOBRE. Sam demande finalement à Eric de venir parler à Sookie, dans l'espoir de découvrir ce qui ne va pas. Agacée par le manque de compassion d'Eric, elle sort du bureau de Sam et parvient finalement à dissiper sa mauvaise humeur. En quittant son travail, elle trouve Eric qui l'attend sur le parking. Elle lui pose des questions sur sa visite chez le roi du Nevada et ils sont tous les deux surpris lorsque Castro apparaît, souhaitant parler à Eric. Après s'être présentée au spectaculaire roi du Nevada, de Louisiane et de l'Arkansas, Sookie regagne sa voiture pour rentrer chez elle. Elle fait vite demi-tour, subitement paniquée au sujet d'Eric. Elle regagne le *Merlotte*, se gare devant le bar et se faufile vers l'arrière, n'ayant aucune idée de ce qu'elle va y trouver. Horrifiée, elle découvre que Sigebert, le fidèle garde du corps d'Anne-Sophie, n'est pas mort avec sa reine et qu'il est revenu pour se venger. Eric et Felipe sont ligotés avec des chaînes en argent. À l'évidence, ils ont déjà commencé à subir les représailles de Sigebert. Sam, qui a eu la malencontreuse idée de se trouver dans les parages, est attaché au pare-chocs de son propre pick-up. Sookie décide que sa meilleure arme est sa voiture ; elle se faufile jusqu'à celle-ci en réfléchissant au meilleur angle pour heurter Sigebert sans toucher personne d'autre. Arrivant par l'arrière du bâtiment, elle accélère pour prendre de l'élan, parvient à le heurter de plein fouet, puis à reculer sur lui pour l'immobiliser. Elle saute de la voiture pour libérer Eric, sans toutefois réussir à défaire les chaînes. Elle détache alors Sam pour qu'il puisse l'aider. Dès qu'il en est capable, Eric saute sur Sigebert et le décapite, l'envoyant ainsi rejoindre son créateur bien-aimé. Felipe se déclare solennellement débiteur de Sookie, puis s'interroge avec Eric : comment Sigebert a-t-il réussi à survivre à la prise de pouvoir ? Sam ramène Sookie chez elle, et lui demande si le prix qu'elle paie pour en savoir plus sur le monde surnaturel en vaut la peine.

DIMANCHE 23 OCTOBRE. À la demande de Felipe, Tray Dawson vient prendre la voiture de Sookie pour la réparer, et la lui ramène à temps pour qu'elle puisse se rendre au *Merlotte* prendre son service du déjeuner. Le Loup imposant lui demande de saluer Amelia pour lui.

LUNDI 24 OCTOBRE. En faisant des courses en ville, Sookie tombe sur Alcide qui la remercie de son aide. Elle rentre chez elle et elle trouve Amelia et Octavia qui jardinent en papotant, Bob à leurs côtés. Octavia démontre son pouvoir en lui rendant sa forme humaine, avouant un peu plus tard qu'elle avait fait semblant d'échouer la première fois, afin que Sookie et Amelia aient de nouveau besoin d'elle. La colère initiale de Bob se transforme rapidement en désespoir quand il prend connaissance du passage de l'ouragan Katrina.

MARDI 25 OCTOBRE. Sookie emmène Bob chez Wal-Mart pour lui acheter des vêtements et des chaussures, puis elle prépare un dîner composé de ses plats favoris avant de partir travailler. Elle lui fait ses adieux, sachant bien qu'il sera parti avant son retour : il rentre à La Nouvelle-Orléans pour rechercher sa famille. Sur le chemin du travail, Sookie envisage l'idée de prendre un vrai chat.

Alcide s'arrête au *Merlotte* pour remercier Sam et Sookie de leur aide lors de la Guerre des Loups. Puis Eric et Pam arrivent peu après pour annoncer que Felipe les a autorisés à offrir officiellement leur protection à Sookie. Après la fermeture, Sam, Sookie et Arlene décorent le bar pour Halloween.

En rentrant chez elle, Sookie découvre Niall qui l'attend devant sa maison. Il s'enquiert une fois encore de savoir s'il peut lui rendre service. Après avoir réfléchi, Sookie lui demande s'il peut retrouver un homme nommé Remy Savoy. Il part, ravi de pouvoir rendre service à son arrière-petite-fille.

MERCREDI 26 OCTOBRE. Sookie se réveille et trouve un message magique indiquant une adresse. Sookie part en voiture pour Red Ditch, où elle va se présenter à l'ancien mari de Hadley, Remy, et à son fils de quatre ans, Hunter. Elle découvre que l'enfant partage le même don de télépathie qu'elle. Au moment de partir, elle promet à Remy qu'elle aidera le jeune enfant quand le moment sera venu.

Bill et Eric – échanges secrets

TÉLÉPHONE : ERIC APPELLE BILL

E. : Bill, as-tu remarqué un vampire étranger, au mariage des Bellefleur ?
B. : J'en ai vu plusieurs que je ne connaissais pas. C'étaient des relations d'affaires de l'époux de Portia. Tu parles de l'un d'eux en particulier ?
E. : Sookie m'a parlé d'un vampire asiatique du nom de Jonathan. Il prétend qu'il a beaucoup entendu parler d'elle et qu'il réside dans la zone. Il lui a assuré m'avoir contacté pour mon autorisation mais ce n'est pas le cas. Je suis inquiet qu'il se donne la peine de mentir.
B. : Je vais voir ce que je peux trouver dans la base de données, mais avec le mot « asiatique » et le prénom Jonathan, c'est un peu léger pour lancer une recherche. Ce n'est peut-être même pas son véritable nom.
E. : Je sors avec Sookie demain soir. Peut-être qu'elle pourra m'en dire plus.
B. : Tu sors avec Sookie ? Je pensais qu'elle était toujours avec Quinn.
E. : Elle n'a eu aucune nouvelle de lui depuis Rhodes. Mais ce n'est pas ce genre de sortie. Je la présente à quelqu'un qui souhaite la rencontrer.
B. : Quelqu'un qui souhaite la rencontrer ? Est-ce une personne de confiance ?
E. : Oui.

E. : Bill, tu as trouvé des informations ?

B. : Je travaille encore dessus. J'ai éliminé plusieurs possibilités et j'en étudie d'autres.

E. : Il se passe vraiment quelque chose.

B. : Qu'est-il est arrivé d'autre ?

E. : On nous a attaqués sur le retour.

B. : Vampire ?

E. : Loup.

B. : Tu crois qu'il y a un lien malgré tout ?

E. : Je n'en sais rien.

B. : L'attaquant en avait après toi ou Sookie ?

E. : C'est moi qui ai pris la balle mais je pense qu'il voulait atteindre Sookie.

B. : As-tu toujours confiance en la personne que tu lui as fait rencontrer ?

E. : Oui. Jamais il ne lui ferait de mal.

B. : Je vais continuer mes recherches. Je t'appelle dès que j'ai quelque chose.

TÉLÉPHONE : ERIC APPELLE BILL

E. : Bill, la meute de Shreveport est divisée et part en guerre. Je pense que l'attaque de l'autre soir est liée à cette situation. C'était certainement une tentative pour tuer une personne alliée de la meute. Car Sookie est l'amie déclarée d'Alcide, pas celle de Furnan – je ne suis pas certain qu'elle considère Alcide comme son ami, pourtant.

B. : Ton raisonnement se tient. Mais il n'explique pas la présence du vampire Jonathan au mariage. Sookie se ferait-elle attaquer sur deux fronts à la fois ? La dernière fois qu'elle a été traquée par un vampire, c'était à cause de la mort de Long Shadow. Ton désaccord avec Hot Rain a-t-il été réglé ? Ses deux protégés, celui qu'il a créé et celui qu'il a acquis, ont trouvé leur mort définitive. Sa soif de vengeance serait-elle encore plus forte ?

E. : Je n'ai pas eu de nouvelles de Hot Rain depuis la mort de Twining. Il vient d'en perdre deux. Je ne pense pas qu'il en envoie d'autres.

B. : Alors qui ?

E. : C'est ce que nous devons découvrir.

B. : Et pour le conflit entre meutes ?

E. : Malgré la balle qui m'a touché, cette affaire ne nous concerne pas. Nous n'intercéderons que dans l'intérêt des vampires ou pour protéger Sookie.

B. : Entendu.

TÉLÉPHONE : BILL APPELLE ERIC

B. : Eric, le désaccord entre les Loups vient d'être résolu. Alcide Herveaux est maintenant chef de la meute de Shreveport.

E. : Bien entendu, Sookie va bien.

B. : Oui. Merlotte était présent pour la protéger, et j'ai appris que Claudine en avait fait autant.

E. : Claudine. Cela lui ressemble bien.

B. : J'ai appris que le vampire Jonathan avait été repéré à d'autres endroits.

E. : C'est exact. Il était même venu au *Fangtasia* – curieuse coïncidence, je n'y étais pas, ce soir-là. J'ai d'énormes soupçons. Nous ne sommes pas en position de force, avec l'incapacité de Sophie-Anne et la mort d'André en plus.

B. : Tu es le plus fort des quatre shérifs.

E. : Oui.

B. : Mais tu ne veux pas prendre la tête.

E. : Non.

B. : Alors nous nous débrouillerons avec ce que nous avons.

Messagerie d'E. : Ici Eric. Laissez un message.
B. : Eric, Pam n'a pas pu entrer en contact avec Cleo.
Elle est allée au *Fangtasia*. Appelle-nous dès que tu as
ce message.

Messagerie d'E. : Ici Eric. Laissez un message.
B. : Eric, les vamp's de Las Vegas tentent de s'emparer
du pouvoir. Ils ont déjà attaqué certains shérifs et ils
cernent le *Fangtasia* en ce moment même. Je suis chez
Sookie. Appelle-moi !

B. : Eric, as-tu assez de temps pour me parler ?
E. : Merveilleusement formulé, Bill. Oui, je suis seul.
Dans ma voiture. Le fait d'avoir dû recevoir Felipe et sa
suite s'est avéré éprouvant. J'ai décidé d'aller faire un
tour.
B. : Qui Sookie tentait-elle d'appeler ?
E. : Quand ça ?
B. : Ne fais pas le malin, Eric. Quand tu as fait tomber
son téléphone.
E. : Ah. Eh bien, il est sans doute préférable que tu
saches. Si elle a besoin d'aide, c'est toi qui te trouves le
plus près. Elle appelait son arrière-grand-père.
B. : Aucun des arrière-grands-parents de Sookie n'est
plus en vie.
E. : En réalité, si. Il s'appelle Niall Brigant.
B. : Niall Brigant, le prince des faé ?
E. : Je ne savais pas que tu le connaissais.
B. : Je ne le connais pas, mais j'en ai entendu parler. Ça
explique beaucoup de choses, n'est-ce pas ?
E. : Effectivement. Il y a donc un joueur supplémentaire
en lice.
B. : Certes, mais ami ou ennemi ?

E. : J'ai la nette impression qu'il sera l'ami des amis de Sookie, et l'ennemi de ses ennemis. Mais je ne pouvais pas l'impliquer dans notre bataille. Nombre d'entre nous ne l'auraient pas supporté. Des deux côtés.

B. : Tu as raison.

E. : Pendant que je t'ai : je voulais t'avertir que Felipe a l'intention de te rencontrer pour parler de tes affaires et de ta base de données.

B. : Quand cela ?

E. : D'ici une semaine. Je te conseillerais de négocier sans complexe. Il est ambitieux et je suis certain qu'il va vouloir te pousser à étendre tes activités à d'autres secteurs informatiques. Par ailleurs, et pour l'instant du moins, il semblerait enclin à plus de générosité que Sophie-Anne pour s'assurer ta satisfaction.

B. : J'attendrai son appel. Je te remercie.

E. : Je t'en prie.

Bel et bien mort

Chronologie

Mardi 10 janvier 2006. Sookie arrive au *Merlotte* pour assurer le service du soir quand Sam l'informe que les métamorphes s'apprêtent à révéler leur existence au grand jour, à la télévision et dans divers endroits publics. Son frère Jason et certains de ses amis sont attablés, ainsi que Bill et son ami vampire Clancy. Tray et Amelia ne tardent pas à arriver. Sam sort de son bureau au moment où les programmes de télévision s'interrompent pour diffuser un flash info spécial annonçant l'existence des métamorphes, qui captive immédiatement l'attention de tous les clients du bar. À la grande surprise des habitués, Sam et Tray s'avancent et se métamorphosent. Sam, sous sa forme de prédilection, en colley, s'assoit à côté de Sookie, souriante, tandis qu'Amelia, la petite amie de Tray, serre ce dernier dans ses bras alors qu'il est sous sa forme de loup-garou. Même si certains clients commencent déjà à se faire à l'idée des métamorphes, Arlene réagit avec haine et colère, et rend son tablier. Elle quitte le bar accompagnée de ses amis de la Confrérie du Soleil. Sam, heureux, vient juste de reprendre sa forme humaine lorsqu'il reçoit un coup de fil de son beau-père, qui ignorait tout de la double nature de sa femme. Il raconte à Sam qu'il lui a tiré dessus (heureusement sans la tuer) lorsqu'elle s'est transformée sous ses yeux. Sookie accepte de tenir le bar pendant que Sam, hagard, part rejoindre sa famille.

MERCREDI 11 JANVIER. Sookie part travailler au *Merlotte* aux aurores afin de trouver une solution au départ d'Arlene. Elle constate vite qu'aucune des candidates potentielles auxquelles elle avait pensé n'est disponible, et décide à contrecœur de proposer le travail à Tanya Grissom, qui se trouve chez Calvin Norris à Hotshot. Tanya accepte de venir travailler quelques soirées, et elles se mettent d'accord pour qu'elle commence le lendemain. Terry Bellefleur s'occupe du bar, pendant que Sookie doit mettre les bouchées doubles pour combler l'absence d'Arlene. Sam appelle Sookie à la fermeture pour lui dire que sa mère a de bonnes chances de se rétablir complètement de sa blessure, mais que son beau-père a été arrêté et emprisonné.

JEUDI 12 JANVIER. Ne trouvant personne au *Merlotte* pour réceptionner sa livraison, Duff, le livreur de bière, appelle Sookie chez elle. Celle-ci file au *Merlotte* pour signer le récépissé et décide de rester au bar. Elle est au téléphone, en conversation avec Amelia, lorsque Bobby Burnham, l'employé de jour d'Eric, survient. À l'autre bout de la ligne, Amelia explique qu'Eric a appelé la nuit précédente, et que ce matin Octavia a fini par dire à Bobby où trouver Sookie. Bobby annonce donc à Sookie qu'Eric lui demande de se rendre au *Fangtasia* le soir même pour rencontrer Victor Madden, le lieutenant de

Felipe de Castro, nouveau roi de Louisiane, de l'Arkansas et du Nevada. Elle accepte et Bobby lui tend un paquet enveloppé de velours noir, qu'elle devra donner à Eric en présence de Victor. Après le départ de Bobby, Sookie continue le cours de sa journée de travail. Les clients et employés du *Merlotte* s'habituent petit à petit à l'existence des métamorphes. Tanya arrive en avance pour un briefing rapide avant de prendre son service, et Sookie parvient à gagner Shreveport à l'heure pour son rendez-vous.

Pam accueille Sookie dès son entrée et lui demande de se présenter au bureau d'Eric pour lui remettre respectueusement le paquet de velours. Victor observe attentivement Eric, qui ouvre avec solennité le paquet et en sort un magnifique poignard étincelant, celui-là même qu'il a utilisé lors de la cérémonie de mariage à Rhodes. C'est également celui avec lequel il s'est coupé lorsqu'il a forgé son lien de sang avec Sookie. Tandis qu'il embrasse le couteau, Sookie, mal à l'aise, se rend compte qu'elle ne saisit pas tout ce qui est en train de se passer. Elle est choquée quand Victor lui explique que la requête de Quinn, qui a demandé l'autorisation d'avoir un entretien privé avec elle, lui sera désormais refusée, et que Felipe a décidé de reconnaître le droit de préemption d'Eric sur Sookie. C'est bientôt la colère qui l'envahit car les métamorphes en relation d'affaires avec des vampires devront dorénavant obtenir d'Eric l'autorisation d'entrer dans la Cinquième Zone. Cette règle, annonce Victor, a été spécialement négociée par Eric en contrepartie de son ralliement au nouveau régime. Sookie devient furieuse quand Victor lui apprend qu'elle et Eric viennent d'utiliser le poignard selon un rituel de sang bien établi, et que leur mariage est officiellement scellé selon la loi des vampires. Sa colère ne faiblit pas malgré les efforts d'Eric qui lui explique, pour la calmer, qu'il a agi pour son bien. Elle quitte la pièce, lui promettant qu'ils en reparleront plus tard.

VENDREDI 13 JANVIER. Sam appelle chez Sookie pour lui donner de brèves nouvelles sur la santé de sa mère. Sookie est désemparée de recevoir la visite de l'agent Sara Weiss, du bureau du FBI de La Nouvelle-Orléans, et de l'agent spécial Tom Lattesta, du bureau de Rhodes. Ils lui montrent un cliché d'elle et de Barry, pris dans les décombres de l'hôtel *Pyramid* après son explosion, et commencent à lui poser des questions sur Barry et les événements de cette funeste journée. Le téléphone sonne et Amelia, bouleversée, les interrompt pour informer Sookie qu'on a besoin d'elle en urgence au *Merlotte* : une femme vient d'être retrouvée crucifiée dans le parking du bar.

Sookie arrive au bar, accompagnée des fédéraux. Elle est dévastée en constatant que la femme assassinée n'est autre que Crystal, sa belle-sœur enceinte. Elle appelle Sam pendant que la police relève les indices. Jason, effondré par l'annonce de la mort de son épouse, arrive le premier, suivi de peu par Calvin Norris, accablé de douleur et accompagné de Tanya Grissom. Sookie emmène le chef de la communauté de Hotshot sur la scène du crime, où il espère, en flairant le corps de sa nièce, traquer l'odeur du tueur. Il tente de s'approcher du corps, mais les forces de l'ordre l'en empêchent. Sookie est touchée par l'attention que porte le shérif Bud Dearborn à Calvin, et elle comprend que le vieux shérif connaissait l'existence des panthères bien avant la Grande Révélation. Mel Hart, un ami de Jason, arrive et le persuade de rentrer chez lui. Calvin restera jusqu'à ce que le corps de Crystal soit enlevé de la croix. Sookie décide de quitter les lieux quand la police l'informe que l'établissement devra rester fermé pendant plusieurs heures au moins. À la tombée de la nuit, toujours sans aucune nouvelle concernant la réouverture du bar, elle se rend au *Fangtasia* pour voir Eric.

Sookie est réconfortée par sa présence et l'écoute en silence, tandis qu'il lui raconte sa vie avant et après sa vampirisation par Appius Livius Ocella. Elle lui fait part de son inquiétude sur l'intérêt que le FBI porte à Barry et à elle-même. Elle craint que les agents n'insistent pour qu'elle travaille pour eux. Eric lui explique qu'il l'a épousée selon les rites des vampires pour la protéger du roi Felipe qui, bien qu'il lui soit redevable, veut l'emmener avec lui à Las Vegas pour exploiter son don à son profit. Sookie demande des détails sur leur lien, mais elle est trop épuisée par les événements de la journée pour poursuivre cette discussion, et rentre chez elle.

SAMEDI 14 JANVIER. Andy Bellefleur donne son feu vert pour rouvrir le *Merlotte*. Sookie se sent soulagée de voir Sam passer la porte alors qu'elle prépare le bar pour la journée. Sa mère est en voie de guérison mais la situation avec son beau-père est très tendue. Quand Sookie lui annonce qu'elle a épousé Eric, la réaction violente de Sam la pousse à quitter le bar, excédée. Elle contacte Tara pour obtenir des conseils, lui retraçant les derniers événements dans leur intégralité. Sa meilleure amie la réconforte : elle aurait peut-être pu mieux gérer la situation. Cependant, seuls les vampires seront au courant de cette alliance, ce qui lui laisse le temps de réfléchir. En dépit de son passé tourmenté avec les vampires, Tara lui accorde qu'il existe certains avantages à la relation qu'elle entretient avec Eric. Tara lui annonce ensuite une grande nouvelle : elle est enceinte, et fermement décidée à donner à son bébé l'enfance qu'elle n'a jamais pu avoir.

En revenant chez elle pour déjeuner, Sookie prend note d'un message d'un certain Louis Chambers pour Octavia. Quand elle donne le papier avec le numéro de Louis à Octavia, il apparaît clairement que cet homme compte beaucoup pour Octavia, qui le rappelle immédiatement.

Au moment où Sookie entre au *Merlotte* pour prendre son service du soir, Sam est en pleine dispute avec Bobby Burnham. Ce dernier tend à Sookie une enveloppe de la part d'Eric en lui précisant qu'il lui a donné l'ordre de se tenir en permanence à sa disposition, bien qu'il considère cette situation comme humiliante. Sookie entre dans la salle ; elle y trouve les agents Weiss et Lattesta à une table, ainsi que son arrière-grand-père à une autre qui les a entendus parler d'elle. De son côté, elle lui expose ses craintes de devoir travailler pour le FBI. Elle lui demande s'il a entendu parler de la mort de Crystal. Il répond que même s'il n'a jusque-là pas manifesté d'intérêt particulier pour Jason, il se sent toujours concerné lorsqu'une personne qui lui est liée, même indirectement, vient à mourir. Il mènera donc sa propre enquête. Il fait ensuite une vague allusion à des soucis imminents et lui assure qu'il va se charger de tout. Il lui conseille néanmoins de se méfier des faé qu'elle ne connaît pas. Elle reste en froid avec Sam toute la soirée.

Lorsque Sookie revient de son travail, Louis Chambers est déjà arrivé pour ramener Octavia à La Nouvelle-Orléans. Après leur départ, Amelia explique à Sookie qu'il est sorcier, et elles concluent toutes les deux que le vieux couple n'a rien à redouter, surtout là où ils se rendent.

DIMANCHE 15 JANVIER. Dans le courant de la matinée, Andy et l'agent Lattesta rendent visite à Sookie pour l'interroger sur la mort de Crystal. Après leur départ, Sookie s'est installée pour prendre le soleil dans sa cour malgré la fraîcheur, lorsqu'elle est surprise par la visite de Diantha, porteuse d'un message de Maître Cataliades. L'avocat a chargé sa nièce d'avertir Sookie que des faé se promènent dans ce monde, et qu'ils vont tenter de la capturer pour lui faire du mal. Sookie apprend de Diantha que Niall a beaucoup d'ennemis, le plus important d'entre eux étant l'autre prince des faé, son neveu Breandan. Une fois Diantha partie, Sookie décide de contacter ses cousins faé Claudine et Claude pour fixer une rencontre. Au cours de leur discussion, elle découvre de nouveaux éléments sur son ascendance faérique ainsi que la raison pour laquelle son arrière-grand-père a tant d'ennemis. Breandan voue une haine féroce à tous les humains possédant du sang faé : selon lui, ils doivent être éliminés car ils diluent la magie faérique. Il veut protéger le monde de Faérie de la contamination humaine et le fermer à jamais. Claude et Claudine avertissent Sookie que son grand-oncle Dermot est le portrait craché de son frère Jason et qu'elle doit se méfier de lui, car il a été impliqué dans la mort de ses parents.

Perturbée par tous ces avertissements, Sookie retourne chez elle et décide de prendre le temps de réfléchir calmement, en désherbant ses parterres de fleurs. Elle est occupée à manier son vieux déplantoir, quand elle entend soudainement quelqu'un déclarer qu'il va avoir grand plaisir à la tuer « pour son seigneur et maître ». Elle se précipite instinctivement vers l'avant, et enfonce son déplantoir dans le ventre de son agresseur jusqu'au manche. Tandis qu'il s'écroule sur le sol, elle se précipite chez elle, verrouille les portes et appelle Niall à son secours. Son arrière-grand-père arrive avec son fils Dillon, père de Claudine et Claude, ravi qu'elle ait tué l'un de ses ennemis. Tandis que le corps se désintègre en fine poussière scintillante, Niall réitère ses avertissements et repart.

Sookie, troublée, revient mentalement sur le cours de sa journée lorsque Quinn apparaît inopinément. Par leur lien de sang, Sookie ressent immédiatement la rage d'Eric provoquée par sa présence. Elle est contrariée par Quinn qui lui demande pourquoi elle est plus dure envers lui qu'envers n'importe quelle autre personne. Il exprime sa peur qu'Eric ne fasse tout pour l'isoler de tous ceux qui l'aiment. Averti par celui-ci, Bill survient, et les deux hommes commencent à se battre : Quinn, furieux, se jette sur Bill de toutes ses forces. Entraîné par le mouvement, ce dernier vient brutalement percuter Sookie, qui perd conscience sous la violence du choc. Elle se réveille dans la pénombre de sa chambre aux côtés d'Eric, et reconnaît le goût de son sang sur ses lèvres. Leur passion mutuelle éclate et les embrase. Après avoir fait l'amour, Eric et

Sookie discutent, et elle lui raconte tout ce qui s'est passé dans la journée. Eric propose à Sookie, très étonnée, d'emménager chez lui ; il est un peu surpris qu'elle décline gentiment sa proposition. Ils parlent des sentiments qu'ils éprouvent l'un pour l'autre, puis Eric part, à contrecœur, rejoindre son domicile. À travers la fenêtre de sa cuisine, Sookie aperçoit Bill, qui veille sur elle depuis les bois.

LUNDI 16 JANVIER. Abattu, Jason passe voir Sookie et l'attend dans son jardin. Même si elle pense un jour pouvoir lui pardonner ses agissements passés, leur relation reste tendue. Il lui demande de venir à l'enterrement de Crystal, et, au cas où elle découvrirait qui a tué sa femme, de prévenir la police ou bien de l'en informer directement, auquel cas Calvin et lui se chargeraient du reste.

Sookie est surprise de trouver un message d'Arlene, qui désire lui parler. Quand elle apprend par Sam qu'Arlene a essayé de récupérer son poste, et qu'il ne souhaite pas donner suite, elle décide de passer voir son ancienne amie chez elle, comme elle l'a demandé, pour tenter de faire la paix. Elle appelle Arlene mais sent que quelque chose ne va pas. Elle part donc sans attendre l'heure de leur rendez-vous, pour observer la situation d'un peu plus près avant d'y mettre les pieds.

Depuis la maison voisine réduite en cendres, Sookie observe Arlene confier ses enfants à une amie, puis parler à deux hommes de la Confrérie du Soleil. Elle comprend qu'ils projettent de lui faire subir le même sort que Crystal. Elle appelle Andy Bellefleur, qui se trouve avec les agents du FBI. Ils s'engagent à venir et à la couvrir si elle est d'accord pour y aller, afin d'essayer de prendre les hommes en flagrant délit. Alors qu'elle attend leur arrivée, Sookie voit Arlene essayer de filer en douce et sort de sa cachette pour l'interpeller. Au même moment, la police arrive, Arlene se met à crier, et les deux hommes sortent de la caravane, fusils en main. L'agent spécial Lattesta leur ordonne de poser leurs armes à terre, mais l'un d'eux tire sur Sookie, qui se jette au sol. La balle effleure à peine Arlene mais atteint l'agent Weiss en pleine poitrine. La fusillade éclate. L'un des attaquants se fait tuer et l'autre est grièvement blessé. Sonnée, Sookie se rassoit. Elle se rend soudain compte que les deux hommes ne sont pas les assassins de Crystal mais qu'ils avaient l'intention de reproduire avec Sookie le même rituel macabre. Alors que les blessés sont confiés aux soins des urgentistes, Sookie regarde au loin et aperçoit une faé qui observe la scène depuis la lisière des bois. Après lui avoir posé quelques questions, le shérif Dearborn la renvoie chez elle.

Sookie se rend à son travail, soulagée de constater que rien d'anormal ne se passe là-bas. Elle redevient pour une soirée une banale serveuse du *Merlotte*.

MARDI 17 JANVIER. Amelia parle à Sookie d'un nouvel homme séduisant, Drake, qui lui a posé, ainsi qu'à Tray, des questions sur elle, mais Sookie refuse de le rencontrer. Remy Savoy appelle pour demander des conseils à Sookie au sujet de Hunter, qui s'apprête à faire sa première rentrée à l'école maternelle. Elle est malheureusement obligée de repousser son intervention à plus tard : étant sous la menace des faé, elle ne veut pas mettre en danger le jeune garçon et son père. Elle lui promet de le recontacter dès que tout se sera calmé, espérant qu'elle saura survivre à ce qui se prépare. Tandis qu'Amelia se fait belle pour son rendez-vous avec Tray, elle mentionne de nouveau Drake et son désir de rencontrer Sookie. Quand Amelia lui dit qu'il ressemble beaucoup à Jason, Sookie, effrayée, recommande à son amie de s'en tenir à distance. Sookie appelle Eric pour solliciter la protection des vampires. Il transmettra sa requête à Victor, justement présent au *Fangtasia* ce soir-là. Une fois arrivée au *Merlotte*, Sookie se fait violence pour ne rien laisser paraître de son angoisse, tout en essayant d'entendre des pensées relatives au meurtre de Crystal. Mais rien d'autre ne filtre que les pensées banales des gens autour d'elle. Elle reçoit un texto d'Eric, qui lui confirme que la protection demandée est en chemin, et un autre d'Alcide, qui a eu vent de ses problèmes par Tray, et lui propose la protection de sa meute. Avant de quitter le *Merlotte*, Sookie remplit deux pistolets à eau de jus de citron pur afin de se défendre en cas d'attaque des faé.

Comme promis par Eric, Sookie découvre Bubba qui l'attend à côté de sa voiture sur le parking pour la protéger. En arrivant chez elle, elle trouve Tray, envoyé par Alcide dans le même but.

MERCREDI 18 JANVIER. Sookie se réveille et découvre que Tray est pris de violents vomissements. Il lui raconte avoir rencontré une femme dans les bois qui l'a obligé à boire du sang de vampire empoisonné. Sookie, inquiète, le renvoie chez lui et lui promet d'appeler Jason pour le remplacer. Niall apparaît dans son salon, semblant sortir tout droit d'un combat, pour lui annoncer que Breandan a riposté violemment suite à la mort de son disciple. Il lui recommande d'être encore plus vigilante. Sookie appelle Jason, pour qu'il vienne la protéger, et est horrifiée d'apprendre qu'il a reçu la visite de Dermot, venant juste d'agresser son ami Mel. Jason arrive accompagné de ce dernier qui les quitte momentanément afin d'aller chercher un sac de glace pour son épaule blessée. Sookie en profite pour dévoiler à Jason la nature du lien qui existe entre leur famille et les faé, l'avertissant du danger que représente Dermot. Jason veut rentrer chez lui prendre sa carabine et lui demande de revenir le chercher en voiture pour qu'il puisse passer toute la journée avec elle. Il repart avec Mel. Tandis qu'elle se met en route pour rejoindre son frère chez lui, elle commence à réfléchir à ce qu'elle a appris. L'identité du meurtrier de Crystal commence à se matérialiser dans son esprit. Elle appelle donc Calvin.

Une fois arrivée chez son frère, elle trouve Jason et Mel derrière la maison en train de s'entraîner à tirer, la carabine à la main. Elle commence à questionner Mel, et quand son frère comprend le sens de ses questions, il l'agrippe fermement pour permettre à Sookie de lire ses pensées. Sookie révèle à son frère horrifié que c'est bien lui qui a tué Crystal. Calvin arrive juste à ce moment, accompagné de deux autres parents de Crystal. Mel avoue qu'il est homosexuel, amoureux de Jason, et qu'il n'a pas supporté la façon dont Crystal l'a déshonoré. Crystal connaissait l'amour que portait Mel à Jason et l'a humilié un jour où ils se trouvaient seuls chez elle. Il l'a giflée de toutes ses forces dans un élan de colère mais il certifie qu'il ne l'a pas crucifiée. Il a mis le corps dans le coffre de son pick-up, où il a été dérobé. Sookie quitte la scène, laissant les panthères-garous administrer leur sentence.

Sookie parvient à assurer normalement son service du soir au Merlotte, mais elle se rappelle sur le chemin du retour qu'elle a promis de retrouver Amelia chez Tray pour vérifier s'il va bien. Quand elle arrive, elle est inquiète de constater que personne ne répond à la porte et de ne percevoir aucun signe de la présence de sa colocataire. Craignant le pire, elle appelle Bill pour qu'il vienne inspecter la maison. Tandis qu'elle l'attend dehors, son téléphone sonne et elle est soulagée d'entendre la voix d'Amelia qui lui explique qu'elle n'a pas trouvé Tray à son domicile, et qu'elle est donc rentrée chez elle. Bill sort de la maison : il a trouvé des traces de bagarre et Tray a disparu. Inquiète et effrayée de ce que les faé ont pu faire à Bubba aussi, Sookie se rue chez elle en voiture, Bill derrière elle. Alors qu'elle atteint sa porte d'entrée, elle se fait enlever.

Sookie se réveille dans ce qui semble être une maison abandonnée, prisonnière de deux faé, Lochlan et sa sœur Neave. Elle apprend que ce sont eux qui ont crucifié

Crystal et qu'ils ont la permission de Breandan de faire d'elle ce qu'ils veulent, tant qu'elle reste en vie. Tandis que ses deux bourreaux la torturent avec une joie malfaisante, Sookie se rend compte qu'ils ne pourront pas se contrôler. Elle attend la mort. À peine consciente, elle croit être victime d'hallucinations quand elle aperçoit Bill et Niall qui s'approchent à pas de loup derrière ses tortionnaires. Elle arrive à esquiver un sourire quand Niall décapite Lochlan et Bill égorge Neave de ses crocs. Sookie succombe finalement à la douleur insupportable de ses blessures et perd connaissance.

JEUDI 19 JANVIER. En reprenant conscience dans un lit qui n'est pas le sien, Sookie découvre que ses plaies ont été nettoyées et bandées. À ses côtés se tiennent Claudine et le Dr Ludwig qui lui annonce que ses bourreaux sont morts, mais que Bill a été grièvement blessé en la sauvant. Claudine explique qu'une guerre ouverte a débuté entre Niall et Breandan et qu'elle vient de se sortir d'une embuscade. Elle reprend son tricot et lui révèle qu'elle est enceinte de son amant faé. Eric survient. Il examine les plaies de Sookie et il lui fait boire de son sang pour lui redonner des forces avant la bataille imminente avec les faé. Comme Sookie commence à pleurer, Eric la réconforte et la complimente pour sa résistance et sa survie face à la terrible épreuve qu'elle a subie. Elle sort de son sac ses armes de fortune, puis Eric la porte dans la chambre où Bill et Tray sont allongés. Victime d'un empoisonnement à l'argent, Bill est gravement malade. Tray, quant à lui, ne survivra pas à ses blessures. Bill explique à Sookie qu'il a assisté à l'enlèvement, mais qu'il savait ne pas pouvoir vaincre les jumeaux à lui seul ; il a alors appelé Eric pour qu'il prévienne Niall. Bill et Niall ont ensuite réussi à poursuivre Sookie et ses bourreaux en passant par le monde des faé et le monde des humains, jusqu'à l'endroit où elle était maintenue captive.

Eric reçoit un appel l'informant que les forces de Breandan arrivent et que l'heure de l'attaque est toute proche. Eric, Bill et Clancy, armés d'épées d'acier et de longs couteaux, font face à la porte lorsque celle-ci vole en éclats sous la force de l'attaque des faé. Clancy décapite le premier faé qui entre. Bill se place devant Sookie, lance son couteau qui va se ficher dans la gorge du second faé, puis se saisit du déplantoir de Sookie. Breandan entre, couvert de sang, une aiguille à tricoter plantée dans l'épaule, suivi d'une guerrière brandissant une massue. Eric parvient à esquiver le coup mais Clancy est touché. Breandan l'achève en le décapitant et se dirige sur Bill. Tray sait qu'il vit ses derniers moments, et fait un effort surhumain pour distraire Breandan en agrippant sa chemise. Au moment où Breandan plonge son épée dans le corps de Tray, Bill lui enfonce le déplantoir de Sookie dans l'aisselle. L'ennemi s'écroule. La guerrière faé s'avance alors vers Bill, qui tient à peine debout, et Sookie l'asperge copieusement de jus de citron. La faé hurle de douleur et Eric parvient à l'éliminer. Niall apparaît et découvre que tous ses ennemis sont morts. Il prend son arrière-petite-fille dans ses bras ; celle-ci pleure ses amis morts au combat mais réussit à esquisser un sourire quand elle se rend compte que Bill est encore en vie, même si Claudine n'a pas eu la même chance. Eric appelle Pam pour qu'elle vienne chercher les morts et les rescapés.

VENDREDI 20 JANVIER – SAMEDI 21 JANVIER. Amelia pleure amèrement la mort de Tray. La version officielle attribue l'origine de son décès à une agression commise par des dealers suite à une erreur sur la personne. Sookie explique à tout le monde que ses propres blessures sont dues à un chauffard qui l'a renversée avant de s'enfuir, mais elle dévoile toute la vérité à Sam lorsqu'il vient lui rendre visite.

Dimanche 22 janvier. Niall vient annoncer à Sookie qu'il a décidé de condamner tous les accès au monde des faé afin de protéger les humains, mais qu'ils n'ont pas réussi à retrouver Dermot. Les faé qui vivaient parmi les humains vont donc devoir faire un choix : retourner en Faérie et y rester à tout jamais, ou continuer à vivre ici pour toujours. Jason arrive, surprenant Niall, qui croit un instant qu'il s'agit de Dermot. Blessé, Jason en veut à son arrière-grand-père de ne pas l'avoir estimé digne de considération et d'attention. Il déclare qu'il espère que les faé sont partis pour de bon. Quand Niall embrasse son arrière-petite-fille sur la joue, Sookie ressent son pouvoir et se sent immédiatement un peu mieux. Niall dépose un baiser sur le front de son arrière-petit-fils avant de partir, et Sookie observe Jason qui se détend.

Bill et Eric – échanges secrets

À : WCompton@vmail.com
De : Eric@Fangtasia.com
02 : 15

Bill,

On m'a averti que les métamorphes vont se révéler en direct à la télévision dans trois nuits. Il a été prévu que certains se changent en simultané et en public à plusieurs endroits. Je vais envoyer autant de vampires que possible pour garder un œil sur la situation et prêter main-forte si nécessaire. J'assisterai personnellement à la métamorphose d'Alcide Herveaux, au *Shamrock Casino*. Je t'envoie Clancy pour veiller sur le *Merlotte* pendant la métamorphose de Sam et Tray Dawson.

Eric

À : Eric@Fangtasia.com
De : WCompton@vmail.com
02 : 35

Eric,

Alors notre philosophie, c'est « l'ennemi de mon ennemi est mon ami », c'est bien ça ? En clair, nous nous allions plutôt contre les humains qu'avec les métamorphes ? Mais je comprends le raisonnement. Je serai au *Merlotte* avec Clancy pour regarder la Révélation.

Je vois que tu as trouvé un FAI. Bienvenue dans le 21e siècle.

À : WCompton@vmail.com
De : Eric@Fangtasia.com
02 : 40

Pam a insisté pour que je commence à communiquer par e-mail.

C'est quoi, un FAI !

À : Eric@Fangtasia.com
De : WCompton@vmail.com
02 : 42

Fournisseur d'Accès Internet.

À : WCompton@vmail.com
De : Eric@Fangtasia.com
02 : 44

Alors pourquoi on ne tape pas « fournisseur d'accès internet » ?

À : Eric@Fangtasia.com
De : WCompton@vmail.com
02 : 47

Ça va moins vite.

À : WCompton@vmail.com
De : Eric@Fangtasia.com
02 : 48

Apparemment pas, si on doit poser la question pour comprendre ces abréviations.

À : Eric@Fangtasia.com
De : WCompton@vmail.com
02 : 50

Demande une liste à Pam.

À : WCompton@vmail.com
De : Eric@Fangtasia.com
02 : 51

Je déteste les ordinateurs.

À : WCompton@vmail.com
De : Eric@Fangtasia.com
06 : 01

Bill,

J'imagine que tu as déjà appris que la mère de Merlotte avait été blessée par son mari quand elle a révélé sa seconde nature. Merlotte est parti à son chevet en confiant le bar à Sookie. Mais la femme de son frère, Christy, vient d'être retrouvée clouée sur une croix dans le parking. Je ne sais pas quoi en conclure : je te demande bien évidemment de garder les yeux et les oreilles en alerte.

Eric

Pour : Eric@Fangtasia.com
De : WCompton@vmail.com
06 : 13

Elle s'appelait Crystal. Je veillerai sur Sookie.

Bill

TÉLÉPHONE : ERIC APPELLE BILL

E. : Bill, va immédiatement chez Sookie ! Quinn est entré dans la zone sans ma permission. Tu dois t'assurer qu'il ne harcèle Sookie en aucune manière. Empêche-le de la toucher par tous les moyens.
B. : Je suis déjà en chemin.

TÉLÉPHONE : BILL APPELLE ERIC

B. : Eric, Sookie vient d'être enlevée par les faé. Je crois qu'on les appelle Lochlan et Neave. Tu dois absolument contacter Niall et lui dire de venir à sa maison pour qu'on puisse la pister. Maintenant, Eric, tout de suite !
E. : Je l'appelle et je te rejoins.

Chronologie

Première semaine de mars 2006. Pleurant la mort de son amant, Tray Dawson, Amelia décide de retourner à La Nouvelle-Orléans pour y reprendre sa vie. Sookie, elle aussi, se débat avec les suites émotionnelles et physiques de la torture qu'elle a subie aux mains des faé. Tandis qu'elles chargent sa voiture, Amelia pose des questions à Sookie au sujet de ses sentiments pour Eric. Elle lui propose de l'aider à trouver un moyen de se libérer du lien de sang. Sookie accepte. Toutes deux se font des adieux bouleversants. Sookie passe en revue les événements et les deuils des derniers mois et reconnaît qu'elle souhaite la mort de certaines personnes pour la douleur qu'elles ont causée. Elle se demande si sa vie vaut bien le prix qu'elle a coûté.

À la fin de cette même semaine. Sookie se réveille un matin pour trouver son cousin Claude sur sa véranda. Il lui demande comment sa sœur est morte. Sookie lui explique qu'elle n'a pas assisté à sa mort mais qu'elle croit Breandan responsable. Claude reste assis sans mot dire et Sookie attend qu'il la frappe et la tue. Il finit par s'en aller en marchant vers la route. Sookie rentre dans sa maison et tombe à genoux. Prise de tremblements, elle se rend compte qu'en réalité, elle veut vivre.

Seconde semaine de mars. Sookie s'entraîne avec son ami JB du Rone au club de gym de Clarice, où ce dernier travaille comme coach. Ensuite, elle bavarde avec son épouse, Tara, sa meilleure amie. Elles parlent de la naissance imminente du premier enfant du couple. Lorsque Tara lui explique que l'enfant l'appellera Tatie Sookie, elle commence à regarder vers le futur.

CETTE MÊME SEMAINE. Sookie passe la nuit avec Eric et se réveille en panique, ce qui arrive trop fréquemment ces temps-ci. Eric pleure avec elle, mais lorsqu'il lui explique pourquoi il n'est pas venu à son secours pendant son calvaire, elle se montre tout d'abord très sceptique. Victor Madden l'a fait retenir prisonnier au moyen de chaînes d'argent pour qu'il ne puisse pas aller la sauver. Victor affirmait que les actions d'Eric allaient forcer les vampires à s'impliquer dans la Guerre des Faé. Pam avait également été capturée mais n'était pas enchaînée. Certains vampires, fidèles au roi Felipe, lui avaient permis d'appeler le roi pour lui rappeler la promesse personnelle qu'il avait faite de protéger Sookie. Felipe avait alors exigé de Victor qu'il libère Eric et Pam. Entendant la douleur et la fureur dans la voix d'Eric, Sookie accepte son explication. Eric est surpris lorsqu'elle lui déclare que Victor doit mourir.

TROISIÈME SEMAINE DE MARS. Jason invite Sookie à partager un barbecue avec lui et Michele. Elle est heureuse de constater qu'il se remet des épreuves qu'il a subies et qu'il semble maintenant prendre de la maturité. Jason avoue qu'il n'a pas encore révélé sa nature de panthère-garou au grand jour et qu'il préfère garder le secret pour l'instant. Il en a toutefois parlé à Michele, qui l'accepte comme il est, héritage faé compris.

QUATRIÈME SEMAINE DE MARS. Sam regarde Sookie travailler. Il exprime sa joie de la voir sourire de nouveau. Ils discutent et il lui demande si elle a vu Bill. Lorsqu'elle avoue penser que Bill l'évite ces temps-ci, Sam l'encourage à rendre visite à son ancien amant.

FIN DE CETTE MÊME SEMAINE. Sookie rend visite à Bill. Elle est alarmée de constater son état. Il a reçu du sang de ses congénères, mais ne s'est toujours pas remis d'avoir été empoisonné à l'argent durant la Guerre des Faé. Sa passion pour l'informatique s'est éteinte et plus rien ne l'intéresse. Sookie lui demande alors ce qui pourrait l'aider. Il explique qu'il serait déjà totalement guéri s'il avait pu recevoir du sang de Lorena, celle qui l'a fait passer de l'autre côté. Quand Sookie demande si Lorena a créé d'autres vampires, Bill répond qu'elle a vampirisé une autre femme. Il s'agit de sa seule sœur de lignée mais il ne peut lui demander de l'aide. En s'en allant, Sookie se promet de trouver un moyen d'aider son ami.

Maintenant qu'elle a vu Bill et décidé de lui venir en aide, Sookie retrouve la paix dans une certaine mesure et parvient à dormir pendant les nuits suivantes. Elle se détend suffisamment pour apprécier pleinement ses ébats avec Eric.

MERCREDI 12 AVRIL. Alcide appelle et demande à Sookie si la meute des Longues Dents peut courir sur ses terres à la prochaine pleine lune. Elle accepte et lui recommande de prendre également contact avec Bill, dont la propriété borde la sienne. Elle est étonnée qu'Alcide n'utilise pas ses propres terres comme à son habitude mais des pêcheurs y sont installés en ce moment. Ils prétendent que le père d'Alcide, décédé, les avait autorisés à camper là. Alcide et Sookie sont légèrement perturbés que des étrangers débarquent chez les Herveaux, juste avant la pleine lune. En arrivant au travail, Sookie raconte l'histoire à Sam et lui suggère de se joindre aux Loups pour la soirée. Sam mentionne en passant qu'il sort avec un membre de la meute. Selon lui, ce serait amusant de se changer en loup et de courir avec la meute mais ce ne serait pas une bonne chose. Il confirme que Sookie viendra quand même avec lui au mariage de son frère, dès qu'une nouvelle date aura été arrêtée. Il admet qu'il ne pense pas judicieux d'emmener une Louve avec lui.

JEUDI 13 AVRIL. Les Loups arrivent pour leur course et Sookie rencontre la nouvelle amie d'Alcide, Annabelle Bannister, accompagnée de son nouveau second, Basim al Saud. Elle reconnaît Hamilton Bond, un ami d'Alcide, ainsi que la jeune femme mince qu'elle avait rencontrée au *Hair of the Dog* et deux femmes de la meute de Priscilla Hebert, qui s'étaient soumises à Alcide après la Guerre des Loups. Sookie s'installe chez elle pour la nuit, portes closes et verrouillées, rideaux fermés. La meute part en chasse.

VENDREDI 14 AVRIL. Basim s'annonce au moment où les loups-garous s'en vont. Il apprend à Sookie que les Loups ont trouvé des signes indiquant qu'un vampire et au moins un faé se sont trouvés sur les terres de Sookie – sans compter un cadavre enterré. Sookie comprend immédiatement qu'il doit s'agir du corps de Debbie Pelt. Elle le remercie et réfléchit à la situation, tandis que les derniers Loups disparaissent.

On frappe à sa porte. Sookie est surprise de trouver Claude sur le seuil. Il porte un gros sac de voyage. Il se sent seul dans la maison qu'il partageait autrefois avec ses sœurs et lui demande s'il peut s'installer chez elle pendant quelque temps. Privé de la compagnie des siens, il a l'impression de dépérir. Sookie a suffisamment de sang faé dans les veines pour l'aider à récupérer. Claude lui apporte également une lettre de son arrière-grand-père, Niall Brigant. La lettre est écrite sur de la peau, celle des naïades qui ont assassiné les parents de Sookie. La missive lui apprend qu'avant de quitter le monde des humains, Niall a utilisé les bénéfices qu'il avait tirés de la vente de sa société de produits pharmaceutiques pour faire en sorte que le FBI ne l'inquiète plus ; que Claudine lui a légué tout son argent ; et que Maître Cataliades, qui gère la succession, lui enverra un chèque. Elle appelle Amelia pour savoir si elle a l'intention de revenir à Bon Temps. Son amie lui dit devoir rester à La Nouvelle-Orléans. Elle permet donc à Claude de s'installer dans la chambre à l'étage. Elle lui demande s'il s'est promené récemment dans ses bois. Il le nie. C'est alors qu'elle lui rapporte la piste olfactive détectée par les loups-garous.

Elle s'étonne qu'à la nouvelle, il ne se précipite pas dehors pour retrouver le seul de ses semblables qui serait demeuré dans le monde des humains. Claude exprime alors son inquiétude : il a peur qu'il ne s'agisse de son grand-oncle Dermot, qui ne serait pas heureux de le voir. Sookie en conclut qu'après la mort de ses deux sœurs Claude commence à comprendre qu'il a besoin des autres et surtout de sa famille.

Sookie travaille au *Merlotte* ce soir-là. Elle est ravie lorsque Holly, fière d'afficher sa nouvelle bague, annonce ses fiançailles avec Hoyt Fortenberry. Cela lui fait réfléchir à ce que représente l'institution du mariage. Tara, dont la grossesse est désormais manifeste, arrive au bar pour satisfaire l'une de ses envies. Sookie décide un peu plus tard que puisque Eric est son petit ami – elle est fermement déterminée à ne pas employer le mot « époux » – elle va lui demander son avis sur les récents événements.

Eric envoie Pam chercher Sookie après la fermeture du *Merlotte*. Elle détecte immédiatement l'odeur d'un faé chez Sookie. Celle-ci lui explique que Claude est venu s'installer chez elle mais Pam ne croit pas à la solitude de Claude. D'après elle, Sookie se montre stupide et naïve de croire à cette histoire. Sookie est vexée de cette réaction. En chemin pour Shreveport, elles parlent ensemble de Victor Madden. La discussion se poursuit dans la maison d'Eric. Sookie informe Eric et Pam que les loups-garous ont emprunté sa terre et confie à Eric qu'ils y ont senti l'odeur d'un faé non identifié et d'un cadavre enterré. Eric demande à Pam de partir. Il s'assure ensuite que le cadavre est celui de Debbie. Puis ils font l'amour passionnément avant le départ de Sookie. En ramenant Sookie chez elle, Pam lui rappelle qu'elle n'a pas annoncé à Eric que Claude vivait chez elle. Elle exprime également ment des réserves quant à la relation de Sookie et Eric : avec son statut au sein du nouveau régime de Felipe, Eric ne peut pas se permettre de se laisser distraire par quoi que ce soit – ou qui que ce soit. Pam repère une voiture sur l'accotement de l'autoroute et identifie Bruno Brazell, le second de Victor, debout sous la pluie à côté du véhicule, qui leur fait signe de s'arrêter. Elle comprend que Bruno est accompagné de la vampire Corinna et qu'ils ont l'intention d'assassiner le second d'Eric ainsi que son amante. Pam donne une dague en argent à Sookie, la prévenant qu'elle ne peut combattre les deux adversaires à la fois et que Sookie devra l'aider. Elle se glisse hors du véhicule du côté conducteur. Sookie sort également pour s'avancer vers Bruno. Corinna se tient à la droite de Bruno, guettant Pam avec attention. Bruno avoue que Victor fait surveiller la maison d'Eric et qu'il a été décidé d'attaquer Pam et Sookie lorsqu'on les a vues partir ensemble. Sookie s'étonne à voix haute que Victor ne se contente pas tout simplement d'employer Eric. La réponse est simple : Victor craint sa puissance ainsi que son accès au talent de Sookie. Bruno l'agrippe soudain par le cou. Sookie réussit à sortir le poignard tandis qu'elle se débat avec son agresseur. Ils tombent et roulent en bas de l'accotement. Elle parvient à le poignarder dans les côtes et le tue. Pam, au même moment, administre à Corinna sa mort définitive.

Pam appelle immédiatement Eric qui, alerté par le lien de sang, est en proie à la panique. Elle lui explique qu'elles vont bien et qu'il ne doit pas venir car Victor le fait surveiller. Elle et Sookie décident de déplacer la voiture pour l'éloigner des corps des deux vampires qui se désintègrent. Lorsqu'elles arrivent enfin chez Sookie, qui est épuisée, Pam la félicite et la serre dans ses bras, à la plus grande surprise de Sookie.

SAMEDI 15 AVRIL. Aux yeux de Sam, Sookie semble fatiguée en arrivant ce matin. Il lui demande comment s'est passée la nuit des loups-garous et elle le rassure sans lui parler de leurs découvertes. Sam annonce à Sookie que c'est avec Jannalynn Hopper qu'il sort. Il s'agit de la jeune Louve que Sookie avait rencontrée au *Hair of the Dog* et qu'elle avait vue participer plus tard à la Guerre des

Loups. Elle avait achevé les blessés ennemis avec une redoutable efficacité. Leur conversation est interrompue par l'arrivée de Tanya Grissom. Celle-ci annonce qu'elle et Calvin se sont mariés et que ses coordonnées administratives au *Merlotte* doivent être modifiées pour tenir compte de son nouveau nom. Claude fait son entrée et annonce à Sookie que son chauffe-eau ne fonctionne pas. Terry Bellefleur l'entend et propose d'aller s'en occuper. Claude flirte ouvertement avec Terry qui déclare sèchement qu'il n'est pas gai. Sookie prend Claude à part juste avant qu'il ne reparte chez elle avec Terry. Elle le prévient que ce dernier a souffert de la guerre et qu'il demeure fragile. Elle est soulagée lorsque Terry revient une heure plus tard et ne semble pas être affecté outre mesure. Elle le rembourse pour la pièce qu'il a dû acheter, et Terry lui précise que Claude a payé la main-d'œuvre.

Kennedy Keyes, nouvellement embauchée pour s'occuper du bar, prend son service du soir. Sam s'inquiète pour elle, d'autant qu'elle a fait de la prison pour homicide involontaire. Il a donc embauché Danny Prideaux, ancien militaire, pour assurer la sécurité du bar et de Kennedy pendant ses absences.

Après la fermeture, Sam et Sookie vont au *Crawdad Diner* pour se tenir au courant de leurs vies respectives. Au moment où ils quittent le restaurant, Pam appelle Sookie pour la rassurer : Bruno et Corinna ne se sont pas présentés pour travailler, à La Nouvelle-Orléans, mais personne ne soupçonne Pam et Sookie. Lorsqu'elle referme son portable, elle aperçoit Sam derrière elle, qui semble perturbé. Il lui rappelle qu'il sera toujours là pour elle si elle a besoin d'aide. Touchée, elle lui promet la même chose.

VENDREDI 21 AVRIL. Sookie sort de sa douche, éberluée de tomber nez à nez avec Claude, complètement nu, qui lui tend une serviette et le téléphone. C'est Remy Savoy qui l'appelle pour savoir si Sookie peut garder son fils Hunter pendant une nuit, car il doit assister à l'enterrement d'un membre de sa famille. Il craint que son fils de cinq ans, télépathe de surcroît, ne soit perturbé par toute la tristesse et la douleur ambiantes. Sookie accepte et ils s'accordent sur l'heure à laquelle Remy lui déposera Hunter. À leur arrivée ce soir-là, Sookie est enchantée de constater que Hunter la reconnaît. Remy est déconcerté car son fils, qu'il n'a jamais laissé chez quelqu'un si longtemps, semble totalement indifférent au départ de son père. Sookie et Hunter discutent et celui-ci révèle son inquiétude. Il a peur de ne jamais devenir un homme tel que son père et les autres hommes qu'il admire. Sookie est à même de le rassurer : elle connaît un autre homme télépathe, qui a réussi à faire de son aptitude un atout. Pendant leur conversation, Heidi, missionnée par Eric et spécialisée dans la traque, arrive pour patrouiller dans les bois de Sookie. Hunter se montre fasciné par cette vampire, qui informe Sookie qu'elle a été vampirisée alors que son fils avait le même âge que Hunter, et qu'il se drogue désormais. Elle part dans les bois, et Sookie réfléchit à cette histoire déchirante.

Après le dîner, Sookie et Hunter discutent un peu de leur télépathie. Elle tente d'expliquer au petit garçon pourquoi la plupart des gens ne comprendront pas son talent, et qu'il doit apprendre à respecter l'intimité des autres. Hunter est extrêmement doué pour percevoir les pensées et il est même capable de percevoir le contact de l'esprit de Sookie lorsqu'elle écoute le sien.

Heidi revient faire son rapport : deux faé sont venus récemment dans ses bois, et aucun d'entre eux n'est le faé qu'elle perçoit dans la maison de Sookie. Heidi a également pu déterminer que le vampire qui se promène la nuit dans les bois n'est autre que Bill Compton. Elle confirme qu'il y a là-bas un corps enterré depuis longtemps mais, à la grande surprise de Sookie, elle lui indique aussi qu'une tombe fraîchement creusée se trouve dans une clairière près de la rivière.

Samedi 22 avril. Hunter réveille Sookie très tôt. Il lui raconte un rêve : un homme blond et très grand est venu dans sa chambre. Il lui a souri avant de pénétrer dans l'armoire. Elle en déduit qu'Eric se trouve maintenant dans la maison. Ses soupçons se confirment lorsqu'elle trouve un mot qu'il a laissé sur la cafetière l'informant qu'il la verra ce soir. Claude se joint à Sookie et Hunter tandis qu'ils préparent des pancakes et du bacon. Elle est étonnée de voir que Claude semble réellement apprécier la présence de l'enfant.

Leur matinée si agréable est perturbée par l'arrivée de l'agent fédéral Tom Lattesta, venu en ville pour une audience liée à la fusillade survenue en janvier. Il informe Sookie qu'en ce qui la concerne le FBI estime que l'affaire est classée. Lattesta manifeste sa rancœur : quelqu'un a tiré des ficelles pour dégager Sookie de toute responsabilité. Il promet d'ouvrir l'enquête à nouveau s'il découvre le moindre élément qui pourrait la concerner.

Sookie, Hunter et Claude décident d'aller au Magnolia Creek Park. Tara passant par là, Sookie en profite pour lui présenter Hunter et Claude. Elle est désemparée lorsque Claude demande à Tara si elle aimerait connaître le sexe de son enfant et qu'elle répond oui. Claude lui indique qu'elle porte des jumeaux, un garçon et une fille. D'après Tara, le médecin n'a trouvé qu'un seul battement de cœur, mais Claude insiste joyeusement : elle porte bien deux bébés, en parfaite santé. Hunter et Claude s'éloignent pour jouer et Sookie raconte à son amie stupéfaite que Hunter est le fils de Hadley et que Claude est un cousin issu d'un lit non officiel. Elles prennent plaisir à se retrouver et bavarder. Puis Tara doit retourner travailler et Sookie rappelle Claude et Hunter. Claude doit partir également pour faire l'ouverture de son club à Monroe. Sookie et Hunter s'en vont donc prendre un menu Happy Meal au *McDonald*. Hunter lit les pensées d'une mère épuisée. Sookie exploite l'incident malheureux de manière pédagogique, avant de ramener l'enfant fatigué et surexcité à la maison pour une sieste.

Remy arrive peu de temps après le réveil de Hunter. Les retrouvailles du père et du fils sont pleines d'enthousiasme. Hunter raconte son séjour en détail à son père attentif. Pendant qu'il va chercher ses affaires pour partir, Sookie rassure Remy : tout s'est très bien passé. Au moment du départ, Hunter serre Sookie contre lui dans un élan d'affection. Elle est ravie. Plus tard, au coucher du soleil, Eric se lève. Avant qu'elle n'ait pu lui parler du second cadavre, il commence à lui expliquer le système hiérarchique des vampires. Mécontent de son manque d'intérêt, il insiste : il y a des choses qu'elle doit savoir, pour sa propre sécurité. Ils font l'amour ensuite. Mais soudain, Sookie se sent gagnée par une sensation étrange. Pendant qu'elle refait la natte d'Eric, elle tient des propos décousus, avant de s'effondrer sur le sol. Elle est certaine que quelqu'un qui a le même sang qu'Eric se trouve dans les parages.

Eric se tourne alors vers la fenêtre. Il aperçoit son créateur, Appius Livius Ocella. Il doit faire de grands efforts pour paraître cordial. Il lui demande de lui expliquer l'état de Sookie. Appius se trouve en compagnie d'un autre de ses protégés : c'est la proximité de plusieurs vampires portant son sang qui sème la confusion dans l'esprit et les émotions de Sookie. Celle-ci reprend connaissance et invite les deux vampires nouvellement arrivés à passer son seuil. Elle devine toutefois que cette invitation n'est pas nécessaire, car Eric a sa permission et les deux autres sont du même sang que lui. Elle est perturbée de voir que le compagnon d'Appius est très jeune, à peine un adolescent, et effarée d'apprendre qu'il s'agit d'Alexei Romanov, membre de la famille impériale russe.

Jason passe prendre une table qu'il a fait mettre de côté par Sookie et fait la rencontre d'Appius et d'Alexei. Après une discussion sur le passé, Sookie demande si les nouveaux arrivants sont responsables de l'apparition d'un nouveau cadavre sur ses terres. Elle explique la découverte de Heidi à Eric, qui rejette immédiatement la responsabilité sur les Loups. Il appelle Alcide et exige une entrevue. Par chance, Alcide se trouve non loin de là et arrive rapidement, accompagné d'Annabelle et de Jannalynn. Alcide nie toute implication dans le meurtre. Ils décident alors d'aller identifier le cadavre et s'en vont tous ensemble dans les bois. Arrivés sur les lieux, Alcide et Jason se mettent à creuser. Les loups-garous sont horrifiés : le corps est celui de Basim, le second d'Alcide. Le groupe tente de déterminer ce qui a pu lui arriver. Annabelle avoue avoir été en sa compagnie le lendemain de la chasse de la pleine lune. Elle révèle qu'il a reçu un appel d'une personne qui le payait et qu'il n'a pas voulu qu'elle entende la conversation. Basim a inventé une excuse pour la faire sortir de chez lui. Puis il est parti aussi. Elle l'a suivi mais malheureusement perdu avant de pouvoir découvrir où il se rendait. Jannalynn frappe Annabelle pour avoir trahi Alcide et la meute, et la projette à terre. Alcide nomme Jannalynn comme nouveau second et déclare que la meute se réunira pour gérer cette situation. Les Loups se retournent alors pour partir mais Sookie les retient : elle demande pourquoi le corps a été abandonné sur sa propriété et exige de le faire déplacer. Elle craint en effet que l'assassin ne tente de l'impliquer dans le meurtre. Eric déclare que Sookie et lui doivent assister à l'assemblée des Loups. Alcide lui explique qu'aucun vampire n'y est autorisé. Sookie le pourra, accompagnée de Jason si elle le souhaite. Jannalynn lui promet que quelqu'un viendra s'occuper du corps la nuit prochaine. Alcide, sa compagne maintenant déchue et son nouveau second prennent congé. Sookie ne veut pas attendre la nuit prochaine pour être débarrassée du corps. Eric emporte le corps de Basim par la voie des airs pour l'acheminer dans les bois de l'autre côté de la route. Sookie, Jason et Alexei rebouchent le trou et le camouflent soigneusement.

Dès que les vampires repartent pour la demeure d'Eric à Shreveport, Sookie appelle Pam. Celle-ci est stupéfaite de l'arrivée de son grand créateur. Avec réticence, elle en informe Bobby Burnham et le prévient de redoubler de précautions lorsqu'il ira trouver Eric ce soir-là pour prendre ses ordres.

DIMANCHE 23 AVRIL. Sookie est réveillée par une bonne odeur provenant de la cuisine et se lève en chancelant. Elle partage un petit-déjeuner avec Claude, dans un silence agréable. Il finit par prendre la parole pour lui apprendre que la veille Dermot a fait son apparition au club, cherchant la compagnie d'un congénère. Pour lui, le Dermot qu'il connaissait n'aurait jamais fait cela. Il ne sait pas pourquoi son oncle est devenu fou. Claude monte à sa chambre et Sookie fait la vaisselle, décidant ensuite de se détendre et de lire un peu. Elle est inquiète de voir deux voitures de police remonter son allée. Elle appelle immédiatement Claude pour l'avertir et lui demander de la rejoindre. Le shérif Dearborn, accompagné d'Andy Bellefleur et d'Alcee Beck, lui apprend qu'un appel anonyme a fait état de la présence d'un cadavre enterré sur sa propriété. Cela confirme les soupçons de Sookie, convaincue que quelqu'un tente de la faire accuser du meurtre. Une fois de plus, elle présente Claude comme un cousin officieux. Pendant que les hommes fouillent ses bois, Sookie décide de vérifier sa messagerie. Un mail de Halleigh, l'épouse enceinte d'Andy, lui apprend que la santé de Caroline Bellefleur décline rapidement. Elle insiste pour que l'on retrouve la Bible familiale. Sookie sait que cette bible se trouve sur la table basse de Bill et lui transfère le message pour qu'il décide lui-même de la marche à suivre. Les forces de l'ordre s'en reviennent et n'ont rien trouvé.

MERCREDI 26 AVRIL. Bill frappe à la porte de Sookie. Habillé sur son trente et un, il tient la Bible. Sookie est heureuse de comprendre qu'il va enfin révéler à la famille Bellefleur qu'il est leur ancêtre. Il lui demande de l'accompagner et elle accepte volontiers.

261

Halleigh vient leur ouvrir et Sookie explique que Bill est venu pour donner la bible familiale à Miss Caroline. On les fait monter puis passer dans sa chambre. Bill et Caroline entament une discussion sur l'histoire de leur famille. Elle est à la fois amusée et enchantée de découvrir que Bill est son arrière-grand-père et que c'est lui qui a pris les dispositions financières inattendues qui lui ont permis de rénover sa demeure. Elle commence à se fatiguer et remercie Bill, qui lui dit de se reposer. Sookie et lui se retirent. Andy et Portia les suivent alors qu'ils quittent la chambre de leur grand-mère. Bill accepte de bonne grâce la main tendue de Portia et gronde gentiment Andy car il se montre moins large d'esprit. Bill leur demande d'organiser les funérailles imminentes de Caroline en soirée, pour qu'il puisse y assister. Compréhensive, Portia accepte de bon cœur.

JEUDI 27 AVRIL. Caroline Bellefleur s'éteint au petit matin.

VENDREDI 28 AVRIL. Portia a tenu sa promesse : les funérailles de Caroline ont lieu ce vendredi soir. Bill est assis aux côtés de la famille. Sookie se rend compte qu'il est toujours en très mauvais état et décide d'agir. Lorsqu'il suit les siens après la cérémonie pour se rendre à Belle Rive, elle se glisse chez lui pour voler un CD de sa base de données des vampires. Elle est bien décidée à retrouver l'autre protégée de son créateur pour lui sauver la vie.

SAMEDI 29 AVRIL. Sookie réussit à lire les informations gravées sur le CD. Elle découvre que la seule autre protégée de Lorena s'appelle Judith Vardamon et qu'elle réside à Little Rock. La base donne son adresse e-mail. Sookie hésite et réfléchit. Elle finit par décider que la maladie de Bill prime sur tout le reste et qu'il faut fournir à la vampire l'occasion d'aider son frère de lignée si elle le peut. Sookie lui envoie un mail expliquant la situation de Bill et s'en va pour remettre le CD chez lui. Tandis qu'elle traverse le cimetière, elle tombe sur Andy qui se recueille sur la tombe de Miss Caroline. Il exprime sa frustration de savoir que Bill a fait la charité à sa famille. Sookie lui explique que ce n'était pas de la charité et que Bill est simplement un homme qui aime sa famille et veut l'aider. Déconcerté, Andy change de sujet et lui apprend que Miss Caroline a légué la recette de son fameux gâteau au chocolat à la ville. La nouvelle a été reçue avec grand enthousiasme dans la salle de presse du journal local. Il est agréablement surpris de voir que Sookie est tout aussi ravie de l'apprendre. Sookie continue son chemin rapidement pour replacer le CD emprunté.

Pendant son service de l'après-midi au *Merlotte*, Sookie lit involontairement dans les pensées du cuisinier. Elle est stupéfaite : Antoine est en fait un informateur qui travaille pour le gouvernement. Lorsqu'il comprend qu'elle sait, il la supplie de discuter avec lui avant de faire quoi que ce soit, mais elle va trouver Sam immédiatement. Antoine leur explique qu'il s'est trouvé dans une situation désespérée après le passage de Katrina. Il a volé une voiture. L'agent Weiss est venu le voir en prison en compagnie de l'agent Lattesta, qui lui a proposé un accord. Lattesta savait déjà que l'oncle d'Antoine était un loup-garou. Il était convaincu que tous les métamorphes allaient révéler leur seconde nature à l'instar des vampires. Il pensait en outre qu'il existait d'autres créatures surnaturelles. Incertain quant à la nature de Sookie, Lattesta avait envoyé Antoine au *Merlotte* pour qu'il garde un œil sur elle. L'agent du FBI avait reçu l'ordre de ne plus s'approcher de Sookie, mais il attendait malgré tout qu'Antoine continue de l'informer sur les activités de Sam et tous les autres SurNat qui fréquentaient le bar. Antoine leur dit qu'il avait déjà décidé de ne plus les espionner. Il est soulagé car Sam le croit et ne le renvoie pas. Lorsque Antoine retourne à la cuisine, Sam et Sookie se racontent leurs soucis mutuels. Ils décident d'aller dîner ensemble le lendemain s'ils n'ont pas de nouvelles de leurs moitiés respectives.

Sookie est surprise en rentrant d'apercevoir son frère qui l'attend dans sa véranda. Elle le salue de loin et comprend soudain qu'il s'agit en réalité de Dermot. Terrifiée, elle se demande s'il est enfin venu la tuer. Dermot lui dit de ne pas avoir peur. Il veut simplement la connaître mieux, ainsi que Jason. Il déclare qu'il n'a rien à voir avec la mort de ses parents et que Breandan lui avait menti, lui faisant croire que Niall avait tué son frère. Tandis qu'ils parlent, Sookie comprend que son oncle tente désespérément de la prévenir de quelque chose, mais qu'il a probablement été ensorcelé. Il se montre confus à l'extrême. Il parvient à lui parler d'un autre faé qui lui veut du mal, l'assure qu'il veillera sur elle et disparaît. Sookie appelle Jason et lui recommande la plus grande vigilance.

Pendant que son dîner mijote, Sookie parcourt les journaux de ces derniers jours. Elle lit dans les colonnes que la situation des métamorphes provoque énormément de tension. Elle apprend également que deux meurtres particulièrement violents, attribués à une guerre des gangs, ont eu lieu à Shreveport. Elle reçoit un message d'Alcide indiquant la date et l'heure de l'assemblée de la meute. Elle rappelle Jason pour lui communiquer les informations. Elle n'a pas eu de nouvelles d'Eric depuis plusieurs jours et cède soudain à la tentation de l'appeler. Elle lui parle de l'assemblée et il lui demande de venir le voir.

En arrivant au *Fangtasia*, Sookie est frappée de constater que le club est quasiment désert. Elle retrouve Eric, assis avec Alexei et Appius. Alexei commence à parler de sa famille humaine. Il tient la main de Sookie et lui montre, grâce à ce contact, tous les souvenirs qu'il conserve de ce qu'on lui a fait à lui et à sa famille. Il souhaite ainsi justifier son désir d'agir désormais comme il l'entend. Profondément choquée, Sookie lui explique qu'il se doit malgré tout de suivre un chemin honorable.

Pam les interrompt avec une nouvelle désagréable : la représentante nouvellement nommée du Bureau des Affaires des Vampires vient d'arriver. Eric demande à Appius et Alexei de se rendre dans son bureau pour qu'il puisse l'accueillir. Bien que les affaires d'Eric aient manifestement décliné, la représentante adopte un comportement agréable et se montre trop discrète pour en parler.

Dès qu'ils sont seuls, Eric raconte à Sookie qu'Alexei est fou. Appius le lui a amené dans l'espoir qu'il pourrait aider le garçon. Alexei a réussi à tromper leur vigilance : il est responsable des meurtres soi-disant liés à une guerre des gangs. Sookie est mécontente qu'Eric ne se soucie que des intérêts des vampires, surtout les siens, et n'accorde pas une pensée aux deux jeunes qui ont été tués. Lorsqu'ils se quittent, Eric, fatigué, lui réitère ses serments d'amour et promet de venir la retrouver chez elle la nuit qui suivra l'assemblée des loups-garous. Sookie rejoint sa voiture quand Pam vient lui parler. Pour elle, Alexei causera la ruine d'Eric s'il reste plus longtemps. Sookie avertit Pam de laisser Appius gérer la situation car, si elle exécute Alexei, Eric sera forcé de laisser Appius la tuer. Pam est touchée que Sookie s'inquiète d'elle et lui déclare qu'elle est désormais son amie.

Sookie revient chez elle et se prépare à aller se coucher lorsque la sonnette retentit. Elle ne reconnaît pas la vampire qui se tient sur le seuil. Poussée par la curiosité, elle ouvre la porte, sachant qu'elle ne peut pénétrer dans une maison sans y être invitée. Son visiteur s'annonce. C'est Judith Vardamon et, à sa grande surprise, Sookie l'invite à entrer. Au cours de la conversation, Judith raconte à Sookie l'histoire de Lorena et de son créateur, Solomon Brunswick, et comment Lorena est tombée amoureuse de Bill après l'avoir aperçu avec sa famille en le guettant par sa fenêtre. C'est ainsi qu'elle l'a fait passer de l'autre côté. Bill était malheureux avec elle et la haïssait, mais la passion de Lorena demeurait la même. Après trente ans de vie commune, Lorena avait tenté de le rendre plus heureux en vampirisant Judith parce qu'elle ressemblait à son épouse. Lorena pensait que, s'il avait une compagne, il serait plus heureux de rester avec elle. Judith avoue sa terreur vis-à-vis de Lorena. Lorsque Sookie lui apprend qu'elle a trouvé sa mort définitive, Judith devient folle de joie. Elle exige de savoir où trouver Bill et s'exclame, ravie, qu'ils vont enfin pouvoir être ensemble sans devoir subir l'influence de Lorena. Elle sort en toute hâte pour le retrouver. Éberluée, Sookie tente de mettre de l'ordre dans ses sentiments partagés. Elle réfléchit également au fait qu'elle va prendre de l'âge, tandis que les vampires poursuivront leur vie.

DIMANCHE 30 AVRIL. Sookie s'aperçoit qu'on a glissé deux enveloppes sous sa porte pendant la nuit. La première est de Maître Cataliades et concerne la succession de Claudine. Stupéfaite, Sookie constate qu'on lui a rédigé un chèque de cent cinquante mille dollars. Le second message est de Bill : le sang de Judith a déjà entamé le processus de guérison ; elle va demeurer chez lui une semaine pour qu'ils échangent leurs nouvelles respectives. Sookie réfléchit de nouveau à ses propres sentiments et Claude se joint à elle sur la véranda. Elle lui raconte la visite de Dermot ainsi que ses soupçons, selon lesquels Dermot aurait été ensorcelé. Elle somme Claude de lui expliquer s'il sait quoi que ce soit sur les faé qui se trouvent encore dans le monde des humains mais il déclare qu'il ne veut pas se faire tuer et s'en va. À la recherche d'un peu de réconfort, Sookie se rend à l'église. Elle est à la fois surprise et heureuse d'y retrouver Sam. Elle déjeune chez ses amis Tara et JB, et passe l'après-midi à s'occuper de son linge. Jason l'appelle et ils décident d'aller ensemble le lendemain à l'assemblée de la meute de Shreveport.

LUNDI 1ᴱᴿ MAI. Lorsque Sookie arrive au bar pour prendre son service, Sam est déjà parti voir son comptable. Une femme agressive arrive au bar, brandissant une pancarte antimétamorphes. Sookie demande à

Kennedy d'appeler la police et d'avertir Sam puis, avec le barman, la persuade de partir. À leur grand désarroi, ils constatent qu'une trentaine de manifestants antimétamorphes se trouvent dans le parking. Les officiers de police Kevin Pryor et Kenya Jones parviennent à les disperser sans incident, et Sam, qui s'est garé plus loin, arrive par la porte de derrière. Il remercie les policiers et Sookie tente d'apporter son aide en suggérant à Sam d'aller parler à l'église que fréquentent les manifestants. Furieux, Sam refuse d'être obligé d'expliquer qui et ce qu'il est.

En chemin pour sa maison, Sookie passe à l'épicerie. Elle est frappée par le silence qui l'accueille dans l'établissement. Elle est consciente que les nouvelles concernant la manifestation ont déjà dû se répandre dans la ville. Elle est perturbée de se rendre compte que certains habitants soutiennent le projet de loi qui vise à limiter les droits des métamorphes.

Jason arrive à l'heure pour emmener Sookie à Shreveport. Sur le trajet qui les mène chez Alcide, ils parlent des différents suspects du meurtre de Basim. Jannalynn les accueille à leur arrivée et les conduit dans le séjour, où Annabelle se tient seule, agenouillée au centre de la pièce. Jannalynn ordonne à Sookie de monter à l'étage pour voir Alcide, qu'elle trouve dans son bureau. Il lui apprend sans ambages qu'un shaman serait à même de déterminer ce qui est arrivé à Basim. Or, ils n'ont pas de shaman de meute depuis quatre ans. Elle pourrait le remplacer : en buvant une potion de shaman, elle devrait pouvoir discerner qui était impliqué ainsi que leur degré de culpabilité. Elle lui dit qu'un an auparavant, il ne lui aurait jamais demandé de faire cela. Il lui rétorque qu'un an auparavant, elle aurait bu la potion sans broncher. Sookie s'exécute.

Assistée d'Alcide, elle descend l'escalier, de plus en plus chancelante. Elle s'aperçoit que la potion étouffe son lien de sang et sa perception des vampires, ce qui la détend. Sous l'influence du breuvage, Sookie se concentre et étudie la meute. Dans sa vision, les Loups sont associés à des couleurs. Elle sait immédiatement quelles couleurs elle doit repérer. Elle accuse Hamilton Bond d'avoir trahi la meute en invitant des agents de gouvernement à camper sur la propriété d'Alcide, alors qu'il savait pertinemment qu'ils cherchaient de quoi incriminer les meutes de Louisiane, leur but étant d'encourager le projet de loi anti-métamorphes. Elle le force à avouer qu'il était jaloux de Basim. Il finit par reconnaître également qu'il a surpris une rencontre entre Basim et un faé, et qu'il a entendu qu'ils avaient l'intention d'impliquer Sookie dans un meurtre en enterrant un corps sur sa terre. Ham a décidé de tuer Basim et de l'enterrer chez Sookie, pour empocher lui-même la récompense promise par le faé. Il explique qu'il devait rencontrer le faé en question chez Sookie après l'assemblée de ce soir. Sookie nomme également Patricia Crimmins – membre à l'origine de la meute de Ste Catherine – en tant que complice de Ham. Patricia implore la merci de la meute, ainsi qu'elle l'avait fait après la Guerre des Loups, clamant haut et fort que son seul crime a été d'aimer la mauvaise personne. Ham affirme toutefois que son unique motivation était de se venger de ne pas avoir été choisie comme compagne par Alcide. Annabelle, quant à elle, est simplement coupable d'avoir trompé Alcide. Jason et Sookie quittent les loups-garous alors que ces derniers discutent des châtiments. Sookie est convaincue que Jannalynn, le nouveau second, parviendra à imposer la mort pour Ham et Patricia.

Les effets de la drogue contenue dans la potion commencent à s'estomper dès qu'elle sort de la maison. Sookie vomit dans le jardin avant de pouvoir atteindre le pick-up. Tandis que ses pensées deviennent de plus en plus nettes, elle recommence à percevoir Eric grâce à leur lien de sang et ressent son désespoir et sa douleur physique. Elle craint le pire et presse Jason de l'emmener chez Eric aussi rapidement que possible. Lorsqu'ils pénètrent chez lui, il répond à leur appel. Ils le retrouvent, affreusement blessé. Bobby Burnham et son amante vampire, Felicia, ont été massacrés. Eric leur apprend qu'Alexei est en proie à la folie et qu'il les a tués lorsque Appius l'avait laissé seul pour parler avec Eric. Alexei est maintenant en fuite tandis qu'Appius est parti à sa poursuite. Sookie ordonne à son frère de pousser les côtes cassées d'Eric pour les remettre en place, ce qui lui permettra de guérir plus rapidement. Après avoir accompli cette tâche, Jason s'isole dans la salle de bains pour laver tout le sang. Sookie défie Eric, qui a perdu toute énergie, et le provoque jusqu'à ce qu'il réagisse. Jason revient dans la pièce en titubant. Il a retrouvé Pam, gravement blessée, et lui a donné de son sang. Le téléphone portable de Jason sonne. Sa petite amie lui apprend qu'Alexei est passé chez lui et l'a demandé, qu'Appius est arrivé peu après, et qu'elle les a envoyés tous les deux chez Sookie. Celle-ci appelle Claude immédiatement pour l'avertir de quitter les lieux, puisque ces vampires-là sont autorisés à pénétrer chez elle. En compagnie d'Eric, qui commence à se remettre, elle part pour chez elle en toute hâte, en laissant Jason avec Pam.

Juste avant d'arriver, Eric est traversé d'une douleur fulgurante qui n'est pas la sienne. Dans le jardin, les projecteurs sont allumés. Claude et un faé que Sookie n'a encore jamais vu se dressent dehors, dos à dos, armés de couteaux et d'une épée, tandis qu'Alexei décrit des cercles autour d'eux, feintant de temps à autre pour les frapper. Appius est étendu non loin de là, la tête ensanglantée. Eric lui demande s'il est toujours en vie. Appius répond que sa moelle épinière a été sectionnée et qu'il ne pourra bouger avant d'avoir guéri. Sookie supplie Alexei de ne pas tuer les faé. Elle apprend alors que l'étranger est Colman, père du bébé de Claudine. Pour lui, c'est à cause de Sookie que sa compagne et son enfant sont morts. Alexei se rue entre les lames des faé pour frapper Colman. Claude le blesse.

Sookie comprend qu'Alexei commence à fatiguer : elle se précipite dans la maison pour prendre la chaîne en argent que les dealers avaient utilisée autrefois pour attacher Bill. De retour dans le jardin, elle s'approche avec précaution d'Alexei, qui virevolte en tous sens. À la première occasion, elle lui lance la chaîne autour du cou et la serre violemment. Le garçon tombe à terre en hurlant et Eric achève son frère de lignée, se servant d'une branche d'arbre en guise de pieu. Tandis qu'Eric monte la garde autour des faé, Sookie profite de sa distraction pour retirer le pieu du corps d'Alexei, qui se désintègre, et ramper vers Appius, étendu sans défense. Elle lui déclare qu'elle souhaite le tuer mais il répond que, si elle avait voulu le faire, elle n'aurait pas parlé. Il lui prédit qu'elle sera incapable de garder Eric. Ce dernier la supplie de ne pas tuer son créateur et elle pense avoir trouvé une meilleure idée. Soudain, il pousse un cri et elle voit le regard d'Appius se diriger derrière elle. En même temps, elle perçoit les pensées d'Appius qui lui ordonne de se dégager, et se jette de côté. Une épée faé s'abat là où elle se trouvait et s'enfonce dans le corps d'Appius. Colman, hébété, se tient au-dessus de sa victime accidentelle. Puis il commence à vaciller. Un poignard est fiché entre ses omoplates. Sookie se retourne pour voir qui l'a lancé mais ne voit que Claude. Pourtant ce dernier regarde justement ses mains qui tiennent toutes deux un couteau. Eric commence à vider Colman de son sang.

Claude et Sookie s'assoient dans l'herbe côte à côte. Claude explique qu'il a tenté de persuader Colman de retourner au royaume de Faérie et qu'il s'est installé chez elle pour la protéger. Dermot sort de la lisière des bois. C'est lui qui a lancé le poignard dans le dos de Colman pour sauver Sookie. Il parvient à leur indiquer que le sortilège qui l'emprisonne a été lancé sur lui il y a très longtemps. Sookie comprend soudain que c'est probablement Niall qui l'a envoûté. Elle dit à Claude que, dans les contes de fées humains, les sortilèges sont rompus par un baiser. Ils se penchent tous deux en avant pour embrasser Dermot. Il est secoué de frissons violents et l'intelligence revient dans son regard, tandis qu'il sanglote. Claude ramène Dermot dans la maison, laissant Eric et Sookie tous les deux. Eric demande à Sookie pourquoi elle allait épargner Appius et ce qu'elle allait lui dire. Elle voulait conclure un marché avec lui : le laisser vivre s'il acceptait de tuer Victor. Surpris, Eric avoue que c'était une bonne idée.

Sookie observe Eric : le sang de faé qu'il vient d'ingérer le remplit d'énergie. Il comprend également qu'il est à jamais libéré de l'emprise de son créateur. Il déclare tout son amour à Sookie et promet de revenir à elle une fois qu'il aura pris soin de Pam et réglé les affaires qu'il doit gérer maintenant qu'Appius est mort. Elle le voit s'élancer dans les airs en direction de Shreveport. Éreintée, elle prend une douche et se prépare pour aller se coucher. Elle ressent une satisfaction sinistre : ses ennemis ont péri et elle a de nouveau survécu. En ouvrant la porte de sa chambre, elle est surprise d'y trouver Dermot et Claude, qui insistent pour partager son lit avec elle. Trop épuisée pour s'y opposer, elle se glisse dedans, ses parents faé de chaque côté d'elle. À sa grande surprise, elle se sent immédiatement détendue et réconfortée, et s'endort paisiblement.

Bill et Eric – échanges secrets

Téléphone : Eric appelle Bill

E. : Bill, comment te sens-tu ?
B. : Mal.
E. : Victor attend un rapport sur les ventes de la base de données.
B. : Il y a des commandes. Il faut les expédier.
E. : As-tu besoin d'aide ?
B. : Oui.
E. : Je vais t'envoyer Felicia plusieurs fois par semaine pour t'aider. Elle en profitera également pour te donner du sang. Peut-être que cela t'aidera à guérir.

B. : Merci.

E. : Bill ?

B. : Quoi ?

E. : Si Sookie était morte, je te ferais souffrir.

B. : Si Sookie était morte, je serais déjà mort.

TÉLÉPHONE : ERIC APPELLE BILL

E. : Bill, j'ai besoin de ton aide au sujet de Victor. Viens chez moi jeudi soir.

B. : Tu as besoin de mon aide ? À moi ?

E. : Il me faut ton expertise en informatique. Bobby et Pam ont fait des sauvegardes de toutes les finances de la Zone Cinq. Je veux plusieurs copies et je veux qu'elles soient en sécurité. Et je veux aussi être alerté en cas de tentative d'accès. Tu peux faire ça ?

B. : Et pourquoi pas Bobby ?

E. : Je souhaite que ce soit toi.

B. : Bien sûr. Je serai là après la fermeture du *Fangtasia*.

E. : Veux-tu que j'envoie Pam te chercher ?

B. : Pam ? Pas Felicia ?

E. : Non, pas Felicia, pas cette fois.

B. : Ah. (*Silence*) Non. Je vais prendre la voiture.

E. : Je te conseille de ne pas prendre un chemin direct, et de t'assurer d'abord qu'on ne te suit pas.

B. : Tu penses qu'on nous surveille tous ?

E. : Je suis certain que Victor sait que tu as été malade ces temps-ci et que tu restais chez toi. Si jamais tu arrives en voiture à Shreveport, il peut en entendre parler. Je n'ai aucune envie d'avoir à lui trouver une explication.

B. : Tu sembles réellement inquiet.

E. : Je le suis. Pour nous tous. Victor a déjà renvoyé Sandy à Vegas. Il gouverne l'État entier personnellement depuis La Nouvelle-Orléans. Je ne serais pas surpris de découvrir qu'il a des ambitions encore plus grandes. Les affaires de la Zone Cinq doivent être irréprochables, à tout point de vue. Felipe ne doit entretenir aucune hésitation à notre sujet, et Victor ne doit trouver aucun moyen de faire planer le doute sur notre intégrité.

B. : Je prendrai les mesures nécessaires pour ne pas être suivi.

TÉLÉPHONE : ERIC APPELLE BILL

E. : Bill, as-tu aperçu Bruno ou Corinna ces temps-ci ?

B. : Non. Pourquoi ?

E. : La rumeur dit qu'ils auraient disparu de La Nouvelle-Orléans.

B. : Et… ?

E. : Et je me demandais si, par hasard, tu les aurais vus, s'ils étaient passés te voir.

B. : Eh bien non. Tu les as vus, toi ?

E. : Non. Je peux dire en toute honnêteté que je ne les ai pas vus.

B. : Je vois.

E. : En fait, je ne peux pas imaginer pour quelle raison le second de Victor pourrait se trouver dans ma zone sans que j'en aie été informé.

B. : Absolument. Ce serait une violation du protocole.

E. : En effet. Et n'importe lequel de mes dépendants serait dans son droit le plus strict s'il se défendait alors qu'il se fait accoster par le second de Victor.

B. : Tout à fait.

E. : Voilà. C'est une bonne chose, par conséquent, que personne ne les ait aperçus dans les parages. Il serait préférable, malgré tout, que tu ne parles de ceci à personne.

B. : Parler de quoi ?

E. : C'est ce que je voulais t'entendre dire.

TÉLÉPHONE : BILL APPELLE ERIC

B. : Je t'appelle pour t'informer que j'ai une invitée. Elle est arrivée samedi soir et demeurera avec moi pour une semaine environ.

E. : Elle ?

B. : Oui. Judith Vardamon, ma... l'autre protégée de Lorena.

E. : Eh bien. C'est une bonne chose pour toi, non ? Tu sembles déjà plus fort.

B. : Oui. Je me sens beaucoup mieux. Remercie Felicia de ma part s'il te plaît. Elle était là juste avant l'arrivée de Judith. Elle m'a beaucoup aidé, mais je n'ai désormais plus besoin d'elle.

E. : Je l'en informerai.

B. : Pardonne mon indiscrétion Eric, mais tu n'as pas l'air d'être toi-même. Je sais que je n'ai pas été en grande forme, ces dernières semaines – m'aurais-tu caché quelque chose ? As-tu de nouveau des problèmes avec Victor ?

E. : Si seulement il ne s'agissait que de Victor. Tu n'es pas le seul à avoir des membres de la famille en visite, Bill. Mon créateur est arrivé avec son protégé. Les choses ne se passent pas bien.

B. : Je vois.

E. : C'est mon créateur. Il ne m'appartient pas de le conseiller. Il doit trouver son propre chemin. Il essaie, mais l'enfant est... Je pense que cela va se terminer très mal. Mais... c'est mon créateur.

B. : Je ne comprends que trop bien, Eric.

E. : Je te crois. Elle t'aurait pourtant aidé, en ce moment précis.

B. : J'aurais préféré mourir plutôt que de lui demander de l'aide. Si Sookie n'avait pas pris contact avec Judith, je ne l'aurais pas fait moi-même. Jamais je n'aurais voulu lui imposer cela, après ce que Lorena lui a fait, ce qu'elle nous a fait à nous deux.

E. : C'est Sookie, qui l'a contactée ?

B. : Oui. Elle a obtenu l'adresse e-mail de Judith dans ma base de données. Elle lui a dit que j'étais malade et que j'avais besoin d'elle. Elles se sont parlé toutes les deux à l'arrivée de Judith. Judith s'est montrée profondément soulagée d'apprendre que Lorena était définitivement morte, et grandement surprise que Sookie en soit responsable. Elle était très impressionnée.

E. : Sookie est extrêmement impressionnante. Bobby vient d'arriver avec des papiers à mon attention. Felicia l'accompagne. Je lui transmets donc tes remerciements. Bonne nuit, Bill.

B. : Bonne nuit, Eric.

TÉLÉPHONE : BILL APPELLE ERIC

B. : Eric, nous venons tout juste de rentrer. Que s'est-il passé chez Sookie ce soir ? Tout était calme lorsque nous sommes sortis, mais je flaire maintenant des odeurs étrangères dans les bois.

E. : Mon créateur a trouvé sa mort définitive, Bill. Son protégé aussi.

B. : Ce n'est pas ce que tu souhaitais ?

E. : Je ne sais pas. Je me sens étrangement libre. *(Pause)* Bill, quel effet cela fait-il, de vivre sans son créateur ? Qu'as-tu ressenti lorsque Lorena est morte ?

B. : Elle me torturait, Eric. Lorsqu'elle est morte, j'ai ressenti du soulagement. Après, je me suis senti un peu à la dérive. C'est certainement ce qu'un enfant ressent quand un parent meurt, même si ce n'était pas un bon parent.

E. : Je percevais sans cesse la présence d'Ocella. À aucun moment elle ne m'a quitté. Mais je ne le haïssais pas.

B. : Pour ma part, je pense que je haïssais Lorena. Elle m'a arraché par deux fois à une femme que j'aimais. *(Silence)*

B. : J'imagine que Sookie va bien ?

E. : Oui. Je l'ai laissée avec son oncle et son cousin faé.

B. : Son oncle ? Je pensais qu'il était dangereux.

E. : Il avait été envoûté. Il a été libéré de son sort ce soir. Il a tué un faé qui en voulait à Sookie mais qui a tué Ocella à sa place. *(Pause)* Bobby et Felicia sont morts

275

également. Bobby a perdu la vie en essayant de me protéger.

B. : Je suis navré, Eric.

E. : Moi aussi. Pam a été blessée, mais elle se remet.

B. : Eric, puis-je faire quoi que ce soit ?

E. : Tu pourrais sans doute regarder l'ordinateur de Bobby et aider Pam dans toutes les tâches quotidiennes, jusqu'à ce que j'aie trouvé un nouvel assistant de jour.

B. : Bien sûr. Veux-tu que nous venions au *Fangtasia* ce soir ?

E. : Oui, merci. Bill, j'ai besoin de m'appuyer sur toi et Pam pendant que je prends les dispositions nécessaires et finales pour Ocella. Je ne peux me relâcher en aucun cas. Nous ne pouvons pas nous le permettre. Victor représente un danger pour nous tous.

B. : À ce soir.

Mort de peur

Chronologie

MERCREDI 24 MAI 2006. Dermot et Claude habitent toujours chez Sookie. Elle décide d'en profiter pour leur demander de débarrasser le grenier avec elle. Dans le séjour, ils entassent photos de famille, documents et tout ce qui pourrait avoir de la valeur ; ils empilent dehors tout ce qui ne peut plus servir, dans l'intention de faire brûler le tas. Pendant son service au *Merlotte* ce soir-là, Sookie raconte ses activités à Sam. À sa grande surprise, il lui recommande une boutique d'antiquités de Shreveport, qui évalue et rachète meubles et objets anciens. Puisque Sam va devoir s'y rendre afin de trouver un cadeau d'anniversaire pour Jannalynn, ils décident d'y aller ensemble le lendemain.

Les affaires au bar sont très calmes – Sam a révélé sa double nature. En outre, un nouveau bar installé dans les parages attire beaucoup de clientèle. Kennedy Keyes et Danny Prideaux font leur entrée pour boire un verre à la tombée de la nuit. Sookie ferme les rideaux et remarque un mouvement suspect dans le parking. Un cocktail Molotov traverse la fenêtre et atterrit dans le bar. Une table flambe et des serviettes en papier enflammées s'éparpillent dans toute la salle. Sam saisit l'extincteur pour étouffer les flammes. Les clients se ruent dehors par la porte arrière. Sookie attrape des pichets d'eau et de thé glacé pour éteindre les flammèches. Quand Sam s'aperçoit que les cheveux de Sookie prennent feu, il dirige l'extincteur sur elle avant même qu'elle n'ait compris ce qui se passait. Ils parviennent tous les deux à maîtriser l'incendie avant l'arrivée des pompiers. Eric fait irruption peu de temps après, averti par le lien de sang de la détresse de Sookie. Il insiste pour la ramener chez elle. Elle le persuade de permettre au shérif Bud Dearborn et au capitaine des pompiers de l'interroger dans le cadre de leur enquête sur l'incendie criminel.

Eric prend contact avec Pam et lui ordonne de ramener un coiffeur chez Sookie. Lorsque Eric et Sookie arrivent chez elle, la vampire les attend en compagnie d'Immanuel Earnest, coiffeur à Shreveport. Immanuel installe son attirail dans la cuisine et se met au travail. Il doit couper les cheveux de Sookie sur une bonne longueur. Eric lance des regards furibonds. Sookie prend une douche et repense à l'attentat. Elle soupçonne que la créature qui a lancé le cocktail Molotov n'était pas tout à fait humaine. Elle retourne à la cuisine et Immanuel reprend la coupe pour égaliser ses cheveux. Pam a reçu un texto qui l'a mise de mauvaise humeur. Elle peste contre le fait que Victor soit toujours à leur tête. Puis elle reporte son mécontentement sur les objets du grenier entassés dehors et dans le séjour de Sookie. Enfin, elle interpelle Eric et lui reproche d'être un mauvais époux pour Sookie : il permet à sa femme de vivre avec d'autres hommes – Dermot et Claude. Eric l'attaque. Immanuel attire Sookie hors de la cuisine tandis que les deux vampires se battent furieusement. Il lui révèle pourquoi Pam est si agitée : elle voudrait faire passer Miriam, son amante, de l'autre côté. Miriam, qui est la sœur d'Immanuel, est atteinte de leucémie. Pam n'a donc pas reçu l'autorisation de devenir son créateur. Soudain excédée, Sookie remplit une cruche d'eau dans la salle de bains, passe dans la cuisine, où les deux vampires se roulent par terre avec frénésie, et leur jette l'eau froide. Puis elle sort de la pièce pour les laisser se calmer. Lorsque Eric et Pam émergent enfin de la cuisine, Sookie renvoie tout le monde. Ils quittent la maison par la porte avant, alors qu'au même moment Claude et Dermott arrivent par-derrière après leur soirée de travail. Épuisée, Sookie part se coucher.

JEUDI 25 MAI. Sookie se réveille : quelqu'un frappe à sa porte. Sam se tient sur le seuil, prêt à partir pour le magasin d'antiquités du nom de Splendide à Shreveport. Il est effaré de constater l'état dans lequel se trouve la cuisine, dévastée par le combat entre Pam et Eric. Sookie le rassure en expliquant qu'elle pense qu'Eric remplacera tout ce qui a été endommagé. Ils remettent de l'ordre dans la pièce et Sam partage des doughnuts avec Dermot tandis que Sookie prend sa douche. Alors que Sookie et Sam montent dans son pick-up pour prendre leur départ, Sam fait remarquer que Dermot se montre particulièrement gentil avec elle. Il a fait des recherches sur les faé au sein de la documentation compilée par les métamorphes sur les SurNat. Il en est ressorti qu'un lien familial ne découragerait pas un faé de tenter une relation plus intime. Sookie l'assure qu'elle ne pense pas à Dermot de cette façon-là, et qu'ils se considèrent exclusivement comme les membres d'une même famille. La conversation dévie sur l'incendie et ils s'accordent tous les deux pour penser que le coupable est un hybride. Sam pense qu'il ne s'agissait pas d'un crime de haine dirigé contre les métamorphes et leurs partisans. Il croit néanmoins que le crime était bien motivé par la haine. La question est de savoir qui est animé de tels sentiments.

Ils arrivent chez Splendide. Sookie furète dans la boutique tandis que Sam cherche un cadeau pour Jannalynn, qui adore les antiquités. Il se décide enfin, conseillé par Sookie, pour une paire de boucles d'oreilles. Sookie organise alors un rendez-vous avec les propriétaires du magasin, qui viendront chez elle effectuer une estimation des meubles et objets qu'elle a tirés de son grenier. Après avoir repris la route, Sam suggère de s'arrêter pour le déjeuner. Il avoue s'inquiéter de sa relation avec Jannalynn, qui ne semble pas sur les bons rails. De son côté, Sookie n'est pas tranquille au sujet des effets secondaires que produit chez elle sa proximité avec ses faé. Elle demande à Sam d'approfondir les recherches dans le centre de documentation des métamorphes. Il propose d'aller droit à la source et de poser des questions directement à Claude et Dermot. Ils décident de faire un détour en rentrant par le club de Claude, le Hooligans. Remy Savoy appelle pendant qu'ils sont au restaurant et demande à Sookie si elle peut garder Hunter pendant le week-end. Elle n'est pas certaine cependant de ses horaires de travail et ne peut s'engager. Après avoir vérifié son planning auprès de Sam, elle rappelle Remy pour lui annoncer qu'elle ne pourra pas prendre Hunter. Il profite de l'occasion pour lui demander de l'accompagner pour la journée d'adaptation de Hunter à la maternelle. Sookie est surprise mais accepte malgré tout.

Au Hooligans, Sookie et Sam sont accueillis par un elfe du nom de Bellenos, qui les conduit au bureau de Claude. Dermot les accompagne. Sam met les pieds dans le plat et leur demande pourquoi Sookie se sent de plus en plus faé. Il réprimande les deux elfes et leur reproche de ne pas tout expliquer à Sookie en ce qui concerne son ascendance. Il insinue qu'ils ont leurs propres raisons d'habiter avec elle. Au lieu de leur répondre, Claude les emmène au cœur du club. À leur grande stupeur, l'endroit est bondé de créatures toutes plus ou moins faé. L'une de ces créatures salue Sookie comme l'une des leurs. Sookie rejette son invitation et quitte la pièce précipitamment. Elle exige de savoir ce qui se passe. Dermot lui dit que Claude et lui lui expliqueront tout ce soir-là en rentrant à la maison. Sur le chemin du retour à Bon Temps, Sookie regrette amèrement sa naïveté.

Ce soir-là, Sookie assure le dernier service au *Merlotte*. Une fois rentrée chez elle, elle attend l'arrivée de Dermot et Claude. En vain.

VENDREDI 26 MAI. Sookie prend le premier service et reste deux heures de plus car la collègue qui reprend derrière elle est retardée par une crevaison. Lorsqu'elle rentre chez elle, Eric l'attend. Il lui a apporté une robe et l'informe qu'ils doivent se rendre au *Vampire's Kiss*, le nouveau club de Victor. Immanuel arrive à son tour et se charge de la coiffer et de la maquiller. En chemin pour le club, Sookie apprend par Eric que c'est Victor qui a interdit à Pam de faire passer Miriam de l'autre côté.

À leur arrivée, Sookie et Eric découvrent que Pam a été agressée par les hommes de main de Victor alors qu'elle tentait d'avoir accès au club pour s'assurer de la sécurité d'Eric. Ce dernier est furieux et Pam ronge son frein avec difficulté. Une fois à l'intérieur, le trio constate que Victor a amené Miriam pour provoquer Pam. Sookie apprend que Victor est également propriétaire du *Vic's Redneck Roadhouse*, le nouveau bar qui détourne la clientèle du *Merlotte*.

Victor fait servir du sang en bouteilles accompagné de verres, à l'intention d'Eric et Pam. Le serveur envoie ses pensées à Sookie : elle ne doit pas laisser ses vampires se servir des verres, qui ont été frottés au sang de faé. Sookie envoie une onde négative à Eric, qui boit à la bouteille. Pam en fait autant.

Après quelques échanges avec Victor, Eric, Sookie et Pam prennent congé et emmènent Miriam avec eux. Dans le parking, deux vampires qui font partie de l'entourage de Victor les abordent. Ils souhaitent s'allier avec Eric. Convaincu qu'ils tentent de le piéger, celui-ci les renvoie. Plus tard dans la voiture, Sookie évoque les tensions entre Eric et Pam. Pam laisse échapper qu'Eric a reçu une lettre. Avant qu'elle ne puisse dire un mot de plus, Eric, tout en conduisant, l'attrape à la gorge et lui ordonne de se taire. Sookie se sent désemparée sur de nombreux plans. Eric lui conseille de ne plus y penser. Une fois à la maison, Sookie n'invite pas les vampires à entrer.

SAMEDI 27 MAI. Au réveil de Sookie, Dermot et Claude sont de retour et prêts pour la discussion promise. Ils évoquent des ennuis survenus au club. Sookie devine qu'un des leurs est porté manquant et leur parle du sang de faé que Victor a employé la veille. Les deux faé sont envahis de colère. Par la faute des vampires, ils ont donc perdu Cait, une femelle qui plus est.

Les deux faé lui apprennent que Niall a pu s'arranger pour rendre visite à Jason alors qu'il n'était qu'un bébé, constatant à cette occasion qu'il manquait à Jason « l'étincelle essentielle ». Niall avait supposé qu'il en irait de même pour Sookie et qu'elle n'hériterait pas de ses ancêtres faé. Il n'avait donc pas tenté de la contacter. Il avait par la suite demandé à Eric, avec qui il traitait en affaires, de récolter des renseignements sur elle. C'est alors qu'Eric l'avait informé qu'elle n'était pas un être humain comme les autres. Niall avait tout d'abord envoyé Claudine. Puis il avait décidé de rencontrer Sookie par lui-même. Malheureusement, c'était l'intérêt que Niall portait à Sookie qui avait précipité la Guerre des Faé et poussé Niall à fermer le portail séparant le monde des faé de celui des humains. Dermot et Claude, ainsi que d'autres créatures faériques, s'étaient retrouvés coincés du côté des humains. Dermot et Claude reconnaissent que Sookie gagne en puissance à leur contact. Il en va ainsi pour tous les faé, qui se sentent plus forts lorsqu'ils sont ensemble. Ils lui révèlent qu'il reste encore un portail faé dans ses bois. Sookie n'est toujours pas certaine de leurs motivations et les remet en cause. Mal à l'aise, ils décident tous les trois de faire la paix malgré tout. Ils discutent ensuite de l'attentat contre le *Merlotte*. Sookie leur demande de la prévenir s'ils en entendent parler au Hooligans.

Dermot aide Sookie à nettoyer le grenier et lui fait une suggestion : elle pourrait installer une cloison pour former une chambre supplémentaire, tout en conservant de l'espace de rangement. À sa grande honte, Sookie s'aperçoit qu'elle n'a pas réfléchi au fait que Dermot et Claude n'avaient qu'une chambre pour deux. Dermot dort en effet sur un lit de camp dans le petit salon des deux faé. Ils définissent le projet ensemble et Dermot est heureux à l'idée d'avoir sa propre pièce.

Brenda Hesterman et Donald Callaway, les propriétaires du magasin Splendide viennent estimer les biens descendus du grenier. Donald découvre un compartiment secret dans le grand bureau et donne à Sookie tout ce qu'il contenait : une lettre à l'encre estompée dans une vieille enveloppe et une pochette de velours. Elle reconnaît immédiatement l'écriture de sa grand-mère sur la lettre et la met de côté pour pouvoir la lire plus tard en privé. Les associés lui achètent plusieurs pièces. Ils en emportent certaines et vont faire venir une camionnette pour prendre le reste.

Ce soir-là, Jack et Lily Leeds, les détectives privés qui avaient interrogé Sookie au sujet de la mort de Debbie Pelt, poussent la porte du *Merlotte* pendant son service. Ils veulent l'avertir au sujet de Sandra Pelt, qui est toujours obsédée par Sookie. Le couple Leeds lui révèle que le notaire qui s'occupe de la succession des parents de Sandra, qui n'est autre que Maître Cataliades, leur a donné des instructions très précises sur le moment exact auquel ils devaient arriver au *Merlotte* pour lui parler. Sookie comprend immédiatement que Maître Cataliades a su qu'il allait se passer quelque chose et qu'il a envoyé les Leeds pour l'aider le cas échéant. Effectivement, quatre voyous font leur entrée. Ils ont ingéré du sang de vampire et sont excités. Sam, qui se tient derrière le bar et discute avec Jannalynn, tente de désamorcer la situation. Les deux métamorphes sont en état d'alerte. La plupart des clients s'éloignent, à l'exception des Leeds, d'Andy Bellefleur et de Danny Prideaux. Les malfrats déclarent qu'ils en ont après « la blonde ». On sort les armes des deux côtés et une courte bagarre s'ensuit, provoquant une blessure par balle, plusieurs fractures et quelques blessures sans conséquence. Les délinquants sont maîtrisés, on appelle la police, et Lily emmène Jack, qui a pris la balle, à l'hôpital. Au moment où les voyous ont mentionné « la blonde », Lily et Sookie se tenaient côte à côte. Au grand soulagement de Sookie, les policiers partent du principe que la cible était Lily.

DIMANCHE 28 MAI. Sookie se réveille dans une maison vide. Elle passe en revue les événements de la veille et décide d'appeler Maître Cataliades. Elle tombe sur son répondeur et lui laisse un message. Elle téléphone ensuite à Amelia, pour lui demander si elle peut l'aider à retrouver la trace de Sandra Pelt. Amelia annonce qu'elle va venir, en compagnie de Bob Jessup, qui fait de nouveau partie de sa vie. Ils vont tous les deux renouveler les boucliers de protection autour de la maison. Ensuite, Sookie s'installe pour lire la lettre de sa grand-mère Adele. Celle-ci, dans la mesure de ses capacités, raconte comment Fintan est arrivé dans sa vie et le rôle qu'il y a tenu. D'après la lettre, l'objet que contient l'aumônière de velours est un cluviel dor, un présent de Fintan qu'un étranger a apporté à Adele. Sookie reconnaît l'étranger à sa description : Maître Cataliades. Ce cadeau faé est la clé d'un sortilège puissant qui ne peut agir qu'une seule fois. Sookie ressent un attachement étrange pour l'objet et du plaisir à le manipuler. Inquiète, elle le dissimule dans son tiroir à maquillage.

LUNDI 29 MAI. Andy est venu déjeuner au *Merlotte* avec Bud. Il apprend à Sookie que lui et sa femme, Halleigh, attendent une petite fille, qu'ils appelleront Caroline

Compton Bellefleur, et que sa sœur, Portia, est également enceinte. Il demande timidement à Sookie de transmettre les bonnes nouvelles à Bill, qui est son arrière-arrière-arrière-grand-père. Andy doit partir ensuite pour apporter un milk-shake à Halleigh. Sandra Pelt fait violemment irruption dans le bar et se met à invectiver Sookie. Elle hurle qu'elle a tenté plusieurs fois de mettre fin aux jours de Sookie, en vain, et qu'elle voudrait enfin y parvenir. Sam tend discrètement à Terry Bellefleur la batte de bois qu'il conserve derrière le bar. Ce dernier frappe Sandra au moment où elle dégaine son arme pour tirer sur Sookie. Sandra tombe à terre et Terry perd la raison. Sookie le réconforte tandis qu'il marmonne des paroles incohérentes sur le monsieur tout brillant et le grand blond qui lui ont demandé de veiller sur Sookie et d'assurer sa sécurité. Les urgentistes lui font une piqûre pour le calmer. Sam et Sookie l'emmènent au mobile home de Sam pour qu'il puisse se reposer. Terry chuchote que les hommes lui avaient promis de protéger son chien et de chasser ses mauvais rêves.

Eric a perçu la peur de Sookie par leur lien de sang. Il l'attend à l'extérieur du *Merlotte*. Ils retournent ensemble chez elle pour parler de ce fameux lien de sang, de leur mariage et de leur futur. Eric est stupéfait lorsque Sookie lui affirme qu'elle ne veut pas devenir un vampire. La discussion s'interrompt à l'arrivée d'Amelia et de Bob : Eric s'en va peu après. Fatigués de leur voyage, Amelia et Bob se retirent dans leur chambre. Sookie entend frapper discrètement à sa porte. C'est Bill, qui lui demande de sortir sur la véranda pour parler avec lui. Grâce au sang que lui a donné Judith, sa sœur de lignée, il est rétabli et ne souffre plus de l'empoisonnement à l'argent subi en sauvant Sookie des mains des faé. Il explique à Sookie qu'il n'avait pas contacté Judith lui-même car elle s'était montrée autrefois obnubilée par sa personne. À son arrivée, il avait espéré tomber amoureux d'elle et que cette relation le libérerait de son amour pour Sookie. Malheureusement, il ne ressent pas d'amour pour Judith. Cette dernière l'a suivi pour épier la conversation discrètement. Elle révèle sa présence et, avec grande dignité, annonce qu'elle va partir et qu'elle se remettra de son attachement pour Bill. Bud Dearborn appelle pour informer Sookie que Sandra s'est échappée de l'hôpital où elle avait été emmenée. Bill promet à Sookie de monter la garde pour la nuit.

MARDI 30 MAI. Sookie assure la moitié du premier service pour pouvoir aller à Red Ditch accompagner Hunter et Remy à la journée d'adaptation de la maternelle. Une fois là-bas, elle et Hunter entendent les pensées malsaines de l'une des institutrices et Sookie conseille à Remy de vérifier que Hunter ne soit pas attribué à sa classe. Après la visite, ils se rendent à un Dairy Queen pour prendre des glaces et rencontrent Erin, la nouvelle amie de Remy, qui s'assoit avec eux. Sookie demande à Erin de rester avec Hunter pendant un moment et emmène Remy à l'extérieur. Elle lui propose l'argent de la succession de Hadley pour Hunter, mais Remy refuse. Il préfère assurer lui-même l'avenir de l'enfant que Hadley avait abandonné.

De retour chez elle, Sookie trouve Amelia et Bob occupés à renouveler les sorts de protection autour de sa propriété. Sookie s'en va dans les bois et trouve le portail faé dans une clairière non loin de sa maison. Pendant le dîner, Amelia apprend à Sookie qu'elle sait maintenant comment briser le lien de sang. Le trio accomplit la cérémonie au coucher du soleil. Eric téléphone presque immédiatement, inquiet d'avoir ressenti la disparition de son contact permanent avec Sookie. Il est furieux que Sookie ait délibérément coupé le lien et finit par lui raccrocher au nez.

MERCREDI 31 MAI. Sookie va au travail mais elle se montre si déstabilisée que Sam la renvoie chez elle. Certaine qu'Eric va passer, elle demande à Bob et Amelia d'aller au cinéma. Eric arrive dès le coucher du soleil.

Ils se renouvellent leurs vœux d'amour et se lancent dans des ébats passionnés sur la balancelle de la véranda. Un peu plus tard, ils parlent de ce qui se passe entre Pam et Miriam ainsi que de la situation politique vampire qui les affecte tous. Sookie suggère qu'il serait intéressant de contacter le serveur qui l'avait avertie au sujet des verres empoisonnés. Sookie et Eric se rendent au *Vampire's Kiss*. Pendant qu'ils attendent la fermeture du bar dans le parking, Eric raconte à Sookie qu'il a embauché un Loup solitaire pour remplacer Bobby, son assistant de jour. Lorsque Colton, le serveur, quitte le bar, ils le suivent jusqu'à son mobile home. Ils se présentent et font la connaissance de son amie, Audrina Loomis. Ils apprennent que Victor a assassiné la mère de Colton. Ils se verront de nouveau le lendemain, chez Sookie, pour comploter et organiser un attentat contre la vie de Victor.

Épuisée, Sookie passe la nuit chez Eric, seule dans l'une des chambres à l'étage.

JEUDI 1ER JUIN. Sookie part de bon matin pour rentrer. Elle trouve Alcide à moitié nu et endormi dans son lit : ayant appris par Amelia qu'elle avait brisé le lien de sang, il est venu chez elle dans l'espoir de ranimer la flamme entre eux. Outrée, Sookie le flanque à la porte. Mustapha Khan, le nouvel assistant de jour d'Eric, fait son apparition en compagnie d'un ami pour reprendre la voiture d'Eric. Après leur départ, Sookie sermonne Amelia et Claude – qui a laissé entrer Alcide. Elle leur reproche de se mêler de sa vie personnelle. Elle exige que tout le monde quitte sa maison et ils s'exécutent. Un peu plus tard, elle retrouve Dermot assis sur les marches de derrière. Sachant que des deux faé, Claude était le véritable instigateur, elle lui permet de rester. Elle lui donne de l'argent et lui permet de prendre sa voiture pour aller au magasin de bricolage acheter du matériel pour terminer l'aménagement du grenier.

Au *Merlotte*, Sam lui confie ses inquiétudes. Les affaires ne sont jamais allées aussi mal. Sookie ne sait que dire et ne peut pas lui offrir de véritable réconfort. Elle quitte le travail en retard et s'arrête en chemin pour faire le plein de sa voiture et acheter du lait ainsi que du sang de synthèse. En se rangeant devant sa maison, elle s'agace tout d'abord d'apercevoir sa porte arrière grande ouverte. Puis elle sent le danger et tente de faire demi-tour. Un arbre s'abat devant elle et lui bloque la route. Elle s'échappe de sa voiture, frappe un adversaire avec une de ses bouteilles de lait et se précipite vers la demeure de Bill sous une pluie battante. Elle parvient à trouver la clé de secours sur la véranda de devant et pénètre dans sa maison. Auparavant, elle se débarrasse de ses chaussures et de ses vêtements trempés en les dissimulant dans un buisson, pour ne pas laisser de traces une fois à l'intérieur.

Bill ne lui a jamais révélé où il dormait la nuit mais Sookie l'avait deviné d'elle-même à l'époque où ils sortaient ensemble. Elle connaît les plans de la maison et se dirige droit sur une petite pièce qui donne sur la cuisine. Elle parvient à ouvrir une trappe dissimulée dans le sol et y descend, complètement nue. Elle tâtonne dans l'obscurité et trouve le corps inanimé et tout aussi nu de Bill, gisant dans un coin. Elle entend ses attaquants au-dessus d'elle tandis que Bill tente de se réveiller. Il lui faudra plusieurs tentatives avant d'y parvenir. Une fois en pleine possession de ses moyens, il part à la poursuite des assaillants pendant que Sookie l'attend. Il revient plus tard et s'habille. Sookie se drape dans un vieux châle. Bill la ramène chez elle en voiture. Ils retrouvent Dermot dans le grenier, ensanglanté et inconscient. Bill est enivré par l'odeur du sang de faé. Il réussit néanmoins à se maîtriser et à quitter la maison pour aller fouiller la propriété. Sookie appelle le Hooligans pour demander de l'aide pour Dermot. Claude lui envoie Bellenos, qui arrive en quelques minutes. Sookie demande à Dermot de lui pardonner et explique que les sorts de protection d'Amelia auraient dû empêcher les intrus d'entrer chez elle. Mais Dermot avoue qu'il a déconstruit les boucliers dans l'intention d'installer les siens, estimant qu'ils seraient bien plus puissants. Bellenos soigne la blessure à la tête de Dermot en lui insufflant son souffle. Dès que Dermot en est capable, ils partent tous les deux en chasse pour retrouver les agresseurs. Un peu plus tard, Pam et Eric font leur entrée quand Dermot et Bellenos reviennent, brandissant les têtes coupées de leurs adversaires.

Les faé repartent ensuite, emportant les macabres trophées avec eux. Sookie, Pam et Eric débattent de qui pourrait être à l'origine de la tentative de kidnapping. Soudain, Eric quitte la pièce pour prendre un appel, ce qui éveille les soupçons de Sookie. Elle confronte Eric et le force à lui révéler la vérité : avant de mourir, son créateur a arrangé un mariage entre Eric et une reine vampire. Pour l'instant, Eric n'a pas réussi à s'extirper de la situation.

Inquiet pour Sookie car Eric a envoyé Pam à l'extérieur, Bubba surveille la scène par la fenêtre. Sookie décide de mettre ses émotions de côté, tandis qu'Audrina et Colton apparaissent. Pam pénètre de nouveau à l'intérieur et le petit groupe aborde les plans visant à assassiner Victor. Plusieurs alternatives sont mises en avant. C'est Sookie qui finit par remporter les suffrages avec une idée qui implique la participation de Bubba.

De nouveau seul avec elle, Eric demande à Sookie de le comprendre. Mais elle ne peut concevoir qu'il honore un tel marché de la part d'un créateur maintenant décédé. Eric ne reste pas pour la nuit. Sookie aperçoit Bill dans le jardin et sort pour discuter avec lui. Elle lui résume la situation. Pour sa part, cependant, Bill comprend tout à fait la responsabilité d'Eric vis-à-vis de son créateur.

VENDREDI 2 JUIN. Sookie a fait la grasse matinée et se lance dans les préparatifs du *baby shower* de Tara, prévu pour le lendemain. Dermot revient à la maison. Lorsqu'il apprend quel événement se prépare, il demande s'il peut y participer. Il se met ensuite à regarder les vieilles photos récupérées au grenier et démontre à Sookie que certains clichés de Mitchell, le mari d'Adele, sont en fait des photos de Fintan qui a pris l'apparence de Mitchell.

Plus tard, Sookie réfléchit à ses finances et trouve un moyen simple d'aider Sam. Elle lui amène un chèque pour lui permettre de faire survivre le bar en attendant que les affaires reprennent. Sam accepte avec réticence et insiste pour que des papiers officialisent le prêt.

Craignant que Sookie ne refuse de répondre à ses appels, Amelia a demandé à Sam de conseiller à Sookie de vérifier sa messagerie, ce qu'elle oublie souvent de faire. Sookie s'exécute. Elle a reçu un e-mail d'Amelia et un de Maître Cataliades. Celui-ci lui recommande de bien réfléchir avant d'utiliser le cluviel dor et la met en garde contre Sandra Pelt. Dans son mail, Amelia lui présente ses excuses. Elle lui explique également qu'un cluviel dor est un gage d'amour faé, qui accorde un vœu à son détenteur. Un vœu si puissant qu'il peut changer une vie du tout au tout. Lorsqu'elle part pour la soirée fatidique du complot contre Victor, Sookie emporte le cluviel dor avec elle.

Une fois au *Fangtasia*, Sookie attend l'heure de la fermeture dans le bureau d'Eric. Pam est silencieuse. Sookie se rend compte que Miriam s'est éteinte, victime supplémentaire de Victor, qui a refusé à Pam la permission de la vampiriser. Après la fermeture, une poignée de vampires fidèles à Eric se disperse discrètement dans le bar. Ils aident le personnel humain à faire le ménage et à installer la scène pour le spectacle. En effet, Bubba va chanter. Colton et Audrina restent en salle. Ils poseront comme donneurs de sang volontaires. Immanuel et Mustapha Khan sont également présents. Victor et sa suite, dont Akiro, son nouveau second, font leur entrée et s'installent au premier rang. Bubba entame une série de ses chansons les plus romantiques. Il est éblouissant. En revanche, les morceaux plus rythmés ne captivent pas l'auditoire et Eric décide de passer à l'attaque en dirigeant un pieu sur le cœur de Victor. Malheureusement, Akiro dévie le coup et le combat commence.

Sookie renvoie Bubba vers la sécurité toute relative du couloir arrière, où Bill le prend en charge. Victor parvient à maîtriser Pam, qui se débat en vain. Voyant que Sookie tient en main l'épée de Victor, Pam lui ordonne de tuer Victor. Elle hésite, craignant de tuer Pam du même coup, mais abat sa lame malgré tout, blessant Victor et fournissant ainsi à Pam l'occasion de se relever, de s'emparer de l'épée et de l'exécuter elle-même. Akiro, gravement atteint, refuse de se soumettre à Eric, qui le met à mort. Les cendres se déposent sur le champ de bataille ensanglanté. Victor et toute sa suite sont morts. Audrina a été tuée et Colton pleure sur son corps. Thalia s'efforce tant bien que mal de rattacher son bras coupé à son corps, un exploit dont seuls les vampires sont capables. Sookie, incapable de répondre physiquement à Eric lorsqu'il l'embrasse, lui offre néanmoins son cou afin de l'aider à se remettre de ses blessures. Furieux de ses réactions contradictoires, il la mord violemment. Elle est obligée de lui pincer l'oreille pour l'empêcher de continuer trop longtemps et se dégage. Lorsqu'il veut de nouveau l'embrasser, elle a un mouvement de recul. Bill la reconduit chez elle et lui rappelle calmement qu'elle était consciente que la soirée apporterait la mort et que le sang coulerait. Ils n'ont fait qu'agir pour survivre. Elle sait qu'il a raison mais le carnage la désole. Elle change de sujet en posant des questions à Bill au sujet de Freyda, la reine de l'Oklahoma. C'est elle, l'épouse que le créateur d'Eric a choisie pour lui. Bill se montre surpris de l'identité de la future mariée et annonce à Sookie qu'Eric devra la répudier s'il épouse Freyda. Sookie avoue qu'elle a brisé le lien de sang. Bill lui donne alors un conseil d'ami : elle doit laisser Eric prendre sa décision de lui-même. Sookie pénètre chez elle, se lave et se met au lit, à la fois soulagée et perturbée de constater qu'elle pense pouvoir dormir après de tels événements.

SAMEDI 3 JUIN. Maître Cataliades frappe à la porte arrière de Sookie pendant le *baby shower*, qui remporte un franc succès. Il patiente dans la cuisine et attend la fin de la fête ainsi que le départ des convives. Sookie l'interroge sur son rôle dans l'histoire de sa famille, tant du côté faé que du côté humain. Elle apprend que Fintan a demandé à son ami proche, à savoir Desmond Cataliades, de donner un présent à ses descendants faé – un présent qu'ils ne pouvaient accepter que s'ils étaient doués de l'étincelle essentielle. En tant que bienfaiteur de la famille, Maître Cataliades a donné à la famille le don de la télépathie, estimant que ce talent donnerait à ses bénéficiaires un avantage conséquent par rapport au reste de l'humanité. Maître Cataliades informe alors Sookie qu'il est poursuivi par certains adversaires et qu'il doit partir.

Sam appelle pour lui dire que quelqu'un a laissé un paquet pour elle au bar. Au ton de sa voix, elle comprend qu'il se passe quelque chose. Elle lui demande plutôt de lui apporter le paquet lui-même. Après une conversation étouffée avec quelqu'un, il accepte. Sookie s'empare de son fusil et se cache dans les bois pour attendre Sam et la personne qui l'accompagne. La voiture de Jannalynn remonte l'allée et ce n'est pas une surprise pour Sookie lorsque Sandra Pelt en descend, une carabine entre les mains. Sookie sort des bois et tire, touchant Sandra au bras gauche et à la joue. Jannalynn profite de la situation et passe à l'attaque, entamant un combat à mains nues avec l'autre métamorphe. Sookie et Sam tournent autour des deux femmes et tentent de venir en aide à Jannalynn – Sam se fait casser le nez. Sookie parvient enfin à saisir le bras de Sandra et l'empêcher ainsi de frapper, ce qui permet à Jannalynn de reprendre le dessus. La Louve féroce brise le cou de Sandra d'un seul coup. Lorsqu'elle s'aperçoit que Sandra n'est pas encore morte, elle l'achève. Ils se demandent s'ils doivent appeler le shérif mais décident de se débarrasser du corps. Sookie propose une solution pour que le corps ne soit jamais retrouvé. Elle aide Sam à porter le corps de Sandra jusqu'au portail faé. Ils le font passer par l'ouverture et entendent des grognements sauvages de l'autre côté. Certains qu'il ne reste plus rien de Sandra Pelt, ils retournent à la maison. Sam lave la voiture de Jannalynn ainsi que les taches de sang sur le sol. Jannalynn réduit la fracture de son nez et ils repartent tous les deux, emportant le fusil de Sandra, qu'ils jetteront plus loin dans les bois, sur le chemin pour le mobile home de Sam.

Sookie passe tous les récents événements en revue et décide de s'installer confortablement pour regarder *Jeopardy !* à la télévision, en compagnie d'un bon verre de thé glacé.

Bill et Eric – échanges secrets

À : Eric@Fangtasia.com
De : WCompton@vmail.com
05 : 33

Ceci pour t'informer que Judith Vardamon ne réside plus dans la Zone Cinq.

William Compton

À : WCompton@vmail.com
De : Eric@Fangtasia.com
05 : 46

T'en as perdu encore une, Bill ?

Eric

À : Eric@Fangtasia.com
De : WCompton@vmail.com
05 : 52

VTF. Si tu as un problème pour comprendre cette abréviation, surtout n'hésite pas, Shérif.

Bill

Téléphone : Bill appelle Éric

B. : J'ai eu une discussion très intéressante avec Sookie après ton départ.
E. : Elle te parle beaucoup trop.
B. : Et toi, tu dois lui parler trop peu. Tu fais tout pour sortir du contrat, j'imagine ?
E. : Bien évidemment.
B. : Tiens-moi au courant surtout. Bon sommeil, Eric.

Téléphone : Eric appelle Bill

E. : Mon épouse est-elle arrivée à la maison sans problème ?
B. : Mais oui. Toutefois, d'après ce que j'entends, il est possible qu'elle ne soit plus ta femme pour très longtemps, Prince consort.
E. : Fais bien attention à toi, Bill.
B. : Une reine... Mauvais, ça, pour n'importe quel couple. Je doute qu'une reine te libère, Eric. On m'a dit que Pam avait dû te forcer à lui annoncer la chose.
(Silence)
B. : Exactement comme tu m'as forcé moi-même. Et comme le disent mes voisins humains, on récolte ce que l'on sème... Maintenant, tu sais ce que c'est, d'être forcé par une reine à trahir Sookie.
E. : Je n'ai pas trahi Sookie. C'est Ocella qui a œuvré ainsi, pas moi.

B. : Tu sais, je comprends fort bien ta loyauté envers ton créateur, Eric. Je peux même dire que je respecte le fait que tu souhaites encore respecter ses volontés. Néanmoins, Sookie considérera cela comme une trahison. Et la façon dont tu l'as traitée ce soir n'arrange pas les choses.

E. : N'imagine pas une seule seconde que cela te permette de la récupérer, Bill.

B. : Peut-être pas. Je ressens cependant un certain plaisir à imaginer que tu ne la garderas peut-être pas non plus.

Sookie, nouvelles et autres écrits

Charlaine Harris

Écrire une nouvelle, ce n'est pas comme écrire un roman très court. Le rythme et la synchronisation sont différents, et on ne peut absolument pas construire la conclusion de la même façon.

À l'heure actuelle, il existe sept nouvelles et un roman court écrits autour de Sookie. Ils n'ont pas été publiés dans l'ordre chronologique de sa vie. Je suis remontée dans le temps pour ajouter les éléments au fur et à mesure que les idées me venaient. Pour plus de clarté, je vais en parler en suivant la suite logique de la série de *La communauté du Sud*.

J'ajoute en passant que les cinq premières nouvelles sont maintenant regroupées au sein de l'ouvrage *Sookie Stackhouse présente : Interlude mortel*. Avant que mon éditeur ne les rassemble, il fallait acheter des anthologies séparées pour lire les aventures de Sookie. Une chose que je trouve intéressante : on peut ainsi découvrir de très belles nouvelles écrites par d'autres auteurs. Je dois cependant avouer qu'il est très agréable de pouvoir consulter un seul livre.

Revenons à nos moutons.

« Poussière de faé » n'était pas ma première nouvelle, mais c'était la première qui concernait Sookie. J'ai beaucoup appris en l'écrivant. Elle a été publiée pour la première fois au sein d'une anthologie extraordinaire,

Powers of Detection[1]. Dans cette nouvelle, Sookie doit mener l'enquête au sujet de la mort de Claudette, la sœur jumelle des faé Claude et Claudine. Ces derniers interrogent les humains qui travaillent dans le club de strip-tease qui employait Claude et Claudette. Ils sont convaincus que Sookie peut les aider à découvrir la clé du mystère – et bien évidemment, c'est ce qu'elle fait. Au cours de l'affaire, nous en apprenons plus sur les faé et leur vision du monde en général, ainsi que sur certains humains en particulier. Cette histoire s'insère avant *Les sorcières de Shreveport*.

Juste après « Poussière de faé » vient « L'anniversaire de Dracula ». J'ai eu beaucoup de plaisir à écrire cette nouvelle-là : on y découvre chez Eric un côté presque enfantin qui contraste avec sa personnalité généralement pragmatique. Sookie est invitée à participer, avec d'autres membres de la communauté des êtres surnaturels, à l'une des cérémonies les plus importantes du calendrier des vampires. Il s'agit de la fête annuelle célébrée en l'honneur du premier vampire moderne, Vlad Tepes – plus connu sous le nom de Dracula. Selon la croyance des vampires, le véritable Vlad fait une apparition tous les ans à l'une de ces fêtes. Eric espère qu'il viendra à la sienne. Son vœu est exaucé… mais pas vraiment. Petit à petit, on s'est aperçu que la chronologie de la version originale de « L'anniversaire de Dracula », publiée dans *Many Bloody Returns*, était improbable. Lorsque la nouvelle a été publiée dans *Sookie Stackhouse présente : Interlude mortel*, la date de l'invitation était donc devenue le 13 janvier, une date plus crédible. Le tome qui suit cette péripétie est *La morsure de la panthère*.

« En un mot » est la plus grave des nouvelles. Les informations qu'elle révèle permettent de comprendre

---

1. Lorsque des titres de recueils ou de nouvelles sont mentionnés en anglais, cela signifie qu'ils n'ont pas encore été traduits en français (*N.d.É.*).

l'action qui se déroule dans le tome suivant. L'action se situe entre *La morsure de la panthère* et *La reine des vampires*. Je présente toutes mes excuses à mes lecteurs, qui se sont demandé pendant des années s'ils avaient raté un tome. Je n'insérerai plus jamais d'éléments essentiels dans une nouvelle. Mes nouvelles représentent désormais pour moi de petites excursions qui se situent en dehors de l'action principale de *La communauté du Sud*.

Dans « En un mot », Sookie et son ami Bubba ratissent les feuilles dans le jardin de Sookie. Il fait nuit, bien entendu. Une limousine arrive, avec à son bord Maître Cataliades, le vampire Waldo et un passager secret. Sookie apprend le décès de sa cousine Hadley Delahoussaye et découvre que Hadley était devenue vampire avant cette seconde mort définitive. On lui révèle également que Hadley était l'amante de la reine des vampires de Louisiane. Au cours de la conversation avec Waldo, Sookie comprend que ce dernier était si jaloux de Hadley qu'il est possible qu'il soit pour quelque chose dans sa mort. Le passager secret de la limousine est Sophie-Anne, reine de Louisiane. Elle a un programme bien personnel en tête.

« Défaut d'assurances » fut publié en premier lieu dans *Unusual Suspects*. Le ton employé ici est plus léger. Greg Aubert, l'agent d'assurances de Sookie, a pris l'habitude de jeter des sorts pour ne pas avoir à rembourser en cas de sinistres. Grâce à sa formation en sorcellerie, ses clients de Bon Temps ont plus de chance que d'autres. Greg se sent pourtant inquiet, car quelqu'un pénètre dans ses bureaux la nuit. Sookie et son amie Amelia mènent l'enquête et découvrent qu'à cause du succès de Greg les affaires vont mal pour les autres agents d'assurances. L'un d'eux a sans doute décidé d'agir. « Défaut d'assurances » se lit après *La conspiration*.

Mon conte de Noël, « Le Noël de Sookie », précède *Dead and Gone*. Les fêtes approchent et Sookie se sent seule. Tout le monde attend Noël avec impatience, sauf elle. Niall, son arrière-grand-père, en est conscient et s'organise avec d'autres SurNat pour lui offrir un présent merveilleux pour la nuit de Noël – ce n'est pourtant pas un cadeau qu'elle aurait accepté dans des circonstances ordinaires. La publication de cette nouvelle dans *Wolfsbane and Mistletoe* m'a certes valu des messages de protestation, mais l'histoire a été écrite pour que le lecteur apprenne un élément important au sujet de Niall.

« *Two Blondes* », la sixième des nouvelles sur Sookie, est l'une de mes préférées. Elle figure dans l'anthologie *Death's Excellent Vacation*. L'histoire, qui suit *Bel et bien mort*, concerne Sookie et Pam. Victor a reçu une proposition de la part d'un « club de gentlemen » miteux situé au nord des casinos de Tunica, dans le Mississippi, et envoie Sookie et Pam enquêter. Elles s'amusent un peu au casino avant de se rendre à leur rendez-vous, lequel – et ce n'est pas une surprise – s'avère être un piège. Avant la fin de la nuit, elles font connaissance avec des barres de pole dance. Publié après *Sookie Stackhouse présente : Interlude mortel*, « *Two Blondes* » ne fait pas partie de l'anthologie.

Dans *Mariage mortel*, la nouvelle contenue dans ce livre, l'action se déroule entre *Une mort certaine* et *Mort de peur*.

La septième histoire, que j'ai terminée assez récemment, s'intitule « *If I Had a Hammer* » et fait partie de *Home Improvement : Undead Edition*. Elle se lit après *Mort de peur*, car les jumeaux du Rone sont nés. Tandis que Sookie et Sam apportent leur aide à Tara et JB, dont le logement a besoin d'être rénové, ils découvrent un terrible secret enterré depuis des décennies.

Dahlia Lynley-Chivers

J'avais envie d'écrire des histoires courtes sur un autre personnage et c'est ce que j'ai fait avec Dahlia Lynley-Chivers, une minuscule vampire glaciale et sans âge qui aime les talons hauts et les hommes. Audacieuse et intolérante, Dahlia habite Rhodes, où Sookie se rend lors de ses aventures de *La conspiration*. Sookie l'y aperçoit mais elles n'ont pas l'occasion de se parler. Certaines de mes histoires sur Dahlia ont lieu avant le sommet de Rhodes – « *Tacky* », dans *My Big Fat Supernatural Wedding*, et « *Bacon* », qui s'insère dans *Strange Brew*. « *Tacky* » relate le mariage de la meilleure amie de Dahlia – car même Dahlia en a une. Des terroristes ont l'impudence d'interrompre les festivités et paient cette grave erreur de leur vie. « *Bacon* » est une histoire de vengeance. Dahlia met au point un plan des plus retors pour abattre le bras de la justice sur une sorcière.

Dans « *Dahlia Underground* » (tiré de *Crimes by Moonlight*), des sauveteurs dégagent ma petite vampire des décombres de l'hôtel qui a explosé au moment du sommet des vampires. Après avoir récupéré un peu, Cedric, son shérif, lui ordonne de partir à la poursuite des auteurs de l'attentat.

Et enfin, dans le numéro de fête de *Glamour*, nous retrouvons un conte de Noël construit autour de Dahlia, « *A Very Vampire Christmas* ». Animée en quelque sorte par l'esprit de Noël, Dahlia a le grand plaisir de trucider une poignée de faé.

Une nouvelle supplémentaire « *Death by Dahlia* », a paru en octobre 2011 dans l'anthologie *Down These Strange Streets*.

Sean et Layla

Sean est un vampire irlandais au visage parsemé de taches de rousseur. Layla est une jeune femme moderne accaparée par un prédateur qui la harcèle. Ils se rencontrent dans la nouvelle « *Dancers in the Dark* », parue la première fois dans *Night's Edge*. Au cœur de la ville de Rhodes, la jolie Layla tente de préserver son anonymat. Elle a fui le sud pour échapper à son bourreau, un homme qui l'a agressée et mutilée. Layla commence à manquer d'argent et passe une audition chez Blue Moon, qui emploie une écurie de danseurs pour animer fêtes et galas. Les équipes sont généralement composées d'un vampire et d'un humain. L'humain se fait mordre à la fin de la chorégraphie. Layla fait connaissance avec les autres membres de la troupe et se lie d'amitié avec eux. Ils admirent son talent et lui viennent en aide lorsque son prédateur la rattrape. Sean, un être discret, tombe amoureux d'elle. Lorsqu'elle est attaquée, Layla subit une perte de sang tellement importante que Sean doit la faire passer de l'autre côté.

Sookie fait la connaissance de Sean et Layla à Rhodes, au sommet des vampires, dans *La conspiration*.

Les britlingans

Sookie rencontre les britlingans dans *La conspiration*. Batanya et Clovache sont embauchées pour protéger le roi du Kentucky lors du sommet de Rhodes. Contre toute attente, elles réussissent leur mission. Les britlingans sont des gardes du corps terriblement coriaces qui proviennent d'une autre dimension. Clovache et Batanya ont été élevées et formées par le Collectif Britlingan, pour qui la parole du client a vertu de loi. Nous en apprenons un peu plus sur ces deux femmes dans « *The Britlingens Go to Hell* » (issu de *Must Love Hellhounds*). Chargées d'un fardeau douteux – un voleur –

et d'une tâche impossible – récupérer un objet aux Enfers –, elles se mettent en selle et galopent vers les ennuis. Elles font en chemin la rencontre d'Amelia Earhart, Narcisse et toute une collection de créatures diverses, ainsi que du seigneur des Enfers lui-même. Elles découvrent également que leur client est l'un des derniers survivants d'une espèce qui bénéficie d'un attribut physique inattendu...

Vampires, métamorphes et faé...
Oh là là !

Sookie raconte

CHARLAINE HARRIS

Au cours de ces dernières années, mes capacités d'adaptation se sont, disons, largement étendues. Je n'ai rien contre le changement. Au contraire : comme je n'étais pas particulièrement heureuse avant de rencontrer mon premier vampire, je peux même dire que la nouveauté, c'est plutôt positif. Certains jours, j'ai l'impression que j'en ai appris tellement sur le monde que je ne pourrais pas en gérer plus. Mais pour l'instant, je m'en sors.

En ce qui concerne ma ville natale de Bon Temps, en Louisiane, on peut dire qu'elle n'est peut-être pas bien grande, mais qu'elle aussi sait franchement bien s'adapter.

Pendant mes années de lycée, on étudiait Shakespeare, et je me souviens de ces vers, dans *Hamlet*, parce qu'ils s'appliquent parfaitement à ces quelques années passées : « Il y a plus de choses sur la terre et dans le ciel, Horatio, qu'il n'en est rêvé dans votre philosophie. » On entend cette citation tout le temps, dans les mauvais films d'épouvante – mais en fait, il y a une bonne raison. C'est parce qu'elle reflète la réalité.

J'avais toujours cru que la vie et la société ne bougeraient jamais, dans mon petit coin de Louisiane. Mais ça, c'était avant que le monde entier ne soit complètement bousculé, le jour où on a appris que les vampires n'existaient pas que dans les films de série Z qu'on regarde tard le soir. Les vampires, c'était pour de vrai.

Deux ans plus tard, un vrai vampire faisait son entrée un soir au *Merlotte*, et dans ma vie. Seulement, du coup, il m'a fait atterrir en plein milieu de la sienne et de son univers. Parfois, je regrette d'avoir été de service, ce soir-là. Mais je sais bien que ça n'aurait rien changé.

Les vampires

J'adore le soleil. Et ça me faisait vraiment de la peine pour les vampires, quand je pensais à leur réalité : vivre toute sa vie dans le noir, ne jamais voir le ciel bleu, ni regarder les papillons ou les oiseaux-mouches en train de butiner – tout simplement profiter de la journée, quoi. En plus, certains vampires n'ont pas vu la lumière du jour depuis plus de mille ans. Mille ans de nuit ! Pour moi, c'est difficile à concevoir.

Avant, ils faisaient tout ce qu'ils pouvaient pour qu'on ne s'aperçoive même pas qu'ils existaient. Ils seraient toujours tapis dans les recoins en train de buter des humains, sauf que des scientifiques japonais ont réussi à créer du sang de synthèse. Presque aussi vrai que nature – le TrueBlood, c'est le plus connu. Ils ont dû en parler, dans les journaux et à la télévision, avant de mettre le produit sur le marché, mais moi, je ne m'en souviens pas.

Pour les vamp's, ça changeait tout. C'était le déclic qui leur a permis de commencer à communiquer et synchroniser leur plan : faire leur entrée dans le monde moderne. Ils ont eu du mal à s'entendre mais, finalement, ils ont décidé de « sortir du cercueil » et de nous faire savoir qu'ils étaient là depuis très, très longtemps. Ce qu'ils voulaient, surtout, c'est ne pas faire peur à la population humaine, qu'on les considère comme Monsieur Tout-le-

Monde. Bon évidemment, il y a quelques petits détails : l'allergie au soleil, le problème des crocs, et leur addiction au sang. Mais ils n'ont pas insisté là-dessus. Au contraire, ils ont plutôt souligné qu'ils n'avaient rien à voir avec le vampire européen classique en smoking – quelle horreur.

Beaucoup de vampires, comme mon ex, Bill Compton, par exemple, font tout pour s'intégrer. Ils font de gros efforts pour essayer de vivre comme des humains. Évidemment, ils ont des difficultés – quand on ne peut pas sortir le jour, on ne peut pas tenir une boutique en ville, on est bien d'accord. Mais ils arrivent tous à gagner quelques dollars par-ci par-là. C'est ça, l'Amérique, non ? Bill investit dans l'immobilier et fait de la programmation. Mon chéri actuel, Eric Northman, est propriétaire d'un bar à vampires, le *Fangtasia*, à Shreveport. Je sais qu'il y a des strip-teaseurs et des entrepreneurs et je ne serais franchement pas surprise de rencontrer un vampire détective privé ou électricien. Ils trouvent souvent des associés humains. L'un s'occupe du travail pendant la journée, et l'autre reprend pour la nuit.

Après la Révélation, certains pays sont devenus complètement dingues. Ils ont massacré tous les vampires qu'ils pouvaient dénicher. Mais chez nous, aux États-Unis, on a toujours été dans le genre « melting-pot ». Alors on s'est dit qu'ils étaient juste une minorité de plus, en demande d'intégration. Une minorité plutôt dangereuse – il faut quand même faire attention – mais, malgré tout, une minorité qui voulait les mêmes libertés que tous les citoyens de la nation. Ça fait polémique, cette histoire d'égalité des droits, par rapport aux humains. Et même si les vamp's obtiennent l'égalité, il y aura toujours des humains pour s'y opposer.

Donc, les vampires se sont levés en disant « coucou, on est là ». Mais ça n'a pas été tout rose. Les gens ont vite découvert que le sang de vampire agit presque comme une drogue sur les humains, et qu'en plus, il aide à guérir plus vite (et ça, je le sais d'expérience). Et puisque l'Amérique, c'est le paradis de la libre entreprise, il n'a pas fallu longtemps pour que des pourritures se bousculent au portillon : dealer du sang de vampire, ça rapporte gros. Comme les vampires n'étaient pas franchement axés sur le don du sang, des équipes ont mis au point des méthodes pour maîtriser les vamp's et les vider de leur sang. Si on les saigne à blanc et qu'on les laisse dehors, ils meurent, généralement sous les rayons du soleil. D'ailleurs, quand Bill est venu au *Merlotte* la première fois, j'ai dû le sauver d'un couple de dealers qui l'avaient piégé dehors.

Ceux qui chassent le vampire se fichent complètement des gens à qui ils vendent le sang. Ils se moquent de savoir si le liquide est trop vieux ou trop dilué. Une fois qu'ils ont absorbé ce qu'on leur a vendu, les drogués, comme les utilisateurs occasionnels, peuvent devenir complètement fous. L'espérance de vie d'un dealer est très courte : tous les vamp's (ceux qui veulent s'intégrer comme les renégats) adorent les liquider.

Je ne sais pas ce qui est le pire : savoir qu'il y a des dealers, ou savoir qu'il y a des vampires renégats. Un renégat est un vamp' qui refuse de vivre selon les règles des humains. Quand les autres en découvrent un, c'est le shérif de la zone qui se charge de son cas. Eric est très à cheval là-dessus, et ça ne l'embête pas du tout de mettre fin à leurs nuits. Les renégats, c'est mauvais pour le business.

Bien. Nous avons donc des humains pour qui le vampire est une proie. Eh bien, à l'inverse, il y a aussi des humains dont l'unique raison de vivre est d'être une proie pour les vampires. Ce sont les fangbangers. Pour eux, laisser un vampire se nourrir de leur sang, c'est l'extase absolue. On m'a dit que, pour certains, le fait de se trouver dans la même pièce qu'un vampire, c'est carrément érotique.

Mais attention, quand on aime se faire boire le sang, c'est aussi dangereux que de prendre du sang de vampire. Même si on a une relation stable, comme celle que j'avais avec Bill ou celle que j'ai maintenant avec Eric, le vampire doit faire vraiment très attention à la quantité de sang qu'il prélève.

Le gros problème, avec les fangbangers, c'est qu'ils deviennent vraiment accros à la morsure. Ils font tout pour attirer n'importe quel vampire et ils en veulent toujours plus. Si le vampire se laisse emporter – et ça arrive, pour certains –, le fangbanger se retrouve vidé de son sang par accident, voire transformé.

On ne naît pas vampire. Il n'y a qu'une seule façon de le devenir : qu'un vampire fasse passer l'être humain de l'autre côté. Qu'il le vampirise. C'est ce que cette saleté de Lorena a fait à Bill.

Bill m'a raconté que c'est une opération difficile. La victime doit être vidée de son sang en une seule séance (ou sur trois jours maximum) jusqu'à ce qu'elle ait presque atteint la mort réelle. Ensuite, le créateur doit donner la quasi-totalité de son propre sang au futur vampire. Après ça, il faut encore parfois trois jours, dans le noir, pour la métamorphose complète. Et elle ne finit pas toujours très bien : il arrive que le futur vampire ne survive pas. Il est quelquefois tellement abîmé qu'il faut le détruire. Si le nouveau-né survit, son créateur doit lui apprendre à devenir un bon vampire – tel un parent avec son enfant.

Tout comme un bébé qui vient de naître, le vampire nouveau-né a faim et ne contrôle pas ses pulsions les plus primaires. Amelia et moi en avons fait l'expérience en direct, quand un métamorphe du nom de Jake Purifoy est passé de l'autre côté – il s'est levé pour la première fois dans un placard, dans l'appartement de ma cousine Hadley. Il était affamé. On a eu de la chance : on a réussi à appeler les flics vampires qui ont pu le maîtriser.

Et ça, c'est une autre raison pour laquelle les fangbangers qui ont été vampirisés par accident ne survivent pas, en général. Contrôler et éduquer le nouveau-né, c'est une contrainte. Parmi les vampires plus âgés, il n'y en a pas beaucoup qui ont envie de s'en charger.

Je suis toujours très surprise, quand j'entends parler de quelqu'un qui veut devenir un vampire. Il y a vraiment des gens qui ont envie de renoncer au jour pour avoir la nuit éternelle, à qui ça ne pose pas de problème, de voir tous ceux qu'ils aiment se flétrir et vieillir. Je crois que ce qu'ils veulent, par rapport à la vie d'un humain, c'est la rapidité et la force décuplées, et le pouvoir d'enchantement aussi. Est-ce qu'ils ont tout simplement peur de mourir ? Moi, je ne comprends pas. Un simple pieu de bois dans le cœur, et ils crèvent en moins de deux. Quant à la décapitation, c'est mortel pour n'importe qui, vamp' ou humain.

C'est vrai qu'un vampire ne peut pas passer le seuil d'une maison si on ne l'invite pas. L'habitant doit prononcer certaines paroles pour lui permettre d'entrer. Et encore plus intéressant : on peut annuler cette permission, ce qui protège alors la maison des intrusions vampiriques. Je me suis bien amusée, avec cette règle, et c'est plutôt sympa, de savoir qu'elle fonctionne.

Pour conclure, il y a des fois où je regrette d'avoir jamais posé les yeux sur un vampire, ou même sur un pack de bouteilles de TrueBlood à l'épicerie du coin. Mais on finit toujours par s'adapter au monde autour de nous. Et moi, je suis devenue assez douée de ce côté-là.

Métamorphes : une double nature

Lorsque les vampires ont annoncé qu'ils existaient, tout le genre humain a cru que le monde entier avait explosé. Punaise, la première fois que j'en ai rencontré un, mon monde à moi a bien explosé ! Évidemment, je suis tombée amoureuse de lui. Si ce n'était pas arrivé, ma vie aurait suivi un cours bien plus facile à prévoir.

Le fait de découvrir peu après que certaines personnes peuvent se transformer en animaux, c'était un traumatisme supplémentaire. Mon boss préféré, Sam Merlotte, a été le premier que j'ai vu sous ses deux formes.

Apparemment, il y a deux sortes d'hybrides, ou métamorphes : les métamorphes purs, qui peuvent se changer en n'importe quel animal, et les animaux-garous, qui peuvent se changer en un seul animal. Le clan de loin le plus important, c'est celui des loups-garous. Ils sont très fiers et très susceptibles. On les appelle parfois les Loups. Au sens le plus strict, ce sont des métamorphes, car ils peuvent changer de forme. Mais jamais un loup-garou ne se qualifierait de métamorphe. Et Sam ne dirait jamais qu'il est quoi-que-ce-soit-garou.

Dans ces deux grands groupes d'êtres à double nature, il y a un système de caste. On est soit mordu, soit métamorphe de naissance. On ne peut naître ainsi que si les parents sont tous deux métamorphes pure souche. Et seulement si on est l'aîné : les petits frères et sœurs ne peuvent pas se transformer. Vous ne deviendrez métamorphe par morsure que si vous faites une mauvaise rencontre avec un métamorphe sous sa forme animale et qu'il vous a, bien entendu, mordu. Mais en général, une morsure ne suffit pas. Ça ne prend pas et tout ira bien pour vous. Mais si ça prend, vous commencerez à vous sentir bizarre à chaque pleine lune. Et quand elle se lève, vous prendrez une forme mi-humaine, mi-animale (dans le genre Lon Chaney Jr dans *Le loup-garou*). Vous aurez certainement une santé et une vitalité bien meilleures que vos copains humains. Cependant, et c'est triste à dire, vous ne vivrez certainement pas très longtemps.

Sam est un métamorphe pure souche : il peut se métamorphoser en tout ce qu'il veut. Mais sa forme de prédilection, c'est celle d'un chien. La plupart des métamorphes ont tendance à adopter une forme particulière en général – ils se sentent bien avec celle-là, comme dans une chemise préférée, ou une paire de chaussures qui a juste la bonne taille. Ce qui est certain malgré tout, c'est que Sam fait un lion vraiment fabuleux.

Les Loups sont bien plus discrets que les vampires. Regardons les choses en face : ils ne sont pas obligés de dormir dans un cercueil, bien cachés durant la journée.

Ce qui leur permet de s'intégrer plus facilement. Je connais beaucoup de Loups et je n'ai toujours pas fini d'en apprendre sur eux. Si quelqu'un m'avait dit par exemple qu'il y avait un bar à métamorphes à Shreveport, je l'aurais traité de dingue – l'hôpital qui se fout de la charité, d'ailleurs. Pourtant, Quinn m'a emmenée prendre un verre dans un établissement qui s'appelle le *Hair of the Dog*. Ce n'est pas un endroit pour les âmes sensibles...

Généralement, les Loups se regroupent en meutes, menées par le plus fort, le chef (une position constamment convoitée par d'autres prétendants). La meute que j'ai fréquentée le plus est celle des Longues Dents. C'est loin d'être une démocratie. Quand le chef de meute a dit, on fait. Et s'il a besoin de renfort, le Second de meute intervient.

Sortir avec un hybride peut présenter certains inconvénients. Pour moi, bien sûr, le fait qu'ils puissent sortir en plein jour et qu'ils soient, physiquement du moins, tout chauds, c'est un avantage énorme. Mais le problème le plus glauque, c'est qu'il faut perpétuer l'espèce. Ce qui implique parfois de faire certains choix en matière de partenaires. Si on appartient de plus à une espèce rare, comme les tigres-garous ou les panthères-garous, on est plus ou moins obligé de rechercher un ou une partenaire de la même espèce pour se reproduire. Comme à Hotshot. C'est un tout petit bled, au fin fond du bout du monde. Les panthères-garous qui vivent là-bas forment une communauté presque totalement fermée.

Perpétuer l'espèce est d'autant plus important que le taux de mortalité des hybrides est extrêmement élevé. Le chef de meute doit donc avoir des enfants avec autant de femmes pure souche que possible. J'ai découvert ça à l'époque où Calvin Norris et moi étions attirés l'un par l'autre. Je tenais beaucoup à lui, mais ce programme secret de procréation, c'était trop pour moi. Je suis le genre de femme qui veut son mari à la maison, dans son propre lit, avec elle, et pas au bout de la rue, en train de faire des bébés avec la gentille dame.

Les jeunes hybrides commencent à montrer leurs aptitudes au moment de la puberté – comme si les ados n'avaient pas déjà suffisamment de problèmes. D'après ce qu'on m'a expliqué, on encadre les enfants très sérieusement, pour leur apprendre à gérer les modifications physiques et émotionnelles qu'implique leur double nature.

De temps à autre, un métamorphe doit éduquer un nouveau membre de la communauté qui n'est pas un enfant. C'est ce qui est arrivé avec mon frère Jason – pourtant, il y a bien des moments où on pourrait penser qu'il n'est pas plus mature qu'un préado. Il sortait avec la nièce de Calvin, Crystal. L'un de ses ex, panthère-garou comme elle, s'était mis dans la tête que la seule chose qui l'avait attirée chez Jason, c'était sa nature purement humaine. Il avait décidé de changer Jason en panthère-garou pour gagner de nouveau le cœur de Crystal – ce qui n'a pas fonctionné, du reste. Ce genre de transformation est horriblement pénible, mais mon grand frère a survécu. Et en plus, Jason m'a dit que quand il s'était métamorphosé la première fois, c'était l'expérience la plus incroyable de toute sa vie.

Allez comprendre.

Les faé

Je venais tout juste de m'adapter à cette nouvelle vision du monde, peuplé de vampires et de métamorphes, quand tout a changé de nouveau ! J'ai découvert que les créatures faériques existaient réellement – vous savez, les mecs avec les oreilles pointues ? Ils ressemblent beaucoup aux elfes du *Seigneur des Anneaux*. Désolée, mais Tolkien s'est complètement trompé. Ce n'est pas bon, de croiser le chemin d'un elfe. Ça vous arrache une main d'un seul coup de dent.

À la différence des vampires et des métamorphes, les créatures faériques ne viennent pas du même monde que nous. Leur monde est drôlement proche du nôtre, mais il se cache derrière une sorte de barrière magique. C'est le monde de Faérie. Parmi les peuples des créatures faériques, les faé sont les plus nombreux. Ce sont ceux qui se rapprochent le plus des humains par leur apparence.

J'ai rencontré des elfes, des démons et des gobelins. Je ne vous les recommande pas. Mis à part Maître Cataliades, avocat et en grande partie démon. Lui, c'est un gentil.

Pourquoi je m'intéresse aux faé ? Parce que j'ai appris que mon frère et moi, nous étions faé – de sang mêlé. Un soir, sans prévenir, Niall Brigant m'a invitée à dîner à Shreveport. Il m'a expliqué que son fils, mi-humain, avait été mon véritable grand-père, d'où son désir de mieux me connaître. Niall Brigant était par conséquent mon arrière-grand-père. Mon talent pour lire dans les esprits vient de là.

Niall n'était pas mon premier faé. La première, c'était Claudine Crane – plus d'un mètre quatre-vingts de sex-appeal, une véritable bombe et ma faé marraine. Rien à voir avec les petites fées des contes pour enfants (ces petites choses avec des ailes, qui gloussent et virevoltent partout comme des lucioles siphonnées). Non, Claudine n'était absolument pas de cette espèce-là. Elle était douée pour la magie et très consciente de son pouvoir de séduction, qu'elle n'hésitait pas à employer : lorsqu'elle entrait dans une pièce, tous les yeux sans exception, masculins et féminins, se braquaient sur elle. Elle ne me l'a jamais dit, mais c'est Niall qui l'avait envoyée. Claudine était faé pure souche, et c'était également ma cousine.

La magie fait partie de la nature même des faé et se manifeste différemment selon les lignées. C'est un peu comme nous, les humains : à la base, nous avons des corps similaires, mais nos capacités et nos talents sont très inégaux – c'est le moins qu'on puisse dire. Je me demande en passant si je dois continuer à dire « nous »...

J'ai du sang faé. Est-ce que je dois toujours me considérer comme faisant partie du genre humain ? Il va falloir que j'y réfléchisse sérieusement.

D'après Claudine, les faé vivent très longtemps mais ne sont pas immortels. C'est juste qu'ils ne vieillissent pas au même rythme que les humains. Je n'avais pas vraiment compris, avant de rencontrer mon arrière-grand-père. On lui donnerait la soixantaine ou guère plus, mais il est né il y a des siècles, voire plusieurs milliers d'années : les faé ne suivent pas le cours du temps très précisément.

Peu de faé vivent dans notre monde et ils n'y passent jamais longtemps. La plupart préfèrent rester à l'écart à cause du fer. Le fer, pour eux, c'est comme la kryptonite pour Superman. Et très bizarrement, le jus de citron aussi. Je ne suis pas une scientifique, mais cette allergie me paraît complètement invraisemblable. Quoique finalement, à l'école, j'ai connu des gens allergiques aux œufs ou aux cacahuètes, alors pourquoi pas ? En tout cas, un petit pistolet en plastique rempli de jus de citron, c'est une arme très efficace contre un faé.

Je me demande si je pourrais me rendre en Faérie pour faire une petite visite. À mon avis, pourtant, je serais mal reçue. La plupart des êtres qui résident là-bas considèrent les humains comme une insulte à leur perfection. Malgré tout, une petite poignée de faé choisissent de vivre sur terre, parce que les humains sont riches d'énergie et d'émotions qu'on ne peut vivre nulle part ailleurs. Le jumeau de Claudine, Claude, vit toujours parmi nous, et Claudine l'a fait jusqu'à sa mort.

Certains faé apprécient les humains comme compagnons de vie. Ces unions n'aboutissent que rarement à des grossesses. Les gamins qui en résultent ont un charisme augmenté et parfois des talents très particuliers. Je me sens plutôt gênée d'imaginer Gran avec un faé, mais je suis heureuse qu'elle ait pu avoir mon père et ma tante Linda.

Les passages d'un monde à l'autre, qu'on appelle des portails, sont dissimulés un peu partout dans le monde, et leurs emplacements sont des secrets jalousement gardés. J'en ai deviné certains en me basant sur des détails exprimés par mon arrière-grand-père et Claudine. En outre, les faé détestent les températures extrêmes. Par conséquent, ça m'étonnerait qu'il y ait des portails au fin fond de la Sibérie ou en Amérique centrale.

Je sais qu'il y a un portail dans les bois derrière ma maison.

Le plus grand danger pour les faé qui choisissent d'habiter dans le monde des humains, un danger bien pire que le fer ou le jus de citron, c'est le vampire. Les vampires se trouvent enivrés par la présence des faé. S'ils ont la chance de pouvoir boire du sang de faé, ils deviennent fous de plaisir. Il n'est donc pas forcément agréable de voir faé et vampires dans une même pièce. Heureusement pour moi, je n'ai jamais été obligée de choisir entre les vampires que je connais et mes cousins faé.

J'espère bien que ça n'arrivera jamais.

L'arbre généalogique de Sookie

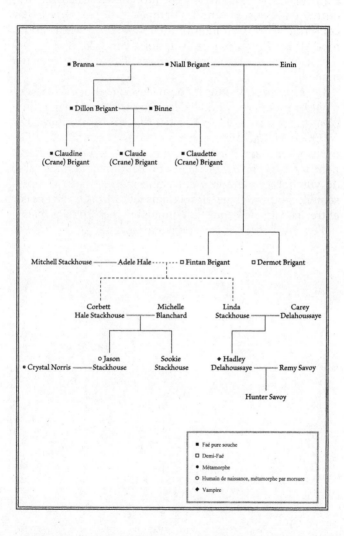

Fan de Sookie Stackhouse ? Le quiz !

Testez vos connaissances

Beverly Battillo et Victoria Koski

Comme aurait pu le dire Sookie, « ce sont les détails qui tuent ». Voici des questions que nous avons réunies afin de tester vos connaissances sur Sookie et les personnes, les lieux et les choses qui gravitent autour de son univers. La première série de questions est d'un niveau relativement facile mais la seconde partie est loin d'être gagnée... Vous trouverez les solutions après les questions. Alors lancez-vous, et surtout, amusez-vous !

Première partie : facile !

Quand le danger rôde

1. Comment s'appellent les deux personnes qui tentent de saigner Bill ?

2. Quel est le nom complet de Gran ?

3. Quelles sont les deux associations préférées de Gran à Bon Temps ?

4. Quel est le prénom de la sœur de René Lenier ?

5. Comment s'appelle l'oncle de Sookie dont la mort est commanditée par Bill ?

Disparition à Dallas

1. Quel est le nom de la demeure des Bellefleur à Bon Temps ?

2. Comment s'appelle le cuisinier vampire qui travaillait au *Merlotte* la nuit précédant la découverte du corps de Lafayette sur le parking ?

3. Quelle est la créature qui utilise Sookie pour faire parvenir un message à Eric ?

4. Quelle compagnie aérienne Bill et Sookie empruntent-ils pour se rendre à Dallas ?

5. Lors de son séjour à Dallas, Sookie s'entretient avec une certaine Bethany, retrouvée morte plus tard. Bethany vit en colocation. Quel est le nom de sa colocataire ?

Mortel corps à corps

1. Donner le nom de la rue où se trouve Belle Rive.

2. Comment se nomme le roi des vampires du Mississippi ?

3. Quel moyen de pression les vampires ont-ils sur le père d'Alcide Herveaux ?

4. Quel est le nom du fiancé de Debbie Pelt ?

5. Quel cadavre Sookie et Alcide trouvent-ils dans le placard ?

Les sorcières de Shreveport

1. Quelle bonne résolution Sookie prend-elle le 1er janvier 2005 ?

2. De quelle couleur est la nouvelle Camaro de Tara ?

3. Quelle somme d'argent Sookie est-elle censée recevoir pour protéger Eric ?

4. Comment se nomme la directrice de la boutique de mariage assassinée par les sorcières ?

5. Quel est le véritable nom de la sorcière Hallow ?

La morsure de la panthère

1. Quel est le nom du DJ de première partie de soirée à la station de radio vampire DCD ?
2. Quel est le nom du premier loup-garou tué par le mystérieux tireur à Bon Temps ?
3. Quelle profession exerçait Charles Twining avant qu'il ne se transforme ?
4. Comment se nomment les deux détectives privés qui viennent interroger Sookie sur la disparition de Debbie Pelt ?
5. Comment l'agent d'assurances de Sookie, Greg Aubert, protège-t-il les biens de ses clients ?

La reine des vampires

1. Quelle est la boisson préférée de Bill Compton lorsqu'il se trouve dans un bar ?
2. La cousine de Sookie est morte à La Nouvelle-Orléans. Quel est son nom ?
3. Quel est le nom du petit garçon que Sookie retrouve grâce à son don ?
4. Lorsque Sookie et Quinn se rendent au théâtre pour leur premier rendez-vous galant, à quelle pièce ont-ils le plaisir d'assister ?
5. Que signifient les noms des gardes du corps de Sophie-Anne, Wybert et Sigebert ?

La conspiration

1. De quel état Thalia se fait-elle expulser après la Grande Révélation ?
2. Où vivait Pam lorsque Eric la rappelle à ses côtés ?
3. Où et à quel âge Pam a-t-elle été vampirisée ?
4. Citez les noms des trois voyageurs conscients qui accompagnent Sookie en avion alors qu'elle se rend à Rhodes ?

5. Quel est le nom de l'agent de sécurité qui passe les menottes à Sookie ?

Pire que la mort

1. Quelle demoiselle d'honneur Sookie remplace-t-elle au mariage de Halleigh ?
2. Quel est le nom du chauffeur et garde du corps de Copley Carmichael ?
3. Comment s'appelle le restaurant où Sookie rencontre Niall Brigant pour la première fois ?
4. Quel est le nom de la Louve à l'origine de la « Guerre des Loups » ?
5. Quel poste occupe Sandy Sechrest ?

Bel et bien mort

1. Nommer les deux animateurs de l'émission *Vamp'Elle*.
2. Comment s'appelle l'agent du FBI de La Nouvelle-Orléans qui rend visite à Sookie et se fait tirer dessus chez Arlene ?
3. Quel est le nom complet du créateur d'Eric ?
4. Dans quelle église ont lieu les funérailles de Crystal ?
5. Quels sont les véritables noms de Numéro Un et Numéro Deux ?

Une mort certaine

1. Quel est le nom de famille de Jannalynn ?
2. Pour quelle raison Kennedy a-t-elle été emprisonnée ?
3. D'où vient Basim ?
4. Où se trouve la voiture de Debbie Pelt ?
5. Bonus : de quelle marque est sa voiture ? (Cette information se trouve dans un autre tome.)

6. Quel cadeau achète Sam de la part des employés du *Merlotte* pour le mariage de Tanya et Calvin ?

Mort de peur

1. Quel est le nom de famille de Brenda ?
2. Comment s'appelle le secrétaire de Claude ?
3. Qui est l'institutrice de la Classe du Petit Chien ?
4. De quelle couleur sont les yeux de Colton ?
5. Quelle est la première chanson que Bubba chante pour Victor ?

Deuxième partie : plus corsé !

Vous pensez tout connaître sur *La communauté du Sud* ? Prouvez-le en répondant correctement à ces questions plus pointues sur le monde de Sookie Stackhouse.

Quand le danger rôde

1. Quelle est la ville que Bon Temps « adore détester » ?
2. De quelle couleur est la voiture des Rattray ?
3. Qui appelle Gran pour l'informer de la nouvelle concernant les Rattray ?
4. Quel est le nom de l'établissement funéraire des Afro-AmEricains à Bon Temps ?
5. De quelle couleur est la voiture de Dawn ?
6. Quelles plantes contient la corbeille accrochée à la porte d'entrée de Dawn ?
7. Où vit le cousin de JB ?
8. Où travaille JB ?
9. Que mange Sam au *Crawdad Diner* ?
10. Quel type de matelas achète Bill ?
11. Où Diane danse-t-elle nue ?
12. Dans quelle rue se trouve la maison des vampires de Monroe (Malcolm, Liam et Diane) ?

13. Quelle est la somme d'argent que retrouve Sookie en faisant le ménage avec Sam ?

14. Quel code vampire Bill utilise-t-il pour frapper à la porte du *Fangtasia* lorsqu'il emmène Sookie lire les pensées des humains sur le détournement d'argent du bar ?

15. Comment s'appelle la femme de Bruce ?

Disparition à Dallas

1. De quelle couleur est le vernis à ongle posé sur les orteils de Lafayette ?

2. À quel jeu jouent les employés du *Merlotte* en attendant l'ouverture du bar après la découverte du corps de Lafayette ?

3. Où Kahn travaillait-il avant d'être engagé au *Merlotte* ?

4. De quelle couleur sont les cheveux du Dr Ludwig ?

5. Avec qui la meilleure amie de Sookie, Marianne, flirte-t-elle lors du voyage à Six Flags ?

6. Quel est l'ancien nom de Stan ?

7. Comment s'appelle le bar tenu par Stan et les vampires de Dallas ?

8. Quel était le nom du chien de Bethany quand elle était petite ?

9. Comment s'appelle le coiffeur de Bethany ?

10. Quel est le nom de l'agent qui enquête sur la mort de Bethany ?

11. Quel est le nom de l'église fréquentée par Hugo Ayres ?

12. Comment s'appelle le barman lors de la soirée donnée dans la demeure de Stan ?

13. Où se trouve le chalet de Jan Fowler ?

14. Quel est le nom de la femme médecin que JB du Rone a fréquentée avant qu'elle ne déménage à Baton Rouge ?

15. Comment s'appelaient les enfants de Bill ?

Mortel corps à corps

1. Quel est le nom du fils de Jane Bodehouse ?
2. Comment s'appelle le nouveau petit ami d'Arlene ?
3. Qui fait une manucure et une pédicure à Sookie, dans le salon de beauté de Janice ?
4. Quel objet la cliente de Janice tente-t-elle de voler ?
5. Sur quelle chanson Sookie et Alcide dansent-ils au *Josephine's* ?
6. Qui appelle pour dire que la maison de Bill a été fouillée ?
7. Quel est le nom du chef de meute de Shreveport ?
8. Comment s'appelle le gang des loups-garous motards de Jackson ?
9. Quel est le nom du neveu d'Alcide ?
10. Où Alcide et Sookie se débarrassent-ils du corps trouvé dans le placard ?
11. De quelle couleur est la robe que porte Sookie au *Club Dead* quand elle est transpercée par un coup de pieu ?
12. Qui se trouve aux côtés du docteur dans la demeure de Russell ?
13. Quel vampire guérit Sookie après qu'on lui a retiré le pieu ?
14. Quel est le nom du Loup qui informe Sookie de la crucifixion ?

Les sorcières de Shreveport

1. Qui est assis à côté de Chuck Beecham lors de la soirée du Nouvel An au *Merlotte* ?
2. Où vit l'ex-mari de Holly Cleary ?
3. Comment s'appelle la belle-sœur de Cody Cleary ?
4. Quel est le jour de fermeture de la boutique de mariage de Verena Rose ?
5. Comment s'appelle l'officier de police avec qui Sookie et Alcide discutent dans la boutique de mariage ?

6. Dans la maison de Crystal, quelle photo est accrochée sur le mur, au-dessus du poste de télévision ?

7. Selon Sookie, quel est le 29e amendement de la constitution ?

8. Comment s'appelle l'enfant de Dawn ?

9. Comment s'appelait le shérif qui a disparu alors qu'il tentait d'arrêter un résident de Hotshot ?

10. Qui le shérif tentait-il d'arrêter et pourquoi ?

11. Quel est le nom du médecin qui soigne Maria-Star ?

12. Quels sont les noms des policiers qui enquêtent sur l'accident de Maria-Star ?

13. Comment s'appelle le compagnon d'Amanda au *Merlotte* ?

14. Quel est le nom de la mère de Kevin Pryor ?

15. Quelle est l'adresse de Pam ?

La morsure de la panthère

1. Où se tient le tireur qui vise Sam ?

2. Quel est le nom du militaire qui interrompt Eric et Sookie au *Fangtasia* ?

3. Où se trouvait le bateau de Charles lors de sa vampirisation ?

4. Que tenait dans ses mains Heather Kinman au moment où elle a été abattue ?

5. Que boivent Jack et Lily au *Merlotte* ?

6. Quel est le numéro de la chambre de Calvin à l'hôpital Grainger ?

7. D'après Claudine, quel nom lui a donné Jeff Marriot au *Merlotte* ?

8. Où Gran a-t-elle acheté le tissu pour confectionner les rideaux de la cuisine ?

9. Quel est le nom de l'ex-femme de Randall Shurtliff ?

10. Que boit Selah la première fois que Bill l'emmène au *Merlotte* ?

11. Quel est le nom de l'employée à la caisse de l'hôpital Grainger ?

12. Quel est le nom de la femme de Bud Dearborn ?

13. Qu'est-ce que Calvin envoie à Sookie après qu'on lui a tiré dessus ?

14. Où s'est déroulée la seconde Guerre des Elfes ?

15. Qui passe le pieu à Catfish ?

La reine des vampires

1. En quel animal se transforme le jeune homme sur l'album photo chez Al ?

2. Comment s'appelle la mère de Danielle ?

3. Qui est la directrice de l'école Betty Ford ?

4. Quelle est la profession du mari de la directrice ?

5. Quel cadeau de *wedding shower* Sookie achète-t-elle pour Halleigh dans le magasin Wal-Mart ?

6. Quels autres achats Sookie fait-elle à cette occasion ?

7. Comment s'appellent les parents de Debbie et Sandra ?

8. À quelle branche de la Confrérie du Soleil Arlene s'est-elle ralliée ?

9. De quelle couleur sont les serviettes de toilette tachées de sang trouvées dans l'appartement de Hadley ?

10. Quelle arme Sookie utilise-t-elle pour combattre Jake Purifoy chez Hadley ?

11. Quelle tenue portait Hadley lors de la soirée qui précède le mariage de Sophie-Anne ?

12. Que porte Melanie lors de la réception de la reine au monastère ?

13. Qui décapite Wybert ?

14. Où se passe le prochain projet de Quinn ?

15. De quel événement s'agit-il ?

La conspiration

1. Quel est le nom de la mère de Halleigh ?

2. Quel est le cadeau offert par Selah à Halleigh à sa soirée de *wedding shower* ?

3. Combien de sièges sont réservés aux humains dans l'avion de la compagnie Anubis Airlines qu'emprunte Sookie pour se rendre à Rhodes ?

4. Qui sont les shérifs de Louisiane et quelles sont les zones qu'ils contrôlent ?

5. Quel est le numéro de la chambre de Barry ?

6. Quel est le véritable nom de famille de Barry ?

7. Quelle tenue Carla porte-t-elle lors de la première nuit du sommet ?

8. À quel étage réside le contingent de l'Arkansas ?

9. Quelle est la couleur de la robe de cérémonie de Russell ?

10. Qui recherche également une « valise non réclamée » avec Sookie ?

11. D'après son permis de conduire, d'où venait Kyle Perkins ?

12. Quel est le nom de l'employée responsable des toilettes pour femmes ?

13. Quel est le nom du vampire avocat qui plaide le cas des parents du préadolescent vampirisé par Cindy Lou ?

14. Qui est à la tête de la lutte antiterroriste dans l'État du Michigan ?

15. Quel est le nom de l'hôpital où Quinn est emmené après l'explosion ?

Pire que la mort

1. Comment s'appelle la sœur de Halleigh ?

2. Où Portia et Glen vont-ils passer leur lune de miel ?

3. Quel est le nom du père de Hoyt ?

4. De quelle couleur est la moquette de l'appartement de Maria-Star ?

5. Que prépare Sookie pour Tray tandis qu'il vérifie sa maison après l'avoir ramenée de son travail ?

6. Quel type de commerce Cleo tient-elle ?

7. Qui se trouve en compagnie de Sigebert et Sophie-Anne pendant la prise de pouvoir ?

8. Quel est le prénom de Mme Prescott ?

9. Quel est l'auteur du livre relié que Sookie lance sur l'homme de la bibliothèque, le faisant trébucher et s'empaler sur son propre couteau ?

10. Quel est le nom du propriétaire du Don CC Park où Priscilla et ses Loups séjournaient ?

11. Où vit la tante de Sam ?

12. Quel est le nom de l'établissement où la mère de Quinn est détenue ?

13. Comment s'appelle la nièce d'Octavia ?

14. À quel arbuste Sookie est-elle allergique ?

15. Quel est le nom de famille de Kristen ?

Bel et bien mort

1. Quel est le nom de l'ami de Devon qui a appelé *Vamp'Elle* ?

2. Combien de chiens possède Sara Weiss ?

3. À Rhodes, avec quel personnage officiel Lattesta a-t-il parlé de Sookie et Barry ?

4. Qui est en train de régler la robe de bal de sa fille pendant que Sookie est chez Tara's Togs ?

5. Que signifie le nom Dillon ?

6. Quelle est la cause de l'incendie de la maison des Freer ?

7. De quelle couleur sont les pistolets à eau de Sookie ?

8. À part Jane, qui est l'autre pilier de bar du *Merlotte* ?

9. Quel est le nom de l'ex-femme de Mel ?

10. Comment s'appelle le petit ami d'Octavia ?

11. Quel est le nom du faé tué par Sookie avec le déplantoir de Gran ?

12. Quel est le nom du faé tué par Breandan en représailles ?

13. Qui sont les voisins de Tray ?

14. Quel métier les voisins de Tray exercent-ils ?

15. Comment s'appelle le faé qui a tendu un guet-apens à Claudine avant qu'elle n'aille veiller sur Sookie à l'hôpital ?

Une mort certaine

1. Quel âge a Jannalynn Hooper ?
2. Quel est le nom de famille d'Annabelle ?
3. Depuis quand Basim est-il à Shreveport ?
4. Qui est le représentant local du Bureau des Affaires des Vampires ?
5. Comment s'appelle la maîtresse du représentant local du Bureau ?
6. Quel type de voiture Bruno et Corinna conduisent-ils lorsqu'ils font signe à Sookie et Pam de s'arrêter ?
7. À quel enterrement assiste Remy Savoy ?
8. Où la cérémonie des obsèques a-t-elle lieu ?
9. Qui est Jenny Vasco ?
10. Quel livre Sookie lit-elle à Hunter avant de le lui donner ?
11. Comment s'appelle l'infirmière de Caroline Bellefleur ?
12. Pour qui travaille-t-elle après le décès de Caroline Bellefleur ?
13. Quel est le nom du manifestant aux cheveux blancs au *Merlotte* ?
14. Pourquoi Basim a-t-il quitté la meute de Houston ?

Mort de peur

1. Quel est le nom de l'associé de Brenda ?
2. Quel était le commerce installé auparavant dans les locaux de la boutique Splendide ?
3. Qui est la tante de Kennedy Keyes ?
4. Où travaille Immanuel Earnest ?

5. De quelle ville provient le badge de police que Sam hésite à offrir à Jannalynn ?

6. Où se trouve le *Ruby Tuesday* à Shreveport ?

7. De quelle couleur est l'enseigne du *Hooligans* ?

8. Quel bras Pam se blesse-t-elle au *Vampire's Kiss* ?

9. Quel est le nom de la faé dont le sang est utilisé au *Vampire's Kiss* ?

10. Qui Lola Rushton fréquente-t-elle ?

11. Quel est le parfum du milk-shake que Halleigh demande à Andy de lui apporter ?

12. Qui est l'institutrice de la Classe du Poney ?

13. Quel type de voiture Colton conduit-il ?

14. Combien d'enfants a Kelvin ?

15. Qui tond la pelouse de la propriété de Victor ?

Première partie : solutions

Quand le danger rôde

1. Mack et Denise Rattray
2. Adele Hale Stackhouse
3. Le Cercle des Descendants des Glorieux Défunts et l'Association de Jardinage de Bon Temps
4. Cindy
5. Bartlett Hale

Disparition à Dallas

1. Belle Rive
2. Anthony Bolivar
3. Une ménade
4. Anubis Airlines
5. Desiree Dumas

Mortel corps à corps

1. Magnolia Creek
2. Russell Edgington
3. Ils détiennent l'ardoise de ses dettes de jeu du casino.
4. Charles Clausen
5. Jerry Falcon

Les sorcières de Shreveport

1. Éviter les ennuis !
2. Noire
3. 35 000 dollars
4. Adabelle Yancy
5. Marnie Stonebrook

La morsure de la panthère

1. Connie the Corpse
2. Heather Kinman
3. Il était pirate.
4. Lily et Jack Leeds
5. En jetant des sorts de protection.

La reine des vampires

1. Trueblood de groupe O
2. Hadley Delahoussaye Savoy
3. Le fils de Holly Cleary, Cody Cleary
4. *Les Producteurs*
5. Wybert signifie Belle Bataille, et Sigebert, Belle Victoire.

La conspiration

1. Illinois
2. Minnesota
3. À Londres, à l'âge de dix-neuf ans
4. Maître Cataliades, Diantha, et Johan Glassport
5. L'officier de police Landry

Pire que la mort

1. Tiffany
2. Tyrese Marley
3. *Les Deux Poissons*
4. Priscilla Hebert
5. Chef de Zone, chargée de représenter le nouveau roi de Louisiane, Felipe de Castro

Bel et bien mort

1. Bev Leveto et Todd Seabrook
2. L'agent Sara Weiss
3. Appius Livius Ocella
4. La Tabernacle Holiness Church
5. Lochlan et Neave

Une mort certaine

1. Hopper
2. Pour homicide
3. Houston
4. Au fond d'un étang, à une quinzaine de kilomètres au sud de la maison de Sookie
5. Bonus : une Mazda Miata (dans le tome *Les sorcières de Shreveport*)
6. Une pendule murale

Mort de peur

1. Hesterman
2. Nella Jean
3. Mademoiselle O'Fallon
4. Gray
5. *Kentucky Rain*

Deuxième partie : solutions

Quand le danger rôde

1. Homulka
2. Rouge
3. Everlee Mason
4. Sweet Rest
5. Verte
6. Des bégonias
7. À Springhill
8. Le commerce de pièces détachées pour automobiles de son père
9. La tarte meringuée au citron vert
10. Un Restonic
11. Farmerville
12. Sur Callista Street
13. 1,05 dollar
14. Trois coups brefs suivis de deux coups espacés
15. Lillian

Disparition à Dallas

1. Rouge foncé
2. Au Bourré
3. Au *Shrimp Boat*
4. Brun mordoré

5. Dennis Engelbright
6. Stanislaus Davidowitz
7. Le *Bat's Wing*
8. Woof
9. Jerry
10. Tawny Kelner
11. Le temple méthodiste de Glen Craigie
12. Chuck
13. Au lac Mimosa
14. Dr Sonntag
15. Thomas Charles, Sarah Isabelle et Lee Davis

Mortel corps à corps

1. Marvin
2. Buck Foley
3. Corinne
4. Les boucles d'oreilles de Janice
5. *Good Enough* de Sarah McLachlan
6. Harvey
7. Terence
8. Les Chiens de l'Enfer
9. Tommy
10. Sur la propriété du camp de Kiley-Odum
11. Champagne
12. Josh
13. Ray Don
14. Doug

Les sorcières de Shreveport

1. Terrell
2. Springhill
3. Shelley
4. Le mercredi
5. Coughlin

6. Une reproduction de *La Cène*

7. Les métamorphes n'ont pas à répondre à Sookie Stackhouse.

8. Matthew

9. John Dowdy

10. Carlton Norris, pour viol sur mineur

11. Dr Skinner

12. Stans et Curlew

13. Parnell

14. Jeneen

15. 714 Parchman Avenue, Shreveport, LA

La morsure de la panthère

1. Dans les arbres, au nord de l'aire de parking

2. Dave

3. Les Tortugas

4. Un tournevis

5. Jack prend un thé et Lily un Coca light.

6. 214

7. Marlon

8. Chez Hancock's

9. Mary Helen

10. Un milk-shake au chocolat

11. Mme Beeson

12. Greta

13. Un gardénia

14. Dans l'Iowa

15. Dago (Antonio Guglielmi)

La reine des vampires

1. En ours

2. Mary Jane Jasper

3. Mme Garfield

4. Pasteur méthodiste

5. Un grand plat à gratin Corning Ware

6. Du jus de fruit, du cheddar fort, du bacon, du papier cadeau et un ravissant soutien-gorge bleu avec slip assorti

7. Barbara et Gordon Pelt

8. À Minden

9. En tissu éponge d'un bleu moyen

10. Un chandelier

11. Une robe rouge brodée de paillettes rouge sombre, très moulante et très décolletée, avec des escarpins en croco

12. Une jolie robe de couleur jaune portée avec sandales à petits talons

13. Ra Shawn

14. À Huntsville, Alabama

15. Un Rite d'Ascension

La conspiration

1. Linette Robinson

2. Des torchons

3. Quinze

4. Sophie-Anne préside la Première Zone, Arla Yvonne la Deuxième Zone, Cleo Babbitt la Troisième Zone, Gervaise la Quatrième Zone et Eric Northman la Cinquième Zone

5. 1576

6. Horowitz

7. Une robe de cocktail très courte d'un vert scintillant, des talons aiguilles d'« amazone du bitume » et un string transparent

8. Au septième étage

9. Elle est taillée dans un lourd brocart de fils d'or sur lequel ressortent des motifs bleus et rouges.

10. Le valet de la reine Phoebe Golden

11. Illinois

12. Kate Book

13. Dan Brewer
14. St. Cosmas

Pire que la mort

1. Fay
2. À San Francisco
3. Ed
4. Bleu foncé
5. Un sandwich et un Coca
6. Une épicerie de nuit
7. Audrey, le protégé du lieutenant de Gervaise, Booth Crimmons
8. Lorinda
9. Nora Roberts
10. Don Dominica
11. À Waco, Texas
12. Whispering Palms
13. Janesha
14. Aux nandinas
15. Duchesne

Bel et bien mort

1. Tessa
2. Trois
3. Au capitaine des pompiers Trochek
4. Riki Cunningham
5. Éclair
6. Un mauvais câblage
7. L'un bleu, l'autre jaune
8. Willie Chenier
9. Ginjer
10. Louis Chambers
11. Murry
12. Enda

13. Brock et Chessie Johnson
14. Le métier de tapissier
15. Lee

Une mort certaine

1. Vingt et un ans
2. Bannister
3. Deux mois
4. Katherine Boudreaux
5. Sallie
6. Une Lexus blanche
7. Les funérailles de la sœur de son père
8. À Homer
9. Un enfant connu de Hunter qui a une tache de naissance sur le visage
10. Le petit chiot riquiqui
11. Doreen
12. Pour M. DeWitt
13. M. Barlowe
14. Il a tué un humain qui l'avait attaqué avec une binette alors qu'il était métamorphosé en loup.

Mort de peur

1. Donald Callaway
2. Un magasin de peinture
3. Marcia Albanese
4. Chez Death by Fashion à Shreveport
5. New Bedford
6. Rue Youree
7. Rose vif
8. Celle de Pearl
9. Cait
10. India
11. Au caramel

12. Mme Gristede
13. Une Dodge Charger
14. Trois
15. Dusty Kolinchek

Saveurs de Bon Temps

Une sélection de recettes de famille traditionnelles du sud des États-Unis

La cuisine du sud des États-Unis possède un style et un parfum qui lui sont propres. Quand j'ai pris la décision d'inclure des recettes qui célébreraient les saveurs de la cuisine de Louisiane, ainsi que celles des autres États du Sud, j'ai décidé de me tourner vers mes fans, qui avaient déjà conçu un livre de recettes sous l'égide des *Charlaine's Charlatans*.

Leur réaction m'a véritablement enchantée – les recettes sont arrivées en masse ! Après les avoir toutes dégustées, nous avons choisi un assortiment qui met en valeur cette cuisine du sud, du petit-déjeuner au dessert, en passant par les boissons. J'espère que vous aurez l'occasion de réaliser et de savourer ces recettes traditionnelles, transmises de génération en génération dans les familles du sud. Moi, en tout cas, je me suis régalée !

Petit-déjeuner :
Œufs du Brunch Belle Rive
Œufs Bénédictine
Beignets du French Market

Déjeuner :
Sauce Lafayette pour burgers
Chili d'hiver

Émincés de poulet façon *Merlotte*
Le pain de viande préféré de Mitchell

Dîner :
Poissons-chats à la Calvin
Steak pané à la campagnarde du *Crawdad*
Jambalaya du bout du monde
Poulet à la crème de Sookie
Étouffée de côtes de porc à la Stackhouse

Accompagnements :
Beignets de cornichons d'Antoine
Gâteau de patates douces de Bon Temps
Pommes au four de Gran
Boulettes Hush Puppies de Hotshot
Petits pains dorés de Jannalynn
Salade de maïs spéciale Mardi Gras
Vinaigrette maison de Michele
Croûtons au parmesan et à l'ail de Michele
Beignets de tomates vertes de Pinkie
Purée de pommes de terre à la Sister

Desserts :
Moelleux au chocolat d'Adele Hale Stackhouse
Gâteau nappé aux pralines de Tante Patty
Gâteau au chocolat de Caroline Holliday Bellefleur
Tarte au citron vert
Pralines de Louisiane
Pudding au pain sauce Bourbon de Perdita
Tarte à la patate douce de Portia
Gâteau diabolique à la pêche

Boissons :
Thé glacé traditionnel du Sud
Citronnade champêtre sous la véranda

Œufs du Brunch Belle Rive

Pour 8 à 10 personnes
Préparation 30 minutes – Marinade 8 à 12 heures –
Cuisson au four 90 minutes

INGRÉDIENTS

8 tranches de pain, coupées en cubes

12 œufs

2 tasses ¼ de lait plus ½ tasse supplémentaire

¾ cuillère à soupe de moutarde en poudre

Sel et poivre

450 g de jambon en dés ou 900 g de bacon cuit, émietté

½ tasse d'oignons verts, finement hachés

½ tasse de poivrons rouges, finement coupés

1 tasse de champignons frais, grossièrement hachés

1 tasse ½ de fromage râpé (cheddar, Monterey Jack ou un mélange, selon vos envies)

275 ml de velouté de champignons en boîte

Placer les morceaux de pain dans un plat beurré de 23 x 33 cm. Battre les œufs et y ajouter le lait, la moutarde, le sel et le poivre. Verser sur les cubes de pain. Parsemer uniformément le jambon ou le bacon, les oignons, le poivron et les champignons sur la préparation aux œufs. Saupoudrer de fromage. Couvrir avec du papier aluminium et laisser toute la nuit au réfrigérateur.

Le matin, préchauffer le four à 150 °C. Mélanger le velouté de champignons avec la demi-tasse de lait additionnelle et verser le tout sur la préparation sortie du réfrigérateur. Cuire 90 minutes au four, sans couvrir. Le mélange gonflera pendant la cuisson mais retombera une fois sorti du four. Couper en carrés et servir chaud.

Recette proposée par Debi Murray

Œufs Bénédictine

Pour 4 personnes
Préparation 15 minutes

INGRÉDIENTS

¼ tasse de mayonnaise

1 cuillère à café bombée de moutarde à l'ancienne (pas de moutarde au miel ; en revanche, la moutarde au raifort ou au champagne peut très bien convenir)

¼ tasse de yaourt nature ou de crème aigre

2 muffins anglais ou 4 petits pains au lait

4 tranches de jambon blanc ou de bacon canadien

⅔ tasse d'eau

Une pincée de sel

Quelques gouttes de Tabasco (n'importe quelle sauce à base de vinaigre pimenté fera l'affaire)

4 œufs à température ambiante, les plus frais possible

Cette recette demande un peu d'entraînement en termes de temps de cuisson car la chaleur se propage simultanément sur la sauce, les œufs et le jambon depuis différentes sources. Une fois ce minutage maîtrisé, ces Œufs Bénédictine seront d'une facilité déconcertante à réaliser !

Mélanger la mayonnaise, la moutarde et le yaourt dans une petite casserole à froid. Mettre de côté. Couper les muffins en deux et les déposer sur une feuille de cuisson, la partie coupée vers le dessus.

Préchauffer le gril sans y mettre le pain pour l'instant.

Placer le jambon dans une poêle froide, de préférence avec une noix de graisse de bacon, et placer la poêle sur un feu doux pour brunir le jambon. Si la poêle n'est pas en fonte, commencer à chauffer à feu très doux. Laisser cuire le jambon, en faisant attention à ce qu'il ne brûle pas.

Remarque : le jambon cuira mieux s'il est taillé en lanières avant d'être déposé dans la poêle ; la vraie recette requiert cependant de ne pas le couper.

Dès le début de cuisson du jambon, commencer à préparer les œufs. Verser les ⅔ de la tasse d'eau dans un bol d'un litre. Saler. Ajouter quelques gouttes de Tabasco ou d'une sauce à base de vinaigre pimenté. Mélanger. Casser les œufs et les verser lentement (sans coquille) dans l'eau, en perçant chaque jaune une fois avec un cure-dent. Couvrir le bol avec du film plastique. Passer le bol au four à micro-ondes à puissance maximale pendant 2 à 3 minutes. Puis laisser reposer les œufs (couverts) pendant environ 2 minutes, pour laisser aux blancs le temps de se raffermir et aux jaunes celui de s'épaissir.

Dès que le micro-ondes démarre, mettre la casserole contenant la préparation à base de mayonnaise à chauffer à feu doux et remuer presque constamment pendant 5 minutes, jusqu'à ce que la préparation soit chaude.

Quand le four à micro-ondes sonne, retirer la sauce du feu et mettre les petits pains ou les muffins sous le gril afin de les toaster légèrement. Pendant qu'ils grillent, remettre la sauce à chauffer à feu doux et remuer. Une fois les petits pains ou les muffins légèrement toastés, les retirer du gril. La sauce sera prête en même temps qu'eux.

Une fois les petits pains ou les muffins sortis du four, égoutter rapidement les œufs et les détacher les uns des autres.

Répartir les petits pains ou les muffins chauds sur des assiettes. Ajouter successivement le jambon, les œufs et la sauce. Ne pas se préoccuper du fait que les œufs ne soient pas parfaitement ronds ou que la pile s'effondre légèrement sur le côté.

Recette proposée par Amber Green

Beignets du French Market

Pour 8 personnes
Préparation 15 minutes – Réfrigérer pendant 8 heures
– Cuisson 15 minutes

INGRÉDIENTS

1 sachet de levure en poudre

½ cuillère à café et ½ tasse supplémentaire de sucre semoule

½ tasse d'eau tiède

1 tasse de lait concentré non sucré

1 cuillère à café de sel

1 œuf

3 tasses de farine de blé non blanchie

De l'huile de cuisson (de préférence de l'huile de pépins de raisin)

1 tasse de sucre en poudre dans un sac de papier kraft

La veille, dissoudre la levure et la demi-cuillère à café de sucre avec l'eau tiède dans un grand bol. Mélanger doucement jusqu'à dissolution complète de la levure. Laisser reposer 5 minutes afin d'obtenir une levure mousseuse et y ajouter le lait concentré non sucré, la demi-tasse de sucre et le sel. Casser l'œuf dans un petit bol, le fouetter, et ajouter l'œuf battu dans le grand bol. Mélanger jusqu'à l'obtention d'un mélange homogène. Ajouter la farine par ½ tasse, en mélangeant bien à chaque fois. Couvrir le bol avec une serviette mouillée et laisser au réfrigérateur une nuit entière.

Le matin, remplir d'huile une friteuse, un wok électrique ou une casserole à fond épais, sur au moins 8 cm de profondeur. Chauffer l'huile à 190 °C.

Pendant que l'huile chauffe, étaler la pâte sur une surface farinée. L'épaisseur de la pâte dépend des préférences personnelles mais l'épaisseur recommandée se situe entre 0,35 et 0,75 cm. Couper la pâte en carrés de 5 à 8 cm de côté. Laisser la pâte reposer pendant que l'huile chauffe.

Déposer les beignets, trois à la fois, dans l'huile chaude. Laisser cuire jusqu'à ce qu'ils soient dorés, puis les retourner et les laisser dorer de l'autre coté, à peu près 1 minute par côté. Sortir les beignets de l'huile avec une écumoire. Laisser s'égoutter l'excédent d'huile. Déposer les beignets dans le sac de sucre en poudre. Fermer le sac et secouer. Sortir du sac les beignets recouverts de sucre et servir sans attendre. Renouveler l'opération avec le reste des beignets.

Astuce : les beignets sont meilleurs chauds.

Recette proposée par Denise Little

Déjeuner

Sauce Lafayette pour burgers

Pour 4 personnes
Préparation 30 minutes

INGRÉDIENTS

Un oignon de taille moyenne, haché

25 g de margarine

¼ tasse de vinaigre

½ tasse d'eau

½ cuillère à café de sel

Une pincée de poivre de Cayenne

2 cuillères à café de sauce Worcestershire

2 cuillères à café de sucre brun

1 cuillère à café de moutarde sèche délayée

½ cuillère à café de poivre

½ tasse de ketchup

Dans une poêle, faire revenir les oignons dans la margarine. Ajouter tous les autres ingrédients. Laisser mijoter environ 20 minutes.

Poser des hamburgers ou des restes de viande cuite dans la poêle et les y laisser mariner pendant au moins

10 minutes. Déposer la viande sur des petits pains ronds et garnir le dessus d'une cuillère de sauce.

La quantité de sauce réalisée dans cette recette convient pour environ 4 hamburgers.

Recette proposée par Charlaine Harris

Chili d'hiver

Pour 6 à 8 personnes
Préparation 15 minutes – Cuisson 15 minutes – Mijotage 1 h 30

INGRÉDIENTS

500 g de bœuf en morceaux ou hachés

2 oignons de taille moyenne, émincés

1 boîte de tomates entières (850 g)

1 petite boite de concentré de tomates

1 tasse d'eau

1 cube de bouillon de bœuf

2 cuillères à soupe de poivron vert coupé en cubes

2 gousses d'ail finement hachées

2 cuillères à café de sel

2 cuillères à café d'origan

2 cuillères à café de poudre de chili ou de cumin en poudre

½ cuillère à café de piment rouge écrasé

1 feuille de laurier

2 boîtes de haricots rouges (425 g)

⅛ de cuillère à café de gingembre

Mettre le bœuf haché et les oignons à revenir dans une grande poêle. Laisser la viande dorer et retirer la matière grasse. Ajouter le reste des ingrédients et mélanger. Couvrir et laisser mijoter 1 h 30, en mélangeant occasionnellement. Retirer la feuille de laurier avant de servir.

Astuce : parsemer de cheddar râpé ou de mozzarella et de crème aigre avant de servir.

Variante : oublier les haricots rouges pour obtenir un chili plus épais servi sur des frites. Parsemer le plat de petits morceaux de fromage et de bacon.

Recette proposée par Mary Helen Klein

Émincés de poulet façon Merlotte

Pour 2 à 4 personnes
Préparation 40 minutes – Marinade 8 heures

INGRÉDIENTS

¼ tasse de babeurre ou de yaourt nature non sucré allongé avec un peu de lait

1 cuillère à café de poivre de Cayenne

1 cuillère à café d'adobo ou de poudre de curry

6 demi-blancs de poulet sans peau

2 tasses d'huile ou de graisse de bacon

1 tasse de farine ou plus si besoin

Sel et poivre

Mélanger le yaourt, le poivre de Cayenne et l'adobo (ou le curry) dans un grand sac de congélation refermable. Découper la viande en lamelles de la largeur du pouce. Les mettre dans le sac de congélation. Faire sortir tout l'air du sac et le fermer. Laisser mariner 8 heures au réfrigérateur.

Faire chauffer l'huile dans une grande poêle. Assaisonner la farine avec une bonne dose de sel et de poivre, puis verser le mélange dans un sac en papier kraft ou un grand sac de congélation refermable. Fariner les morceaux de poulet par petites quantités en les secouant dans le sac et les frire jusqu'à ce qu'elles deviennent brunes. Les retirer de l'huile pour les poser sur du papier absorbant. Servir chaud.

Astuce : accompagner ce plat de frites et d'une sauce type ranch ou de moutarde au miel.

Recette proposée par Terri Pine

Le pain de viande préféré de Mitchell

Pour 4 à 5 personnes
Préparation 15 minutes – Cuisson 75 minutes

INGRÉDIENTS

500 g de bœuf haché

1 œuf

1 tasse de chapelure

1 tasse de parmesan

Huile en spray

Préchauffer le four à 160 °C.

Mélanger le bœuf haché avec l'œuf, la chapelure et le fromage pour former un pain. Le placer dans un plat huilé. Laisser cuire 75 minutes au four (un peu plus longtemps si nécessaire).

Astuce : ce pain de viande peut être nappé avec votre sauce préférée à base de tomates 20 minutes avant la fin du temps de cuisson. Il sera tout aussi excellent, froid, dans les sandwiches.

Recette proposée par Charlaine Harris

Dîner

Poissons-chats à la Calvin

Pour 5 personnes
Préparation 15 minutes – Cuisson 5 à 7 minutes

INGRÉDIENTS

1,5 kg de filets de poisson-chat élevés en étang (250 g par personne)

2 tasses de farine de maïs jaune

1 cuillère à café de sel (à rectifier)

½ cuillère à café de poivre (à rectifier)

Huile d'arachide pour la friteuse

Faire chauffer l'huile dans la friteuse à 185 °C.

Si le poisson-chat est congelé, le faire dégeler dans de l'eau froide.

Verser la farine de maïs dans un petit bol et assaisonner de sel et de poivre. Rouler les filets de poisson-chat dans le mélange à base de farine de maïs, les secouer légèrement pour retirer l'excédent puis les glisser dans l'huile chaude. Laisser frire les filets pendant 5 à 7 minutes jusqu'à ce qu'ils remontent à la surface. Ils sont cuits quand la croûte se colore en brun doré. Surveiller attentivement afin de ne pas trop les cuire. Retirer les filets de l'huile et les égoutter sur des serviettes en papier.

Astuce : servir avec du coleslaw et des boulettes frites ou des frites. Du ketchup, de la sauce tartare ou de la sauce piquante peuvent servir d'accompagnements supplémentaires.

Recette proposée par Joe Jackson

Steak pané à la campagnarde du Crawdad

Pour 4 à 5 personnes
Préparation 45 minutes à 1 heure – Cuisson au four 1 h 10 à 1 h 25

INGRÉDIENTS

1 tasse ½ de farine (plus ½ tasse pour la seconde proposition de recette de sauce)

½ cuillère à café sel (à rectifier)

1 cuillère à café de poivre (à rectifier)

2 à 3 tasses de lait plus

1 tasse de lait supplémentaire (et 2 autres pour la seconde recette de sauce)

1 kg de steak attendri, coupé en portions

½ tasse d'huile

De l'huile en spray

½ tasse d'eau

Préchauffer le four à 160 °C.

Mélanger dans un bol la farine, le sel et le poivre ; verser les 2 à 3 tasses de lait dans un autre bol. Tremper la viande tout d'abord dans le mélange à base de farine puis dans le lait et pour finir une fois encore dans le premier mélange à base de farine. Faire chauffer l'huile dans une poêle. Quand l'huile est chaude, y ajouter la viande et la laisser brunir. Rajouter de l'huile si nécessaire.

Quand la viande est bien dorée, la déposer dans un plat en Pyrex huilé avec le spray. Laisser un petit espace entre chaque morceau de viande. Verser la demi-tasse d'eau autour de la viande et recouvrir le plat hermétiquement de papier d'aluminium. Cuire au four pendant 1 heure à 1 h 15 puis retirer le papier d'aluminium et poursuivre la cuisson pendant 10 minutes supplémentaires.

Pendant que la viande cuit, verser le restant de farine assaisonnée dans le restant de lait. Rajouter environ une tasse de lait pour réaliser la sauce, selon la quantité de lait qui reste. Si l'on ne souhaite pas réutiliser la fin de la farine et du lait : mélanger à peu près 1 tasse de farine, du sel et du poivre, et 2 tasses de lait frais.

Enlever presque toute la matière grasse de la poêle dans laquelle la viande a bruni. En réserver suffisamment pour faire la quantité de sauce souhaitée, à savoir environ un quart de tasse ou moins. Une fois la viande presque cuite, réchauffer la matière grasse. Y ajouter lentement la préparation de farine et de lait, en remuant constamment jusqu'à ce que la sauce ait la consistance désirée. Retirer la viande du four et verser la sauce sur la viande. Servir sans attendre.

Recette proposée par Charlaine Harris

Jambalaya du bout du monde

Pour 6 personnes
Préparation 45 minutes

INGRÉDIENTS

2 cuillères à soupe d'huile d'olive

1 blanc de poulet, coupé en cubes

2 saucisses fumées épicées, que l'on peut remplacer par d'autres saucisses ou de l'andouille Cajun

1 petit oignon haché

1 poivron

3 gousses d'ail hachées finement

1 tasse de long riz blanc (non précuit)

Sel

Tabasco

Épices Cajun (2 cuillères à café de poivre de Cayenne, 2 cuillères à café de poivre noir, 1 cuillère à café d'origan, ½ cuillère à café de thym)

2 tasses de bouillon de poulet

1 tasse de sauce salsa avec morceaux, épicée

1 tasse de haricots noirs en boîte, rincés et égouttés

Faire chauffer l'huile d'olive dans une poêle. Laisser dorer le poulet avec le riz, la saucisse, l'oignon, le poivron et l'ail, jusqu'à ce que l'oignon et le riz deviennent translucides. Égoutter si nécessaire. Ajouter le sel, le Tabasco, les épices Cajun, et le bouillon de poulet. Amener à ébullition. Verser la sauce salsa et les haricots noirs à la surface de la préparation. Goûter et rectifier l'assaisonnement. Amener de nouveau à ébullition, puis réduire le feu jusqu'à frémissement. Ne pas mélanger. Laisser frémir pendant 15 à 20 minutes, jusqu'à ce que le riz absorbe tout le liquide. Retirer du feu. Laisser reposer, couvert, pendant 5 minutes. Mélanger et servir.

Recette proposée par Ali Katz

Poulet à la crème de Sookie

Pour 6 personnes
Préparation 45 minutes

INGRÉDIENTS

2 tasses de riz cuit

4 gros blancs de poulet cuits et coupés en cubes

230 g de crème aigre

1 boîte de soupe de velouté de poulet

1 boîte de soupe de velouté de céleri

2 cuillères à café de graines de pavot

Un paquet de petits biscuits salés écrasés (type crackers)

50 g de margarine fondue

Préchauffer le four à 180 °C.

Étaler le riz au fond d'un plat d'environ 33 x 23 cm huilé. Bien mélanger le poulet, la crème aigre, les soupes et les graines de pavot. Étaler cette préparation sur le riz. Saupoudrer avec les biscuits écrasés et rajouter la margarine. Cuire au four pendant 30 minutes, ou bien jusqu'à ce que la préparation soit bien chaude et frémissante.

Recette proposée par Beverly Battillo

Étouffée de côtes de porc à la Stackhouse

Pour 6 personnes
Préparation 1 heure à 1 h 20

INGRÉDIENTS

2 œufs

1 cuillère à soupe de lait

1 tasse de chapelure de pain assaisonnée

6 côtes de porc avec l'os, 1,25 cm d'épaisseur environ

De l'huile d'olive

2 sachets de Pork Gravy Mix ou de fond de porc (que l'on peut réaliser soi-même ou remplacer par du fond de veau par exemple)

Préchauffer le four à 180 °C.

Fouetter les œufs et le lait dans un bol peu profond. Disposer la chapelure dans un autre bol. Tremper chaque côte de porc d'abord dans le mélange d'œufs et de lait puis dans la chapelure jusqu'à ce que les côtes soient totalement recouvertes de chapelure. Tasser la chapelure pour la faire adhérer à la viande.

Faire chauffer quelques cuillères à soupe d'huile d'olive dans une poêle à frire et faire dorer chaque côte de porc sur les deux côtés. Ajouter de l'huile au fur et à mesure de la cuisson.

Placer les côtes de porc dorées dans un plat de 23 × 33 cm et couvrir. Faire cuire 30 à 40 minutes au four.

Pendant ce temps, mélanger le fond de porc avec la quantité d'eau indiquée sur le sachet et remuer jusqu'à obtention d'une préparation lisse et homogène. Ne pas faire cuire la sauce.

Retirer les côtes de porc du four et verser la sauce dessus. Couvrir et remettre au four pendant encore 30 à 40 minutes. Retirer ensuite du four et réserver couvert jusqu'au moment de servir.

Astuce : servir avec du riz ou des pâtes.

Recette proposée par Pam Wilbur

Accompagnements

Beignets de cornichons d'Antoine

Préparation 20 minutes

INGRÉDIENTS

1 tasse de farine levante	⅓ tasse de lait
1 cuillère à café de levure	⅓ tasse de bière
¼ cuillère à café de paprika	De gros cornichons entiers à l'aneth
Une pointe de piment rouge	

Inspiré d'une recette devenue célèbre après sa réalisation dans un restaurant proche de Tunica dans le Mississippi.

Tamiser et mélanger tous les ingrédients secs ensemble. Ajouter le lait et la bière en quantités égales jusqu'à ce que le mélange atteigne la texture désirée. Trancher les cornichons en rondelles. Tremper les tranches dans le mélange jusqu'à ce qu'il n'y en ait plus et faire frire. Retourner les tranches 1 ou 2 fois pour qu'elles dorent uniformément.

Astuce : à déguster avec une bière bien fraîche.

Recette proposée par Charlaine Harris

Gâteau de patates douces de Bon Temps

Pour 6 personnes
Préparation 1 h 30 – Cuisson au four 1 h 15

INGRÉDIENTS

10 cuillères à soupe de margarine

2 tasses ¼ de mélange pour pâte à crêpes

2 cuillères à soupe de sucre plus ¼ tasse supplémentaire

¼ de tasse de noix de pécan concassées

3 à 5 tasses de patates douces cuites

2 œufs

3 cuillères à soupe de mélasse

1 cuillère à café de 5 épices

½ cuillère à café de noix de muscade

1 cuillère à café d'extrait de vanille

2 tasses de sucre roux

½ tasse de noix de pécan

2 blancs d'œufs

1 cuillère à soupe de jus de citron (facultatif)

Noix de pécan écrasées (facultatif)

½ cuillère à café de cannelle

Préchauffer le four à 180 °C.

Pour réaliser la couche inférieure, mélanger 4 cuillères à soupe de margarine avec 1 tasse ½ de mélange pour pâte à crêpes, 2 cuillères à soupe de sucre et les noix de pécan concassées jusqu'à ce que la préparation ait une consistance friable. Tasser au fond d'une cocotte et laisser cuire au four pendant 10 minutes (cette étape peut aussi s'effectuer dans une casserole peu profonde).

Écraser les patates en purée et incorporer 2 cuillères à soupe de margarine, 2 œufs, ¼ de tasse de sucre, la mélasse, le mélange d'épices, la noix de muscade et la vanille. Bien mélanger et verser sur la couche inférieure une fois cuite.

Mélanger 4 cuillères à soupe de margarine avec 1 tasse de sucre roux, ¾ tasse de mélange pour pâte à crêpes et des noix de pécan jusqu'à ce que la préparation ait une consistance friable. Parsemer sur la couche à base de patates douces. Enfourner pendant 45 à 50 minutes.

Pour réaliser la couche supérieure, battre 2 blancs d'œuf jusqu'à ce qu'ils soient mousseux. Ajouter 1 tasse de sucre roux et de jus de citron. Verser sur le plat et saupoudrer de noix de pécan concassées et de cannelle. Enfourner jusqu'à ce que les noix soient dorées.

Variante : à la place de la couche supérieure, on peut choisir de battre 1 blanc d'œuf et d'ajouter 1 cuillère à soupe de sucre et ½ cuillère à café de cannelle. Badigeonner ce mélange sur le plat et enfourner 10 à 15 minutes.

Recette proposée par Charlaine Harris

Pommes au four de Gran

Pour 6 personnes
Préparation 1 heure

INGRÉDIENTS

6 grosses pommes

¾ de tasse de raisins secs, canneberges ou dattes hachées

1 tasse de sucre roux

1 tasse d'eau

2 cuillères à soupe de beurre

½ cuillère à café de cannelle

½ cuillère à café de noix de muscade

Préchauffer le four à 180 °C.

Enlever le cœur des pommes et peler une bande de peau au sommet de chacune. Répartir les pommes dans un plat de 28 x 18 cm d'au moins 2,5 cm de profondeur. Garnir les pommes de raisins secs, de canneberges ou de dattes. Mélanger dans une casserole le sucre roux, l'eau, le beurre, la cannelle et la noix de muscade. Porter à ébullition. Verser le sirop chaud autour des pommes, en veillant à ajouter une cuillère à café de sirop à l'intérieur de chaque pomme. Cuire au four sans couvrir pendant 1 heure, en arrosant de temps en temps.

Recette proposée par Charlaine Harris

Boulettes Hush Puppies de Hotshot

Pour 6 à 8 personnes
Préparation 15 minutes – Friture 3-4 minutes par fournée

INGRÉDIENTS

2 tasses de farine de maïs blanche (ou jaune)

2 cuillères à soupe de farine ordinaire

1 cuillère à café de bicarbonate de soude

1 cuillère à café de levure en sachet

1 cuillère à café de sel

1 cuillère à soupe de sucre

½ tasse d'oignon râpé

¼ tasse d'oignon vert finement émincé (ou de piment Jalapeno finement haché)

1 jaune d'œuf

1 ½ à 2 tasse(s) de margarine

3 blancs d'œuf

Huile d'arachide

Verser l'huile sur une profondeur de 7 à 8 cm et la monter à 180 °C.

Mélanger les ingrédients secs ensemble dans un bol. Ajouter les oignons râpés et émincés, le jaune d'œuf et 1 tasse ½ de margarine. Bien fouetter à la fourchette ou au fouet jusqu'à ce que la préparation soit homogène et prenne la consistance d'une purée de pommes de terre. Si le mélange est trop épais, rajouter de la margarine. Fouetter les blancs jusqu'à l'obtention de pics souples (et non fermes) et les incorporer à la préparation précédente. Déposer des cuillerées de pâte dans l'huile chaude. Les boulettes se retourneront quand elles seront cuites, mais il sera peut-être nécessaire de les retourner pour vérifier si elles ont doré uniformément. Retirer de l'huile avec une écumoire et laisser égoutter sur du papier absorbant ou sur une grille. Servir sans attendre.

Recette proposée par Treva Jackson

Petits pains dorés de Jannalynn

Pour 8 personnes (16 à 20 petits pains)
Préparation 20 minutes

INGRÉDIENTS

1 patate douce de taille moyenne, bien cuite

Une pincée d'épices – 5 épices, cannelle, muscade et cardamome par exemple (facultative)

2 tasses d'un sachet de « biscuit mix », ou, à défaut, d'un mélange pour pâte à pain

50 g de beurre ou de margarine, à température ambiante,

½ tasse de yaourt, de margarine ou de lait (ou du lait additionné d'un jaune d'œuf battu)

Préchauffer le four à 230 °C.

Écraser grossièrement la patate douce à la fourchette et mettre de côté. Si vous utilisez les épices, les incorporer dans la préparation pour pâte à pain. Mélanger le beurre et le yaourt avec la préparation pour pâte à pain jusqu'à obtention d'une préparation homogène. Ajouter la patate douce. On doit distinguer les morceaux de patate. La pâte doit être très souple. Déposer la pâte sur une plaque à biscuit non huilée ou sur une feuille de cuisson. Pour des pains plus réguliers, se fariner les doigts largement et écraser légèrement le dessus des pains. Cuire au four pendant 10 minutes.

Variation : on peut également utiliser du fromage râpé fruité à la place de la patate douce, en laissant de côté le beurre si on le souhaite.

Recette proposée par Terri Pine

Salade de maïs spéciale Mardi Gras

Pour 12 personnes
Préparation 30 minutes

INGRÉDIENTS

1 gros oignon violet, finement haché

2 gros poivrons verts, finement hachés

1 tomate, finement hachée

1 cuillère à soupe de beurre

1 pot de fromage frais (environ 170 ml) ou de

cream cheese (type Phila-delphia)

1 tasse de mayonnaise ou de vinaigrette

2 boîtes de maïs jaune égoutté

2 boîtes de maïs blanc égoutté

2 cuillères à café de jus de citron

Sel et poivre

Faire revenir les légumes hachés avec le beurre dans une grande poêle à feu moyen pendant à peu près 5 minutes. Ajouter le fromage frais et la mayonnaise. Laisser fondre. Ajouter le maïs et mélanger pour enrober tous les légumes du mélange fromage frais-mayonnaise. Laisser frémir 5 minutes supplémentaires. Ajouter le jus de citron, le sel et le poivre.

Astuce : servir tiède ou froid comme accompagnement.

Recette proposée par Lynda Edwards

Vinaigrette maison de Michele

Pour 12 personnes
Préparation 10 minutes – Réfrigération 2 heures

INGRÉDIENTS

½ tasse de crème aigre

1 cuillère à café de sauce Worcestershire

1 cuillère à soupe de vinai-gre de cidre

½ cuillère à café de sel

1 cuillère à café d'aneth séché

½ cuillère à café de cibou-lette séchée

¼ cuillère à café de persil séché

½ cuillère à café d'ail en poudre

¼ cuillère à café d'oignon en poudre

½ cuillère à café d'origan séché

½ cuillère à café de poivre noir fraîchement moulu

| Une pointe de paprika | ½ cuillère à café de sucre |
| ¼ cuillère à café de moutarde en poudre | 1 tasse de babeurre |

Mélanger tous les ingrédients sauf le babeurre dans un bol de taille moyenne. Ajouter lentement le babeurre et bien mélanger. Mettre au réfrigérateur et laisser refroidir au moins 2 heures avant de servir.

Astuce : cette sauce peut être conservée pendant une semaine au réfrigérateur dans un récipient couvert.

Recette proposée par Michele Schubert

Croûtons au parmesan et à l'ail de Michele

Pour 8 personnes
Préparation 15 minutes – Cuisson 30 minutes

INGRÉDIENTS

| ½ pain français coupé en petits cubes | ½ cuillère à café d'ail en poudre |
| 8 cuillères à café de beurre fondu | 1 tasse ½ de parmesan râpé |

Préchauffer le four à 150 °C.

Placer les cubes de pain dans un grand bol. Mélanger le beurre fondu et l'ail en poudre dans un gobelet. Verser lentement le mélange sur les cubes de pain et remuer. Ajouter le parmesan et vérifier que les cubes de pain soient bien enrobés. Placer le pain sur une feuille de cuisson et cuire au four pendant 30 minutes jusqu'à ce qu'il prenne une couleur dorée, en tournant de temps en temps.

Astuce : cette recette s'adapte à tout type de pain. Une bonne façon d'utiliser les restes !

Recette proposée par Michele Schubert

Beignets de tomates vertes de Pinkie

Pour 3 à 4 personnes
Préparation 20 minutes

INGRÉDIENTS

Huile

1 tasse de farine ordinaire

1 tasse de farine de maïs jaune

1 cuillère ½ à café de sel

1 cuillère à café de poivre noir

2 cuillères à soupe de sucre

3 tomates vertes de taille moyenne non épluchées

1 tasse de babeurre

Chauffer l'huile dans une poêle à fond épais. Mélanger tous les ingrédients secs dans un plat peu profond. Couper les tomates en rondelles de 5 mm d'épaisseur. Tremper quelques tranches dans le babeurre. Les rouler ensuite dans le mélange sec et les frire par petites quantités dans l'huile chaude jusqu'à ce que les tranches soient dorées des deux côtés. Égoutter sur du papier absorbant.

Recette proposée par Charlaine Harris

Purée de pommes de terre à la Sister

Pour 12 personnes
Préparation 30 minutes – Cuisson au four 30 minutes

INGRÉDIENTS

1,5 kg de petites pommes de terre rouges avec leur peau, lavées et coupées en 4.

De l'eau

½ tasse de crème aigre

¼ tasse de lait

¼ tasse de crème

4 cuillères à soupe de beurre

2 tasses de cheddar râpé
(en réserver une pour ra-
jouter à la fin)

3 tranches de bacon cuites
et émiettées

1 échalote hachée et poêlée

¼ cuillère à café de sel

½ cuillère à café de poivre
noir fraîchement moulu

Disposer les pommes de terre dans une grande casserole et les recouvrir d'eau. Amener à ébullition puis
réduire le feu et couvrir. Laisser frémir 15 à 20 minutes
jusqu'à ce que les pommes de terre soient tendres. Éviter
une cuisson excessive. Retirer du feu et égoutter.

Préchauffer le four à 180 °C.

Réduire les pommes de terre en purée et ajouter la
crème aigre, le lait, le beurre, 1 tasse de cheddar, le bacon,
l'échalote, le sel et le poivre. Mettre la purée de pommes
de terre dans un plat huilé et parsemer du reste de cheddar. Enfourner 30 minutes jusqu'à ce que le plat soit bien
chaud et que le fromage sur le dessus soit fondu.

Astuce : le plat peut être fait à l'avance et réfrigéré jusqu'à
2 jours avant de le passer au four. Prévoir plus de temps
de cuisson si le plat a été fait à l'avance et réfrigéré.

Recette proposée par Michele Schubert

Desserts

Moelleux au chocolat d'Adele Hale Stackhouse

Pour 12 personnes
Préparation 65 minutes
confectionner le glaçage avant de commencer le gâteau

INGRÉDIENTS

Pour le glaçage au chocolat :

1 tasse ⅛ de crème à fouetter

100 g de beurre non salé
(de qualité supérieure)

4 cuillères à soupe de poudre de cacao non sucré (de qualité supérieure)

3 cuillères à soupe de sirop de maïs

450 g de chocolat pâtissier (de qualité supérieure)

1 cuillère à café d'extrait de vanille

Pour le gâteau au chocolat :

2 tasses de farine tamisée puis mesurée

2 tasses de sucre

1 tasse de poudre de cacao non sucré (de qualité supérieure)

1 cuillère à café de bicarbonate de soude

1 cuillère à café de sel

1 tasse de lait entier

½ tasse de café noir froid

½ tasse de beurre ou de margarine

1 cuillère à café d'extrait de vanille

2 gros œufs

⅔ de tasse de noix de pécan coupées en morceaux, et quelques noix coupées en 2 pour la garniture

Pour la préparation du glaçage, battre la crème avec le beurre, la poudre de cacao et le sirop de maïs dans une casserole à feu moyen jusqu'à ce que le beurre fonde et que le mélange frémisse. Retirer la casserole du feu. Ajouter le chocolat et la vanille en fouettant jusqu'à ce que le chocolat fonde et devienne onctueux. Réfrigérer le glaçage pendant environ 45 minutes. Il doit devenir plus épais mais rester assez mou pour être étalé.

Préchauffer le four à 180 °C. Beurrer et fariner deux moules ronds de 23 cm et profonds de 5 cm.

Pour la préparation du gâteau, mélanger la farine, le sucre, le cacao en poudre, le bicarbonate de soude et le sel dans un bol de taille moyenne. Incorporer le lait, le café, la matière grasse et la vanille et mixer le tout au batteur électrique à vitesse lente pour les amalgamer. Puis passer à vitesse rapide pendant 2 minutes. Ajouter les œufs et battre encore 2 minutes. Verser le mélange obtenu dans les moules graissés et farinés et lisser avec une spatule.

Placer au milieu du four et cuire 30 à 35 minutes ou jusqu'à ce que la pointe d'un couteau plantée au centre en ressorte propre. Laisser les deux parties du gâteau refroidir dans les moules pendant 5 minutes. Retirer du moule et mettre sur des grilles pour les refroidir complètement.

Mettre un des deux disques à l'envers sur une assiette. Répartir la moitié du glaçage ; saupoudrer de noix de pécan hachées. Couvrir avec l'autre disque. Recouvrir le dessus et les côtés avec le restant de glaçage. Lisser et décorer le gâteau avec les moitiés de noix de pécan en formant une étoile.

Astuce : lors du glaçage, passer le couteau ou la spatule fréquemment sous l'eau chaude pour obtenir un aspect brillant. On peut également rajouter une cuillère à café de mayonnaise à la pâte du gâteau pour plus de moelleux par temps froid et sec.

Recette proposée par Michele Schubert

Gâteau nappé aux pralines de Tante Patty

Pour 12 personnes
Préparation 2 h 15 minutes plus temps de refroidissement

INGRÉDIENTS

Pour le gâteau :

1 tasse de crème aigre

¼ cuillère à café de bicarbonate de soude

4 tasses de sucre

2 tasses de beurre ramolli

7 jaunes d'œuf

7 blancs d'œuf battus en neige ferme

3 tasses de farine ordinaire

½ cuillère à café de sel

2 cuillères à café d'extrait de vanille

2 cuillères à soupe d'extrait d'amande

Pour le glaçage aux pralines (pour 1 tasse ½ environ)

1 tasse de noix de pécan hachées

6 cuillères à soupe de beurre

1 tasse de cassonade claire bien tassée

5 cuillères à soupe de crème épaisse

1 tasse de sucre glace

1 cuillère à café d'extrait de vanille

Préchauffer le four à 160 °C. Beurrer et fariner un moule à cheminée de 25 cm.

Mélanger la crème aigre et le bicarbonate de soude dans un bol ; mettre de côté le mélange. Battre le sucre et le beurre au batteur électrique à vitesse moyenne jusqu'à obtenir une consistance mousseuse. Incorporer les jaunes d'œuf, l'un après l'autre, en battant bien entre chaque ajout. Incorporer délicatement les blancs en neige. Mélanger la farine et le sel dans un bol à part, et réserver.

Ajouter en alternant la préparation à la farine et la préparation à la crème à celle des œufs, en finissant avec la préparation à la farine. Fouetter lentement après chaque ajout. Incorporer les extraits de vanille et d'amande. Verser la pâte dans le plat déjà beurré et fariné. Cuire au four pendant 90 minutes ou jusqu'à ce que la lame d'un couteau plantée au centre en ressorte propre. Laisser refroidir le plat sur une grille métallique pendant 20 minutes. Démouler et laisser refroidir complètement sur la grille. Augmenter la température du four à 180 °C.

Pour préparer le glaçage, répartir les noix de pécan sur une plaque à pâtisserie et enfourner pendant 16 minutes (ou jusqu'à ce qu'ils prennent une couleur dorée) à 180 °C, en les retournant à mi-cuisson.

Mettre à chauffer le beurre, la cassonade et la crème dans une casserole de 2 litres, à feu moyen. Porter à ébullition en remuant souvent. Poursuivre la cuisson sans cesser de remuer pendant 2 minutes. Retirer du feu et incorporer le sucre glace et la vanille au fouet jusqu'à obtention d'une préparation lisse et onctueuse. Ajouter les noix de pécan grillées ; mélanger délicatement pendant 5 minutes, ou jusqu'à ce que le glaçage commence à refroidir en épaississant légèrement. Napper immédiatement le gâteau refroidi.

Recette proposée par Lara Nocerino

Gâteau au chocolat de Caroline Holliday Bellefleur

Pour 12 personnes
Préparation 2 heures

INGRÉDIENTS

1 sachet de préparation pour fudge au chocolat (Swansdown ou Duncan Hines)

1 sachet de dattes dénoyautées

1 tasse d'eau

¾ tasse de sucre

2 tasses de sucre glace

Une pincée de sel

3 cuillères à soupe de matière grasse

½ cuillère à café d'extrait de vanille

3 cuillères à soupe de café filtre

1 tasse de noix de pécan hachées

Je sais que vous serez surpris, chers habitants de Bon Temps, de trouver une préparation toute faite dans ma recette ! Sombre secret bien gardé pendant de nombreuses années... J'ai toujours pris ma voiture pour aller la chercher chez Clarice afin que personne ne me remarque. Maintenant le secret est dévoilé ! Si vous êtes un puriste, surtout n'hésitez pas à utiliser votre recette préférée de gâteau au chocolat, à condition toutefois qu'il soit très moelleux.

Mélanger la préparation et mettre au four dans un plat en verre beurré de 23 x 33 cm selon les instructions inscrites sur l'emballage.

Faire cuire les dattes, l'eau et le sucre au bain-marie 30 à 40 minutes. En napper le dessus du gâteau refroidi.

Pendant que le mélange à base de dattes refroidit sur le gâteau, mélanger ensemble le sucre glace, le sel, la matière grasse, la vanille, le café et les noix de pécan. Répartir sur le dessus du gâteau. J'utilise parfois des moitiés de noix de pécan pour créer un joli décor.

Recette de Caroline Bellefleur,
transmise à Charlaine Harris

Tarte au citron vert

Pour 8 personnes
Préparation 30 à 40 minutes puis 4 heures au réfrigérateur

INGRÉDIENTS

3 cuillères à soupe de beurre

25 à 30 gaufrettes au chocolat

1 sachet de gelée au citron vert

½ tasse d'eau chaude

¼ tasse de jus de citron

¼ tasse de sucre

350 ml de lait concentré non sucré très froid

Colorant vert alimentaire

1 cuillère à café de zeste de citron

Faire fondre le beurre. Écraser les gaufrettes et les incorporer au beurre fondu. En réserver un peu pour le décor. Tasser ce mélange au fond d'un moule à tarte de 23 cm de diamètre afin de former une croûte. Dissoudre la gelée dans de l'eau chaude, y ajouter le jus de citron et le sucre. Fouetter le lait condensé non sucré jusqu'à ce qu'il épaississe. Y incorporer la préparation avec la gelée et mélanger vigoureusement pour obtenir une texture ferme. Ajouter 4 gouttes de colorant alimentaire vert et le zeste de citron. Garnir à la cuillère le fond de la tarte avec ce mélange. Saupoudrer les miettes de gaufrettes réservées sur le dessus et réfrigérer pendant au moins 4 heures ou de préférence toute la nuit.

Recette proposée par Treva Jackson

Pralines de Louisiane

Pour 5 à 10 personnes
Préparation 30 à 45 minutes

INGRÉDIENTS

Du beurre pour graisser le moule

1 tasse de sucre semoule

1 tasse de cassonade bien tassée

¾ tasse d'un mélange de lait et de crème à parts égales

½ cuillère à café de sel

2 cuillères à soupe de beurre

1 cuillère à café d'extrait de vanille

1 tasse de noix de pécan hachées

24 noix de pécan entières (facultatif)

Remarque : comme tout ce qui touche aux confiseries, cette recette requiert une journée de temps sec (en dessous de 50 % d'humidité) pour une réalisation optimale. Un taux d'humidité supérieur rendra les pralines collantes. Si la pluie tombe à flots, on finit dans le meilleur des cas par déguster cette sucrerie à la cuillère sur une crème glacée – ce qui, au demeurant, reste un délice.

Dans cette recette, le sirop bouillant doit être battu très vigoureusement, ce qui implique l'utilisation d'une grande casserole lourde à fond épais (d'au moins 2 litres), au manche robuste et munie d'un couvercle. Lorsqu'on réalise ces pralines, le défi consiste à obtenir la cristallisation au bon moment, très précisément. Et si même un seul grain de sucre ou de sel tombe dans le sirop chauffé avant qu'on ne soit prêt à le retirer, le contenu de la casserole devient aussi dur que du ciment. On n'obtient pas de pralines et les dégâts sont difficiles à réparer. Les instructions qui suivent ont été conçues pour éviter qu'un seul grain de sucre malencontreux ne fasse échouer la recette.

Beurrer les parois de la casserole : lorsque celle-ci sera chaude, le beurre fondra, et tout grain de sucre adhérant aux parois glissera alors vers le fond avant de poser problème. Mettre les sucres, le mélange lait-crème et le sel dans la casserole beurrée. Remuer constamment à feu doux jusqu'à ce que la préparation devienne homogène et que le sucre ait fondu. Porter le feu à température moyenne. Poser le couvercle sur la casserole et laisser cuire quelques minutes. Grâce à la vapeur du mélange, toute particule de sucre glissera le long des parois de la casserole.

Pendant que la préparation cuit, préparer un espace pour répartir la sucrerie à la cuillère : graisser une plaque à pâtisserie ou placer une feuille de papier sulfurisé sur un bloc de bois ou sur une plaque de marbre.

Retirer le couvercle de la casserole. Une fois que le sirop de sucre est à ébullition, réduire la température pour laisser mijoter à petit feu. Si, malgré tout, il reste des cristaux sur les parois de la casserole, les retirer précautionneusement avec de l'essuie-tout humide enroulé autour d'une fourchette. Surtout, ne jamais mettre les doigts directement dans la casserole. Faire chauffer le sirop jusqu'à 112 °C – si on ne possède pas de thermomètre à bonbon, jusqu'à ce qu'une goutte du sirop jetée dans l'eau forme facilement une petite boule qui s'aplatit lorsqu'on la ressort. Retirer du feu.

Ajouter le beurre et la vanille mais ne pas mélanger – il s'agit simplement de laisser fondre le beurre et de laisser l'alcool de la vanille s'évaporer. Patienter 5 minutes. Ajouter les noix de pécan hachées. Battre vigoureusement avec une cuillère en bois propre (qui ne conduit donc pas la chaleur) jusqu'à ce que le mélange perdre son aspect luisant et épaississe. Attention : la température du sirop est si élevée qu'elle peut provoquer de graves brûlures.

Cette action permet d'introduire de l'air dans le sirop de sucre, ce qui rend les pralines plus tendres et faciles à manger. Une fois le sirop épaissi, agir rapidement. Le répartir à la cuillère en petites quantités sur la surface préparée. Si le mélange commence à durcir trop rapidement ou devient trop dur à travailler, incorporer en battant une cuillère à café d'eau chaude pour l'assouplir.

Quand tout le mélange est réparti, poser une noix de pécan sur le dessus de chaque praline et appuyer légèrement. Laisser refroidir les pralines avant de servir.

Astuce : conserver les pralines à l'abri de l'humidité dans une boîte en fer garnie de papier sulfurisé.

Pour nettoyer facilement la casserole, la placer dans l'évier, la remplir d'eau chaude et laisser agir un peu. Si nécessaire, la remplir d'eau et la mettre à feu doux. Les sucres sur les parois de la casserole fondront rapidement.

Recette proposée par Denise Little

Pudding au pain sauce Bourbon de Perdita

Pour 8 personnes
Préparation 35 minutes – Cuisson au four 60 minutes

INGRÉDIENTS

Pour le gâteau :

1 tasse de raisins secs sans pépins

Du Bourbon pour faire tremper les raisins

10 tranches de pain de mie blanc rassis de 10 jours, rompues en morceaux

4 tasses de lait ébouillanté

1 tasse de crème épaisse

4 gros œufs battus

1 tasse de sucre semoule

1 cuillère à café d'extrait de vanille

1 cuillère à café de cannelle moulue

1 cuillère à café de noix de muscade moulue

½ tasse de beurre fondu

½ tasse de noix de pécan hachées grossièrement

½ tasse de pomme pelée et hachée	De l'eau chaude

Pour la sauce Bourbon :

1 tasse de beurre	2 œufs
2 tasses de sucre en poudre	3 cuillères à soupe de Bourbon (ou plus si désiré)

Préchauffer le four à 180 °C.

Dans un bol, recouvrir les raisins avec le Bourbon et les laisser infuser. Amalgamer le pain, le lait et la crème dans un saladier. Verser les œufs et le sucre dans un autre bol, bien les mélanger puis les incorporer à la première préparation à base de pain. Bien mélanger. Ajouter la vanille, la cannelle et la noix de muscade. Bien mélanger. Égoutter les raisins. Ajouter le beurre fondu, les raisins, les noix de pécan et la pomme. Verser la préparation dans un plat à four et placer ce dernier au bain-marie dans un autre plat plus grand rempli d'eau chaude. Enfourner pendant 1 heure. Retirer le plat d'eau et laisser le pudding refroidir.

Préparer la sauce Bourbon en faisant fondre le beurre au bain-marie. Mélanger le sucre et les œufs dans un saladier et remuer jusqu'à dissolution du sucre. Ajouter la préparation sucre et œufs au beurre. Fouetter la sauce au bain-marie jusqu'à ce que la sauce épaississe légèrement. Retirer du feu et ajouter le Bourbon. Diviser le pudding en portions et répartir la sauce Bourbon sur chaque part.

Recette du pudding proposée par Belle Franklin ; recette de la sauce Bourbon proposée par Treva Jackson

Tarte à la patate douce de Portia

Pour 8 personnes
Préparation 15 minutes – Cuisson au four 60 minutes

INGRÉDIENTS

2 tasses de patates douces écrasées, en boîte

2 œufs

1 tasse ¼ de lait concentré non sucré

½ tasse de sucre

½ cuillère à café de sel

½ cuillère à café de cannelle moulue

½ cuillère à café de noix de muscade moulue

2 cuillères à soupe de rhum

4 cuillères à soupe de beurre fondu

1 rouleau de pâte à tarte (23 cm de diamètre)

Préchauffer le four à 220 °C.

Mélanger au batteur électrique, vitesse moyenne, les patates douces, les œufs, le lait concentré non sucré, le sucre, le sel, la cannelle, la noix de muscade, le rhum et le beurre jusqu'à obtenir une pâte onctueuse. Étaler la pâte à tarte dans le plat et y verser le mélange. Enfourner pendant 10 minutes puis réduire la température à 150 °C. Poursuivre la cuisson pendant 50 minutes supplémentaires, ou jusqu'à ce que la garniture soit ferme.

Recette proposée par Ali Katz

Gâteau diabolique à la pêche

Pour 8 à 10 personnes
Cuisson au four 35 à 40 minutes

INGRÉDIENTS

1 sachet de préparation pour pâte à gâteaux

1 sachet de gelée à la pêche

½ tasse d'alcool de pêche (¼ + ¼)

1 tasse ½ de pêches, coupées grossièrement

1 tasse de sucre en poudre

Préchauffer le four à 180 °C. Beurrer et fariner un moule à cheminée.

Préparer le gâteau en suivant les instructions écrites sur l'emballage. Incorporer la gelée, ¼ tasse d'alcool de pêche et enfin les pêches. Verser le mélange dans le moule et enfourner 35 à 40 minutes ou jusqu'à ce que la lame d'un couteau plantée au centre en ressorte propre.

Laisser refroidir le gâteau quelques minutes puis le retourner sur un plat à gâteaux et attendre qu'il devienne tiède. Mélanger le dernier quart de tasse d'alcool de pêche avec le sucre en poudre pour réaliser un glaçage. Faire quelques trous sur le dessus du gâteau avec une pointe avant de répartir le glaçage sur le dessus du gâteau. Ajouter de l'alcool de pêche si le glaçage est trop épais.

Recette proposée en mémoire de Sharon Hicks

Boissons

Thé glacé traditionnel du Sud

Pour 8 personnes
Préparation 15 minutes pour chauffer et infuser

INGRÉDIENTS

1 litre d'eau, filtrée de préférence

1 tasse de sucre

6 sachets de thé (parfum au choix, le thé Lipton classique étant celui qu'on utilise traditionnellement)

Des glaçons

Placer une casserole de deux litres en acier inoxydable, à fond épais, sur le feu. Verser le litre d'eau dans la casserole.

Ajouter le sucre. Chauffer l'eau jusqu'à ce que le sucre fonde et remuer fréquemment. Retirer du feu.

Y incorporer les sachets de thé. Laisser infuser environ 5 minutes, selon la force du goût désirée. Retirer les sachets et les jeter. Ajouter les glaçons au mélange et remuer. Verser le thé dans un pichet et servir dans des verres remplis de glaçons.

Astuce : décorer avec des feuilles de menthe ou de citronnelle.

Recette proposée par Denise Little

Citronnade champêtre sous la véranda

Pour 6 personnes
Préparation 15 minutes

INGRÉDIENTS

1 litre d'eau, de préférence filtrée	3 citrons
1 tasse de sucre	Des glaçons

Placer une casserole de deux litres en acier inoxydable, à fond épais, sur la cuisinière. Verser le litre d'eau dans la casserole.

Ajouter le sucre. Chauffer l'eau en remuant fréquemment jusqu'à ce que le sucre fonde. Retirer du feu. Pendant que l'eau chauffe, trancher les citrons en 2. Couper ensuite six tranches rondes parfaites à mettre de côté, chacune provenant de chaque moitié de citron tranché. Presser les citrons. Passer le jus obtenu au chinois afin de retirer les pépins et la pulpe. Incorporer le jus de citron et les glaçons à l'eau sucrée chaude. Remuer. Verser la citronnade dans un pichet.

Servir en versant dans des verres remplis de glaçons.
Décorer chaque verre avec une tranche de citron réservée.

Recette proposée par Denise Little

Dans les coulisses de *True Blood*

Alan Ball répond aux questions des fans

Même s'il est évident que *True Blood* n'existerait pas sans la succession des best-sellers de Charlaine Harris, il n'y a également aucun doute sur le rôle moteur du créateur, producteur et écrivain Alan Ball dans le succès de cette série télévisée irrévérencieuse et sexy. Celui-ci s'est immédiatement pris de passion pour les personnages incroyables de Charlaine et les a réinventés pour le petit écran, tout en restant fidèle à leur version originale.

Quand je l'ai contacté la première fois pour lui poser des questions sur la série et le travail qu'elle implique, M. Ball n'a pas hésité une seule seconde et s'est prêté au jeu de bonne grâce. Plutôt que de lui soumettre les questions qui reviennent inexorablement dans les interviews, j'ai préféré laisser aux fans l'opportunité de lui poser les leurs, sur sa façon d'aborder *True Blood*, ainsi que sur tout sujet se rapportant à Sookie. J'ai reçu un nombre incroyable de retours ; j'ai alors sélectionné les meilleures questions à lui transmettre, et c'est avec plaisir que je vous les dévoile ici, accompagnées des réponses d'Alan Ball.

Rachel Klika : Comment avez-vous découvert la série de Charlaine Harris ?

J'étais arrivé en avance à un rendez-vous chez le dentiste et je suis tombé sur les livres en flânant dans une librairie Barnes & Noble. J'ai commencé à feuilleter le premier livre et je n'ai pas pu le reposer. J'ai su immédiatement qu'il fallait en faire une série télévisée.

Deirdre Brennan : Dans la saison 2 de True Blood, *la ménade Maryann Forrester (interprétée avec brio par Michelle Forbes) a joué un rôle plus important que celui qu'elle tient dans le livre de Mme Harris. Pourquoi avez-vous décidé de donner de l'ampleur à ce personnage ?*

L'un des enjeux de l'adaptation des romans de Charlaine consiste à créer des histoires solides pour des personnages autres que Sookie, tout en restant très fidèle à l'esprit des livres. Nous avons adoré le moment où la ménade attaque Sookie et l'empoisonne avec ses griffes, alors nous avons cherché des moyens de la faire interagir avec les autres personnages, tout en maintenant le danger qu'elle représente pour Sookie. Au final, nous sommes arrivés à un personnage auquel tout le casting pouvait se confronter.

Addie Brown : Pourquoi avez-vous fait en sorte que Bill demande Sookie en mariage dans le dernier épisode de la saison 2, alors que c'était très éloigné de ce qui se passait dans les livres ? Était-ce pour faciliter le kidnapping/la disparition de Bill ?

Je pense que la raison principale était de les laisser vivre un moment de bonheur, de leur permettre d'imaginer un instant que l'impossible est en fait à leur portée. Ils ont vécu ensemble tellement d'épreuves difficiles, durant leur relation relativement brève, que cela semblait légitime de leur offrir un moment « normal » et l'espoir que l'histoire puisse avoir une fin heureuse. Bien sûr, nous parlons de *True Blood*, et il y a peu de chance que cela se réalise.

Kim McCollom : D'où vous est venue l'inspiration pour transcrire les livres en série télévisée pour HBO ?

J'ai été tellement captivé par la lecture des livres que je me suis dit que cela ferait une excellente série télévisée. L'univers et ses personnages me semblaient trop étoffés pour tenir dans un film unique : de mon point de vue, l'ensemble était taillé pour les innombrables perspectives qu'offre une série télévisée.

Kim McCollom : Votre série a touché un groupe démographique très diversifié, dont beaucoup de représentants ne sont pas l'archétype du fan de vampires et de paranormal. Selon vous, qu'est-ce qui distingue True Blood *de tous les autres films et séries de vampires et lui permet d'attirer une telle audience ?*

Je pense que c'est dû à différents facteurs : les personnages et l'univers que Charlaine a créés ; la performance des acteurs, dont je salue le talent incroyable ; l'humour, l'amour, la peur ; l'accent que nous avons essayé de mettre sur le fait que tout soit ancré dans la vie affective des personnages, quel que soit le degré d'excentricité de l'histoire. C'est tout simplement une série que j'ai beaucoup de plaisir à réaliser, et qui, je l'espère, donne beaucoup de plaisir à ceux qui la regardent.

Nadeen Cumming : Quelle a été votre première impression des habitants de Bon Temps ?

Je les ai trouvés très crédibles, authentiques. J'ai grandi dans une ville de taille moyenne du sud des États-Unis (Marietta en Géorgie) et les descriptions des personnages ainsi que leurs façons de parler et de se comporter m'étaient familières.

Laura Chequer : J'adore le personnage de Lafayette et je suis ravie qu'il ait survécu à la saison 1 de True Blood, *contrairement au personnage du livre, beaucoup moins chanceux. Aviez-vous décidé de le garder en vie à la fin de la saison 1 depuis le début, ou bien après avoir constaté l'extraordinaire réalité que prenait son personnage à l'écran ?*

Dès la première scène que j'ai tournée avec Nelsan Ellis, dans l'épisode pilote de la série, il m'est clairement apparu qu'on ne pourrait jamais perdre ce personnage. Généralement, je ne suis pas fan des acteurs qui improvisent, mais Nelsan ne fait pas qu'improviser, il vient littéralement de la planète Lafayette. Entre les mains d'un acteur moins talentueux, Lafayette aurait pu apparaître comme un personnage plat ou excessif. Nelsan le rend fort, féroce et extrêmement attachant.

Teddi Smith : Pourriez-vous un jour envisager de faire un passage éclair devant la caméra (comme le faisait Alfred Hitchcock) dans chaque saison ?

Jamais ! À vrai dire, je l'ai fait une fois lors d'un épisode de *Six Feet Under* et je l'ai toujours regretté. Je trouve que cela détourne l'attention des téléspectateurs au détriment de l'histoire.

Susan Moss : Beaucoup de remaniements ont été réalisés lors du passage des livres de Charlaine Harris à la série télévisée, et je me demandais pourquoi vous avez choisi de dépeindre Bill et Sophie-Anne comme vous l'avez fait plutôt que comme Charlaine Harris dans ses livres ? Bien qu'il reste beaucoup de points communs avec le Bill des livres, il me semble que votre Sophie-Anne est beaucoup plus moderne que la reine française aristocratique des livres. J'aimerais beaucoup avoir votre point de vue quant à ces décisions.

Dans *True Blood*, Sophie-Anne fait son apparition dans la même saison que Godric. Nous avons décidé de ne pas faire apparaître dans la même saison deux vampires anciens qui semblent à peine plus âgés que des enfants. Au final, tout second rôle de la série n'a de sens que pour créer des conflits et des défis pour nos personnages récurrents. Ayant lu tous les livres et connaissant donc à l'avance la raison pour laquelle Bill apparaît à Bon Temps, nous avons choisi de modifier légèrement le personnage de Sophie-Anne. Nous étions aussi en train de mettre en place une trame importante de la saison 3.

Lisa Rowell : Dans la série télévisée, vous essayez manifestement de donner à Eric le rôle du méchant et à Bill celui du gentil, en allant même jusqu'à parler d'Eric comme du « mauvais garçon » lors des interviews. Cela ne restitue absolument pas l'esprit du livre, car Eric n'y tient pas ces rôles de méchant et de mauvais garçon. De même, Bill n'y est pas défini comme un saint ou un « gentil garçon », la plupart du temps. Y a-t-il une raison pour laquelle vous avez décidé d'orienter ainsi ces deux personnages, et si oui, laquelle ?

Hum... Je ne suis pas sûr d'être d'accord avec ce que vous venez de dire. Nous avons sciemment révélé beaucoup d'aspects plus sombres chez Bill, comme son plaisir de tuer durant ses années passées avec Lorena, sa manie de cacher des choses à Sookie, ou le meurtre de l'oncle Bartlett. De même, nous avons montré des aspects du caractère d'Eric beaucoup plus tendres et profonds, comme son amour pour Godric ainsi que son chagrin suite à la mort définitive de ce dernier. Nous avons poursuivi cette ligne directrice dans la saison 3. Et il me semble plus intéressant, d'un point de vue dramatique, de donner certaines attentes vis-à-vis d'un personnage, puis de les renverser, plutôt que de présenter chacun d'eux comme ayant la même part de lumière et d'ombre. De plus, quand j'utilise le terme de « mauvais garçon » je fais référence au type de mauvais garçon vers lequel les femmes sont invariablement attirées, c'est-à-dire un homme qui ne respecte pas les règles du jeu, un peu dangereux, et qui va générer plus de drame et d'excitation que le gentil garçon qui fait tout bien comme il faut.

Sara Foster : Le sexe, la mort, la nourriture et la violence tiennent un rôle important dans True Blood. *Les AmEricains ont certainement une relation conflictuelle avec ces quatre éléments et cependant ils nous fascinent encore. Est-ce la clé du succès des livres et de la série télévisée ?*

À vrai dire, je n'en ai pas la moindre idée. Je pense que le succès de la série repose sur le réel plaisir que procurent l'histoire et les personnages.

Anne Feldbak : Tous les vampires de True Blood *ne sont pas forcément jeunes et beaux, à l'inverse de ceux qu'on rencontre habituellement dans les films ou séries du genre. Pourquoi avoir fait ce choix ?*

De mon point de vue, bien qu'un certain nombre de vampires de la série soient jeunes et beaux, j'aime bien l'idée qu'une personne normale puisse devenir un vampire à n'importe quel moment de sa vie. Cela correspond parfaitement aux livres de Charlaine, et j'ai pensé que c'était là une idée brillante et inattendue. De plus, généralement, faire tout comme tout le monde m'irrite.

Misty Padgett : Quel a été le récit le plus difficile à écrire, jouer et filmer jusqu'à maintenant ?

Hum... L'assaut du *Merlotte* par les zombies... Le mariage/sacrifice final de Maryann... Le raid des vampires de Dallas sur l'église de Steve Newlin.

Keri McCoy : Qu'est-ce qui vous permet de juger de ce qui doit rester du livre dans la série télévisée ?

L'instinct. Et l'apport des autres scénaristes de l'équipe.

Jessica Ohman : Nous savons bien que l'art imite la vie. Pouvez-vous expliquer ce que True Blood *révèle au sujet du public amEricain ? Que signifie notre soif de sang par rapport au climat culturel ambiant ? Cet archétype a fréquemment été utilisé à travers l'histoire dans différentes cultures, mais que pensez-vous qu'il traduise chez nous ?*

Je laisse aux spécialistes le soin de répondre à cette question. Tout ce que je pourrais dire au sujet du symbolisme des vampires me fera juste passer pour quelqu'un qui prétend connaître la réponse à ces questions, alors que je l'ignore. Je suis simplement ravi du fait que les gens soient intrigués par les vampires et autres créatures surnaturelles, car travailler sur cette série télévisée reste l'une des expériences les plus passionnantes de ma vie.

Linda J. Kerley : Est-ce que la relation entre Anna Paquin et Stephen Moyer dans la vraie vie a eu un impact sur le choix de minimiser le rôle d'Eric en faveur de celui de Bill dans la saga True Blood *?*

Je ne pense pas vraiment que le rôle d'Eric ait été réduit en faveur de celui de Bill. Eric a un rôle important dans les saisons 2 et 3 de la série. Peut-être voulez vous parler de sa relation avec Sookie… ? Vous devez vous rappeler que nous ne sommes qu'à mi-parcours de l'histoire de *True Blood*. Tout peut arriver.

Cynthia Meier : J'ai remarqué que les épisodes ont des scénaristes différents. Comment parvenez-vous à créer une continuité en multipliant les scénaristes ? Faites-vous une réunion de préparation en commun, pour chaque épisode que vous dirigez ? Est-ce vous qui décidez, en disant « j'aimerais que ce soit untel qui écrive cette scène » ?

Je travaille avec six autres scénaristes. Nous découpons ensemble l'histoire en épisodes, puis la rédaction du script est attribuée à l'un des scénaristes. L'équipe apporte ses commentaires, et puis ce même scénariste retravaille une seconde version du script. Parfois, je le remanie si j'estime que c'est nécessaire. Les scénaristes se portent généralement volontaires pour les épisodes qu'ils souhaitent écrire.

Aaron Harris : Qu'y a-t-il dans True Blood *qui soit représentatif de votre personnalité ?*

Je dirais l'impertinence, l'humour, la fascination pour l'étrange, l'amour, la fantaisie.

Emily Melonas : Que trouvez-vous de plus difficile à réaliser, lorsque vous transposez la description d'un monde fictif depuis le livre vers l'écran (en dehors des attentes des fans sur les lignes principales de l'intrigue) ?

Hum... veiller à ce que les actions de chacun soient bien synchronisées avec les émotions, les besoins et les désirs. Dans le cas des livres de Charlaine, veiller à ce que tous les personnages autour de Sookie conservent leur propre histoire.

Kimberlee Tucker : Qu'est-ce qui vous a poussé à amener dans la série télévisée des personnages comme Jessica et Daphné, qui n'étaient pas dans les livres, ou encore à garder Lafayette ? Ce sont d'ailleurs des personnages fabuleux, merci beaucoup !

Encore une fois, cela revient simplement à la volonté de créer des histoires pour des personnages autour de Sookie. Et dans le cas de Lafayette, j'ai tellement aimé ce que faisait Nelsan Ellis que je tenais absolument à le garder dans notre aventure.

Barbi Barrier : Ma question concerne le personnage de Bill Compton. Je l'ai beaucoup apprécié dans les livres et j'ai détesté le voir mis à l'écart aussi souvent. Je dois donc reconnaître que j'ai vraiment apprécié qu'il soit mis sur le devant de la scène dans la série télévisée. Qu'est-ce qui vous a séduit dans le personnage du livre ? Comment avez-vous orienté vos choix d'acteurs pour les auditions de ce rôle et qu'avez-vous ressenti lorsque vous avez trouvé le talentueux et magnifique Stephen Moyer pour jouer le rôle ?

Tout comme vous, j'adorais l'idée d'un homme qui a fondamentalement tout perdu ; d'un homme qui, à cause de sa situation et de celle de Sookie (lui vampire, elle télépathe) se voit offrir une seconde chance de trouver l'amour et de donner un sens à sa vie. Quand j'ai fait passer les auditions, je cherchais un homme qui ait l'air de sortir d'une autre époque, qui saurait jouer sur un fond de tristesse, et qui serait également fringant, séduisant, à la façon d'un véritable héros romantique. Quand nous avons trouvé Stephen, j'étais vraiment ravi, car nous cherchions depuis un bon moment déjà.

Olivia Pavey : J'apprécie énormément la série télévisée, mais je ne regarde jamais le générique que je trouve dérangeant. Comment et pourquoi avez-vous décidé de choisir une séquence d'ouverture aussi provocante ?

Je voulais quelque chose de primitif, qui véhicule l'univers gothique du Sud, quelque chose qui rappelle la double polarité du sexe et de la religion comme moyen de se transcender, quelque chose qui soit profondément ancré dans la nature.

*
* *

Je tiens à remercier Alan de nous avoir accordé son temps pour nous répondre, et ce, malgré son emploi du temps si chargé. Merci également à tous les fans qui ont soumis ces questions excellentes !

Du *Mystery*[1] au Chaos

Les écrits de Charlaine Harris

BEVERLY BATTILLO

Bien avant qu'une serveuse télépathe du *Merlotte* ne serve son premier verre à un séduisant vampire, Charlaine Harris créait déjà des personnages fascinants et des intrigues qui ont stimulé et nourri l'imaginaire de ses fans.

Charlaine a toujours su qu'elle voulait devenir écrivain, et composait des poèmes sur les fantômes dès sa quatrième année de primaire. Sa carrière n'a cependant vraiment débuté qu'après avoir épousé son second mari, Hal, en 1978. Compréhensif, le jeune marié offre alors à sa nouvelle épouse une machine à écrire électrique, et l'encourage à suivre son rêve de toujours : devenir auteur. Le premier livre de Charlaine, un *mystery* intitulé *Si douce sera la mort*, sera publié en 1981 et marque le début d'une éminente carrière qui dure depuis maintenant plus de trente ans.

Les premiers pas

Dès la publication de son premier roman, Charlaine est décrite comme « un nouveau et remarquable talent,

---

1. *N.d.É* : genre littéraire anglo-saxon qui ne trouve pas d'exact équivalent en France, proche du policier et du suspense.

à l'écriture brillante et originale », « un auteur au talent rare ». Mais c'est avec la parution de son second roman, *A Secret Rage*, en 1984, qu'elle reçoit une véritable reconnaissance et que ses fans commencent à lui vouer une sorte de culte. L'histoire d'une petite ville universitaire du Sud terrorisée par un violeur en série « utilise brillamment le contexte d'un sud en pleine mutation et aborde », selon les critiques, « un thème difficile avec sensibilité et perspicacité ». Les amateurs de romans policiers accueillent ce nouveau talent à bras ouverts et attendent avec impatience ses prochains livres.

À cette époque, la maternité occupe une place importante dans la vie de Charlaine : elle arrête momentanément d'écrire pour fonder une famille. Après la naissance de son second enfant, « l'écriture lui manque cruellement et elle se languit de reprendre ». C'est alors qu'elle signe avec Joshua Bilmes, qui deviendra par la suite son fidèle agent et un véritable ami. Après cette pause de cinq ans, il lui est difficile de revenir dans le monde de l'édition. Cependant, avec une énergie renouvelée, Charlaine fait une rentrée fracassante sur la scène avec sa première série policière.

Les séries *Aurora Teagarden* et *Lily Bard*

Le premier livre de la série *Aurora Teagarden*, *Real Murders*[1], est publié en 1990. La saga relate les aventures d'une libraire dans une petite ville de Géorgie, détective à ses heures perdues, et dont la vie ne prend pas exactement le tournant qu'elle prévoyait. Ces livres sont décrits comme « chaleureux quoique mordants ». *Real Murders* vaut à Charlaine sa première nomination aux Agatha Awards pour le meilleur roman de l'année 1990. Les fans qui se sont rassemblés à la convention de *Malice Domestic* pour rencontrer leur nouvel auteur préféré pas-

---

1. À paraître aux Éditions J'ai lu en 2013.

sent un très bon moment, et Charlaine commence à construire avec ses lecteurs la relation chaleureuse qu'elle conservera et chérira au cours des années.

La réaction la plus forte de ses fans survient après la publication de *A Fool and His Honey* en 1999 : Charlaine provoque une onde de choc auprès de nombreux lecteurs avec la mort du mari de l'héroïne. Ce n'est que le premier des multiples indices qui démontrent que Charlaine écrit ses livres selon sa propre vision des choses, à l'exclusion de toute autre. La série *Teagarden* se vend bien pendant des années. La disponibilité de la collection en édition de poche étant toutefois limitée, il devient difficile d'étendre le nombre de lecteurs. Le dernier livre de la série, *Poppy Done to Death*, sera publié en 2003.

En 1996, Charlaine commence une seconde série, les livres « shakespeariens » *Lily Bard*, dont l'intrigue se déroule dans la ville fictive de Shakespeare en Arkansas. Lily a survécu à une terrible agression qui la laisse dans un état de paralysie émotionnelle. Le premier livre, *Meurtre à Shakespeare*, commence avec le récit de ses premiers pas vers une vie et des relations normales. Charlaine s'est inspirée de ses propres expériences, confiant que l'écriture du récit de *Lily* l'a aidée à se débarrasser de bon nombre de ses propres démons. Cette série étant beaucoup plus sombre que celle des *Teagarden*, elle n'atteint pas forcément le même lectorat. Cependant, elle reçoit une excellente critique, et permet à Charlaine de décrocher un bon contrat pour l'édition en livre de poche. Malgré un accueil favorable de la presse, la série prend fin en 2001 avec la publication de *Shakespeare's Counselor*. Lily Bard reste un personnage singulier et novateur, qui aide Charlaine à franchir une autre étape de sa carrière.

La communauté du Sud

Dans l'espoir de toucher un plus grand nombre de lecteurs avec sa nouvelle série, *La communauté du Sud*, Charlaine commence à construire un personnage très différent de tous ceux qu'elle avait pu créer auparavant. Elle espère s'appuyer sur la base de lecteurs qui l'a suivie jusque-là, tout en l'élargissant. De fait, le succès de la nouvelle série est dû, au moins en partie, aux amateurs d'*Aurora Teagarden* et de *Lily Bard*. Mélange unique d'humour noir, de personnages inoubliables et d'un savant dosage d'intrigue mêlée d'amour, *Quand le danger rôde*, le premier tome de la série, est publié en 2001. Ce livre est tellement atypique que l'agent de Charlaine met deux ans pour trouver une maison d'édition, mais Charlaine garde confiance en Sookie et son histoire. Aujourd'hui, ce livre est reconnu comme le premier d'une série qui a contribué à créer un nouveau genre littéraire, la fantasy urbaine. Acclamée par un public de plus en plus large, *La communauté du Sud* a également été plébiscitée par la critique. Elle offre à Charlaine une reconnaissance en tant qu'auteur à la fois incontournable et polyvalent dans ce nouveau genre littéraire. *Quand le danger rôde* a remporté l'Anthony Award de 2002 pour le meilleur livre de poche policier. Aujourd'hui traduite dans trente langues, la série, qui compte onze tomes, continue de rallier de nouveaux fans dans le monde entier.

Chronologie des tomes de *La communauté du Sud* :
Quand le danger rôde
Disparition à Dallas
Mortel corps à corps
« Poussière de Faé »
« L'anniversaire de Dracula »
Les sorcières de Shreveport
« En un mot »
La reine des vampires

La conspiration
« Défaut d'assurances »
Pire que la mort
« Le Noël de Sookie »
Bel et bien mort
« Two Blondes »
Une mort certaine
« Mariage mortel »
Mort de peur
« If I had a Hammer »

True Blood

La fin de l'année 2006 apporte une nouvelle dimension à la popularité de Sookie Stackhouse, avec l'annonce d'une adaptation en série télévisée intitulée *True Blood*, par Alan Ball, pour la chaîne HBO. Les fans passent l'année suivante, sur le site Internet, à suivre de près le casting et les informations relatives au tournage, tandis qu'ils attendent avec impatience de découvrir l'univers de Sookie sur leur petit écran.

Initialement prévue pour mars 2008, la diffusion de l'épisode pilote est reportée à septembre en raison d'une grève des auteurs. Presque immédiatement, la série attire non seulement l'attention des fans du livre, mais aussi celle d'une nouvelle catégorie de fans, qui découvrent pour la première fois la vie d'une serveuse de Louisiane et de son petit ami mort-vivant. Les visites sur le site Internet de Charlaine Harris explosent peu après le 7 septembre 2008, date à laquelle le public de *True Blood* envahit le site en masse pour débattre des personnages et de l'histoire, le saturant rapidement. Les nouveaux fans se mettent en quête des livres sur lesquels la série est basée, et rapidement tous les tomes publiés se classent dans le top 25 des best-sellers en format poche du *New York Times*.

La série *Harper Connelly*

Avec la publication de *Murmures d'outre-tombe* en 2005, Charlaine nous présente une nouvelle héroïne, Harper connelly, et son demi-frère, Tolliver Lang. La série trouve rapidement son public en raison du caractère décalé de ses personnages et de son atmosphère plus sombre, presque gothique. Bien que les livres et les personnages soient un succès auprès des lecteurs, Charlaine estime que l'histoire est terminée, et conclut la série avec la publication du quatrième livre, *Secrets d'outre-tombe*, en 2009.

Charlaine et ses fans

Charlaine a confié qu'elle avait les « meilleurs lecteurs du monde ». La relation de proximité qu'elle entretient avec ses fans l'a conduite à créer un site Internet dès 2001. L'augmentation du nombre de visites a mis en évidence un besoin de flexibilité accrue et, en mars 2004, www.charlaineharris.com devenait l'endroit où les fans pouvaient se retrouver pour discuter de ses livres et de ses personnages, lire son blog hebdomadaire et consulter ses critiques de livres, suivre ses apparitions publiques, et partager en toute liberté des recettes de cuisine et des demandes de prières. La présence bienveillante de Charlaine sur le site et son dialogue quotidien avec ses fans, ainsi que son plaisir manifeste à les rencontrer lors de ses apparitions publiques, ont conduit ses lecteurs à créer en 2006 un fan-club officiel baptisé *Charlaine's Charlatans*. Le fan-club s'est donné pour premier objectif de permettre à Charlaine d'atteindre la première position sur la liste des meilleures ventes de nouveautés littéraires du *New York Times*. En mai 2009, *Bel et bien mort*, le neuvième tome de *La communauté du Sud*, entre à la première place de cette liste. Le fan-club de Charlaine est aux anges !

Alors que *True Blood* entame sa quatrième saison de succès et que l'écriture des aventures de Sookie Stackhouse se poursuit, les séries plus anciennes de Charlaine connaissent une seconde jeunesse. Les fans qui se sont attachés à Sookie se tournent maintenant vers Aurora, Lily et Harper. Ils s'aperçoivent que ces autres histoires sont toutes aussi passionnantes et que leurs personnages n'ont pas pris une ride depuis leur première publication. Charlaine continue à élaborer de nouveaux personnages et à renouveler l'enchantement pour ses lecteurs à travers le monde.

L'aventure de la mare aux canards

Les fans de Charlaine Harris

BEVERLY BATTILLO

Les fan-clubs peuvent être très dangereux. J'en sais quelque chose : j'en ai fondé un qui a changé ma vie à tout jamais.

Mon histoire commence il y a cinquante ans avec ma meilleure amie Ellen, et notre jeu préféré – l'école. Ellen, qui avait quatre ans de plus que moi, campait le rôle de la maîtresse, et c'était une vraie terreur ! Si par malheur la pauvre élève que j'étais faisait une erreur sur l'orthographe de ses mots, elle me donnait un coup de règle sur les fesses avec beaucoup d'énergie. Je suis rapidement devenue une élève exemplaire, et j'ai gardé ces excellentes méthodes de travail à tout jamais. La plus grande réussite de la méthode d'apprentissage tenace d'Ellen fut que je sus lire bien avant mes petits congénères. De multiples portes commencèrent à s'ouvrir en moi, et lire devint ma plus grande source de plaisir. Je dévorais tout ce qui me tombait entre les mains avec voracité. Ironie de l'histoire, Ellen travaille maintenant pour l'administration fiscale, et elle continue de donner, métaphoriquement, des coups de règle.

Lire devint une addiction. Je fis un autre pas de géant au collège, en m'inscrivant à un cours de lecture rapide. Aujourd'hui, non seulement je lis énormément, mais je lis aussi très vite. Ma capacité à faire abstraction de tout le reste quand je lis rendait mes parents complètement fous. Si un jour une guerre nucléaire survient, je pense que je ne m'en rendrai compte qu'une fois mon livre terminé et l'univers complètement anéanti, en apercevant les anges jouer de la harpe tout autour de moi.

Mes goûts littéraires ont toujours été très éclectiques. Si c'est imprimé, je le lis, que ce soit une biographie, une histoire d'amour, un roman policier, ou une boîte de céréales, n'importe quoi. Je ne peux pas dire que mes lectures aient été source de grandes révélations ou de perceptions bouleversantes. Pendant bien longtemps, ma vie est restée désespérément banale. Je me suis fait de nombreux amis dans les livres – des amis auxquels je ne me lasse pas de rendre visite avec plaisir – et je continue de m'émerveiller devant le talent de ceux qui nous captivent en créant des mondes parmi les mondes. Ce n'est qu'assez tard dans ma vie que j'ai découvert ce qui allait me conduire à dévier de ma trajectoire inébranlablement linéaire.

Ma première percée dans un autre monde eut lieu en 1964 quand l'un de mes professeurs préférés me fit connaître les œuvres de J.R.R. Tolkien. *Bilbo le Hobbit* et *Le Seigneur des Anneaux* exploraient une tout autre dimension littéraire que celle que je connaissais jusqu'alors – un univers entièrement novateur et inattendu, peuplé de personnages époustouflants. Quelques années plus tard, au cours d'une période d'immersion dans la littérature fantastique, je dévorai le livre d'un nouvel auteur, Laurell K. Hamilton. Je fus enthousiasmée par son premier livre, *Nightseer*, à tel point que je pense encore que c'est l'un de ses meilleurs ouvrages. Je découvris son site Web et commençai à explorer sa série de livres dont l'héroïne est Anita Blake. Ces livres font partie de ce qui a été défini à l'époque comme un nouveau genre de fiction. Les libraires ne savaient pas trop où les ranger exactement : certains les classaient parmi les livres d'horreur, d'autres dans le rayon fantastique, voire dans le rayon des romans d'amour... Identifier leur place dans la littérature devint un casse-tête. Alors que j'avais apprécié les premiers tomes de la série, les suivants me lassèrent et je partis en quête de nouveautés. Tandis que j'explorais le rayon des livres d'horreur chez Barnes & Noble, mon regard tomba sur un ouvrage à la couverture charmante qui relevait presque de l'art naïf ou folk. Le livre, écrit par Charlaine Harris, s'intitulait *Quand le danger rôde*. La suite appartient à l'histoire, a-t-on coutume de dire.

Quand le danger rôde ne ressemblait en rien à tout ce que j'avais pu lire. Le livre étant écrit à la première personne, du point de vue de l'héroïne, j'eus l'impression de devenir Sookie. Je ressentais les événements à travers elle. J'avais déjà lu des récits écrits à la première personne, mais celui-ci me paraissait d'un genre complètement nouveau, et son univers, bien que m'étant étranger, me semblait totalement plausible. Comme à mon habitude, j'allai jeter un coup d'œil sur le site Internet de l'auteur dans le but de trouver d'autres lecteurs avec qui débattre des merveilles de ce nouvel univers. Je ne m'attendais pas à y rencontrer l'auteur !

Charlaine a fondé son site en 2001, et l'a mis à jour en mars 2004 pour faire face à une fréquentation de plus en plus importante. Elle participait activement à la vie de son site, stimulant la discussion et n'hésitant pas à s'engager personnellement avec ses lecteurs en visite sur le site. Je m'y suis rendue pour la première fois début 2004, et j'ai eu l'opportunité d'apporter ma contribution au développement du nouveau site. Imaginez mon excitation et mon étonnement lorsque Charlaine m'a répondu en direct pour la première fois !

Un forum réservé aux fans est un mécanisme intéressant. Il change constamment suivant les membres qui y participent et les amitiés qui se forgent. Dans les débuts de ce nouveau forum, un noyau dur de membres s'est formé, et ces nouveaux amis sont rapidement devenus plus proches de moi que bien des gens que je connaissais depuis toujours. Tandis que nous nous intéressions de plus en plus les uns aux autres, un sentiment de communauté s'instaura entre des membres qui étaient très éloignés géographiquement, mais proches par leurs points de vue et leurs centres d'intérêt. Charlaine était le ciment qui nous maintenait ensemble mais, dans un sens, nous appartenions à quelque chose de bien plus grand que la somme des individus que nous étions. Naturellement, nous étions pour beaucoup très curieux de savoir si ces amitiés virtuelles survivraient à la réalité d'une rencontre physique.

Quand davantage d'informations sur les tournées de Charlaine devinrent disponibles, certains membres du forum commencèrent à planifier des rencontres à l'occasion de ces événements. Ma première opportunité de rejoindre mes nouveaux amis survint en mai 2006 à la convention Romantic Times de Daytona Beach en Floride. Je me rendis à la séance de dédicace du samedi, et ma première rencontre avec mon auteur préféré restera gravée à tout jamais dans ma mémoire.

Je m'avançai timidement vers la table de Charlaine, ne sachant pas vraiment comment la saluer. Charlaine prit l'initiative en se levant pour me serrer dans ses bras avec une joie non dissimulée, et m'invita à m'asseoir à ses côtés pour discuter alors qu'elle poursuivait la dédicace de ses livres. Durant tout l'après-midi que nous passâmes côte à côte je sentis qu'une véritable amitié s'instaurait entre nous et je compris que des fans comme moi pourraient l'aider à véhiculer ses livres extraordinaires vers de nouveaux lecteurs. Alors que je rentrais chez moi pour partager avec ma famille l'expérience de ma rencontre avec Charlaine et quelques-uns de mes amis virtuels, cette première convention faisait naître un tourbillon d'idées dans ma tête.

De retour sur le forum après cette aventure, je soumis aux membres l'idée de créer un fan-club officiel dont le but serait d'aider Charlaine à atteindre le haut de la liste des auteurs à succès. Certains membres du forum trouvèrent le concept intéressant ; je demandai donc à Charlaine la permission de mettre en œuvre ce projet. Tout à la fois déconcertée et amusée, elle accepta. Les représentants du club furent nommés et élus, et un concours lancé pour choisir un nom et un logo. Pendant ce temps-là, on annonça que les droits des livres de Charlaine avaient été vendus au metteur en scène Alan Ball pour une adaptation en série télévisée sur la chaîne HBO, provisoirement intitulée *True Blood*. L'excitation grandissait à tous les niveaux et, le 1er juin 2006, le fan-club officiel de Charlaine Harris prit le nom de Charlaine's Charlatans.

La vente des droits d'adaptation de *La communauté du Sud* nous empêcha d'utiliser les images associées aux livres pour notre logo. Le surnom que nous avions donné au site Web de Charlaine était Duckpond, ou « mare aux canards ». Nous décidâmes donc de construire notre image autour de ce nom. Fort heureusement, nous comptions parmi nos membres une artiste talentueuse et son époux tout aussi doué, qui créèrent notre logo (une mare et deux canards). Ce logo nous identifie maintenant quel que soit l'endroit où nous allons. Nous ajoutâmes la devise « *Follow me to the Duckpond* » (« Suis-moi jusqu'à la mare aux canards »), et nos tee-shirts siglés devinrent un symbole de ralliement pour les fans et les auteurs. Charlaine nous confia qu'elle adorait les tee-shirts : en les apercevant lors de ses voyages, elle savait ainsi qu'elle était entourée d'amis.

Vers la fin de 2006, une autre idée prit forme sur la Toile. La prochaine convention Romantic Times devait avoir lieu à Houston, au Texas, au mois d'avril 2007, et le bureau du club décida que ce serait l'occasion rêvée pour y tenir la première réunion officielle. Seize Charlatans venant des quatre coins du monde se rendirent à Houston pour y rejoindre Charlaine. Je n'ai pas de mots pour décrire l'excitation qui nous gagnait tandis que la date approchait. C'était le premier voyage que j'entreprenais seule aussi loin de chez moi, ce qui en faisait un événement particulièrement marquant de ma vie. En tant que présidente, j'étais fermement résolue à rendre cet événement mémorable pour nous tous. Je dois dire que Houston n'avait jamais reçu un groupe comme les Charlatans ! Ce fut l'un des moments les plus intenses que j'aie vécus. Une franche camaraderie s'instaura quasi immédiatement entre nous ; les amitiés virtuelles que nous avions forgées se matérialisèrent dès notre premier face-à-face. Je peux maintenant me rendre pratiquement n'importe où sur cette planète et me trouver à proximité d'un ami que je peux appeler en cas de besoin, en étant sûre à 100 % qu'il répondra présent. C'est une idée réconfortante qui me donne de l'assurance. Je ne vais pas vous raconter ici toutes les blagues et les farces que nous avons partagées. Jamais personne ne s'amusa autant avec de fausses dents de vampire ! Avant notre départ, plusieurs auteurs demandèrent à Charlaine s'ils pouvaient lui racheter son club. Quel éloge !

Notre engagement nous tenait à cœur : nous avions promis d'aider Charlaine à toucher de nouveaux lecteurs. L'année 2007 fut très occupée. Nous concevions des objets tels que des marque-pages ou des ex-libris à distribuer aux fans lors des conventions ou des séances de dédicaces ; les Charlatans organisaient des actions « commando » dans des librairies, déplaçant les livres de Charlaine pour les mettre plus en valeur. L'adhésion de nouveaux membres augmenta significativement, dopée par les nouveaux lecteurs qui rejoignaient le forum ainsi que les apparitions publiques de plus en plus fréquentes de Charlaine. Le forum croulait sous les spéculations au fur et à mesure que nous parvenaient les dernières nouvelles du tournage de *True Blood*. Nous fûmes particulièrement heureux d'apprendre que Charlaine avait été sélectionnée pour être l'invitée d'honneur à la convention Malice Domestic en avril 2008. Ce fut un immense privilège pour elle, et le fan-club décida de lui apporter son soutien en tenant sa prochaine réunion officielle à cet endroit. Les Charlatans étaient prêts à conquérir Washington.

En 2007 eut lieu un autre événement qui allait instaurer une nouvelle tradition au sein du fan-club. Charlaine révéla au forum que l'un de ses personnages les plus populaires, Eric Northman, était inspiré d'un autre qu'elle avait vu dans le film *Le treizième guerrier*. Quelle ne fut pas sa surprise quand l'acteur Vladimir Kulich la contacta pour lui dire à quel point cette nouvelle lui avait fait plaisir et combien il aimait ses livres... Un début d'idée prit forme et je contactai Charlaine pour lui demander si nous pouvions inviter M. Kulich à devenir le premier membre honoraire des Charlatans. Le 25 juillet 2007, ce fut chose faite. Depuis, beaucoup d'autres l'ont rejoint pour avoir contribué d'une manière ou d'une autre à la prose de Charlaine.

L'effervescence fut ternie par la grève des auteurs fin 2007, qui repoussa la première tant attendue de *True Blood* de mars à septembre 2008. Malgré cela, beaucoup de personnes parlaient déjà de la série télévisée lorsque les Charlatans arrivèrent à Malice Domestic, où Charlaine était l'invitée d'honneur. Pour les Charlatans, ce fut une expérience très différente de Romantic Times : Malice Domestic est une convention pour auteurs de romans policiers. Mais les Charlatans constituèrent également une expérience nouvelle pour Malice ! Peu d'auteurs de polars ont un fan-club organisé et les écrivains présents se montraient particulièrement intéressés. Les Charlatans apprécièrent de pouvoir aller à leur rencontre et partager leurs expériences en tant que groupe de soutien à Charlaine. Nous étions très heureux de voir qu'elle était reconnue à ce point par ses pairs. Je fus particulièrement fière de notre club au moment du discours de banquet de Charlaine. Nous nous étions tous mis sur notre trente et un et, alors que Charlaine montait sur le podium, les membres du club brandirent des petits canards lumineux en signe d'encouragement dans la pénombre du hall du banquet. Charlaine nous avoua par la suite combien ce geste avait compté pour elle.

Peu de membres s'attendaient à la tournure que prirent les événements en septembre 2008. Ayant eu vent de ce qui était arrivé sur le forum de Jim Butcher après la première diffusion de la série télévisée *Dresden Files*, je me mis en contact avec l'administratrice de notre site Web pour anticiper ce qui pourrait se passer sur le forum suite au premier épisode télévisé de *True Blood*. Malgré tout, aucun de nous, même Charlaine, n'était véritablement préparé à l'ampleur du phénomène. Un jour à peine après la diffusion de l'épisode, le 7 septembre 2008, le forum était saturé. Les fans de *True Blood* l'envahirent pour débattre des personnages et de l'histoire, et beaucoup rejoignirent le fan-club. De nouveaux lecteurs recherchèrent les livres sur lesquels était basée la série, et très rapidement les huit livres de la série publiés à l'époque entrèrent simultanément dans le top 25 des livres de poche les plus vendus de la liste du *New York Times*.

Cet afflux impressionnant de nouveaux fans nous fit prendre conscience que le fan-club ne pourrait pas perdurer sous sa forme initiale. Avant la fin 2008, le *Charlaine's Charlatans* devint un fan-club entièrement en ligne et cessa de fonctionner de manière traditionnelle. Cependant, notre soutien à Charlaine ne se relâchait pas et les Charlatans furent ravis en mai 2009 quand le neuvième livre de la série, *Bel et bien mort*, prit la première place des ventes sur la liste des best-sellers du *New York Times*. Le but premier des Charlatans avait été atteint.

Nous fûmes plusieurs à nous rencontrer de nouveau en 2009, à la convention *Dragon*Con* d'Atlanta en Géorgie. Charlaine devait y faire une apparition, et nous avions organisé une réunion à laquelle de nombreux nouveaux fans devaient participer. La nuit précédant l'événement, un groupe d'amis de longue date se retrouva autour d'une table en terrasse d'un restaurant, bien après la fin du dîner, partageant des souvenirs en riant. Nous élaborâmes un quiz sur les livres pour le lendemain, en partageant quelques bières et beaucoup de fous rires. L'atmosphère était chaleureuse et nous nous sentions parfaitement bien. Bientôt, je retournerais en Floride, un autre au Texas, deux dans le Maryland, en Pennsylvanie et en Californie, tandis qu'un seul resterait en Géorgie : tant d'amis réunis par l'admiration pour une même personne. Charlaine Harris est le catalyseur et l'inspiration qui nous ont permis de nous souder en une seule unité formidable. Les Charlatans, dans l'avenir, continueront à soutenir Charlaine, et à savourer les opportunités qui se présenteront pour renforcer les liens d'amitié, qui avec le temps sont devenus cruciaux pour nous tous.

Charlaine Harris
répond aux questions de ses fans

Merci à vous tous d'avoir répondu avec un tel enthousiasme lorsque je vous ai invités à me poser des questions. Dans le cas où je n'aurais pas répondu à la vôtre en particulier, je vous présente toutes mes excuses pour la déception que je vous aurai causée. Voici le processus de sélection que nous avons suivi : Paula, ma meilleure amie et mon irremplaçable assistante, a trié les questions par catégories. Elle n'a pas retenu celles qui se croisaient pour m'éviter de lire plusieurs fois la même chose. J'ai donc lu l'intégralité de ce qu'elle avait choisi, et j'ai réduit la sélection à une cinquantaine de questions. J'en ai éliminé encore quelques-unes après une seconde lecture. Cela n'a pas été une tâche facile, et je vais vous expliquer pourquoi j'en ai choisi certaines et d'autres pas.

Tout d'abord, si je pensais que la réponse à la question se trouvait déjà dans les livres, j'ai décidé de ne pas y répondre. Ensuite, si je savais que la réponse serait dans les prochains livres... j'ai également mis ces questions de côté, pour la plupart. Enfin, si la question portait sur l'univers et les personnages de la série télévisée et non sur ceux des livres, j'ai naturellement préféré ne pas donner mon opinion.

J'ai écarté certaines questions pour la simple raison que je n'en connaissais pas la réponse, ou parce que je n'avais pas encore pris de décision. Dans certains cas, le développement de la mythologie dans les livres ne m'avait pas amenée à une conclusion. À titre d'exemple, je ne sais tout simplement pas encore si l'autre vampire créé par Eric aura un impact sur la vie de Sookie.

Pour terminer, j'ai corrigé l'orthographe et la ponctuation de certaines questions. Déformation professionnelle...

Voici donc le résultat !

Kim Hambleton : Depuis que la série télévisée True Blood *est diffusée, vous représentez-vous vos personnages à travers les acteurs ? Lorsque vous écrivez sur Sookie, pensez-vous à Anna Paquin ? Ou bien vous les imaginez-vous toujours comme quand vous avez commencé à écrire leur histoire ?*

Je vois toujours mes personnages tels que je les ai imaginés au départ. J'ai commencé à écrire bien longtemps avant que la série télévisée ne débute.

Denise Dunnell Wells : Voici ma question pour Charlaine. Je m'intéresse à la manière dont elle élabore ses intrigues : sont-elles principalement planifiées à l'avance, ou improvisées ? Je suis impressionnée par le fait que certains détails anodins d'un tome deviennent plus tard déterminants dans un autre. Par exemple, Sookie mentionne sa cousine Hadley mais elle n'a aucune idée de ce qui lui est arrivé. Quelques tomes plus tard, on apprend que Hadley a parlé de Sookie à la reine Sophie-Anne, ce qui constitue le point de départ de sa relation avec les vampires. Sans parler du fait que Hadley a eu un enfant qui est maintenant dans les livres – on ne sait d'ailleurs pas encore si celui-ci sera amené à jouer un rôle important dans l'histoire.

Je ne prépare pas mes histoires longtemps à l'avance. Beaucoup de situations clés du récit ont résulté d'une révélation spontanée. Dans mon récit, je sème à tout vent, sans vraiment savoir à l'avance lesquelles de mes graines vont germer, et lesquelles vont mourir sans rien donner. Pour moi, c'est là que réside le plaisir d'écrire. Et bien sûr, il m'arrive aussi de planter de véritables bombes qui m'exploseront à la figure un jour ou l'autre.

Jessica Smith : Dans quelle mesure Sookie reflète-t-elle votre personnalité ? Est-elle un alter ego ?

Il y a sans aucun doute des éléments de Sookie en moi, ou plutôt des éléments de moi en elle. Je pense qu'il y a une petite part de moi dans chacun de mes personnages. J'aimerais être aussi courageuse qu'elle !

Patricia Ruocco : Y a-t-il une limite aux métamorphoses de Sam ? Peut-il se transformer en créatures composées de plus d'un animal, comme un hippogriffe, par exemple ?

Sam ne peut pas se transformer en créatures issues de la mythologie, et il refuse de se transformer en un autre être humain. Pour un véritable métamorphe, c'est une perversion abominable. Les métamorphes pure souche se transforment presque toujours en mammifères, et la plupart ont une forme animale préférée.

Sandra Russell : Certains personnages secondaires sont-ils inspirés de personnes que vous connaissez ou avez connues ?

Pas entièrement. Je m'inspire de petits bouts de personnalité des personnes que j'ai pu rencontrer au cours de ma vie : un trait physique, une façon de parler, un défaut ou une qualité. Mes personnages secondaires (même si aucun personnage n'est vraiment secondaire) se construisent sur la base d'une accumulation d'observations.

Lindsay Neely : Apparemment, Bubba aime bien rester en retrait, mais je me figure qu'il doit se sentir un peu seul par moments. Se pourrait-il qu'un jour il se crée un compagnon en transformant un des chats dont il raffole ?

On m'a posé beaucoup de questions sur Bubba, c'est pourquoi je vais condenser cette réponse : les animaux ne peuvent pas devenir des vampires dans ma mythologie.

Et, en effet, Bubba aime garder ses distances. Il adore toujours se produire quand l'envie lui prend, mais il déteste qu'on lui rappelle son ancien statut, c'est pourquoi les personnages ne font jamais référence à son véritable nom. J'ajoute au passage que la plupart des vampires ont porté plusieurs noms depuis leur première mort – ils étaient obligés d'agir ainsi avant de sortir de leur cercueil. Mais Bubba restera Bubba.

Lada Kyst : Depuis combien de temps Eric est-il au courant de la « mission » de Bill, chargé par Sophie-Anne de séduire Sookie ? Et pourquoi ne s'est-il pas arrangé pour qu'elle le sache plus tôt ?

La mission de Bill ne consistait pas à séduire Sookie, mais à enquêter sur elle pour vérifier son pouvoir. La séduction n'était que l'une des multiples options qu'il avait pour mener son enquête. Bill était l'homme de la situation car il possédait déjà une maison à Bon Temps. Même si Bill y est arrivé sur ordre de la reine, Eric n'a jamais su en quoi consistait cette mission jusqu'à ce qu'il arrive à La Nouvelle-Orléans, dans *La reine des vampires.* Eric a forcé Bill à révéler à Sookie ses intentions véritables pour différentes raisons.

Janel Smith : Cette question m'a un peu perturbée dernièrement. Bill s'est-il sciemment laissé piéger par les Rattray ? Il me semble qu'un vampire apprend à se méfier des étrangers et que Bill aurait dû être capable de les maîtriser ou au moins de se défendre. Par ailleurs, a-t-il offert à Sookie le sang que les Rattray lui ont pris dans le but précis d'établir une connexion avec elle – ce qui s'est produit plus tard de toute façon, lorsqu'il l'a soignée ?

Bill ne s'est pas sciemment laissé piéger par les Rattray. Il aurait dû se méfier d'eux, mais il était sûr qu'ils proposaient du sang et du sexe. Il a mal interprété la situation et s'est fait prendre par surprise. Il a proposé le sang à Sookie car, si elle l'avait accepté, cela lui aurait fourni un indice important sur sa personnalité.

Stacy Whitmore : Comptiez-vous au départ, faire de La communauté du Sud *un genre de roman policier, comme vos livres précédents ? Vous êtes-vous finalement aperçue qu'au fil du temps les livres avaient adopté un caractère bien plus surnaturel que vous ne l'aviez prévu ?*

Oui. Avant les romans sur Sookie, je n'avais écrit que des romans policiers. Au départ, j'avais l'intention de centrer chacun des livres sur une histoire de meurtre, mais au fur et à mesure de l'avancement de la série, je me suis rendu compte que cela ne tenait plus la route.

Dorothy Baker : Je suis intéressée par le processus d'écriture utilisé par Mme Harris pour La communauté du Sud. *Écrit-elle énormément pour réduire ensuite, ou fait-elle un premier jet rapide pour ensuite le compléter ? Revient-elle sur ce qu'elle a écrit pour se dire « non, Sookie ne ferait pas ça, ne dirait pas ça comme ça » ? Arrive-t-il à son éditeur de remettre en question les actions de Sookie, ou cela relève-t-il exclusivement de la décision de l'auteur ?*

La phase d'édition est un moment crucial dans le processus d'écriture. En fait, c'est peut-être le plus important. J'aimerais bien écrire trop de texte pour ensuite pouvoir élaguer. Mais mon problème est tout l'inverse. J'ai tendance à écrire le strict nécessaire en termes de nombre de mots. Bien sûr, je reviens sur mes pas, je supprime des paragraphes, et j'emmène Sookie dans des directions différentes. Après l'avoir suivie dans tant de livres, je me glisse facilement dans la peau de Sookie. C'est devenu une seconde nature. Mon éditeur me pose bien évidemment des questions sur les motivations des différents personnages, et si je ne peux pas y répondre, c'est le signe que j'ai fait une erreur que je dois corriger.

Sharon Knauer : Sookie connaîtra-t-elle une fin heureuse ? Si ce n'est pas le cas, pourquoi ? J'ai entendu dire qu'elle ne rencontrera pas ce bonheur, mais cela me paraît un sort bien cruel pour une héroïne que nous aimons tant.

Je pense que cette rumeur a pour origine une remarque que j'ai faite alors que j'étais dans le jury de la convention Romantic Times. Ce que j'essayais de dire à l'époque, c'est que beaucoup de romans d'amour ont une fin très tranchée : l'amour triomphe de tout, et les gentils sont heureux. Les méchants n'ont que ce qu'ils méritent. Et la catégorie à laquelle appartiennent les personnages est évidente dès le début. Je n'ai rien contre ce type de scénario, qui peut procurer un merveilleux plaisir de lecture. Mais l'histoire de Sookie risque de ne pas se finir ainsi. Certains personnages seront heureux, d'autres non, et tous mes personnages ont à la fois du bon et du mauvais en eux. Je ne pourrai pas écrire une fin qui fera l'unanimité de tous mes lecteurs. Je ne peux que rester fidèle à la vision que j'ai des livres.

Bret Stearns : Le monde fantastique que vous avez créé pour les livres contient beaucoup de créatures mythiques,

410

*comme des vampires, des loups-garous, des métamorphes
et des faé. Ce choix a-t-il été dicté par la volonté de ne
pas faire référence au monde réel – à des prises de posi-
tions politiques, par exemple ?*

Au contraire, je pense que les livres sont truffés de
prises de position, même si ce sont des commentaires
d'ordre social plutôt que politique. J'écris sur des créatures mythiques, mais cela ne les empêche pas de
représenter autre chose. En tout cas, j'ai toujours une
idée derrière la tête. Mais je suis aussi contente que
les livres soient pris comme une aventure fantastique,
car c'est leur nature première. Je ne réponds pas aux
questions sur mes opinions politiques personnelles. Si
le lecteur les comprend, tant mieux. Quoi qu'il en soit,
cela ne change rien au plaisir que procurent les livres.

*Sommer Strachan : Est-il possible que le sang faé de
Sookie prolonge sa vie pour qu'elle vieillisse plus lentement ? Je sais que vous avez dit que Sookie ne deviendrait pas un vampire. Avez-vous toujours la même
conviction maintenant que* True Blood *et la série de
livres sont devenus cultes ?*

Ces questions se rapportent à des réponses que j'ai
souvent développées en public. Ces quelques gouttes de
sang de faé ne prolongeront pas la vie de Sookie, et
elle ne deviendra pas un vampire. Quoi qu'il se passe
dans *True Blood*, et quel que soit le succès des livres,
ma vision du destin de Sookie reste la même.

*Bridget Page : Dans les livres précédents, Sookie a été
confrontée au mal d'origine surnaturelle ou humaine, et
a perdu des personnes qui lui sont chères. Ces drames
la rendent plus dure au fur et à mesure. Dans* Bel et
bien mort, *Sookie est elle-même confrontée au mal tandis qu'elle est torturée, pratiquement à mort, par ses
ravisseurs sadiques. On lui arrache des morceaux tant*

au sens réel que figuré. Je pense que bon nombre de lecteurs ont été choqués. Pourquoi avoir décidé d'emmener Sookie dans une direction aussi noire ? Cette expérience atroce l'a certainement confortée dans l'idée de protéger ceux qu'elle aime de façon active plutôt que défensive – et peut-être même de se montrer un tantinet impitoyable.

Je ne suis pas toujours sûre de la raison pour laquelle je prends certaines décisions, mais dans ce cas précis je savais qu'un jour ou l'autre la relation que Sookie entretient avec le surnaturel allait l'amener à un changement sans retour pour elle. Et que si quelque chose d'horrible lui arrivait, elle serait obligée de changer. Il serait incroyable qu'elle n'évolue pas après une telle expérience. Pour moi, c'est l'une des choses les plus intéressantes dans l'écriture : suivre le personnage à travers son évolution et ses bouleversements.

Esther Schmidt : À travers tous les livres, avec un peu d'imagination, tout semble possible. Avez-vous déjà été confrontée à un scénario tellement improbable que vous avez dû l'abandonner ?

Oui, bien sûr. J'avais envisagé une histoire géniale dans laquelle Niall serait en fait le père de Sookie plutôt que son arrière-grand-père, mais j'avais déjà dit beaucoup trop de choses en contradiction avec ce scénario pour que la mythologie reste crédible. J'y ai réfléchi deux bonnes heures avant que la « réalité » ne me rattrape ! J'ai aussi écrit quelques passages que mon éditeur a trouvés trop crus pour qu'ils soient inclus. Non, ne me demandez pas lesquels !

Eileen Prescott : Si Sookie a hérité de son pouvoir de télépathie du fait de l'escapade de sa grand-mère avec un faé, comment se fait-il que son cousin Hunter possède également ce pouvoir ? Faut-il comprendre que Gran a eu un autre enfant d'origine faérique ? Qui sont les

parents de Hadley ? Il n'y a pratiquement aucune réfé-
rence à eux dans les livres, même s'il semble logique que
Hunter ait du sang de faé en lui.

Sookie n'a pas exactement hérité son talent de télépathe de l'amant de sa grand-mère. Vous en saurez plus
sur ce sujet dans *Mort de peur*, et probablement dans
les prochains livres. Et Hunter a hérité un peu de sang
de faé de sa mère, Hadley, qui est la cousine germaine
de Sookie. Les parents de Hunter sont Remy Savoy et
Hadley Delahoussaye. La fille d'Adele Stackhouse,
Linda (qui meurt d'un cancer du col de l'utérus), s'est
mariée avec Carey Delahoussaye. Hadley est leur fille.
Hunter est donc l'arrière-petit-fils d'Adele. Cette question s'est présentée si souvent qu'il me semblait évident
qu'elle devait être sélectionnée.

Jennifer Morgan : Vous avez introduit l'ouragan
Katrina dans le récit de Sookie. Cet événement a-t-il radi-
calement modifié votre vision de l'histoire ? Quelles dif-
ficultés avez-vous rencontrées pour réaliser cette
adaptation ?

La principale influence qu'a eue l'insertion de
Katrina dans le récit a été un changement dans la chronologie des livres. Ils se passent désormais dans le
passé plutôt que dans un présent indéterminé, maintenant que la vie de Sookie est ancrée autour d'un événement qui a réellement eu lieu. Vous pourrez
consulter la chronologie des livres dans la section « La
vie à Bon Temps » de ce livre. Quand Katrina a eu
lieu, j'ai décidé qu'il serait irrespectueux pour toutes
les personnes touchées par cette catastrophe d'ignorer
un tel désastre dans mon récit. Je me tiens à cette décision.

Wendy Carroll : En tant que païenne et sorcière prati-
quante, j'ai été ravie que vous représentiez les wiccans

de façon positive dans vos livres, et non en tant que personnes dérangées vouant un culte à Satan, comme cela m'est arrivé. Quel type de recherche avez-vous fait pour développer les personnages wiccans dans vos livres ? Vous êtes vous-même chrétienne. Cela a-t-il modifié votre vision des non-chrétiens ?

J'ai fait beaucoup de recherches sur la sorcellerie ainsi que sur la Wicca, afin de pouvoir les représenter de façon authentique. Il existe des différences entre les deux, et je voulais être précise. Comme je suis chrétienne, je me suis efforcée de faire de mon mieux pour être juste, ouverte d'esprit et dénuée de tout jugement. C'est justement ma façon d'être croyante. Je suis persuadée qu'il existe des personnes bonnes et mauvaises dans chaque groupe d'humains, qu'il soit ethnique, politique ou spirituel – et, la plupart du temps, ces traits contradictoires sont présents au sein d'une seule personne.

Lucia Mateo : Il existe tellement de croyances autour du vampirisme. Certains peuvent supporter la lumière du soleil, d'autres non ; certains n'ont aucun problème avec l'ail, d'autres si ; et ainsi de suite. Comment avez-vous sélectionné les mythes dont vous vous êtes inspirée ? Pourquoi les vampires de vos livres sont-ils ainsi ?

La réponse la plus désinvolte serait de dire qu'ils le sont car j'avais besoin qu'ils le soient. Il est vrai qu'il existe de nombreux mythes autour des vampires. La plupart du temps, j'ai suivi le schéma du classique *Dracula*, avec un soupçon d'Anne Rice et une pincée de Laurell K. Hamilton. Cependant, j'ai sélectionné parmi ces mythologies celles qui étaient compatibles avec mon récit. J'espère être arrivée à créer ma propre version. Mes vampires sont tels qu'ils sont car c'est cela qui permet à l'histoire de Sookie d'avancer.

Barbara Cramer : Quand vous avez commencé à écrire cette série, qui a débuté comme un livre sans suite, aviez-vous en tête une trame d'histoire pour continuer le récit de Sookie ?

Quand j'ai écrit le premier livre, je ne pensais pas que j'aurais la possibilité de lui donner une suite. J'avais pourtant quelques idées sur ce que j'aurais aimé faire avec les personnages, et j'ai réussi à réutiliser la plupart de ces idées dans l'histoire de Sookie. J'espère pouvoir encore vous procurer des surprises. Et je sais depuis le début de la série comment je la terminerai.

Marianne McCleary : Le personnage d'Eric a l'air d'avoir beaucoup de succès auprès de la population féminine – je m'inclus dans cette catégorie. D'où vient ce personnage ? Est-il votre homme idéal ou un produit de l'intrigue ? Alexander Skarsgard ressemble-t-il à l'image que vous vous faisiez d'Eric ?

Eric ne cesse de me surprendre encore et toujours. Quand j'ai commencé à l'esquisser, j'ai pensé qu'il serait amusant d'inclure un Viking comme contrepoids à Bill, qui est un vétéran de la Guerre de Sécession. Par beaucoup d'aspects, Eric est l'opposé de Bill, et ce, volontairement. À cette époque, j'étais allée voir un film, *Le treizième guerrier,* adapté d'un livre de Michael Crichton. J'ai trouvé que Vladimir Kulich (l'acteur tchèque qui incarne le chef viking Buliwyf) avait une prestance charismatique : à la fois imposant, royal, déterminé – et séduisant. Même si Eric n'est pas totalement basé sur l'interprétation de Buliwyf par Kulich, ce personnage a tout de même été un facteur clé pour affiner celui d'Eric. Le processus de construction d'un personnage est assez mystérieux, surtout pour l'auteur. Donc non : Alexander n'est pas l'exacte représentation que je me faisais d'Eric, mais en même temps personne ne l'est vraiment.

Kristina Mincey : Avez-vous déjà pensé à faire appa-
raître un des personnages de la série dans le livre d'un
autre auteur ? Pourquoi pas Dresden Files *? Amelia*
pourrait être dans le réseau de sorcellerie de La Nouvelle-
Orléans...

Jim Butcher ne serait pas forcément d'accord et son
avocat aurait certainement des petites choses à dire lui
aussi. Même si un tel échange semble extrêmement
amusant, je devrais non seulement me mettre d'accord
avec l'auteur sur les modalités de cette « visite », mais
nous devrions également imaginer comment mélanger
deux mondes aussi différents de façon fluide, et trouver
un accord entre deux maisons d'édition (même si dans
certains cas nous avons la même avec Jim), deux agents
et deux contrats. Il y a bien plus de choses à prendre
en compte que le simple plaisir de l'aventure – qui
serait d'ailleurs considérable.

John Bonfiglio : Écrirez-vous un jour une série basée
sur un autre des personnages de La communauté du
Sud *?*

Je n'en ai pas l'intention pour l'instant, mais je ne
mets pas une croix définitive sur cette idée non plus.
Si je le fais un jour, je n'écrirai pas la même histoire
d'un autre point de vue, pour répondre à une autre
question que l'on me pose fréquemment.

Silje Arseth : En tant qu'auteur, est-il difficile de sépa-
rer sa vie personnelle et sa vie professionnelle ? Planifiez-
vous des meurtres littéraires pendant le petit-déjeuner ?
Mettez-vous un film en pause pour écrire une idée ?
Perdez-vous des heures de sommeil en vous demandant
comment résoudre un conflit ?

Je planifie en effet des meurtres pendant mon petit-
déjeuner, quand je suis en voiture, ou en avion. Les

idées affluent en permanence, quand je suis en train de faire la vaisselle, sous la douche, au téléphone... et dans ce cas, je présente mes excuses à mon interlocuteur. En général, les intrigues ne perturbent pas mon sommeil, mais il m'arrive de repenser à ce que j'ai écrit pendant la journée alors que je commence à m'endormir, ou bien à mon réveil. C'est d'ailleurs dans ces moments-là que j'ai trouvé la solution à certains de mes problèmes. Le plus difficile est alors de s'en souvenir assez longtemps pour pouvoir les incorporer dans le livre.

Patricia de Vries : Je viens de finir Une mort certaine *et je me pose des questions sur le fait que Sookie puisse sentir Eric, Alexei et Appius Livius Ocella grâce au lien, mais pas Pam. S'ils sont tous du même sang, Pam devrait être présente dans le lien entre Eric et Sookie.*

Le lien marche « vers les ascendants ». Sookie peut sentir celui avec qui elle est liée (Eric) et son créateur (Ocella) et donc l'autre protégé du créateur (Alexei)... Mais elle ne peut pas sentir « les descendants » c'est-à-dire les vampires créés par Eric ou Alexei, si ce dernier en avait engendré.

Sally Johns : Dans le monde de Sookie, les vampires peuvent-ils redevenir humains une fois qu'ils sont passés de l'autre côté ?

Non. Ils sont déjà morts, la vie n'est donc pas une option pour eux.

Brian Cottrell : Si le meurtre d'un humain par un vampire a été prouvé publiquement, ce vampire sera-t-il jugé par un tribunal pour humains ?

Oui, à moins que les vampires ne le rattrapent en premier. Ils ne veulent pas de mauvaise publicité, et ce type de procès serait néfaste à l'image qu'ils essaient de se construire, – si le vampire coupable a simplement tué par soif ou par plaisir. Cependant, si le vampire s'est fait attaquer par un groupe de dealers, la hiérarchie des vampires sera ravie : le procès diffuserait un message à tous ceux qui envisageraient de faire la même chose.

Jennifer Van Horn : Il est bien connu que les vampires pleurent du sang. Voici donc ma question : les vampires vont-ils aux toilettes ? Nous savons également que les vampires ont une vie sexuelle très active, donc, s'ils pleurent du sang, qu'est-ce qui remplace leurs autres fluides corporels ? Est-ce pour cette raison que Sookie ne peut pas tomber enceinte ?

Les fluides corporels des vampires ont visiblement suscité de nombreuses interrogations ; j'ai donc sélectionné celle-ci. Les vampires pleurent bien du sang. Leurs sécrétions sexuelles en sont aussi empreintes. Les femmes et les hommes sont stériles car la naissance et la procréation sont des caractéristiques propres à la vie, tout comme le fait d'aller aux toilettes. Les vampires n'ingèrent que du sang (même s'il peut leur arriver d'avaler quelques gorgées d'autres boissons) et l'utilisent intégralement comme source d'énergie.

Sandy Smith : Lors de la randonnée pour retrouver Bill, Alcide dit à Sookie que les hybrides mordus ou ceux qui sont moitié humains, moitié loups-garous, ne vivent pas longtemps. Ceci est-il applicable aux panthères-garous aussi ? Qu'est-ce que cela implique pour Jason ?

Dans certaines meutes, ces êtres sont tués dès que l'on découvre leur existence. (Au fait, c'est de là que viennent les légendes de Bigfoot et du Yéti – on aurait aperçu ce type de créature.) D'autres meutes leur permettent de vivre, mais courir avec les siens provoque de l'usure et des blessures qui ne guérissent pas aussi vite que sur les corps de sang pur. Même si Jason a de grandes chances de rester un homme sain et vigoureux tandis que ses amis commencent à vieillir, sa durée de vie ne sera pas aussi longue que ses congénères panthères-garous de naissance.

Le petit monde de Sookie Stackhouse

Victoria Koski

Codes pour les romans de *La communauté du Sud* :

DUD : *Dead Until Dark* (*Quand le danger rôde*)
LDID : *Living Dead in Dallas* (*Disparition à Dallas*)
CD : *Club Dead* (*Mortel corps à corps*)
DTTW : *Dead to the World* (*Les sorcières de Shreveport*)
DAAD : *Dead as a Doornail* (*La morsure de la panthère*)
DD : *Definitely Dead* (*La reine des vampires*)
ATD : *All Together Dead* (*La conspiration*)
FDTW : *From Dead to Worse* (*Pire que la mort*)
DAG : *Dead and Gone* (*Bel et bien mort*)
DITF : *Dead in the Family* (*Une mort certaine*)
DR : *Dead Reckoning* (*Mort de peur*)

Codes pour les nouvelles de *La communauté du Sud* :

FD : « *Fairy Dust* » (« Poussière de Faé »)
DN : « *Dracula Night* » (« L'anniversaire de Dracula »)
OWA : « *One Word Answer* » (« En un mot »)
L : « *Lucky* » (« Défaut d'assurances »)
GW : « *Gift Wrap* » (« Le Noël de Sookie »)
TB : « *Two Blondes* »
STW : « *Small-Town Wedding* » (« Mariage mortel »)
IIHAH : « *If I Had a Hammer* »

Si un personnage est décédé avant le début de *La communauté du Sud*, la précision « décédé » suit l'entrée. Les ouvrages dans lesquels un personnage apparaît sont mentionnés sous forme de codes[1] (voir ci-dessus). Lorsqu'un personnage est évoqué mais n'apparaît pas dans l'ouvrage, le mot « mentionné » figure avant le code. S'il meurt dans l'ouvrage, cette indication apparaît également avant le code.

En l'absence d'indication contraire, les personnages sont humains – d'après Sookie. Mais elle ne lit pas forcément dans les pensées de tout le monde. Alors rien n'est certain...

A

Akiro (vampire) : Pas d'autre nom connu. Akiro prend la place de Bruno en tant que second de Victor, juste au moment du complot d'assassinat au *Fangtasia*. Il réagit à la vitesse de l'éclair lorsque Eric tente de planter un pieu dans le cœur de Victor, abattant son épée sur le bras d'Eric. Sur son trajet, la lame tranche l'épaule de Mindy Simpson, qui meurt presque instantanément. Akiro subit alors l'attaque de Thalia, qui parvient à lui infliger des blessures avant qu'il ne lui coupe le bras. Il refuse de se soumettre à Eric, qui l'achève. (Meurt dans DR)

Al Saud, Basim (Loup) : Basim quitte la meute de Houston après avoir tué un ami humain de la meute par accident, et gagne Shreveport. L'accident lui vaut une dette de sang qu'il tente de rembourser. Il se laisse ainsi impliquer dans un complot imaginé par le faé Colman pour faire accuser Sookie d'un meurtre et

---

1. Les titres anglais ont été conservés pour garder une unité puisque deux nouvelles n'ont pas encore été traduites. Les codes renvoient aux titres originaux mais les titres français correspondants – quand ils existent – sont indiqués entre parenthèses dans la liste introductive.

l'envoyer en prison. Basim refuse de commettre un nouveau meurtre et décide de trouver un corps pour tenir sa part du marché. Mais il se fait tuer par Ham et Patricia. Ironie du sort, c'est son propre cadavre qui se retrouve enterré dans les bois de Sookie. Fort heureusement, le corps est découvert et déplacé avant que les forces de l'ordre, alertées par un appel « anonyme », n'arrivent pour fouiller les environs. (Meurt dans DITF)

ALAIN (VAMPIRE) : Nom de famille non précisé. Ancien prêtre devenu vampire, Alain découvre Sophie-Anne et Clovis dans les bois. Il se nourrit de Clovis et promet de faire passer Sophie-Anne de l'autre côté. Cependant, il décide de l'exploiter comme Clovis l'avait fait et de vendre ses « services » lorsqu'il a besoin d'argent. Alain se fait capturer dans un village dont la population a fini par reconnaître sa véritable nature. Sophie-Anne vient à son secours mais le force tout d'abord à tenir sa promesse et à la vampiriser. Le prêtre du village fait son retour avant qu'elle ne puisse se lever pour la première fois et libérer Alain. Ce dernier meurt, exposé par les villageois aux rayons de l'aube. (Décédé, évoqué dans DD)

ALBANESE, MARCIA : Membre du conseil d'administration de l'école de Bon Temps, Marcia connaît bien le personnel enseignant. C'est elle qui propose d'organiser le *wedding shower* de Halleigh chez elle. Elle est l'un des rares habitants à voir Bob après son retour à sa forme humaine, assistant à son comportement étrange lorsque Sookie l'emmène se racheter des habits. (ATD, FDTW, évoqué dans DR)

ANTONIO (VAMPIRE) : Nom de famille non précisé. Amusée par leur look, Sookie surnomme Antonio et Luis, vêtus de shorts en cuir, les « Chérubins du bondage ». Serveurs au *Vampire's Kiss*, ce sont eux qui mènent Sookie, Eric et Pam à la table de Victor. Après la réunion, Antonio et Luis reconduisent le trio au parking et font état de leur mécontentement vis-à-vis de Victor, afin de piéger Eric et de le pousser à trahir son régent. Cependant, Eric est trop malin pour les croire et refuse de céder.

Luis et Antonio assistent au show de Bubba au *Fangtasia*. Ils sont entrés en premier pour sécuriser les lieux avant l'arrivée de Victor. Postés devant la porte pour monter la garder, tous deux sont fascinés par Bubba. Lorsque le combat éclate, Antonio se bat avec Palomino. Maxwell Lee lui plante un pieu dans le dos et lui ôte ainsi la vie. (Meurt dans DR)

ANUBIS AIRLINES : Cette compagnie aérienne a été fondée pour assurer le transport des vampires en toute sécurité, de jour comme de nuit. Les avions d'Anubis Airlines sont conçus et équipés pour transporter des vampires endormis, installés dans leurs cercueils. Ces derniers sont insérés dans des logements qui bordent les parois. Certains avions comportent quelques rangs de sièges pour les rares passagers humains et emploient du personnel pour veiller sur eux.

Après quelques incidents fâcheux sur des vols commerciaux ordinaires, la plupart des vampires paient volontiers pour la qualité de la sécurité assurée par Anubis. Les services comprennent fréquemment le transport des cercueils depuis l'atterrissage jusqu'à leur destination finale. Malheureusement cependant, la sécurité est stricte mais pas infaillible, ainsi que le découvre Sookie : une première fois, lorsqu'elle tombe dans une embuscade alors qu'elle attend le déchargement du cercueil de Bill à Dallas, et une seconde, lorsque son cercueil est volé dans le Mississippi. (LDID, ATD, mentionnée dans CD)

ARNETT, PINKIE : Pinkie a racheté à Ralph Tooten le *Crawdad Diner* ainsi que toutes ses recettes de cuisine. Son engagement : ne pas changer le nom du restaurant. (DITF)

ARROWSMITH, BART : Frère Arrowsmith est le pasteur de l'église baptiste Gethsemane de Wright, au Texas. C'est lui qui officie à l'occasion du mariage de Craig et Deidra. C'est un homme bon mais l'annonce de l'existence des métamorphes lui pose problème. Il ne sait quelle place leur attribuer dans l'ordre divin. Quoi qu'il en soit, il est malgré tout horrifié lorsque son fils s'affiche avec les manifestants antimétamorphes et tente d'envoyer une bombe puante dans la maison de Bernie. Au cours de la cérémonie, il mène l'assemblée lors de la prière, sachant que la foule massée à l'extérieur l'entend – grâce à des haut-parleurs – et dans l'espoir que ses paroles apaisent les esprits. (STW)

ARROWSMITH, MME : Prénom non précisé. Pour manifester son soutien à son époux, Mme Arrowsmith force son fils humilié et plein de honte à assister au mariage Lisle-Merlotte. (STW)

ARROWSMITH, NATHAN : Fils unique du Frère Arrowsmith et de Mme Arrowsmith. Nathan tente d'envoyer une bombe puante dans la maison de Bernie Merlotte en passant par l'arrière, tandis que les autres manifestants antimétamorphes font distraction à l'avant. Sookie lui brise le bras avec une batte de base-ball, on appelle la police sur les lieux, et Nathan avoue son forfait. (STW)

ART : Nom de famille non précisé. Serveur au *Pyramid* de Rhodes, Art meurt dans les décombres de l'hôtel alors même que les sauveteurs le dégagent des ruines. (Meurt dans ATD)

ARTURO : Nom de famille non précisé. Membre du room-service au *Silent Shore Hotel* de Dallas, Arturo est parfaitement formé à l'accueil de la clientèle vampire. (LDID)

ATELIER DE MÉCANIQUE DE TRAY DAWSON : Pas de nom précisé. Tray travaille seul dans son atelier, bâti le long de sa maison et situé dans la campagne entre Hotshot et Grainger. (FDTW, DAG, mentionné dans DAAD, ATD)

AUBERJUNOIS, BILL : Lorsque Sookie explique qu'elle était avec Bill, Arlene se demande si elle sort avec Bill Auberjunois. Mais Sam explique qu'il s'agit de Bill Compton et baisse le col de Sookie pour montrer les marques de morsure. (Évoqué dans DUD)

AUBERT, CHRISTY : Christy travaille à temps partiel pour son mari, Greg. (L)

AUBERT, GREG (SORCIER) : Pour Greg, le courtier local de la compagnie d'assurances Pelican State Insurance, les affaires se portent à merveille : il a une longue liste de clients et très peu de sinistres déclarés. Tout le monde pense qu'il a de la chance et que, par extension, ses clients aussi. En réalité, Greg est sorcier, un talent qu'il a hérité de sa mère, qui l'a formé. Il use par conséquent de sortilèges pour assurer la sécurité de ses clients et de leurs biens. Malheureusement, il érode, ce faisant, la chance des autres agents d'assurances, qui subissent un taux de sinistres hors de proportion. Lorsqu'il comprend son erreur, Greg décide d'endosser sa part de malchance, libérant de la bonne fortune pour les autres agents et leurs clients. (DAAD, L, DITF)

AUBERT, GREG JUNIOR : Greg Junior considère que le travail de son père est d'un ennui mortel et n'a aucune intention de suivre le même chemin que lui. (L)

AUBERT, LINDSAY : Lindsay, la fille adolescente de Greg, n'a pas compris que son petit ami « interdit » est en réalité un vampire qui se délecte d'elle pour ses petites collations. (L)

AUDE : Nom de famille non précisé. Aude était la femme du frère aîné d'Eric. Elle a épousé Eric lorsque son mari est tombé au combat. Ils ont eu six enfants avant qu'elle ne meure. (Décédée, mentionnée dans DAG)

AUDREY : Nom de famille non précisé. Urgentiste, Audrey participe aux secours après la fusillade à la caravane d'Arlene. (DAG)

AUDREY (VAMPIRE) : Nom de famille non précisé. Son créateur est Booth Crimmons, le lieutenant de Gervaise. Audrey est chargée de veiller sur Sophie-Anne, en pleine phase de récupération, la nuit de l'attaque des vampires de Las Vegas. Elle aurait péri. (Mentionnée dans FDTW)

AYRES, HUGO : L'avocat Hugo Ayres représente Stan Davis, vampire texan, lors d'un procès. Hugo est séduit par Isabel Beaumont, une compagne de nid de Stan. Dès lors, il ne peut plus se passer d'Isabel et du sexe « façon vampire », mais se déteste d'être aussi faible. Il décide alors d'espionner les vampires de Dallas pour le compte de la Confrérie du Soleil, à qui il livre également Sookie tandis qu'elle recherche Farrell. Hugo comprend rapidement qu'il n'est pas indispensable lorsque les adeptes de la Confrérie l'enferment dans une cellule avec Farrell, qui est affamé. Il est sauvé *in extremis*. Son châtiment : demeurer nu pendant plusieurs mois dans une chambre, en compagnie d'Isabel, également nue, chacun étant enchaîné à un mur. Hugo est nourri et soigné, mais il ne peut atteindre l'objet de ses désirs addictifs. Isabel n'est pas nourrie, et ne peut atteindre l'objet de sa soif inextinguible. Hugo sera libéré le premier, et on lui laissera un jour d'avance... (LDID)

B

BABBIT, CLEO (VAMPIRE) : Shérif de la Troisième Zone, Cleo survit à l'attentat de Rhodes. Mais, en refusant de se soumettre lors de la prise de contrôle des vampires du Nevada, elle se fait tuer avec toute sa suite. (ATD, mentionnée et meurt dans FDTW)

BABCOCK, CONNIE : Hôtesse d'accueil chez Herveaux et Fils, Connie sort avec Jackson Herveaux. Elle n'apprécie pas que Jackson escorte Christine Larrabee aux funérailles du colonel Flood. Elle n'a pas conscience que son ami et patron est un loup-garou et ne sait donc pas que Jackson a besoin du soutien politique de Christine. Elle se venge en acceptant d'être soudoyée pour dérober à Jackson des papiers personnels, probablement pour le compte de Patrick Furnan. (DTTW, mentionnée dans DAAD)

BALDWIN, LIZ : Liz tente de se détendre au *Merlotte* tout en s'inquiétant pour sa famille, et en particulier pour la plus âgée de ses petites-filles. (DAAD)

BALL, LORENA (VAMPIRE) : Prostituée, Lorena Ball arpente les rues de La Nouvelle-Orléans lorsqu'elle rencontre Solomon Brunswick, en 1788. L'un de ses clients refuse de la payer et elle lui coupe la gorge. Solomon le vide alors de son sang. Fascinée, elle demande à Solomon de la faire passer de l'autre côté et le suit quelque temps pendant ses pérégrinations. Elle finit par trahir son créateur : prise sur le fait alors qu'elle vide de son sang un enfant mort, elle fait semblant d'être un humain et accuse Solomon de son forfait. Ils s'en vont alors chacun de son côté.

Lorena aperçoit Bill alors qu'il s'en revient chez lui après la Guerre de Sécession. Elle l'espionne pendant qu'il vit avec sa famille et tombe amoureuse de lui. Elle le prend par surprise un soir et le vampirise pour le garder auprès d'elle comme compagnon et amant. Elle le force à rester avec elle, allant même jusqu'à lui créer une compagne ressemblant à l'épouse qu'il a perdue. Elle finit par permettre à ses deux protégés de la quitter. Environ huit décennies plus tard, elle rappelle Bill à elle en apprenant qu'il a créé sa très lucrative base de données des vampires. Elle tente en vain de le séduire pour qu'il lui révèle son emplacement. Elle le soumet alors à la torture pour découvrir l'information ainsi que le nom de la femme qu'il aime. Lorena attaque Sookie lorsque cette dernière vient sauver Bill, et meurt de sa mort définitive sous les coups de Sookie. (Meurt dans CD, mentionnée dans DTTW, DAAD, ATD, DITF, DR)

BALLINGER, BONNIE : Le jour du mariage de son oncle, Bonnie, trois ans et fille de Doke et Mindy, ne comprend rien à la violence et aux hurlements des manifestants antimétamorphes. (STW, mentionnée dans FDTW, DAG, DITF)

BALLINGER, DOKE : Doke et Mindy Merlotte étaient dans le même lycée à Wright et se sont mariés jeunes. Ils ont rapidement déménagé à Mooney, où Doke travaille dans une usine de production d'éoliennes. Le jour du mariage de Craig et Deidra, il s'inquiète avant tout pour ses enfants. Il décide néanmoins que la famille doit rester groupée et assister à la cérémonie. (STW, mentionné dans FDTW)

BALLINGER, MASON : À cinq ans, Mason, le fils de Doke et Mindy, est incapable de comprendre l'animosité dirigée contre sa grand-mère Merlotte, qu'il adore. (STW, mentionné dans FDTW, DAG, DITF)

BALLINGER, MINDY MERLOTTE : Mindy, la sœur de Sam, habite avec sa famille à Mooney, à une cinquantaine de kilomètres de Wright. Elle réagit étonnamment bien au fait que sa mère et son frère soient des métamorphes. Chaleureuse, rondouillette et bavarde, Mindy est une femme au foyer qui s'occupe de ses deux jeunes enfants. Pendant la manifestation qui perturbe le mariage de Craig et Deidra, c'est la sécurité de ses enfants qui la préoccupe le plus. (STW, mentionnée dans FDTW, DAG, DITF)

BANNISTER, ANNABELLE (LOUVE) : Militaire au sein de l'armée de l'air, dans le Dakota du Sud, Annabelle est mutée à la base aérienne de Barksdale dans les environs de Shreveport. En tant que loup-garou, elle quitte la meute des Tueurs d'Élans pour rejoindre celle des Longues Dents. Elle commence à sortir avec Alcide Herveaux. Lorsque le corps de Basim al Saud est retrouvé sur la propriété de Sookie, elle avoue qu'elle sortait également avec Basim en secret. N'ayant rien à voir avec la mort de Basim, elle n'est pas accusée d'avoir trahi la meute. Elle sera cependant châtiée pour son infidélité. (DITF)

BAR À VAMPIRES DE SHREVEPORT : Bon nombre de bars à vampires parsèment tout le pays. La plupart d'entre eux, le *Fangtasia* y compris, servent une clientèle composée de vampires comme d'humains. Il existe un autre bar dans la zone de Shreveport qui, lui, sert exclusivement des vampires. Son nom et son emplacement exact n'ont jamais été précisés. (LDID)

BARKER, MARGE : Marge travaille à plein temps pour Greg Aubert, dont elle est l'assistante. Elle a la réputation d'être désagréable, mais efficace. (L)

BARLOWE, M. : Prénom non précisé. Membre de la Confrérie du Soleil, M. Barlowe manifeste contre les métamorphes, devant le *Merlotte*. Il clame à tout-va que ses comparses et lui se laisseront volontiers arrêter pour avoir défendu leur opinion. Ses comanifestants sont toutefois moins déterminés. Le groupe entier finit par reculer et se disperser. (DITF)

BARRET, LIZ : Liz devient l'amie officielle de Jason et espère même qu'il lui demandera de l'épouser – surtout lorsqu'elle pense être enceinte. Il s'avère qu'elle ne l'est pas, et la relation ne fonctionne tout simplement pas. (DUD, LDID, mentionnée dans CD)

BARRUCH, CHRISTIAN (VAMPIRE) : Lorsqu'il était humain, Christian Baruch concevait et gérait des hôtels en Europe occidentale. Maintenant qu'il est vampire, il poursuit plus ou moins les mêmes activités, apportant le succès à un hôtelier vampire pour le remercier de l'avoir transformé et amené en Amérique. Il entretient néanmoins de plus grandes ambitions. C'est lui qui a implanté la bombe dans la canette de Dr Pepper, devant la chambre de Sophie-Anne : une tentative déplacée pour gagner son attention et sa tendresse. Christian survit à l'attentat contre son hôtel. (ATD)

BASE DE DONNÉES DES VAMPIRES : À la demande de la reine de Louisiane Sophie-Anne Leclerq, Bill Compton a développé une base de données importante. Elle rassemble des informations permettant d'identifier autant de vampires que possible et de nombreux détails les concernant. Bill a énormément voyagé de par le monde – poussant probablement jusqu'au Pérou – pour s'entretenir avec des vampires et la compiler. La valeur des données qu'elle contient et son potentiel financier sont immenses, à tel point que Bill s'est fait kidnapper et torturer pour l'empêcher de la donner à la reine. Plus tard, la reine lui demande d'en faire des copies, disponibles à la conférence de Rhodes pour une somme très élevée. Il monte ensuite une entreprise basée à domicile pour vendre la base de données par Internet. (CD, DTTW, DAAD, ATD, FDTW, DITF)

BATANYA (BRITLINGAN) : Seul nom précisé. Membre du Collectif des britlingans. Avec son petit mètre soixante-dix-sept, ses boucles noires comme la nuit et son corps mince et musclé, Batanya est particulièrement intimidante. Isaiah, roi du Kentucky, l'embauche avec sa partenaire Clovache pour le protéger durant le sommet de Rhodes. Batanya tue Kyle Perkins, un assassin vampire qui en veut à Isaiah, en le décapitant avec un shaken. Batanya et Clovache parviennent à extraire Isaiah du *Pyramid of Gizeh* avant que l'hôtel ne s'écroule. (ATD)

BAT'S WING : Associé à une boutique de cadeaux, ce night-club de Dallas est géré par les vampires de la région tant pour attirer le touriste que pour distraire leurs congénères. Le bar emploie vampires et humains, bien qu'un club vampire ne soit pas un endroit particulièrement sûr pour un humain. Le vampire Farrell est enlevé par la Confrérie du Soleil au *Bat's Wing*. (Mentionné dans LDID)

BEAUMONT, ISABEL (VAMPIRE) : Isabel fait partie des vamp's de Dallas, sous l'égide de Stan. Elle sort avec un humain, un avocat qui a défendu Stan avec succès. Secrètement à la solde de la Confrérie du Soleil, son amant Hugo finit par trahir les vampires de Dallas. En guise de châtiment – car elle était responsable de lui – Isabel est enchaînée dans une pièce pendant plusieurs mois, sans pouvoir se nourrir, avec Hugo, lui-même attaché et hors de son atteinte. À la fin de la peine, on détache Hugo en lui laissant une avance de vingt-quatre heures, avant de libérer Isabel. (LDID)

BECK, ALCEE : Alcee est le seul lieutenant de police afro-amEricain du comté de Renard. Il lui arrive fréquemment d'arrondir ses fins de mois aux dépens des membres de la communauté afro-amEricaine, mais c'est un bon policier, qui fait preuve d'une loyauté sans faille vis-à-vis de sa femme et de sa famille. (LDID, DTTW, DAAD, DD, FDTW, DAG, DITF)

BECK, DOVE : Dove, un homme marié et cousin d'Alcee, a une aventure avec Crystal. Il est pris sur le fait par Sookie et Calvin. (FDTW, mentionné dans DAG)

BEECH, MME : Prénom non précisé. Mme Beech est la femme de ménage de Copley Carmichael. (Mentionnée dans FDTW)

BEECHAM, CHUCK : Chuck est présent à la fête de la Saint-Sylvestre organisée au *Merlotte*. Il ne peut s'empêcher de narguer Sookie au sujet de Bill, parti en voyage à l'étranger. (DTTW)

BEESON, MS. (MME OU MLLE) : Prénom non précisé. Agent comptable de l'hôpital de Grainger, Ms. Beeson explique à Sookie, déconcertée, que la facture correspondant à ses soins pour sa blessure par balle a été réglée dans son intégralité par un anonyme. (DAAD)

BELINDA : Nom de famille non précisé. Belinda travaille comme serveuse au *Fangtasia*. À la recherche d'Eric, qui a mystérieusement disparu, Hallow la torture pour obtenir des informations. (DUD, DTTW)

BELLEFLEUR, ANDY : Inspecteur de police à Bon Temps, Andy Bellefleur est compétent et efficace, quoique plutôt blasé par les crimes et criminels auxquels il est confronté. Il mène les enquêtes sur les meurtres de plusieurs jeunes femmes connues pour fréquenter des vampires ainsi que Jason Stackhouse. Andy arrête Jason pendant que Sookie se fait attaquer par le véritable meurtrier. Bien que ce dernier finisse par se faire arrêter et que Jason soit relâché, Andy se méfie toujours, par principe, du frère et de la sœur. Très affecté par une affaire concernant un enfant maltraité, Andy s'enivre au *Merlotte*. C'est Portia qui le ramène chez lui. Lorsque le corps de Lafayette Reynold est retrouvé dans sa voiture le lendemain matin, sur le parking du *Merlotte*, Andy devient lui-même un suspect. Il suit ses pistes pour aboutir au chalet de Jan Fowler, dans les bois. C'est là qu'il rencontre les participants à l'orgie ainsi que Bill, Eric, Sookie et même Callisto. Les véritables meurtriers trouvent la mort. Les preuves retrouvées suffisent à disculper Andy.

Andy et Alcee Beck consacrent des heures à travailler sur la disparition de Jason. Lorsque Sookie le ramène à la maison, Andy n'est pas convaincu par leur histoire. Il vient sur les lieux au moment de l'incendie chez Sookie et la rencontre de nouveau, alors que Sweetie Des Arts la menace. Andy abat Sweetie tandis que Dawson la distrait. Andy croit en la télépathie de Sookie. Il accepte même de lui demander de l'aider lorsqu'un enfant disparaît à l'école primaire. Il rêve un instant d'utiliser ses talents pour résoudre toutes les affaires criminelles qui se présentent. Mais l'officier de police Kevin Pryor le ramène à la réalité : connaître le criminel ne suffit pas et le travail de base de tout policier sera toujours indispensable. Andy persuade Sookie de lui prêter main-forte au *Merlotte*, le jour où il veut demander Halleigh Robinson en mariage. Anxieux, il lui demande si Halleigh l'aime vraiment.

L'inspecteur travaille en collaboration avec les agents Lattesta et Weiss quand Crystal est retrouvée crucifiée au *Merlotte*. Sookie fait appel à lui lorsqu'elle comprend que les copains d'Arlene lui préparent le même supplice. Il vient à la caravane d'Arlene avec les deux agents et prend part à la fusillade, blessant Whit Spradlin.

Au départ, Andy réagit mal en apprenant que Bill est son arrière-arrière-arrière-grand-père. Mais celui-ci le remet en place et lui rappelle les bonnes manières. Andy commence à accepter ce lien familial et décide plus tard avec Halleigh, en apprenant que l'enfant qu'ils attendent est une fille, de la nommer Caroline Compton Bellefleur. De repos, Andy joue aux fléchettes au *Merlotte* avec Danny Prideaux, lorsque les quatre malfrats embauchés par Sandra Pelt font leur entrée. Il participe à leur débâcle. (DUD, LDID, DTTW, DAAD, DD, ATD, FDTW, DAG, DITF, DR, mentionné dans CD, IIHAH)

BELLEFLEUR, CAROLINE HOLLIDAY : Après le décès de son fils et de son épouse, Caroline Holliday Bellefleur élève ses deux petits-enfants, Andrew et Portia. Les finances de la famille fondent comme neige au soleil et n'ont pas permis d'entretenir la demeure familiale, Belle Rive. Par conséquent, Caroline est ravie de recevoir un héritage légué par un membre de la famille inconnu. L'argent lui permet de restaurer la splendeur passée de Belle Rive. Sur son lit de mort, elle apprend enfin que son bienfaiteur est Bill Compton, et qu'il est son arrière-grand-père. Elle réagit avec humour, élégance et reconnaissance.

Dans son testament, elle laisse la recette de son célèbre gâteau au chocolat à la ville de Bon Temps. C'est ainsi que la mémoire de Caroline Holliday Bellefleur, l'une des plus grandes cuisinières du comté de Renard, continue d'être honorée dans les cuisines et les salles à manger de Bon Temps. (FDTW, meurt dans DITF, mentionnée dans LDID, CD, DTTW, DD, ATD, DR)

BELLEFLEUR, HALLEIGH ROBINSON : Lorsque Andy demande à Halleigh, institutrice à l'école primaire Betty Ford, de l'épouser, elle accepte à une seule condition : qu'ils ne vivent pas à Belle Rive mais dans leur propre maison. Ils font bien l'achat d'une maison, mais Halleigh, maintenant enceinte, accompagne la fin de vie de sa belle-grand-mère à Belle Rive. Halleigh et Andy apprennent qu'ils attendent une petite fille et décident de la nommer Caroline Compton Bellefleur. (DAAD, DD, ATD, FDTW, DAG, DITF, mentionnée dans DR, IIHAH)

BELLEFLEUR, TERRY : Vétéran de la guerre du Vietnam, qui lui a coûté cher, Terry Bellefleur est le cousin d'Andy. Prisonnier de guerre pendant deux ans, il en porte les cicatrices à la fois psychologiques et physiques. Il fonctionne bien lorsqu'il est confronté aux situations les plus simples. Travailleur, il fait de petits boulots à Bon Temps – c'est lui qui démolit la vieille cuisine de Sookie après l'incendie, par exemple. Il remplace parfois Sam au comptoir du *Merlotte* et fait le ménage du bar après la fermeture, pour compléter sa pension d'ancien militaire.

Terry joue aux fléchettes au *Merlotte* lorsque Sandra Pelt fait son entrée pour tuer Sookie. Sam lui tend la batte de baseball qu'il conserve derrière le bar. Terry assomme Sandra. À la vision du sang, toutefois, il réagit de façon extrême. Sookie le réconforte et il lui explique

que « le monsieur tout brillant » et « le grand blond » lui avaient dit de veiller sur elle. En retour, ils ont promis de le débarrasser de ses cauchemars et de protéger sa chienne, qu'il adore. (DUD, LDID, DTTW, DAAD, L, FDTW, DAG, DITF, DR, mentionné dans CD, ATD, IIHAH)

BELLENOS (ELFE) : Pas d'autre nom précisé. Veilleur de nuit au *Hooligans*, Bellenos a les dents pointues de son espèce et ne peut passer pour un humain – et d'ailleurs, il n'essaie pas. Lorsque Kelvin et Hod agressent Dermot et le blessent, Sookie appelle Claude. Mais c'est Bellenos qui répond et vient à sa place. Il soigne Dermot en lui insufflant son souffle. Une fois Dermot suffisamment remis, Bellenos et lui se mettent en chasse pour retrouver les deux hommes qui l'ont attaqué. Ils sont rapidement de retour chez Sookie et lui apportent les têtes de Kelvin et Hod. Ils se sont déjà débarrassés des corps. Ils emportent leurs trophées à Monroe pour les montrer aux autres faé. (DR)

BERNARD (VAMPIRE) : Nom de famille non précisé. Il fait partie de la foule de mignons de Russell. Bernard, alias Bouclette, invite Sookie à danser avec lui, mais c'est à Eric qu'il réserve ses véritables attentions. Il passe une partie de la nuit avec ce dernier à la recherche d'une voiture. Il n'est naturellement pas au courant que le véhicule permettra à Sookie de sauver Bill. Lorsque Eric s'en revient pour donner les clés de la voiture à Sookie, son cou est orné d'un suçon, gracieusement offert par Bernard. (CD)

BETTINA (MÉTAMORPHE, FORME ANIMALE NON PRÉCISÉE) : Nom de famille non précisé. Bettina est à la tête des auxiliaires médicaux métamorphes qui travaillent au *Pyramid of Gizeh* pendant le sommet de Rhodes. Sookie trouve qu'elle ressemble à un kinkajou et se demande si ce ne serait pas sa forme animale. Pour Bettina, c'est un privilège de soigner Quinn, blessé par la flèche que Kyle Perkins destinait à Sookie. (ATD)

BEVERLY : Nom de famille non précisé. Beverly est infirmière à l'hôpital de Clarice. Elle se trouve au *Merlotte* le soir où Claude et Claudine passent rendre visite à Sookie. Elle a bien l'intention d'aller voir Claude faire son numéro de strip-tease au *Hooligans*. (FDTW)

BIBLIOTHÈQUE DES MÉTAMORPHES : Les métamorphes entretiennent sur chaque continent une bibliothèque regroupant les données concernant leur histoire et leurs observations des autres SurNat. La bibliothèque est maintenant accessible en ligne. Les sites, physiques et virtuels, sont étroitement protégés. Seuls les métamorphes y ont accès. Ils communiquent également par leurs propres réseaux sociaux et surveillent les sites antimétamorphes. (Mentionnée dans DR)

BIKER BABES (MÉTAMORPHES, FORME ANIMALE NON PRÉCISÉE) : Groupe de motards Texans qui portent des blousons à leur effigie. Trois de ses membres, dont Brenda Sue, viennent assurer la protection des familles Lisle et Merlotte à l'occasion de la répétition et de la cérémonie de mariage. L'une d'entre elles collabore avec Luna, afin de retirer la carte mémoire de l'appareil photo de Sarah Newlin. (STW)

BISON (MÉTAMORPHE) : Pas de nom précisé. Client du *Josephine's* le soir où Sookie se prend un pieu dans le flanc, le bison passe tranquillement devant la limousine de Russell, arrêtée à un croisement. (CD)

BLACK MOON PRODUCTIONS : Société sœur de Blue Moon Entertainment, Black Moon propose des divertissements adultes entre humains et vampires, dont les ébats peuvent se passer en public. (Mentionnée dans ATD)

BLANCHARD, BEN : Ben est le grand-père maternel de Sookie. Il est terrassé par une attaque et meurt durant l'adolescence de Sookie. (Décédé, mentionné dans CD)

BLANCHARD, OLIVIA : Olivia, la grand-mère maternelle de Sookie, meurt d'une overdose de somnifères environ un an après le décès de son époux. On soupçonne son overdose de ne pas être accidentelle. (Décédée, mentionnée dans CD)

BLOOD IN THE QUARTER : Après la révélation de l'existence des vampires, cet hôtel a été le premier qui soit exclusivement destiné à une clientèle de vampires. Il se dresse au beau milieu du Quartier Français. Ses chambres sont isolées de la lumière du jour et il propose tous les services nécessaires à un vampire en voyage. Bill y séjourne lorsqu'il est à La Nouvelle-Orléans pour affaires. (DUD)

BLUE MOON ENTERTAINMENT : Pendant de Black Moon Productions, Blue Moon Entertainment emploie une troupe de danseurs formée de binômes humain-vampire, dont Sean O'Rourke et Layla Larue Lemay. Ces danseurs professionnels font un numéro au *Pyramid of Gizeh* à l'occasion de la conférence des vampires à Rhodes. (Mentionnée dans ATD)

BLYTHE, POLLY : Responsable des cérémonies de la Confrérie du Soleil à Dallas, Polly participe à l'organisation de l'immolation par le soleil volontaire de Godfrey, ainsi qu'à l'immolation forcée de Farrell, un rituel qui se déroule à l'aube. Lorsque Luna et Sookie s'échappent dans l'Outback de Luna, Polly et Sarah Newlin se lancent à leur poursuite et les heurtent délibérément en voiture pour causer un accident. Assistées de témoins remplis de sollicitude, Luna et Sookie sont envoyées à l'hôpital tandis que Polly et Sarah sont interrogées par la police. (LDID)

Bodehouse, Jane : Jane est l'un des piliers de bar du *Merlotte*. Elle tente régulièrement d'arrêter de boire, mais en vain. Malgré les effets néfastes de l'alcool sur son cerveau, elle demeure une experte sur le cinéma et les vieux films. En compagnie des autres clients et employés du bar, elle s'essaie quotidiennement à deviner les réponses aux questions posées dans l'émission *Jeopardy !* (CD, DAAD, DD, FDTW, DAG, DITF, DR)

Bodehouse, Marvin : Marvin est le fils de Jane. On l'appelle régulièrement pour venir chercher sa mère. Tristement conscient des conséquences de l'alcoolisme, Marvin ne boit jamais. (CD, DD)

Boling : Prénom non précisé. L'agent de police Boling se rend sur les lieux de l'attaque lancée sur Sookie et Quinn par les deux loups-garous mordus, devant le théâtre. Il insiste pour qu'elles aillent faire une déposition et remplir les papiers nécessaires. (DD)

Boling, Donny : Membre de la Confrérie du Soleil, Donny et son copain Whit Spradlin, également adepte, sont écœurés et furieux à l'annonce officielle de l'existence des métamorphes. En guise d'avertissement à tous ceux qui fraternisent avec les métamorphes, Donny et Whit complotent pour crucifier Sookie, dans l'intention d'imiter la mort de Crystal. Ils ne parviennent pas à leurs fins. Donny se fait tuer lors de la fusillade à la caravane d'Arlene. (Meurt dans DAG)

Bolivar, Anthony (vampire) : Durant la Crise de 29, Anthony travaillait dans un snack-bar. Il sait encore se débrouiller dans une cuisine et vient parfois faire des remplacements en cuisine au *Merlotte*. (DAAD, mentionné dans LDID)

Bond, Hamilton (loup) : Ami d'enfance et voisin d'Alcide, Hamilton brigue la place de second auprès d'Alcide. Lorsque ce dernier porte son choix sur Basim, Hamilton est dépité. Il entend Colman proposer de l'argent à Basim pour piéger Sookie en cachant un cadavre sur sa propriété, et décide alors de profiter de la situation : il tue Basim et l'enterre dans les bois de Sookie. Lorsque Sookie l'accuse, il avoue son crime et accepte le jugement de la meute. Présumé mort. (DITF)

BOOK, KATHERINE (VAMPIRE) : Désignée par l'État du Kansas pour contrôler la situation familiale d'un vampire préadolescent, l'avocate Kate Book se bat pour les droits parentaux de son père et de sa mère, qui sont des êtres humains. Leur enfant souffrant d'une maladie de sang mortelle, ils avaient permis qu'il soit vampirisé. Lors du sommet de Rhodes, les juges décrètent que le contrat entre le créateur et les parents doit être honoré et que le garçon doit rester auprès de son créateur. Book parvient cependant à imposer le respect du droit de visite des parents. (ATD)

BOOM (VAMPIRE) : Pas d'autre nom précisé. Boom travaille au sein de l'équipe de déminage de Rhodes. C'est lui qui se charge joyeusement de descendre la bombe de la canette de Dr Pepper par l'escalier du *Pyramid*. (ATD)

BOYLE, MME : Prénom non précisé. Institutrice à l'école maternelle de Red Ditch, Mme Boyle est presque au bord de l'épuisement mais demeure énergique. Elle peut se montrer un peu impatiente, mais elle n'est cependant ni dangereuse ni méchante. (DR)

BRAZELL, BRUNO (VAMPIRE) : Second de Victor, il se tient à ses côtés dans le jardin de Sookie au moment de la prise de pouvoir, pendant que Victor négocie la reddition d'Eric et Bill. Il continue ensuite de suivre les ordres de Victor : Pam reconduit Sookie chez elle et il leur tend une embuscade sur l'autoroute pour les intercepter. Pam règle son compte à sa partenaire Corinna tandis que Sookie lutte contre Bruno et parvient à lui planter un poignard d'argent dans le cœur. (FDTW, meurt dans DITF, mentionné dans DR)

BRENDA SUE (MÉTAMORPHE, FORME ANIMALE NON PRÉCISÉE) : Nom de famille non précisé. Brenda Sue est infirmière urgentiste et fait partie des Biker Babes. Accompagnée de deux acolytes, elle vient veiller sur les familles Lisle et Merlotte pendant la répétition et le mariage. (STW)

BREWER, DAN : Dan Brewer dirige la brigade antiterroriste du Michigan chargée d'enquêter sur l'attentat à la bombe dans l'hôtel à Rhodes. (ATD)

BRIGANT, BINNE (FAÉ) : Binne est l'épouse de Dillon et la mère de Claudine, Claude et Claudette. (Mentionnée dans DAG)

BRIGANT, BRANNA (FAÉ) : Branna est la première épouse de Niall et la mère de Dillon. (Mentionnée dans DAG)

BRIGANT, BREANDAN (FAÉ) : Breandan est le neveu de Niall et le fils de son défunt frère aîné, Rogan. Depuis la mort de son père, Breandan se consacre à l'éradication de tous les faé de sang mêlé, convaincus qu'ils diluent la magie des faé et affaiblissent l'espèce. Il est heureux de pouvoir s'attaquer aux descendants de Niall. Breandan envoie Lochlan et Neave pour étudier le terrain à Bon Temps. C'est ainsi qu'ils découvrent Crystal, blessée, chez Jason, l'emmènent au *Merlotte* et la crucifient. Breandan leur donne pour instruction d'enlever Sookie, qu'il souhaite utiliser comme monnaie d'échange contre Niall. Comptant sur l'amour de Niall pour son arrière-petite-fille, il veut le forcer à séparer définitivement le monde de Faérie de celui des humains. Breandan se joint à l'attaque lancée contre l'hôpital où Sookie, Bill et Tray se reposent après le sauvetage de Sookie. Il esquive les coups d'Eric et se précipite sur Bill, décapitant Clancy au passage. Rassemblant ses dernières forces, Tray tente de retenir le faé, qui le tue, avant de mourir lui-même, terrassé par le déplantoir de Sookie que Bill lui enfonce dans l'aisselle. L'une des aiguilles à tricoter de Claudine, piquée dans son épaule, révèle qu'il a assassiné Claudine et l'enfant qu'elle portait lorsqu'il a pénétré à l'intérieur de l'hôpital. (Meurt dans DAG, mentionné dans DITF, DR)

BRIGANT, DERMOT (FAÉ) : Dermot est le fils jumeau cadet de Niall Brigant, par Einin, femme humaine. Dermot défie son père et s'allie à son cousin Breandan, convaincu par la philosophie de Breandan selon laquelle les humains et les faé ne doivent pas se mélanger. Il est également impliqué dans la mort des parents de Sookie. Dermot ressemble énormément à son petit-neveu Jason. Lorsque Niall referme le monde de Faérie, Dermot reste du côté humain. Quand il finit par s'approcher de Sookie, elle comprend qu'on l'a ensorcelé. Glissant constamment d'un état à l'autre à cause de la magie, il est incapable de lui dire qui lui a jeté le sort. Il veille sur elle lorsqu'il le peut et parvient à lui dire qu'il reste de ce côté-ci de la barrière un autre faé qui lui veut du mal. Il nie avoir participé au meurtre de ses parents et lui explique qu'il a appris à accepter le fait qu'il soit de sang mêlé. Caché dans les bois de Sookie, Dermot est à l'affût lorsque Alexei attaque Claude et l'autre faé, Colman. Après la mort d'Alexei, Colman se tourne contre Sookie mais tue Ocella à sa place, accidentellement. Dermot projette un poignard qui se fiche dans le dos de Colman, ce qui permet à Eric de l'attraper et de le vider de son sang. Dermot lutte pour pouvoir parler à Claude et Sookie, qui découvrent que c'est Niall qui a envoûté son propre fils. Ensemble, ils brisent le sortilège en suivant la tradition ancienne : un baiser de la part de chacun. L'esprit de Dermot est enfin libéré. Il s'installe avec Sookie et Claude, tentant de s'adapter à sa vie dans le monde des humains. Quand Claude provoque la colère de Sookie et qu'elle le met dehors, Dermot avoue qu'il n'a plus de raison de vivre. Il explique à Sookie qu'il veut simplement rester avec elle et terminer le travail de rénovation sur le grenier, un projet qu'il mène avec enthousiasme. Il est blessé par des kidnappeurs lancés à la recherche de Sookie mais se remet car Sookie le trouve et appelle l'elfe Bellenos, qui le soigne en lui insufflant son souffle. Les deux faé partent alors en chasse tous les deux, et s'en reviennent avec les têtes des assaillants de Dermot. (DAG, DITF, DR, mentionné dans FDTW)

BRIGANT, DILLON (FAÉ) : Faé pure souche, Dillon est le fils de Niall, fruit de son mariage malheureux avec sa première épouse. Dillon a épousé Binne, avec qui il a eu Claudine, Claude et Claudette. Ses yeux et ses cheveux sont couleur de caramel au lait. (DAG, mentionné dans DITF)

BRIGANT, FINTAN (FAÉ) : Fintan est l'aîné des fils jumeaux de Niall Brigant par Einin, femme humaine. À moitié faé, il rencontre Adele Stackhouse un jour dans son jardin et tombe amoureux. Adele voudrait à tout prix avoir des enfants, mais son mari est stérile. Fintan promet qu'il lui donnera des enfants. Corbett et Linda sont le fruit de l'union d'Adele avec le faé. Fintan rend visite à Adele plus souvent qu'elle ne le pense : il prend l'apparence de son mari, Mitchell, pour passer plus de temps avec elle. Il demande à Maître Cataliades de lui porter un cluviel dor après sa mort, comme gage de son amour.

Fintan arrête de voir sa famille humaine peu après la naissance de Linda et interdit à Niall de leur rendre visite, craignant qu'il ne leur arrive malheur. Il se fait assassiner par Lochlan et Neave, ce qui déclenche la prise de contact de Niall avec Sookie. (Décédé, mentionné dans FDTW, DAG, DITF, DR)

BRIGANT, NIALL (FAÉ) : Niall est prince des faé et arrière-grand-père de Sookie et Jason. Son apparence humaine est celle d'un homme âgé très beau et élégant, avec des yeux verts et de longs cheveux blond pâle. À l'instar de nombreuses créatures surnaturelles, les faé s'impliquent dans toute une variété d'entreprises humaines, dont une société de fabrication de produits chimiques. Certains de ces produits présentent en effet un certain intérêt pour eux. Le fils de Niall, Fintan, tente de dissimuler ses descendants humains à la communauté des faé en cessant tout contact avec elle. Cependant, Niall désobéit à son fils, qui lui interdit de leur rendre visite, et vient voir Jason alors qu'il n'est qu'un bébé. Il s'en désintéresse totalement en découvrant que Jason est complètement humain. Lorsqu'il découvre que Sookie est habitée de l'étincelle essentielle, il commence à garder un œil sur elle en toute discrétion, en utilisant Terry Bellefleur et Eric comme sources d'information. Niall dîne avec Sookie après la mort de Fintan.

Niall exprime une certaine aversion pour Jason, qu'il compare à un autre de ses fils, Dermot, à qui Jason ressemble à s'y méprendre. Il veut avant tout connaître et aimer son arrière-petite-fille. Cependant, il apporte tragédie et douleur dans sa vie, lorsqu'une faction de faé menés par Breandan, le neveu de Niall découvre son existence. Ces faé sont en opposition avec Niall ainsi qu'à l'idée même de se mélanger aux humains, de quelque manière que ce soit. Niall prête main-forte à Bill pour sauver Sookie lorsqu'elle se fait enlever puis torturer pour forcer Niall à se rendre. Celui-ci finit par vaincre Breandan. Niall est alors le dernier prince des faé en vie. Mais toute l'expérience, qui a fait du mal à tout le monde, le pousse alors à s'interroger sur le bien-fondé du rapprochement entre faé et humains. C'est alors qu'il décide de fermer tous les portails permettant le passage entre les deux mondes. Il s'agit pour lui de sauver l'humanité des faé plutôt que de protéger les faé contre l'humanité. Niall est également celui qui a organisé le Noël de Sookie, lui envoyant un visiteur pour qu'elle ne reste pas seule. (FDTW, DAG, GW, mentionné dans DITF, DR)

BRIGANT, ROGAN (FAÉ) : Rogan est le frère aîné de Niall. Lui et ses partisans se réclament de la mer. Ils ont une affinité avec l'eau qu'ils peuvent contrôler. Après le départ de Rogan pour la contrée où le soleil ne se couche jamais, son fils Breandan tente de tuer Sookie parce qu'elle est de sang mêlé. (Décédé, mentionné dans DAG)

BRISCOE, JOHN ROBERT : John Robert est courtier en assurances à Bon Temps. La terrible succession de sinistres déclarés par sa clientèle l'a affecté mentalement et physiquement. (L)

BROADWAY, AMELIA (SORCIÈRE) : Avec sa chevelure brune coupée court et ses yeux d'un bleu très vif, Amelia donne l'impression d'être une simple jeune mère au foyer. Elle pratique pourtant la sorcellerie et c'est elle la propriétaire de l'appartement de Hadley à La Nouvelle-Orléans. Quand Hadley se fait tuer, Amelia ensorcelle sagement l'appartement avec un sort de stase en attendant qu'un héritier puisse venir réclamer la succession. Malheureusement, elle y enferme par inadvertance un vampire en cours de naissance. Lorsque ce dernier se lève pour la première fois, il attaque Amelia et Sookie. Blessées toutes les deux, elles parviennent à s'échapper. Amelia propose ensuite de faire une reconstitution ectoplasmique pour tenter de découvrir comment et pourquoi le loup-garou a été vampirisé. La reconstitution remporte un succès inattendu.

Après la mêlée à la réception de la reine, Sookie et Quinn font leur retour chez Amelia et apprennent que, pendant ses ébats avec Bob, également sorcier, elle l'a transformé en chat et ne peut renverser le sort. Amelia et Bob emménagent chez Sookie à Bon Temps pour s'éloigner du clan d'Amelia et lui permettre de travailler sur un sort qui rendrait à Bob sa forme humaine.

Amelia passe tout l'été chez Sookie et échappe ainsi à la catastrophe causée par l'ouragan Katrina. Elle occupe son temps en prenant de petits jobs et des remplacements au *Merlotte*, à faire du shopping et à tenter de métamorphoser Bob. Elle semble ne jamais avoir de soucis d'argent, ce qui s'explique lorsqu'elle apprend à Quinn et Sookie qu'elle est la fille de Copley Carmichael, un homme d'affaires bien connu pour ses magouilles. Broadway est le nom de famille de sa mère. Octavia Fant, à la fois mentor d'Amelia et chef de son clan, finit par la retrouver. Après la destruction de sa maison par Katrina, elle est venue habiter chez une nièce, non loin de là à Monroe. Octavia et Amelia effectuent une nouvelle reconstitution ectoplasmique afin de résoudre le meurtre de Maria-Star Cooper, et ensorclent Tanya Grissom pour la débarrasser de l'influence de Sandra Pelt. Olivia s'installe alors avec Sookie et Amelia, et parvient à redonner à Bob sa forme d'origine. Amelia entretient une brève liaison avec Pam, puis une relation solide avec le mécanicien Tray Dawson, Loup solitaire qui travaille parfois comme garde du corps. Lors de la Grande Révélation, elle se tient fièrement à ses côtés, au *Merlotte*, quand Tray et Sam se métamorphosent en public. Elle est heureuse d'envisager l'avenir avec lui. Cependant, Tray se fait empoisonner et attaquer par des faé, avant de mourir en protégeant Sookie à l'hôpital du Dr Ludwig. Le cœur brisé par la tragédie, Amelia choisit de s'en retourner à La Nouvelle-Orléans pour y reprendre le cours de sa vie.

Là-bas, elle travaille à la boutique de magie Genuine Magic, qui appartient à son clan. Elle renoue avec Bob et tous les deux repartent à Bon Temps pour renouveler les sorts de protection sur la maison de Sookie. Amelia révèle à Sookie qu'elle a trouvé un moyen de briser le lien de sang qui la lie à Eric. Amelia et Bob mènent le rituel avec succès, coupant le lien. Amelia partage cette nouvelle avec Alcide Herveaux, qu'elle encourage à poursuivre Sookie de ses attentions. C'est une mauvaise décision de sa part, et Sookie la renvoie de chez elle. Amelia présente ses excuses et, dès son retour, chez elle, effectue des recherches pour Sookie sur le cluviel dor. (DD, ATD, FDTW, DAG, DITF, DR, mentionnée dans L, GW, IIHAH)

BRUCE : Nom de famille non précisé. Comptable au *Fangtasia*, Bruce fait partie des humains soupçonnés d'avoir détourné des fonds. Interrogé dans ce cadre, il se sent naturellement inquiet lorsque Sookie lit dans ses pensées, bien qu'il soit innocent. Sa plus grande inquiétude concerne son épouse Lillian et ses enfants, Bobby et Heather : il a peur de ce qu'ils deviendront s'il se fait tuer par Eric. (DUD)

BRUNSWICK, SOLOMON (VAMPIRE) : En 1768, Solomon parcourt la Nouvelle-Angleterre, gagnant sa vie comme colporteur, lorsqu'il rencontre un vampire une nuit dans les bois. Le vampire le suit et se nourrit de lui une seconde fois, le faisant accidentellement passer de l'autre côté avant de l'abandonner à son triste sort. Solomon se dirige sur La Nouvelle-Orléans. En quittant une maison close un soir, il aperçoit une prostituée qui tranche la gorge d'un client ayant refusé de la payer pour ses services. Il révèle sa nature en buvant le sang de la victime et trouve en Lorena Ball, la prostituée, une âme sœur en quelque sorte idéale. Elle lui permet de la vampiriser et devient sa compagne.

Lorena finira par trahir Solomon et leurs chemins se séparent. Il réside à l'heure actuelle en Europe. (Mentionné dans DITF, DR)

BUBBA (VAMPIRE) : Nom de famille et prénom non précisés. Bubba est connu en Amérique comme l'Homme de Memphis et dans le monde comme le King. Son visage est célèbre et sa voix l'est encore plus. Ce fameux soir d'août 1977, son corps est transporté à la morgue. Il se trouve que l'un des assistants est non seulement un vampire mais l'un de ses fans les plus enthousiastes. Détectant une infime étincelle de vie dans le corps, il le fait passer de l'autre côté en toute hâte. Malheureusement, la drogue qui a fait de la vie du personnage un enfer affecte sa transition qui se passe mal. Il sera désormais un soldat fidèle qui suit les ordres à la lettre mais ne se montre guère capable de réfléchir de manière autonome. Ses fans du monde des vampires prennent soin de le protéger. Lorsqu'on le laisse seul, il oublie parfois de rester caché. Son public d'antan l'aperçoit donc parfois, déchaînant ainsi la rumeur. Bubba est saisi d'angoisse lorsqu'on l'appelle par son nom d'autrefois et ne répond qu'à son surnom. Il préfère ne pas se nourrir d'humains et survit grâce à un régime constitué de sang animal, principalement félin – ce qui constitue une aberration dans le monde des vampires – et de sang de synthèse.

C'est Bill qui présente Bubba à Sookie et il s'en occupe souvent, avec plus ou moins de succès. Bubba est attaché à Bill.

Il servira d'appât pour attirer Victor, grand fan d'Elvis, au *Fangtasia*, dans le but de l'assassiner. Le projet ne lui plaît pas, mais il oublie sa réticence lorsque Bill parvient à le convaincre de la nécessité de l'opération. Il remplit sa mission comme convenu : son auditoire est fasciné – en majeure partie –, et l'attention de Victor est détournée, facilitant l'attaque. Il se trouve pris de panique à la vue du carnage qui se déroule autour de lui et Sookie le confie rapidement à Bill, qui le met en sécurité. (DUD, CD, DTTW, DAAD, OWA, DD, DAG, DR, mentionné dans ATD, FDTW, DITF)

BUREAU DES AFFAIRES DES VAMPIRES : Ou tout simplement : le Bureau. Cet organisme veille sur la législation fédérale liée aux questions vampires, établit les règles de conduite des vampires et mène les enquêtes sur toute réclamation les concernant. Suite à l'annonce de l'existence des métamorphes, le congrès amEricain envisage d'étendre les compétences du Bureau aux communautés hybrides. Le nom de l'organisation pourrait se voir modifier et devenir le Bureau des Affaires Vampiriques et Surnaturelles, couvrant ainsi la révélation potentielle d'autres créatures surnaturelles. (Mentionné dans FDTW, DITF, STW)

BURGESS, RANDY : Sur ordre d'Eric, c'est Randy, de la compagnie Burgess and Son, qui refait l'allée de Sookie. (Mentionné dans CD)

BURLEY, AMY : Serveuse au *Good Times Bar*, Amy pose sa candidature au *Merlotte*, mais se fait assassiner avant d'avoir pu passer un entretien avec Sam. (Mentionnée et meurt dans DUD)

BURNHAM, BOBBY : Bobby est l'assistant de jour d'Eric. Il s'acquitte des tâches qu'Eric ne peut entreprendre durant le jour. C'est lui qui livre au *Merlotte* le paquet destiné à Sookie contenant le couteau rituel. Il manifeste ouvertement son mépris pour Sookie et ne comprend pas pourquoi Eric et Pam la tiennent en si haute estime. Bobby voue à Eric une loyauté indéfectible. Il reste auprès d'Eric chez lui pour lui prêter main-forte, le soir où Alexei est pris de folie. Bobby sort avec Felicia. Alexei les tue tous les deux. (ATD, DAG, meurt dans DITF, mentionné dans DR)

C

CAIT (FAÉ) : Nom de famille non précisé. Cait est capturée par les vampires de Victor. Son sang est frotté sur des verres que Victor présente à Eric et Pam au *Vampire's Kiss*, dans le but de les enivrer dangereusement. Il y a peu de chance qu'elle ait survécu. Les faé sont appelés à se rassembler pour savoir si elle a de la famille, ou si l'un d'entre eux a reçu une vision de sa mort. (Mentionnée et meurt dans DR)

Callaway, Donald : Donald est l'associé de Brenda Hesterman et tous deux sont antiquaires. Leur boutique, nommée Splendide, se trouve à Shreveport. Donald accompagne Brenda chez Sookie pour évaluer les objets qu'elle a descendus de son grenier. Il découvre un compartiment secret dans le vieux bureau de Mitchell. La cachette contient une lettre de Gran ainsi que le cluviel dor. (DR)

Callisto (ménade) : Nom de famille non précisé. Callisto fait son entrée à Bon Temps, à la recherche de ceux qui fournissent et apprécient des divertissements liés aux plaisirs de la boisson et de la chair. Décidée à exiger un tribut de la part d'Eric, elle use de Sookie comme d'un message à son intention et l'empoisonne en lui labourant violemment le dos. Eric lui sacrifie un taureau mais elle demeure insatisfaite. Elle court les bois en compagnie de Sam, qui adopte avec elle sa forme de colley. Lors de l'orgie organisée au bungalow de Jan Fowler, Callisto est attirée par l'atmosphère de luxure enivrée qui règne sur les lieux, et prélève son tribut : elle projette sa folie dans les participants et les massacre. Ses désirs enfin assouvis, elle fait des adieux amicaux à Sam et poursuit son chemin. (LDID)

Carmichael, Copley : Les mains sales de Copley Carmichael, le père d'Amelia, trempent un peu partout, que ce soit dans la finance ou la politique. Autrefois entrepreneur en bâtiment, il possède désormais un certain nombre de scieries et d'entrepôts de bois. Il a très envie de nouer des relations d'affaires avec les vampires du Nevada après leur prise de pouvoir, afin de poursuivre ses entreprises de reconstruction à La Nouvelle-Orléans. Pour parvenir à ses fins, il rencontre Sandy Sechrest, le représentant régional de Felipe de Castro en Louisiane. (FDTW, mentionné dans ATD, DAG, DITF)

CARPENTER, PORTER : Carpenter, officier des forces de police de Wright, au Texas, se sent perturbé par la révélation des métamorphes. Il promet néanmoins l'assistance de la police pour le mariage de Craig Merlotte et Deidra Lisle. Il se rend à l'église avec un collègue au moment de la cérémonie. Tous deux doivent lutter difficilement pour empêcher les manifestants d'investir l'église et ne peuvent venir en aide aux Merlotte pour faciliter leur trajet. (STW)

CARSON : Pas d'autre nom précisé. Ancien militaire, Carson travaille pendant une courte période au *Merlotte* comme cuisinier. (FDTW)

CASEY : Nom de famille non précisé. Casey a un long passé de violence sur les femmes. Kennedy Keyes le tue, en état de légitime défense. (Décédé, mentionné dans DR, IIHAH)

CASINO SEVEN VEILS : Situé à Baton Rouge, il fonctionne sous la houlette de la vampire Salomé, vingt-quatre heures sur vingt-quatre, sept jours sur sept. Le vampire Mickey y emmène Tara plusieurs fois. (Mentionné dans DAAD)

CASSIDY, MME : Prénom non précisé. Mme Cassidy vient d'être inhumée par l'entreprise de pompes funèbres Spencer and Sons. C'est en revenant de la cérémonie que Mike Spencer passe au *Merlotte* et invite Sookie à une orgie. (Décédée, mentionnée dans LDID)

CATALIADES, DESMOND (EN GRANDE PARTIE DÉMON) : Un démon diplômé en droit... personnage dangereux s'il en est. Célèbre pour sa grande expérience en matière de législation vampire, Maître Cataliades est au service de Sophie-Anne. En sa qualité de juriste, il informe Sookie de la mort définitive de sa cousine Hadley, tout en lui livrant Waldo pour qu'elle puisse la venger, car c'est lui qui l'a éliminée. Plus tard, sa nièce Gladiola se fait assassiner en portant une missive à Sookie concernant la succession de Hadley. Sookie lui révèle le nom de son meurtrier et Maître Cataliades poursuit alors sa propre vengeance. Il ne détient aucune arme visible au moment de son combat contre Jade Flower. La façon dont cette dernière perd sa jambe demeure donc un mystère. Maître Cataliades se porte personnellement au secours de Sophie-Anne Leclerq dans le *Pyramid of Gizeh* à Rhodes, et gère ses affaires en attendant qu'elle se rétablisse. Après la mort de la reine, survenue au cours de la prise de pouvoir des vamp's du Nevada, Felipe de Castro retient les services de l'honorable avocat pour représenter ses intérêts en Louisiane. Maître Cataliades se doit de manifester une neutralité sans faille dans le monde des SurNat. Il est malgré tout reconnaissant à Sookie de l'aide qu'elle lui a apportée au moment de l'attentat de Rhodes, et lui envoie sa nièce Diantha pour la prévenir que les faé sont en mouvement dans le monde des humains. Il s'assure également qu'elle soit bien rémunérée pour ses propres services au sommet, en puisant dans les fonds laissés par la reine, et c'est lui qui adresse son héritage à Sookie après avoir géré la succession de Claudine.

Une lettre d'Adele révèle l'importance du rôle qu'a joué Maître Cataliades dans la vie de Sookie et pourquoi il se sent responsable d'elle. En tant qu'ami de son grand-père Fintan, Maître Cataliades est celui qui a donné le don de télépathie à ceux, parmi les descendants de Fintan et d'Adele, qui possèdent l'étincelle essentielle. Après la mort de Fintan, il offre de sa part le cluviel dor à Adele. (OWA, DD, ATD, DR, mentionné dans FDTW, DAG, DITF)

CATER, JENNIFER (VAMPIRE) : En cours de formation pour devenir le lieutenant de Peter Threadgill, Jennifer plaide contre Sophie-Anne après la mort de Peter. Elle se fait assassiner avec deux de ses partisans par Sigebert, dans leur suite au *Pyramid of Gizeh*. (Meurt dans ATD)

CÉCILE : Nom de famille non précisé. Assistante personnelle du roi du Texas, Cécile est présente pour le sommet de Rhodes et partage une chambre avec Barry. À la découverte de la bombe, elle a l'intelligence d'activer la sirène d'alarme pour alerter les autres humains, mais périt elle-même dans l'explosion. (Meurt dans ATD)

CHARITY (VAMPIRE) : Nom de famille non précisé. Waldo prétend que Hadley et lui se sont fait attaquer par des adeptes de la Confrérie du Soleil alors qu'ils se trouvaient au cimetière Saint Louis n° 1, où ils tentaient d'invoquer l'esprit de Marie Laveau. Sophie-Anne envoie alors Charity et Valentine mener l'enquête sur l'incident. Elles ne trouvent ni trace ni odeur d'humains sur le site. (Mentionnée dans OWA)

CHARLIE : Nom de famille non précisé. Charlie est le fils drogué de la vampire Heidi et traîne dans les rues de Reno. Eric a proposé à Heidi de rapatrier son fils à Shreveport et elle a accepté. (Mentionné dans DITF, DR)

CHENIER, WILLIE : À l'instar de Jane Bodehouse, Willie est l'un des piliers de bar du *Merlotte*, qu'il fréquente assidûment jusqu'à sa mort. (Décédé, mentionné dans DAG)

CHESTER (VAMPIRE) : Nom de famille non précisé. Chester est l'un des gardes de Sophie-Anne. Dans sa vie antérieure, c'était un gamin de la campagne bon enfant, aux cheveux blond-roux. Lui et sa collègue Mélanie font partie des vampires tués par l'ouragan Katrina. (DD, meurt, mentionné dans ATD)

CHEZ VERENA ROSE (BOUTIQUE) : Créée à l'origine par Verena Rose Yancy, cette boutique de mariage se trouve maintenant entre les mains de sa fille Adabelle. Entourée de demeures anciennes, elle est installée à l'intérieur d'une belle maison, avec une grande baie vitrée sur la façade. Elle est située un peu en retrait de la rue, avec un parking à l'arrière. Entièrement rénovée, elle respire l'élégance et le raffinement – brique peinte de blanc, volets vert foncé, balustrades de fer forgé, détails et poignée de laiton sur la porte d'entrée. C'est l'endroit à la mode où toute famille d'un certain niveau social vient acquérir les robes et les tenues de mariage. (DAAD)

CHICO (VAMPIRE) : Nom de famille non précisé. Heidi raconte son histoire à Eric. Nouveau venu parmi les vampires, Chico a manqué de respect à Victor. Pour le punir, Victor fait enlever sa mère, lui coupe la langue et oblige Chico à la manger. Chico n'a pas pu sauver sa mère alors qu'elle se vidait de son sang. Colton, le demi-frère de Chico, évoque la même tragédie lorsqu'on lui demande pourquoi il veut tuer Victor. (Mentionné dans DR)

CHIEN BERGER ALLEMAND (MÉTAMORPHE) : Pas de nom précisé. Après avoir pris un pieu dans le côté, Sookie gît sur le sol du *Josephine's*. Un berger allemand la contemple de ses yeux jaunes et lumineux. (CD)

CHILD, RITA : Alors qu'elle est propriétaire du *Hooligans*, club de strip-tease, Rita commet l'erreur potentiellement fatale de tuer une faé – c'était compter sans le bras vengeur de son frère et de sa sœur : Claudette Crane et son frère Claude travaillent tous les deux pour elle en tant que strip-teaseurs. Claudette a l'intention d'aller travailler dans un autre club et d'emmener Claude avec elle. Rita, folle de Claude et de surcroît de l'argent qu'il lui rapporte, ne peut le supporter. Elle frotte l'intérieur de la bourse de Claudette avec du jus de citron.

Sookie révèle la culpabilité de Rita. Claude et la sœur qu'il lui reste, Claudine, obligent Rita à leur céder le *Hooligans* pour un dollar. Ils la relâchent ensuite et l'informent que, pour avoir assassiné leur sœur, elle leur doit une chasse. Si elle parvient à leur échapper pendant un an, elle aura la vie sauve. L'année fatidique a pris fin. Son sort demeure inconnu. (FD)

CHOW (VAMPIRE) : Nom de famille non précisé. Chow est le barman du *Fangtasia*, dont il possède également des parts. Couvert de tatouages, il attire une foule de touristes. Lorsque la jeune sorcière envoyée comme émissaire par Hallow lui communique les conditions de cette dernière, il passe à l'attaque, furieux. Le sort attaché à la sorcière s'active automatiquement et Eric disparaît de son bureau. Chow paie le prix de sa colère pendant la guerre contre les sorcières, succombant sous les coups d'une sorcière armée d'un couteau de bois. (LDID, CD, meurt dans DTTW, mentionné dans DAAD)

CHUCK : Nom de famille non précisé. Chuck est embauché comme barman lors de la fête organisée chez Stan pour fêter le retour de Farrell. Il est blessé lorsque la Confrérie du Soleil ouvre le feu sur les vampires et les humains présents à la soirée. (LDID)

CLANCY (VAMPIRE) : Pas d'autre nom précisé. Responsable du bar du *Fangtasia*, Clancy est l'un des compagnons de nid de Pam. Il se fait kidnapper par Hallow et son clan, qui le saignent à tel point qu'il est proche de sa seconde mort. Il survit mais demeure terriblement amer. Il obéit à Eric et défend Sookie contre les faé dans l'hôpital des SurNat, mais demande à être libéré de son allégeance à Eric s'il survit. Il tombe à terre sous un coup de masse d'armes abattue par l'un des compagnons d'armes de Breandan, qui le décapite alors qu'il lui saute par-dessus pour atteindre Bill. (DN, ATD, FDTW, meurt dans DAG, mentionné dans CD, DTTW, DAAD, DITF)

CLAUSEN, CHARLES (MÉTAMORPHE, FORME ANIMALE : HIBOU) : Charles se fiance avec Debbie Pelt pendant l'une de ses périodes de rupture avec Alcide, mais

Debbie ne peut oublier Alcide et les fiançailles sont annulées. (CD, mentionné dans DAAD, DD)

CLAYTON, ERROL : Errol est à la tête du journal local, le *Bon Temps Bugle*, qu'il gère avec un budget des plus serrés, écrivant la moitié des papiers lui-même. (DITF)

CLEARWATER, HANK : Quand son chauffe-eau tombe en panne, Sookie suggère à Claude d'appeler Hank pour le faire réparer, mais Terry propose de s'en occuper et remplace facilement la pièce usée. (Mentionné dans DITF)

CLEARY, ALLIE : Allie est la nouvelle épouse de David, l'ancien mari de Holly. Elle a deux enfants d'un précédent mariage. (Mentionnée dans DTTW)

CLEARY, CODY : Cody est le fils de Holly. Il passe tout près de la mort à l'école : en pleine dépression, une femme de service l'a fourré dans une poubelle. Sookie parvient à utiliser sa télépathie pour retrouver sa trace et c'est ainsi que Kenya Jones le sauve. (DD, mentionné dans LDID, DTTW, FDTW, DAG, DITF, DR)

CLEARY, DAVID : David est l'ancien mari de Holly. Il habite Springfield avec sa nouvelle épouse Allie et les deux enfants de cette dernière. (Mentionné dans DTTW, DD)

CLEARY, HOLLY (SORCIÈRE) : Holly travaille avec Sookie au *Merlotte*, en compagnie également de Danielle Gray, son amie proche. Divorcée, elle a un fils de six ans, Cody. Elle est adepte de la Wicca. Elle se fait piéger par Hallow, qui menace son fils pour tenter de venir à bout d'Eric Northman. Cédant au chantage, elle sert de vigie pour Hallow le soir de l'attaque. Holly intercepte donc Sookie, au moment où les vampires et les Loups passent à l'attaque. Au lieu de la maîtriser, elle lui donne des informations, espérant que le clan de Hallow sera détruit. Lorsque son fils sera porté manquant à l'école, Sookie parviendra à le localiser à temps pour éviter le pire. Holly fait partie des rares personnes humaines à connaître l'existence des métamorphes. Le jour de la Révélation, elle s'exprime en faveur de Sam et Tray lorsqu'ils se métamorphosent au *Merlotte*. Elle est ainsi devenue une femme assurée qui défend ses amis, et se fiance avec Hoyt Fortenberry, le meilleur ami de Jason. Cette évolution transparaît dans son physique : de blonde peroxydée ou gothique aux cheveux noirs, elle est revenue à son apparence et sa chevelure naturelle. Une fois la date du mariage fixée, elle demande à Sookie de servir le punch, un honneur réservé aux amis les plus proches. (LDID, DTTW, DAAD, DD, ATD, FDTW, DAG, DITF, DR)

CLETE (LOUP) : Nom de famille non précisé. La famille Pelt achète les services d'une bande de Loups, dont Clete, pour faire enlever Sookie à La Nouvelle-Orléans et l'emmener dans une cabane isolée dans les marécages. Le but : l'interroger sur la mort de Debbie. Au cours du trajet, Sookie parvient à blesser Clete au visage avec un tournevis. Pris de panique, Georges, le conducteur, s'arrête sur le bas-côté. Quinn et Sookie prennent la fuite dans les marécages. Clete a maltraité Sookie pendant la capture et Quinn est envahi de rage, qu'il assouvira plus tard sous sa forme de tigre. Il piste les Loups jusqu'à la maison isolée où les attendent les Pelt et surprend les malfaiteurs en train de fumer dehors. (DD)

CLOVACHE (BRITLINGAN) : Pas d'autre nom précisé. Membre du Collectif des britlingans, Clovache est une version légèrement plus petite que son acolyte Batanya, avec des cheveux bruns aériens qui auraient bien besoin d'une coupe, et de grands yeux verts mis en valeur par des sourcils bien dessinés. Les deux britlingans sont embauchées par Isaiah, roi du Kentucky, pour assurer sa protection lors du sommet des vampires à Rhodes. C'est Clovache qui explique à Sookie qu'Isaiah a découvert l'existence d'une espionne dans son organisation. Clovache et Batanya remplissent leur mission et transportent leur client endormi pour le mettre en sécurité avant l'explosion du *Pyramid of Gizeh*. Elles s'en retournent ensuite dans leur dimension. (ATD)

CLOVIS : Nom de famille non précisé. Clovis et Sophie-Anne sont les seuls survivants d'une épidémie qui a décimé leur village. Il viole Sophie-Anne et la force à se prostituer, voyageant avec elle de ville en ville jusqu'à ce qu'Alain les rattrape et le vide de son sang. (Décédé, mentionné dans DD)

CLUVIEL DOR : Gage d'amour faé. Le cluviel d'or accorde un vœu unique à la personne à qui il a été offert. Son potentiel est immense, à condition que le vœu soit basé sur l'amour. (DR)

COBURN, PARKER (VAMPIRE) : Après le passage de Katrina, Parker, Palomino et Rubio se réfugient dans la Zone Cinq gouvernée par Eric et installent leur nid à Minden. On fait appel au trio pour participer à l'assassinat de Victor. Parker n'est pas porté sur la violence mais fait de son mieux pour prêter main-forte à Palomino lorsqu'elle terrasse l'un des vampires ennemis. (DR)

COLLECTIF BRITLINGAN : La devise du Collectif britlingan est la suivante : « Quelle est notre loi ? La parole du client. » Gardes du corps provenant d'une autre dimension, les britlingans ont une réputation d'excellence. Seule une sorcière peut les appeler, négocier le contrat avec leur guilde et les renvoyer dans leur dimension une fois la mission accomplie.

Les services de Batanya et Clovache ont été retenus par Isaiah, roi du Kentucky. Elles doivent assurer sa protection pendant le sommet des vampires à Rhodes.

Ces deux britlingans forment également le sujet d'une nouvelle distincte. (ATD)

COLLINS, CALLIE : De stature imposante, Callie est l'une des nombreuses cuisinières qui travaillent pour une courte période au *Merlotte*. (DD)

COLLINS, FRÈRE : Nouveau pasteur de l'église baptiste. (DR)

COLLINS, JIM : L'épouse de Jim, Della, meurt à peu près en même temps que les vampires annoncent leur existence. La solitude du Texan se mue en haine dirigée tout d'abord contre les vampires, puis les métamorphes. Il a créé un blog pour exprimer tout son ressentiment. C'est un ami proche de Don, le second mari de Bernie Merlotte. Il considère que Don a bien fait de tirer sur Bernie et que cette action est justifiée. Ses opinions radicales annihilent chez lui toute compassion à l'égard du règne animal : il abat tous les chiens du refuge pour faire éclater son point de vue, après avoir planté dans le jardin de Bernie une pancarte dont le message indique que tous les chiens devraient aller en fourrière.

Jim et Sarah Newlin se rencontrent en ligne. Sarah s'infiltre dans la région pour encourager la population qui partage ces vues à interrompre le mariage de Craig et Deidra. Jim suggère puis exige que Sarah l'accompagne chez ses voisins pour abattre les convives rassemblés dans le jardin de Bernie après le mariage. Lorsqu'elle refuse, il la traite d'hypocrite et lui tire dessus. Blessée, Sarah riposte malgré tout. Jim s'effondre et meurt. Sookie et Luna, dont le flair sensible a décelé quelque chose de mort, retrouvent le corps de Jim ainsi que Sarah, prostrée. (Meurt dans STW)

COLLINS, RÉVÉREND : Prénom non précisé. Le pasteur Collins officie à l'église méthodiste de Sookie. (FDTW)

COLMAN (FAÉ) : Pas d'autre nom précisé. Colman est le père de l'enfant que portait Claudine et veut se venger sur Sookie de leur mort. Au début, il ne peut se résoudre à la tuer de sang-froid. Il imagine tout d'abord l'enlèvement de Hunter, avant d'abandonner l'idée. Puis il conçoit un stratagème dont les éléments sont Basim al Saud, un cadavre enterré sur la propriété de Sookie et un appel anonyme à la police, le tout visant à la faire arrêter et incarcérer. Le plan échoue et il espionne Sookie, attendant l'occasion de pouvoir lui faire du mal. Il se défend aux côtés de Claude sous les attaques d'Alexei, et tente de poignarder Sookie après la mort définitive de ce dernier. Il rate Sookie et son coup transperce Ocella, qui meurt. Au même moment, Dermot lance un couteau qui se fiche dans son dos. Paralysé, Colman est incapable de se défendre contre Eric, qui se saisit de lui et le vide de son sang pour avoir tué son créateur. (Meurt dans DITF, mentionné dans DAG)

COLTON : Nom de famille non précisé. Poussé par sa compagne Audrina, Colton a quitté Reno, où il travaillait pour Felipe dans un club, et travaille maintenant comme serveur au *Vampire's Kiss*. Grâce à son frère Chico, vampire, il est plus conscient que la plupart des humains de ce qui se passe dans le monde des SurNat. Au courant des talents de télépathe de Sookie, Colton lui envoie un message mental pour empêcher Eric et Pam de boire dans des verres frottés au sang de faé. Fou de douleur parce que Victor a puni son frère Chico pour son insubordination en tuant leur mère, il participe avec Audrina au massacre qui survient au *Fangtasia*. Colton survit à cette nuit fatidique mais perd Audrina, victime du combat. (DR)

COMPTON, CAROLINE : Caroline, l'épouse de Bill, fête son retour de la guerre. Lorsque Lorena attaque Bill et le lui prend, elle se retrouve veuve et seule à élever leurs deux enfants. (Décédée, mentionnée dans DUD, LDID, DITF, DR)

COMPTON, FULLER : L'un des descendants de Bill, Fuller était le seul policier de Bon Temps dans les années 1930. C'est lui qui a mené l'enquête sur le meurtre d'Isaiah Wechsler. (Décédé, mentionné dans IIHAH)

COMPTON, JESSIE : Seul survivant direct de la famille de Bill, Jessie descend de Tom, le fils de Bill. À son décès, la demeure familiale revient à Bill. (Décédé, mentionné dans DUD, LDID, DD)

COMPTON, MME : Prénom non précisé. Le nom de jeune fille de la mère de Bill était Loudermilk. (Décédée, mentionnée dans DUD)

COMPTON, M. : Prénom non précisé. Le père de Bill est mort pendant la Guerre de Sécession. (Décédé, mentionné dans DUD)

COMPTON, ROBERT : Frère aîné de Bill, Robert meurt de maladie à l'âge de douze ans. (Décédé, mentionné dans DUD, LDID)

COMPTON, SARAH : Sarah est la sœur de Bill. Son fiancé meurt pendant la Guerre de Sécession et elle reste vieille fille. (Décédée, mentionnée dans DUD, LDID)

COMPTON, SARAH ISABELLE : Sarah Isabelle, qui porte le prénom de sa tante, est la fille de Bill. Elle a elle-même une fille, Caroline, qui épouse son cousin et donne aussi naissance à une fille qu'elle prénomme Caroline. Cette dernière épouse un Bellefleur. (Décédée, mentionnée dans DUD, LDID, DITF)

COMPTON, WILLIAM, ALIAS BILL (VAMPIRE) : Sur ordre de sa reine, Bill Compton, ancien soldat parmi les forces des confédérés, revient à Bon Temps à la mort de sa dernière descendante directe, pour reprendre possession de sa demeure familiale. Chargé de retrouver Sookie Stackhouse, il tombe sur elle au *Merlotte*, où elle travaille comme serveuse. Il commet alors l'erreur de sortir dans le parking, attiré par un couple qui lui propose du sang et du sexe. Il se retrouve empêtré dans des chaînes d'argent qui le paralysent tandis que ses agresseurs le vident de son sang, qu'ils ont l'intention de vendre – ce sont des dealers. Contre toute attente, c'est Sookie, la femme qui faisait l'objet de sa mission, qui le sauve. Quelques nuits plus tard, il lui retourne cette faveur lorsqu'elle se fait agresser par le couple qui avait tenté de le vider. Il tue les malfaiteurs et donne de son sang à Sookie, gravement blessée, pour la soigner. Sookie devient rapidement bien plus qu'une simple mission.

Cherchant à obtenir des informations sur les meurtres de plusieurs femmes de la région, Bill emmène Sookie au *Fangtasia*. Il est effaré de s'apercevoir qu'elle retient l'attention d'Eric Northman, vampire et shérif de la Zone Cinq. Bill décide d'obtenir une position au sein de la hiérarchie des vampires afin de pouvoir protéger Sookie plus facilement. Il finit par obtenir le poste d'Investigateur de la Zone Cinq. Sur ordre d'Eric, tous deux s'en vont à Dallas pour retrouver Farrell, compagnon de nid du shérif Stan Davis. Sookie est envoyée pour infiltrer la Confrérie du Soleil pendant la journée. À son réveil ce soir-là, Bill est averti du danger qui menace Sookie, par un jeune télépathe de l'hôtel que Sookie a réussi à contacter. Bill est à sa recherche lorsqu'elle est ramenée à l'hôtel. Il se précipite à ses côtés. Pendant la soirée donnée pour fêter le retour de Farrell, les adeptes de la Confrérie du Soleil tirent sur la maison de Stan. Bill fait partie des vampires qui se lancent à la poursuite des assaillants et abandonne Sookie en compagnie d'Eric. Déçue par le comportement de Bill, Sookie s'en retourne chez elle et ils demeurent en froid pendant plusieurs semaines. Quelque temps après leur réconciliation, Bill est obligé de partir en voyage. À son retour, il découvre que Sookie a demandé à Eric de la protéger pendant une orgie – elle doit y être présente pour découvrir des indices sur la mort de Lafayette Reynold. Bill arrive à temps pour assister au carnage déclenché par la folie meurtrière infligée aux participants par Callisto, la ménade. Il ramène Sookie chez elle après avoir nettoyé la scène avec Eric.

En étudiant sa bible de famille, Bill se rend compte qu'il a toujours des descendants dans la région. Il s'agit de la famille Bellefleur et il s'arrange pour leur laisser un héritage, de manière anonyme.

Lorsqu'il est rappelé par Lorena, son créateur, il dissimule son ordinateur dans la cachette à vampires de Sookie. Il se soumet brièvement à sa volonté, mais Lorena révèle rapidement qu'elle a pour seul objectif de s'approprier la base de données des vampires qu'il a compilée. La séduction ne lui rapportant pas le résultat escompté, elle se tourne alors vers la torture. Sookie accourt à la rescousse et parvient à tuer Lorena. Furieuse contre Bill, elle remet en question les sentiments qu'il a pour elle. Bill continue d'affirmer tout son amour et explique la situation créateur-protégé.

Bill part de nouveau en voyage pour faire des recherches liées à la base de données. Lors de son retour, il découvre que Sookie et Eric – temporairement amnésique – sont devenus intimes. Lorsque la cuisine de Sookie est détruite par un incendie, il la ramène chez lui, toujours décidé à regagner son cœur et prêt à s'occuper d'elle. Il réagit mal en surprenant un baiser échangé par Sam et Sookie au *Merlotte*, et s'affiche rapidement au bar avec une autre femme pour se venger.

Bill aide Sookie à tuer l'assassin de sa cousine et lui propose de la soutenir pour s'occuper de la succession. Malgré son refus, il l'accompagne lors d'un voyage à La Nouvelle-Orléans. Quand Sookie se fait attaquer par Jake Purifoy, Eric oblige Bill à avouer à Sookie qu'elle représentait une mission de la part de la reine. Effondrée, Sookie le renvoie. Il la sauve des griffes de Jade Flower lors de la fête de printemps de la reine et vient à sa porte pour l'assurer avec lassitude qu'il l'aime vraiment, mais Sookie est incapable de lui pardonner.

Bill continue à sortir avec Selah Pumphrey alors que Sookie tourne la page, mais son amour demeure indéfectible et il continue de veiller sur elle. Le soir de la prise de contrôle, il se précipite chez elle, inquiet de la soudaine disparition de plusieurs vampires. Après l'arrivée de Victor Madden, Bill accepte les conditions de la reddition, informant Victor qu'il serait prêt à mourir pour Sookie. Il le prouve lorsqu'elle se fait enlever par les faé Lochlan et Neave. Bill et Niall retrouvent sa piste ; Bill tue Neave, qui parvient auparavant à le mordre de ses crocs plaqués à l'argent. Affaibli par l'argent, Bill réussit malgré tout à se tenir devant Sookie lorsque les forces de Breandan surviennent, et tue Breandan avec le déplantoir de Sookie.

Toujours gravement malade, Bill porte sa bible de famille à Caroline Bellefleur et lui explique leur lien de parenté : elle est son arrière-petite-fille. Ravie, Caroline apprend la nouvelle avec amusement. Mais elle s'éteint le lendemain. À la demande de Bill, Portia organise l'enterrement en soirée pour qu'il puisse y assister. Pendant la cérémonie, Sookie en profite pour s'introduire chez lui afin de trouver un moyen de prendre contact avec la seule sœur de lignée qui lui reste. Elle sait en effet que son sang pourrait aider Bill à guérir. Judith Vardamon vient à la rescousse, heureuse de revoir Bill. Ce dernier comprend rapidement qu'elle éprouve encore des sentiments pour lui alors que ce n'est pas le cas de son côté. C'est d'ailleurs la raison pour laquelle ils s'étaient séparés par le passé. Judith l'entend en parler à Sookie et leur annonce son départ.

Bud Dearborn appelle ce soir-là pour prévenir que Sandra Pelt, arrêtée plus tôt pour avoir attenté aux jours de Sookie, s'est évadée. Bill propose de monter la garde autour de la maison de Sookie pour la protéger.

Lorsque Sookie se précipite chez lui pour échapper à deux hommes lancés à sa poursuite, Bill dort encore de son sommeil diurne. Elle réussit à le localiser dans sa trappe sous sa cuisine. Il lutte pour se réveiller mais retombe plusieurs fois dans un sommeil profond. Il finit par se lever et lui porter secours, et vérifie que les kidnappeurs sont partis avant de la raccompagner chez elle. Une fois sur place, ils trouvent Dermot inconscient et blessé dans le grenier. Bill, enivré par l'odeur du sang du faé, parvient finalement à se contrôler et quitte la maison. Il retourne chez lui mais doit revenir chez Sookie plus tard dans la nuit, afin de convaincre Bubba de participer au complot contre la vie de Victor. Bill se charge de convoyer Bubba au *Fangtasia* le moment venu et de le mettre en sûreté dès le début du combat – s'interrompant un instant pour tuer l'un des vamp's de Victor. Une fois Bubba parti pour se trouver un endroit où dormir, Bill revient pour parler à Eric, qui ne s'est pas donné la peine de soulager la douleur de Sookie en prenant son sang. Bill remmène Sookie chez elle et ils se mettent à discuter. Elle lui décrit ses impressions du massacre qui a eu lieu au *Fangtasia* et lui raconte toute l'histoire du mariage arrangé par Ocella et du contrat qui lie Eric à Freyda, avouant qu'elle a brisé le lien de sang avant même d'avoir appris cette histoire. Bill se méfie d'Eric et ne l'apprécie pas. Malgré tout, il conseille à Sookie de laisser Eric prendre sa propre décision sur l'affaire. (DUD, LDID, CD, DTTW, DN, DAAD, OWA, DD, ATD, L, FDTW, DAG, DITF, DR, mentionné dans FD, GW, STW, IIHAH).

CONCESSION HARLEY-DAVIDSON : La concession appartient à Patrick Furnan. On peut y acheter des motos Harley ainsi que tous les services nécessaires à des motards : réparations et ventes de pièces et d'accessoires tels que cuirs, casques, lunettes et tee-shirts, sans oublier tous les produits dérivés de l'enseigne. (Mentionnée dans DAAD, FDTW)

Confrérie du Soleil ou FotS (Fellowship of the Sun) : Organisation militante antivampires, la secte de la Confrérie du Soleil, ou FotS, connaît une progression fulgurante aux États-Unis. Son objectif est d'éradiquer les vampires. Fondée par G. Steve Newlin et son épouse, Sarah, la secte rayonne à partir de plusieurs branches. Les offices religieux prônent l'intolérance vis-à-vis des morts-vivants et condamnent tout humain entretenant des relations, quelles qu'elles soient, avec des vampires. Le FBI effectue un raid sur leur site le plus lucratif et découvre dans les sous-sols des cachots abritant notamment des chaînes d'argent et des fusils permettant de tirer des pieux de bois, ainsi que le cadavre d'un homme de main de la FotS. Le FBI déclare la fermeture des locaux. Par mesure de rétorsion, une troupe d'adeptes lance une attaque lors d'une fête organisée par des vampires, tuant plusieurs vampires ainsi que des humains. L'incident provoque des appels à mettre en place une législation protégeant les vampires. Steve et Sarah sont ainsi contraints d'entrer dans la clandestinité pour poursuivre leur programme de propagande et d'éradication des vampires. L'organisation mère déclare publiquement ne pas être impliquée dans les incidents. En outre, elle nie toute responsabilité dans l'attentat à la bombe perpétré à l'occasion du sommet de Rhodes et ayant entraîné un si grand nombre de victimes – non seulement parmi les vampires mais également chez les humains, dont de nombreux employés *du Pyramid of Gizeh*. La Confrérie accuse au contraire une branche dissidente.

Après leur propre Révélation, la Confrérie vise également les métamorphes et encourage les manifestations, propageant subrepticement des incitations à la violence contre métamorphes et sympathisants humains. (LDID, mentionnée dans CD, DAAD, DD, OWA, ATD, FDTW, DAG, STW)

Connie the Corpse (vampire) : Pas d'autre nom précisé. Avec sa voix chaude, Connie travaille comme DJ à la station de radio vampire DCD de Baton Rouge. (DAAD)

CONSEILLER DE VLAD TEPES (VAMPIRE) : Pas de nom précisé. Eric et lui ont une discussion concernant la présence éventuelle de Vlad lors de la soirée d'anniversaire donnée en son honneur. (Mentionné dans DN)

COOPER, MARIA-STAR (LOUVE) : La douce Maria-Star se joint à sa meute pour attaquer Hallow et Mark Stonebrook chez Bill Compton. En fuyant dans leur voiture, les sorcières la percutent et elle est gravement blessée. Sookie l'emmène à l'hôpital. À peine consciente, elle comprend malgré tout l'histoire que Sookie a concoctée pour expliquer ses blessures auprès de la police et ne trahit rien. Elle se remet à temps pour assister au tournoi des chefs de meute, et réconforte Alcide Herveaux, inconsolable après la défaite et la mort de son père. Tous deux commencent bientôt à sortir ensemble.

Maria-Star est heureuse dans sa vie professionnelle – elle est l'assistante et la maquilleuse du photographe Al Cumberland – et dans sa vie sentimentale, car sa relation avec Alcide devient sérieuse. Ils viennent tout juste d'aborder son emménagement chez Alcide lorsque Maria-Star se fait sauvagement assassiner, dans son propre appartement. Alcide est anéanti. Persuadé que c'est Patrick Furnan qui a orchestré le meurtre, il jure de se venger. Puis il découvre que la propre femme de Patrick, Libby, est également victime des manigances d'une femelle chef de meute du nom de Priscilla Hebert. Alcide et Patrick s'associent pour tuer Cal Myers, le véritable meurtrier de Maria-Star, Libby et Christine Larrabee. Patrick Furnan perd la vie au cours du combat qui les oppose ensuite à la meute de Priscilla. Alcide accède à la place dominante de chef de meute, mais sans Maria-Star à ses côtés. Maria-Star laisse derrière elle ses parents et ses trois frères cadets. (DTTW, DAAD, DD, meurt dans FDTW, mentionnée dans DITF)

COOPER, MATTHEW ET STELLA (LOUPS) : Ce sont les parents de Maria-Star. Ils pleurent sa mort, tout comme ses trois frères non métamorphes. (Mentionnés dans FDTW)

COPPER : Pas d'autre nom précisé. Copper travail au centre de tir à l'arc Monteagle à Rhodes. Elle accepte de montrer les vidéos de surveillance à Sookie et Barry, ce qui lui coûtera la vie : elle est assassinée avant qu'ils ne reviennent pour regarder les vidéos. (Meurt dans ATD)

CORINNA (VAMPIRE) : Nom de famille non précisé. Corinna fait partie des vamp's de Victor. Elle se joint à Bruno pour tenter de mettre fin aux jours de Sookie et Pam. Tous deux les attendent sur le bas-côté de la route et leur font signe d'arrêter. Pam l'élimine facilement à mains nues, laissant à Sookie le soin de se charger de Bruno avec un couteau. (FDTW, meurt dans DITF, mentionnée dans DR)

CORINNE : Nom de famille non précisé. Corinne assure manucures et pédicures au salon de Janice Herveaux Phillips. Elle est heureuse de choyer Sookie pendant son séjour à Jackson. (CD)

COUGHLIN, MIKE : Membre des forces de l'ordre à Shreveport, l'inspecteur Coughlin mène l'enquête sur les meurtres qui ont eu lieu à la boutique de mariage de Verena Rose. Il n'a pas conscience que les cadavres sont ceux de métamorphes. Sans le savoir, il reste lié au monde des SurNat lorsqu'on lui attribue Cal Myers, loup-garou, comme partenaire. Il nourrit néanmoins quelques soupçons quant à la nature de son nouveau collègue. (DTTW, DD, mentionné dans FDTW)

COUSIN DE D'ERIQ : Pas de nom précisé. Habitant de Monroe, le cousin de D'Eriq l'appelle le soir de la Grande Révélation pour lui apprendre qu'il a épousé une Louve. (Mentionné dans DAG)

COYOTE (MÉTAMORPHE) : Pas de nom précisé. C'est une esthéticienne qui fait son *coming out* au moment de la Grande Révélation – traumatisant l'une de ses vieilles clientes, qui découvre également à cette occasion que son grand-père est un lynx. (Mentionnée dans DAG)

CRANE, CLAUDE (FAÉ) : Claude, le frère de Claudine, fait plus d'un mètre quatre-vingts. Il a les yeux bruns, une longue chevelure sombre et s'est fait modifier les oreilles pour paraître plus humain. Danseur exotique, il préfère les hommes aux femmes mais ne s'en tient pas exclusivement à la gent masculine. Narcissique à l'extrême, Claude agit généralement dans son propre intérêt. Après avoir perdu ses deux sœurs, cependant, il emménage avec Sookie, soi-disant pour avoir sa compagnie. En réalité, il veut la protéger de Colman, père de l'enfant que portait Claudine, tombée lors de la Guerre des Faé. Claude se montre très agréable comme colocataire, et semble même s'amuser sincèrement avec Hunter Savoy, lorsque Sookie accepte de le garder pour une nuit. Sookie et Claude unissent leurs efforts pour briser le sortilège infligé à Dermot, grand-oncle de Sookie et oncle par alliance de Claude. Puisque les faé tirent du réconfort à se retrouver parmi les leurs, Claude et Dermot restent habiter chez Sookie – jusqu'à ce que Sookie mette Claude à la porte pour avoir incité Alcide Herveaux à s'installer dans son lit alors qu'elle entretenait une relation avec Eric. (FD, DAAD, DD, FDTW, DAG, DITF, DR)

CRANE, CLAUDETTE (FAÉ) : Claudette est la sœur jumelle de Claude et Claudine. Elle ne bénéficie pas de la même nature généreuse que Claudine, et ne tente même jamais d'user de son charme comme Claude le fait parfois. Lorsque Claudette meurt, empoisonnée par du jus de citron pur, Claudine demande à Sookie de l'aider à identifier le meurtrier en lisant dans l'esprit de trois suspects humains. La coupable est la propriétaire du club où

Claude et Claudette travaillaient comme danseurs exotiques. Elle est condamnée à leur céder le club et à leur accorder une chasse dont elle sera la proie. (Décédée, mentionnée dans FD, DAG, DITF, DR)

CRANE, CLAUDINE (FAÉ) : Grande, brune et tout en courbes délicieuses, Claudine fait sa première entrée au *Merlotte* le soir du 31 décembre. Elle révélera plus tard qu'elle est la faé marraine de Sookie et que sa mission consiste à éviter les désastres dans la vie de Sookie, ainsi qu'à l'aider à se remettre de ceux qu'elle n'aura pu détourner. Il lui arrive de donner simplement des conseils en tous genres – comme ne pas se rendre au sommet de Rhodes ou faire attention à Dermot et Breandan – mais aussi son avis sur les tenues de Sookie. À d'autres moments, pourtant, Claudine passe directement à l'action. Elle apparaît brusquement dans la voiture de Sookie alors que celle-ci s'endort, ainsi qu'au beau milieu de la Guerre des Loups pour la protéger. Son dernier geste avant de mourir sera encore une fois de protéger Sookie en tentant d'empêcher Breandan de la tuer.

Elle avait dit un jour à Sookie qu'elle travaillait à devenir un ange. À sa mort, elle est apparue à son père, Dillon, ce qui indique qu'elle réside maintenant dans les contrées où le soleil ne se couche jamais. (DTTW, FD, DAAD, DD, ATD, FDTW, meurt dans DAG, mentionnée dans DITF, DR)

CRAWDAD DINER : Perdita et Crawdad Jones ont ouvert leur restaurant dans les années 1940. En prenant sa retraite, Perdita cède ses recettes au propriétaire suivant, Ralph Tooten, à cette seule condition qu'il conserve le nom de feu son époux. L'arthrite de Ralph l'oblige à se défaire du restaurant mais, en le revendant à Pinkie Arnette, il prend soin de maintenir l'obligation. Niché au cœur des quartiers anciens, le restaurant n'était autrefois qu'un boui-boui. Il jouit aujourd'hui d'une solide réputation et sert des plats typiques des États du Sud, dont des beignets de tomates vertes, les escalopes panées ou le fameux pudding de Perdita. (DUD, DITF, mentionné dans DR)

CRÉATURE FAÉRIQUE (FAÉ DE SANG MÊLÉ) : Pas de nom précisé. Une créature blonde de petite taille et d'espèce indéterminée reconnaît en Sookie un être en partie faé. Elle lui demande si elle va se joindre à l'assemblée des faé au *Hooligans*. (DR)

CRIMMINS, PATRICIA (LOUVE) : Patricia est l'un des trois Loups de Ste Catherine qui se rendent à Alcide après la défaite de Priscilla Hebert. Alcide la choisit pour se métamorphoser en direct le soir de la Révélation car elle est jolie et bien faite. Lorsqu'il commence à sortir avec Annabelle, Patricia se sent jalouse, même si elle est avec Hamilton Bond. Elle devient la complice de Ham lorsqu'il liquide Basim pour l'enterrer dans les bois de Sookie. Sookie perçoit sa culpabilité et Patricia implore la merci de la meute. Mais Jannalynn pousse Alcide à regarder la trahison de Patricia en face et déclare qu'elle doit mourir avec Hamilton. Présumée morte. (FDTW, DAG, DITF)

CRIMMONS, BOOTH (VAMPIRE) : Booth est le second de Gervaise. Lui et ses vamp's, accompagnés de Sigebert, montent la garde autour de Sophie-Anne durant sa convalescence. Ayant laissé la responsabilité des lieux à Audrey, sa protégée, il n'est pas présent au moment de la prise de pouvoir. Personne ne sait ce qu'il est devenu. (Mentionné dans FDTW)

CROMWELL, WILLIE : L'inspecteur de police Cromwell fait partie de l'équipe qui enquête sur la disparition d'un certain nombre de personnes. En réalité, celles-ci ont été tuées lors de l'attaque menée par Priscilla Hebert contre la meute des Loups de Shreveport. L'inspecteur ne saura jamais ce qui s'est réellement passé. (Mentionné FDTW)

CROWE, BARTLETT (VAMPIRE) : Roi de l'Indiana, Bart épouse Russell Edgington au sommet de Rhodes. Lui et son époux survivent à l'explosion et s'en sortent pratiquement indemnes. (ATD, mentionné dans DAG)

CULPEPPER (LOUP) : Prénom non précisé. Hallow et son clan sont sur le point de déclencher la Guerre des Sorcières, face aux Loups et aux vampires de Shreveport. Culpepper s'associe avec le Loup Portugal pour s'assurer que les wiccans de la région viennent prêter main-forte ou se tiennent à l'écart. Portugal fait partie des victimes tombées et Culpepper, assis auprès de son corps, pleure sa disparition. (DTTW)

CUMBERLAND, ALFRED (LOUP) : Qu'il s'agisse de mariages royaux et princiers parmi les SurNat ou les humains, Al est le photographe le plus en vogue. Il est familier des rituels dans les deux communautés et capture les moments phare pour la postérité. (DD, FDTW)

CUMMINS, JESSE WAYNE : Jesse Wayne fréquente le *Merlotte*. (DITF)

CUNNINGHAM, RIKI : Riki fait réserver une robe du soir pour sa fille chez Tara's Togs (DAG)

CURLEW : Prénom non précisé. L'officier de police Curlew et son partenaire Jay Stans interrogent Sookie lorsqu'elle amène Maria-Star à l'hôpital. Elle explique qu'elle l'a trouvée au bord de la route et qu'elle a été percutée par une voiture. (DTTW)

CURT (LOUP) : Nom de famille non précisé. Curt travaille pour Niall comme coursier et messager. Il fait du théâtre et participe à la surprise organisée par Niall pour le Noël de Sookie. (GW)

CYNDEE : Nom de famille non précisé. Cyndee est serveuse au *Fangtasia*. Elle promet à l'une de ses clientes de soudoyer un vampire pour qu'il accepte de la mordre. L'affaire provoque l'intervention du Bureau des

Affaires des Vampires. Eric est certain que son équipe sera disculpée, car il n'a jamais toléré de tels agissements dans son bar. Il n'apprécie pas toutefois de devoir subir l'enquête et licencie Cyndee, ce qui constitue son seul recours légal. (Mentionnée STW)

D

DAN : Nom de famille non précisé. Dan est l'un des gardes de la communauté d'Eric. (DITF)

DANA : Nom de famille non précisé. Dana est demoiselle d'honneur pour le mariage de Halleigh. C'est elle qui explique à Sookie ce qu'elle devra faire lorsqu'elle remplace Tiffany. Le mari et le bébé de Dana sont également présents au mariage. (FDTW)

DANVERS, CARLA : Mélange incongru de reine de beauté et de jeune femme piercée à l'esprit libre, Carla sort avec Gervaise. Elle s'exhibe nue sans vergogne dans la chambre qu'elle partage avec Sookie lors du sommet des vampires. Elle est heureuse d'être avec « Gerry », shérif de la Zone Quatre, appréciant tous les petits avantages de son statut. Elle fait partie des victimes de l'attentat à la bombe. (Meurt dans ATD)

DAVE : Nom de famille non précisé. Dave est militaire à la base aérienne de Barksdale. Un soir, alors que Sookie est assise au *Fangtasia* en compagnie d'Eric, Dave l'aborde en titubant et lui conseille d'une voix avinée de ne plus fréquenter de vampires. Il est surpris de constater qu'elle connaît son nom, et se calme suffisamment pour lui faire des excuses. (DAAD)

DAVIS, STAN (VAMPIRE) : Portant autrefois le nom de Stanislaus Davidowitz, Stan a progressé dans les rangs de la hiérarchie vampire, acquérant en tant que shérif le contrôle de la Zone Six du Texas, puis s'emparant de l'État tout entier, dont il devient roi. Alors qu'il était shérif, il a gagné un procès intenté par ses voisins, qui luttent pour interdire la présence de vampires dans leur communauté. Il attire la sympathie des humains lorsque lui, ses vampires et ses invités humains se font attaquer par les adeptes de la Confrérie du Soleil au cours du Massacre de Minuit, subissant à cette occasion de lourdes pertes.

Bien que le Texas ne fasse pas partie du clan qui organise l'événement, le roi Stan assiste au sommet de Rhodes, car il est en négociation avec Russell, roi du Mississippi, pour construire une résidence hôtelière. Malheureusement pour lui, il est gravement blessé dans l'attentat et perd également Rachel, sa protégée. Pendant sa convalescence, son second, Joseph Velasquez lutte pour lui préserver son royaume. (LDID, ATD, mentionné dans DD, DAG, DITF)

DAWN, DEVON (VAMPIRE) : Fashion victime invitée sur le plateau télévisé d'une émission de relooking, Devon refuse obstinément les conseils de mode des deux animateurs Bev et Todd. Elle égorge Todd et se fait casser le bras. (DAG)

DAWSON, TRAY (LOUP) : Ancien flic, Tray Dawson est un Loup solitaire dans tous les sens du terme. Divorcé, avec un fils, il n'appartient à aucune meute. Il reste généralement neutre dans les affaires impliquant les communautés des hybrides. Il est propriétaire d'un petit atelier de mécanique et arrondit ses fins de mois en proposant ses services comme garde du corps. Au service de Calvin Norris lors de son séjour à l'hôpital, Tray passe le dernier jour de son contrat à veiller sur Sookie. Sweetie Des Arts lui tire dessus lors de sa confrontation avec Sookie et Andy Bellefleur. Tray est également l'ami de Sam et le remplace parfois au bar. Après avoir assisté à la mort de Maria-Star Cooper grâce à la reconstitution ectoplasmique, Tray choisit de soutenir Alcide Herveaux contre Patrick Furnan, soupçonné d'avoir orchestré le meurtre de Maria-Star. Lorsque l'identité du véritable meurtrier est révélée, il combat avec la meute mais ne s'y intègre pas, préférant demeurer indépendant. Il commence à sortir avec Amelia et accepte une mission de la part d'Alcide : protéger Sookie, que les faé menacent. Il pense ainsi que sa présence protégera également Amelia. Dans les bois de Sookie, un faé force Tray à boire du sang de vampire empoisonné. Affaibli, il est incapable d'assurer sa sécurité. Enlevé par Lochlan et Neave, Tray est torturé de manière atroce. Récupéré et expédié à l'hôpital du Dr Ludwig, il est conscient que sa fin approche. Lorsque Breandan et ses partisans lancent leur attaque, Tray rassemble ses dernières forces pour détourner l'attention de Breandan, qui l'élimine d'un coup d'épée. Son geste accorde à Bill les quelques secondes nécessaires pour asséner le coup fatal à Breandan. (DAAD, ATD, FDTW, meurt dans DAG, mentionné dans DITF)

DE CASTRO, FELIPE (VAMPIRE) : Roi du Nevada, de Louisiane et de l'Arkansas, Felipe détient un certain nombre d'entreprises à travers tout le Nevada, dont un casino, plusieurs restaurants et une société d'événementiel. Selon la rumeur, il serait également à la tête d'un empire dans les médias. Doué en affaires et bénéficiant d'une grande expérience dans le domaine du tourisme, il semble être le candidat idéal pour remettre sur pied les actifs des vampires à La Nouvelle-Orléans.

Profitant de la convalescence forcée de Sophie-Anne, physiquement et financièrement affaiblie, Felipe organise la prise de contrôle de la Louisiane et de l'Arkansas, expédiant ses vampires pour intégrer ou assassiner les vamp's des deux États. Felipe se fait capturer par Sigebert en même temps qu'Eric et Sam, dans le parking du *Merlotte*. Sauvé par Sookie, il lui propose officiellement la protection des vampires.

L'autorité de Felipe sur la Louisiane est fragilisée par Victor, qui cherche à gagner de plus en plus de pouvoir.

Felipe en est cependant parfaitement conscient, et réserve à Victor un tour à sa manière. (FDTW, mentionné dans DAG, TB, DITF, DR)

DEAD MAN DANCE BAND (VAMPIRES) : Ce groupe de musiciens joue lors du sommet de Rhodes. (ATD)

DEAN, ALMA : De tempérament soumis, Alma est l'assistante de Diane Porchia. (L)

DEARBORN, BUD : Le shérif Bud Dearborn était l'un des amis de Corbett Stackhouse. Il se méfie malgré tout à la fois de Sookie et de Jason. C'est un homme bon dont la justice est la principale préoccupation. Il connaît très bien son comté et réconforte Calvin Norris alors que ce dernier est en pleine transformation, fou de douleur à la découverte du corps de Crystal. Sookie n'est donc pas la seule personne qui soit au courant de l'existence de la communauté des panthères.

Bud se trouve au *Merlotte* au moment où Sandra Pelt fait une nouvelle tentative pour mettre fin aux jours de Sookie. Lorsque Sandra s'échappe du poste de police, Bud appelle Sookie pour l'avertir. (DUD, LDID, DTTW, DAAD, DD, FDTW, DAG, DITF, DR, mentionné dans ATD)

DEARBORN, GRETA : D'une nature heureuse et candide, Greta complète parfaitement son époux le shérif. Sa personnalité s'accorde à merveille avec son propre métier – c'est elle la fleuriste de Bon Temps. (DAAD)

DEARBORN, JEAN-ANNE : Fille de Bud et Greta Dearborne, Jean-Anne se fait surprendre par son propre père en pleine action avec Jason, à l'arrière de son pick-up. (Mentionnée dans DUD)

DEATH BY FASHION : Dans ce salon de haute coiffure, Immanuel Earnest pratique les prix les plus élevés de tout Shreveport. (Mentionné dans DR)

DEB (LOUVE) : Nom de famille non précisé. Deb est le chauffeur envoyé par le Dr Josephus pour l'emmener de l'hôpital de Dallas au *Silent Shore Hotel* après son accident de voiture. Les yeux bandés, Sookie écoute les conversations entre Deb, les autres Loups et Luna, notamment lorsque Deb admire Eric, posté devant l'hôtel. Luna lui précise qu'il n'est pas question qu'elle sorte avec un « déterré ». (LDID, STW)

DEEANNE : Nom de famille non précisé. DeeAnne commence la soirée au *Merlotte* avec un routier de Hammond, mais la finit en repartant avec Jason. (DUD)

DELAGARDIE : Prénom non précisé. Après l'agression de Jake Purifoy, l'urgentiste Delagardie donne les premiers soins à Sookie dans l'appartement de Hadley avant de la faire transporter à l'hôpital. Il fournit quelques conseils à Sookie. (DD)

DELAHOUSSAYE, CAREY : Carey est le mari de Linda, la tante de Sookie. Après leur divorce, il retourne auprès de sa famille à La Nouvelle-Orléans. Sookie n'en conserve que quelques vagues souvenirs datant de son enfance. (Mentionné dans OWA, DAG)

DELAHOUSSAYE, LINDA STACKHOUSE (UN QUART FAÉ) : Chez Linda, la fille d'Adele et Fintan, l'héritage faé n'est pas visible. Alors qu'elle n'est qu'une enfant, son oncle Bart abuse d'elle. Carey, son époux, la quitte et regagne La Nouvelle-Orléans. Sa fille Hadley déserte également le foyer familial et disparaît de sa vie. Linda meurt peu après d'un cancer de l'utérus. (Décédée, mentionnée dans DUD, OWA, DD, ATD, FDTW, DAG, DITF, DR)

DEMEURE D'ERIC NORTHMAN : La demeure d'Eric se situe dans une résidence privée et close, gardée vingt-quatre heures sur vingt-quatre. Bâtie sur une pente, la maison de pierre comporte une salle de jeux de plain-pied qui a été entièrement scellée et isolée de la lumière pour devenir la chambre principale. Sa lourde porte barre l'accès, par les escaliers, à l'étage principal. Le garage, qui ne contient que la Corvette d'Eric, donne sur une cuisine sobrement décorée et rarement utilisée. La salle de séjour, refaite à neuf, arbore de belles teintes riches et profondes. Son mobilier lourd convient à la taille imposante d'Eric. Les chambres à l'étage supérieur ont été équipées de volets et de rideaux occultants. Dans les chambres d'amis, des cercueils élégants sont rangés sous les lits. (DITF, DR, mentionnée dans DTTW, FDTW, DAG)

DENISSA : Nom de famille non précisé. Denissa doit chanter avec Mary à l'occasion du mariage Lisle-Merlotte. Elle vient à la répétition mais pas à la cérémonie, incapable d'affronter les manifestants. (STW)

D'ERIQ : Nom de famille non précisé. D'Eriq travaille au *Merlotte*, en cuisine, sous les ordres du cuisinier Antoine, ainsi qu'en salle. Il est présent le soir de la Révélation, quand Sam et Tray se métamorphosent. Il intègre parfaitement la nouvelle, apprenant qu'il travaille pour un métamorphe et que son cousin a épousé une Louve. (DAG, DITF)

DERRICK : Nom de famille non précisé. Derrick, le cousin d'Arlene, est suffisamment courageux pour travailler de nuit à une station-service de Bon Temps. (LDID)

DERRICK (PANTHÈRE) : Nom de famille non précisé. C'est le cousin de Calvin. Pour Amelia Broadway, la nuit qu'elle a passée avec lui à l'occasion du mariage de Jason et Crystal est une aventure d'un soir. Dans son esprit à lui cependant, elle a fait d'eux un véritable couple et il continue d'espérer pendant un temps. Malheureusement pour lui, l'état douteux de ses draps lui efface toutes ses chances avec Amelia, maniaque de la propreté – d'autant que, d'après elle, leurs ébats n'ont pas été inoubliables. (ATD, mentionné dans FDTW)

DES ARTS, SWEETIE (LOUVE, MORDUE) : Mordue par un loup-garou alors qu'elle gît blessée après un accident de voiture, cette ancienne danseuse exotique se métamorphose partiellement à la pleine lune suivante. Elle ne supporte pas ce qu'elle est devenue et voue une haine féroce à toute la communauté des hybrides. Elle assouvit sa vengeance avec son fusil. Se déplaçant de ville en ville et travaillant dans les bars, elle identifie les métamorphes de la région parmi ses clients mais également dans les églises, restaurants et foyers d'urgence. À l'époque où elle travaille en cuisine au *Merlotte*, elle met fin aux jours de l'adolescente Heather Kinman, une renarde. Elle tire également sur Calvin Norris, panthère-garou, qui en réchappe de justesse. Convaincue que Sookie est métamorphe, car elle porte sur elle l'odeur des métamorphes, elle la blesse également. Sweetie trouve la mort dans une ruelle, abattue par Andy Bellefleur. Dans les trois ans qui ont suivi sa morsure, Sweetie a assassiné vingt-deux métamorphes et en a blessé quarante et un. (Meurt dans DAAD)

DÉSIRÉE : Nom de famille non précisé. Eric envoie Désirée en cadeau à Bill pour le récompenser. Bill renvoie son cadeau sans l'ouvrir, soulagé que Jason propose de la raccompagner. (DUD)

DEWITT, M. : Prénom non précisé. M. DeWitt, le voisin de Caroline Bellefleur, embauche son infirmière Doreen après le décès de Caroline. (Mentionné dans DITF)

DIANE (VAMPIRE) : Nom de famille non précisé. Diane fait partie des vampires de Monroe. L'intégration des vampires dans le monde est le cadet de ses soucis. Elle prend soin au contraire de vexer les humains à chaque occasion, comme lorsqu'elle rend visite à son vieil ami Bill à Bon Temps. À cause de leur arrogance, elle et ses frères de nid Liam et Malcolm deviennent la cible des humains mécontents, qui incendient leur maison à l'aube juste avant leur lever, les piégeant dans leurs cercueils. (Meurt dans DUD)

DIANTHA (MI-DÉMON) : Diantha est la nièce de Maître Cataliades. À l'instar de sa sœur décédée, elle travaillait comme messagère pour la reine Sophie-Anne Leclerq ainsi que pour son oncle. Toute menue, elle a une préférence marquée pour les tenues bariolées et parle très rapidement, sans respirer. Coincée sous les décombres pendant plus de douze heures, elle survit néanmoins à l'explosion du *Pyramid of Gizeh*. Elle porte un message personnel de son oncle à Sookie pour la mettre en garde contre les faé, et lui livre également l'héritage que Claudine lui a laissé. Diantha est capable de faire jaillir de petites flammes dans ses mains et adore la chasse. Il lui est arrivé d'abattre non seulement des chevreuils mais également des humains – en état de légitime défense, naturellement – ainsi que, à l'occasion, un vampire renégat ou deux. (DD, ATD, DAG, DITF, mentionnée dans DR)

DINWIDDIE, DR : Nom de famille non précisé. Tara choisit le Dr Dinwiddie, de Clarice, pour s'occuper de sa grossesse. (Mentionné dans DITF)

DOMINICA, DON : Propriétaire d'un parc à caravanes, Dominica signale l'absence des occupants de trois camping-cars garés sur son terrain, loués au nom de Priscilla Hebert. (Mentionnée dans FDTW)

DON : Nom de famille non précisé. Second mari de Bernie Merlotte, Don lui tire dessus lorsqu'elle se métamorphose devant lui le soir de la Grande Révélation. Après son arrestation, il ne peut payer sa caution et reste en prison dans l'attente de son procès. (Mentionné dans FDTW, DAG, DITF, STW)

DONATI, TODD : Chef de la sécurité du *Pyramid of Gizeh*, Todd est gravement malade. Se sachant condamné, il travaille avec acharnement pour mettre sa famille à l'abri du besoin. Les machinations des vampires durant le sommet l'agacent au plus haut point. Il survit à l'explosion et révèle à Sookie que c'est Christian Baruch qui a installé la bombe devant la porte de Sophie-Anne. (ATD)

DOREEN : Nom de famille non précisé. Efficace et d'un calme olympien, Doreen accompagne la fin de vie de Caroline Bellefleur. Elle est à ses côtés lorsque Bill lui révèle leur lien de parenté. Après le décès de Caroline, elle s'installe dans la maison voisine pour s'occuper de M. DeWitt. (DITF)

DOUG (LOUP) : Nom de famille non précisé. Quand Sookie sort en voiture de la propriété de Russell à l'aube – Bill étant dissimulé dans son coffre –, Doug, le garde posté à la grille, lui demande en passant si elle va revenir assister à la « crucifixion ». S'il n'en avait pas parlé, Bubba aurait pu mourir de sa mort définitive, aux mains de vampires et de loups-garous qui ne l'avaient pas reconnu – et, comble de l'ironie, dans l'État qui l'avait vu naître. (CD)

DOWDY, JOHN : Ancien shérif de Renard, John Dowdy se met en route pour Hotshot, afin de procéder à l'arrestation pour viol de Carlton Norris. Il ne reviendra jamais. (DTTW)

DOWNEY, JIM : Mécanicien, Jim travaille parfois sur la voiture de Sookie. Il est marié et père de trois enfants. (CD)

DU RONE, JB : Beau comme un dieu, JB voit la vie en termes très simples. Il fait partie des amis de Sookie depuis le lycée car ses pensées sont élémentaires et spontanées, ne causant ainsi pas de stress à la télépathe. Ils se retrouvent après le meurtre de Dawn. JB apprécie l'amitié de Sookie et l'aide à se remettre de ce que toute la ville pense être un accident. Il s'agissait en fait de l'agression commise par les faé et des tortures qu'ils lui ont infligées. Il retrouve également une autre camarade de lycée en la personne de Tara. Après ses rencontres malheureuses avec le monde des vampires, cette dernière est à la recherche d'un homme qui ne soit ni dominateur ni violent. L'adorable JB convient parfaitement et ils se marient. Ils auront bientôt des jumeaux, Robert Thornton du Rone et Sara Sookie du Rone.

Occupés à abattre une cloison chez les du Rone, JB et Sam découvrent un marteau. C'est l'arme qui a servi à tuer Isaiah Wechsler, qui vivait dans la maison voisine dans les années 1930. Dérangé, l'esprit du meurtrier abat sur la maison un sort de malheur qui perdure jusqu'à ce que ses ossements soient retrouvés et identifiés par Sookie et Quiana Wong, médium et nourrice des enfants du Rone. L'esprit retrouve la paix lorsque la dépouille est enterrée de nouveau, dans la concession familiale de Sookie. JB annonce la reprise des travaux de rénovation de la maison et la vie reprend son cours normal. (DUD, LDID, DD, ATD, DITF, IIHAH, mentionné dans FDTW, DAG, DR)

DU RONE, MME : Prénom non précisé. La mère de JB est présente chez Sookie lors du *baby shower* organisé pour la naissance des bébés de Tara. (Mentionnée dans DR)

DU RONE, ROBERT THORNTON : Le fils de JB et Tara reçoit le nom de jeune fille de sa mère comme second nom de famille. (IIHAH)

DU RONE, SARA SOOKIE : Le deuxième prénom de la fille de Tara et JB lui a été donné en l'honneur de sa « tante » Sookie. (IIHAH)

DU RONE, TARA THORNTON : Tara est la vieille amie de Sookie. Malgré son enfance très dure, elle est parvenue à devenir propriétaire de son magasin de vêtements, Tara's Togs. Elle n'est pas toujours très douée pour choisir ses hommes et se retrouve fiancée avec Eggs Benedict pendant une très courte période. Il exige qu'elle assiste aux orgies locales et ce n'est que par pur hasard qu'elle échappe à Callisto. Son amant suivant, le vampire Franklin Mott, l'offre rapidement à un autre vampire pour payer une dette. Sookie parvient à l'extirper de ce mauvais pas et Tara finit par découvrir un homme bien, son vieil ami de lycée JB du Rone. Son approche simpliste de la vie convient parfaitement à Tara et le couple se marie. Lorsqu'elle découvre qu'elle est enceinte, Tara se promet de donner à son enfant tout l'amour et le soutien dont elle a manqué durant son enfance. À la grande surprise de Tara, JB et leur médecin, Claude leur apprend qu'elle attend des jumeaux. Elle donnera naissance à Robert Thornton du Rone et Sara Sookie du Rone.

Tara et JB habitent un vieux bungalow que Tara avait acheté quelques années auparavant. Ils décident de le rénover pour faire de la place aux bébés et s'assurent l'aide de Sookie et Sam. En découvrant un marteau soigneusement dissimulé, ils comprennent qu'il s'agit de l'arme qui a servi dans les années 1930 à assassiner le voisin, Isaiah Wechsler. La découverte libère l'esprit du meurtrier. La nourrice des enfants, Quiana Wong, leur avoue qu'elle est médium. Avec l'aide de Sookie, le meurtrier est identifié : c'est le fils cadet de la famille Summerlin, qui avait fait construire la maison. Il s'est suicidé après le meurtre et ses parents l'ont enterré dans le jardin en secret. Ses ossements sont emmenés à la concession familiale de Sookie pour y être inhumés et l'esprit trouve enfin le repos. (LDID, CD, DTTW, DAAD, DD, ATD, FDTW, DAG, DITF, DR, IIHAH)

DUCHESNE, KRISTEN : Kristen est amoureuse de Remy Savoy. Malheureusement, elle est incapable de s'adapter aux talents inattendus de Hunter. (FDTW, mentionnée dans DAG, DITF, DR)

DUFF : Pas d'autre nom précisé. Duff livre régulièrement la bière du *Merlotte*. (DAG)

Duffy, Mark : Étudiant à Louisiana Tech, Mark entre en conflit avec Jeff LaBeff au *Merlotte*. Centrée sur la lutte des classes, la dispute dégénère. (DAAD)

Duke of Death (vampire) : Le DJ Duke of Death s'occupe d'animer la soirée du *Fangtasia* donnée pour l'anniversaire de Dracula. En l'honneur de Vlad Tepes, il emmène les convives en voyage musical.

Dumas, Désirée : Désirée travaille au magasin de cadeaux du *Bat's Wing* à Dallas. Elle partage un appartement avec sa collègue, Bethany Rogers. (Mentionnée dans LDID)

Dustin (vampire) : Nom de famille non précisé. Son créateur ayant trouvé sa mort définitive très peu de temps après l'avoir vampirisé, Dustin n'a pas été correctement éduqué. Il fait son arrivée à Bon Temps et envoûte Lindsay, la fille de Greg Aubert, pour avoir du sang frais. Sookie et Amelia découvrent son crime et demandent à Bill de l'emmener au *Fangtasia* pour qu'il rencontre Eric et dans l'espoir qu'il apprenne à se tenir. (L)

E

Earnest, Immanuel : Couvert de tatouages aux couleurs vives, Immanuel est coiffeur à Shreveport, chez Death by Fashion. Pam est l'amante de sa sœur et c'est elle qui le ramène chez Sookie pour lui couper les cheveux après l'incendie au *Merlotte*. Immanuel garde son calme lors de la bagarre entre Eric et Pam. Il apprend à Sookie que Miriam, sa sœur, est gravement malade et que Pam voudrait la faire passer de l'autre côté. À la mort de sa sœur, Immanuel se joint aux vampires pour attaquer Victor et sa suite au *Fangtasia*. Il survit et repart avec Colton, en qui il trouve un compagnon de peine, l'un ayant perdu sa sœur et l'autre sa compagne, Audrina. (DR)

EARNEST, MIRIAM : Miriam est atteinte de leucémie. Pam, son amante, veut la transformer en vampire avant que sa maladie ne s'aggrave. Mais Victor lui en refuse l'autorisation. Ce dernier convoque Eric et Sookie au *Vampire's Kiss*, sachant pertinemment que Pam les accompagnera, et, sans la moindre compassion pour la malade, force Miriam à venir également. Elle lutte pour ne pas s'effondrer et Pam la sort du club pour la ramener chez elle. Miriam succombe à la maladie et Pam abat sa vengeance sur Victor. (Meurt dans DR)

EDGINGTON, RUSSELL (VAMPIRE) : Russell Edgington, roi du Mississippi, n'intervient pas lorsque Lorena s'installe sur sa propriété pour torturer Bill et lui soutirer des informations sur l'endroit où il a caché sa base de données. Après l'évasion de Bill, il parvient néanmoins à rétablir une paix toute relative avec lui.
Lors du sommet de Rhodes, Russell conclut des négociations matrimoniales avec le roi de l'Indiana, Bartlett Crowe. C'est Eric qui les marie, en grande pompe. Le couple heureux survit à l'explosion sans grand dommage. (CD, ATD, mentionné dans DAAD, DAG, TB)

EININ : Nom de famille non précisé. D'une grande beauté, Einin attire l'attention de Niall un jour dans les bois. Elle lui donnera deux fils jumeaux, Fintan et Dermot, mais passera le reste de sa vie dans la tristesse, car Niall met fin à ses visites. (Décédée, mentionnée dans FDTW, DAG, DITF)

ELLIS, HELEN : Alors qu'Arlene tend un piège à Sookie, Helen emmène les enfants Coby et Lisa ailleurs pour la journée. Interrogée après la fusillade, elle prétend qu'elle n'était au courant de rien et qu'elle voulait simplement faire plaisir aux enfants pour les récompenser d'avoir bien travaillé à l'école. (DAG)

ELVIRA : Nom de famille non précisé. Fangbanger invétérée, Elvira travaille au *Fangtasia*. (FDTW)

ELVIS UNDEAD REVIEW (VAMPIRES) : Cette troupe, gérée par la société d'événementiel de Felipe de Castro, fait son show à Vegas – en l'absence de leur prête-nom. (Mentionnée dans FDTW)

EMILIO (LOUP) : Nom de famille non précisé. Les Loups de Shreveport Emilio et Sid suivent la piste de Hallow et de son clan jusqu'au bâtiment vide où la Guerre des Sorcières fera rage. (DTTW)

ENDA (FAÉ) : Nom de famille non précisé. D'une grande timidité, cette faé se fera prendre et supprimer par Breandan, en représailles pour la mort de Murry. (Meurt dans DAG)

ENFANT FAÉ : Pas de nom précisé. C'est l'enfant du faé Breandan. Le nom de sa mère est inconnu. La vie de la mère sera épargnée mais l'enfant sera tué. (Mentionné et meurt dans DAG)

ENFANTS D'ERIC NORTHMAN : Eric a eu six enfants avec sa femme, Aude. Deux garçons et une fille ont survécu et sont devenus adultes (Décédés, mentionnés dans DAG)

ENFANTS FURNAN (LOUP ET HUMAINE) : Pas de nom précisé. Patrick et Libby Furnan ont deux enfants : un fils qui deviendra Loup et une fille qui demeura humaine. Après la mort de leurs parents, les enfants vont vivre avec la sœur de Libby, à qui l'on apprend que Patrick était membre d'une société secrète, expliquant ainsi à l'avance la présence de la meute dans la vie du fils de Patrick. (DAAD, mentionnés dans FDTW).

ENGELBRIGHT, DENNIS : Dennis est un ancien camarade de classe de Sookie qui sort avec son amie Marianne à l'occasion d'une sortie scolaire à Dallas. (Mentionné dans LDID)

ERIN : Nom de famille non précisé. Erin commence à fréquenter Remy Savoy après sa rupture avec Kristen.

Elle rencontre par hasard Sookie, Remy et Hunter après la visite à l'école maternelle de Hunter. Elle en profite pour parler à Sookie des commentaires de Kristen, d'après qui l'enfant ne serait pas tout à fait normal. Les sentiments d'Erin à l'égard du père sont déjà sérieux et elle adore le petit garçon. Elle accepte donc l'opinion de Sookie, qui lui assure que, même si Hunter est différent, il est parfaitement normal.

EXTREME(LY ELEGANT) EVENTS : Cette société d'événementiel, connue dans tout le pays au travers de son logo au triple E, a donné naissance à une filiale, Special Events. Cette dernière offre les mêmes services à la communauté surnaturelle. (FDTW, mentionnée dans DD, ATD)

F

FAÉ FEMELLE (ELFE DE SANG MÊLÉ) : Pas de nom précisé. Rousse et magnifique, cette créature mi-faé, mi-elfe s'est fait limer ses dents pointues pour pouvoir se faire passer pour une femme humaine. Cependant, elle préfère toujours la compagnie de ses congénères faé au *Hooligans*. (DR)

FAÉ MÂLE (SANG MÊLÉ D'ORIGINE INDÉTERMINÉE) : Pas de nom précisé. Un être de sexe mâle, grand et mince, est assis en compagnie d'autres faé au *Hooligans*. (DR)

FALCON, JERRY (LOUP) : Membre des Chiens de l'enfer, un gang de motards, Jerry Falcon accoste Sookie au *Josephine's*, attirant les foudres de M. Hob et la désapprobation de son employeur, Russell Edgington, roi du Mississippi. Jerry se plaint d'Alcide auprès du chef de meute de Jackson. Il tente de s'introduire chez Alcide, mais Bubba le repère et le tue avant de fourrer le corps dans un placard, afin qu'Eric puisse s'en occuper. Malheureusement, Bubba n'en informe personne. Lorsque

Sookie, en compagnie d'Alcide, découvre le corps, elle ne comprend pas comment il a pu arriver là. Alcide et elle doivent malgré tout s'en débarrasser. Ils enveloppent le cadavre dans un rideau de douche, le chargent dans le véhicule d'Alcide et l'emportent au camp de chasse de Kiley-Odum, pour abandonner le paquet dans un coin isolé de la propriété. (Meurt dans CD, mentionné dans DD)

FAMILLE D'ERIC NORTHMAN : Le frère aîné d'Eric est mort au combat, et ses parents, frères et sœurs se sont occupés de ses enfants lorsque Eric, devenu veuf, a disparu de leurs vies. (Décédés, mentionnés dans DAG)

FANGTASIA : « Le meilleur bar à vampires de Shreveport » se trouve dans une banlieue de la ville en Louisiane, au sein d'une galerie commerçante. Ses propriétaires actuels sont Eric Northman et Pam Ravenscroft. Sa façade est peinte en gris acier et sa porte principale en rouge ; l'entrée est surmontée d'une enseigne en néon rouge qui affiche le nom du bar. Cette palette de couleurs est déclinée à l'intérieur et rehaussée de noir, avec un éclairage tamisé. Cette ambiance est soulignée par des employées vêtues de longues robes noires et par les photos encadrées d'acteurs vampires. La clientèle est principalement composée de fangbangers et de touristes fascinés à l'idée de voir de véritables vampires. D'autres SurNat, dont la nature n'a pas encore éclaté au grand jour, fréquentent également le bar. Les vampires ici ont fait allégeance à Eric, shérif de la Zone Cinq. À ce titre, il demande à nombre de ses vampires de passer des heures au bar et de s'afficher pour attirer la clientèle. Lui-même participe également.

L'accueil des clients est assuré par un vampire posté devant un pupitre, qui se charge d'encaisser les entrées et mène les clients à leurs tables. On peut également s'asseoir au bar. Un peu partout sont accrochés des panneaux d'avertissement édictant certaines règles – « Pas de morsure en nos locaux », « Merci d'entreprendre ailleurs vos affaires d'ordre personnel », ou encore « Nous apprécions notre aimable clientèle, nous l'informons toutefois que nous déclinons toute responsabilité ».

Les musiciens bénéficient d'une zone qui leur est réservée. Le *Fangtasia* comporte également une boutique de souvenirs – au nombre desquels des tee-shirts et des calendriers aux couleurs de l'établissement. Le bar est ouvert du mardi au dimanche à partir de 18 heures. Certains vampires n'apparaissent que plus tard dans la nuit. En plus des vampires locaux, le *Fangtasia* emploie un certain nombre d'humains qui bénéficient tous d'une assurance santé payée par le groupe.

C'est dans ce club que Bubba donne l'un de ses spectacles rarissimes, occasion destinée à attirer Victor Madden et son équipe dans un piège mortel. (DUD, LDID, DTTW, DN, DAAD, ATD, DAG, DITF, DR, mentionné dans CD, DD, L, FDTW, TB)

FANT, OCTAVIA (SORCIÈRE) : Chef du clan d'Amelia, Octavia est également son mentor. Elle peut, lorsqu'elle le souhaite, ressembler à une petite grand-mère afro-amEricaine inoffensive. Elle a tout perdu après le passage de l'ouragan Katrina et vit chez une nièce à Monroe lorsqu'elle finit par retrouver la trace de son élève chez Sookie. En usant de magie pour transformer Bob Jessup en chat, sans pouvoir lui redonner sa forme initiale, Amelia a déclenché la colère de son clan. Même Octavia, au départ, semble échouer dans ses tentatives pour restaurer son humanité à Bob. Tout en désapprouvant le principe, Octavia fournit son aide à Amelia pour conduire une reconstitution ectoplasmique et retrouver le meurtrier de Maria-Star Cooper. Les deux sorcières unissent de nouveau leurs efforts pour débarrasser Tanya Grissom de l'influence de Sandra Pelt et l'empêcher ainsi de provoquer des ennuis à Sookie ainsi que Jason et Crystal. Pour faire plaisir à Amelia, Sookie invite alors Octavia à venir s'installer chez elle. Octavia rend finalement son apparence à Bob et avoue qu'elle a fait exprès d'échouer auparavant pour faire en sorte qu'Amelia et Sookie aient besoin d'elle et lui permettent de s'installer à Bon Temps. Louis Chambers, l'ami galant d'Octavia, la recherche depuis Katrina et la retrouve. Il vient la chercher chez Sookie pour la ramener chez lui à La Nouvelle-Orléans. (FDTW, DAG, mentionnée dans ATD, DITF, DR)

FARRELL (VAMPIRE) : Pas d'autre nom précisé. Farrell s'habille comme un cow-boy et boit comme un vampire. Attiré par Godfrey dans les toilettes du *Bat's Wing*, Farrell se fait capturer par les adeptes de la Confrérie du Soleil, qui veulent l'obliger à accompagner Godfrey dans sa décision de s'offrir au soleil. À la recherche de Sookie, Bill et les vamp's de Dallas viennent sauver Farrell. (LDID)

FAY : Nom de famille non précisé. Fay est la sœur de Halleigh et participe à son mariage en tant que demoiselle d'honneur. (FDTW)

FEDOR (VAMPIRE) : Nom de famille non précisé. Il fait partie, ainsi que Velislava, des nombreux vampires qu'Eric et Ocella ont connus et qui se sont fait massacrer par les Bolcheviks. (Décédé, mentionné dans DITF)

FEITH, HENRIK (VAMPIRE) : Lors du sommet de Rhodes, Henrik Feith est à la réception en train de se plaindre lorsque Jennifer Cater et les deux autres vampires de l'Arkansas se font assassiner dans leur chambre. Il faisait partie de leur suite. Sophie-Anne lui propose de rejoindre ses partisans mais il refuse – quelqu'un l'a trompé sur les intentions de la reine – et continue de témoigner contre elle lors du procès concernant la mort de son propre roi. Lorsque Sophie-Anne est déclarée innocente, Henrik est abattu d'une flèche tirée par un vampire inconnu, avant d'avoir pu révéler qui l'a abreuvé de mensonges. (Meurt dans ATD)

FELICIA (VAMPIRE) : Nom de famille non précisé. Felicia, d'une beauté frappante, est trop nouvelle dans l'équipe pour comprendre l'humour de Pam, lorsque celle-ci l'envoie se présenter à Sookie. Felicia préfère la compagnie des femmes mais commence malgré tout à sortir avec Bobby Burnham, l'assistant de jour d'Eric. Personne ne sait si leur liaison est d'ordre personnel ou politique. Eric soupçonne Felicia d'avoir été infiltrée en Louisiane pour l'espionner.

Quelle que soit sa véritable allégeance, Felicia suit scrupuleusement les ordres d'Eric. Elle aide Bill dans ses recherches pour la base de données et lui donne même de son sang. Son histoire d'amour et sa carrière d'espionne prennent fin lorsqu'elle et Bobby sont éliminés par la folie meurtrière d'Alexei. (DD, ATD, DAG, meurt dans DITF, mentionnée dans DR)

FEMMES FAÉ : Pas de nom précisé. À la fin de la Guerre des Faé, Niall épargne deux membres des partisans de Breandan, dont la mère de son enfant, car le monde de Faérie manque de femmes. (Mentionnées dans DAG)

FLIC LOUP : Pas de nom précisé. Loup et flic d'origine chinoise, il flirte avec Luna Garza lors du mariage de Craig à Wright. (STW)

FLOOD, JAMES (LOUP) : Colonel de l'armée de l'air à la retraite, James Flood est le chef de meute de Shreveport. Lors de la Guerre des Sorcières, il mène l'attaque de la meute des Longues Dents contre Hallow et son clan de sorcières loups-garous. C'est lui qui nomme Sookie « amie de la meute » lorsqu'elle apporte à Alcide des informations sur le clan. Il mourra dans un accident de voiture. Son décès déclenche le tournoi qui oppose Jackson Herveaux à Patrick Furnan. (DTTW, DN, meurt et mentionné dans DAAD, DD).

FOLEY, BUCK : Buck sort brièvement avec Arlene. (CD)

Fortenberry, Ed : Timide et peu bavard, Ed laisse à sa femme le soin de mener la conversation. (FDTW)

Fortenberry, Hoyt : Hoyt est le meilleur ami de Jason. Il lui voue une loyauté excessive, à tel point qu'il se sent perdu quand Jason épouse Crystal. Il se remet bientôt malgré tout et tombe amoureux de Holly Cleary. Lorsqu'il lui demande de l'épouser, il est heureux d'accueillir également son fils dans sa vie. (DUD, LDID, DTTW, DAAD, DD, ATD, FDTW, DITF, mentionné dans DAG, DR)

Fortenberry, Maxine : D'une stature imposante, Maxine impose le respect. Elle a malgré tout un cœur d'or et ressent une véritable affection pour Sookie et Jason. Elle fait tout ce qu'elle peut pour apporter son aide à la communauté. Après l'incendie de la maison de Sookie, par exemple, elle emporte son linge à laver pour le débarrasser de l'odeur de brûlé ; elle organise également le ravitaillement pour les équipes parties à la recherche de Jason ainsi que celui des réfugiés de Katrina. Elle est ravie lorsque son fils commence à sortir avec Holly Cleary et c'est avec bonheur qu'elle l'intègre, avec son fils, dans la famille. (DUD, DTTW, DAAD, ATD, FDTW, DITF, DR, mentionnée dans CD)

Fowler, Arlene : Pendant bien longtemps, Arlene est la seule amie de Sookie et travaille avec elle comme serveuse au *Merlotte*. Elle accepte le talent de Sookie et attend d'elle qu'elle la respecte suffisamment pour ne pas venir se promener dans ses pensées. Mariée par quatre fois, Arlene est à la recherche de son mari numéro cinq. Lorsqu'il s'agit de ses hommes cependant, ses capacités de jugement ne sont pas des meilleures. Elle se remet en couple avec René Lenier, l'un de ses ex-époux, alors que celui-ci est animé de pulsions meurtrières. D'une nature très influençable, Arlene s'adapte toujours à l'homme avec qui elle sort. Elle se retrouve rapidement impliquée dans les agissements de la Confrérie, simplement parce que l'un de ses anciens petits amis, Rafe Prudhomme, est un adepte. Avec une aversion de plus en plus marquée pour les vampires, elle dirige son attention sur Whit Spradlin. Après la révélation des métamorphes, elle donne sa démission et quitte le *Merlotte*.

Elle fait semblant de tendre un rameau d'olivier à Sookie et l'invite à sa caravane. Ce n'est pourtant qu'un piège destiné à permettre à Whit et à son ami Boling de crucifier Sookie de la même manière que Crystal et à faire d'elle un exemple de ce qui doit arriver à ceux qui fraternisent avec les SurNat. Soupçonneuse, Sookie surveille la caravane en cachette, comprend bientôt la supercherie et appelle la police. Lors de la fusillade qui s'ensuit, Arlene est blessée et sera mise en état d'arrestation. (DUD, LDID, CD, DTTW, DAAD, DD, ATD, FDTW, DAG, mentionnée dans DITF)

FOWLER, COBY : Coby, le fils d'Arlene, est très fier de sa « tatie » Sookie, qui vient souvent le garder avec sa sœur Lisa. Lorsqu'il découvre que Sookie a un petit ami, il se montre très protecteur, en lui déclarant que Bill a tout intérêt à se montrer gentil avec elle. Après avoir rencontré le vampire, toutefois, il se détend. Au fur et à mesure que le monde de Sookie s'agrandit et que celui d'Arlene s'amoindrit, Sookie perd contact avec Coby et Lisa. Au moment où Whit et Donny préparent le supplice de Sookie, Helen Ellis emmène Coby ailleurs avec sa sœur. (DUD, DAG, mentionné dans CD, DAAD, DITF)

FOWLER, JAN : Divorcée à de multiples reprises, Jan Fowler utilise son bungalow de week-end pour organiser à Lake Mimosa des orgies avec un nombre choisi d'habitants de Bon Temps. Attirée par la luxure et l'alcool, la ménade Callisto déclenche une folie meurtrière dans l'assemblée. Jan et ses acolytes meurent lors du massacre qui en résulte. (Meurt dans LDID)

FOWLER, LISA : Lisa, la fille d'Arlene, adore sa « tatie » Sookie, qui joue fréquemment les baby-sitters. Intriguée par Bill à l'occasion de leur rencontre, elle pose de nombreuses questions et s'étonne de sa pâleur. Elle finit néanmoins par donner son accord tacite à la relation. Tandis que les chemins de Sookie et Arlene les éloignent toujours plus l'une de l'autre, Arlene coupe tout contact entre Sookie et ses enfants. Lorsque Whit et Donny se préparent pour la crucifixion de Sookie, elle envoie ses enfants à l'écart en compagnie de Helen Ellis. (DUD, DAG, mentionnée dans CD, DAAD, DITF)

FRÈRE DE DEIDRA, LE PLUS ÂGÉ DES DEUX : Pas de nom précisé. Il fait partie des témoins de Craig Merlotte, avec Sam Merlotte. (STW)

FRÈRE DE KENYA JONES : Pas de nom précisé. Le frère de Kenya n'est pas content de la voir emménager avec Kevin. (Mentionné dans DAG)

FREYDA (VAMPIRE) : Nom de famille non précisé. Freyda est reine de l'Oklahoma. Il est possible que ce soit elle qui ait envoyé Felicia espionner Eric avant le coup de main des vamp's du Nevada. Elle l'aurait gardée en place par la suite pour continuer à recevoir des informations sur Eric ainsi que le nouveau roi. Ocella organise un mariage de convenance entre elle et Eric. Freyda a bien l'intention de forcer Eric à respecter l'accord en dépit de la mort de son créateur. (Mentionnée dans DITF, DR)

FULLENWILDER, JIMMY : Membre de la congrégation baptiste, le Révérend Fullenwilder se joint aux recherches menées pour retrouver Jason. Il est intégré au groupe de Sookie, Calvin Norris, Crystal Norris et Felton Norris. Armé, il parvient à abattre le sanglier qui charge Crystal. (DTTW)

FURNAN, LIBBY (LOUVE) : Épouse de Patrick, Libby soutient son époux à fond lorsqu'il combat pour devenir chef de meute. À sa victoire, elle accepte même son accouplement rituel avec une autre femelle de la meute, sachant qu'il redeviendra son époux fidèle une fois la mission traditionnelle accomplie. Lorsqu'elle est portée disparue, Furnan soupçonne Alcide. Les deux hommes découvrent par la suite que c'est Priscilla Hebert, veuve du chef de meute de Ste Catherine, qui a fait tuer Libby, Maria-Star Cooper et Christine Larrabee, dans l'intention de les monter l'un contre l'autre. (DAAD, mentionnée et meurt dans FDTW)

FURNAN, PATRICK (LOUP) : Patrick est propriétaire d'une concession Harley-Davidson. Après la mort du colonel Flood, chef de meute de Shreveport, Patrick se mesure à Jackson Herveaux pour reprendre le titre. Les deux hommes débutent leur campagne en prononçant leurs éloges funèbres en mémoire du colonel Flood. Patrick souligne le penchant de Jackson pour le jeu, afin d'affaiblir sa position. Le tournoi d'accession au titre consiste en trois épreuves que les candidats doivent passer sous leur forme animale. Patrick triche, perdant ainsi la première et la seconde épreuve par forfait. Malgré tout, un vote au sein de la meute lui permet de poursuivre. Il gagne le combat de la troisième épreuve et choisit d'achever son rival. Ses méthodes ne sont pas appréciées de toute la meute, qui demeure partagée. Lorsque Maria-Star Cooper est assassinée, Alcide soupçonne immédiatement Patrick. Quand Libby, l'épouse de Patrick, est portée disparue, Patrick soupçonne immédiatement Alcide. Ils font appel à Sookie pour les aider à déterminer la vérité. Priscilla Hebert se dévoile et annonce qu'elle a orchestré les meurtres de Maria-Star, Libby et Christine Larrabee. La meute se rassemble pour combattre Priscilla et ses Loups. Patrick meurt en brave au milieu des cadavres de ses ennemis. La meute hurle à la mort, rendant hommage à son chef disparu, avant de célébrer la victoire. (DAAD, mentionné dans DD, meurt dans FDTW)

G

GABE : Nom de famille non précisé. Adepte de la Confrérie du Soleil à Dallas, Gabe retient Farrell prisonnier dans une cellule de l'église. Il enferme joyeusement Hugo et Sookie également. Ayant déjà blessé Sookie sérieusement lorsqu'elle tente de s'évader, il est prêt à poursuivre : il enferme Hugo avec Farrell et revient pour tenter de l'agresser sexuellement. Il est interrompu par Godfrey, qui le tue sans en avoir l'intention. (Meurt dans LDID)

GALERIE COMMERCIALE DE BILL COMPTON : Peu après son arrivée à Bon Temps, Bill fait l'acquisition d'une galerie commerciale non loin de l'autoroute. Elle abrite un certain nombre de boutiques et sociétés, dont le restaurant LaLaurie. Ce dernier est le seul restaurant réputé de la ville, à l'exception de celui du country club. Dans la galerie se trouvent également le salon de coiffure Clip and Curl et le magasin Tara's Togs. Il s'agit d'une boutique de vêtements appartenant à Tara Thornton, la meilleure amie de Sookie. L'endroit devient source de tension entre Sookie et Bill : ce dernier l'informe qu'il lui a ouvert un compte illimité dans les boutiques de la galerie, ce qui lui donne l'impression d'être une femme entretenue. (LDID)

GARFIELD, MME : Prénom non précisé. Mme Garfield, épouse d'un pasteur de l'église méthodiste épiscopale, est la principale de l'école Betty Ford à l'époque de la disparition de Cody Cleary. Elle est heureuse d'assister au *wedding shower* de Halleigh, qui est l'une de ses enseignantes. (DAAD, ATD)

Garza, Luna (chauve-souris) : La petite métamorphe parvient à s'infiltrer auprès des membres de la Confrérie du Soleil à Dallas afin de récolter des informations pour les communautés d'hybrides de la région. Luna comprend que Sookie sait qu'elle est métamorphe et, lorsqu'elle constate qu'elle se trouve en difficulté, elle abandonne sa couverture et aide Sookie à s'évader. Après l'accident provoqué par Sarah Newlin et Polly Blythe, Luna prend contact avec un médecin hybride de l'hôpital vers lequel Sookie est évacuée. Elle s'arrange pour faire effacer toute trace de son passage et la faire ramener ensuite de l'hôpital.

Divorcée et sans enfant, Luna délaisse l'espionnage et prend un poste auprès d'une société de relations publiques de Dallas. Elle entend parler du mariage du frère de Sam et part pour Wright avec d'autres hybrides pour veiller sur l'événement. Après la cérémonie, elle se joint à la fête impromptue organisée chez Bernie. Tout en appréciant la compagnie d'un flic très mignon – Loup et chinois – elle flaire la présence d'un cadavre dans la maison voisine. Accompagnée de Sookie, elle pénètre dans la maison pour y découvrir Sarah Newlin à terre et gravement blessée, à côté du propriétaire de la maison, Jim Collins. Celui-ci lui a tiré dessus et elle a riposté en l'abattant. Après avoir appelé les secours, expliqué la situation à la police et observé Sarah se faire arrêter, Luna et Sookie s'en retournent à la fête. À la fin de la nuit, Luna serre Sookie dans ses bras en lui faisant ses adieux et s'en va avec son nouvel ami le Loup. (LDID, STW)

Genuine Magic (boutique) : Cette boutique de magie gérée par le clan d'Amelia Broadway se trouve dans le Quartier Français. Amelia y travaille après son retour à La Nouvelle-Orléans. (Mentionnée dans DR)

George (Loup) : Nom de famille non précisé. Membre de la bande qui a enlevé Sookie et Quinn dans l'appartement de Hadley, George conduit la camionnette dans laquelle ils sont enfermés. Clete et lui doivent les remettre au couple Pelt. Après l'évasion de leurs prisonniers, ils continuent leur chemin pour rejoindre les Pelt. Plus tard, pendant qu'ils font une pause cigarette à l'extérieur, Quinn (en tigre) bondit... (DD)

GERALD (VAMPIRE) : Pas d'autre nom précisé. Compagnon de nid de Pam, Gerald participe à la guerre contre les sorcières et survit aux combats. Gerald fait ses heures au *Fangtasia* sans sourciller mais reste généralement solitaire.

GERVAISE (VAMPIRE) : Pas d'autre nom précisé. Après le passage de Katrina, qui a dévasté La Nouvelle-Orléans et la Zone Un, Gervaise recueille Sophie-Anne dans la Zone Quatre, dont il est le shérif. Il participe au sommet avec sa compagne humaine, Carla. Tous deux périssent dans l'explosion de l'hôtel. (Meurt dans ATD, mentionné dans FDTW)

GINGER : Pas d'autre nom précisé. Fangbanger habituée du *Fangtasia*, Ginger rencontre une mort accidentelle lorsque Hallow, à la poursuite d'Eric, lance un sort aux employés humains du *Fangtasia* qui tétanise les muscles de leurs jambes : Ginger tombe, heurtant sa tête contre un lavabo. (DUD, meurt dans DTTW)

GLADIOLA (MI-DÉMONE) : Nom de famille non précisé. Gladiola est la sœur de Diantha. Maître Cataliades est son oncle. Ce dernier l'envoie porter un message à Sookie. Elle se fait cependant intercepter et tuer par Jade Flower. Diantha et Maître Cataliades brûlent son corps dans l'allée de Sookie. (Meurt dans DD, mentionnée dans ATD, DAG)

GLASSPORT, JOHAN : Avocat de son état, Johan est nommé par Sophie-Anne pour la défendre contre les vampires de l'Arkansas, qui l'accusent du meurtre de

Peter Threadgill. Il prépare le dossier mais ses services s'avèrent inutiles : la Grande Pythonisse prononce un jugement en faveur de Sophie-Anne. Il parvient néanmoins à se faire rétribuer et retourne à Mexico, où il a fait de la prison pour avoir frappé une prostituée. Ce n'est que le pire de ses nombreux crimes. (ATD, mentionné dans DAG)

GODRIC/GODFREY (VAMPIRE) : Nom de famille non précisé. Godric n'était qu'un adolescent lorsqu'il a été vampirisé. Couvert de tatouages, il se fait appeler Godfrey depuis des siècles. Pour lui, les vampires sont une abomination. Il souffre lui-même d'une attirance bien trop profonde et malsaine pour les enfants. Convaincu que la mort est la seule façon pour lui de ne plus céder à ce péché, il s'est allié à la Confrérie du Soleil, dans l'intention de s'offrir au soleil. Il attire Farrell dans les filets de la Confrérie afin qu'il meure avec lui. Réticent, Godfrey sauve Sookie des griffes de Gabe et l'aide à s'évader. Dans la panique générale, les membres de la Confrérie annulent la cérémonie prévue pour l'aube, mais Godfrey suit son plan malgré tout. Il se dresse à la rencontre des rayons du soleil levant, espérant que sa repentance lui permettra de voir le visage de Dieu. (Meurt dans LDID)

GOLDEN, PHOEBE (VAMPIRE) : Reine de l'Iowa, Phoebe est l'épouse du roi de l'Ohio et se rend avec lui au sommet de Rhodes. (ATD)

GRAHAM, PARFIT : Chef de la police de Shreveport, Parfit Graham mène l'enquête sur les disparitions signalées après la Guerre des Loups. Il n'a aucune idée du fait qu'il existe des motivations et des actions qu'il ne comprendra jamais, ainsi que des corps qu'il ne trouvera jamais. (FDTW)

GRANDE PYTHONISSE (VAMPIRE) : C'est elle, la Pythie que consultait Alexandre le Grand. On la vénérait à tel point qu'on a décidé de la faire passer de l'autre côté, malgré son grand âge. Ce sont ses servantes personnelles qui s'occupent d'elle désormais. Elle préside au procès de Sophie-Anne lors du sommet de Rhodes, et prononce un jugement en sa faveur après avoir écouté le témoignage de Sookie. (ATD)

GRAND-MÈRE DE JB DU RONE : Pas de nom précisé. Présente au *baby shower* de Tara, elle raconte à Sookie une très belle histoire sur Gran. (Mentionnée dans DR)

GRAY, ASHLEY : Ashley est la fille de Danielle, serveuse au *Merlotte*. (Mentionnée dans LDID, DAAD, DD, ATD, FDTW, DAG)

GRAY, DANIELLE : Danielle a été l'amie de Holly Cleary pendant toutes leurs années de lycée. Les deux femmes se soutiennent face à leurs divorces respectifs et dans l'éducation de leurs enfants. Quand Holly explore le monde de la Wicca plus en profondeur et que toutes les deux entretiennent des relations plus stables avec leurs hommes, Danielle et Holly s'éloignent petit à petit l'une de l'autre. (LDID, DAAD, DD, FDTW, DR, mentionnée dans DTTW, ATD et DAG)

GRAY, MARK ROBERT : Mark Robert est le fils de Danielle, serveuse au *Merlotte*. (Mentionné dans LDID, DD, ATD FDTW, DAG)

GREEN, DAWN : Serveuse au *Merlotte*, Dawn est une fille aux mœurs légères et se laisse facilement séduire par tout ce qui est masculin – humain ou vampire. Elle ne refuse pas de se faire filmer pendant ses ébats, dont elle apprécie la brutalité. Sam demande à Sookie de passer chez Dawn pour vérifier qu'elle va bien et c'est alors que son corps est retrouvé sans vie. (Meurt dans DUD)

GREGORY (VAMPIRE) : Nom de famille non précisé. Gregory faisait partie des connaissances d'Eric et

Ocella. Il avait été infecté par la folie meurtrière de la ménade Phryne lors du Massacre de Halloween en 1876 à Saint-Pétersbourg, et il a fallu l'éliminer. (Décédé, mentionné dans LDID, DITF)

GRIESNIKI, MILOS (VAMPIRE) : Immigrant récemment arrivé de l'ancien monde, Milos Griesniki obtient du travail au bar du *Fangtasia*. Il s'immisce immédiatement dans les finances d'Eric et du club. Quand celui-ci invoque le Seigneur des Ténèbres et lui demande d'apparaître à la soirée d'anniversaire de Dracula organisée au *Fangtasia*, Milos prétend être Vlad Tepes III, alias Dracula. Il annonce qu'il va rester au *Fangtasia* pendant un an. Il attend de la communauté non seulement allégeance, tribut et domestiques vampires mais également du sang frais prélevé directement à la source – son premier repas sera Sookie. Il tente de l'ensorceler pour qu'elle lui obéisse mais Sookie le manipule. Il révèle ainsi son ignorance au sujet de l'endroit où est enterré le véritable Dracula. Tué d'un coup de pieu par Sookie, il se désagrège alors même qu'Eric et Pam défendent les actions de Sookie auprès des autres vampires : puisque Milos n'était pas le véritable Dracula, c'est lui qui, en prétendant être leur fondateur, a commis un crime, et non Sookie. (Meurt dans DN)

GRISTEDE, MME : Prénom non précisé. Mme Gristede fait la classe dans la salle du Poney, à l'école maternelle de Red Ditch. (DR)

GROS BRAS DE SANDRA PELT : Pas de noms précisés. Sookie leur donne des surnoms : Caïd Barbu, Blondinet Tondu, Lippe Boudeuse et Dingo le Défoncé. Agressifs et instables, ils font irruption au *Merlotte* et menacent la clientèle. Ils ont été recrutés par Sandra Pelt et rémunérés avec du sexe et du sang de vampire. Ils clament haut et fort être venus pour la blonde, ce qui, pour eux, signifie Sookie. Il se trouve que Sookie se tient à côté de Lily Bard Leeds, également blonde, et de son mari.

Voyant Caïd Barbu brandir un couteau, Jack Leeds et Andy Bellefleur dégainent leurs armes. Dingo le Défoncé, le plus affecté par le sang de vampire, charge Sam et la bagarre éclate. Lippe Boudeuse tire et blesse Jack. Démontrant une maîtrise époustouflante dans ses mouvements, Lily le met à terre et lui casse le bras. Jannalynn, qui était venue voir Sam, se jette sur Dingo le Défoncé en même temps que Sam, lui fracassant la mâchoire et le fémur. Andy maîtrise facilement Caïd Barbu, qui sent soudain son arme dans son dos, et Blondinet Tondu se prend une fléchette tirée par Danny dans le bras, avant d'être assommé par un coup de poing asséné par Sam. Andy, qui n'était pas en service, appelle des renforts et les quatre voyous sont emmenés. (DR)

GUERRIER FAÉ : Pas de nom précisé. Il est le second à passer la porte et reçoit un couteau dans la gorge, lancé par Bill. (Meurt dans DAG)

GUERRIER FAÉ : Pas de nom précisé. Lors de la confrontation finale à l'hôpital, un grand mâle maigre aux cheveux arachnéens passe la porte en premier. Décapité par Clancy, il est le premier à tomber. (Meurt dans DAG)

GUERRIÈRE FAÉ : Pas de nom précisé. Une très grande guerrière armée d'une masse se tient sur les talons de Breandan en passant la porte de la chambre de Bill et de Tray à la clinique du Dr Ludwig. Elle manque Eric mais son coup porte à la tête de Clancy, fournissant ainsi à Breandan l'occasion de le décapiter. Elle abandonne son attaque sur Eric lorsque Bill élimine Breandan, et se tourne alors contre Sookie, qui l'arrose de jus de citron. Déstabilisée par la douleur, elle succombe sous les coups d'Eric. (Meurt dans DAG)

GUGLIELMI, ANTONIO, ALIAS « DAGO » : Dago travaille à la voirie avec Catfish et Jason. Il fréquente le *Merlotte* avec ses amis. (DTTW, DAAD, DD)

HAIR OF THE DOG : Ce bar appartient à la Louve Amanda Whatley et accueille tous types de métamorphes. Il se trouve dans une vieille boutique à la devanture de briques prêt de Centenary College, dans une rue qui donne sur la Kings Highway à Shreveport. La porte est protégée par un sort d'une grande sophistication : tout humain qui en approche ressent l'envie incontrôlable de tourner les talons et de s'éloigner. Seule l'aura d'un métamorphe peut annuler l'effet du sort sur un humain et lui permettre d'accéder à l'intérieur. Lors de leur premier rendez-vous, quand Quinn et Sookie se font attaquer par des loups-garous mordus, Quinn emmène Sookie au *Hair of the Dog* pour prévenir la meute de Shreveport. Il se trouve que Jannalynn Hopper est l'une des employées du club ce soir-là. Elle sortira par la suite avec Sam. Lorsque Amanda se fait tuer lors de la Guerre des Loups, le bar revient à Alcide, qui met Amanda au poste de manager. (DD, mentionné dans FDTW, DITF, DR)

HALE, BARTLETT : Bartlett, frère d'Adele, exploite ses liens familiaux pour agresser sexuellement Linda, la fille d'Adele, Hadley, la fille de Linda, et Sookie. Cette dernière parvient à en parler à sa grand-mère et Adele lui interdit l'accès à la maison. Bartlett meurt assassiné peu de temps après que Sookie eut raconté son histoire à Bill. Son meurtre n'a pas été élucidé. Il laisse de l'argent à Sookie. (Meurt dans DUD, mentionné dans DD, FDTW, DITF)

HANSON, MME : Prénom non précisé. Depuis qu'elle a signé un contrat d'assurance avec John Robert Briscoe, Mme Hanson a eu deux accidents de voiture. (L)

HAPPY CUTTER : Ce petit salon de coiffure se trouve dans le Quartier Français, à trois rues de la boutique Genuine Magic. C'est là que Bob Jessup retrouve du travail en faisant son retour à La Nouvelle-Orléans. (Mentionné dans DR)

HARDAWAY, CLEO : Durant la journée, Cleo gère la cafétéria du lycée. De nuit, elle se rend à des orgies avec son mari. Infectés par la folie de la ménade Callisto, ils meurent tous les deux dans le chalet près du lac, en même temps que Jan Fowler et Mike Spencer. (Meurt dans LDID)

HARDAWAY, TOM : Tom et son épouse, Cleo, participent à l'orgie qui se déroule au bord du lac. C'est à cette occasion que Sookie lit dans leurs pensées et apprend qu'ils sont impliqués dans le meurtre de Lafayette Reynold. Tom et Cleo sont victimes de la folie meurtrière infligée par la ménade Callisto et meurent sur la véranda avec Jan Fowler et Mike Spencer. (Meurt dans LDID)

HARROW, MATTHEW : Animateur du journal télévisé, Matthew observe Patricia avec une certaine inquiétude, alors qu'elle annonce en direct l'existence des métamorphes et se change en louve. (DAG)

HART, GINJER (PANTHÈRE) : Ex-épouse de Mel Hart, Ginjer passe parfois au *Merlotte* pour prendre une margarita. D'après Mel, leur couple n'a pas fonctionné car ils avaient tous deux des goûts incompatibles et étranges en matière de sexualité. (DAG)

HART, MEL (PANTHÈRE) : Contrairement à nombre de ses congénères, Mel Hart, panthère-garou, a choisi de vivre ailleurs qu'à Hotshot. Il loue l'un des pavillons de Sam et travaille chez Bon Temps Auto Parts, un magasin de pièces détachées. Lorsque Hoyt, le meilleur ami de Jason, se fiance avec Holly Cleary, Mel prend sa place dans la vie de Jason. Comme souvent dans les amitiés masculines, ils passent ensemble leur temps libre au Merlotte ou à réparer leurs voitures. Mais Mel a un secret. En réalité, il a quitté Hotshot parce qu'il ne pouvait remplir son devoir conjugal vis-à-vis de son ex-femme, Ginjer, et produire ainsi un enfant panthère. Mel est gay et il est tombé amoureux de Jason. Il passe voir Jason un jour mais celui-ci est absent. Crystal arrive et lui fait des avances en se moquant. Pris d'un accès de rage, il la frappe violemment et elle s'effondre. Il jette son corps à l'arrière de son pick-up et entre chez Jason pour boire un verre et se calmer les nerfs. Lorsqu'il revient à son véhicule, Crystal a disparu. Comme tout le monde, il est stupéfait par la découverte de son cadavre sur la croix, dans le parking du *Merlotte*. Dermot sait ce qui s'est réellement passé et se rend plus tard chez Jason pour affronter Mel. Toujours envoûté et incapable de communiquer clairement, il projette Mel à l'autre bout de la pièce et le traite d'assassin. Sookie comprend les implications de la visite de Dermot chez Jason et la raison de son attaque sur Mel. Après avoir averti Calvin, elle vient chez Jason pour confronter Mel, qui raconte tout. Il accepte son châtiment qui sera infligé par son chef de meute, Jason, Dawn, la sœur de Crystal et leur cousin Jacky. (Meurt dans DAG)

HARVEY (NATURE INCONNUE) : Nom de famille non précisé. Harvey fouille en vain la demeure de Bill pour trouver la base de données. (Mentionné dans CD)

HEBERT, ARTHUR (LOUP) : Arthur était le chef de meute de Ste Catherine. À son décès, son épouse Priscilla cherche un nouveau territoire pour sa meute. (Décédé, mentionné dans FDTW)

HEBERT, PRISCILLA (LOUVE) : Après le passage de l'ouragan Katrina, Priscilla, veuve du chef de meute de Ste Catherine, cherche un nouveau territoire pour ses Loups qui ont survécu. Elle tente de monter Patrick Furnan et Alcide l'un contre l'autre, en supprimant des femelles de la meute des Longues Dents. Sookie déjoue ses manœuvres en organisant une rencontre entre les deux Loups. Cal Myers, soi-disant fidèle à Furnan, est identifié comme étant le tueur de Maria-Star Cooper. Cependant, Patrick et Alcide comprennent que ni l'un ni l'autre n'a commandité les meurtres. On apprend alors que Carl est le demi-frère de Priscilla. Lors de la bataille des Loups, Priscilla achève Amanda avant d'être tuée à son tour par Sam, qui a eu la sage idée de se métamorphoser en lion et non en colley comme à son habitude. (Meurt dans FDTW)

HEFFERNAN, M. : Prénom non précisé. À l'époque où Sookie allait à l'école Betty Ford, M. Heffernan en était le principal. (Mentionné dans DD)

HEIDI (VAMPIRE) : Nom de famille non précisé. Heidi, spécialiste de la traque, est envoyée par Victor à Shreveport pour espionner Eric. Lorsque les Loups flairent la trace de faé et d'un cadavre sur les terres de Sookie, Heidi se charge de vérifier et préciser la situation. Elle informe Sookie que deux faé, un grand nombre de loups-garous et un vampire se sont promenés partout, et que deux corps, dont un très récent, sont enterrés dans ses bois.

Heidi fait référence à son fils drogué, qui habite Reno. Elle se montre particulièrement douce et attentive avec Hunter, s'agenouillant pour être à sa hauteur et épelant les mots qu'elle ne veut pas qu'il entende. Eric propose de lui permettre de faire venir son fils à Shreveport et elle accepte, offrant son allégeance à son nouveau shérif. Elle se tiendra à ses côtés contre Victor à l'occasion du complot contre sa vie. (DITF, DR)

HENNESSY, SHIRLEY « CATFISH » : Catfish est le patron de Jason, et aucun de ses hommes ne l'appelle jamais Shirley. C'est un ami fiable et, quand Jason disparaît, il exprime ouvertement sa désapprobation face au comportement d'Andy Bellefleur et Alcee Beck vis-à-vis de Sookie. C'est lui qui organise les recherches dans les bois autour de la maison de Jason. Catfish emmène parfois sa femme au *Merlotte*. (DTTW, DAAD, DD, ATD, FDTW, DAG, DITF)

HERMOSA, RUBIO (VAMPIRE) : Après Katrina, Rubio se réfugie dans la Zone Cinq, à Minden, où il partage un nid avec Parker et Palomino. Tous les trois sont convoqués pour participer à l'assassinat de Victor, et Rubio apporte sa contribution en tuant Luis d'un coup de pieu. (DR)

HERVÉ : Nom de famille non précisé. Accessoire humain de Cléo Babbitt, il assiste au sommet avec elle. (ATD)

HERVEAUX ET FILS, AAA ACCURATE SURVEYS : Entreprise d'expertise en bâtiments, la société appartient à Jackson et Alcide Herveaux. Elle a des bureaux à Jackson, dans le Mississippi, ainsi qu'à Monroe, Shreveport et Baton Rouge, en Louisiane. Jackson et Alcide sont propriétaires des bâtiments du siège, qui se situe à Shreveport, et entretiennent un appartement près des locaux de Jackson. Après la mort de son père, Alcide prend les rênes de la société. (DTTW, mentionnée dans CD, DAAD)

HERVEAUX, ALCIDE (LOUP) : Associé de son père dans l'entreprise familiale Herveaux and Son, AAA Accurate Surveys, Alcide n'a aucune envie d'être mêlé aux affaires des vampires – comme la plupart des hybrides. Malgré tout, lorsque les vampires réclament le remboursement des dettes de jeu de son père, menaçant ainsi l'entreprise de faillite, Alcide est contraint d'accepter d'escorter Sookie à Jackson pour retrouver Bill, qui a disparu. Sookie et lui sont attirés l'un par l'autre. Toutefois, Sookie souffre encore de la trahison de Bill et Alcide est en train de se remettre d'une histoire compliquée avec son ex, Debbie Pelt. Alcide prétend qu'il est bien décidé à ne plus penser à Debbie. Il se montre néanmoins terriblement borné, refusant de reconnaître les défauts de

Debbie, même lorsque cette dernière pousse Sookie dans un coffre, l'enfermant délibérément avec Bill qui se réveille affamé.

Il est forcé de regarder la réalité en face quand Bill confirme que non seulement Debbie a bien bouclé Sookie avec lui dans le coffre, mais qu'elle a également participé à la torture qu'il a subie chez Russell. Alcide répudie Debbie par un rituel irrévocable.

À la mort du colonel Flood, chef de la meute, Alcide reprend contact avec Sookie et lui demande d'assister aux funérailles en tant qu'amie de la meute. Il exploite sa présence pour démontrer le soutien tacite de Sookie à l'égard de son père comme successeur du colonel. Il voudrait également qu'elle lise dans les pensées de l'autre candidat. Il devine que c'est Sookie qui a éliminé Debbie et, selon son raisonnement, Sookie pourrait donc estimer qu'elle lui est redevable. Peinée par ce comportement, Sookie lui demande de ne plus l'approcher.

Lors de l'incendie de sa cuisine, Alcide se précipite aux côtés de Sookie. Il lui demande de venir s'installer chez lui, pour voir si leur relation peut fonctionner. Mais Sookie n'est pas certaine qu'il soit totalement guéri de sa relation avec Debbie ni qu'il puisse réellement lui pardonner de l'avoir tuée. Après la mort de son père au cours du tournoi des chefs de meute, Alcide se détourne de Sookie et passe à la Louve Maria-Star Cooper. Un clivage est apparu au sein de la meute, en raison des supercheries commises par Furnan. Alcide mène la faction anti-Furnan.

Lorsque Maria-Star se fait assassiner, Alcide soupçonne tout d'abord Furnan d'être responsable. Il apprend rapidement que sa femme a également disparu. Lors d'une réunion de pourparlers, Alcide et Furnan sont attaqués par une bande de Loups menés par Priscilla Hebert, décidée à s'emparer du territoire des Longues Dents. La meute resserre les rangs pour défaire les intrus. Patrick Furnan est tué et Alcide prend la tête de la meute. Il préserve le statut de Sookie comme amie de la meute et tous deux établissent timidement une nouvelle amitié. Lorsque les faé menacent Sookie, il envoie Tray pour assurer sa protection.

Alcide demande à Sookie et à Bill si la meute des Longues Dents peut parcourir leurs terres à la prochaine pleine lune. En effet, une bande de campeurs s'est installée sur la terre des Herveaux. À son insu, son ami d'enfance Hamilton Bond a manigancé l'assassinat de Basim al Saud, nouveau second d'Alcide. Jaloux de ne pas avoir été choisi, Ham a commis l'erreur de se laisser influencer par le faé Colman, qui en veut à Sookie. Ham enterre le cadavre de Basim dans les bois de Sookie. Mais Eric envoie l'une de ses traqueuses et elle dépiste le corps. Alcide, sa nouvelle amie Annabelle et Jannalynn Hopper arrivent pour enquêter. En présence d'Ocella, Alexei, Eric, Sookie et Jason, le corps est déterré. Annabelle se voit contrainte de reconnaître qu'elle entretenait une liaison avec Basim, mais nie toute implication dans sa mort.

La meute se rassemble chez Alcide, en compagnie de Sookie et Jason. Alcide demande à Sookie d'être le shaman de la meute pour la soirée et lui donne une potion qui l'aidera à voir la vérité parmi les Loups. Elle identifie le coupable en la personne de Ham, ainsi que sa complice Patricia Crimmins, l'une des seules survivantes de la meute de Hebert. Alcide épargne Annabelle. Sookie quitte l'assemblée en sachant que Jannalynn, nouvellement nommée en tant que Second de la meute, réclamera la mort de Ham et Patricia.

Alcide apprend par Amelia que Sookie a rompu le lien de sang qui l'unissait à Eric. Il se rend chez Sookie et l'attend dans son lit. En l'absence de Sookie, qui passe la nuit avec Eric, il finit par s'endormir. Lorsqu'elle le réveille en arrivant le lendemain matin, il explique qu'il souhaite retenter sa chance avec elle. Elle l'accuse de la vouloir parce que la meute a besoin d'un shaman et il insiste en retour sur sa sincérité. Sookie lui déclare alors qu'elle n'apprécie pas la façon dont il a évolué depuis qu'il est chef de meute. Blessé, il quitte les lieux. (CD, DTTW, DAAD, FDTW, DITF, DR, mentionné dans DD, ATD)

HERVEAUX, JACKSON (LOUP) : Jackson est le père d'Alcide. Autodidacte, il possède une affaire d'expertise en bâtiment. Après la mort de sa femme, il commence à jouer et contracte des dettes auprès des vampires. Ces derniers ont donc tout loisir d'exiger une faveur de la part d'Alcide. Après la mort du colonel Flood, tué dans un accident de la route, Jackson décide de concourir pour devenir chef de meute. Mais son adversaire, Patrick Furnan, évoque ses problèmes d'addiction au jeu pour affaiblir sa candidature. Jackson entretient une liaison avec Connie Babcock, sa secrétaire. Jalouse parce que Jackson s'est affiché aux funérailles en compagnie de Christine Larrabee, Connie se laisse persuader par Furnan de dérober des papiers personnels dans le bureau de Jackson pour envenimer la situation. Elle se fait prendre et arrêter, mais le mal est fait. Furnan poursuit sa campagne de dévalorisation, soutenant que Jackson est incapable de gérer sa propre vie et encore plus celle de la meute. Au cours du tournoi des chefs de meute, Jackson est déclaré gagnant des deux premières épreuves, car Furnan est surpris à tricher. Cependant, la meute, inquiète au sujet des faiblesses de Jackson, décide par un vote de tenir la troisième épreuve, souhaitant une victoire décisive par combat. Furnan sort vainqueur et achève Jackson. Son corps est transporté à la ferme des Herveaux. Sa mort sera expliquée par un accident monté de toutes pièces. (Meurt dans DAAD, mentionné dans CD, DD, ATD, FDTW, DITF)

HESTERMAN, BRENDA : Brenda et son associé, Donald Callaway, sont propriétaires de la boutique Splendide à Shreveport. Ils sont antiquaires. Brenda et Donald se rendent chez Sookie pour évaluer les objets et les meubles qu'elle a descendus de son grenier, et lui rachètent plusieurs pièces. (DR)

HOB, M. (GOBELIN) : Prénom non précisé. Videur au *Josephine's*, M. Hob est un petit être grincheux, qui monte la garde à l'entrée du club et maintient une discipline de fer en salle. Son potentiel est inconnu à ce jour. On peut néanmoins noter qu'il a soulevé sans effort un motard qui avait enfreint le règlement pour le mettre à la porte et que la chair de cet homme a pris feu pendant leur contact. (CD)

HONDO (MÉTAMORPHE, FORME ANIMALE NON PRÉCISÉE) : Lors du sommet de Rhodes, il fait partie des équipes urgentistes chargées de soigner les SurNat. C'est lui qui donne les premiers soins à Quinn, touché par une flèche tirée par Kyle Perkins. (ATD)

HOOLIGANS : Le *Hooligans* est un club de strip-tease dont les jumeaux faé Claude et Claudine sont les propriétaires. Les jumeaux ont pris possession du club après le meurtre de leur jumelle Claudette, tuée par la propriétaire précédente. Assez petit, le club possède malgré tout un parking de bonne taille. Ses façades sont peintes en bleu électrique et son enseigne de néon proclame son nom en rose fluo. Gérant du club, Claude participe en faisant un numéro de strip-tease lors des soirées réservées aux dames. Après la fermeture des portails vers le monde de Faérie, le *Hooligans* devient le lieu de rassemblement pour les faé exilés. (DR, mentionné dans FD, DAAD, DD, FDTW, DAG, DITF)

HOPPER, ELLIE : Ellie flirte avec Quinn, dix-sept ans à l'époque, à l'arrière de la voiture de son père. (Mentionnée dans DD)

HOPPER, JANNALYNN (LOUVE) : La jeune Jannalynn est dotée d'un tempérament impitoyable et loyal. Elle affectionne les tenues voyantes. Chargée d'achever les ennemis tombés lors de la Guerre des Loups, elle s'en acquitte avec une efficacité féroce. Amanda Whatley étant au nombre des victimes, son bar revient à Alcide, qui désigne Jannalynn en qualité de gérante malgré sa grande jeunesse. Il lui renouvelle sa confiance en la nommant comme second pour remplacer Basim al Saud. Cette attitude lui vaut une loyauté sans faille de la part de Jannalynn. Quand Hamilton Bond et Patricia Crimmins avouent avoir supprimé Basim, Jannalynn persuade Alcide que leur crime mérite la mort. Quoique Louve, Jannalynn apprécie les lions et, après le combat, elle s'intéresse à Sam. Il semble apprécier leur relation, qui s'épanouit. Toutefois, il estime qu'elle n'est pas le genre de fille qu'il peut emmener rencontrer sa mère. Avant même que Jannalynn et lui ne se mettent à sortir ensemble, il avait déjà invité Sookie à l'accompagner au mariage de son frère et part là-bas avec elle. Peinée et vexée, Jannalynn fait malgré tout son apparition. Ils prennent rendez-vous pour parler plus tard de leur relation, et décident alors de rester ensemble. Lorsque quatre gros bras payés par Sandra Pelt font leur entrée au *Merlotte*, elle est présente, étant passée au bar pour voir Sam. Elle se jette dans la bagarre et brise quelques os au passage avant de paralyser sa cible. Toujours jalouse de la présence de Sookie dans la vie de Sam, elle encourage Alcide Herveaux à s'introduire dans le lit de Sookie après la rupture du lien de sang entre elle et Eric, dans l'espoir qu'il la séduise.

Sous la menace, Jannalynn et Sam sont contraints d'emmener Sandra Pelt chez Sookie. Furieuse, Jannalynn saute sur l'occasion d'attaquer Sandra au moment où Sookie, embusquée dans les arbres, lui tire dessus. Jannalynn parvient finalement à briser la nuque de Sandra et lui enfonce le crâne pour finir. Fascinée par le portail faé qui se trouve dans les bois de Sookie, elle observe Sam et Sookie avec curiosité tandis qu'ils font passer le corps de Sandra dans le monde de Faérie. (DD, FDTW, DITF, STW, DR)

Horowitz, Barry (télépathe) : Télépathe sans formation, Barry est l'un des grooms du *Silent Shore*, hôtel dédié aux vampires, à Dallas. Sookie est la première télépathe qu'il ait jamais rencontrée. Capturée par la Confrérie du Soleil, Sookie parvient à lui transmettre un message mental indiquant sa position pour qu'il puisse avertir Bill et Eric. Ses actions attirent sur lui l'attention de Stan Davis, qui devient roi du Texas et l'embauche. Lorsqu'il rencontre Sookie de nouveau au sommet de Rhodes, il contrôle bien mieux son talent et tous les deux travaillent ensemble après l'explosion pour retrouver des survivants parmi les décombres. (LDID, ATD, mentionné dans DAG)

Hot Rain (vampire) : Créateur de Long Shadow, lui-même créateur de Charles Twining, Hot Rain n'est pas satisfait de la pénalité imposée sur Eric pour la mort de Long Shadow. Il cherche à se venger en envoyant Charles pour tuer Sookie. (Mentionné dans DAAD)

Hotshot : Hotshot se dresse à un croisement, à une quinzaine de kilomètres au sud-est de Bon Temps. C'est une minuscule communauté de panthères-garous, constituée notamment de plusieurs générations de Norris et de Hart. Ses habitants ont certains traits génétiques en commun et se divisent en deux groupes principaux : trapus et blonds, avec des yeux verts mordorés d'un côté, et plutôt petits et bruns de l'autre. Très solidaires, ils restent entre eux, prennent soin les uns des autres et administrent eux-mêmes leur justice. Les routes menant à Hotshot sont mal entretenues, l'endroit est privé d'éclairage public et l'accueil est réservé. Les étrangers ne s'y aventurent guère.

Le tissu familial et social y est très fort et tout le monde participe à la vie de la communauté. On partage les tâches concernant l'éducation des enfants, considérés comme le bien le plus précieux. Chaque membre doit apporter sa contribution en progéniture à la meute, et parfois à plusieurs reprises, afin d'augmenter les effectifs, ce qui suppose de multiples partenaires. En effet, seul le premier-né d'un couple de métamorphes deviendra lui-même métamorphe. Les relations ne sont pas d'ordre incestueux mais, malgré tout, la consanguinité se développe dans la communauté.

Calvin Norris, connu et respecté même à l'extérieur de la meute, est le chef de Hotshot. Son rôle lui tient à cœur et il ne montre pas d'états d'âme quand il s'agit de faire respecter la loi ou de rendre la justice. Quand Felton Norris enlève Jason et le retient prisonnier pour le mordre jusqu'à ce qu'il devienne une panthère, Calvin s'assure que Felton paie le prix fort en échange d'une promesse de la part de Jason et Sookie, qui s'engagent à ne pas se tourner vers la police. Il va sans dire qu'on ne déclare pas toujours les décès qui surviennent à Hotshot. Les disparus sont enterrés en toute discrétion derrière l'église du Tabernacle, dont l'oncle de Calvin, Marvin Norris, est le pasteur. Il est arrivé par le passé que cet impératif de secret absolu dépasse toutes les priorités : venu emmener quelqu'un, le shérif John Dowdy a disparu à jamais.

Au moment de la Grande Révélation, Calvin reste discret par rapport à la meute. Il préfère laisser les panthères libres de décider par elles-mêmes de ce qu'elles souhaitent faire, avec qui et quand. Malgré tout, la compassion que démontre le shérif Bud Dearborn vis-à-vis de Calvin, effondré par la mort de Crystal Norris, indique que les secrets de Hotshot n'en étaient plus vraiment pour certains. (DTTW, DAAD, ATD, FDTW, mentionnée dans DAG, DITF)

HUMPHRIES, TOLLIVER : Tolliver, ami et compagnon d'armes de Bill durant la Guerre de Sécession, se fait tuer en tentant de sauver Jebediah Bellefleur, blessé au combat. C'est ainsi que Bill passe plus de cent quarante ans à haïr la famille Bellefleur. (Décédé, mentionné dans DUD, LDID)

IMPRIMERIE DAVID & VAN SUCH : L'imprimerie était autrefois installée dans une zone industrielle au numéro 2005 de l'avenue Clairemont à Shreveport. Le site est formé de bâtiments vides et d'aires de chargement, ce qui en fait un endroit idéal pour les événements de la communauté surnaturelle. L'équipe Special Events de Quinn y installe les différentes épreuves qui constituent le tournoi d'accession au rang de chef de meute des Longues Dents, dans le bâtiment principal. Plus tard dans la soirée, les deux factions de Loups se font face à l'extérieur, en présence de Sookie et Sam, dans l'une des zones de chargement. Découvrant alors la vérité sur les enlèvements et les meurtres d'un certain nombre de femelles de la meute, ils unissent leurs forces pour anéantir l'intruse Priscilla Hebert et les Loups de Ste Catherine. (DAAD, FDTW)

INDIA : Nom de famille non précisé. Avec des tresses africaines et un piercing dans le nez, India, la nouvelle serveuse du *Merlotte*, est d'un tempérament joyeux. Elle sort avec Lola Rushton. (DR)

INDIRA (VAMPIRE) : Nom de famille non précisé. La minuscule Indira fait ses heures au *Fangtasia*, heureuse que sa servitude vis-à-vis d'Eric n'implique pas de faveurs sexuelles non consenties. Elle fait partie des vampires soigneusement choisis par Eric pour lancer l'attaque contre Victor au *Fangtasia*. Elle apporte sa contribution en émasculant Jock, ancien employé de Victor et toujours fidèle à son ex-patron, avant de l'achever d'un coup de pieu. (DAAD, ATD, DR, mentionnée dans DD)

ISAIAH (VAMPIRE) : Nom de famille non précisé. Roi du Kentucky, Isaiah découvre une espionne de la Confrérie du Soleil infiltrée dans ses rangs. En se basant sur des informations obtenues par la torture, il conclut que les forces de la Confrérie passeront à l'attaque au moment du sommet. Il embauche donc les britlingans pour le protéger. À l'occasion du sommet, il tente de faire la cour à Sophie-Anne, accusée d'avoir tué Peter Threadgill. Il est choisi pour présider lors de son procès. Il survit à l'explosion grâce aux britlingans. (ATD)

IVES, HARLEN (VAMPIRE) : Harlen se rend du Minnesota à La Nouvelle-Orléans et fait étape à Bon Temps pour rendre visite à Bill. Il gagne ensuite Monroe pour passer un peu de temps avec Diane, Liam et Malcolm. Il périt avec eux lorsque leur maison est incendiée par une foule en colère. (Meurt dans DUD)

J

JACKY (PANTHÈRE) : Nom de famille non précisé. Adolescente, Jacky est la cousine la plus âgée de Crystal. Elle participe au châtiment infligé à Mel Hart pour son rôle dans la mort de Crystal. (DAG)

JADA : Nom de famille non précisé. Jada vient d'être embauchée au *Merlotte*. Arlene estime qu'elle travaille mieux que Danielle. (DAAD)

JADE FLOWER (VAMPIRE) : Nom de famille non précisé. Jade Flower est le second de Peter Threadgill. Elle lui est totalement loyale et fera tout ce qui est en son pouvoir pour lui permettre de détrôner sa reine. Elle videra de son sang l'employé de E(E)E, Jake Purifoy, dans la cour de Hadley pour tenter de discréditer l'ancienne amante de la reine, et suivra les traces de Gladiola, nièce de Maître Cataliades, jusqu'à Bon Temps, pour la tuer avant qu'elle ne livre son message à Sookie.

Pendant la bagarre qui éclate à l'occasion de la fête de printemps donnée par la reine, Jade Flower doit se défendre contre Maître Cataliades, qui a découvert qu'elle avait assassiné sa nièce. Au moment où elle parvient à attaquer Sookie, qu'elle tient pour responsable de la chute de Peter, il lui manque une jambe, disparue de façon mystérieuse. Elle se fait décapiter par Bill, accouru aux côtés de Sookie. (Meurt dans DD)

JAN : Nom de famille non précisé. Soldat du feu et infirmière, Jan arrive sur les lieux lors de l'incendie de la maison de Sookie. (DAAD)

JANESHA : Nom de famille non précisé. Janesha est la nièce d'Octavia Fant. Elle vit avec son ami et ses trois enfants. C'est chez elle qu'Octavia se réfugie tout d'abord après le passage de l'ouragan Katrina. (Mentionnée dans FDTW, DAG)

JARVIS : Nom de famille non précisé. Coiffeur dans le salon de beauté de Janice Herveaux, Jarvis coiffe Sookie pour sa première nuit au *Josephine's*. (CD)

JARVIS, MME : Prénom non précisé. Au moment du départ de Sookie, qui vient de se faire coiffer, elle parle au téléphone avec son fils, qui travaille au salon. (Mentionnée dans CD)

JASPER, MARY JANE : Mary Jane est la mère de Danielle. Elle et son mari sont toujours présents pour soutenir leur fille. Ils vont chercher Ashley à l'école et gardent volontiers leurs deux petits-enfants. (Mentionnée dans LDID, DTTW, DD, FDTW)

JENNINGS, MELBA : Melba Jennings est la seule et unique avocate afro-amEricaine de Bon Temps. Elle se charge du cas d'Arlene lorsqu'elle se fait arrêter pour avoir organisé la tentative de meurtre sur Sookie et pour sa responsabilité dans la fusillade. (Mentionnée dans DAG)

JERRY : Nom de famille non précisé. Atteint de sinosida transmis par un amant qui le quitte pour un vampire, Jerry jure de se venger en infectant à son tour des vampires. Lorsque Sookie révèle ses intentions, il se jette sur elle et Bill lui casse le poignet pour la libérer de son emprise. L'amant de Jerry, Malcolm, est un vampire. Il l'emmène chez Bill, dans l'intention de s'occuper personnellement de son cas. Présumé mort. (DUD) Sookie perçoit des souvenirs du coiffeur Jerry dans les pensées de Bethany Roger's. Elle les emploie pour calmer la jeune fille effrayée dont elle est en train de fouiller l'esprit. (LDID)

JESSUP, BOB (SORCIER) : Accompagné de deux autres sorcières, Bob assiste Amelia pour réaliser la reconstitution ectoplasmique chez Hadley. Malgré son look de Mormon, Bob est en fait un coiffeur. Il est doté d'une sorte de pouvoir d'attraction intellectuel et sardonique qu'Amelia trouve incroyablement sexy. Après le rituel, tous deux passent d'ailleurs la nuit ensemble. Ce sont eux qui se rendent le lendemain chez la reine pour donner l'alerte sur l'enlèvement de Sookie et Quinn. Bob passe de nouveau la nuit avec Amelia le soir de la réception de la reine et leurs ébats débouchent sur un problème inattendu : sans faire exprès, Amelia le transforme en chat. Elle emménage à Bon Temps et Bob vit avec Sookie et Amelia sous sa forme de chat jusqu'à ce qu'Olivia Fant, mentor d'Amelia, lui redonne forme humaine. Son séjour lui a permis d'échapper à l'ouragan Katrina. Dès son retour à la normale, il prend le départ pour retrouver sa famille et ses amis.

Ayant retrouvé sa tante et son oncle, qui l'ont élevé, en sécurité à Natchez, Bob finit par se retrouver à La Nouvelle-Orléans et trouve du travail au salon de coiffure Happy Cutter, non loin de la boutique de magie Genuine Magic. Il s'y rend un jour pour demander des nouvelles d'Amelia et ils renouent. Il la suit ensuite à Bon Temps pour renouveler les sorts de protection sur la maison de Sookie et participe au rituel destiné à rompre le lien de sang qui lie Sookie à Eric. (DD, ATD, L, FDTW, DR, mentionné dans DAG, DITF)

JOCK (VAMPIRE) : Nom de famille non précisé. Victor a envoyé Jock travailler comme barman au *Fangtasia* pour remplacer Felicia et espionner à sa place. Il est de service pendant le show de Bubba et combat naturellement aux côtés de Victor. Il se fait émasculer par Indira mais parvient à l'assommer d'un coup à la tête. Sookie détourne son attention, donnant ainsi à Indira l'occasion de le transpercer d'un coup de pieu. (Meurt dans DR)

JODI (VAMPIRE) : Nom de famille non précisé. Profitant de son sommeil diurne, Jodi a brisé l'une des canines d'un vampire nommé Michael avec des tenailles – il avait enlevé et torturé la sœur de l'un de ses employés humains. Michael la poursuit en justice et le procès se déroule au sommet de Rhodes. Jodi plaide devant les juges vampires, dont Bill et Dahlia, et remporte la victoire sur Michael, qui n'éprouve toujours aucun regret. Jodi est autorisée à le mettre à mort avec un pieu. (ATD)

JOE : Nom de famille non précisé. Joe travaille au *Pyramid of Gizeh*. Il appelle les occupants des chambres pour les avertir qu'ils doivent venir en personne prendre des bagages égarés. Sookie tente de lire dans son esprit alors qu'elle vient chercher une valise qui appartiendrait à la suite des vampires de Louisiane. Elle s'aperçoit que Joe dispose en réalité d'une sorte de casque métaphysique sur sa tête qui agit comme bouclier autour de ses pensées. (ATD)

JOHNSON, BROCK ET CHESSIE : Brock et sa femme Chessie sont propriétaires de la maison et de la boutique de sellerie qui se trouvent à côté de chez Tray. (Mentionnés dans DAG)

JONATHAN (VAMPIRE) : Nom de famille non précisé. Vampire du Nevada, Jonathan vient se présenter à Sookie lors du mariage Bellefleur-Vick. Il serait l'invité de

Hamilton Tharp et se serait présenté au shérif de la Zone Cinq, Eric Northman, comme l'exige le protocole. Il mentait. (FTDW)

JONES, CRAWDAD : Crawdad est le premier propriétaire du *Crawdad Jones*, avec Perdita Jones. Après sa mort, cette dernière vend le restaurant et ses recettes à Ralph Tooten, qui s'engage à préserver le nom de *Crawdad* pour l'établissement. (Décédé, mentionné dans DITF)

JONES, KENYA : Avec une stature de véritable Amazone, Kenya est tout le contraire de son partenaire, l'agent Kevin. Mais ils fonctionnent bien ensemble et finissent par se mettre en couple et emménager sous le même toit. (DUD, DTTW, DAAD, DD, DAG, DITF, mentionnée dans LDID, CD, DR)

JONES, PERDITA : Avec son époux Crawdad, Perdita possédait le *Crawdad Diner*. Lorsqu'elle vend le restaurant et ses recettes à Ralph Tooten, elle impose une condition : que le restaurant conserve le nom de *Crawdad*. (Mentionnée dans DITF)

JOSEPHINE'S : Pour les Loups, il s'agit du *Club Dead*. Le *Josephine's* appartient à des vampires et se situe aux abords de Jackson, dans le Mississippi, vers la rue Amite. Les SurNat qui viennent le fréquenter laissent leurs clés sur le contact et leurs véhicules s'en vont tout seuls. Les environs du night-club restent donc déserts. Une atmosphère menaçante se dégage de l'endroit et la plupart des humains sont pétrifiés de terreur en approchant la porte. S'ils parviennent à entrer, on leur impose des tarifs exorbitants, des consommations de mauvaise qualité et un service lamentable. Ceux qui réussissent à passer un peu de temps sur place se retrouvent vite sur le trottoir sans souvenir précis de ce qui s'est passé.

Le videur et portier est un gobelin du nom de M. Hob, qui traite tout étranger avec la plus grande méfiance. L'intérieur du *Josephine's* est similaire à celui de n'importe quel bar : éclairage tamisé, musique en sourdine, verres suspendus au-dessus du comptoir imposant cerné de tabourets, piste de danse et scène de taille réduite, dans le coin à gauche. Le club constitue un territoire neutre et impose des règles strictes régissant le comportement des métamorphes et des vampires. Le règlement stipule en particulier qu'il « est strictement interdit de se changer sur place, de mordre de quelque manière que ce soit et d'apporter son repas, vivant ou non ». Alcide Herveaux escorte Sookie au *Club Dead* pour lui permettre de rassembler des informations sur Bill, qui a disparu. Lors de leur deuxième visite, Sookie perçoit les pensées d'un adepte de la Confrérie du Soleil qui semble déterminé à se sacrifier. Elle le prend de front et se reçoit un coup de pieu. (CD, mentionné dans DTTW, DAAD, ATD)

JOSEPHUS, DR (MÉTAMORPHE, FORME ANIMALE NON PRÉCISÉE) : Prénom non précisé. Après l'accident de voiture causé par Sarah Newlin et Polly Blythe à Dallas, Luna et Sookie sont transportées à l'hôpital. À la demande de Luna, c'est le Dr Josephus qui traite Sookie et la fait rapidement sortir, chargeant deux Loups de la ramener au *Silent Shore Hotel*. (LDID)

JULIA : Nom de famille non précisé. C'est Julia, grand-tante de Sookie, qui a brodé les motifs bordant le couvre-lit que Sookie utilise encore. (Décédée, mentionnée dans DAAD)

K

KELLY : Nom de famille non précisé. Cousine de Halleigh, Kelly est invitée à son mariage et fait partie des demoiselles d'honneur. (FDTW)

KELNER, TAWNY : Impassible et morose, l'inspecteur de police Tawny Kelner, de Dallas, mène l'enquête sur le meurtre de Bethany Rogers. Conscient qu'elle travaillait dans un bar à vampires, il est néanmoins convaincu que le meurtre n'a pas été commis par un vampire mais constitue en réalité un message à l'adresse des vampires. (LDID)

KENT, KENDELL (LOUP) : Kendell est serveur au restaurant *Les Deux Poissons*. C'est probablement lui qui avertit Lucky Owens que Sookie vient de quitter le restaurant après y avoir dîné avec Niall. C'est ainsi que Lucky tente de supprimer Sookie alors qu'elle est sur le chemin du retour avec Eric. Persuadé que Lucky s'est rallié à Patrick Furnan, Alcide est attristé d'apprendre la nouvelle. En réalité, Kendell et Lucky sont à la solde de Priscilla Hebert. (FDTW)

KERSHAW, ANGELA BECK : Cousine d'Alcee et sœur de Dove, Angela est allée à l'école avec Sookie. Elle est maintenant mariée et a un fils. (Mentionnée dans FDTW)

KERSHAW, MAURICE : Maurice a épousé Angela, la sœur de Dove Beck. (Mentionné dans FDTW)

KEYES, KENNEDY : Kennedy a fait de la prison pour homicide après avoir tué un homme qui la maltraitait brutalement. Elle se retrouve au *Merlotte* et accepte immédiatement le poste que lui propose Sam. Elle apprend vite à s'occuper du bar et s'adapte parfaitement à son rôle. Sam craint qu'elle ne se fasse harceler à cause de son passé et parce qu'elle est une femme. Il embauche donc Danny Prideaux comme videur et lui demande de venir travailler lorsque Kennedy fait le service du soir. Kennedy et Danny commencent à se fréquenter en dehors des heures de travail. Ils sont présents au bar au moment où quelqu'un projette le cocktail Molotov dans la salle. Ils ne sont blessés ni l'un ni l'autre, mais Kennedy se demande si l'attaque lui était destinée. Elle pense qu'un membre de la famille de son agresseur a pu commettre l'attentat par mesure de représailles pour ce qu'elle a fait. (DITF, DR)

KHAN : Pas d'autre nom précisé. Après la mort de son ami Lafayette, Khan reprend la cuisine au *Merlotte*. (Mentionné dans LDID)

KHAN, MUSTAPHA (LOUP) : Il s'appelait autrefois KeShawn Johnson. Après un passé manifestement difficile, il domine maintenant la situation avec fierté, sous son nouveau nom. Ayant appris le décès de Bobby Burnham, Bubba recommande ce Loup solitaire à Eric, qui l'embauche comme assistant : Mustapha présente l'avantage de savoir se montrer discret et de haïr Victor Madden – pour une raison qu'Eric ne connaît pas. Mustapha n'a aucun scrupule à participer à l'élimination de Victor. Armé d'un long couteau, il a également posté son ami humain Warren à l'extérieur avec une arme, prêt à tirer sur toute personne qui tenterait de s'échapper : le vampire Luis sort en courant du *Fangtasia*, et la balle tirée par Warren le renvoie vers la lame de Mustapha. Luis résiste et se bat, mais il se fait tuer d'un coup de pieu par Rubio. Mustapha se rue alors pour aider Palomino et Parker, qui luttent contre l'un des deux vampires inconnus. Mustapha le décapite d'un seul coup. Après la bataille, Pam, blessée, lui demande si elle peut se nourrir de son sang et il accepte, sachant que cela fait partie de son travail. (DR)

KINMAN HEATHER (RENARDE) : À dix-neuf ans, Heather Kinman tombe parmi les victimes de Sweetie Des Arts, qui l'abat sur le trottoir devant le Sonic, alors qu'elle boit un milk-shake au chocolat. Elle venait juste de quitter le lycée et de prendre son premier travail chez Bon Temps Office Supplies, magasin de fournitures de bureau. (Mentionnée et meurt dans DAAD)

KISS OF PAIN : Club SM de Rhodes, le *Kiss of Pain* a comme mission de procurer des sensations extrêmes à sa clientèle, « pour le plus grand plaisir de ceux qui préfèrent le côté obscur du désir ». Gervaise y emmène Clara au moment de la conférence au sommet.

KOLINCHEK, DUSTY : Dusty a repris l'entreprise familiale d'entretien d'espaces verts. Parmi ses clients se trouve Victor Madden. (Mentionné dans DR)

KRAUSE, LINDSEY : Lindsey travaille au *Merlotte* mais démissionne pour déménager à Little Rock. (Mentionnée dans DUD)

L

LA SALLE, TRUMAN : Capitaine des pompiers de Bon Temps, Truman se rend avec ses équipes au *Merlotte*, après l'attentat, bien que le bar ne se situe pas dans son périmètre d'intervention. (DR)

LABEFF, JEFF : L'altercation au *Merlotte* entre Jeff et Mark Duffy, étudiant à la Louisiana Tech, dégénère sérieusement. Le lendemain soir, Jeff revient pour présenter ses excuses et Sam le prévient qu'il ne tolère pas ce type de comportement dans son bar. (DAAD)

LANCASTER, ELVA DEENE : Elva Deene est l'épouse de Sid Matt. Elle s'éteint avant la Grande Révélation des métamorphes. Son époux pense qu'elle aurait aimé découvrir qu'il se trouvait encore plus de SurNat sur terre. (Mentionnée dans DUD, LDID, meurt et mentionnée dans DAG)

LANCASTER, SID MATT : Au moment où Jason se retrouve soupçonné d'avoir assassiné plusieurs femmes dans les environs, Sookie et lui retiennent les services de l'avocat Sid Matt, dont la réputation agressive n'est plus à faire dans tout le comté de Renard. Son expérience s'avère inutile une fois les aveux de René enregistrés. Sid Matt ne montre aucun étonnement lors de la Grande Révélation des métamorphes. Il accepte même la clientèle des loups-garous et regrette que sa femme Elva Deene n'ait pas vécu assez longtemps pour vivre ce nouveau monde. Atteint d'un cancer, il est conscient qu'il la rejoindra bientôt. (DUD, LDID, DTTW, DD, DAG, mentionné dans FDTW)

LANDRY : Prénom non précisé. Agent de sécurité féminin au *Pyramid of Gizeh*, Landry réagit de façon extrême lorsque Sookie critique les procédures au moment de l'enquête liée au décès des vampires de l'Arkansas. Elle la traite avec brutalité et lui passe les menottes. Son patron Todd Donati lui ordonne de relâcher Sookie et présente ses excuses par écrit. (ATD)

LARRABEE, CHRISTINE (LOUVE) : Veuve du chef de meute auquel le colonel Flood a succédé, Christine préférerait rester neutre quant aux candidats qui se présentent pour prendre la suite du colonel. Cependant, Jackson Herveaux en appelle à leur amitié et lui demande son soutien. Christine convient avec Alcide qu'il serait judicieux d'inviter Sookie au tournoi, en qualité de témoin. Elle encourage subtilement Sookie à user de ses talents pour vérifier que le tournoi se déroule dans les règles. Christine fait partie des Louves assassinées par la bande de Priscilla, dans le cadre de sa tentative de prise de pouvoir à Shreveport. (DAAD, mentionnée et meurt dans FDTW)

LATTESTA, TOM : Agent spécial du FBI, Lattesta quitte Rhodes pour venir interroger Sookie sur son rôle pendant les opérations de sauvetage au *Pyramid of Gizeh*. L'agent Weiss et lui se trouvent chez Sookie lorsqu'elle reçoit l'appel concernant Crystal. Ils envisagent de considérer le meurtre comme un crime de haine potentiel.

Lattesta n'a aucune confiance en Sookie mais semble convaincu qu'elle est différente. On peut également noter qu'il connaissait l'existence des métamorphes avant la Grande Révélation et avait envoyé Antoine Lebrun, contre son gré, comme informateur. Gagné par le ressentiment lorsque des instances supérieures, encouragées par Niall et son argent, lui ordonnent de renoncer à son enquête sur Sookie, il se promet de poursuivre s'il parvient à établir un lien entre Sookie et une autre enquête. (DAG, DITF)

LAVEAU, MARIE (REINE VAUDOU) : Selon la légende qui circule parmi les vampires de La Nouvelle-Orléans, il serait possible d'invoquer l'esprit de Marie Laveau pour lui demander des faveurs : il suffirait de marquer sa tombe, qui se trouve au cimetière de Saint Louis Numéro 1, de trois X, du sang d'un mort et de formules magiques. Hadley est en train de tenter le rituel lorsqu'elle se fait tuer par Waldo. (Décédée, mentionnée dans OWA, DD)

LEBRUN, ANTOINE : Après le passage dévastateur de Katrina, Antoine n'a plus de toit. Il se fait prendre à voler une voiture et négocie avec l'agent du FBI Lattesta pour éviter la prison. Lattesta, conscient de l'existence des métamorphes et certain qu'ils se révéleront bientôt au grand jour, ordonne à Antoine d'espionner Sam – ainsi que Sookie. Antoine se fait donc embaucher en cuisine au *Merlotte*. Il est malgré tout décidé à sortir Lattesta de sa vie et se sent soulagé le jour où Sookie perçoit son dilemme dans ses propres pensées. Il avoue toute l'histoire à Sam et à Sookie, promettant de ne plus donner d'informations à Lattesta et heureux de conserver son travail ainsi que sa vie à Bon Temps. Antoine est de service le soir de l'incendie et réagit promptement, éteignant tous les appareils pour protéger la cuisine. (DAG, DITF, DR)

LECLERQ, SOPHIE-ANNE (VAMPIRE) : Pour Sophie-Anne, la vie commence il y a près de onze siècles, dans un petit village du nord-ouest de l'Europe. Elle s'appelle alors Judith. Elle a douze ans environ lorsqu'une épidémie décime son village. Le seul autre survivant, un garçon un peu plus âgé du nom de Clovis, la force à se prostituer. Ils campent dans les bois lorsqu'ils croisent le chemin d'Alain, un vampire. Ce dernier vide Clovis de son sang mais décide d'épargner Judith : elle lui servira de compagne et se prostituera pour payer ses frais. Il lui promet constamment de la faire passer de l'autre côté. Alain se fait capturer dans un village qu'il a déjà traversé. Ses habitants reconnaissent sa nature. Judith étant clairement humaine et victime d'Alain, personne ne pense à l'attacher. Elle s'introduit à l'intérieur de la hutte dans laquelle Alain est retenu et marchande avec lui : il devra la faire passer de l'autre côté et elle le libérera lorsqu'elle se sera levée pour la première fois. Alain commence le processus. Mais le prêtre du village revient de voyage alors qu'elle est encore enterrée dans le sol. Alain se fait tuer avant son premier réveil. Seule, elle erre quelques années avant de trouver un jeune garçon victime de sévices sexuels. Elle le vampirise et il devient son compagnon. Pendant des siècles, André sera son serviteur dévoué et son amant. Au fil du temps, elle prend le nom de Sophie-Anne Leclerq et grimpe dans les échelons de la hiérarchie vampire pour devenir reine de Louisiane. Elle reste discrète sur son passé. Elle fait la rencontre de Hadley Delahoussaye Savoy, entretient une liaison avec elle et la fait passer de l'autre côté. Hadley raconte son passé à Sophie-Anne et lui parle entre autres des talents inhabituels de sa cousine Sookie. C'est ainsi que Bill sera dépêché à Bon Temps, au service de sa reine.

Sophie-Anne négocie un mariage d'ordre politique avec Peter Threadgill, roi de l'Arkansas. Peter entretient néanmoins des ambitions qui lui sont propres : il a l'intention de prendre le contrôle des biens de la reine en prouvant qu'elle a donné l'un de ses présents de mariage à un autre amant – un bracelet de diamant dérobé par Hadley dans un accès de jalousie. Sookie retrouve le bracelet et le remet à Sophie-Anne juste à temps pour sa fête du printemps. Malgré tout, Peter déclenche une guerre qui mènera à la défaite des vampires de l'Arkansas et à sa propre mort, infligée par André. Sophie-Anne est accusée du meurtre de son mari et se présente à son procès lors du sommet de Rhodes. Elle est jugée innocente et reçoit le royaume de l'Arkansas. Son soulagement ne dure que peu de temps car elle est grièvement blessée lors de l'explosion et perd ses deux jambes. Elle est toujours en convalescence lorsque Felipe de Castro fait campagne pour prendre la Louisiane et l'Arkansas. Il la supprime ainsi que tous ses shérifs, hormis Eric. (OWA, DD, ATD, mentionnée dans CD, DAG, DITF, DR, mentionnée et meurt dans FDTW)

LEE (FAÉ) : Pas d'autre nom précisé. Lee est l'un des partisans de Breandan. Accompagné de quelques lutins, il tend une embuscade à Claudine qui se défend aisément et les laisse tous morts. (Meurt dans DAG)

LEE, MAXWELL (VAMPIRE) : Trader, Maxwell a fait serment d'allégeance à Eric et remplit son devoir en faisant ses heures au *Fangtasia*. Il aide Pam à évacuer Sookie et Bill après la bataille contre Breandan et ses partisans à l'hôpital. Il participe au complot contre Victor en achevant son garde du corps, Antonio, d'un coup de pieu. (DAAD, ATD, DAG, DITF, DR, mentionné dans FD)

LEEDS, JACK : Détective privé, Jack Leeds et son épouse Lily acceptent un contrat de la part du couple Pelt qui les missionne pour découvrir ce qui est arrivé à leur fille Debbie. Après avoir interrogé de nombreuses personnes, dont Sookie, ils informent la famille qu'ils n'ont aucune piste et qu'ils abandonnent l'affaire. Leurs services seront plus tard retenus par Maître Cataliades, chargé de la succession de Gordon et Barbara Pelt, décédés. Il leur donne comme instruction de se trouver au *Merlotte* à un certain moment bien précis, afin d'informer Sookie que Sandra Pelt est à sa poursuite. Durant leur présence au *Merlotte*, quatre malfrats enrôlés par Sandra font leur entrée au bar et déclenchent une bagarre. L'un d'entre eux sort son couteau, un autre charge et Jack dégaine mais se fait tirer dans le bras par un troisième. Une fois les voyous maîtrisés et la police appelée, Jack et Lily partent pour l'hôpital afin de faire soigner Jack. (DAAD, DR, mentionné dans DD)

LEEDS, LILY BARD : Lily et son époux Jack mènent une enquête sur la disparition de Debbie Pelt. En l'absence de piste, ils informent la famille que l'affaire doit être classée sans suite. Sookie lit dans l'esprit de Lily et s'aperçoit que, tout comme elle, Lily est consciente que certaines personnes sont capables de commettre des horreurs. Le couple revient à Bon Temps pour le compte de Maître Cataliades afin d'avertir Sookie que Sandra Pelt, qui faisait de la prison pour voie de fait, vient d'être relâchée et qu'elle s'est lancée à sa recherche. Ayant reçu l'ordre de se trouver au *Merlotte* à un moment bien précis, le couple est présent au moment où quatre voyous recrutés par Sarah font irruption dans le bar. Au cours de la bagarre qui s'ensuit, Jack est touché par une balle. Très froidement, Lily, qui ne pardonne pas la blessure de son mari, même minime, met son agresseur hors d'état de nuire. Après l'arrivée des autorités, elle emmène elle-même son époux à l'hôpital. (DAAD, DR, mentionnée dans DD)

LEMAY, LAYLA LARUE (VAMPIRE) : Partenaires dans la danse et dans leur seconde vie, Layla et Sean O'Rourke travaillent pour Blue Moon Productions et font des numéros de danse avec vampires et humains. Ils font une démonstration lors du sommet de Rhodes. La plupart des couples vampires ne restent pas longtemps ensemble mais Layla et Sean semblent partis pour faire exception à la règle. Une nouvelle leur est consacrée. (ATD)

LENA : Nom de famille non précisé. Lena nettoie les sanitaires au *Pyramid of Gizeh*. Elle méprise les vampires, qui forment le gros de la clientèle, tout autant que les humains qui les fréquentent. (ATD)

LENIER, CINDY : Cindy est la sœur de René. Elle travaille dans la cafétéria d'un hôpital de Baton Rouge et sort avec un vampire. Elle se fait tuer par son frère. (Décédée, mentionnée dans DUD)

LENIER, RENÉ : René est l'un des ex-maris d'Arlene. Il travaille à la voirie de Bon Temps avec Jason. Il tue sa sœur parce qu'elle sort avec un vampire. Pris de folie, il commence à cibler d'autres femmes dont les amants sont des vampires. Après plusieurs meurtres, il décide de supprimer Sookie et se rend chez elle. En son absence, il assassine Gran à sa place mais ne renonce pas à son obsession. Un soir, alors que Sookie se trouve seule, il coupe sa ligne de téléphone et se jette sur elle. Il la frappe sauvagement mais elle parvient à arracher son couteau de sa ceinture et le poignarde. René survit et sera jugé pour ses crimes. (DUD, mentionné dans ATD)

LENNOX, JANELLA : Janella se rend avec Liam, Malcolm et Diane chez Bill. Elle s'adonne nonchalamment au sexe avec Liam sur le canapé. (DUD)

LÉONARD : Nom de famille non précisé. Ami de Sam, Léonard se joint au groupe qui assure la protection des Merlotte tandis qu'ils prennent le départ pour se rendre à la cérémonie de mariage de Craig et Deidra. (STW)

LÉOPARD (MÉTAMORPHE) : Pas de nom précisé. Au moment de la Grande Révélation, la mère d'un joueur de tennis britannique se métamorphose en léopard. (DAG)

LEVETO, BEV (VAMPIRE) : Avec Todd Seabrook, Bev anime le show de la vamp' la mieux habillée. Elle fait preuve d'un enthousiasme débordant tout en s'attaquant au relooking de Devon Dawn tandis que Todd, la gorge arrachée par Devon, s'effondre sur le sol.

LIAM (VAMPIRE) : Nom de famille non précisé. Encadré de ses compagnons de nids Malcolm et Diane, Liam fréquente toutes les soirées des alentours de Bon Temps et se trouve autant de partenaires humaines qu'il le souhaite. Le manque total de respect des convenances démontré par le trio attise une colère grandissante chez les habitants. Ces derniers soupçonnent les vampires d'être responsables des meurtres survenus récemment dans la région. Il meurt dans l'incendie de sa maison de Monroe, ainsi que ses compagnons de nid, le vampire en visite Harlen Ives et une femme non identifiée. (Meurt dans DUD)

LISLE, ANGIE : Angie est la plus jeune sœur de Deidra, la fiancée de Craig Merlotte. Aidée de Sookie, elle sonne la cloche de l'église pour annoncer le mariage, auquel elle participe comme demoiselle d'honneur, tout comme son autre sœur. En effet, les deux amies de Deidra qui devaient remplir cet office se sont désistées dès la tentative de meurtre sur Bernie, choquées que la belle-mère et le beau-frère de Deidra soient métamorphes. (STW)

LISLE, JARED : Jared, dont l'unité part pour l'Afghanistan dans un mois, monte la garde à l'église lors du mariage de sa sœur, attentif au moindre signe de perturbation. (STW)

LISLE, M. ET MME : Prénoms non précisés. M. et Mme Lisle sont traumatisés de découvrir que la mère et le frère de Craig sont métamorphes. Ils insistent pour reporter le mariage et envoient le jeune couple consulter un conseiller matrimonial et effectuer des tests génétiques. Ils sont sincères dans leur affection pour Craig mais ressentiront certainement toujours de l'appréhension face à sa famille. Après avoir mené sa fille à l'autel, M. Lisle suggère discrètement au Frère Arrowsmith de mener la prière, sachant que ses paroles seront perçues au-dehors. (STW, mentionnés dans DAG, DITF)

LISLE, SŒUR CADETTE : Pas de nom précisé. Les sœurs de Deidra sont ses demoiselles d'honneur lors de son mariage avec Craig Merlotte. Angoissée, la plus jeune patiente avec la mariée tandis que sa sœur Angie et Sookie font sonner les cloches avant le début de la cérémonie. (STW)

LITTRELL, KEMPTON : Le pasteur Littrell célèbre l'Eucharistie à la petite église épiscopale de Clarice tous les quinze jours. À ces occasions, il se rend à Bon Temps pour dîner avec le prêtre catholique, le père Riordan, qui vient les samedis pour dire la messe. C'est le pasteur Littrell qui officie lors du mariage double des Bellefleur. (DD, FDTW)

LIZBET (VAMPIRE) : Nom de famille non précisé. La voluptueuse Lizbet travaille au *Fangtasia*. (FDTW)

LOCHLAN (FAÉ) : Lochlan est le frère de Neave, et plus encore. Partisans de Breandan, ils sont tous les deux ennemis jurés de Niall, l'arrière-grand-père de Sookie. Sur ordre de Breandan, ils kidnappent Sookie pour forcer Niall à renoncer à son titre de prince de Faérie. Ils ont déjà assassiné le grand-père de Sookie, Fintan Brigant, ainsi que Crystal, la femme de Jason Stackhouse, avec l'enfant qu'elle portait. Lochlan et Neave torturent Sookie avec délectation pendant une heure, avant qu'elle ne soit sauvée par Bill et Niall, ce dernier décapitant Lochlan au cours du combat. (Meurt dans DAG, mentionné dans DITF)

LONG SHADOW (VAMPIRE) : Barman au *Fangtasia*, Long Shadow commet l'erreur stupide de détourner de l'argent au lieu de demander un prêt à Eric. Ce dernier fait amener Sookie au bar pour qu'elle lise dans les pensées de ses employés humains et découvrir ainsi l'identité du coupable. Sookie découvre la supercherie en pénétrant le sort de séduction dont Long Shadow a usé sur une serveuse. Long Shadow se jette avec rage sur Sookie, et Eric lui porte le coup fatal avec un pieu.

Son créateur Hot Rain pleure sa perte. Il se montre insatisfait de l'amende monstrueuse dont Eric s'est acquitté pour l'avoir tué. Il envoie donc le vampire créé par Long Shadow pour assouvir sa vengeance. La tentative échoue, aboutissant à une nouvelle perte pour Hot Rain. (Meurt dans DUD, mentionné dans DAAD)

LOOMIS, AUDRINA : Native de la Louisiane, Audrina accepte un poste de comptable au Vic's Redneck Roadhouse – elle est revenue dans la région de Shreveport avec son compagnon Colton pour habiter plus près de chez sa grand-mère. Par loyauté envers son amant, dont la mère a été assassinée par Victor, elle rejoint les rangs de Colton, Sookie, Eric et les vampires d'Eric, et participe ainsi à l'élimination de Victor et de sa bande. Audrina se fait tuer lors du combat au *Fangtasia*. (Meurt dans DR)

LOUP-GAROU AUX DENTS POINTUES : Pas de nom précisé. Membre de la meute de Ste Catherine, ce Loup non identifié attaque Sookie et Barbara Beck à la bibliothèque. Assommé par un livre que Sookie lui a jeté à la tête, il se tue en tombant sur son propre couteau. (Meurt dans FDTW)

LUDWIG, DR, AMY (NATURE INCONNUE) : Très petite et bossue, le Dr Amy Ludwig possède de vastes connaissances en matière de médecine humaine et Sur-Nat. Elle est spécialiste des soins destinés aux SurNat – ainsi qu'à ceux qui sont victimes d'agressions par des SurNat. Elle est connue pour son tempérament bougon. Il lui arrive d'employer un Loup comme chauffeur et sans doute comme garde du corps.

Le Dr Ludwig rencontre Sookie pour la première fois lorsqu'on l'appelle pour soigner le dos de Sookie après l'agression de Callisto. Sookie est effarée quand le

Dr Ludwig lèche les plaies laissées pzar la ménade pour en retirer le poison. Mais elle sait ce qu'elle fait. Après une transfusion sanguine quasi complète, Sookie se remet et ses cicatrices sont réduites au minimum. Elles se rencontrent de nouveau pendant le tournoi des chefs de meute et plus tard, quand Crystal fait une fausse couche et que Sookie fait appel au Dr Ludwig.

C'est à son hôpital pour SurNat que Sookie sera transportée après son supplice, en compagnie de Bill, gravement malade, et Tray Dawson, blessé à mort. Et c'est là qu'aura lieu l'affrontement final entre Niall et Breandan. (LDID, DAAD, DD, DAG, mentionnée dans DITF)

LUIS (VAMPIRE) : Nom de famille non précisé. Luis travaille avec Antonio pour Victor, au *Vampire's Kiss*, et assure la garde rapprochée de Victor au club. C'est le plus grand des deux et Sookie les a surnommés les « chérubins du bondage » en raison du petit short en cuir qu'ils doivent porter au travail. Luis et Antonio escortent Eric, Pam et Sookie dans le parking à leur départ. Pour piéger Eric, ils en profitent pour exprimer leur mécontentement vis-à-vis de Victor. Mais Eric ne leur fait pas confiance et les éconduit.

À l'occasion du show de Bubba au *Fangtasia*, Luis et Antonio pénètrent les premiers dans la salle pour contrôler les lieux avant l'arrivée de Victor. Au moment où les boissons sont servies, Luis goûte à un verre au hasard et se poste ensuite à l'entrée du club. Luis et Antonio sont captivés par Bubba, mais Luis réagit à la vitesse de l'éclair lorsque Eric passe à l'attaque et se précipite pour défendre son maître. Il essaie par la suite de s'échapper du *Fangtasia* mais sera repoussé par Warren, qui lui tire dans l'épaule. Blessé, il continue malgré tout de se battre furieusement. C'est Rubio qui l'achève. (Meurt dans DR)

LUNDY, SALLY : Sally est la fidèle assistante de John Robert Briscoe. D'une grande vigilance, elle est la seule à avoir compris que Greg Aubert détourne la chance des agents d'assurances de Bon Temps. Amelia réussit à lancer un sort d'oubli pour effacer chez Sally et John Robert tout souvenir des allégations de Sally. (L)

LYLE (VAMPIRE) : Nom de famille non précisé. En visite à Alexandria pour suivre une formation en gestion de club vampire, Lyle fait partie des convives assistant à la soirée d'anniversaire de Dracula. (DN)

LYNLEY-CHIVERS, DAHLIA (VAMPIRE) : Dahlia représente un choix judicieux, en tant que juge aux procès vampires au sommet de Rhodes. Elle écoute les témoignages de Jodi et Michael et pose les bonnes questions, permettant ainsi à tous les juges, Bill y compris, de rendre un jugement unanime. Elle survit à l'explosion de l'hôtel. La petite vampire figure dans une série de nouvelles dont elle est la star.

LYNX (MÉTAMORPHE) : Pas de nom précisé. Il dévoile sa double nature le soir de la Grande Révélation. Sa petite-fille se sent trahie. Elle est également mécontente du fait que son esthéticienne soit un coyote. (DAG)

LYUDMILA, ANA (VAMPIRE) : Elle ne faisait pas partie des vamp's qui ont agressé Pam au *Vampire's Kiss*. Cependant, tandis que Pam et Sookie font leur entrée avec Eric, elle ignore délibérément le second d'Eric, jusqu'à ce que Sookie la réprimande pour ses mauvaises manières. Venue avec la suite de Victor, elle assiste au show de Bubba mais s'ennuie ferme et reste assise à l'écart. C'est l'une des premières à tomber, empoisonnée par un verre que Thalia lui a servi. (Meurt dans DR)

M

MADDEN, VICTOR (VAMPIRE) : Le soir du coup de main de Felipe de Castro, roi du Nevada, Victor s'annonce joyeusement chez Sookie. Sachant que les partisans de Felipe de Castro sont pour l'instant victorieux, il est plein d'assurance. Il se montre prêt à incendier le *Fangtasia* tout comme la demeure de Sookie si Eric et Bill refusent de capituler. Pendant quelque temps, Victor reste à La Nouvelle-Orléans pour gouverner personnellement la Zone Un. Il finit cependant par renvoyer le représentant de Felipe de Castro au Nevada. Consolidant son pouvoir, il tente de prendre le contrôle de tout l'État.

Ainsi qu'Eric l'avait délibérément organisé, Victor est présent lorsque Sookie offre le couteau rituel à Eric. Il sait donc qu'elle est l'épouse d'Eric et que Felipe lui a accordé sa protection. Toutefois, lorsque Sookie, traquée par Breandan et ses partisans, demande de l'aide, il refuse d'écouter Eric, qui plaide pour Sookie. Quand Bill appelle Eric pour l'avertir que Sookie a été enlevée, Victor enchaîne Eric et retient Pam, pour les empêcher d'aller à sa rescousse. Il ne veut pas que les vampires s'impliquent dans la Guerre des Faé. Il se montre au départ incrédule au sujet des promesses que Felipe aurait pu faire à Sookie. Ensuite, une fois que Pam a réussi à contacter le roi, il prétend qu'il avait oublié qu'Eric et Sookie étaient mariés. Felipe oblige Victor à relâcher Eric pour qu'il puisse aller la sauver.

Obnubilé par ses ambitions, le vampire s'attache à amasser toujours plus de pouvoir et commence à manigancer pour discréditer Eric, dernier shérif survivant de l'époque du régime de Sophie-Anne. Peu enclin à laisser Eric exploiter les talents de télépathe de Sookie et s'inquiétant du pouvoir que représente le grand-père de cette dernière, il dépêche en secret son second, Bruno Brazell, ainsi qu'une vampire du nom de Corinna, et les charge d'intercepter Sookie et Pam. Ces dernières remportent la victoire et font disparaître toute trace de ce qui s'est passé. Bruno et Corinna ne se présentent pas au travail le lendemain, mais Victor ne peut proférer aucune accusation contre les vampires de la Zone Cinq, ni contre Sookie, puisque Bruno et Corinna n'étaient pas censés se trouver à cet endroit. Victor est nommé régent de l'État mais déplace son quartier général à la Zone Cinq. Il s'installe dans un manoir qui se situe entre Musgrave et Toniton, et ouvre le *Vampire's Kiss* ainsi que le *Vic's Redneck Roadhouse*. Pour provoquer Eric, il le convoque à une réunion au *Vampire's Kiss*, empêche Pam de sécuriser l'endroit avant l'arrivée de son patron, amène l'amante malade de Pam au bar pour enflammer sa fureur, et fait servir les boissons de Pam et Eric avec des verres frottés au sang de faé, dans l'espoir qu'ils seront intoxiqués et commettront des erreurs en troublant l'ordre.

Ces manœuvres entraînent une décision de la part de ses opposants : Victor doit mourir. Il se laisse attirer au *Fangtasia* pour assister à la représentation de Bubba. Le show s'interrompt tandis qu'Eric et sa suite passent à l'attaque. Au cours du combat, Victor meurt de sa mort définitive, exécuté par Pam. (FDTW, DAG, meurt dans DR, mentionné dans TB, DITF)

MAIMONIDES, SIMON (DÉMON) : Beau-frère de Maître Cataliades, Simon est également avocat. Il représente les intérêts de l'État de l'Arkansas lors du procès pour meurtre de Sophie-Anne, accusée d'avoir assassiné son époux Peter Threadgill, roi de l'Arkansas. (ATD)

MAISON DE BILL COMPTON : À la mort de Jessie Compton, l'aïeule de Bill, la maison familiale des Compton lui revient. Bordée de buissons d'azalées, elle se dresse sur une petite butte, un peu en retrait de la route, et donne sur le cimetière. Depuis son emménagement, Bill a fait réaliser de nombreux travaux de rénovation sur les deux niveaux de la demeure : électricité, tapisserie, parquets, réfection complète de la cuisine (maintenant plus petite) et installation d'une salle de bains de luxe au rez-de-chaussée. Celle-ci comprend une douche ainsi qu'un bain à remous encastré dans un plancher de cèdre. En raison des nappes phréatiques qui se trouvent juste sous la surface du sol dans cette région, la maison n'a pas de sous-sol. Elle comporte malgré tout un vide sanitaire à l'abri de la lumière, que Bill peut utiliser comme cachette pour dormir durant le jour. Rarement utilisées, les chambres se trouvent à l'étage. Bien que modernisée, la maison abrite toujours de nombreux meubles et équipements anciens, dont certains effets qui remontent à la vie humaine de Bill, tels que le châle espagnol de sa tante Edwina. (DUD, CD, DTTW, DAAD, DITF, DR, mentionnée dans LDID, DD, FDTW, DAG)

MAISON DE JASON STACKHOUSE : Corbett et Michelle Stackhouse ont fait construire leur maison à Bon Temps alors qu'ils venaient de se marier et qu'ils attendaient Jason. À leur mort, la maison est revenue à leurs enfants. Elle est restée vide jusqu'à ce que Jason y emménage, seul. Après la mort de Gran, Sookie ayant hérité de sa demeure, elle a laissé sa part de la maison parentale à Jason. Celui-ci prend soin de sa demeure, peinte en couleur chamois, avec des finitions en blanc. On peut l'apercevoir de la route et la propriété s'étend loin derrière, tombant en pente douce vers un étang doté d'un ponton. Le petit stand de tir aménagé dans le jardin est orienté vers le bois. À l'intérieur se trouvent une salle de bains refaite à neuf, une cuisine, une petite salle à manger, un séjour, un salon, une chambre à coucher principale et deux chambres plus petites. (DUD, DTTW DAAD, FDTW, DAG)

MAISON DE SOOKIE STACKHOUSE : Nichée au creux d'une quinzaine d'hectares, la ferme des Stackhouse est bien cachée de la route. La longue allée mène à un parking devant ainsi qu'à un second derrière la maison. Construite en 1850, la maison d'origine, un rectangle de plain-pied, correspondait autrefois à la salle de séjour actuelle. La cuisine, les sanitaires, les chambres à coucher et un étage partiel ont été ajoutés par la suite. L'étage comprend désormais deux petites chambres et un grenier. Il y a suffisamment d'espace pour installer une troisième chambre.

La porte de devant ouvre sur le séjour, duquel part un couloir menant vers l'arrière de la maison : à gauche, la chambre principale avec sa salle de bains, sur la droite, une chambre plus réduite qui comporte une cachette à vampires dans l'armoire, puis une salle d'eau et des placards. Le corridor termine dans la cuisine, assez grande pour servir de salle à manger. Après l'incendie qui a détruit cette pièce ainsi que la véranda attenante, la cuisine sera totalement refaite et la véranda, qui servait également de buanderie, sera élargie et fermée. Le mobilier de la maison est vieux et confortable, tout comme la maison. Un toit de zinc et une veille balancelle sur la véranda de devant confirment son charme authentique.

Humains, métamorphes, vampires et faé sont des hôtes fréquents des bois qui cernent la maison. Meurtre, incendie criminel, bûcher de démon, cadavres enterrés, vampires morts par le pieu et faé tombant en poussière – ces lieux auront tout vu. (DUD, LDID, CD, DTTW, DAAD, OWA, DD, ATD, L, FDTW, GW, DAG, DITF, DR, mentionnée dans FD, DN)

MALCOLM (VAMPIRE) : Nom de famille non précisé. Accompagné de Liam et Diane, le vampire amène son humain Jerry chez Bill et le lui propose. Sookie découvre que Jerry est conscient d'être atteint de sino-sida, l'une des rares maladies que les vampires peuvent contracter, Malcolm emmène son amant humain ailleurs pour s'occuper de son cas en privé. Plus tard, Malcolm, Diane et Liam trouveront leur seconde mort, incinérés dans leur maison avec Harlen Ives et une femme non identifiée. (Meurt dans DUD)

MARIANNE : Nom de famille non précisé. Amie de lycée de Sookie, Marianne laisse tomber Sookie lors d'un voyage scolaire à Six Flags, Dallas, pour flirter avec leur camarade de classe Dennis Engelbright. (Mentionnée dans LDID)

Marley, Tyrese : Tyrese est le chauffeur et garde du corps de Copley Carmichael. (FDTW)

Marriot, Jay : Frère jumeau de Jeff, Jay et sa mère Justine cherchent désespérément à en savoir plus sur la mort de Jeff. Lorsque sa voiture est retrouvée non loin de l'allée qui mène chez Sookie, ils acceptent malgré tout sa culpabilité. (DAAD)

Marriot, Jeff : Jeff Marriot se fait tuer par Charles Twining et devait porter le chapeau pour l'incendie de la maison de Sookie. (DAAD)

Marriot, Justine : Mère de Jeff Marriot, Justine est effondrée d'apprendre la mort de son fils ainsi que son rôle dans l'incendie chez Sookie. (DAAD)

Martinez, Julio (Loup) : Militaire de la base aérienne de Barksdale, Julio est membre de la meute de Shreveport. Il tombe parmi les victimes de la Guerre des Loups. (Meurt dans FDTW)

Mary : Nom de famille non précisé. Mary et Denissa sont censées chanter lors du mariage Lisle-Merlotte. Incapable d'affronter les manifestants, Mary assiste à la répétition mais pas au mariage. (STW)

Mason, Everlee : Everlee adore rendre visite à son amie Gran pour papoter avec elle. (Mentionnée dans DUD)

Massacre de Minuit à Dallas : C'est ce que titre la presse à la suite de l'attaque menée par les adeptes de la Confrérie du Soleil contre la maison de Stan, la citant en exemple typique d'un crime de haine. (LDID)

Maude (vampire) : Nom de famille non précisé. Reine du Minnesota, Maude assiste au sommet de Rhodes avec son époux le roi du Wisconsin. (ATD)

Mayfield, Hod et Kelvin : Hod et Kelvin ont été recrutés pour kidnapper Sookie mais échouent dans leur mission, Sookie ayant réussi à se cacher chez Bill.

Ils fouillent la maison de Sookie et blessent Dermot grièvement. Bellenos et Dermot se lanceront à leur poursuite et rapporteront leurs têtes. Hod laisse une épouse, du nom de Marge, et Kelvin était le père de trois enfants. (Meurent dans DR)

MAYHEW, DARRYL : Avant les meurtres commis par René Lenier, le meurtre le plus récent de Bon Temps fut celui de Sue Mayhew, abattue par son mari Darryl. (Mentionné dans DUD)

MAYHEW, DIXIE (PANTHÈRE) : Dixie est la sœur jumelle de Dixon. Elle a les yeux presque noirs, couleur qu'elle partage avec de nombreuses panthères de Hotshot. Elle monte la garde avec Dixon à l'hôpital de Grainger pendant le séjour de Calvin. Les jumeaux assurent également sa protection après sa sortie. Lorsque Victor Madden emménage dans son manoir situé entre Musgrave et Toniton, il recrute les jumeaux comme gardes de jour. (DAAD, mentionnée dans DR)

MAYHEW, DIXON (PANTHÈRE) : Dixon tient de la branche des panthères de Hotshot qui sont plus trapues et moins brunes que sa sœur. Sa sœur et lui assurent la protection de Calvin à l'hôpital puis chez lui pendant sa convalescence. Les jumeaux seront par la suite embauchés par Victor Madden pour surveiller son manoir durant la journée. (DAAD, mentionné dans DR)

MAYHEW, SUE : Avant les meurtres commis par René Lenier, le meurtre de Sue était le plus récent à Bon Temps. C'est son mari qui l'a abattue. (Décédée, mentionnée dans DUD)

McKENNA : Nom de famille non précisé. McKenna travaille à temps partiel pour Tara dans sa boutique Tara's Togs. (DTTW, ATD, DR, mentionnée dans DAG, DITF, IIHAH)

Membres du Clan de Hallow (sorcières et Loups) : Le clan de Hallow est composé de Loups. Tous sans exception boivent du sang de vampire. Ils suivent les ordres de Hallow, résolue à s'emparer des actifs d'Eric et de la Zone Cinq ainsi qu'à anéantir la meute des Longues Dents. (DTTW)

Mendoza, Sister : Shérif adjoint, Sister est l'amie fidèle de Sam depuis longtemps. Bien qu'ils ne soient pas en service, son partenaire Tony et elle montent la garde chez Bernie pendant que la famille se rend à la répétition du mariage. (STW)

Mère de Colton et Chico : Pas de nom précisé. Mère de Colton et du vampire Chico, elle paie l'insolence de Chico vis-à-vis de Victor. Victor la fait kidnapper, lui coupe la langue et oblige Chico à la manger. Réagissant violemment à l'ingestion de cette chair ensanglantée, Chico est dans l'incapacité de sauver sa mère, qui se vide de son sang et meurt. (Décédée, mentionnée dans DR)

Mère de Quiana Wong : Pas de nom précisé. Moitié chinoise, moitié afro-amEricaine, la mère de Quiana se fait tuer avec son père, Coop, lorsque leur voiture cale en plein milieu d'une voie de chemin de fer. Leur fille n'a que seize ans. Selon la rumeur, il ne s'agissait pas d'un accident. (Décédée, mentionnée dans IIHAH)

Merlotte (snack-bar) : Sam Merlotte, métamorphe, a fait l'acquisition d'un bar en faillite grâce à l'argent que son père lui a laissé. Rebaptisée et rénovée, l'affaire fait de nouveau des bénéfices. L'établissement se situe dans les bois, au milieu des arbres dont il a été construit. Il attire une clientèle très variée d'humains et de SurNat. En semaine, il reste ouvert jusqu'à minuit, et ferme à 1 heure du matin le vendredi et le samedi. On y sert des collations et de la boisson, ainsi que du sang de synthèse. Sam ne sait toujours pas s'il doit ouvrir le dimanche et tente l'affaire de temps à autre. Il vit dans un double mobile home disposé en L à l'arrière du bar.

Les clients rangent leurs véhicules dans le parking goudronné devant le *Merlotte*, tandis que les employés se garent sur l'esplanade en gravier à l'arrière. L'entrée du personnel se fait par la porte de derrière, qui ouvre sur un couloir qui passe devant le bureau de Sam et la cuisine avant de conduire à la salle. Le *Merlotte* a vu défiler de nombreux cuisiniers, dont un vampire et un métamorphe, et bon nombre de serveuses. Certains de ces employés ont connu une fin tragique : la serveuse Dawn Green est tuée par René Lenier et le cuisinier Lafayette Reynold est assassiné par Mike Spencer et les Hardaway. Quant à Sweetie Des Arts, cuisinière et franc-tireur, elle est abattue par l'inspecteur de police Andy Bellefleur. En général, c'est Sam qui s'occupe personnellement du bar. Blessé par balle à la jambe, il demande à Eric de lui prêter son propre barman. Celui-ci envoie Charles Twining. C'est en réalité ce dernier qui a blessé Sam. Le vampire lance une attaque sur Sookie pour venger la mort d'un de ses congénères. Charles demande à mourir par le pieu au lieu d'être remis à la police. Sa requête est acceptée. Sam a récemment embauché Kennedy Keyes, ancienne reine de beauté qui a fait de la prison pour homicide, et lui confie régulièrement le comptoir du bar. Terry Bellefleur effectue des remplacements de temps en temps. D'une façon générale, les horaires du personnel sont souples et bien équilibrés.

Le *Merlotte* essuie deux déconvenues. D'une part, le *Vic's Redneck Roadhouse* s'installe dans les environs et détourne la clientèle. D'autre part, Sandra Pelt met le feu au bar pour tenter de tuer Sookie. Financièrement mal en point, Sam s'efforce de garder la tête hors de l'eau. Tout d'abord réticent, il accepte malgré tout un prêt de la part de Sookie, qui lui propose une part de son héritage pour l'aider.

Le jour où Bill Compton passe le seuil, le *Merlotte* devient comme l'œil du cyclone : tous les événements survenant dans le monde surnaturel sont liés d'une façon ou d'une autre au *Merlotte*. Ses clients habitués observent le tout avec intérêt – clientèle vampire, métamorphose de Sam et de Tray le soir de la Grande Révélation, crucifixion de Crystal dans le parking – puis se retournent pour reprendre leur conversation comme si de rien n'était. (DUD, LDID, CD, DTTW, FD, DN, DAAD, DD, ATD, L, FDTW, DAG, DITF, DR, mentionné dans OWA, GW, TB, STW)

MERLOTTE, BERNADETTE, ALIAS « BERNIE » (MÉTAMORPHE PURE) : Bernie est la mère de Mindy, Craig et Sam. Deux ans après le décès du père de Sam, elle se remarie. Elle ne révèle pas sa double nature à son nouvel époux et invente des excuses pour justifier ses absences lors des nuits de pleine lune. Le soir de la Grande Révélation, retransmise en direct à la télévision, Bernie finit par dévoiler son secret et se métamorphose devant son époux. Mais Don réagit de manière inattendue et lui tire dessus. Il se fait arrêter et ils divorcent pendant qu'il attend son procès en prison, n'ayant pas pu régler sa caution.

Bernie travaillait comme réceptionniste et secrétaire dans une école primaire. Pendant sa convalescence, une autre personne est embauchée pour la remplacer, et elle n'est pas certaine de récupérer son poste à la rentrée. Depuis la révélation et l'incident, de vieux amis lui tournent le dos et toute la ville est perturbée par la présence des métamorphes parmi les humains. Mais elle reste bien décidée à faire en sorte que Craig puisse se marier. (STW, mentionnée dans FDTW, DAG, DITF)

MERLOTTE, CRAIG : Craig est le frère cadet de Sam. Au moment où les métamorphes se révèlent, il est en train d'organiser son mariage. Celui-ci est reporté car sa future belle-famille éprouve des difficultés à accepter le fait que sa mère et son frère soient métamorphes. Tout comme son frère, Craig est fier d'avoir servi pour l'armée. Diplômé de l'UT Dallas, il travaille maintenant en support technique pour une grosse société de comptabilité de Houston. (STW, mentionné dans FDTW, DAG, DITF)

MERLOTTE, DEIDRA LISLE : Jolie comme un cœur, Deidra épouse Craig, le frère de Sam. Bien que ses parents soient inquiets de la présence de métamorphes dans la famille de leur nouveau gendre, Deidra ne nourrit aucune inquiétude à ce sujet pour ses futurs enfants. Elle suit une formation pour devenir urgentiste mais devra sans doute mettre sa carrière en attente car elle attend déjà un enfant. (STW, mentionnée dans FDTW, DAG, DITF)

MERLOTTE, SAM (MÉTAMORPHE PUR) : Avant de s'installer à Bon Temps, Sam a servi son pays en passant quatre ans dans l'armée. Il a ensuite acheté son bar grâce à l'argent que lui a laissé son père décédé, militaire et métamorphe pur lui aussi. Sa nature lui permet de se transformer en n'importe quel animal, ce qui est rare. Il préfère toutefois le colley et c'est sous cette forme que Sookie le ramène chez elle, convaincue qu'il s'agit véritablement d'un chien. Sam a bien l'intention de se lever tôt et de quitter les lieux, mais il se réveille en retard et Sookie, désemparée, le retrouve dans son lit à son réveil. Sam lui raconte tout sur sa double nature, et lui explique également que les vampires ne sont pas vivants.

Lorsque Callisto fait son apparition, il lui offre sa compagnie comme tribut et tous deux passent des moments intimes dans les bois de Bon Temps.

Sam veille sur Sookie tandis qu'elle s'enfonce toujours plus profondément dans le monde des SurNat. Il se montre particulièrement inquiet de ses relations avec les vampires. En temps normal, il reste neutre quant aux agissements entre créatures surnaturelles. Malgré tout, il accompagne Sookie à la rencontre entre Alcide et Furnan et se change en lion lors de l'attaque de Priscilla Hebert et de ses Loups. Il se trouve par la suite mêlé malgré lui aux affaires des vampires, lorsqu'il se fait capturer par Sigebert, qui veut se venger d'Eric et Felipe. Libéré par Sookie, il est attristé de s'être fait attaquer sur le court trajet qui sépare le bar de son mobile home et craint pour la suite des événements.

À l'occasion de la Grande Révélation, Sam et Tray Dawson se métamorphosent au *Merlotte* en même temps. À travers le monde entier, les métamorphes révèlent leur double nature. Mais lorsque la mère de Sam se transforme devant son mari, celui-ci lui tire dessus. Sam se précipite aux côtés de sa mère, laissant Sookie superviser le bar à sa place. Pendant son absence, Crystal est retrouvée crucifiée dans le parking. Comme nombre de personnes, Sam se demande si elle a été tuée en raison de sa double nature ou à cause de ses actions. Il revient aussi rapidement que possible pour libérer Sookie de son poste et découvre que, sans le savoir, elle a épousé Eric. Il réagit mal. Son inquiétude à son sujet monte en flèche alors que Sookie, maintenant mêlée au monde des faé, se fait kidnapper et torturer.

Le mariage de Craig, le frère de Sam, a été retardé car les parents de sa fiancée acceptent difficilement la présence de métamorphes dans la famille de leur futur gendre. Sam espère constamment l'annonce d'une nouvelle date. Depuis des mois, il a demandé à Sookie de l'accompagner à cette fête de famille et l'a annoncé à sa famille avant qu'il ne commence à sortir avec Jannalynn Hopper. Sam ne change pas ses plans par la suite, car il pense que la Louve aura des difficultés de comportement chez lui. Lorsque la cérémonie finit par avoir lieu, les familles sont confrontées à des manifestations mais les métamorphes volent à leur secours. Jannalynn fait son apparition, blessée que Sam ait estimé qu'il ne soit pas envisageable de la présenter à sa famille. Sam et elle décident de parler de leur relation à leur retour, et la poursuivent finalement.

Sam est déjà inquiet quant au futur du *Merlotte* lorsqu'un cocktail Molotov est projeté dans la salle. L'incendie ne provoque que peu de dégâts et de blessures, et Sam rouvre rapidement le bar. Mais l'état de ses affaires empire, la clientèle étant attirée par le *Vic's Redneck Roadhouse*, un nouveau bar que Victor Madden a implanté dans les environs. Les problèmes s'aggravent encore quand quatre gros bras, intoxiqués au sang de vampire, font leur entrée au *Merlotte* dans l'intention de troubler l'ordre et de prendre Sookie. Sam, Jannalynn, Andy Bellefleur et les détectives privés Jack et Lily Leeds, bizarrement présents au bon endroit et au bon moment, parviennent à maîtriser les malfrats. L'origine de l'incendie et de cet incident s'explique lorsque Sandra Pelt fait irruption au bar, hors d'elle, et admet publiquement qu'elle essaie en vain de tuer Sookie depuis longtemps. Avec l'aide de Sam, Terry Bellefleur met Sandra hors d'état de nuire. Elle est transportée à l'hôpital et placée ensuite en détention, mais parvient à s'évader. De son côté, Sam lutte contre les problèmes financiers et finit par accepter un prêt conséquent de la part de Sookie pour remettre le bar sur les rails. Il se trouve avec Jannalynn dans son mobile home lorsque Sandra revient et les met en joue. Elle oblige Sam à appeler Sookie pour l'attirer chez lui. Sookie flaire le piège et s'arrange pour le faire venir chez elle. Une fois le trio arrivé devant chez Sookie, Jannalynn profite d'une distraction pour se ruer sur Sandra avec sauvagerie, tandis que Sam et Sookie restent en retrait tout en essayant de l'aider. Sam attrape Sandra par les cheveux et elle lui casse le nez, mais Jannalynn reprend le dessus, brise la nuque de Sandra et lui écrase le crâne pour l'achever. Inquiets des conséquences possibles s'ils appelaient la police, Sam et Sookie décident plutôt de se débarrasser du corps. Blessée, Jannalynn les suit tous deux alors qu'ils portent le cadavre de Sandra vers le portail et le font passer dans le monde de Faérie. De retour à la maison de Sookie, Jannalynn remet le nez de Sam en place et le couple repart pour le mobile home de Sam, se débarrassant en chemin de l'arme de Sandra.

Tara et JB du Rone ayant décidé de refaire leur bungalow et de libérer de l'espace pour leurs jumeaux, Sam accepte de les aider et Terry Bellefleur lui donne des astuces. Alors qu'il abat une cloison, Sam découvre le marteau employé pour éliminer Isaiah Wechsler dans les années 1930, perturbant ainsi le repos de l'âme du meurtrier. Les adultes et les bébés réagissent à l'énergie négative qui envahit la maison. La nourrice, Quiana Wong, est médium. Elle réussit à canaliser l'esprit et comprend que sa dépouille est certainement enterrée dans les parages. Sam se change en chien limier et retrouve les ossements dans le jardin. Sookie et Quiana unissent leurs efforts et identifient le tueur en la personne du fils cadet de la famille Summerlin, celle qui vivait à l'époque dans le bungalow. Il s'est suicidé et ses parents l'ont enterré dans le jardin dans le plus grand secret. Le corps est déplacé et inhumé de nouveau, dans la concession familiale de Sookie : l'esprit trouve enfin le repos. Sam et JB vont pouvoir continuer la rénovation du logement. (DUD, LDID, CD, DTTW, FD, DN, DAAD, DD, ATD, FDTW, DAG, DITF, STW, DR, IIHAH, mentionné dans L, GW)

MICHAEL (VAMPIRE) : Nom de famille non précisé. Propriétaire du *Blonde*, un club pour gentlemen dans le Mississippi, Michael est d'un naturel retors. Il fait semblant de s'allier aux vamp's du Nevada tandis qu'ils essaient d'arracher des morceaux du Mississippi à Russell. En réalité, il poursuit ses propres intérêts. Malheureusement pour lui, son employé Mohawk en fait autant. Ce dernier profite de la situation lorsque Pam arrache littéralement des morceaux à Michael avant de l'abandonner à son triste sort. (Meurt dans TB)

MICHAEL (VAMPIRE) : Nom de famille non précisé. Vampire de l'Illinois, Michael enlève et torture la sœur de l'employée de Jodi, vampire du Wisconsin. Elle lui a pourtant souvent interdit de s'en approcher. Par mesure de représailles, Jodi lui sectionne l'une de ses canines avec des tenailles pendant son sommeil. Michael la poursuit en justice. Son comportement est néanmoins estimé préjudiciable à la communauté vampire tout entière. Jodi est autorisée à le transpercer d'un coup de pieu. (Meurt dans ATD)

MICKEY (VAMPIRE) : Nom de famille non précisé. Mickey entame une relation avec Tara, contre sa volonté. Cette dernière lui a été offerte par Franklin Mott, son amant précédent, pour payer une dette. Sookie demande à Eric d'aider son amie et il prend contact avec Salomé, le créateur de Mickey. Celle-ci rappelle Mickey à ses côtés. Hors de lui, Mickey abuse sauvagement de Tara et l'amène de force au pavillon qu'habite Sookie à l'époque. Il lance une pierre à la tête d'Eric pour le mettre hors d'état de nuire et oblige Sookie à l'inviter à passer le seuil. Il se lance sur elle mais elle parvient à lui retirer son invitation juste à temps, et il doit battre en retraite, abandonnant Tara contre son gré. Mickey perçoit clairement l'appel de son créateur mais résiste et s'enfuit dans la nuit. Eric est certain que Salomé retrouvera son protégé pour le châtier. (DAAD)

MINAS : Minas était l'esclave jardinier de Jonas Stackhouse, arrière-arrière-arrière-arrière-grand-père de Mitchell. (Décédé, mentionné dans DUD)

MITCHELL, SUSANNE : Susanne est l'une des rares serveuses à avoir travaillé au *Merlotte* pendant longtemps. (Mentionnée dans DUD)

MOBILE HOME DE SAM : Le grand mobile home de Sam comporte trois chambres. Il est placé derrière le *Merlotte*, à angle droit, et donne sur le parking des employés, qui est éclairé par le projecteur installé devant le logement. Le jardinet est bordé d'une haie de buis. On y accède par un portail, et une allée de lames de bois mène à la porte d'entrée.

En dépit de cette proximité avec le *Merlotte*, Sam compartimente très bien sa vie et apprécie son quotidien chez lui avec amis et petites amies. (DUD, CD, DTTW, DAAD, DD, ATD, FDTW, mentionné dans DAG, DR)

MOHAWK (VAMPIRE) : Nom de famille non précisé. Mohawk – c'est du moins ainsi que Sookie l'appelle – est employé au Blonde, le club pour gentlemen de Michael, dans le Mississippi. Il poursuit ses propres intérêts et tire gaiement son épingle du jeu à la première occasion, prenant le contrôle du club et achevant Michael ainsi que son compagnon mi-elfe Rudy. (TB)

MONASTÈRE DE LA REINE : Au fin fond du Garden District se trouve un monastère abandonné. La propriété appartient à Sophie-Anne Leclerq, reine de Louisiane, qui l'utilise pour donner des réceptions. Niché parmi les demeures luxueuses du quartier, le bâtiment à deux niveaux est entouré d'un mur de belle hauteur. La structure ne comporte qu'une seule porte, avec quelques petites fenêtres régulièrement espacées sur la façade, ce qui en fait un endroit facile à défendre. À l'intérieur, l'un des murs est décoré de fresques montrant des paysages et des scènes typiques de l'État : un marécage, un tableau de Bourbon Street, le labour d'un champ et l'abattage d'arbres, et un pêcheur remontant son filet sur la Côte du Golfe. Ces fresques semblent ne comporter que des humains. Le mur côté porte dépeint la facette vampire de la Louisiane : un groupe de musiciens vampires souriants, un violon coincé sous le menton, un officier de police vampire patrouillant dans les rues du Quartier Français, un guide vampire qui promène des touristes dans les Cités des Morts. (DD)

MOTT, FRANKLIN (VAMPIRE) : Né en 1756 en Sicile, ce vampire mondain et raffiné sort avec Tara et l'entretient. Ayant contracté une dette vis-à-vis de son congénère Mickey, il s'en acquitte en lui offrant Tara comme source de sang et de plaisirs. (CD, mentionné dans DTTW, DAAD)

MURRAY, DEBI : Infirmière à Clarice, Debi est allée admirer le numéro de strip-tease de Claude au *Hooligans*. (FDTW)

MURRY (FAÉ) : Nom de famille non précisé. Ami proche de Breandan, Murry se faufile près de Sookie, occupée à désherber ses massifs de fleurs. Il lui annonce avec arrogance qu'il aura plaisir à la supprimer. Fatale erreur. Sookie se jette sur lui et lui fiche son déplantoir dans l'estomac. L'acier fait son œuvre et Murry meurt, ses yeux pâles écarquillés de surprise. (Meurt dans DAG)

MYERS, CAL (LOUP) : Inspecteur de police à Shreveport, Cal Myers est aux côtés de Patrick Furnan en tant que second de sa meute, au moment du tournoi des chefs de meute. Il trompe la donne en enfilant des gants enduits d'une substance anesthésiante qui sera transférée sur une barre d'argent. Furnan pourra ainsi la tenir plus longtemps lors de la seconde épreuve. Sookie révèle la trahison, qu'elle perçoit dans les pensées de Cal. Furnan est maintenu comme candidat et finit par triompher, mais Cal sera châtié par la suite et on lui rasera la tête. Lors de la reconstitution ectoplasmique qu'effectuent Amelia et Octavia afin de déterminer l'identité de l'assassin de Maria-Star Cooper, Cal apparaît : on le voit infliger des coups de couteau répétés à la Louve sans défense tandis qu'un autre congénère la maintient. On découvre qu'il travaille pour sa demi-sœur Priscilla Hebert contre la meute de Shreveport, et en outre qu'il est au moins en partie responsable des meurtres de Libby Furnan et Christine Larrabee. Éviscéré par Furnan et simultanément décapité par Alcide, il sera la première victime de la Guerre des Loups. (DAAD, DD, meurt dans FDTW)

N

NEAVE (FAÉ) : Nom de famille non précisé. Amante et sœur de Lochlan, Neave participe à l'enlèvement de Sookie ordonné par Breandan, qui veut forcer Niall à renoncer à son titre de prince de Faérie. Neave et Lochlan ont également assassiné allègrement le grand-père de Sookie, Fintan Brigant, ainsi que sa belle-sœur Crystal Stackhouse et l'enfant qu'elle portait. Le frère et la sœur éprouvent un plaisir sadique à torturer Sookie. Bill et Niall volent à sa rescousse et Bill élimine Neave, qui parvient malgré tout à le blesser grièvement de son couteau et de ses dents recouvertes d'argent. (Meurt dans DAG, mentionnée dans DITF)

NELLA JEAN : Nom de famille non précisé. Secrétaire de Claude, Nella Jean fait scrupuleusement son travail au *Hooligans* mais ne se mêle pas des affaires des Sur-Nat. (DR)

NERGAL (DÉMON) : Nom de famille non précisé. Nergal est le demi-frère de Maître Cataliades. Il est également le père de Diantha et Gladiola – par deux femmes différentes, naturellement. (Mentionné dans DD)

NEWLIN, G. STEVE : G. Steve Newlin et son épouse Sarah dirigent la Confrérie du Soleil de Dallas. Ils avaient l'intention, après la Grande Révélation, d'immoler un vampire ainsi qu'un humain. Après le Massacre de Minuit, ils passent dans la clandestinité. Steve refait brièvement surface pour encourager un fervent adepte à entreprendre une mission suicide au *Josephine's*. Il a en effet l'intention de lui faire planter un pieu dans le cœur de Betty Joe Pickard, second de Russell, roi du Mississippi. Sookie déjoue l'attentat et Steve s'enfuit, prenant de nouveau le maquis. (LDID, CD, mentionné dans DAAD, DD, STW)

NEWLIN, SARAH : Après le raid sur l'établissement de la Confrérie du Soleil de Dallas, Sarah et son époux Steve se voient forcés de disparaître et d'œuvrer dans la clandestinité. Ils demeurent actifs et disséminent leur message de haine pour la communauté des SurNat. Sarah prend contact avec Jim Collins sur Internet et se rend incognito à Wright, dans le Texas, pour manifester contre le mariage de Craig Merlotte. Cependant, Luna et Sookie la repèrent.

Après le vin d'honneur à l'église, les métamorphes se rassemblent chez Bernie. Sarah rend visite à Jim Collins pour exiger des explications : il n'était pas présent à la manifestation. Jim suggère qu'ils se rendent tous deux chez Bernie pour ouvrir le feu sur l'assemblée. Mais Sarah n'a pas l'intention de devenir un martyr, convaincue qu'elle a encore du travail à effectuer pour nuire aux métamorphes. Jim se met en colère et lui tire dessus. Blessée, Sarah riposte malgré tout et le tue. Paralysée par sa blessure, Sarah ne peut prendre la fuite. Luna et Sookie découvrent sa présence et se font un plaisir d'appeler la police. Elle se fait arrêter pour meurtre avant d'être emmenée à l'hôpital. (LDID, STW, mentionnée dans DAAD, DD)

NORRIS, CALVIN (PANTHÈRE) : Calvin Norris est un homme sur qui on peut compter. Il travaille dur comme chef d'équipe à la scierie de Norcross et gouverne l'étrange petite communauté de Hotshot. Il fait la cour à Sookie pendant quelque temps, en participant aux recherches pour son frère Jason, puis en aidant ce dernier à s'adapter à sa nouvelle vie en tant que panthère.

Gravement blessé par un mystérieux tireur qui s'acharne sur les métamorphes, Calvin fait une promesse à Sookie : Jason, soupçonné et dont la transformation s'est opérée contre son gré par morsure, ne sera pas puni tant qu'on n'aura pas découvert toute la vérité et que sa culpabilité ne sera pas avérée. Quand Sookie devient une cible à son tour, Calvin, très inquiet, envoie Tray Dawson pour veiller sur elle. Lors de l'affrontement contre Sweetie Des Arts, la présence de Tray distrait Sweetie, permettant ainsi à Andy Bellefleur de tirer le premier.

Comprenant que Sookie ne pourra jamais s'adapter à sa vie et à ses devoirs en tant que chef de meute, et encore moins aux quatre enfants qu'il a eus par quatre mères différentes, Calvin se contente de devenir son ami. Sookie et Calvin entretiennent des doutes sur la viabilité du couple Crystal-Jason. Lors du mariage, cependant, Calvin sera le témoin de sa nièce et Sookie celui de son frère, tous deux se portant garants du comportement futur de Crystal et Jason. Après quelque temps, Calvin sort avec Tanya Grissom et, lorsque Sookie lui apprend que Tanya a été ensorcelée par Sandra Pelt, il se tourne vers Amelia et Octavia : il leur demande de débarrasser Tanya de l'influence de Sandra, plutôt que de lancer un sort plus simple qui pousserait Tanya à s'en aller.

Enceinte, Crystal trahit son vœu de fidélité. Calvin prendra son châtiment à sa place. Très égoïstement, Jason décide que Sookie prendra sa propre place pour l'administrer. Calvin soutient Sookie, forcée de lui briser les doigts qui symbolisent les griffes de la panthère. Calvin est effondré par le meurtre de Crystal, dont le corps crucifié est découvert sur le parking du *Merlotte*. Tanya, sa compagne, le réconforte. Comme le veut la tradition à Hotshot, Calvin, Jason, Dawn, la sœur de Crystal, et son cousin Jacky se chargeront personnellement de régler son compte au meurtrier de Crystal.

Calvin et Tanya décident d'aller se marier sans fanfare en Arkansas mais donnent une fête à Hotshot à leur retour. On ne sait pas qui leur a servi de témoin.

(DTTW, DAAD, DD, ATD, FDTW, DAG, mentionné dans DITF, DR)

NORRIS, CARLTON (PANTHÈRE) : Carlton est le frère aîné de Calvin Norris. Lorsqu'il est accusé de détournement de mineur, le shérif de Bon Temps de l'époque, John Dowdy, se rend à Hotshot pour l'arrêter. Sa voiture sera retrouvée sur la route entre Bon Temps et Hotshot, sans trace ni de l'un ni de l'autre. On ne les reverra jamais. Personne ne sait où se trouve Carlton, mais on suppose qu'il est mort. (DTTW)

NORRIS, DAWN (PANTHÈRE) : Dawn, la sœur cadette de Crystal, a un fils du nom de Matthew. La première fois que Sookie la rencontre, elle est manifestement enceinte, remplissant ainsi son devoir vis-à-vis de la meute. Après le meurtre de Crystal, précipité par Mel Hart, elle se joint à son oncle Calvin, son beau-frère Jason et son jeune cousin Jacky, pour rendre la justice selon la tradition de Hotshot. (DTTW, DAG)

NORRIS, FELTON (PANTHÈRE) : Obnubilé par Crystal, Felton kidnappe Jason et le retient prisonnier, le mordant de manière répétée pour le transformer en panthère. Il pense ainsi diminuer l'intérêt que Crystal ressent pour Jason. Jason sera libéré et Calvin et les autres panthères de Hotshot suppriment Felton pour que Jason et Sookie n'aillent pas trouver la police. (Meurt dans DTTW)

NORRIS, MARVIN (PANTHÈRE) : Marvin, l'oncle de Calvin, est le pasteur de l'église Holy Tabernacle. C'est là que l'on tient les funérailles des habitants de Hotshot. (Mentionné dans DAG)

NORRIS, MARYELIZABETH (PANTHÈRE) : Mère de Terry, la fille de Calvin, Maryelizabeth accueille chaleureusement Sookie, venue lui rendre visite pendant sa convalescence. Lorsque l'infidélité de Crystal est révélée au grand jour, Calvin décide de subir le châtiment de Crystal à sa place. Maryelizabeth dirige la cérémonie et indique à Sookie, qui prend la place de Jason, ce qu'elle doit faire. C'est elle qui lui tend la brique, instrument du châtiment. (DAAD, FDTW, mentionnée dans DD, ATD)

NORRIS, MATTHEW (PANTHÈRE) : Matthew, fils de Dawn Norris, n'est encore qu'un bambin lorsque sa tante Crystal se met en couple avec Jason. (DTTW)

NORRIS, MITCH (PANTHÈRE) : Membre des forces de l'ordre de Bon Temps, Mitch aide ses collègues à descendre le corps de Crystal de la croix, dans le parking du *Merlotte*. (DAG)

NORRIS, STERLING : Maire de Bon Temps, Sterling Norris n'a aucun lien de parenté avec les Norris de Hotshot. (DUD)

NORRIS, TANYA GRISSOM (RENARDE) : Cousine de Debbie Pelt et renarde-garou, Tanya est dépêchée par le couple Pelt à Bon Temps pour espionner Sookie et récolter des informations sur Debbie, qui a disparu. Elle réussit à prendre un poste de serveuse au *Merlotte* et tente de se lier d'amitié avec Sookie. La télépathe nourrit des soupçons à son égard et la tient à distance.

Une fois que les parents Pelt auront appris la vérité sur leur fille, Tanya, qui s'intéresse à Sam, décide de rester à Bon Temps. Ses sentiments n'étant pas payés de retour, elle finit par fréquenter les panthères de Hotshot et vient assister au mariage Bellefleur-Vick au bras de Calvin Norris. Tanya passe ensuite énormément de temps avec Crystal Stackhouse, l'encourageant à dépenser sans compter dans les boutiques de Monroe. Sookie comprend que Tanya provoque délibérément des tensions entre Jason et Crystal, et que son comportement est dicté par un sort que Sandra Pelt lui a lancé. À la demande de Calvin, Amelia et Octavia débarrassent Tanya de l'emprise de Sandra. Tanya prouve ses sentiments sincères à Calvin et le soutient au moment du meurtre de Crystal. Elle et Calvin passent la frontière de l'État pour se rendre en Arkansas et se marier en toute simplicité. À leur retour, Hotshot leur a préparé une fête. (DD, FDTW, DAG, DITF, mentionnée dans DR)

NORRIS, TERRY (PANTHÈRE) : Terry est la fille de Calvin, par Maryelizabeth Norris. Très directe, l'adolescente considère Sookie avec un mélange d'hostilité et de respect. Elle assiste à la cérémonie du châtiment lié à l'infidélité de Crystal et observe Sookie, qui a pris la place de Jason, tandis qu'elle brise les doigts de Calvin, représentant lui-même sa propre nièce, qui est enceinte.

NORTHMAN, ERIC (VAMPIRE) : Il y a plus d'un millier d'années, un guerrier viking quelque peu éméché s'arrête pour aider un étranger tombé. Il paie l'erreur de sa vie et se relèvera vampire. Mortellement guéri de ses penchants de bon samaritain, Eric Northman exploite son intelligence exceptionnelle et sa ruse pour devenir puissant et prospère. Il finit par atterrir en Louisiane et devient le shérif de la Zone Cinq. À ce titre, tous les vampires de la zone se trouvent sous sa protection et lui sont assujettis. Il exploite cette position à son avantage et exige de ses vamp's qu'ils fassent un quota d'heures au *Fangtasia*, un bar à vampires qu'il a ouvert à Shreveport avec Pam, après la Grande Révélation des vampires.

Un soir, Bill Compton amène Sookie au *Fangtasia*, la jeune femme étant à la recherche d'indices sur des meurtres commis dans sa ville de Bon Temps. Eric est intrigué, d'autant plus que Sookie lit les pensées d'un flic sous couverture et alerte Bill de l'imminence d'un raid policier. En sortant discrètement, Sookie et Bill font signe à Eric et Long Shadow, le barman, pour les avertir. Par la suite, Eric interroge Sookie pour comprendre comment elle a pu deviner ce qui allait se passer, et Sookie doit avouer qu'elle est télépathe. Ayant découvert que quelqu'un détournait de l'argent de son bar, Eric ordonne à Bill de ramener Sookie au *Fangtasia* pour lire dans les cerveaux de ses employés humains. De son côté, Sookie ne veut pas condamner un être humain à mort en l'identifiant. Eric lui promet de remettre le voleur à la police si elle promet à son tour de se rendre disponible pour d'autres services. Bien qu'incapable de lire les esprits des vampires, Sookie voit l'image de l'escroc dans celui d'une des serveuses. Elle nomme donc Long Shadow comme étant le coupable. Ce dernier se jette sur elle, forçant Eric à le tuer d'un coup de pieu. Les circonstances ne permettent donc pas de remettre Long Shadow à la police comme promis, mais Eric attend de Sookie qu'elle respecte sa part du marché.

Une ménade de passage utilise le dos de Sookie pour transmettre un message à Eric : elle exige un tribut. Eric fait en sorte qu'un médecin SurNat soigne les blessures de Sookie et lui fasse une transfusion. Assisté de Pam, de Bill et de Chow, le nouveau barman, il vide Sookie d'une grande partie de son sang empoisonné avant qu'elle soit ensuite transfusée. Après sa guérison, il l'envoie à Dallas pour participer aux recherches lancées afin de retrouver le compagnon de nid du shérif Stan Davis. La manœuvre diplomatique ne requiert la présence que de Bill et Sookie, mais Eric décide de s'y rendre également sous couverture : il sera un vampire en voyage et portera le nom de Leif. Après le retour de Farrell, sain et sauf, les vampires font la fête et la Confrérie du Soleil passe à l'attaque pendant la soirée. Couvrant Sookie, Eric se prend une balle. Il profite de la situation pour lui expliquer qu'elle doit sucer la plaie pour faire sortir le projectile, tout en sachant pertinemment qu'il sortirait tout seul. Car il sait que si elle ingère une goutte de son sang, une seule, il pourra percevoir ses sentiments.

Lorsque Sookie lui demande de l'escorter à une orgie, Eric accepte. Il est cependant perplexe lorsqu'elle lui demande de se faire passer pour un gay. Il s'agit bien évidemment d'un stratagème pour récupérer des informations sur le meurtre de Lafayette Reynold, ami et collègue de Sookie. Eric arrive chez Sookie à l'heure convenue, resplendissant dans une combinaison de Lycra rose et turquoise, et promet de veiller sur elle. Sookie découvre l'identité des tueurs en lisant dans les pensées des convives et Eric l'extirpe de ses problèmes immédiats. Malheureusement pour tout le monde, Callisto, la ménade, fait son arrivée à l'orgie, attirée par l'alcool et la débauche. Elle infecte tous les participants de sa folie meurtrière, n'épargnant que Sookie, Tara, Eggs, Eric et Bill, qui vient juste d'arriver. Les vampires s'occupent ensuite de nettoyer les lieux.

En mission pour leur reine, Bill disparaît en même temps que les éléments de son précieux projet, et Eric compte sur les sentiments de Sookie pour Bill. Il envoie le loup-garou Alcide Herveaux l'escorter à Jackson pour retrouver son amant disparu. Encore une fois, il fait son entrée là-bas, vaguement déguisé en Leif, et se porte au secours de Sookie, blessée par un pieu au *Club Dead*. On les transporte au manoir du roi du Mississippi pour faire soigner Sookie. Cette dernière confirme la présence de Bill dans les parages et Eric lui trouve un véhicule pour qu'elle puisse le sauver en journée et s'évader avec lui. Entre-temps, Eric passe tout son temps avec un mignon petit vampire du nom de Bernard qui s'est entiché du grand viking. Eric rentre dans son jeu pour faciliter l'évasion. Plus tard, tandis qu'Eric reconduit Sookie à Bon Temps, ils se font attaquer à une station par une bande de brutes enrôlée par les motards impliqués dans la captivité de Bill, puis par les motards eux-mêmes chez Sookie. Pour récompenser Sookie de ses services, Eric fait refaire toute son allée.

Un clan de sorcières, composé pour une grande part de Loups qui se droguent au sang de vampire, descend sur Shreveport pour s'emparer du réseau professionnel d'Eric. La sorcière qui mène le clan propose à Eric d'alléger la facture s'il accepte de lui procurer certains plaisirs, et celui-ci refuse. Chow attaque la sorcière qui a livré le message, et Eric est frappé d'un sort d'amnésie. Seul, perdu et effrayé, Eric se retrouve à courir sur la route en direction de la maison de Sookie, tôt le matin du Nouvel An. Pleine de compassion, Sookie le recueille. Jason fait un marché avec Pam et Chow : Eric peut rester chez Sookie en attendant qu'on règle leur compte aux sorcières, mais Sookie devra recevoir un paiement en retour. Eric et Sookie entament une liaison brève mais passionnelle. Les vampires et les Loups s'allient pour lutter contre les sorcières, qui seront ainsi vaincues. Eric et Sookie retournent chez elle car la mémoire d'Eric n'est toujours pas rétablie. En rentrant, ils se retrouvent nez à nez avec Debbie Pelt, qui les tient en joue. Eric s'interpose et prend la balle destinée à Sookie, tandis que cette dernière attrape son fusil et tire sur Debbie en pleine tête. Eric se débarrasse du corps et de la voiture tandis que Sookie nettoie tout le sang. À son retour, il l'embrasse et lui souhaite bonne nuit, avant de s'introduire dans la cachette à vampires pour y passer le jour. Lorsqu'il se réveille la nuit suivante, il a récupéré ses facultés mais n'a aucun souvenir de ce qui s'est passé pendant son amnésie. Il soupçonne malgré tout qu'il a fait bien plus que de simplement passer quelque temps chez Sookie en toute innocence.

Sam se fait tirer dessus et l'on découvre que quelqu'un s'acharne sur les métamorphes. Sam demande à Sookie de se tourner vers Eric pour savoir s'il peut lui emprunter les services d'un barman. Toujours content qu'on lui soit redevable d'une faveur, Eric accepte sans difficulté et dépêche Charles Twining, barman du Mississippi nouvellement embauché. Eric s'inquiète lorsqu'il apprend que le vampire Mickey, protégé de Salomé, se trouve dans la région. Il recommande à Sookie de garder ses distances. Mickey sort avec Tara, qu'un autre vampire lui a transférée pour payer une dette. Encore une fois, Sookie demande à Eric d'aider son amie. Eric exploite la requête pour exiger une faveur de la part de Sookie : il veut tout savoir de ce qui s'est passé pendant son amnésie. Elle s'exécute et lui raconte tout. En retour, Eric appelle Salomé et lui intime de rappeler son protégé, qui enfreint les nouvelles règles de comportement des vampires. Eric commence à nourrir des soupçons à l'encontre de Charles Twining et décide de fouiller dans son passé pour revérifier ses références. Il est horrifié de découvrir que Charles a prêté allégeance à Hot Rain, créateur de Long Shadow, et qu'il est là pour nuire à Sookie, un acte de vengeance contre Eric. Mais, lorsqu'il arrive au *Merlotte*, les clients humains se sont déjà occupés définitivement du problème.

Eric demande à Pam de convoquer Sookie à une réunion. Sookie refuse, car elle a prévu de sortir avec le tigre-garou Quinn. Mécontent, Eric se rend chez elle et sa fureur éclate. Non seulement Sookie sort avec le tigre, mais il se trouve également que Quinn a livré un certain message : la reine Sophie-Anne Leclerq usurpe l'autorité d'Eric et réclame les services de Sookie pour le sommet des vampires qui aura bientôt lieu. Eric part séparément pour La Nouvelle-Orléans alors que Sookie s'y rend avec Maître Cataliades afin de régler la succession de sa cousine Hadley décédée. Bill les accompagne en tant que passager. Eric retrouve Sookie à l'hôpital, après que Jake Purifoy l'a attaquée. Lorsque Bill arrive, Eric l'oblige à avouer à Sookie qu'à l'origine Sophie-Anne l'avait envoyé à Bon Temps pour gagner la confiance de Sookie. Celle-ci se fait enlever avec Quinn. Sookie et Eric ayant ingéré chacun le sang de l'autre, on demande à Eric de retrouver sa trace. Lors de la bagarre qui éclate à l'occasion de la fête de printemps donnée par Sophie-Anne, Eric supprime le vampire de l'Arkansas qui a décapité Wybert.

Comme prévu, Eric, Bill et Sookie partent ensemble pour le sommet de Rhodes et font partie de la suite de la reine. Le roi du Mississippi et le roi de l'Indiana concluent leurs contrats de mariage et décident de se marier lors du sommet. Mais le prêtre ne vient pas. Ordonné en ligne par l'église Loving Spirit, c'est Eric qui remplace le prêtre. Après la cérémonie, il conserve le couteau rituel et la cape. André décide de forcer Sookie à un lien de sang, pour la lier plus étroitement encore aux vamp's de Louisiane. Eric se propose pour remplacer André et se coupe lui-même pour Sookie avec le couteau rituel. Son lien de sang avec elle est ainsi forgé. Sookie sauve Eric et Pam lors de l'explosion de l'hôtel et ils s'en reviennent à Shreveport pour une phase de récupération.

Eric a rappelé à lui tous ses vampires. Lorsque les vamp's du Nevada arrivent pour s'emparer de la Louisiane, Eric se retrouve coupé du *Fangtasia*. Il parvient à atteindre la maison de Sookie, mais Victor Madden et sa bande l'ont suivi à la trace. Victor informe Eric et Bill que le *Fangtasia* est cerné par ses forces et qu'il est prêt à le brûler, à moins qu'Eric et Bill ne capitulent. Ils acceptent et Eric devient ainsi le seul shérif survivant de l'ancien régime. Craignant que le roi Felipe de Castro n'oblige Sookie à travailler pour lui et ne la fasse enlever, Eric lui fait porter un paquet contenant le couteau rituel, accompagné d'instructions : elle doit le lui présenter, en la présence de Victor. L'échange symbolise le mariage chez les vampires, et Sookie devient donc intouchable pour les autres vampires. Une idylle naît par la suite entre Eric et Sookie. Bien que Sookie ne reconnaisse pas véritablement ce mariage, qui n'est pas valide en termes humains, Eric de son côté la considère comme son épouse.

Appius Livius Ocella, créateur d'Eric, fait son arrivée avec un autre protégé et Eric les recueille. Ocella espère que la présence d'Eric apaisera le jeune vampire, Alexei Romanov, qu'Ocella a sauvé des griffes des Bolcheviks qui allaient l'exécuter. Cependant, au travers du lien de sang, Alexei représente une sérieuse source d'épuisement pour Ocella et Eric comme pour Sookie. Devenu incontrôlable, il massacre Bobby et Felicia chez Eric et blesse Eric et Pam grièvement. Alexei est finalement immobilisé par des chaînes d'argent dans le jardin de Sookie et Eric tue son frère de lignée avec une branche d'arbre en guise de pieu. Ocella se fait lui-même éliminer par un faé atteint de folie meurtrière et décidé à assassiner Sookie. Eric pleure la mort de son créateur tout en se réjouissant de sa nouvelle liberté.

Sa liberté ne dure qu'un court instant puisqu'il reçoit bientôt une nouvelle terrible. Avant de mourir, son créateur a arrangé un mariage pour lui avec Freyda, reine de l'Oklahoma. Il tente de se soustraire à l'obligation tout en luttant sous le règne de Victor, régent de la Louisiane. Le *Fangtasia* doit faire face à une concurrence sévère : Victor a ouvert un nouveau club, le *Vampire's Kiss*. En outre, il fait souffrir Pam, dont Eric est le créateur, en lui interdisant de faire passer son amante de l'autre côté alors qu'elle est atteinte d'une maladie incurable. Eric laisse Sookie participer au complot contre la vie de Victor et tente de lui cacher l'imminence de ses épousailles qui semblent inévitables. Pam le harcèle cependant et il finit par tout raconter à Sookie. Il lui explique qu'il va devoir annuler leur propre union. Incapable de la convaincre de l'obligation qui le lie aux vœux de son créateur, même décédé, il concentre ses efforts sur l'assassinat de Victor : Bubba a été persuadé de donner une représentation au *Fangtasia* après la fermeture, pour attirer Victor dans un piège. Tout se déroule plus ou moins selon le plan et Victor tombe sous les coups de Pam, assoiffée de vengeance, tandis qu'Eric achève le puissant second de Victor, Akiro. Eric est gagné par la colère : tout en sachant que sa mort était nécessaire et ayant participé elle-même au complot, Sookie ne parvient pas à se réjouir de la fin de Victor, ce qu'Eric trouve hypocrite de sa part. Lorsqu'elle lui offre de son sang pour réparer ses blessures, il le prend sans la préserver de la douleur. Il permet à Bill de la reconduire chez elle tandis que ses vampires et lui réparent les dégâts dans le club. (DUD, LDID, CD, DTTW, DN, DAAD, DD, ATD, FDTW, DAG, DITF, DR, mentionné dans L, GW, TB, STW)

O

OCELLA, APPIUS LIVIUS (VAMPIRE) : Appius Livius
Ocella est devenu vampire à l'époque de Jésus. Il est
donc âgé de plusieurs siècles lorsqu'il vampirise Eric,
son premier succès en la matière. Il éduque Eric à la
vie d'un vampire, ainsi qu'à ses propres penchants
sexuels, et finit par le libérer après quelques centaines
d'années. Juste après la Révolution Russe, Ocella sauve
également la vie du tsarévitch, Alexei Romanov : il parvient à suivre la trace de la famille impériale car
Raspoutine soignait Alexei, atteint d'hémophilie, en lui
donnant du sang d'Ocella. Il observe la situation tandis
que les corps criblés de balles sont tout d'abord jetés
au fond d'un puits et ensuite ressortis pour être enterrés. Percevant une étincelle de vie chez Alexei, il ne
peut résister à la tentation de le sauver et le fait ainsi
passer de l'autre côté. Il arrive avec lui chez Sookie,
espérant que la présence d'Eric apaisera son protégé
tourmenté. Enfant gâté lors de sa première vie, Alexei
est maintenant gagné par la folie, obsédé par le souvenir du massacre de sa famille. Même avec l'aide
d'Eric, Ocella s'avère incapable de contrôler Alexei, qui
s'échappe à deux reprises, causant des pertes humaines
à chaque fois. Alexei finit par perdre le peu de raison
qui lui restait : il trucide Bobby Burnham et Felicia,
blessant gravement Bill et Pam. Ocella se lance à sa
poursuite mais Alexei lui sectionne la moelle épinière.
Ocella gît dans le jardin de Sookie, impuissant, tandis
qu'Alexei se bat avec une joie féroce contre les faé
Claude et Colman. Alexei sera enfin éliminé par Eric
et Ocella est pleinement conscient que Sookie résiste
à la tentation de le tuer. Elle s'approche de lui et Eric
la supplie de ne pas achever Ocella. Elle décide de
l'épargner. Voyant qu'elle va se faire empaler par
Colman, il lui ordonne mentalement de s'esquiver et
prend l'épée du faé dans la poitrine, mourant presque
instantanément. Eric le pleure, malgré tous ses péchés.

Il apprendra rapidement que son créateur a arrangé pour lui un mariage avec Freyda, reine de l'Oklahoma. Il se sent obligé de respecter ses dernières volontés. (Meurt dans DITF, mentionné dans DAG, DR)

O'FALLON, MLLE : Prénom non précisé. Institutrice à la maternelle de Red Ditch, la jolie Mlle O'Fallon enseigne dans la classe du Petit Chien. Sous des dehors agréables, elle cache un esprit malade et lutte contre la tentation qui la pousse à faire du mal aux enfants dont elle a la charge. Ses pensées effraient Hunter, et Sookie conseille à Remy d'exclure Mlle O'Fallon de la liste des institutrices pour son fils. Sookie la rencontre et la presse de chercher de l'aide avant de céder à ses impulsions. Effarée, Mlle O'Fallon promet de consulter. (DR)

OISEAU DE PROIE (MÉTAMORPHE) : Un oiseau de proie s'envole, évitant de justesse les pales d'un ventilateur, alors que Sookie gît par terre au *Josephine's* avec un pieu dans le côté. (CD)

OLYMPIO, TOGO (MÉTAMORPHE, FORME ANIMALE NON PRÉCISÉE) : Togo est venu à Wright pour rendre visite à Trish, sa bien-aimée. Il se retrouve mêlé à la controverse autour du mariage de Craig Merlotte et Deidra Lisle. Transporté de fureur par le massacre des chiens du refuge, Togo se joint à Quinn, Trish et d'autres métamorphes pour veiller sur la famille Merlotte et s'assurer que la cérémonie aura lieu. Togo et Trish accompagnent la voiture des Merlotte à pied et se font malmener, arrivant couverts de sang à l'église. (STW)

O'MALLEY, JAKE : Homme d'affaires sans scrupules, Jake O'Malley a bien l'intention de rouler Herveaux et Fils en soudoyant l'un de leurs employés pour obtenir des informations sur les offres en cours. Sa femme, bien plus jeune que lui, nourrit d'autres ambitions dont le sujet est Alcide. (CD)

O'Malley, Mme : Prénom non précisé. De vingt ans la cadette de son mari, Mme O'Malley a l'intention de rouler dans son lit avec Alcide tandis que son époux veut le rouler en affaires. (CD)

O'Rourke, Sean (vampire) : Amants et partenaires de danse, Sean et Layla Larue Lemay travaillent pour Blue Moon Productions et donnent des représentations pour des publics tant humains que vampires. Sean a fait de Layla un vampire alors qu'un ex-petit ami l'avait mortellement blessée. Contrairement à la plupart des couples vampires, leur relation dure depuis bien longtemps. Ils se produisent lors du sommet de Rhodes et, sur la piste de danse, parviennent à soulager la tension entre Sookie et Eric. Sean et Layla figurent dans leur propre nouvelle. (ATD)

Osburgh, Mme, épouse Charles, troisième du nom : La vieille Mme Osburgh est l'une des voisines d'Alcide dans l'immeuble de Jackson. Elle vit avec son infirmière dans l'appartement numéro 502. (Mentionnée dans CD)

Ours (métamorphe) : Pas de nom précisé. Probablement pour la première fois, un jeune métamorphe est photographié en pleine métamorphose. Sa photo paraît dans l'album d'Alfred Cumberland, réservé exclusivement aux métamorphes. (Mentionné dans DD)

Owens, Lucky (Loup) : Averti par le serveur Kendell Kent que Sookie et Eric sont en route pour Bon Temps, Lucky fait semblant d'être policier et leur demande de s'arrêter sur le bas-côté. Il tire un coup de feu sur Sookie. Eric se jette devant elle et prend la balle dans le cou, tirant en même temps sur Lucky pour le faire passer dans la voiture. Lucky supplie Sookie de ne pas laisser Eric le transformer en vampire, mais Eric n'en a aucune intention. Il se prend simplement un petit repas pour pouvoir guérir de sa plaie. Il se débarrasse ensuite du corps de Lucky plus loin sur l'autoroute. (Meurt dans FDTW)

PALOMINO (**VAMPIRE**) : Nom de famille non précisé. Réfugiés de Katrina, les vampires Palomino, Parker et Rubio sont autorisés par Eric à s'installer à Minden, dans la Zone Cinq. Eric requiert d'eux qu'ils prennent part au complot contre Victor. Palomino lutte contre Antonio jusqu'à ce que Maxwell Lee l'achève d'un coup de pieu, et se jette ensuite avec Parker sur le second vampire inconnu. (DR)

PARDLOE, PRESTON (**FAÉ**) : Pour s'acquitter d'une dette envers Niall, Preston fait semblant d'être un Loup et va s'étendre nu dans les bois de Sookie, le soir de Noël. Il attend qu'elle le trouve et compte sur sa générosité naturelle pour être introduit chez elle. Une fois à l'intérieur, il utilise une légère touche de magie pour intensifier leur attraction mutuelle, et ils passent ensemble une nuit des plus satisfaisantes. La magie faé s'évanouit petit à petit, tout comme les souvenirs de Sookie, qui conserve néanmoins un sentiment de bonheur et de plaisir non coupable. Preston, lui, garde tout en mémoire, mais sait qu'il doit suivre les instructions de Niall et ne plus avoir de contact avec Sookie malgré tout ses regrets. (GW)

PARNELL (**LOUP**) : Nom de famille non précisé. Parnell est le partenaire d'Amanda lors de la réunion des Loups et des vampires au *Merlotte*. Amanda traite Sookie de « sale pute à vamps » et Eric se jette sur elle, mais Pam et Gerald l'empêchent de commettre l'irréparable. Parnell lutte avec peine pour ne pas se lancer à son tour à l'attaque. (DTTW)

PATRON DE JB DU RONE : Pas de nom précisé. Pour faire plaisir à JB, il lui permet d'utiliser les installations du club de mise en forme pour faire travailler Sookie. (Mentionné dans DITF)

PATTY : Nom de famille non précisé. Meilleure amie de Michelle Stackhouse, Patty fait de son mieux pour être la tante adoptive de Sookie après la mort de Michelle. (Mentionnée dans LDID)

PAUL, ANDRÉ (VAMPIRE) : André est le second de la reine Sophie-Anne. Orphelin depuis son adolescence, il a été retrouvé dans les bois par Sophie-Anne quelques années après sa transformation. Elle le vampirise à son tour et il devient son garde du corps, compagnon et amant le plus fidèle, l'accompagnant tout au long de sa vie. Au cours de la reconstitution ectoplasmique à l'appartement de Hadley, André lit sur les lèvres des personnages apparus et communique leurs paroles aux personnes présentes. Pour avoir une excuse pour passer du temps seuls avec Sophie-Anne et lui donner des informations, André et Sookie laissent croire qu'ils prennent du plaisir ensemble et c'est à cette occasion qu'André apprend à Sookie qu'elle a du sang faé. L'unique ambition d'André est d'assurer le bien-être de Sophie-Anne. Lors de l'attaque des vampires de Peter pendant la réception donnée au monastère par Sophie-Anne, André élimine son époux Peter Threadgill et emmène sa reine en sécurité. Après le désastre de l'ouragan Katrina, André organise une réunion avec Sookie, Eric et ses vamp's. L'objectif est de se préparer au sommet de Rhodes, durant lequel Sophie-Anne, accusée du meurtre de Peter, devra se présenter à son procès. Pendant le sommet, André prouve à nouveau que sa seule préoccupation concerne la reine et veut forcer Sookie à se lier à lui par le sang, afin de renforcer sa connexion avec elle. Il est interrompu par Eric, qui se lie lui-même à Sookie, forgeant ainsi leur lien de sang. Quinn arrive sur la scène, furieux que les vampires tentent de s'approprier le contrôle de Sookie. Après l'explosion de l'hôtel, Sookie retrouve André et Quinn en même temps dans les gravats. Elle s'éloigne, consciente que Quinn se déplace vers André et qu'il éliminera le danger qui menace sa liberté. André meurt donc de sa mort définitive dans les décombres du *Pyramid of Gizeh*. (DD, meurt dans ATD, mentionné dans FDTW, DAG)

PAVILLONS DE SAM : Sam est propriétaire d'une série de pavillons à Berry Street, non loin du quartier ancien de Bon Temps. Petits, ils sont néanmoins bien entretenus. Après l'incendie chez Sookie, il la fait emménager dans l'un d'entre eux pour patienter jusqu'à ce que les travaux soient terminés. (DUD, DAAD)

PEARL (VAMPIRE) : Nom de famille non précisé. Membre des forces de Victor, Pearl et deux de ses acolytes barrent le chemin à Pam qui veut sécuriser les lieux au *Vampire's Kiss* avant l'arrivée de son maître Eric et de Sookie. Pour sa peine, Pearl souffrira d'une grave blessure au bras. Elle et ses deux congénères devront recevoir du sang pour se remettre. (Mentionnée dans DR)

PELT, BARBARA (LOUVE) ET GORDON (LOUP) : Barbara et Gordon sont les parents adoptifs de Debbie et Sandra Pelt. Le couple soutient la détermination de leur fille Sandra (une Louve), bien décidée à savoir la vérité sur la disparition de sa sœur adoptive (une renarde). Ils retiennent les services de détectives privés pour trouver des indices, puis ceux d'un tueur à gages pour faire le nettoyage : Sandra enfreint les règles de leur meute du Mississippi, mordant deux jeunes hommes pour les métamorphoser et les lançant à la poursuite de Sookie. Le couple envoie également la renarde Tanya Grissom, cousine génétique de Debbie, pour espionner Sookie en se faisant embaucher au *Merlotte*. Leur plan visant à l'enlever pour la forcer à parler échoue et ils se font capturer par Sookie, Quinn, Eric et Rasul. Ils écoutent Sookie leur raconter ce qui s'est passé la nuit de la mort de Debbie. Connaissant leur fille, ils acceptent sa version. Promettant de contrôler

Sandra, ils donnent leur parole qu'il n'y aura plus de tentatives contre la vie de Sookie. Gordon avertit lui-même Sandra qu'il la tuera lui-même si elle ne respecte pas la promesse. Elle respecte sa volonté jusqu'à ce que Barbara et Gordon soient tués dans un accident de la circulation. Sandra est donc libre à nouveau d'assouvir sa vengeance contre Sookie. (DD, meurent et sont mentionnés dans DAAD, FDTW, DR)

PELT, DEBBIE (RENARDE) : Debbie Pelt refuse de renoncer à Alcide Herveaux. Même pendant sa fête de fiançailles à un autre, la renarde-garou ne peut s'empêcher de faire des remarques sournoises à Alcide, en galante compagnie avec Sookie. Celle-ci la renvoie dans ses buts et, pour se venger, elle abîme le châle de Sookie en le brûlant. La manœuvre est typique de Debbie : elle prend toujours sa revanche. Après avoir rompu ses fiançailles et persuadé Alcide que Sookie avait renoué avec Bill, Debbie reprend son idylle avec Alcide. Ce dernier se montre consterné quand il comprend qu'elle a menti au sujet de la relation entre Sookie et Bill. Lorsque Debbie se joint aux Loups pour lutter contre les sorcières, tout le monde est effaré quand Bill désigne Debbie comme l'un des métamorphes qui l'ont torturé alors qu'il était retenu chez Russell. Alcide finit par la renier selon le rituel des Loups, l'éliminant ainsi complètement de sa vie. Debbie n'est pas autorisée à partir après le rituel, par crainte qu'elle ne les trahisse tous auprès de Hallow. Au début de l'affrontement, elle s'introduit dans le bâtiment, espérant tirer avantage du chaos pour supprimer Sookie. Eric l'en empêche mais elle parvient à s'échapper et se rend chez Sookie pour l'attendre avec un fusil. Eric prendra la balle destinée à Sookie qui abat Debbie avec le Benelli de Jason. Eric se débarrasse du corps de Debbie et de sa voiture. Le sort d'amnésie dont il était frappé s'évanouit et il oublie immédiatement tout souvenir de ce qui vient de se passer, tout en récupérant sa mémoire d'avant l'ensorcellement. La sœur de Debbie et ses parents tentent de découvrir la vérité sur sa disparition, retenant entre autres les services de détectives privés. Mais Sookie est la seule personne qui connaisse vraiment toute l'histoire. Elle vit dans la peur qu'Eric ne recouvre la mémoire et ne comprenne qu'il détient ainsi un certain pouvoir sur elle. La famille Pelt apprend tout après avoir tenté d'enlever Sookie, et presqu'un an après les événements Eric se souvient tout à coup de l'endroit où il a dissimulé le corps et la voiture de Debbie. (CD, meurt dans DTTW, mentionnée dans DAAD, DD, FDTW, DITF, DR)

PELT, SANDRA (LOUVE) : Sandra voue une véritable adoration à sa grande sœur adoptive Debbie. Elle est déterminée à découvrir la vérité sur sa disparition. Elle n'est pas convaincue par le rapport des détectives retenus par ses parents et décide de prendre les choses en main. Enfreignant les lois de sa meute, elle transforme deux jeunes hommes en loups-garous et les lance sur Sookie. Quinn défend Sookie et les deux jeunes se font arrêter. Les parents de Sandra les font éliminer pour protéger leur fille. Sandra complote ensuite avec ses parents pour faire enlever Sookie, l'emmener dans une maison isolée et la forcer à parler. Le plan échoue : Quinn a également été capturé et parvient à s'évader avec Sookie. Il suit la piste de leurs agresseurs jusqu'à la maison et capture les Pelt avec l'aide d'Eric et Rasul. Ses parents obligent Sandra à accepter le fait que Debbie ait attaqué Sookie, qui l'a tuée en état de légitime défense. Elle promet avec grande réticence qu'elle n'attentera plus aux jours de Sookie, un engagement qu'elle tient jusqu'à la mort de ses parents dans un accident. Elle renoue alors avec la cousine génétique de Debbie, la renarde Tanya Grissom. À l'origine, celle-ci avait été envoyée pour espionner Sookie, décidant par la suite de rester à Bon Temps. Sandra ensorcelle Tanya et la persuade de provoquer des tensions dans le couple de Jason et Crystal. Amelia et

Octavia parviennent à débarrasser Tanya de son influence.

L'instabilité de Sandra prend des proportions importantes et elle fait de la prison pour coups et blessures sur un cousin qui avait hérité d'une part de la succession Pelt. Après sa libération, elle se concentre de nouveau sur Sookie. Elle lance un cocktail Molotov dans le *Merlotte* pour tenter de la tuer et enrôle ensuite quatre malfrats pour l'enlever. Elle tente même de s'introduire chez Sookie mais les sorts de protection d'Amelia la repoussent. Sandra finit par se ruer au *Merlotte* et crie sa haine à Sookie, qu'elle ne parvient pas à supprimer. Elle dégaine son arme mais sera de nouveau entravée : cette fois-ci, c'est Terry Bellefleur qui l'assomme d'un coup de batte. Sandra s'évade durant son séjour à l'hôpital et se cache. Elle prend Sam et Jannalynn en otage au mobile home et oblige Sam à attirer Sookie chez lui. Envahie de soupçons, Sookie refuse et lui demande plutôt de venir chez elle. Sandra tient Sam et Jannalynn en joue durant tout le trajet, ne se doutant pas que Sookie, maintenant armée, l'attend en embuscade à la lisière des bois. Lors de l'affrontement qui s'ensuit, Sookie tire sur Sandra, ce qui la ralentit à peine mais permet à Jannalynn, folle de rage, de se jeter sur elle. Jannalynn lui brise la nuque et lui broie le crâne pour l'achever. Sam et Sookie introduisent son cadavre dans le monde de Faérie, provoquant manifestement une joie féroce de la part de ce qui se trouve de l'autre côté du portail. (DD, mentionnée dans DAAD, FDTW, meurt dans DR)

PEPPER, MADELYN : Femme de service à l'école Betty Ford, Madelyn a crié sur Cody Cleary, lequel, surpris, a perdu l'équilibre et s'est heurté la tête, perdant connaissance. Convaincue qu'il est mort, Madelyn est gagnée par la panique et cache son corps dans sa grande poubelle. Elle est profondément affectée et ses pensées la trahissent. Sookie explique à Kenya où se trouve l'enfant, qui sera récupéré à temps pour le sauver. (DD)

PERKINS, KYLE (VAMPIRE) : Kyle Perkins, vampire de l'Illinois, a été enrôlé pour s'assurer que Henrik Feith ne révèle pas l'identité de la personne qui l'a encouragé à appuyer l'Arkansas dans le procès intenté à Sophie-Anne. Il tire des flèches de bois sur Henrik alors qu'il témoigne à la barre et le tue, tout en blessant Quinn. Il perdra sa tête, tranchée par le shaken que Batanya la britlingan lui a décoché. (Meurt dans ATD)

PETACKI, ALPHONSE, ALIAS « TACK » : Tack fait partie des nombreux cuisiniers qui ont travaillé au *Merlotte*. Il entretient une brève relation avec Arlene avant de s'enfuir avec ses assiettes, ses fourchettes et son lecteur de CD. (DTTW, mentionné dans DAAD)

PETTIBONE, DENNIS : Dennis mène l'enquête sur l'incendie qui a eu lieu chez Sookie. Divorcé, avec une fille du nom de Katy, il a une brève aventure avec Arlene. (DAAD)

PETTIBONE, KATY : Katy est la fille de Dennis Pettibone. (DAAD)

PFEIFFER, TRUDI : Trudi est étudiante et sort avec Joseph Velasquez. Ils se font prendre tous les deux chez Stan lors du Massacre de Minuit. Elle est blessée à mort et Eric propose de la faire passer de l'autre côté, mais elle meurt avant que Sookie puisse même envisager de prendre la décision pour elle. (Meurt dans LDID)

PHARR : Pas d'autre nom précisé. Pharr est la cousine de David Cleary, l'ex-mari de Holly. (Mentionnée dans DTTW)

PHILLIPS, DELL : contrairement à son épouse, Dell est extrêmement critique. Il réprouve le fait que Sookie soit hébergée chez Alcide à Jackson, bien qu'ils soient adultes – et dans des chambres séparées. (CD, mentionné dans DAAD)

PHILLIPS, JANICE HERVEAUX : Mariée, avec un enfant, Janice est la sœur cadette d'Alcide. Elle gère son propre salon de beauté à Jackson. Elle espère qu'Alcide va se stabiliser avec Sookie et pourra oublier Debbie Pelt. Elle connaît la double nature de son frère et l'aime sans réserve. (CD, DAAD, DD)

PHILLIPS, TOMMY : Tommy est le fils de Janice et Dell. (Mentionné dans CD, DAAD)

PHOQUE (MÉTAMORPHE) : Pas de nom précisé. Le père d'un champion olympique de natation se révèle en tant que phoque-garou. Naturellement. (DAG)

PHRYNE (MÉNADE) : Nom de famille non précisé. C'est Phryne qui a insufflé sa folie meurtrière au vampire Gregory à Saint-Pétersbourg, provoquant le Massacre de Halloween en 1876. Il a fallu tuer Gregory par le pieu et une vingtaine de vampires ont dû nettoyer le résultat de son insanité. (Mentionnée dans LDID)

PICKARD, BETTY JOE (VAMPIRE) : Second du roi Russell Edgington, Betty s'habille comme Mamie Eisenhower et frappe comme Mohamed Ali. Lorsqu'un adepte de la Confrérie du Soleil l'attaque avec un pieu au *Josephine's*, elle l'élimine de deux crochets fulgurants, lui brisant la nuque et lui éclatant le crâne. Fort heureusement pour Bubba, capturé dans le manoir de Russell après le départ de Sookie, Betty Joe accepte un appel de Sookie, qui lui révèle la véritable identité de Bubba. Convaincue, Betty Joe empêche la crucifixion de Bubba. (CD)

PICKENS, MAUDETTE : Maudette est la première femme qui se fait assassiner à Bon Temps. Les morsures sur ses cuisses confirment la rumeur selon laquelle elle apprécie de se faire mordre pendant ses ébats. En conséquence, les enquêteurs pensent que l'assassin pourrait être un vampire. Cependant, la cause de la mort n'est pas l'exsanguination mais la strangulation. Des cassettes vidéo sont retrouvées et montrent Jason en pleine action avec Maudette. Il devient donc le suspect numéro un pour le meurtre de Maudette et ceux qui vont suivre, jusqu'à ce que le véritable meurtrier soit découvert, en la personne de René Lenier. (Meurt dans DUD)

POLK, FRANCIE : Francie, son époux et leurs trois enfants s'installent pour la nuit dans les bâtiments de la Confrérie du Soleil. Il est prévu qu'ils assistent à l'aube à l'immolation de Godfrey, qui veut s'offrir aux rayons du soleil, ainsi qu'à l'exécution de Farrell. (LDID)

POPKEN, LINDSAY : Très populaire, Lindsay est élue Miss Bon Temps pendant la dernière année de lycée de Sookie. (Mentionnée dans DD)

PORCHIA, DIANE : Agent d'assurances, Diane a dû traiter un grand nombre de déclarations de sinistres et envisage sérieusement de fermer boutique. (L)

PORTUGAL (LOUP) : Prénom non précisé. Sur ordre du colonel Flood, Portugal s'assure que les wiccans de la région soutiennent activement les Loups et les vampires ou se tiennent activement à l'écart de la guerre imminente contre les sorcières. Il fait partie des victimes du conflit, et Culpepper, assise près de son corps sans vie, hurle son désespoir. (Meurt dans DTTW)

PREMIER VAMP' ENNEMI INCONNU : Pas de nom précisé. Le jeune vampire, qui assiste au show de Bubba, se fait tuer par Bill pendant le combat. (Meurt dans DR)

PRESCOTT, LORINDA : Lorinda décore sa maison pour Halloween. (Mentionnée dans FDTW)

PRIDEAUX, DANNY : Libéré avec distinction de ses obligations militaires, Danny travaille à temps partiel au magasin de bricolage de Bon Temps et plusieurs fois par semaine comme videur au *Merlotte*, veillant sur la nouvelle responsable du bar, Kennedy Keyes. Son intérêt pour elle dépasse le domaine professionnel et ils commencent à se voir en dehors du travail. Ils prennent un verre au *Merlotte* quand le bar est incendié, et Danny réagit rapidement pour mettre Kennedy en sécurité. Danny, Sam, Terry et Antoine réparent les dégâts pour que le bar puisse ouvrir à nouveau. Danny passe également du temps au *Merlotte* sans Kennedy. Il s'y trouve, en train de jouer aux fléchettes avec Andy Bellefleur, le soir où quatre malfrats font irruption. Il en lancera une à l'un des attaquants pour le distraire et l'empêcher de frapper. (DITF, DR)

PRUDHOMME, RAFE : Employé de la Pelican State Title Company, Rafe noue une brève idylle avec Arlene et l'introduit dans la Confrérie du Soleil. (Mentionné dans DD)

PRYOR, JENEEN : Jeneen est la mère de Kevin et veille jalousement sur lui. (Mentionnée dans DUD, CD, DTTW, DD, DAG)

PRYOR, KEVIN : Personnage mince et discret étouffé par sa mère, Kevin est généralement le partenaire de Kenya et prend les mêmes heures qu'elle dès qu'il le peut. Il choque Andy Bellefleur le jour où Sookie parvient à retrouver Cody Cleary : il insiste sur le fait qu'Andy ne doit pas exploiter les talents de Sookie pour l'aider à résoudre d'autres affaires. Pour lui, les preuves doivent provenir des faits et non de la télépathie. Il prouve son esprit d'indépendance en s'installant avec Kenya malgré la désapprobation de leurs familles. (DUD, LDID, CD, DTTW, DAAD, DD, DAG, DITF, mentionné dans DR.)

Puckett, Jeff : Jeff travaille comme videur au *Hooligans*, où Claude, son ancien amant, fait des numéros de strip-tease. Il en veut à Claudette, la sœur de Claude, car elle s'est interposée entre Claude et lui. On le soupçonne donc du meurtre de Claudette, mais il a trop de sentiments pour Claude pour avoir fait du mal à sa sœur. Une fois que son innocence est prouvée, Claudine efface ses souvenirs de la soirée et Jeff prend le départ, détendu et heureux, après avoir reçu un baiser de la part de Claude. (FD)

Pulaski, Trish Graham (MÉTAMORPHE, FORME ANIMALE NON PRÉCISÉE) : Propriétaire d'un ranch à Wright, Trish surveille les sites Web anti-SurNat. Elle n'est pas étonnée d'apprendre que Jim Collins est mêlé au massacre des chiens au refuge du comté. C'est elle qui a personnellement levé les fonds pour la construction du refuge. Elle se joint à son amant Togo et aux autres métamorphes pour veiller sur la famille Merlotte, escortant leurs voitures à l'église pour le mariage de Craig et Deidra. Elle essuie des coups provoqués par la violence des manifestants et, à son arrivée à l'église, elle est hagarde et couverte de sang. (STW)

Pumphrey, Selah : Agent immobilier, Selah commence à sortir avec Bill après sa rupture avec Sookie. Elle en veut à Bill de ses sentiments manifestes pour Sookie et finit par déménager à Little Rock pour travailler pour une société plus importante, spécialisée dans les propriétés destinées aux vampires. (DAAD, DD, ATD, FDTW, mentionnée dans DITF)

Purifoy, Jake (ANCIEN LOUP, DEVENU VAMPIRE) : Employé de Special Events, la branche SurNat de la prestigieuse société Extreme(ly Elegant) Events, Jake travaille sur le mariage de Sophie-Anne lorsqu'il disparaît brutalement. Sookie le retrouve dans un placard de l'appartement de sa cousine Hadley à La Nouvelle-Orléans. L'ayant découvert à son portail, vidé de son sang par

Jade Flower, Hadley l'a fait passer de l'autre côté. Un sort de stase placé sur l'appartement par Amelia sur ordre de Sophie-Anne a jusque-là empêché Jake de se lever pour la première fois. Le sort étant rompu, il se lève et attaque Sookie et Amelia, avant d'être maîtrisé et emmené au quartier général de la reine pour s'adapter à sa nouvelle vie de vampire. Ancien Loup et nouvellement vampire, Jake est un étranger partout où il se trouve. Il ne peut plus se métamorphoser à la nouvelle lune et ne fait plus partie de sa meute. Mais en tant qu'ancien Loup il ne peut s'intégrer aux vampires. Son sentiment de frustration et d'isolement le mène à s'allier avec la Confrérie du Soleil et à comploter pour faire exploser le *Pyramid of Gizeh* lors du sommet de Rhodes. Pour tenter de les épargner, il suggère à Quinn d'emmener Sookie se promener pour la journée. Il est vu pour la dernière fois, endormi de son sommeil diurne dans le hall de l'hôtel, apparemment en chemin pour la chambre de Sookie afin de la sauver, lorsque le sommeil l'a terrassé. (DD, ATD)

Pyramid of Gizeh (hôtel) : L'hôtel se situe à Rhodes près de Chicago et donne sur les lacs. Il a été construit en forme de pyramide et ses parois sont faites de verre réfléchissant et opaque couleur de bronze, sauf pour ce qui est de l'étage destiné aux compagnons humains de la clientèle vampire. Les portes principales sont surveillées par des hommes en uniforme qui vérifient l'identité des clients. Des reproductions de sarcophages reposent à la verticale de chaque côté de l'entrée.

Conçu pour ressembler le plus possible à un hôtel pour humains, le hall d'entrée est brillamment éclairé et orné de hiéroglyphes égyptiens. Les étages sont numérotés à l'envers, le numéro un étant l'étage supérieur et le numéro quinze celui du bas, utilisé par les humains. Une zone en mezzanine se situe entre l'étage des humains et la réception. L'atout majeur qui séduit les vampires en matière d'hôtellerie est l'intimité associée à la sécurité.

C'est ce que le *Pyramid* met en avant : des gardes armés équipés d'un détecteur de métal sont postés à l'entrée, et des caméras de surveillance sont déployées à travers tout l'établissement. Le personnel est formé à répondre aux attentes des vampires, et un petit restaurant sert les humains.

C'est au *Pyramid of Gizeh* que se déroule le sommet des vampires, en présence des rois et reines d'au moins seize États, accompagnés de leurs suites au grand complet. Chargée de lire les esprits des compagnons humains amenés par les vampires, Sookie travaille pour la reine de Louisiane, Sophie-Anne Leclerq. Elle témoigne en faveur de la reine, accusée d'avoir mis fin à la vie de son époux Peter Threadgill, ancien roi de l'Arkansas. Au cours du sommet, l'hôtel est détruit par l'explosion provoquée par une faction dissidente de la Confrérie du Soleil. (ATD, mentionné dans FDTW, DAG)

Q

QUARTIER GÉNÉRAL DE SOPHIE-ANNE LECLERQ : Le siège professionnel des activités de la reine de Louisiane Sophie-Anne Leclerq se trouve près du centre de La Nouvelle-Orléans. La reine possède un ensemble de bâtiments à deux étages non loin du prestigieux Quartier Français. Les fenêtres ont été recouvertes de panneaux décorés sur le thème du célèbre Mardi Gras de La Nouvelle-Orléans, avec des motifs roses, mauves et verts sur un fond blanc ou noir, offrant ainsi une protection contre les rayons du soleil aux vampires qui utilisent les lieux pour s'y retirer ou y habiter. Les volets sont ornés de peinture nacrée qui rappelle les colliers de perles du Mardi Gras que l'on lance des chars sur la foule. Tout le monde sait où se trouve la « cour » de Sophie-Anne et les trottoirs sont encombrés à toute heure de vendeurs de souvenirs, de guides touristiques et de tous les curieux, venus observer les vampires. (DD, mentionné dans ATD)

QUINN, FRANCINE : Frannie est née du viol de sa mère, tigresse, sauvagement violentée par des chasseurs qui l'avaient capturée sous sa forme animale, provoquant son retour à sa forme humaine. Frannie tente de s'occuper au mieux de sa mère, psychologiquement fragile, alors que celle-ci essaie de gérer les émotions instables de son enfant. Frannie travaille avec son frère Quinn au sommet et échappe à l'explosion grâce à l'appel de Sookie, avec qui elle fait une trêve hésitante.

Leur mère s'évade de la maison de repos dans laquelle Quinn l'a installée, et les vampires du Nevada règlent les conséquences qui en résultent. Les vampires imposent ensuite un choix à Frannie et à Quinn : pour payer cette dette, soit Frannie doit se soumettre et leur abandonner son corps ainsi que son sang, soit Quinn doit combattre dans les fosses. Les vampires se contentent finalement d'un autre chantage : Quinn doit leur fournir des informations pour les aider à prendre le contrôle de la Louisiane et de l'Arkansas. (ATD, FDTW, mentionnée dans DAG, STW)

QUINN, JOHN (TIGRE) : Le tigre-garou Quinn est associé dans la société d'événementiel Special Events, spécialisée dans les services aux SurNat. Il est également connu et respecté à travers le monde des SurNat pour son passé d'adolescent : après s'être jeté sur les humains qui avaient capturé sa mère sous sa forme animale et l'avaient sauvagement violée lorsqu'elle avait repris sa forme humaine, Quinn avait demandé au nid de vampires de la région de l'aider à nettoyer la scène, contractant ainsi une dette envers eux. Il l'avait payée en se battant trois années durant dans les fosses à combat. Le fait qu'il soit l'un des rares à avoir survécu à ce sport terriblement brutal en a fait une star parmi les SurNat.

Quinn assiste aux funérailles du colonel Flood et se prépare à arbitrer le tournoi des chefs de meute entre Jackson Herveaux et Patrick Furnan. Il remarque Sookie, tout d'abord en compagnie d'Alcide à l'enterrement, puis avec Claudine et Claude lors du tournoi. Lorsqu'elle s'avance pour accuser Furnan de fraude, Quinn l'écoute et donne son assentiment. Il fera voter la meute sur la suite des événements. Il demande à Sookie de lire les pensées des deux Loups de nouveau, juste avant la dernière épreuve. Lorsqu'elle s'égratigne la jambe, il lèche le sang de sa griffure et l'assure qu'elle le reverra. En effet, il fait son entrée au *Merlotte* un soir et demande une entrevue avec Sookie, pour lui parler affaires et plaisir. Elle accepte et il la suit chez elle. Il l'invite à dîner puis l'informe que la reine Sophie-Anne requiert ses services au sommet des vampires, supplantant ainsi la propre requête d'Eric.

Quinn emmène Sookie au théâtre et, après la représentation, ils se font attaquer dans le parking par les Loups mordus. Après avoir rempli les formalités d'usage au poste de police, il emmène Sookie au *Hair of the Dog*, un bar métamorphe. C'est là qu'il apprend l'incident à Alcide Herveaux ainsi qu'à Amanda Whatley, propriétaire du bar. Il attend de la meute locale qu'elle mène l'enquête.

Il revoit Sookie ensuite à La Nouvelle-Orléans – elle avait dû annuler leur dernier rendez-vous afin d'accompagner Maître Cataliades pour régler la succession de Hadley. Alors que Quinn l'aide à emballer les effets de Hadley dans l'appartement, tous deux se font enlever par les Loups enrôlés par la famille Pelt, convaincue que Sookie sait ce qu'il est advenu de Debbie. Ils échappent à leurs agresseurs et renversent la situation, avec l'assistance d'Eric et Rasul.

Quinn essaie de voir Sookie aussi souvent que possible mais son emploi du temps ne lui laisse guère de répit. Il prévoit néanmoins de prendre un mois de congé après le sommet des vampires pour passer du temps avec elle. Ils concrétisent leur relation et entretiennent de grands espoirs pour leur avenir. Lors du sommet, ils ne pourront passer ensemble que quelques instants. Lorsque Quinn trouve André en train de forcer Eric à forger un lien de sang avec Sookie, sa fureur contre les vampires atteint son comble. Averti plus tard que Sookie a trouvé une bombe devant la porte de Sophie-Anne, il se précipite sur les lieux et la supplie de lui donner la bombe. Il lui explique qu'il guérira plus vite qu'elle et ne veut pas qu'il lui arrive quoi que ce soit. Un vampire expert en explosifs arrive pour emporter la bombe. Après avoir répondu à toutes les questions qu'on lui assène, Sookie parvient à regagner sa chambre et trouve Quinn qui l'attend devant sa porte. Ils passent la nuit ensemble, simplement dans les bras l'un de l'autre. Le lendemain soir, au cours du procès de Sophie-Anne, un vampire de l'assistance tire des flèches de bois pour tuer le dernier survivant des vampires de l'Arkansas. Quinn se place devant Sookie et reçoit la flèche qui lui était destinée. Quand Sookie comprend que l'hôtel va exploser, sa première action est de prévenir Quinn et sa sœur Frannie. Quinn aura les deux jambes brisées mais réussira cependant à supprimer André, qui gît blessé dans les gravats non loin de lui, s'efforçant ainsi de libérer Sookie du contrôle qu'exercent les vampires sur elle.

Après le sommet, constatant que Quinn ne lui donne plus de nouvelles, Sookie craint le pire et suppose qu'elle ne l'intéresse plus. En réalité, Quinn se charge de sa mère, malade mentale. Celle-ci s'est évadée de la maison de repos où il l'a fait interner au Nevada, tuant plusieurs touristes. Ce sont les vampires du Nevada qui la retrouvent les premiers et se chargent de régler la situation. Ils estiment que Quinn leur est redevable et lui donnent le choix : leur abandonner sa petite sœur Frannie pour qu'ils se servent de son corps et de son sang, combattre dans les fosses, ou leur servir d'informateur et espionner les vamp's de Louisiane. Il choisit la troisième option et tente de résister, se retenant de contacter Sookie – il craint qu'elle ne devienne un otage supplémentaire. Lors du réveil de Sookie après la nuit de la prise de contrôle, Quinn est dans sa chambre. Lorsqu'elle met fin à leur relation, il est effondré. Il essaie de la revoir mais Eric le bannit de la Zone Cinq. Il revient malgré tout, en cachette, mais Eric dépêche aussitôt Bill pour l'éloigner de Sookie. Bill et Quinn se battent et Sookie sera blessée.

Quinn finira par revoir Sookie lors du mariage du frère de Sam. Il accepte sa relation avec Eric mais l'assure qu'il sera toujours là pour elle si elle a besoin de lui. (DAAD, DD, ATD, FDTW, DAG, STW, mentionné dans GW)

R

RACHEL (VAMPIRE) : Nom de famille non précisé. Stan est son créateur et elle partage son nid avec lui. Elle se fait tuer au sommet lors de l'explosion du *Pyramid*. (LDID, meurt dans ATD)

RALPH (LOUP) : Nom de famille non précisé. Ralph est l'un des coursiers de Niall. Immense, le Loup fait du théâtre à ses heures perdues. C'est lui qui sera naturellement choisi par Niall pour jouer le rôle de la grosse brute menaçante, lors de la surprise que Niall prépare pour le Noël de son arrière-petite-fille Sookie. (GW)

RASPOUTINE, GRIGORI : Le moine russe Grigori Raspoutine prétend détenir des pouvoirs de guérison et de prédiction. Il est chargé de soigner le tsarévitch Alexei, qui souffre d'hémophilie, et le fait au moyen du sang d'Ocella, créant ainsi un lien entre Ocella et Alexei. C'est ce lien qui permettra à Ocella de retrouver le garçon au moment de l'exécution de la famille impériale russe. (Décédé, mentionné dans DITF)

RASUL (VAMPIRE) : Pas d'autre nom précisé. Après la mort de ses congénères Melanie et Chester lors du passage de Katrina, Rasul est posté en binôme avec Jake

Purifoy pour monter la garde lors du sommet. Rasul survit à l'explosion du *Pyramid* ainsi qu'au coup de main des vampires du Nevada. Il sera envoyé par Victor et Felipe au Michigan en tant qu'espion. (DD, ATD, mentionné dans FDTW, DITF)

RATTRAY, DENIS ET MACK : Denis et son mari Mack ont déjà fait de la prison pour avoir saigné des vampires. Malgré tout, ils attirent Bill au parking du *Merlotte* et l'entravent de chaînes d'argent avant d'installer un tourniquet à son bras. Envahi de fureur par l'arrivée de Sookie, qui parvient à sauver Bill, le couple lui tend une embuscade quelques jours plus tard dans le parking. Ils la malmènent brutalement jusqu'à ce que Bill survienne, mettant un terme définitif à leurs agissements criminels. Il détruira ensuite leur caravane de Four Tracks Corner de manière qu'on ait l'impression qu'une tornade a rasé l'endroit et les a tués tous les deux. (Meurent dans DUD)

RAVENSCROFT, PAM (VAMPIRE) : Vampirisée par Eric à l'âge de dix-neuf ans dans le Londres de Victoria, Pam s'habitue immédiatement à la vie d'un vampire. Après de nombreuses années passées avec son créateur, tout d'abord comme amante puis comme simple amie, elle arrive en Amérique du Nord avec lui et il la libère. Elle lui reste loyale et revient du Minnesota lorsqu'il la rappelle à ses côtés pour ouvrir le *Fangtasia* avec lui. Elle obéit toujours à son maître et, contrairement à d'autres vampires, le fait de sa propre volonté.

Dotée d'un solide sens de l'humour – fait rare chez ses congénères – ainsi que d'une élégance indiscutable, Pam devient en quelque sorte l'amie de Sookie. Elle insiste pour que Sookie soit informée de la trahison de Bill et qu'elle connaisse ainsi toute la vérité. Elle demeure malgré tout un vampire avant tout. C'est ainsi qu'elle envisage brièvement de tuer Sookie et Jason lorsque Eric, frappé d'amnésie, se cache chez Sookie. En tant que second d'Eric, c'est elle qui mène les troupes des vampires au combat contre les sorcières. Elle capture personnellement Hallow et la force à inverser le sort qu'elle avait lancé à Eric. Pam assiste au sommet de Rhodes et sera sauvée pendant l'attentat par Sookie, assistée d'Eric.

Pam a une courte aventure avec Amelia Broadway pendant son séjour à Bon Temps, exploitant sa liaison pour dissimuler le fait qu'elle veille sur Sookie. À l'occasion du coup de main des vamp's du Nevada, Pam s'échappe du *Fangtasia* et élimine systématiquement tout vampire ennemi qui s'éloigne trop de son groupe.

Sookie vient rendre visite un soir à Eric et c'est Pam qui la raccompagne en voiture chez elle. Le second de Victor, Bruno Brazell, assisté d'une vampire du nom de Corinna, leur tend une embuscade sur la route. Pam tend à Sookie un poignard pour combattre Bruno tandis qu'elle se charge de Corinna. Très rapidement, les deux vampires de Victor se désintègrent sous la pluie.

Surprise et très mécontente de l'arrivée d'Ocella, Pam fait de son mieux pour soutenir Eric lors des difficultés créées par son frère de lignée. Agressée chez Eric par Alexei, atteint d'une crise de folie meurtrière, elle se fait briser un bras, une jambe et des côtes : elle souffre de multiples blessures et contusions. Elle proteste malgré tout avec véhémence lorsque Sookie et Eric l'abandonnent pour se précipiter à la poursuite d'Alexei.

Pam entretient une discrète liaison avec une femme humaine. Elle demande l'autorisation de faire passer sa Miriam de l'autre côté car elle souffre de leucémie et s'affaiblit de jour en jour. Victor lui refuse son accord et exploite même la souffrance de Miriam pour atteindre Pam. Celle-ci ressent alors un enthousiasme de plus en plus débordant lorsqu'il s'agit de comploter pour éliminer Victor. Elle a l'intention de vampiriser Miriam en secret mais celle-ci meurt avant qu'elle n'ait pu mettre son plan à exécution. Pam se joint à Eric au *Fangtasia* pour mettre fin à l'existence de Victor et, lors de la lutte, tombe à terre, coincée en dessous de

Victor avec ses crocs sur sa gorge. Voyant Sookie qui se dresse au-dessus de la mêlée avec l'épée d'Akiro dans les mains, elle la presse d'abattre sa lame sur le cou de Victor. Sookie a peur de faire du mal à Pam et son coup dévie, mais Pam se relève d'un bond, attrape l'épée et termine le travail elle-même. (DUD, LDID, CD, DTTW, DN, DAAD, DD, ATD, FDTW, DAG, TB, DITF, DR, mentionnée dans L)

Ray Don (vampire) : Nom de famille non précisé. Ray Don a une spécialité : la composition spécifique de sa salive favorise une guérison des plaies plus que rapide. C'est lui qui nettoie la blessure de Sookie après le coup de pieu qu'on lui a donné au *Josephine's*. (CD)

Re-Bar : Pas d'autre nom précisé. Re-bar est le videur du *Bat's Wing* à Dallas. Son esprit a été endommagé de manière irréversible par un vampire, probablement Godfrey, qui a effacé sa mémoire. Stan promet de prendre soin de cet humain, à présent mentalement déficient, car c'est en travaillant pour des vampires qu'il a perdu l'esprit. (LDID)

Reconstitution ectoplasmique : Ce procédé de magie permet de visionner des événements du passé liés à une certaine personne, décédée depuis. On le tente rarement car il exige des sorcières qui l'exécutent beaucoup de temps et de savoir-faire ainsi qu'une vaste quantité d'énergie. Amelia Broadway y parvient par deux fois : une première fois assistée de trois autres congénères, après la mort de Hadley, et une seconde après celle de Maria-Star, avec l'aide d'Octavia. Le nombre de sorcières varie en fonction de la surface physique que couvre la reconstitution. Elles doivent psalmodier les formules à l'unisson et faire monter le sort en puissance, tout en se concentrant pour maintenir la vision. Au cours de la reconstitution, le sujet est translucide et les objets n'apparaissent que lorsqu'il les touche. (DD, FDTW)

Red Rita (vampire) : Pas d'autre nom précisé. Le roi Felipe de Castro a nommé la formidable Rita comme régente de l'Arkansas. (Mentionnée dans DR)

Renfield : Pas d'autre nom précisé. Assistant humain de Dracula, Renfield est sous le contrôle absolu de son maître et obéit à ses moindres désirs. Pour Eric, tout humain tombé sous ce type de servitude est un « Renfield ». (Mentionné dans DAG)

Renfield's Masters (vampires) : Groupe musical composé de vampires. En chemin pour La Nouvelle-Orléans, ils ont joué au *Fangtasia*. (Mentionné dans DAAD)

Reynold, Lafayette : Cuisinier au *Merlotte*, Lafayette est d'un tempérament joyeux et agréable. Ouvertement gay, il est intelligent et se montre excellent cuisinier. Ses penchants pour le libertinage lui coûtent la vie : il se fait assassiner durant une partie fine et son corps est abandonné sur le parking du *Merlotte*, dans le coffre d'Andy Bellefleur. C'est Sookie qui retrouvera ses assassins. Elle n'aura de véritable preuve qu'en retrouvant les effets de Lafayette dans la voiture de Mike Spencer, après le massacre des participants à l'orgie causé par la folie de la ménade Callisto. (DUD, meurt dans LDID, mentionné dans DITF)

Riordan, Dan : Le Père Riordan vient célébrer la messe à Bon Temps tous les samedis avec ses paroissiens catholiques. Il n'apprécie pas les vampires et ne se gêne pas pour le dire. Il avertit Sookie que le fait de fréquenter des vampires indique qu'elle a des pulsions suicidaires.

Contacté par la famille Pelt dans le cadre de leur enquête sur la disparition de leur fille, le Père Riordan demande à Sookie de les rencontrer. Il est déçu qu'elle refuse. Réticent, il la piège malgré tout et lui amène les Pelt au *Merlotte* pour qu'ils puissent lui parler. (DD)

Robinson, Fay : Fay est la sœur de Halleigh et l'une de ses demoiselles d'honneur à son mariage. (FDTW)

Robinson, Linette : Linette est la mère de Halleigh. Elle se sent mal à l'aise dans les foules mais parvient à participer au *wedding shower* de sa fille ainsi qu'à son mariage. (ATD, FDTW)

Robinson, M. : Prénom non précisé. M. Robinson ne conduit pas sa fille à l'autel, car Portia y va seule. Il attend toutefois sa fille devant l'autel pour suivre la tradition et la donner à son époux. (FDTW)

Rodriguez, Carla : Carla, ancienne petite amie de Jason, se trouve en ville le soir de sa disparition. Elle est sincère lorsqu'elle explique à Sookie qu'elle ne l'a pas vu et qu'elle lui aurait tourné le dos dans le cas contraire. (DTTW)

Rodriguez, Dovie : Sookie vient voir Dovie à Shreveport pour interroger sa cousine en visite, Carla, au sujet de la disparition de Jason, survenue peu de temps après le Nouvel An. (DTTW)

Rodriguez, Terencia, alias « Terry » : Terry assiste Amelia Broadway ainsi que Bob Jessup et Patsy Sellers lors de la reconstitution ectoplasmique effectuée pour la reine de Louisiane dans l'appartement de Hadley. HispanoamEricaine, Terry a entre vingt-cinq et trente ans. Petite et tout en courbes affriolantes, elle a les joues rondes, les lèvres vermeilles et des cheveux noir de jais. (DD)

Rogers, Bethany : Serveuse au *Bat's Wing*, Bethany est de service la nuit de l'enlèvement de Farrell. Avec l'aide de Sookie, elle parvient à se souvenir de ce qu'elle a vu. Stan tient sa promesse de la laisser partir indemne, mais la Confrérie du Soleil ne lui pardonne pas de fréquenter des vampires et la fait exécuter, abandonnant son corps derrière le *Silent Shore Hotel*. (Meurt dans LDID)

ROMANOV, ALEXEI (VAMPIRE) : Tsarévitch de Russie, Alexei a été vampirisé par Ocella. Pour le soigner de son hémophilie, Raspoutine lui donne du sang romain de celui-ci. Lorsque les Bolcheviks exécutent la famille impériale, Ocella est donc en mesure de retrouver le garçon et de le sauver en le faisant passer de l'autre côté. Dans les débuts, Ocella est heureux de la compagnie d'Alexei, dont il profite dans tous les sens du terme. Mais l'enfance gâtée d'Alexei et le traumatisme d'avoir vécu l'emprisonnement de sa famille, suivi de son massacre, ont transformé le jeune vampire en sociopathe. Il commence à épuiser l'énergie de son maître. Dans l'espoir que son premier protégé puisse aider son frère de lignée, Ocella amène Alexei à Eric, mais Alexei devient un fardeau pour Eric et Sookie également. Il s'échappe par deux fois, trucidant un être humain à chaque occasion. Il finit par perdre totalement la raison et blesse grièvement Eric et Pam, tuant aussi Bobby Burnham ainsi que Felicia. Ocella se lance à sa poursuite et il se précipite d'abord chez Jason, puis chez Sookie. Après avoir sectionné la colonne vertébrale de son créateur, il se lance avec une joie féroce dans un combat contre Claude et Colman. Sookie parvient à l'entraver avec des chaînes d'argent et Eric se sert d'une branche d'arbre comme d'un pieu pour mettre à mort son frère de lignée. (Meurt dans DITF, mentionné dans DR)

ROMANOV, MARIA : Après le massacre de la famille impériale russe, les corps de Maria et Alexei sont enterrés séparément. On ne les retrouvera que seize ans après avoir découvert la tombe du reste de leur famille. (Décédée, mentionnée dans DITF)

ROSE-ANNE (VAMPIRE) : Nom de famille non précisé. Rose-Anne travaille pour Salomé au casino Seven Veils. (DAAD)

Rudy (mi-elfe) : Nom de famille non précisé. Mi-elfe, mi-humain, Rudy est le compagnon de Michael, que ce soit en matière de sexe ou de crime. Ses dents pointues et acérées traumatisent Sookie, lui rappelant les tortures que les faé lui ont infligées, mais elle est capable de réagir aux menaces de Rudy et Michael, tirant sur la première pour l'abattre. (Meurt dans TB)

Rushton, Lola : Au lycée, Lola s'était entichée de Sookie. Maintenant, elle sort avec India, serveuse au *Merlotte*. (Mentionnée dans DR)

S

Salazar : Nom de famille non précisé. L'adorable urgentiste Salazar donne les premiers soins à Sookie, blessée après l'accident provoqué par Polly Blythe et Sarah Newlin, qui avaient délibérément percuté la voiture de Luna. (LDID)

Sallie : Nom de famille non précisé. Sallie est la compagne de Katherine Boudreaux, représentante du Bureau des Affaires des Vampires. (DITF)

Salomé (vampire) : Nom de famille non précisé. C'est Salomé qui a créé Mickey. Elle gère son casino, le Seven Veils, à Baton Rouge. Selon la rumeur, elle serait une sacrée danseuse. (DAAD)

Sang de synthèse : Mise au point par les Japonais pour suppléer au manque de sang dans les hôpitaux, cette substance sera l'élément clé qui décide la nation vampire à révéler son existence aux yeux du monde entier. Elle satisfait à tous les besoins nutritifs des vampires, leur permettant ainsi de paraître beaucoup moins dangereux pour les humains. Le sang de synthèse se conserve au froid, et on le réchauffe généralement au micro-ondes avant de le consommer. Plusieurs marques de sang circulent sur le marché, TrueBlood, la plus courante, étant devenue l'appellation presque générique du sang de synthèse. Naturellement, la qualité du produit disponible en magasin est extrêmement variable. En bas de la gamme se trouve le vulgaire Red Stuff et tout en haut, le Royalty, mélange de sang de synthèse et de sang humain, dont du sang provenant de familles royales européennes. (DUD, LDID, CD, DTTW, DN, DAAD, OWA, DD, ATD, L, FDTW, GW, DAG, TB, DITF, DR)

SANTIAGO : Nom de famille non précisé. Mme Santiago se fait récupérer par Sookie et Barry dans les décombres du *Pyramid of Gizeh*. (ATD)

SARA (VAMPIRE) : Nom de famille non précisé. Ancienne strip-teaseuse, Sara déteste son emploi actuel à Tunica, dans le Mississippi, et décide de déménager à Shreveport pour travailler au *Fangtasia*. (TB)

SARAH : Nom de famille non précisé. Sarah, l'une des meilleures amies de Halleigh, est l'une de ses demoiselles d'honneur à son mariage. (FDTW)

SARAH JEN : Nom de famille non précisé. Sarah Jen livre le courrier à Bon Temps et en profite pour récolter les derniers potins. (DAG)

SAVOY, HADLEY DELAHOUSSAYE (VAMPIRE) : Hadley est la cousine de Sookie. Elle abandonne sa famille et disparaît à La Nouvelle-Orléans pour y vivre d'expédients. Elle croise le chemin de la reine Sophie-Anne Leclerq, dont elle devient l'amante et qui la fait passer de l'autre côté. Effondrée d'apprendre que Sophie-Anne a conclu un mariage avec le roi de l'Arkansas Peter Threadgill, Hadley dérobe un bracelet de diamant que le roi avait offert à sa future épouse. Cette perte pourrait provoquer la chute de Sophie-Anne.

Submergée de panique après avoir découvert Jake Purifoy gisant dans son allée et vidé de son sang, elle le vampirise. Cherchant des réponses, elle convient avec Waldo, l'ancien favori de la reine, de le rencontrer au cimetière Saint Louis Numéro 1, afin d'invoquer l'esprit de la prêtresse vaudou Marie Laveau. Jaloux d'avoir été supplanté auprès de la reine, Waldo assassine Hadley.

La succession de Hadley va à Sookie, qui retrouve un certificat de mariage et des papiers de divorce dans les papiers de Hadley. Personne ne le savait, mais Hadley avait un fils, Hunter, que Sookie finira par rencontrer. (Mentionnée dans DUD, meurt et mentionnée dans OWA, mentionnée dans DD, ATD, FDTW, DAG, DITF, DR)

SAVOY, HANK : Grand-oncle de Remy, Hank vit avec son épouse à Red Ditch. (Mentionné dans DR)

SAVOY, HUNTER (TÉLÉPATHE) : Hunter est le fils de Hadley, la cousine décédée de Sookie. Il est aux anges de rencontrer Sookie et de constater qu'elle est comme lui. Il n'est encore qu'un enfant et doit lutter pour s'adapter à sa différence. Il ne comprend pas pourquoi il peut entendre ce que pensent les gens ni pourquoi il ne doit pas en parler. Son père Remy est soulagé lorsque Sookie propose d'aider Hunter. Elle espère qu'elle pourra le former à contrôler son propre esprit – ainsi qu'à tenir sa langue.

Hunter est fasciné de découvrir qu'il ne peut pas entendre les vampires. Il sait déjà qu'il existe d'autres créatures, des êtres qu'il ne peut encore identifier mais qu'il perçoit, car il détient l'étincelle essentielle. Chemin faisant, il entend les pensées d'une mère, qui envisage de fuir ses propres enfants, ainsi que les fantasmes sombres et sadiques d'une institutrice, et apprend petit à petit qu'il y a beaucoup à craindre des esprits humains. (FDTW, DITF, DR, mentionné dans DAG)

SAVOY, REMY : L'ex-mari de Hadley a quitté La Nouvelle-Orléans après Katrina et s'est installé à Red Ditch pour élever son fils. Méfiant tout d'abord, il ressent ensuite de la reconnaissance quand Sookie entre dans leur vie, reconnaît les aptitudes de son fils télépathe et propose de l'aider. Remy encourage la relation entre Sookie et Hunter. Il lui confie la garde de son fils pour se rendre à un enterrement de famille et lui demande conseil sur son environnement scolaire en maternelle, respectant les avis de Sookie. À l'époque de leur rencontre, il sort avec Kristen Duchesne. Cette idylle tourne court car Kristen prend peur face à la différence de Hunter et raconte autour d'elle que l'enfant n'est pas normal. Remy entame ensuite une aventure avec Erin, une jeune femme qui adore déjà sincèrement son garçon. Lorsque Sookie lui propose l'héritage de Hadley, Remy le refuse : il ne pardonne pas à Hadley d'avoir abandonné leur fils, et explique que sa grand-tante laissera tout à Hunter car elle n'a pas d'enfants. (FDTW, DAG, DITF, DR)

SCHUBERT, MICHELE : Il semblerait que Jason ait finalement rencontré celle qui lui fallait. Divorcée, Michele a la tête sur les épaules. Elle commence à fréquenter Jason lors de sa séparation d'avec Crystal et leur relation survit au meurtre de Crystal ainsi qu'à l'enquête qu'il suscite. Quand Alexei passe chez Jason, Michele le renvoie chez Sookie, estimant que les vampires n'ont rien à faire avec Jason mais plutôt avec sa sœur. (DAG, DITF, DR)

SCHUBERT, POP : Pop est l'ancien beau-père de Michele. Il s'appuie sur son ex-belle-fille, secrétaire de son atelier de réparation Ford. (DITF)

SEABROOK, TODD (VAMPIRE) : Coprésentateur du show de la vamp' la mieux habillée, Todd se fait égorger par Devon Dawn, qui n'apprécie pas les remarques de Bev Leveto sur sa tenue. Le spectacle continue cependant et il se remet rapidement. (DAG)

SECHREST, SANDY (VAMPIRE) : Sandy est le représentant de Felipe de Castro en Louisiane. Toujours plus assoiffé de pouvoir, Victor le renvoie rapidement au Nevada. (DAG)

SECOND VAMP' ENNEMI INCONNU : Pas de nom précisé. Ce vampire costaud lutte contre Palomino, qui commence à fatiguer. Parker le poignarde par-derrière avec un pic à glace et Mustapha Khan le décapite. (Meurt dans DR)

SELLERS, PATSY (SORCIÈRE) : La soixantaine et un corps sculpté sorti tout droit d'une salle de gym, Patsy assiste Amelia Broadway ainsi que Bob Jessup et Terry Rodriguez lors de la reconstitution ectoplasmique effectuée pour la reine de Louisiane dans l'appartement de Hadley. (DD)

SHAWN, RA (VAMPIRE) : Coiffé de dreadlocks, Ra Shawn précipite la guerre entre son État de l'Arkansas et la Louisiane en décapitant le garde Wybert lors de la réception de printemps de Sophie-Anne. Il se fait tuer lors de la bataille qui s'ensuit. (Meurt dans DD)

SHELLEY : Nom de famille non précisé. Shelley est la fille de la nouvelle épouse de David Cleary. (Mentionnée dans DTTW)

SHURTLIFF, DELIA : Épouse et associée de l'entrepreneur Randall Shurtliff, Delia est très efficace dans sa gestion de l'entreprise. Elle dégage suffisamment de bénéfices pour subvenir facilement aux besoins de l'ex-épouse de Randall, Mary Helen, ainsi qu'aux trois enfants issus de ce premier mariage. Ce sont Delia et Randall qui reconstruisent la cuisine de Sookie après l'incendie. (Mentionnée dans DAAD)

SHURTLIFF, MARY HELEN : Mary Helen est l'ex-épouse de Randall Shurtliff, et mère de ses trois fils. (Mentionnée dans DAAD)

SHURTLIFF, RANDALL : Avec Delia, son épouse et associée, l'entrepreneur Randall refait la cuisine de Sookie après l'incendie déclenché par Charles Twining. (DAAD)

Sɪᴅ (Lᴏᴜᴘ) : Nom de famille non précisé. Membre de la meute de Shreveport, Sid est envoyé avec son congénère Emilio pour pister Hallow et son clan jusqu'au bâtiment vide où se tiendra la Guerre des Sorcières. Sid se lime les dents en pointe pour se préparer au combat. (DTTW)

Sɪɢᴇʙᴇʀᴛ (ᴠᴀᴍᴘɪʀᴇ) : Pas d'autre nom précisé. Le guerrier saxon Sigebert fait partie, avec son frère Wybert, de la garde rapprochée de la reine de Louisiane. Vampirisés il y a des siècles par Sophie-Anne, qui les avait abordés avant une bataille, les frères n'avaient pas compris que la force qu'elle leur avait promise ne leur permettrait dorénavant de se battre que la nuit. Après la mort de Wybert, tombé lors du combat au monastère, Sigebert continue de garder fidèlement sa reine. Sur ordre de Sophie-Anne, il massacre Jennifer Cater et deux membres de sa suite lors du sommet des vampires à Rhodes. Il survit à l'explosion de l'hôtel et veille sur Sophie-Anne pendant sa convalescence à Baton Rouge. Il la défend vaillamment contre les vamp's de Las Vegas mais échoue, parvenant malgré tout à s'échapper. Eric étant le seul shérif survivant de toute la Louisiane, il le considère comme un traître. Obsédé par la vengeance, il le prend pour cible. Il tend une embuscade à Eric, au roi du Nevada Felipe de Castro et à Sam, dans le parking du *Merlotte*. Sookie le percute avec sa voiture et aide Eric et Sam à lui échapper. C'est Eric qui décapite alors Sigebert. (DD, ATD, meurt dans FDTW, mentionné dans DAG, DITF)

Sɪʟᴇɴᴛ Sʜᴏʀᴇ (ʜᴏᴛᴇʟ) : Le *Silent Shore*, l'un des anciens grands hôtels de Dallas, est le seul de la région à avoir été rénové et transformé pour accueillir une clientèle de vampires. Il comporte désormais des chambres étanches à la lumière, des stocks de sang (naturel et de synthèse) ainsi que des chambres adaptées aux compagnons humains des vampires. C'est là que descendent Sookie et Bill et que Sookie rencontre un télépathe pour la première fois, en la personne de Barry Horowitz, le groom de l'hôtel. (LDID)

SIMPSON, BEN : Strip-teaseur au *Hooligans*, Ben fait parfois son numéro en costume de policier. Suspect dans le meurtre de Claudette Crane, il est innocenté par Sookie et ses souvenirs de son interrogatoire sont effacés par Claudine. (FD)

SIMPSON, MARK ET MINDY : Fangbangers tous les deux, Mark et Mindy font partie de la suite de Victor et l'accompagnent avec ses vampires au *Fangtasia* pour assister au show de Bubba. Au cours du combat, Eric dirige un pieu sur Victor, et Akiro, le second de Victor bloque son bras de son sabre. La lame fend le corps de Mindy qui meurt sur le coup. Mark tente de se jeter dans la mêlée mais tombe, assommé par Colton, et ne se relèvera pas. (Meurent dans DR)

SINO-SIDA : Variante de la maladie transmise par le sang, il s'agit de l'une des très rares affections que les vampires peuvent contracter. Le sino-sida les laisse dans un état de faiblesse extrême pendant un mois après avoir ingéré le sang infecté. Lorsque les vampires de Monroe rendent visite à Bill, c'est Sookie qui avertit Bill de ne pas se nourrir de Jerry parce que l'homme est atteint de la maladie. (DUD)

SKINNER, DR : Prénom non précisé. Le Dr Skinner soigne Maria-Star Cooper à l'hôpital de Clarice, sans savoir que sa patiente est une Louve, blessée dans sa forme animale par une voiture conduite par une sorcière. (DTTW)

SMITH, BAILEY : Ancien camarade de classe de Jason au lycée, Bailey est maintenant courtier en assurances.

À l'instar de ses confrères, il subit une période de malchance. (L)

SMITH, EVERETT O'DELL : Étudiant à la Tulane Business School, Everett est le coursier de Maître Cataliades. Il aide Sookie à emballer les affaires de Hadley dans des cartons. Il décide de louer l'appartement de Hadley, et propose à Amelia, la propriétaire, de veiller sur le sien tandis qu'elle et Sookie font route sur Bon Temps. Everett et le bâtiment se sortent de la catastrophe infligée par l'ouragan Katrina sans grand dommage. (DD, mentionné dans FDTW)

SONNTAG, DR : Prénom non précisé. C'est le Dr Sonntag qui s'occupe de Sookie après son agression par René Lenier. Très jolie, elle a une brève aventure avec JB du Rone. (DUD, mentionnée dans LDID)

SORCIÈRES DE SHREVEPORT : Les Loups de Shreveport recrutent des sorcières adeptes de la Wicca pour se rallier aux Loups et aux vampires de la Zone Cinq et attaquer le clan de Hallow. Installées à l'écart de la lutte, les trois sorcières en question jettent des sorts pour saper la détermination des troupes de Hallow et identifier trois wiccans innocentes que Hallow a forcées à l'aider. Tandis que Mark Stonebrook prononce une incantation destinée à produire un brouillard ensorcelé et semer la confusion, les sorcières de Shreveport, qui vivent le combat en direct grâce à une hydromancienne, font naître une averse de pluie qui dissipe la brume dans le bâtiment. (DTTW)

SPECIAL EVENTS : Special Events est une filiale secrète de Extreme(ly Elegant) Events, société d'événementiel connue dans tout le pays au travers de son logo au triple E. Special Events fournit le même genre de services à la communauté des SurNat, organisant les événements importants qui rythment leur vie – tournois de chefs de meute, rites de la première métamorphose, mariages vampires hiérarchiques... Quand on veut quelque chose de bien, on passe par Special Events. John Quinn est l'un des quatre associés. Il gère et met en scène le tournoi des chefs de meute de Shreveport, le mariage de Sophie-Anne et Peter Threadgill ainsi que toutes les autres manifestations du sommet de Rhodes. (Mentionnée dans DD, ATD, FDTW, DAG, STW)

SPENCER, MIKE : Mike Spencer, propriétaire des pompes funèbres Spencer et Fils, est également le coroner du comté de Renard. Ce citoyen soi-disant modèle participe régulièrement à des orgies. Tout comme l'un de ses copratiquants, il est directement responsable de la mort de Lafayette Reynold. Mike succombe à la folie de la ménade Callisto, attirée par leur orgie, et les effets de Lafayette seront retrouvés dans sa voiture. (DUD, meurt dans LDID)

SPLENDIDE : Splendide est le nom de la boutique des antiquaires Brenda Hesterman et Donald Callaway. Elle se trouve à Shreveport. Les deux associés achètent et revendent des antiquités en tous genres – mobilier, bijoux et vêtements. Quand Sookie vide son grenier, Brenda et Donald viennent chez elle pour faire des évaluations et lui achètent plusieurs pièces, dont le bureau de Mitchell. C'est chez Splendide que Sookie aide Sam à choisir des boucles pour Jannalynn. (DR)

SPRADLIN, WHIT : Adepte de haut rang de la Confrérie du Soleil, l'homme le plus récent d'Arlene est à la fois horrifié et plein de rage lorsque les métamorphes se révèlent au grand jour. Sachant pertinemment que Sookie n'est pas métamorphe, Whit décide néanmoins de faire d'elle un exemple de ce qui arrive aux partisans des métamorphes. Il choisit pour elle la crucifixion, singeant ainsi le meurtre de Crystal, quoique lui et ses troupes n'y aient pas participé. Whit persuade Arlene de suivre son plan ignoble et d'attirer Sookie à sa caravane. Sookie perçoit leurs intentions à distance et appelle Andy. Ce dernier arrive rapidement sur les lieux avec les agents Lattesta et Weiss. Whit sera gravement blessé lors de la fusillade, tandis que son acolyte sera tué et qu'Arlene ne souffrira que d'une blessure légère. (DAG)

STACKHOUSE, ADELE HALE, ALIAS « GRAN » : Après la mort de son fils, Adele élève ses deux petits-enfants, Jason et Sookie. Elle est assassinée dans sa propre cuisine par René Lenier, qui trouve en elle une victime de substitution – il nourrit une rage insensée à l'encontre de toute femme qui fréquente les vampires.

On découvrira plus tard que les deux enfants d'Adele avaient pour père Fintan, à moitié faé. Son époux Mitchell ayant contracté les oreillons, il était devenu stérile. Adele s'est intéressée à Fintan lorsqu'il lui a promis les enfants qu'elle désirait si passionnément. (Meurt dans DUD, mentionnée dans LDID, CD, DTTW, DN, DAAD, OWA, DD, ATD, FDTW, GW, DAG, DITF, DR)

STACKHOUSE, CORBETT HALE (MI-FAÉ) : Corbett, le père de Sookie, n'a jamais su qu'il était le fils de Fintan, mais il meurt pour cette raison, assassiné avec sa femme Michelle par des faé et naïades pour le compte de Breandan, l'ennemi de son grand-père Niall. (Décédé, mentionné dans DUD, CD, DAAD, FDTW, DITF)

STACKHOUSE, CRYSTAL NORRIS (PANTHÈRE) : Crystal porte ses cheveux courts et bouclés. Très noirs, ils semblent ternis de poussière. À vingt-cinq ans environ, avec son regard intense et sa minceur, elle ne fait pas son âge. Toujours à l'affût d'une aventure, la panthère accepte un rendez-vous galant avec Jason pour la veille du Nouvel An, après l'avoir rencontré au supermarché. Ayant subi une fausse couche, elle est dispensée de son devoir de procréation vis-à-vis de la meute, d'autant plus que la consanguinité l'a affaiblie et qu'elle peut à peine se transformer à la pleine lune. Pour elle, Jason est à la fois un défi excitant et l'occasion de commencer une vie nouvelle. Mais son congénère de Hotshot, Felton Norris, est toujours fou amoureux d'elle. Il capture Jason et le mord jusqu'à ce qu'il se transforme : il est convaincu que si Jason devient panthère, Crystal se désintéressera de lui. Sookie et Sam vont trouver Calvin Norris et réussissent à récupérer Jason. Pour empêcher Jason et Sookie d'aller à la police, la meute s'engage à faire justice. Felton paiera pour son crime sous les griffes de la meute. Malgré une nouvelle fausse couche, Crystal est de nouveau enceinte. Jason et elle vont donc se marier. Crystal prononce les vœux de fidélité mais ne les respecte pas, entamant une aventure avec Dove Beck, un collègue de Jason. La situation de son couple ne s'arrange pas car elle dépense sans compter, encouragée en cela par Tanya Grissom, que Sandra Pelt a ensorcelée. Jason soupçonne que les amants se verront chez lui pendant son absence et s'arrange pour que Calvin et Sookie soient témoins de l'infidélité de son épouse. Crystal étant enceinte, c'est Calvin, son témoin au mariage, qui subira sa peine. Et puisque Sookie était son témoin, Jason la choisit pour infliger le châtiment à Calvin au lieu de le faire lui-même. Sookie n'a d'autre choix que de briser la « griffe » de Calvin, tout comme Crystal a brisé sa promesse, et écrase une brique sur la main de Calvin. Crystal déménage à Hotshot mais continue de perturber la vie de Jason. Elle passe un jour chez lui et y retrouve Mel Hart qui attend Jason. Elle se moque de lui jusqu'à ce qu'il perde son calme et la frappe. Elle tombe sans connaissance. Il la porte dans son pick-up et l'y abandonne, toujours inconsciente, tandis qu'il entre chez Jason pour se calmer. Lochlan et Neave la découvrent avant le retour de Mel. Dans leur folie sadique et dépravée, ils l'emportent pour la crucifier dans le parking du *Merlotte*. Jason et Sookie pleurent tous deux la disparition de l'enfant et sont profondément attristés par la mort de Crystal : malgré tous ses défauts, elle ne méritait pas de mourir seule dans la terreur, aux mains de deux faé à l'esprit malade et malfaisant. (DTTW, ATD, FDTW, meurt dans DAG, mentionnée dans DITF, DR)

STACKHOUSE, JASON (PANTHÈRE) : Jason Stackhouse est un coureur invétéré et ses aventures émaillent tout Bon Temps et ses alentours. Ses mœurs libertines ont failli lui coûter cher lorsqu'il se retrouve soupçonné d'avoir assassiné plusieurs femmes, dont sa propre grand-mère. Il sera innocenté lorsque sa sœur, Sookie, se fait agresser par son collègue René Lenier, le véritable meurtrier. Sookie se défend et René est arrêté. Jason essaie de s'assagir mais il ne parvient jamais à rester bien longtemps avec la même femme. Tout change lorsqu'il fait la rencontre de Crystal Norris, panthère-garou de la communauté de Hotshot. Crystal a décidé de trouver un homme en dehors de Hotshot et de sa meute. La relation entre Jason et Crystal pousse Felton Norris, panthère de Hotshot lui aussi, à kidnapper Jason et à le changer en panthère, tentant ainsi de mettre un terme à l'intérêt de Crystal pour Jason. Jason devient donc panthère par morsure et ne se métamorphose que partiellement à la pleine lune, mais il chasse avec la meute et reste avec Crystal. Ils se marient soudainement lorsque Crystal, qui a déjà subi des fausses couches, s'aperçoit qu'elle est enceinte. Jason se mord bientôt les doigts de s'être emporté aussi vite, car Crystal se montre une très mauvaise épouse. Lorsqu'il découvre qu'elle lui est infidèle, il s'arrange pour que Sookie et l'oncle de Crystal, Calvin Norris, la prennent sur le fait avec son amant. Témoins du couple lors du mariage, Sookie et Calvin ont une certaine responsabilité envers eux. La meute rend son jugement et, quand vient le moment du châtiment de Crystal, Calvin la remplace, car elle porte un enfant. Très égoïstement, Jason impose à Sookie de le remplacer. Sookie doit donc briser les doigts de Calvin, doigts qui symbolisent ses griffes. Elle jure de ne plus jamais parler à

Jason. Ce dernier tente de faire la paix avec elle mais son charme n'opère pas et il est contraint de changer de comportement. Séparé de Crystal, il commence à sortir avec Michele Schubert, une divorcée qui a bien la tête sur les épaules. Lorsque Crystal est retrouvée crucifiée sur le parking du *Merlotte*, Sookie pleure avec Jason la disparition de sa femme et de l'enfant qu'elle portait. Frère et sœur renouent ainsi leurs liens. Jason subit une nouvelle perte en découvrant que son nouvel ami Mel Hart, panthère-garou, a fait du mal à Crystal : elle s'était moquée de lui pour ses sentiments vis-à-vis de Jason et il l'a frappée, la laissant inconsciente et vulnérable. C'est ainsi que ses meurtriers Lochlan et Neave ont pu s'emparer d'elle. Mel avoue l'amour qu'il ressent pour son ami. Jason, Calvin et la sœur de Crystal lui font payer ses crimes. Sookie apprend à Jason qu'il a du sang faé. Il est blessé que son arrière-grand-père ne veuille pas le reconnaître, en raison de son égoïsme et de sa ressemblance frappante avec Dermot. Lorsque Niall referme le portail entre les deux mondes, les adieux qu'il lui fait sont amers. Jason s'attache à reconstruire sa relation avec sa sœur. Il l'escorte à la soirée de jugement des Loups chez Alcide et continue de sortir avec Michele, avec qui l'aventure prend un tour plus sérieux.

Malgré tout son charme, Jason n'est pas détenteur de l'étincelle essentielle si chère au cœur de son grand-père faé Fintan. Le don de télépathie que Maître Cataliades a offert à sa famille ne lui a donc pas été transmis. (DUD, LDID, CD, DTTW, DAAD, DD, ATD, FDTW, DAG, DITF, DR, mentionné dans FD, OWA, L, GW)

STACKHOUSE, JONAS : Jonas est l'arrière-arrière-arrière-arrière-grand-père de Mitchell Stackhouse. Il connaissait Bill de son vivant. Il habitait la maison familiale avec sa femme et leurs quatre enfants. Il travaillait dans ses champs et possédait deux esclaves. (Décédé, mentionné dans DUD)

STACKHOUSE, MICHELLE : Michelle Stackhouse, la mère de Sookie, n'a jamais su que c'était le sang faé de son époux qui l'avait ensorcelée. Elle est jalouse de l'attention qu'il porte à ses propres enfants. Cet héritage faé sera responsable de sa mort ainsi que de celle de son époux : le couple sera assassiné par des faé et naïades fidèles à Breandan, l'ennemi de son grand-père Niall. (Décédée, mentionnée dans DUD, CD, FDTW, DAG, DITF, DR)

STACKHOUSE, SOOKIE (TÉLÉPATHE) : Jeune femme provinciale, Sookie Stackhouse est serveuse au *Merlotte* et télépathe. Harcelée par les pensées des gens qui l'entourent, elle n'est jamais seule dans son esprit. Depuis deux ans déjà, les vampires sont « sortis du cercueil » quand l'un d'entre eux fait son entrée dans le bar. Sookie rencontre alors Bill Compton, ancien soldat de la Guerre de Sécession et propriétaire terrien. Bill commet l'erreur de quitter le bar avec deux personnes qui s'avèrent être un couple de dealers – des gens qui vident les vampires de leur sang pour le revendre ensuite. Sookie accourt à la rescousse et Bill lui rend la pareille quelques nuits plus tard, lorsque le couple revient pour se venger d'elle et la passe à tabac. Sookie découvre qu'elle n'entend pas les pensées de Bill et trouve en lui ce dont elle a le plus besoin : sa compagnie représente un répit qui fait contraste avec le brouhaha incessant des pensées des gens. Ils entament donc une relation romantique. Lorsque des femmes des environs sont assassinées, les soupçons s'orientent sur Jason, le frère de Sookie. Cette dernière se met à la recherche d'indices qui pourraient l'innocenter et se rend avec Bill à un bar à vampires de Shreveport pour poser des questions. Le propriétaire du *Fangtasia*, Eric Northman, la remarque. Il montre d'autant plus d'intérêt qu'il comprend qu'elle est télépathe.

Convaincue qu'elle était la véritable cible du meurtre de sa grand-mère Adele, Sookie lutte contre son sentiment de culpabilité, tandis que ses relations avec Bill s'intensifient. De son côté, Eric Northman a décidé d'exploiter son talent pour connaître l'identité d'un escroc au *Fangtasia* qui détourne de l'argent. Sookie découvre qu'il s'agit du barman, Long Shadow, qui se jette alors sur elle. Eric le tue d'un coup de pieu. Bill part en voyage d'affaires pour s'assurer d'un poste au sein de la hiérarchie vampire, souhaitant ainsi être en mesure de protéger Sookie d'Eric. Sookie se fait agresser par le meurtrier des femmes assassinées à Bon Temps, René Lenier, et le poignarde pour se défendre. Bill fait son retour et annonce qu'il vient d'être nommé investigateur de la Zone Cinq, ce qui le place sous la protection d'Eric.

Bill et Sookie sont en chemin pour le *Fangtasia* afin de prendre des instructions auprès d'Eric. Leur voiture tombe en panne et ils se disputent. Décidée à rentrer chez elle, Sookie repart à pied et se fait attaquer par une ménade. Bill la transporte au *Fangtasia* pour la faire soigner. On la vide de son sang pour lui en transfuser à nouveau, ce qui élimine le poison de la ménade. Eric annonce un peu plus tard qu'ils doivent se rendre à Dallas pour retrouver un vampire qui a disparu. Une fois à Dallas, Sookie, accompagnée d'un compagnon humain, tente d'infiltrer les rangs de la Confrérie du Soleil, structure antivampires prétendument religieuse. Son compagnon la trahit et Sookie se fait capturer. Elle sera blessée en s'évadant, aidée par Godfrey, un vampire qui souhaite renoncer à sa condition et s'offrir au soleil, puis par Luna, une métamorphe qui a réussi à s'introduire dans l'organisation sous couverture. Bill et les vampires locaux parviennent à récupérer le vampire disparu et, au petit matin, Sookie revient sur les lieux pour assister au suicide de Godfrey. À son retour, Sookie s'implique dans l'enquête sur le meurtre de Lafayette Reynold, le cuisinier du *Merlotte* : c'est elle qui, avant son départ pour Dallas, a retrouvé son corps dans le coffre d'Andy Bellefleur sur le parking du *Merlotte*. Invitée par ceux qu'elle soupçonne à participer à une orgie, Sookie demande à Eric de l'y escorter, car Bill est reparti pour Dallas. Elle découvre l'identité des meurtriers dans la soirée. Cependant, juste avant qu'elle, Eric et Bill – qui vient tout juste de revenir – ne puissent quitter les lieux, Andy sort en titubant des bois. Il a bu. Désirant à tout prix retrouver le véritable meurtrier, il supplie Sookie de lire dans les pensées des participants. Attirée par la luxure et l'alcool, la ménade Callisto fait irruption dans la fête et insuffle sa folie meurtrière dans l'assemblée. À cause de sa télépathie, Sookie n'est pas loin d'être attirée dans cette folie à son tour. Satisfaite du massacre qu'elle a causé, la ménade reprend son chemin, laissant à Bill et Eric le soin de s'occuper de nettoyer le bourbier ensanglanté. Andy est innocenté lorsque des indices du meurtre seront retrouvés dans le véhicule de l'un des participants à l'orgie, maintenant décédé. Bill et Sookie se détendent chez elle et trouvent sur le seuil de la porte un gâteau au chocolat que leur a laissé la grand-mère d'Andy comme gage de reconnaissance. En entendant Sookie prononcer le nom de la grand-mère en question, Bill s'aperçoit que la famille Bellefleur descend de lui, par sa fille Sarah.

Bill ayant quitté la ville dans des circonstances suspectes, Sookie se sent blessée. Lorsqu'on lui apprend qu'il a disparu et qu'on le croit prisonnier quelque part, elle est néanmoins bien déterminée à le retrouver. Accompagnée du Loup Alcide Herveaux, elle part pour Jackson et se rend au *Josephine's*, un bar pour métamorphes surnommé le *Club Dead*, espérant y apprendre quelque chose. Elle protégera le second du roi du Mississippi lors d'une agression et prend un pieu dans le flanc. Transportée au manoir du roi pour recevoir des soins, elle détecte la présence de Bill et le récupère après avoir tué Lorena, son créateur. Folle de jalousie, Debbie Pelt, l'ancienne petite amie d'Alcide, enferme Sookie dans le coffre de la voiture qu'elle a employée pour faire évader Bill, déjà dans le coffre. En se réveillant, Bill, qui a souffert de ses séances de torture, se perd dans une frénésie sanguinaire. Affamé, il se jette sur Sookie et la viole. Ils réussissent à s'extirper du coffre et Sookie demande à Eric, qui les a rejoints, de la reconduire chez elle. Lorsqu'ils s'arrêtent pour prendre de l'essence, Eric se fait attaquer par des voyous recrutés par les motards qui fréquentent le *Club Dead*, et Sookie se précipite à son secours, le sauvant, ainsi que le jeune caissier de la station. À leur arrivée chez elle, ils tombent de nouveau dans une embuscade posée par les motards eux-mêmes. Sookie se fait frapper, mais Eric et Bill, qui avait également fait son retour, font irruption et trucident tous les motards.

Sookie et Bill ne sont plus ensemble. Bill part en voyage de recherche et Sookie retrouve Eric qui court à moitié nu sur la route qui mène chez elle, tôt le matin du Nouvel An. Il a perdu la mémoire, frappé d'un sort d'amnésie par une sorcière qui voulait s'emparer de ses affaires. Sookie accepte d'héberger le vampire en plein désarroi en attendant que Pam et Chow trouvent une solution pour le ramener à la normale. Jason disparaît brusquement. Inquiète pour lui, elle se rend malgré tout à Shreveport pour avertir Alcide de l'existence de Loups parmi les sorcières. Ils découvrent tous les deux que le clan de sorcières a tué le Second de la meute des Longues Dents, Adabelle Yancy. Sookie rentre chez elle et trouve du réconfort auprès d'Eric. Une idylle passionnée se noue entre eux.

Toujours à la recherche de Jason, Sookie suit la piste de Crystal Norris, sortie avec Jason le soir du Nouvel An, et la retrouve dans la minuscule communauté de Hotshot, espérant que la jeune femme pourra lui donner des informations. Crystal se montre incapable de l'aider. Cependant, son oncle Calvin Norris offre sa protection à Sookie. Avouant qu'il l'a remarquée au *Merlotte*, le chef de meute de Hotshot fait discrètement la cour à Sookie et se joint aux équipes qui fouillent les bois autour de chez Jason pour le retrouver. Avec lui se trouvent Crystal et le meilleur pisteur de Hotshot, Felton Norris. Sookie est désespérée de constater qu'on ne trouve toujours aucune trace de son frère.

Les Loups décident de s'allier aux vampires pour anéantir le clan des sorcières. Sookie participe au conflit avec Eric, utilisant ses talents pour identifier les sorcières locales innocentes qu'on a forcées à s'impliquer. Les Loups et les vampires sortent victorieux du combat et Pam s'empare de Hallow, chef du clan, pour la forcer à inverser le sort d'amnésie d'Eric. Au retour chez Sookie, Debbie Pelt passe à l'attaque et Sookie doit l'abattre. Eric se débarrasse du corps tandis que Sookie nettoie le sang. Lorsque Eric se réveille le lendemain soir, le sort d'amnésie est levé. Il récupère ses souvenirs d'avant, mais ne conserve rien de ce qui s'est passé entre-temps, notamment ce qu'ils ont fait ensemble. Pam arrive pour le ramener chez lui et lui donner les dernières nouvelles sur la Guerre des Loups ainsi que des dégâts infligés au *Fangtasia* par les sorcières. Plus tard, Sam explique à Sookie que les métamorphes de Hotshot sont des panthères. Elle s'exclame alors qu'on a retrouvé des traces de sang de panthère chez Jason et ils se précipitent tous les deux à Hotshot. Grâce à Calvin, ils repèrent Jason, transi et mordu de partout, retenu prisonnier dans la cabane à outils de Felton. Calvin leur promet que Hotshot s'assurera que le kidnappeur de Jason sera puni, et Sookie ramène son frère à la maison. Elle sait qu'il y a désormais de fortes chances pour qu'il se métamorphose à la prochaine pleine lune.

Sam se fait blesser par un mystérieux tireur qui s'acharne sur les métamorphes. Sookie se tourne vers Eric pour lui demander, de la part de Sam, de lui prêter les services d'un barman. Il accepte et envoie son nouvel employé, Charles Twining. Peu après, Alcide Herveaux assiste avec Sookie à l'enterrement du chef de meute de Shreveport, tué dans un accident de la route. Elle finit par comprendre, à retardement, qu'Alcide l'a amenée dans l'espoir qu'elle emploie ses talents pour appuyer la candidature de son père, qui veut accéder au titre de chef de meute lors du tournoi. Pendant la cérémonie, elle remarque un homme chauve et imposant qui semble garder un œil sur l'événement. Il observe également les chuchotements furieux qu'elle a adressés sur les marches de l'église à Alcide, au sujet de sa manipulation. Ce soir-là, après le travail, elle ramène Charles chez elle pour qu'il puisse passer la journée dans sa cachette à vampires. Elle est réveillée dans la nuit une première fois par Charles qui affronte Bill dans son jardin, puis par un incendie. Claudine apparaît pour la sauver, et Charles prétend qu'il a tué l'incendiaire pour se défendre. Sookie est sous le choc, mais elle fait rapidement entreprendre les travaux sur sa cuisine et emménage dans une petite maison de location en ville. En rapportant des livres à la bibliothèque, Sookie se fait tirer dessus par le tireur inconnu.

Sookie demande à Eric d'aider son amie Tara, qui est malmenée par un vampire du nom de Mickey. Eric accepte volontiers, à condition qu'elle le remercie en lui révélant tout ce qui s'est passé pendant son amnésie. Elle s'incline et il est stupéfait de découvrir qu'il était prêt à tout quitter pour rester avec elle.

Sookie assiste au tournoi des chefs de meute. C'est Quinn qui organise l'événement et elle reconnaît en lui l'homme imposant qui veillait sur l'enterrement. Elle surprend Patrick Furnan, l'adversaire du père d'Alcide, en train de frauder aux épreuves, mais la meute décide de poursuivre le tournoi malgré tout. C'est Patrick Furnan qui en sort vainqueur et achève son adversaire, le père d'Alcide. Alcide se détourne alors de Sookie et recherche le réconfort d'une Louve. Sookie part au travail ce soir-là avec le cœur lourd. Pendant son service, elle s'aperçoit que le barman d'Eric n'est pas celui qu'il prétend. Il avoue de son côté qu'il est présent pour la tuer afin de venger la mort définitive de Long Shadow. Elle réussit à lui enfoncer une chaîne en argent dans la bouche et à s'échapper. Ce sont les habitués du *Merlotte* qui l'éliminent alors d'un coup de pieu.

Un mois plus tard, Sookie revoit le tigre-garou Quinn, lorsqu'il entre au *Merlotte* avec deux missions en tête : livrer un message de la part de la reine de Louisiane, dont il vient tout juste d'organiser le mariage, et inviter Sookie à sortir. Elle est ravie d'accepter mais la soirée est gâtée par l'attaque de deux loups-garous (mordus) à la sortie du théâtre. Après avoir rempli les papiers nécessaires pour la police, Quinn emmène Sookie dans un bar métamorphe pour tenir la meute locale informée de l'agression et rappeler aux Loups que Sookie détient officiellement le statut d'amie de la meute. Il la reconduit chez elle et ils conviennent d'un autre rendez-vous. Entre-temps, cependant, Maître Cataliades vient la chercher pour l'emmener à La Nouvelle-Orléans afin de gérer la succession de sa cousine Hadley, vampire et définitivement décédée. Bill les accompagne. Dans l'appartement de Hadley, un vampire inconnu se jette sur Sookie et la propriétaire, Amelia. Autrefois loup-garou, il s'est fait vampiriser par Hadley et personne ne le savait. Dissimulé par Hadley dans un placard pour attendre son premier réveil, il a passé là plusieurs mois, immobilisé par un sort de stase placé par Amelia. Sérieusement blessée, Sookie est transportée à l'hôpital. Eric et Bill passent la voir et Eric force Bill à avouer qu'à l'origine il avait été envoyé à Bon Temps pour séduire Sookie sur ordre de la reine. Totalement désemparée, elle quitte l'hôpital et se retrouve finalement à l'appartement de Hadley. La nuit suivante, Sookie, la reine Sophie-Anne Leclerq et ses gardes du corps assistent à une reconstitution ectoplasmique réalisée par Amelia et trois autres sorcières afin de comprendre pourquoi Hadley, la favorite de la reine, a fait passer le Loup de l'autre côté. Quinn fait son entrée. Il est justement venu à La Nouvelle-Orléans pour retrouver le Loup en question, qui est l'un de ses employés. Sookie l'accueille le jour suivant, alors qu'il est venu l'aider à emballer les effets de Hadley. Ils se font de nouveau attaquer puis enlever par des Loups, qui les emmènent vers les marécages. Ils s'évadent, pistent leurs agresseurs jusqu'à une maison dans les bois et découvrent que c'est la famille Pelt qui a commandité l'enlèvement. Sookie décide de leur expliquer la véritable histoire de la mort de Debbie. Ils sont convaincus et les parents de Debbie promettent de ne plus chercher à se venger. Sookie et Quinn se trouvent à la réception de printemps de la reine lorsqu'une bagarre éclate entre les vamp's de Louisiane et ceux de l'Arkansas, qui font partie des troupes du nouveau mari de la reine. Sookie s'échappe avec Quinn. Elle est heureuse de finaliser ses affaires et de quitter La Nouvelle-Orléans le jour suivant.

Sur ordre de la reine, Sookie doit assister à un sommet vampire dans la ville de Rhodes, en tant que membre de la suite royale. Elle et Quinn entretiennent maintenant une relation sérieuse et elle espère pouvoir passer du temps avec lui lors du sommet – c'est lui qui l'organise pour le compte de sa société. Sookie est le seul témoin de la mort définitive de Peter Threadgill, l'époux de Sophie-Anne. Elle s'attend à être appelée à la barre pour témoigner en faveur de la reine. André Paul, second de la reine, estime que Sookie serait encore plus utile à la reine si elle était attachée à lui par un lien de sang. Eric l'interrompt alors qu'il commence à forger le lien et que Sookie résiste. Eric suggère alors de le laisser créer le lien lui-même avec Sookie, puisqu'ils ont déjà ingéré du sang l'un de l'autre. André donne son autorisation. Bien malgré elle, Sookie donne de son sang à Eric et reçoit le sien. Elle est désormais liée à Eric. Quinn fait irruption sur les lieux, furieux que les vampires aient mis Sookie dans une telle situation contre sa volonté. Sookie s'en va, la tête haute, avant de s'effondrer en larmes une fois seule dans les escaliers.

Barry, le télépathe qu'elle avait rencontré à Dallas, est maintenant au service de Stan Davis, devenu roi du Texas. Ils sentent tous les deux qu'il se passe quelque chose de louche au sommet. Le dernier matin, Barry réveille Sookie en panique. Ils découvrent que des bombes ont été posées dans tout l'hôtel, qui est sur le point d'exploser. Ils se précipitent pour tenter de sauver humains et vampires, avec l'aide de Maître Cataliades, sa nièce Diantha et une femme nommée Cécile, qui travaille pour Stan. Sookie parvient à prévenir Quinn, Cécile actionne l'alarme incendie pour faire évacuer les humains, et tous se précipitent pour transporter leurs vampires en sécurité. Sookie réussit à réveiller Eric assez longtemps pour enfourner Pam dans son cercueil de voyage et les faire passer par la fenêtre. De son côté, Maître Cataliades s'est chargé de la reine Sophie-Anne. Après la fin des explosions, Sookie travaille à secourir humains et vampires. Elle aperçoit Quinn dans les gravats, non loin de sa sœur et d'André. Quoique gravement blessé, Quinn insiste pour qu'elle aille aider d'autres personnes et elle s'éloigne, sachant très bien qu'il va mettre fin à la seconde vie d'André pour la protéger de son influence néfaste. Après une journée passée à associer leurs talents pour sauver les victimes, Sookie et Barry, exténués, trouvent un motel. Maître Cataliades a retenu un vol pour eux le lendemain. Pourtant, Sookie décide de rendre visite à Quinn et de rentrer chez elle par ses propres moyens.

Sookie est de retour à Bon Temps et attend des nouvelles de Quinn, lorsque Eric arrive pour lui transmettre une invitation à dîner, de la part de quelqu'un qui souhaiterait la rencontrer. Il l'emmène dans un restaurant de Shreveport. À sa grande surprise, il la présente à un faé qui lui explique qu'il est son arrière-grand-père. Son fils Fintan, mi-faé, mi-humain, a eu par le passé une aventure avec sa grand-mère. De leur union sont nés le père de Sookie et sa tante, Linda. Sur le chemin du retour, un soi-disant policier fait signe à Sookie et Eric de s'arrêter. Le Loup tente d'abattre Sookie et se fait éliminer par Eric. Le lendemain, elle découvre que l'amie d'Alcide Herveaux, Maria-Star Cooper, a été assassinée. Alcide soupçonne le chef de meute. Sookie organise une entrevue entre les deux Loups, agissant en tant que médiateur ainsi que télépathe pour garantir l'honnêteté des propos tenus. L'innocence de Patrick Furnan est ainsi avérée et il leur apprend que sa propre femme a disparu. Une Louve chef de meute se lance alors à l'attaque pour s'emparer de leur territoire. Parmi les victimes du combat qui s'ensuit se trouvent Patrick, Amanda, et la plupart des Loups ennemis. Durant l'échauffourée, Sam surprend Sookie en prenant la forme d'un lion pour la protéger. Une fois encore, Claudine apparaît pour sauver Sookie. Elle lui révèle que Niall, l'arrière-grand-père de Sookie, est également son propre grand-père.

Sookie s'est à peine remise de la Guerre des Loups qu'une autre guerre lui tombe presque littéralement sur la tête. Sachant que Sophie-Anne Leclerq a été gravement blessée lors de l'explosion de Rhodes, les vampires du Nevada passent à l'attaque pour prendre le contrôle. Eric s'est retrouvé coupé du *Fangtasia* et a fui pour rejoindre Sookie. Les vamp's du Nevada l'ont suivi à la trace. Quinn envoie sa sœur Frannie pour les prévenir. Elle explique à Sookie que Quinn a été contraint à travailler pour les forces du Nevada. Lorsque le second du roi du Nevada se montre chez Sookie, accompagnée de sa troupe, Quinn est avec eux. À son réveil, le lendemain, Sookie trouve Quinn qui l'attend. Elle rompt avec lui, certaine que son sens des responsabilités pour sa mère et sa sœur, mentalement fragiles, sera toujours un frein à une véritable relation avec lui.

Sookie a découvert que Jason et sa nouvelle épouse Crystal ont des problèmes de couple et que Sandra Pelt, la sœur cadette de Debbie, manipule Tanya Grissom pour attiser la discorde. Elle demande à Calvin, qui sort avec Tanya, de l'amener à Amelia et Octavia pour dissiper l'enchantement de Sandra. Crystal est ainsi débarrassée de l'influence de Sandra. Cependant, même enceinte, Crystal continue de mal se comporter et trompe Jason. Celui-ci s'arrange pour que Sookie et Calvin la prennent sur le fait. Puisque Crystal porte un enfant, c'est Calvin, son témoin de mariage, qui doit subir son châtiment. Sookie était le témoin de Jason et il la force à infliger la pénalité : elle doit briser les doigts de Calvin avec une brique. Sookie est si écœurée par son frère qu'elle promet de ne jamais lui pardonner.

Eric et le roi Felipe de Castro se font attaquer par Sigebert dans le parking du *Merlotte* – en même temps que Sam, qui n'a rien à voir dans l'histoire. Sookie vole à la rescousse et percute Sigebert, garde du corps de Sophie-Anne, avec sa voiture. Son geste lui vaut la protection officielle du roi.

Lors d'une visite, Niall demande à Sookie s'il peut faire quelque chose pour elle et elle lui demande de retrouver l'ex-mari de sa cousine Hadley, décédée. Car elle a découvert que celle-ci avait un fils. Il lui envoie l'adresse et elle se rend à Red Ditch, où elle découvre que le fils de Hadley, Hunter, est également télépathe. Elle propose au père et à son fils de leur apporter toute l'aide qu'elle pourra.

Le soir de la Grande Révélation des métamorphes, retransmise en directe à la télévision, Sookie est de service au *Merlotte* et assiste avec tous les clients à la métamorphose de Sam et Tray Dawson. Elle est heureuse de voir que tout se passe bien. Malheureusement cependant, Sam apprend que son beau-père a tiré sur sa mère lorsqu'elle s'est transformée devant lui. Sam part immédiatement pour le Texas, confiant la gestion du bar à Sookie. Quelques jours plus tard, l'assistant de jour d'Eric, Bobby Burnham, lui apporte un paquet enveloppé. On lui commande d'offrir son contenu à Eric en présence du Victor Madden, second du roi Felipe de Castro. Elle s'exécute et découvre que, sans le vouloir, elle a ainsi épousé Eric, selon la loi des vampires. Eric lui jure que c'était pour assurer sa protection. Furieuse contre lui et elle-même, elle quitte le *Fangtasia*. Le lendemain matin, deux agents du FBI viennent la rencontrer. Ils veulent savoir exactement comment elle et son ami non identifié (Barry) ont réussi à sauver tant de victimes à Rhodes. Pendant la conversation, on appelle Sookie depuis le *Merlotte* pour l'informer qu'un corps a été retrouvé dans le parking. Les agents la suivent au bar et découvrent le cadavre crucifié de Crystal Norris Stackhouse. Tandis que la police et le FBI travaillent sur la scène de crime, Sookie s'en retourne au *Fangtasia*, à la nuit tombée, pour parler avec Eric. Celui-ci lui raconte son passé. Le *Merlotte* reçoit l'autorisation d'ouvrir le lendemain et Niall passe au bar. Il avertit Sookie qu'il y a des troubles parmi les faé et qu'elle doit se montrer prudente. Maître Cataliades envoie lui aussi un message, par Diantha, qui indique que les faé sont en mouvement dans le monde des humains. Sookie appelle Claude pour obtenir plus d'informations. Elle déjeune avec Claude et Claudine qui lui expliquent l'arbre généalogique de Niall, son rôle en tant que prince des faé, et les difficultés rencontrées avec son neveu Breandan. Ce dernier ne ressent que mépris pour les humains, et surtout s'ils sont de sang mêlé. Il voudrait refermer les barrières entre les deux mondes pour qu'il n'y ait plus aucun contact avec l'humanité. À son retour chez elle, Sookie se fait attaquer par un faé, qu'elle parvient à tuer. Quinn fait son entrée pour discuter avec elle mais il se fait agresser par Bill sur ordre d'Eric, qui a banni Quinn de la Zone Cinq. Pendant la bagarre, Sookie est blessée. À son arrivée, Eric lui donne de son sang pour la guérir. Ils renouent et passent la nuit ensemble.

Arlene, ancienne amie de Sookie, a démissionné du *Merlotte* lorsque les métamorphes se sont révélés. Elle appelle Sookie en prétendant qu'elle veut faire la paix et l'invite à passer chez elle. Sookie n'est pas convaincue et s'approche furtivement de la caravane pour repérer les lieux. Horrifiée, elle comprend que les amis d'Arlene, membres de la Confrérie du Soleil, ont l'intention de la crucifier – elle apprend toutefois que ce ne sont pas eux qui ont assassiné Crystal. Elle appelle Andy Bellefleur et la police arrive rapidement, en compagnie des agents du FBI. Une fusillade éclate, dans laquelle l'un des adeptes est tué et un policier blessé. Ayant appris l'histoire, Alcide envoie Tray pour veiller sur Sookie. Elle demande la protection que Felipe lui a promise mais seul Bubba vient à son aide. Bubba et Tray sont empoisonnés par des faé ennemis, ce qui les affaiblit dangereusement. Sookie est forcée de parler à Jason de leur héritage faé, car il vient d'être confronté chez lui à leur grand-oncle Dermot, qui tente de lui expliquer que c'est son ami et congénère Mel Hart qui a tué Crystal. Plus tard, Mel avoue que Crystal l'a mis hors de lui et qu'il l'a frappée, mais nie l'avoir tuée. Sookie s'en va alors que Jason, Calvin, la sœur de Crystal et leur cousine sont sur le point de châtier Mel.

Sookie ne parvient pas à joindre Tray et Amelia, maintenant en couple. Elle appelle Bill et ils se rendent ensemble chez Tray. Bill s'introduit dans la maison et y retrouve du sang, dont du sang de Loup. En rentrant, Bill suit Sookie en voiture. Ils se retrouvent séparés à un feu rouge. Parvenue chez elle, Sookie décide de courir de sa voiture jusque dans sa maison, mais Lochlan et Neave s'emparent d'elle et l'emmènent dans une maison déserte de l'Arkansas pour la torturer. Ils espèrent ainsi pousser Niall à abdiquer. Niall et Bill sauvent Sookie – ainsi que Tray. Bill, mordu par Neave dont les dents sont recouvertes d'argent, est gravement atteint. Transportée à l'hôpital du Dr Ludwig, Sookie reçoit du sang de la part d'Eric pour guérir au plus vite, car il est certain que les faé vont bientôt passer à l'attaque. En effet, Breandan et ses forces font irruption, férocement déterminés à éliminer toute opposition. Enceinte, Claudine se fait tuer ainsi que Clancy et Tray. Quoique très diminué, Bill supprime Breandan, qui se jetait sur Sookie. Niall survient, ayant défait les forces de Breandan sur tous les fronts, et Sookie considère tristement le carnage autour d'elle.

Elle se trouve chez elle, en train d'essayer de se remettre, lorsque Niall lui rend visite et rencontre Jason pour la première fois. Il leur explique qu'il va fermer la barrière entre leurs deux mondes parce que les faé représentent un danger trop important pour l'humanité. Il embrasse ses deux arrière-petits-enfants et leur fait ses adieux.

La relation entre Sookie et Eric s'enracine plus profondément, tandis que Sookie lutte pour récupérer sa santé mentale et physique. Elle est heureuse d'avoir renoué avec son frère et de le voir apparemment épanoui dans son couple. Sookie autorise les Loups à chasser sur ses terres lors de la pleine lune. À leur retour, ils lui apprennent qu'ils ont senti la présence de faé dans ses bois et qu'un cadavre y a été enterré. Sookie se dit qu'il doit s'agir du corps de Debbie Pelt et elle en informe Eric en se rendant à Shreveport. Entre-temps, Claude s'est installé chez elle. Pam reconduit Sookie chez elle lorsqu'elles sont arrêtées sur la route par Bruno Brazell, le second de Victor, ainsi qu'une vampire du nom de Corinna. Pam avertit Sookie que les vampires de Victor veulent les éliminer. Ensemble, elles retournent la situation.

Sookie se sent à peu près en sécurité pour quelque temps et accepte de garder Hunter chez elle pour une nuit, afin de permettre à Remy d'assister à un enterrement. Elle s'attache à enseigner à Hunter comment manier sa télépathie tout en tenant sa langue. Après le départ de Remy et Hunter le lendemain soir, Eric sort de la cachette à vampires et ils passent la soirée ensemble, jusqu'à l'arrivée du créateur d'Eric, Appius Livius Ocella, accompagné de son protégé Alexei, frère de lignée d'Eric.

Sookie a appris qu'il y avait encore un autre cadavre enseveli chez elle. Eric est convaincu que les Loups sont coupables. Il prend contact avec Alcide qui arrive avec une petite troupe. Tous s'en vont fouiller les bois et c'est ainsi qu'ils découvrent la dépouille du second d'Alcide, Basim al Saud.

Bill apprend que Caroline Bellefleur, mourante, a réclamé la Bible de famille. Il décide de la lui apporter et demande à Sookie de l'accompagner. Il révèle alors leur lien de parenté à Caroline. Sookie est inquiète de constater qu'il n'est toujours pas remis de son empoisonnement à l'argent. Ayant appris que le sang de son créateur l'aurait aidé, elle utilise sa base de données pour rechercher sa sœur de lignée, Judith, dans l'espoir que son sang à elle aura les mêmes vertus. Judith répond à l'appel de Sookie, qui lui annonce la mort de Lorena, son créateur. Judith s'en va allègrement retrouver Bill pour l'aider. Le lendemain soir, Sookie et Jason assistent à l'assemblée des Loups. Sookie devient le shaman de la meute pour la soirée et identifie les meurtriers de Basim. À la fin de la soirée, elle perçoit par le lien de sang qu'il est arrivé quelque chose à Eric. Elle se rue chez lui avec Jason et ils découvrent une scène de carnage. Eric et Pam sont gravement blessés, tandis que Bobby Burnham et Felicia ont été massacrés. C'est l'œuvre d'Alexei, qui a perdu le contrôle, s'abandonnant à sa folie meurtrière. Sookie conduit Eric chez elle. Ocella, le dos brisé par Alexei, gît dans son jardin, sans défense, alors qu'Alexei, animé d'une joie sauvage, se bat avec Claude et un faé inconnu. Sookie réussit à paralyser Alexei un instant avec ses chaînes en argent, donnant ainsi à Eric la possibilité de l'achever d'un coup de pieu. Elle se tourne alors vers Ocella et envisage de le tuer. Au lieu de cela, elle décide de l'épargner et de lui demander en retour de tuer Victor Madden. Tandis qu'elle se penche sur lui pour lui parler, elle est attaquée par le deuxième faé. Il s'agit de Colman, père de l'enfant que portait Claudine lorsqu'elle a été tuée. Ocella adresse un message mental à Sookie pour lui intimer de s'écarter et prend le coup d'épée de Colman à sa place. Surpris, Colman s'immobilise un instant et reçoit un couteau dans le dos. Eric s'empare alors de lui et le saigne. Dermot, grand-oncle de Sookie, sort de la lisière des bois. C'est lui qui a lancé le couteau pour la sauver. Elle comprend alors qu'il est sous le coup d'un enchantement, bientôt brisé avec la participation de Claude. Après le départ d'Eric, les deux faé s'allongent avec elle dans son lit et elle parvient à se détendre grâce à la présence de sa famille.

Sookie est de service un soir au *Merlotte* lorsqu'un cocktail Molotov est projeté par la fenêtre. Sam et elle étouffent les flammes et, pendant leurs efforts, ses cheveux seront en partie brûlés. Les affaires du bar vont mal, ces temps-ci, en raison de l'ouverture d'un autre bar dans les parages. Sam, Sookie et les autres employés craignent que la clientèle ne diminue encore plus après l'attentat. Ayant perçu la panique de Sookie par le lien de sang qui les unit, Eric fait irruption. Il rappelle Pam à ses côtés et lui ordonne d'amener un coiffeur. De retour chez elle avec eux, Sookie se fait couper les cheveux. Elle réfléchit aux événements en prenant sa douche et conclut que les pensées qu'elle a entendues avant que la bombe incendiaire ne soit lancée provenaient d'un esprit qui n'était pas tout à fait humain. Juste après, Sookie est tout d'abord stupéfaite lorsque Eric et Pam se jettent l'un sur l'autre dans sa cuisine, puis furieuse car ils ont fait des dégâts. Une fois les vampires calmés, elle les met à la porte.

Après avoir vidé son grenier avec l'aide de Dermot et Claude, Sookie se rend avec Sam chez des antiquaires à Shreveport. Elle veut faire évaluer les meubles et objets qu'elle a récupérés. Au retour, ils font un arrêt au *Hooligans* et découvrent tout un assortiment de créatures faériques dans l'établissement. Sookie pose des questions sur son sang faé à son grand-oncle et son cousin. Ces derniers promettent de lui en parler plus tard. Pourtant, ni l'un ni l'autre ne se montre chez elle ce soir-là. Le lendemain soir, Eric emmène Sookie au nouveau night-club de Victor, le *Vampire's Kiss*. C'est là qu'elle apprend que Victor est également propriétaire du *Vic's Redneck Roadhouse*, le bar qui fait concurrence au *Merlotte*. Elle rencontre Miriam, l'amante de Pam, atteinte de leucémie. Elle est en phase terminale mais Victor a interdit à Pam de la faire passer de l'autre côté. Sur le chemin du retour, Sookie est de nouveau frappée, car Eric empêche physiquement Pam de parler lorsqu'elle évoque une mystérieuse lettre. Sookie passe une nouvelle nuit toute seule. Lorsque Dermot et Claude finissent par se montrer pour avoir la fameuse conversation promise, Sookie en apprend plus sur son arrière-grand-père Niall et découvre qu'il reçoit des informations sur elle depuis longtemps, au travers d'Eric. Elle se rend également compte que son héritage faé s'accentue au contact de Dermot et Claude. Les antiquaires viennent la voir comme convenu et Sookie leur vend plusieurs pièces, dont le bureau de son grand-père Mitchell. Avant de l'emporter, l'un des antiquaires examine le meuble en détail et découvre un compartiment secret. Celui-ci contient une vieille enveloppe et un petit sachet de velours. Sookie reconnaît l'écriture de Gran sur la lettre que contient l'enveloppe, et met les objets de côté pour pouvoir les examiner lorsqu'elle sera seule. Ce soir-là, alors qu'elle sert en salle, Jack et Lily Leeds, les détectives privés qui enquêtaient sur la disparition de Debbie Pelt, font leur entrée au bar. Le couple raconte à Sookie que c'est Maître Cataliades qui les a envoyés pour l'avertir que Sandra Pelt poursuit sa vendetta personnelle contre elle. Quatre gros bras shootés au sang de vampire font alors irruption. Ils se font arrêter après la bagarre qu'ils ont provoquée et Sookie est la seule à comprendre qu'elle était leur véritable cible. Sookie appelle Amelia le lendemain pour lui demander si les sorts de protection posés autour de la maison tiennent toujours. Elle lui parle de Sandra : Amelia décide de venir. Sookie lit la lettre de Gran et en apprend encore plus sur son grand-père faé ainsi que sur Maître Cataliades. Ce dernier était l'ami fidèle de son grand-père, qui lui a demandé de veiller sur la famille, ce qui explique l'intérêt que l'avocat démon manifeste pour Sookie. L'objet dans le sachet de velours est un cluviel dor, gage d'amour faé. Investi d'un pouvoir puissant, il accorde un vœu à celui qui le détient, un vœu qui peut changer une vie tout entière.

Sandra fait violemment irruption au bar deux jours plus tard et vise Sookie de son arme. Elle est assommée par Terry Bellefleur d'un coup de batte de baseball. Les mauvais souvenirs de guerre de Terry le submergent alors et les urgentistes présents pour soigner Sandra lui administrent un léger calmant. Hébété, il révèle alors qu'Eric et Niall lui rendaient visite et lui ont confié la mission de veiller sur Sookie. Amelia arrive avec Bob chez Sookie, et Bill lui rend également visite un peu plus tard. Bud Dearborn téléphone à Sookie ce soir-là pour l'avertir que Sandra s'est échappée. Bill lui promet de monter la garde. Le lendemain, Sookie passe l'après-midi avec Remy et Hunter pour la journée d'adaptation à la maternelle. À son retour, elle trouve Amelia en train de renouveler les sorts du bouclier de protection. Celle-ci lui apprend qu'elle connaît le moyen de briser le lien de sang entre elle et Eric. Sookie décide de procéder à l'opération sans en avertir Eric. Celui-ci appelle en panique car sa perception d'elle a disparu. Il vient la voir la nuit suivante et ils se déclarent de nouveau leur amour. Ils décident ensuite d'aller au *Vampire's Kiss* pour parler à Colton. Lorsqu'elle avait accompagné Eric et Pam au night-club, c'est lui qui avait averti Sookie par la pensée que les verres qu'on avait servis avaient été frottés au sang de faé. Victor ayant assassiné la mère de Colton, ce dernier accepte de participer à un complot visant à éliminer Victor.

En rentrant du travail, Sookie se fait attaquer par Hod et Kelvin et se précipite chez Bill pour y trouver refuge. Elle s'introduit dans l'une de ses cachettes de nuit pour attendre à côté de son corps qu'il se réveille pour la nuit. En rentrant tous les deux chez elle, ils retrouvent Dermot, blessé et inconscient, gisant sur le plancher du grenier. Dermot récupère, avec l'aide de Bellenos, et ils partent tous les deux, à la poursuite de Hod et Kelvin, dont ils rapporteront les têtes. Eric et Pam font leur entrée, les relations entre eux sont toujours tendues. Eric renvoie Pam dehors et finit par expliquer à Sookie qu'avant de mourir, son créateur Ocella a arrangé un mariage pour lui avec la reine de l'Oklahoma. Il n'a pas réussi à s'extirper de la situation. Il annonce à Sookie qu'il va devoir la répudier pour épouser la reine. La nouvelle passe très mal, mais elle met ses sentiments de côté pour se concentrer sur le complot contre Victor. Sookie occupe la journée suivante à effectuer tous les préparatifs pour le *baby shower* de Tara, qui aura lieu chez elle. Elle trouve le temps d'apporter un chèque conséquent à Sam pour l'aider à remettre le *Merlotte* sur les rails. Il est réticent mais elle lui explique que c'est un prêt et qu'il pourra la rembourser. Le complot contre Victor réussit : attirés au *Fangtasia* pour assister à un show donné par Bubba, Victor et ses troupes se font attaquer et massacrer.

Sookie est surprise par la visite de Maître Cataliades au cours du *baby shower*. Il reste dans la cuisine jusqu'au départ des invités. C'est alors qu'il lui parle de son rôle vis-à-vis de Fintan et Gran, puis lui annonce qu'il est en fuite et part précipitamment. Ensuite, Sam appelle pour dire à Sookie qu'elle doit venir chez lui prendre un paquet mais elle flaire le piège et lui demande de venir plutôt chez elle. Elle attend dans les bois et aperçoit Sam et Jannalynn, tenus en joue par Sandra. Sookie tire sur Sandra, donnant ainsi l'occasion à Jannalynn d'agir. La petite Louve réussit à tuer Sandra. Sookie et Sam font passer son corps par le portail dans les bois. Sam et Jannalynn prennent son arme pour s'en débarrasser sur le chemin du retour. Sookie se détend avec un verre de thé glacé, en regardant le jeu télévisé *Jeopardy !*

Tara et JB ont l'intention de rénover leur logement pour accueillir leurs jumeaux. Sam et Sookie acceptent de les aider. En abattant une cloison, Sam découvre un vieux marteau. Sookie, Tara et JB racontent à Sam l'histoire du meurtre d'Isaiah Wechsler dans les années 1930. Le voisin a été battu à mort dans son lit, dans la maison qui appartient maintenant à Andy et Halleigh. Celle de Tara appartenait à l'époque à la famille des Summerlin. Leur fils avait été soupçonné du meurtre mais l'affaire n'avait jamais été résolue. La découverte du marteau dérange l'esprit du meurtrier et une puissante énergie négative envahit la petite maison. La baby-sitter des jumeaux, Quiana Wong, est médium. Quand elle fouille la maison de son talent, son esprit est brièvement possédé. Elle explique ensuite que les esprits perturbés ont tendance à rester dans les endroits où leur traumatisme a eu lieu. Sam se métamorphose en chien limier et retrouve des ossements ensevelis dans le jardin. L'esprit possède celui de Quiana de nouveau pendant un court moment. Quiana et Sookie décident qu'il serait judicieux pour Sookie de s'introduire également dans l'esprit de Quiana pour comprendre ce que désire l'âme perdue. Sookie réussit à voir par les yeux du meurtrier et à découvrir ainsi son identité. Il s'agit du fils cadet des Summerlin. Il s'est suicidé après le meurtre et ses parents l'ont discrètement enterré dans le jardin pour protéger l'honneur de la famille. Ils emportent la dépouille au cimetière pour l'inhumer dans la concession familiale de Sookie, permettant ainsi à l'esprit de reposer enfin en paix. (Tous les ouvrages)

STANS, JAY : En présence de son partenaire Curlew, l'officier de police Jay Stans interroge Sookie quand elle amène Maria-Star à l'hôpital de Clarice. (DTTW)

STONEBROOK, MARK (LOUP/SORCIER) : Loups-garous, Mark et Marnie sont frère et sœur ainsi que sorcier et sorcière. Pour augmenter leurs pouvoirs, ils boivent du sang de vampire. Ils mènent leur clan jusqu'à Shreveport dans l'intention de récupérer les affaires d'Eric. Ils envoient une sorcière pour rencontrer Eric, Pam et Chow et annoncer leurs conditions. Enragé par les menaces, Chow se rue sur la sorcière, activant un sort qui déplace soudainement Eric et le pose à moitié nu sur la route qui mène chez Sookie. Le sort a effacé sa mémoire. Le clan tourne ensuite son attention sur les Loups de Shreveport et assassine leur second. Les sorcières recherchent activement Eric et posent partout des affiches qui montrent son visage et indiquent leur numéro. Les Loups et les vampires décident de s'allier. Ils recrutent leurs propres sorcières, des wiccans, pour tenter de contrer le clan, et attaquent le quartier général des Stonebrook. Ils avaient l'intention de prendre Mark vivant mais il se fait tuer pendant le combat, la Guerre des Sorcières. (Meurt dans DTTW)

STONEBROOK, MARNIE, ALIAS « HALLOW » (LOUVE/SORCIÈRE) : Hallow et son frère sont des loups-garous qui pratiquent la sorcellerie et boivent du sang de vampire. Ils descendent sur Shreveport avec leur clan, dans l'intention de s'emparer des affaires d'Eric. Pendant les négociations, Chow se jette sur la sorcière qui représente le clan, déclenchant un sort qui fait disparaître Eric et efface sa mémoire. Ce dernier se retrouve en train de courir sur la route qui conduit chez Sookie. Le sort de Hallow ne fonctionne pas comme elle l'avait prévu et elle n'a aucune idée d'où il se trouve. Déterminée à le retrouver, elle pousse des sorcières locales ainsi que des adeptes de la Wicca à l'aider. Lorsque le clan attaque et supprime le Second de la meute de Shreveport, les Loups de la ville s'allient avec les vampires pour anéantir le clan ennemi. Ils mettent au point une attaque contre le quartier général des Stonebrook. Mark et la quasi-totalité du clan se font tuer lors du combat. Seules Hallow et une sorcière gravement blessée survivent. Pam force Hallow à révéler la raison de sa haine pour les vampires et les Loups de Shreveport : ses parents, sorcier et sorcière qui pratiquaient l'abus de confiance, ont été abandonnés par la communauté des SurNat après leur incarcération. Avant de la tuer, Pam oblige également Hallow à inverser le sort qu'elle a lancé à Eric. Celui-ci récupère la mémoire et revient à Shreveport pour reprendre les rênes. (Meurt dans DTTW, mentionnée dans DAG)

SUMMERLIN, ALBERT : Albert a environ seize ans, dans les années 1930, lorsque son voisin Isaiah Wechsler se fait assassiner dans son lit. Albert s'est récemment disputé avec lui et devient le suspect numéro un. Faute de preuves, l'affaire est classée. Il se marie, a des enfants et les élève dans la maison familiale. (Décédé, mentionné dans IIHAH)

Summerlin, Bucky : Descendant d'Albert, Bucky vend la maison de famille à Tara. (Mentionné dans IIHAH)

Summerlin, Carter : Carter a environ treize ans, dans les années 1930, lorsque son frère aîné a une violente dispute avec le voisin Isaiah Wechsler, qui a tenu des propos insultants vis-à-vis de Carter. Ce dernier assassine Isaiah avec un marteau et se suicide la semaine suivante. Sa famille l'enterre en secret dans le jardin, racontant à tout le monde qu'il a été envoyé ailleurs pour vivre chez des parents. Lorsque le marteau est découvert pendant des travaux sur la maison, qui appartient maintenant à Tara et JB du Rone, l'esprit de Carter se réveille. Sookie et la baby-sitter des du Rone découvrent la vérité sur le meurtre. Les ossements de Carter sont récupérés et inhumés dans la concession familiale de Sookie. L'esprit de Carter trouve enfin le repos. (Décédé, mentionné dans IIHAH)

Summerlin, Daisy et Hiram : Daisy et Hiram enterrent secrètement le corps de leur fils Carter dans le jardin. Il s'est suicidé après avoir tué le voisin Isaiah Wechsler. Pour protéger l'honneur de la famille, ils annoncent qu'ils ont envoyé Carter s'installer chez des parents. Daisy et Hiram perdent leur seule fille, victime de la scarlatine, mais leur fils aîné, Albert, se marie et élève ses enfants dans la maison familiale. (Décédés, mentionnés dans IIHAH)

Suskin, Cindy Lou (vampire) : Vampire de Kansas City, Cindy Lou voudrait un enfant. Puisqu'elle ne le peut pas, les parents d'un adolescent mourant lui donnent la permission de le vampiriser. Le contrat conclu donne aux parents un droit de visite auprès de leur enfant mort-vivant. Cindy Lou et le garçon ne respectent pas l'accord. L'affaire est portée devant le tribunal lors du sommet de Rhodes, et le jugement rendu leur impose d'obéir aux conditions du contrat. (ATD)

T

TALBOT : Pas d'autre nom précisé. Talbot est le compagnon officiel de Russell Edgington jusqu'au mariage de ce dernier avec le vampire Bartlett Crowe. (CD, mentionné dans DAAD)

TALLIE, BENEDICT, ALIAS « BEN » OU « EGGS » : Ben, le fiancé de Tara, démontre un certain intérêt pour Eric lorsque Sookie et le vampire arrivent à l'orgie donnée à côté du lac. Enivré par l'alcool et ses désirs, il survit malgré tout à la folie de Callisto, mais mourra peu après dans un incendie. (Meurt dans LDID, mentionné dans DAAD)

TANTE D'ARLENE FOWLER : Pas de nom précisé. La vieille tante d'Arlene vit non loin de Bon Temps, à Clarice. (Mentionnée dans DAG)

TANTE DE REMY SAVOY : Pas de nom précisé. Il s'agit de la sœur du père de Remy. À sa mort, Remy demande à Sookie de garder Hunter pour une nuit, afin qu'il puisse se rendre à Homer pour assister à l'enterrement et au déjeuner familial. (Décédée, mentionnée dans DITF)

TEPES, VLAD (VAMPIRE) : L'infâme Dracula, Vlad III, était un roi sanguinaire de Valachie. Surnommé Vlad l'Empaleur, il avait en effet pour habitude de faire empaler ses ennemis sur de grands pieux de bois. Il fut vampirisé et se leva pour la première fois sur l'île de Snagov. Il continua de vivre comme un roi et on le considère comme le premier vampire de notre ère. (Mentionné dans DN, DAG)

TERENCE (LOUP) : Nom de famille non précisé. Chef de la meute de Jackson, Terence est mécontent d'apprendre par l'un de ses Loups qu'Alcide a troublé l'ordre au *Josephine's*. Son humeur se tempère lorsqu'on l'informe que Jerry Falcon, qui fait partie de sa propre meute, s'est jeté sur Sookie et a fait couler le sang. Malgré tout, il insiste pour qu'Alcide quitte son territoire au plus vite. (CD)

TERRELL : Nom de famille non précisé. Terrell et son copain Chuck narguent Sookie au sujet de l'absence de Bill pour le soir du Nouvel An. (DTTW)

THALIA (VAMPIRE) : Nom de famille non précisé. Vampire sans âge, Thalia a très mauvais caractère. Elle a été éjectée de l'Illinois pour son agressivité à la suite de la Grande Révélation. Eric lui a donné l'autorisation de s'installer dans la Zone Cinq, en échange de sa présence au *Fangtasia* et d'une promesse de bonne conduite. En dépit du fait qu'elle méprise les humains qu'elle attire tant – ou peut-être en réalité à cause de ce dédain –, un site Web a été consacré à Thalia, créé et entretenu par ses fans enthousiastes. Curieusement, la vieille femelle vampire montre une certaine joie devant la perspective d'assassiner Victor et sa bande au *Fangtasia*. C'est elle qui offre discrètement un verre empoisonné à Ana Lyudmila pour l'éliminer définitivement de la donne. Elle se jette sur le second de Victor dès le début du combat. Akiro lui sectionne un bras mais elle le ramasse promptement pour s'en servir et le frapper, alors même que Heidi intervient, poignardant Akiro dans le cou. Il refuse malgré tout de se rendre et Eric finit le travail. Thalia est si âgée que son aptitude à se régénérer ne se limite pas au renouvellement de membres coupés, mais lui permet également de les rattacher. Indira applique le bras de Thalia à son épaule, tandis que Thalia boit le sang qu'Immanuel lui offre généreusement. (DN, DAAD, ATD, DAG, DR)

THOMASINA : Nom de famille non précisé. Thomasina travaille pour Herveaux et fils. Elle accepte toutefois un pot-de-vin d'un concurrent pour lui révéler des informations sur la société. (Mentionnée dans CD)

THORNTON MYRNA : Myrna et son mari sont alcooliques et violents. Ils font vivre un enfer à leurs enfants, dont Tara, l'amie de Sookie. (Décédée, mentionnée dans DTTW, DAAD, DAG)

THRASH, DAVID (LOUP) : Lieutenant-gouverneur de la Louisiane, David, accompagné de sa femme, fait partie des invités à la réception donnée par Sophie-Anne au monastère. Sookie prévient discrètement son épouse qu'il va y avoir des problèmes. Ils font un tour de danse et s'en vont. (DD)

THRASH, GENEVIEVE (LOUVE) : Genevieve, épouse de David Thrash, Lieutenant-gouverneur de la Louisiane, accompagne son mari au bal de la reine. Sookie avertit Genevieve qu'il va certainement y avoir de la bagarre. Elle feint un mal de tête et persuade son mari de partir après la première danse. (DD)

THREADGILL, PETER (VAMPIRE) : Roi de l'Arkansas, Peter Threadgill poursuit Sophie-Anne de ses assiduités et elle finit par accepter de l'épouser. Dès la signature du contrat, il se montre insatisfait de leur mariage purement politique et intrigue pour pousser Sophie-Anne à enfreindre leurs accords, perdant ainsi son état et ses biens. Il tente de la discréditer mais la machination échoue. Il ordonne à l'un de ses vampires de provoquer une bagarre avec Wybert, l'un des gardes du corps de la reine. Ce dernier se fera décapiter, ce qui déclenchera la bataille entre la Louisiane et l'Arkansas. C'est André qui mettra définitivement fin aux jours de Peter. (Meurt dans DD, mentionné dans ATD, FDTW)

TIFFANY : Nom de famille non précisé. Tiffany devait être l'un des demoiselles d'honneur de Halleigh. Une crise d'appendicite la terrasse juste avant le mariage et on l'emmène d'urgence à l'hôpital. Sookie va prendre sa place et sa robe, que Halleigh a récupérée de justesse avant le départ de Tiffany. (Mentionnée dans FDTW)

TIJGERIN (TIGRESSE) : Pas d'autre nom précisé. Tijgerin travaille pour la filiale européenne de Special Events et sa direction l'a envoyée en Amérique pour parfaire son expérience professionnelle. Heureuse de rencontrer enfin un congénère de son espèce – un mâle qui plus est – elle se joint à Quinn pour veiller sur la famille Merlotte, qui se rend au mariage de Craig et Deidra. Elle va ensuite avec les autres métamorphes chez Bernie pour une fête impromptue. Elle explique à Sookie que les manifestations antimétamorphes aux Pays-Bas n'ont rien à envier à celles des États-Unis. (STW)

TOM : Nom de famille non précisé. Tom est présentateur de journal télévisé à Dallas. (LDID)

TONNESEN, DR, LINDA : Après l'incendie chez Sookie, c'est le Dr Tonnesen qui prononce la mort de Jeff Marriot. Elle ne boit que rarement mais s'arrête de temps à autre au *Merlotte*. (DAAD, DITF, mentionnée dans DR)

TONY : Nom de famille non précisé. Maintenant dans les forces de police, Tony jouait dans l'équipe de football du lycée avec son ami Sam Merlotte. Ils sont toujours amis. Bien qu'il ne soit pas en service, il se rend chez Bernie avec sa partenaire Sister Mendoza pour monter la garde pendant que la famille assiste à la répétition du mariage. (STW)

TOOTEN, CHARLSIE : De bonne composition, Charlsie sert au *Merlotte* jusqu'à la naissance du bébé de sa fille aînée. Elle démissionne alors pour passer plus de temps avec l'enfant. (DUD, CD, DITF, mentionnée dans LDID, DTTW, DAAD, DD, DAG)

Tooten, Ralph : Ralph, le mari de Charlsie, quitte son poste à l'usine d'abattage de poulets pour acheter le *Crawdad Diner*. Malheureusement, son arthrose s'aggrave et il revend rapidement l'affaire à Pinkie Arnett. (DUD, LDID, DAAD, mentionné dans DTTW, DITF)

Travis (Loup) : Nom de famille non précisé. Loup solitaire, Travis n'est affilié à aucune meute. Routier, il s'arrête au *Merlotte* à peu près tous les quinze jours. (STW)

Troupe vampire de Hello Dolly ! : Ne rentrons pas dans les détails. (Évoquée dans ATD)

Trout, Julian (sorcier) : Sookie se rend compte que le sommet, qui a été retardé, s'est curieusement déroulé après le passage destructeur de l'ouragan Katrina. Elle pense que ce n'est pas arrivé fortuitement et se demande si les autres rois et reines ont eu recours aux services d'une sorcière spécialisée dans la météo. Les rivaux de la souveraine de la Louisiane se seraient ainsi arrangés pour que Sophie-Anne et ses vampires soient en position de faiblesse juste au moment du sommet. Ses soupçons s'avèrent fondés. Le coupable est Julian Trout, météorologue de Channel 7. Il est invité au bal du sommet avec sa femme, Olive. Sookie, Carla et Gervaise attirent l'attention de Sophie-Anne sur lui. Fort heureusement pour lui, la reine est convaincue que Julian n'était qu'un pion et ne savait pas à quoi les informations fournies allaient servir. Elle promet à Sookie de ne pas faire de mal au couple Trout. (ATD)

Trout, Olive : Olive est la femme de Julian, météorologue de Channel 7 à Rhodes. Elle ne sait pas que son mari a fourni des informations à des vampires, qui, en se basant sur ses prédictions concernant Katrina, ont retardé le sommet. (ATD)

Twining, Charles (vampire) : Pirate et vampire, Charles est envoyé en Louisiane par Hot Rain, son grand-créateur – c'est en effet Hot Rain qui a vampirisé Long Shadow, le créateur de Charles. Hot Rain veut venger la mort de Long Shadow, mis à mort par Eric. Ce dernier croit que Charles vient du Mississippi et qu'il était employé du roi Russell Edgington. Derrière son comptoir, Charles prête l'oreille aux bavardages autour de lui. Il décide que le fait d'éliminer la Sookie bien-aimée d'Eric constituera la vengeance appropriée. Sans le savoir, Eric rentre dans le jeu de Hot Rain : il envoie Charles à Bon Temps pour remplacer Sam temporairement au bar du *Merlotte*. Charles s'arrange alors pour que Sookie l'invite à rester chez elle. Après avoir tué un humain qui portera le chapeau, il met le feu à sa maison. Claudine vole à la rescousse de Sookie et la récupère juste à temps. L'incendie est éteint. Ce n'est que lorsque Charles, apercevant Bubba, explique qu'il ne l'a jamais entendu chanter que Sookie comprend qu'il ne peut pas avoir été l'employé de Russell. Car Bubba a donné une représentation pour Russell et ses vamp's. Charles n'est donc pas celui qu'il prétend être. Charles fait une dernière tentative désespérée pour tuer Sookie au *Merlotte*. Mais elle lui enfonce une chaîne en argent dans les dents, donnant ainsi aux habitués la possibilité de le maîtriser. Il avoue avoir failli à sa mission, déclarant qu'il préfère la mort définitive à l'emprisonnement. Catfish Hennessy l'achève d'un coup de pieu. (Meurt dans DAAD, mentionné dans DR)

V

Valentine (vampire) : Nom de famille non précisé. Lorsque Waldo annonce que Hadley et lui ont été attaqués par les adeptes de la Confrérie du Soleil, Sophie-Anne envoie Valentine et Charity enquêter au cimetière

Saint Louis Numéro Un. Elles ne retrouvent aucune trace d'humains sur le site. (Mentionnée dans OWA)

VAMPIRE'S KISS : Le *Vampire's Kiss*, situé quelque part entre Bon Temps et Shreveport à proximité d'une sortie d'autoroute, attire sa clientèle de loin avec ses néons rutilants. La décoration intérieure du night-club de Victor Madden correspond au style « Bordel début dix-neuvième », avec du bois foncé à profusion, du papier mural floqué, du cuir et du velours rouge. Des posters à l'effigie d'Elvis sont accrochés un peu partout. Les employés vampires ont un look d'esclaves sexuels du temps des cavernes, et les humains sont attifés de minuscules tenues de cuir. Un groupe de vampires y joue un mélange de blues et de rock. (DR)

VARDAMON, JUDITH (VAMPIRE) : Vampirisée par Lorena parce qu'elle ressemblait à la femme d'origine de Bill, Judith est donc la sœur de lignée de Bill. Sookie prend contact avec elle pour aider Bill, gravement malade. Malgré sa méfiance initiale, elle accepte après avoir appris la mort définitive de leur créateur, qui lui inspirait la plus grande terreur. C'est son sang qui permettra à Bill de se remettre de son empoisonnement à l'argent. Judith finit par accepter que Bill ne l'aimera jamais comme elle le souhaite, et fait ses adieux avec dignité. (DITF, DR, mentionnée dans STW)

VASCO, JENNY : Quand Sookie demande à Hunter s'il connaît des enfants dont les problèmes sont visibles, il lui parle de Jenny, qui porte une tache de naissance sur le visage. (Mentionnée dans DITF)

VAUDRY, ELMER CLAIRE : Lors du *wedding shower* de Halleigh, Elmer Claire, institutrice à l'école Betty Ford, multiplie les commentaires paillards. Elle possède un chat persan blanc. Elle rencontre Amelia un jour chez le vétérinaire et lui recommande innocemment de faire castrer Bob le chat. (ATD, DR)

Velasquez, Joseph (vampire) : Fidèle second de Stan, Joseph survit à l'explosion du *Pyramid*, qui a gravement blessé son roi. Il continue de gouverner le Texas pour Stan pendant sa convalescence, conscient qu'il devra certainement gérer des crises difficiles. Pour l'instant du moins, le Texas a échappé à la soif de pouvoir de Felipe. (LDID, ATD)

Velislava (vampire) : Nom de famille non précisé. Velislava fait partie des nombreux vampires que connaissaient Eric et Ocella et qui ont été massacrés par les Bolcheviks. (Décédée, mentionnée dans DITF)

Vick, Glen : Glen, l'époux de Portia, est comptable. Sa clientèle comprend des vampires, dont certains ont été invités à son mariage, malgré la réticence de sa femme. Moins d'un an après le mariage, Glen et Portia sont heureux d'apprendre qu'ils attendent leur premier enfant. (DAAD, FDTW, mentionné dans DD, ATD, DITF, DR)

Vick, Portia Bellefleur : Avocate et de bonne famille, Portia Bellefleur est intelligente et cultivée. Elle voue à son frère Andy une loyauté à toute épreuve. Totalement déstabilisée par les vampires, elle fait preuve de courage et poursuit Bill de ses assiduités tout en essayant de prouver l'innocence de son frère dans le meurtre de Lafayette Reynold. Elle espère que le fait de fréquenter un vampire la fera inviter à l'orgie par les participants évoqués par Lafayette, lui permettant ainsi d'apprendre leurs identités. Bill n'apprécie pas particulièrement la famille Bellefleur mais il trouve à Portia quelque chose de noble et digne, et rentre dans son jeu. Malgré tout, c'est Sookie qui sera invitée et blanchira le nom d'Andy. La bravoure de Portia s'exprime à nouveau quand elle se précipite au secours de Sookie lorsqu'on lui tire dessus dans le parking de la bibliothèque et s'accroupit à côté d'elle pendant qu'elle appelle les secours.

Plus tard, Portia, que son petit ami Glen Vick a demandée en mariage alors qu'Andy en a fait de même avec Halleigh Robinson, organise avec bonheur un double mariage. La date est modifiée quand sa grand-mère tombe malade, mais Portia est bien décidée à se marier du vivant de sa grand-mère. Elle y parviendra d'ailleurs.

Lorsque Bill apporte la Bible familiale à Caroline, qui est mourante, et révèle leur lien de parenté, Portia, quoique déconcertée, fait de grands efforts pour se comporter avec l'élégance de sa grand-mère. À la demande de Bill, elle fait en sorte que les funérailles se déroulent à la nuit tombée, pour que Bill puisse y assister. Peu après, Glen et elle sont ravis d'apprendre qu'elle est enceinte. (DUD, LDID, DTTW, DAAD, DD, ATD, FDTW, DITF, mentionnée dans CD, DR)

VIC'S REDNECK ROADHOUSE : Ce bar routier se situe à une quinzaine de kilomètres de l'autoroute. Les soirées tee-shirts mouillés, bière-pong et autres contribuent à sa popularité. Appartenant à Victor Madden, le bar détourne la clientèle du *Merlotte,* plus petit, et affecte sérieusement ses revenus. (Mentionné dans DR)

VOSS, JASPER : Jasper est client du *Merlotte.* (FDTW)

W

WACKER, GÉNÉRAL SCOTT (LOUP) : Le général Wacker dévoile sa double nature lors de la Grande Révélation et s'oppose publiquement à la législation proposée sur l'encadrement des métamorphes. Sa fille sert en Irak. (Mentionné dans DITF)

WALDO (VAMPIRE) : Nom de famille non précisé. Albinos, Waldo est l'un des anciens favoris de Sophie-Anne. Il a passé plusieurs années dans un bac d'eau salée, châtiment infligé pour une quelconque transgression. Son physique a été ainsi endommagé de manière irréversible.

Sachant que Hadley a pris sa place auprès de la reine, il la tue par jalousie, cherchant à faire porter le chapeau par la Confrérie du Soleil. Cependant, la reine n'y croit pas un instant. Elle lui demande de conduire Maître Cataliades chez Sookie pour qu'il lui annonce la mort de Hadley, et dissimule sa présence dans la voiture. Sookie découvre sa culpabilité mais refuse de le tuer pour venger la mort de sa cousine. Waldo, le cœur brisé de découvrir que sa reine a découvert sa trahison, se jette sur elle. Bill met fin à sa vie d'un coup de pieu. (Meurt dans OWA, mentionné dans DD)

WARREN : Nom de famille non précisé. Warren est un ami du Loup Mustapha Khan, assistant de jour d'Eric. Warren a passé quinze ans dans l'armée. Son expérience s'avère utile lorsqu'il est posté comme sniper à l'extérieur du *Fangtasia*. Sa mission : abattre tout membre de la troupe de Victor qui tenterait de s'échapper après le début du combat. (DR)

WASHINGTON : Prénom non précisé. L'inspecteur Washington et son partenaire viennent au *Blonde* pour enquêter sur les meurtres de Michael, le propriétaire, et de son associé Rudy. Ils interrogent toutes les personnes présentes, dont Mohawk, Sookie et Pam, avant de les relâcher : tous les témoignages concordent, évoquant un étranger qui a eu rendez-vous avec les deux hommes dans le bureau de Michael. (TB)

WECHSLER, CATHY : Cathy, veuve du dernier Wechsler, a maintenant environ soixante-dix ans et habite près de Clarice. (Mentionnée dans IIHAH)

WECHSLER, ISAIAH : Dans les années 1930, Isaiah est âgé d'une quinzaine d'années. Il se bagarre avec son voisin, Albert Summerlin, furieux qu'Isaiah ait proféré des insultes à l'égard de Carter, son frère cadet. Les garçons ne révèlent à personne la cause de leur hostilité réciproque. Mais les soupçons tombent naturellement sur Albert lorsque Isaiah est retrouvé sauvagement assassiné dans son lit. Pendant plus de sept décennies, l'affaire demeure un mystère. Puis l'arme du crime est découverte dans l'ancienne maison des Summerlin, qui appartient maintenant au couple du Rone. Réveillé par la découverte, l'esprit de Carter révèle que c'était lui le véritable coupable. (Décédé, mentionné dans IIHAH)

WECHSLER, JACOB ET SARAH JANE : Dans les années 1930, Jacob et son épouse Sarah Jane accusent leur voisin Albert Summerlin d'avoir assassiné leur fils Isaiah dans son lit. Faute de preuves, personne ne sera jamais accusé mais le couple reste convaincu de la culpabilité d'Albert. Ils refusent de déménager, comptant bien sur leur présence pour agir comme un reproche constant à la famille Summerlin. (Décédés, mentionnés dans IIHAH)

WEISS, SARA : Agent du FBI à La Nouvelle-Orléans, Sara est chargée d'enquêter en compagnie de l'agent Lattesta sur les opérations de secours entreprises après l'explosion du *Pyramid*. Elle voudrait croire aux talents de Sookie et se montre déçue lorsque celle-ci affirme ne pas être un médium. Lorsque Crystal est retrouvée morte et crucifiée au *Merlotte*, Weiss et Lattesta mènent l'enquête, qu'ils considèrent comme un crime potentiellement raciste. Weiss sera grièvement touchée lors de la fusillade à la caravane d'Arlene.

Elle passe sa convalescence chez elle avec son mari, deux adolescents et trois chiens. Elle remet ses croyances en question et commence à s'intéresser au paranormal. Son patron hésite désormais à la remettre sur le terrain. (DAG, mentionnée dans DITF)

WHATLEY, AMANDA (LOUVE) : Membre de la meute des Longues Dents, Amanda est un bon élément. Elle apporte sa contribution à la Guerre des Sorcières et gagne le respect de Sookie, qu'elle avait auparavant traitée de « pute à vamp's ». Elle assiste au tournoi des chefs de meute, au cours duquel le père d'Alcide est vaincu et exécuté par Patrick Furnan. Sa loyauté vis-à-vis de ce dernier est mise à rude épreuve face à son comportement malhonnête.

Propriétaire du *Hair of the Dog*, un bar de Shreveport dédié aux métamorphes, Amanda est tout d'abord flattée, puis inquiète de voir Quinn apparaître en compagnie de Sookie. Il vient se plaindre d'avoir été attaqué avec Sookie par les loups-garous (mordus) plus tôt dans la soirée. Amanda rappelle aux clients présents que Sookie est officiellement amie de la meute, ainsi nommée par le défunt colonel Flood, l'ancien chef. Elle promet à Quinn qu'il y aura une enquête.

Quand Patrick Furnan est soupçonné des meurtres de Maria-Star Cooper et Christine Larrabee, Amanda accompagne Alcide dans sa recherche de la vérité. Elle est présente à l'assemblée de la meute et intervient dans le combat contre la femelle dissidente Priscilla Hebert et sa meute. Amanda se fait tuer par Priscilla et les Loups hurlent leur peine tandis qu'Alcide devient chef de meute. (DTTW, DAAD, DD, meurt dans FDTW, mentionnée dans DITF)

WILLISTON, M. : Prénom non précisé. La municipalité de Wright a fait installer un haut-parleur à l'extérieur de l'église pour les funérailles de M. Williston. (Décédé, mentionné dans STW)

WONG, QUIANA (MÉDIUM) : Un peu marginale, Quiana a dix-huit ans lorsque Tara et JB du Rone l'embauchent pour s'occuper de leurs jumeaux nouveau-nés. Née d'un père amEricain et d'une mère moitié chinoise, moitié afro-amEricaine, elle se retrouve orpheline à l'âge de seize ans et passe de famille en famille. Elle détient d'étranges talents qu'elle a toujours dissimulés avant la découverte du marteau chez les du Rone. Le marteau, qui a été utilisé pour commettre un meurtre, réveille l'esprit de Carter Summerlin, qui peu à peu prend possession de Quiana. Une fois le corps de Carter inhumé au cimetière et son esprit enfin apaisé, Quiana est libérée de son influence. (IIHAH)

WOODS, COOP : Coop est le père de Quiana Wong. Il meurt avec sa mère lorsqu'un train percute leur voiture immobilisée sur les rails. Selon la rumeur, il ne s'agirait pas d'un accident mais d'un meurtre doublé d'un suicide, commis par Coop. (Décédé, mentionné dans IIHAH)

WYBERT (VAMPIRE) : Pas d'autre nom précisé. Le guerrier saxon Wybert fait partie, avec son frère Sigebert, de la garde rapprochée de la reine de Louisiane. Vampirisés il y a des siècles par Sophie-Anne, qui les avait abordés avant une bataille, les frères n'avaient pas compris que la force qu'elle leur avait promise ne leur permettrait plus dorénavant de se battre que la nuit. Pendant la réception donnée au monastère, Wybert se fait décapiter par Ra Shawn, l'un des vamp's de l'Arkansas, lors de l'attentat contre Sophie-Anne. (Meurt dans DD, mentionné dans ATD, FDTW)

Y

YANCY, ADABELLE (LOUVE) : Adabelle Yancy est le Second de la meute de Shreveport, sous les ordres du colonel Flood. Elle vit à Shreveport avec sa mère, qui est persuadée qu'elle est lesbienne. Elle a repris la boutique de sa mère, Chez Verena Rose. C'est là que les sorcières du clan Stonebrook l'assassinent. D'après les indices retrouvés, elle s'est vaillamment battue, tuant même l'un de ses agresseurs. (Mentionnée et meurt dans DTTW)

YANCY, VERENA ROSE (LOUVE) : Créatrice de la boutique de mariage Chez Verena Rose, Verena Rose est la mère d'Adabelle. Elle s'inquiète lorsque sa fille l'appelle depuis le magasin pour lui annoncer qu'elle reçoit quelqu'un en rendez-vous juste avant la fermeture. Sa fille ne donnera plus de nouvelles. Ce sont Sookie et Alcide qui découvrent la scène du carnage et le colonel Flood qui vient lui apprendre la terrible nouvelle. (DTTW)

YVONNE, ARLA (VAMPIRE) : Shérif de la Zone Deux, Arla se fait tuer pendant la prise de pouvoir tandis qu'elle tente de faire route pour Shreveport avec six de ses vampires. (Mentionnée dans ATD, mentionnée et meurt dans FDTW)

Remerciements

Paula Woldan, Danna Woldan, Lauren Dodson, Victoria Koski, Debi Murray, Beverly Battillo, Denise Little et Rachel Klika m'ont épaulée de leurs nombreux talents dans l'élaboration de ce livre, qui a bénéficié de leur travail acharné ainsi que de leurs idées. Je leur en suis infiniment reconnaissante. J'apprécie également l'enthousiasme des nombreux lecteurs qui ont envoyé leurs questions à Alan Ball et moi-même, ainsi que toutes leurs recettes de cuisine. Nous avons dû faire des choix, mais j'aurais sincèrement aimé les inclure, toutes sans exception.

Composition
NORD COMPO

Achevé d'imprimer en Espagne (Barcelone)
par BLACKPRINT CPI
le 28 octobre 2012.

Dépôt légal octobre 2012.
EAN 9782290057612
OTP L21DDN00396N001

ÉDITIONS J'AI LU
87, quai Panhard-et-Levassor, 75013 Paris

Diffusion France et étranger : Flammarion